普通高等教育商学院精品教材系列
普通高等教育"十一五"国家级规划教材
教育部重点推荐教材
华东地区大学出版社第五届优秀教材

# 现代项目管理

(第四版)

刘荔娟　王蔷　主　编
贾宗元　庄卫民　副主编

上海财经大学出版社

# 图书在版编目(CIP)数据

现代项目管理/刘荔娟,王蔷主编. —4 版. —上海:上海财经大学出版社,2016.3
(普通高等教育商学院精品教材系列)
ISBN 978-7-5642-2339-7/F•2339

Ⅰ.①现… Ⅱ.①刘… ②王… ③贾… ④庄… Ⅲ.①项目管理-高等学校-教材 Ⅳ.①F224.5

中国版本图书馆 CIP 数据核字(2016)第 006488 号

□ 组　　稿　何苏湘
□ 责任编辑　何苏湘
□ 封面设计　钱宇辰

XIANDAI XIANGMU GUANLI
现 代 项 目 管 理
(第四版)

刘荔娟　王 蔷　主　编
贾宗元　庄卫民　副主编

上海财经大学出版社出版发行
(上海市中山北一路 369 号　邮编 200083)
网　　址:http://www.sufep.com
电子邮箱:webmaster@sufep.com
全国新华书店经销
启东市人民印刷有限公司印刷装订
2016 年 3 月第 4 版　2019 年 8 月第 6 次印刷

787mm×1092mm　1/16　26.25 印张　672 千字
印数:91 001—96 000　定价:45.00 元

# 前 言

现代项目从论证、决策、筹资、组织、实施,直至建成运行,是一个整体过程。项目管理是变理想为现实、化抽象为具体的一门科学和艺术,如何实施有效的项目管理,以提高项目的经济效益和社会效益,是世界各国共同关注的现实问题。当今社会,项目成为创新活动的载体和有效途径,国内外在实践中逐步总结出一套系统的理论、原则、方法和技巧,并已发展为一门独立的学科。

项目开发的成败直接影响一个单位、地区,甚至一个国家的发展速度和综合效益。为了强化投资风险约束机制,项目建设实行了业主责任制,要求项目业主对项目的全过程负责,承担投资风险。因此,社会对项目管理人员的知识结构和能力提出了更高的要求,他们不仅应懂得项目管理的一般理论,而且要掌握符合国际规范的操作技巧。1999年国家教委将项目管理列为管理学20门主干课程之一,许多高校增设了项目管理课程和相关专业,为社会培养更多的专业人才。

现代项目种类繁多,不同项目具有不同的特点和要求。对此,我们在编写此书时,采取舍其个性、取其共性、进行概括性介绍的方法,力求在理论上加以分析、论证,并注意与国际惯例接轨,反映项目管理领域的最新动向和科研成果,使读者对现代项目管理有一个全面的了解。本书分上下篇共十六章。一至七章为上篇——通识篇,着重阐述通用的项目管理理论和方法;八至十六章为下篇——实务篇,对项目实施过程中的管理实务进行分析,并对现代社会的四种典型项目——贷款项目、工程建设项目、技术改造项目、会展项目,进行比较具体的阐述。该书既可作为高校项目管理课程教材,也可供项目管理人员、经济管理干部学习参考。

本书是《现代项目管理》的第四版,第一版1999年由上海财经大学出版社出版,受到广大读者厚爱,反响很好。2001年被国家教委评为向全国推荐的主干课程教材;2002年被评为华东地区大学出版社优秀教材,并获上海财经大学优秀教材一等奖。为了及时吸收、补充国内外最新成果,进一步适应高校教学和专业培训的需要,在提高我国项目管理水平方面发挥重要作用,我们组织原书主要作者反复研究,对原书作了适当的删增和修改,2003年出版了第二版,2004年该书被评为上海市优秀教材三等奖。2006年被列为"普通高等教育'十一五'国家级规划教材"。2007年出版了第三版。

参加《现代项目管理》第四版编写的人员分工:上海财经大学教授刘荔娟(第一、二、三、六、九、十三章);上海财经大学副教授、博士王蔷(第四、八、十五、十六章);上海财经大学副教授庄卫民(第五、七、十一章);上海现代建设咨询有限公司资深总工、高级工程师贾宗元(第十、十二、十四章)。教授级高工马旭晨先生在大纲拟订和部分章节初稿写作期间,提供了很好的建议和相关图表。本书由刘荔娟、王蔷任主编,贾宗元、庄卫民任副主编。在相互协助修改、审稿的基础上,最后由刘荔娟总纂定稿。

参加《现代项目管理》前三版的作者:深圳大学刘莉教授,中国人民大学李凤云教授、洪玫教授,上海水产大学谢敏珠副教授,上海财经大学刘明顺副教授等。上海财经大学出版社原社长熊诗平等,为本书的撰写和完善做出了很大的贡献;上海财经大学出版社何苏湘副编审亲自担任第三、四版责任编辑,并给予了大力帮助;作者在编写过程中,研究借鉴了部分国内外文献,在此一并表示诚挚的谢意。

限于时间和水平,本书可能还存在不足之处,诚望读者指正。

编　者<br>
2015 年 12 月

# 目录

前言/1

## 上篇 通识篇

### 第一章 现代项目管理总论/3
第一节 项目的概念、特征及其分类/3
第二节 项目发展周期理论/8
第三节 项目管理的任务、职能、原则与知识体系/12
第四节 项目管理者应树立的观念/18
思考题/22

### 第二章 现代项目管理的基本理论与方法/23
第一节 货币时间价值理论与计算方法/23
第二节 不确定性理论及其分析方法/30
第三节 影子价格的理论与确定方法/40
思考题/43

### 第三章 项目可行性研究和项目评估/44
第一节 可行性研究的内涵及作用/44
第二节 可行性研究的内容、程序和原则/48
第三节 可行性研究的方法/51
第四节 环境影响评价/54
第五节 可行性研究报告和环境影响报告书的编写/56
第六节 项目评估/63
思考题/64

### 第四章 项目的财务评价和社会经济评价/65
第一节 项目经济评价综述/65
第二节 项目财务评价及其基本数据预测/69
第三节 项目财务评价基本报表的编制/76
第四节 项目社会经济评价及其基本报表的编制/83
思考题/93

## 第五章 项目融资/95
第一节 项目融资概述/95
第二节 项目融资的程序/104
第三节 项目的筹资与资金结构/107
第四节 项目融资风险管理/112
第五节 我国项目融资的发展及案例分析/119
思考题/124

## 第六章 项目采购管理/125
第一节 项目采购规划/125
第二节 招标投标综述/129
第三节 招标的程序与操作要点/131
第四节 投标的程序与操作要点/135
第五节 开标、评标、决标与签约/139
第六节 政府采购/143
思考题/146

## 第七章 项目合同管理/147
第一节 项目合同综述/147
第二节 项目合同内容/154
第三节 项目合同的签约与履行/157
第四节 项目合同纠纷的处置/165
思考题/175

# 下篇 实务篇

## 第八章 项目管理的组织结构与能力评估体系/179
第一节 项目管理的组织结构/179
第二节 项目组织形式的选择/181
第三节 项目的团队建设/182
第四节 项目经理的职责与素质要求/187
第五节 项目管理能力评估体系/194
思考题/204

## 第九章 项目范围管理与进度管理/205
第一节 项目的范围管理/205
第二节 项目进度计划的编制/209
第三节 项目进度计划的实施和控制/212
思考题/222

## 第十章　项目质量管理/223
　　第一节　项目质量与项目管理质量概述/223
　　第二节　质量管理体系/227
　　第三节　项目质量策划和质量计划/236
　　第四节　质量管理统计方法/239
　　第五节　满意度调查方法/251
　　　思考题/252

## 第十一章　项目费用管理/253
　　第一节　项目费用管理综述/253
　　第二节　项目资源计划/258
　　第三节　项目费用估计/260
　　第四节　项目费用预算/263
　　第五节　项目费用控制/266
　　　思考题/277

## 第十二章　项目监督、验收与后评价/278
　　第一节　项目监督系统/278
　　第二节　项目竣工验收/285
　　第三节　项目竣工结算、决算和资料归档/292
　　第四节　项目后评价/300
　　　思考题/303

## 第十三章　贷款项目管理/304
　　第一节　贷款项目综述/304
　　第二节　贷款项目的管理程序/308
　　第三节　贷款项目案例分析/314
　　　思考题/324

## 第十四章　工程建设项目管理/325
　　第一节　工程建设项目概述/325
　　第二节　工程建设项目的建设程序/330
　　第三节　工程建设项目管理概述/334
　　第四节　我国现行工程建设项目的管理体制/340
　　第五节　工程建设项目管理案例分析/345
　　　思考题/348

## 第十五章　技术改造项目管理/349
　　第一节　技术改造项目管理概述/349
　　第二节　技术改造项目基本程序/353

第三节 技术改造项目经济评价/356
第四节 技术改造项目案例分析/367
　思考题/373

## 第十六章　会展项目管理/374
第一节　会展项目综述/374
第二节　会展项目的管理程序和方法/381
第三节　第五届中国北京国际科技产业博览会项目案例分析/393
　思考题/397

**附录:货币时间价值系数表/398**

**参考文献/410**

# 上篇

# 通识篇

第一章

# 现代项目管理总论

**本章要点**

本章系统叙述项目概念、特征、分类以及项目发展周期理论。重点分析项目管理的任务、职能、原则及其知识体系。本章强调项目管理者必须树立正确的观念,其中尤为重要的是系统观念、风险观念、效益观念、法制观念、哲学观念,运用科学的系统论的原理方法,管理好项目寿命周期的全过程,以期实现项目的最佳效益,使利益相关方都满意。

## 第一节 项目的概念、特征及其分类

### 一、项目的概念与特征

(一)项目的概念

什么是项目?长期以来,人们习惯性地把项目理解为土建工程,这是一种片面的误解,项目的概念是随着社会的发展而不断丰富和深化的,现代项目具有广泛的含义。

美国专家约翰·宾(John Ben)指出:"项目是要在一定时间里,在预算规定范围内需达到预定质量水平的一项一次性任务。"

世界银行根据其发放贷款的用途把项目解释为:"所谓项目,一般是指同一性质的投资(如设有发电厂和输电线路的水坝)或同一部门内一系列有关或相同的投资,或不同部门内的一系列投资(如城市项目中市区内的住房、交通和供水等)。项目还可以包括向中间金融机构贷款,为它的一般业务活动提供资金;或向某些部门的发展计划发放贷款。项目通常既包括有形的,如土木工程的建设和设备的提供;也包括无形的,如社会制度的改进、政策的调整和管理人员培训,等等。"

国际项目管理协会(IPMA)提出:项目是受时间和成本约束,用以实现一系列既定的达到项目目标范围的可交付物,同时满足质量标准和需求的活动。

中国(双法)项目管理协会(PMRC)提出:项目是为实现特定目标的一次性任务。

美国项目管理协会(PMI)提出:项目是为创造独特产品、服务或成果而进行的临时性工作。

站在不同角度,对项目概念的定义虽然不尽相同,但有其共性:现代项目是指那些在特定环境内作为管理对象,按限定时间、费用和质量标准完成的一次性任务。项目,来源于人类活动的分化。人类有组织的活动可以分为两种类型:一类是周而复始的活动,称之为"运作"(Operations),如企业日常的生产产品的活动;另一类是临时性、一次性的活动,称之为"项目"(Projects),如企业的某项技术改造活动。

人类的生存和发展,离不开"运作",更离不开"项目","运作"和"项目"构成日益发展的各行各业。"运作"和"项目"相互支撑的关系,可以比喻为"楼梯原理",在日常"运作"中会出现很多问题和需求,人们把它当作"项目"专题解决,使"运作"更上一层楼,实现企业发展战略。如图1—1、图1—2所示。

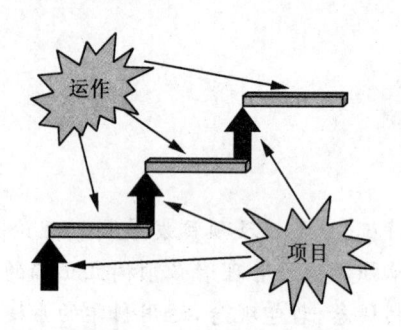

图1—1 项目与运作的关系——楼梯原理示意

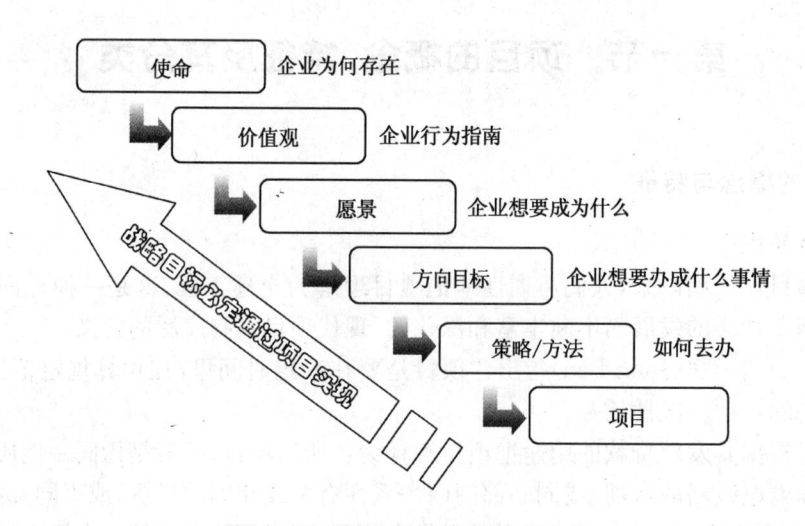

图1—2 项目与企业发展战略关系

(二)项目的特征

项目相对于运作而言,有如下几个主要特征:

1. 项目实施的一次性。这是项目的最主要特征。项目只有一个起点、一个终点,在项目实施的全过程中,没有完全相同的两项任务,其不同点表现在任务本身与最终成果上。只有认识项目的一次性,才能有针对性地根据项目的特殊性进行管理。

2. 项目目标的明确性。项目有成果性目标和约束性目标。成果性目标是指项目的功能要求,如设计规定的生产产品的规格、品种、生产能力目标。约束性目标是指限制条件,如工期、成本。各类目标均应量化,"不能量度,便不能管理"。三大目标有一定的优先性,即不同项目目标的主攻方向和兼容顺序是不同的。

3. 项目作为管理对象的整体性。项目是一个整体,在按其需要配置生产要素时,必须实行三坐标管理,不能单纯追求费用低或工期短,要做到费用、质量、时间的总体优化,还应该使利益相关方都满意,如图1-3所示。

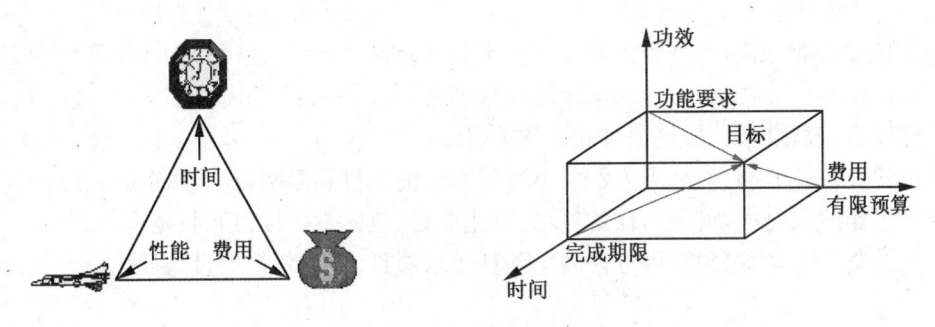

图1-3 三坐标理论示意

4. 项目与环境之间的相互制约性。项目总是在一定的环境下立项、实施、交付使用,要受环境的制约;项目在其寿命全过程中又对环境造成正反两方面的影响,从而对周围环境造成制约。

5. 项目成果的独特性。世界上没有完全相同的项目。

每个项目都具备上述五个特征,重复的大批量的生产活动及其成果,不能称作"项目"。美国项目管理专业资质认证委员会主席保罗·格瑞斯(Paul Grace)有一句流传甚广的名言:"当今社会中,一切都是项目,一切也将成为项目。"我们可以按项目管理的理念管理日常工作。

## 二、现代项目的分类

随着项目概念的丰富和深化,项目的类型也在不断拓展。项目可以按照不同的分类原则进行分类,如从层次上分有宏观项目、中观项目和微观项目;从行业领域分有建筑项目、制造项目、农业项目、金融项目等,不同的分类可以得出不同的分类结果。下面重点介绍两种分类法。

(一)将项目分为投资项目和非投资项目两大类

投资项目是将一定数量的资金或有形、无形的资产投放于某种对象形成实物资产,以取得一定的经济收益或社会效益的活动。最有代表性的投资项目是工程建设项目。项目分类时将其称为投资项目而不是建设项目的原因是:第一,投资凝结着过去的剩余劳动,并孕育着对未来的增值剩余劳动的垫支;第二,把投资项目称为建设项目,使人们不能正确处理投资前时期、投资时期和生产经营时期之间的关系,只是片面强调前两者的重要性,而偏废或忽视生产经营期,把投资收益率放在次要位置上;第三,把投资项目称为建设项目,使人们不容易把握投资运动的规律,过多地着眼于项目的实物形态和千变万化的项目运行,只看到项目运行的相异性而难以察觉抽象在项目实物形态之上的价值同一性。投资项目的称谓使人们从资金角度考察投资项目运动的规律,项目管理也相应地从千差万别的建设项目管理中抽象出来,成为围绕资金管理实施的现代项目管理。

非投资项目意指非实物资产形成的项目,如会展项目、资产评估项目等。这部分项目目前虽然在项目构成中比例不大,但是随着改革的不断深化,第三产业的蓬勃发展,特别是信息产业的崛起,必将使非投资项目受到越来越多的重视。因此,对非投资项目的研究也应放到重要的议事日程中。

投资项目种类繁多,为了适应科学管理的需要,应从不同的角度反映投资项目的性质、行业结构、有关比例关系。国家对投资项目进行分类的标准如下:

(1)按投资主体和项目性质分类,可以分为私人项目、公共(益)项目、社会福利项目、混合性项目。

(2)按投资行业分类,可分为工业、农业、水利等;再分为生产性项目和非生产性项目。

(3)按投资性质分类,可分为基本建设项目和技术改造项目,其中基建项目又可分为新建项目、扩建项目、改建项目、恢复项目和迁建项目。

(4)按建设规模分类,可分为大、中、小型基本建设项目和限额以上(以下)更新改造项目。

(5)按工作阶段分类,可分为预备项目、筹建项目、建成投产项目和收尾项目。

(6)按投资资金来源分类,可分为国家预算拨款项目、银行贷款项目、自筹资金项目和利用外资项目。

(二)将项目分为工程项目和非工程项目两大类

《中国项目管理知识体系》提出如图1-4的项目分类模型。按照这一分类模型项目便可被分为各种各样的类型,每一种类型的项目都有其管理的特点。

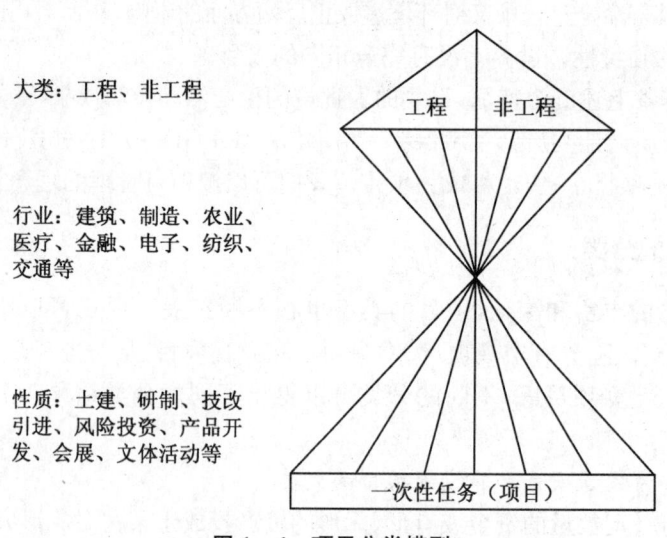

大类:工程、非工程

行业:建筑、制造、农业、医疗、金融、电子、纺织、交通等

性质:土建、研制、技改引进、风险投资、产品开发、会展、文体活动等

一次性任务(项目)

图1-4 项目分类模型

工程建设项目又有很多种分类方式:

1. 按建设性质划分

(1)新建项目。指原来没有、现在开始建设的项目,或对原有的规模较小的项目,扩大建设规模,其新增固定资产价值超过原有固定资产价值三倍以上的建设项目,如上海洋山深水港集

装箱运输建设项目。

(2)扩建项目。指原有企事业单位为了扩大原有主要产品的生产运营能力或效益,或增加新产品生产运营能力,在原有固定资产的基础上,兴建一些主要车间或工程的项目,如宝钢三期连铸建设项目。

(3)改建项目。指原有企事业单位为了改进产品质量或改进产品方向,对原有固定资产进行整体性技术改造的项目,如生产流程再造项目。此外,为了提高综合生产能力,增加一些附属辅助车间或非生产性工程项目,也属改建项目,如发电厂燃煤改燃油建设项目。

(4)恢复项目。指对因重大自然灾害或战争而遭受破坏的固定资产,按原来规模重新建设或在重建的同时进行扩建的项目,如某些重要的文史博物馆和纪念馆的建设项目。

(5)迁建项目。指为改变生产力布局或由于其他原因,将原有单位迁至异地重建的项目,不论其是否维持原来规模,均称为迁建项目,如新首钢在河北省的建设项目。

2. 按用途划分

(1)生产性建设项目。指直接用于物质生产或满足物质生产需要的建设项目,包括工业、农业、林业、水利、气象、交通运输、邮电通信、商业和物资供应设施建设,地质资源勘探建设等。

(2)非生产性建设项目。指用于人民物质和文化生活需要的建设项目,包括住宅建设、文教卫生体育建设、公用事业设施建设、科学实验研究以及其他非生产性建设项目。

3. 按工程项目建设过程阶段划分

(1)预备项目。按照中长期投资计划拟建而又未立项的工程项目,只作初步可行性研究不进行实际建设准备工作。

(2)筹建项目。经批准立项正在进行建设准备,还未开始施工的项目。

(3)在建项目。指计划年度内正在建设的项目,包括新开工项目和续建项目。

(4)投产项目。指计划年度内按设计文件规定建成主体工程和相应配套工程,经验收合格并正式投产或交付使用的项目,包括全部投产项目、部分投产项目和建成投产单项工程。

(5)收尾项目。以前年度已经全部建成投产,但尚有少量不影响正常生产或使用的辅助工程或非生产性工程,在本年内继续施工的项目。

4. 按建设规模划分

按建设规模(项目设计生产能力或投资总额)划分,分为大、中、小型项目。其中:

(1)工业项目按设计生产能力规模或总投资额,确定大、中、小型项目。生产单一产品的项目,按产品的设计能力划分;生产多种产品的项目,按主要产品的设计能力划分;生产品种繁多的项目,难以按生产能力划分者,就按投资总额划分。

(2)非工业项目可分为大中型项目和小型项目,按项目的总投资额划分。

对于上述划分的大、中、小三种类型工程建设项目,各行业都有各自的标准。例如,炼油行业,年处理500万吨原油的建设项目是大型项目,年处理100万吨原油的是小型项目,年处理100万吨至500万吨之间的项目是中型项目。

对于按投资总额划分的,国家规定投资5 000万元以上的能源、交通、原材料项目属大中型项目,其他领域投资3 000万元以上也属大中型项目,低于此投资总额的为小型项目。

5. 按资金来源和资金运用方向划分

(1)国家投资的发展国民经济的先行产业、基础产业和重要的原材料工业等工程建设项目。如铁道、机场、港口、公路、电力、水利工程、农业、林业、钢铁、有色冶金、煤炭、石油等。

(2)国家投资的发展社会事业的工程建设项目。如教育、科学、文化、卫生、体育、环保、公共福利及国防和国家安全项目等。

(3)企业为投资主体,运用多种筹资方式筹措工程建设资金项目。如银行长期贷款、发行企业长期债券、发行普通股、与其他企业联合投资等。

(4)外资独资项目。2001年12月11日中国正式加入WTO以后,各行业对外资开放有一个不同的过渡期。2015年7月过渡期结束后,实行对外资的全面开放。

(5)中外合资项目。中外合资项目是我国吸引外资的一种重要方式。中国需要世界,世界也需要中国,中外合资在中国共同建设项目是中外投资者取长补短、互利共赢的机遇和愿望。

在中外合资项目中,一方资产占控股51%以上,即为主导地位。根据我国法律、法规的规定,当外资占主导地位时,可参照外资独资企业投资项目的规定进行操作;当中方资产占控股51%以上时,按国内资金投资项目规定执行。

## 第二节 项目发展周期理论

### 一、项目发展周期及其特点

项目发展周期是项目运动规律的总概括。长期以来,人们发现,项目虽然是一次性的,但在国民经济活动中,项目又是层出不穷,并且项目之间是交错运转的。项目运动的这种单体的独立性和群体的交叉性使新项目不断产生。项目发展周期是指任何一个项目,按照自身运动的客观规律,从项目设想立项,直到竣工投产、收回投资达到预期目标的过程。这一过程中的每一阶段都促使下一阶段的产生,最后一个阶段又促使对新项目的设想,并进而选定新的项目。这样,一个项目的过程完结,往往促使新项目的过程开始。我们把项目按过程每循环一次的现象称为项目发展周期。

项目发展周期理论是人们在长期投资建设的实践、认识、再实践、再认识的过程中,对实践的高度概括和总结。它反映了人们对项目投资建设运动规律的认识和掌握。项目发展周期理论在国外发展很快,一些发达国家和世界经济组织,在投资活动领域总结出一套科学、严密的项目发展周期理论和方法。每一项投资活动都必须按科学的项目周期依次进行,从而减少了风险和失误。世界银行对任何一个国家的贷款项目都要经过项目选定、项目准备、项目评估、项目谈判、项目执行和项目总结评价等步骤的项目发展周期,从而保证世界银行在各国的投资保持较高的成功率。

项目发展周期的主要特点首先表现为其周期性。无论何种投资项目,都必须完整而严格地划分为投资前时期、投资时期和生产或使用时期,每一时期又分为不同阶段进行,不可跳过其中某一阶段,否则就会违背客观规律而受到惩罚。其次表现为时限性。建设时间长短、建设速度快慢直接影响投资项目的经济效益。一方面,要让人、财、物在单位时间内创造更高的价值;另一方面,尽快使项目建成投产,达到设计生产能力,创造财富,收回投资。最后表现为综合性。项目周期运转过程是一个庞大的系统工程,涉及各学科、各部门,需要各方通力合作、密切配合、共同努力才能完成。因此综合协调和科学管理是十分重要的。

## 二、项目发展周期的阶段划分

（一）我国项目发展周期的三阶段划分

1. 投资前时期

投资前时期是指从投资意向到项目的评估决策这一时期。这一时期的中心任务是对项目的科学论证研究和评估决策。因此，它是项目管理的关键时期。项目的成立与否、规模大小、产业类型、资金来源及其利用方式、技术与设备选择等项目重大问题都在决策时期完成。

投资前时期由以下几个阶段构成：

（1）投资机会选择——项目选定。要对项目投资方向提出原则设想。机会选择是对项目内容的粗略描述和概括，目的是要找准投资方向和领域。机会选择分为一般机会选择和特定机会选择。一般机会选择主要包括地区研究、部门研究和资源研究。特定项目的机会选择是要确定项目的投资机会，将项目意向变为概括的投资项目建议。

（2）项目建议书——立项。项目建议书是投资机会的具体化，是项目得以成立的书面文件。应对申报的理由及其主要依据、项目的市场需求、生产建设条件、投资概算和简单的经济效益与社会效益情况做出概要叙述。项目建议书一般由提出项目的单位或部门编写，也可由他们委托有关设计院或咨询公司经调研后编写。

（3）项目论证（可行性研究）——项目决策的依据。可行性研究是投资前期工作的中心环节，需组织各方面专家和实际工作者，对项目进行科学的、详细的研究论证，提出项目的可行性研究报告。可行性研究报告是整个项目建设的基础，它规定了投资项目的主要内容及其标准，并充分论证了项目建设的必要性、技术先进性和经济上的合理性。可行性研究报告是项目投资决策的依据。

（4）项目评估与决策。项目评估是对可行性研究报告的评价，是项目决策的最后依据。

2. 投资时期

投资时期即项目决策后从项目选址到竣工验收、交付使用这一时期。这一时期的主要任务是实现投资前时期的目标，把构思设计变为现实。投资时期包括以下几个阶段：

（1）投资项目选址。项目选址从宏观上看，首先要考虑国家的生产力布局和发展规划，同时注意相关产业的连接关系；其次是环境影响，包括城市建设与改造迁移、环境保护等。从项目发展自身条件看，要求厂址建在自然资源与原料产地邻近地区；地质、水文、自然气候要适宜项目的生存与发展；交通运输、燃料动力、水源供给条件要便捷经济；尽量节约用地、避免占用农田，同时要考虑自然景观和文物古迹保护等因素。选址正确与否对项目的建设和投产后的生产经营活动会产生重大影响。

（2）设计。主要包括初步设计和施工图。初步设计是项目可行性研究的继续和深化，是对项目各项技术经济指标进行全面规划的重要环节，一般包括：设计概论、建设规模与产品方案、总体布局、工艺流程及设备选型、主要设备清单和材料、主要技术经济指标、主要建筑物、公用辅助设施、劳动定员、"三废"处理、占地面积及征地数量、建设工期计划、总投资概算等文字说明及图纸。特别重要或特别复杂的项目，还要进行技术设计，即对投资项目的技术问题作详细研究，使初步设计具体化。

施工图是在初步设计（或技术设计）的基础上，用图纸把投资项目加以形象化描述，具体指导施工建设。施工图一般包括：施工总平面图、房屋建筑总平面图、安装施工图、其他工程的施工图、非标准设备加工详图,以及设备和各类材料明细表。施工图要形象、准确、详细,保证施工按照设计要求顺利实施。

(3) 制订年度建设计划。一般来说,投资项目的建设时间均为跨年度的,因此,通常以年为单位制订建设计划,以保证投资项目有计划、按节奏地平衡进行,达到合理使用资金和资源、保时间求效益的目的。制订年度计划的依据是项目设计,不得随意增减或更改设计内容。

(4) 施工准备与施工。在制订年度建设计划后,即可着手施工前的准备工作。其目的是保证施工建设顺利进行,防止疏忽和遗漏,避免施工建设间停工带来损失。施工准备的主要内容有:设备和原材料的订货和采购,根据施工图编制施工组织设计和施工图预算,建筑工程的招标以及征地、拆迁、辅助性临时房屋建设,"三通一平"等工作。

施工,是把投资项目的设计变成现实的关键一环,是投资前期和生产回收期之间运转的重要连接点,施工质量如何直接影响到项目的建设。为了保证施工质量,在正式开工之前要组织力量认真审查各施工条件,然后提出开工报告,再动工兴建。

(5) 生产准备。在投资项目正式竣工投产前,为了使项目尽快达到设计的理想状态,必须做好生产准备工作,它是竣工与正式生产之间不可忽视的环节。生产准备工作一般有:按计划要求培训管理人员和工人,组织生产人员参加主要设备和工程的安装、调试,在投产前熟悉工艺流程和操作技术,同时进一步落实开工必备的原材料和辅助产品。

(6) 竣工验收、交付使用。竣工验收的目的是要按照设计要求检查施工质量,及时发现问题并予以解决,以保证投资项目建成后达到设计要求的各项技术经济指标。生产性项目要经过负荷运转或试生产考核,保证产品的质量和生产能力。非生产性项目也要按设计标准验收。竣工验收一般采取先单项工程逐个验收,后整体工程验收的程序,验收合格后应及时办理固定资产交付使用的转账手续。

3. 生产和使用时期

项目经过生产或使用时期,可实现生产经营目标,归还贷款,回收投资。建成投产期的主要内容是实现项目的生产经营目标,收回投资。这一时期包括以下几个阶段:

(1) 项目的后评价。项目后评价是工程竣工验收及使用(生产、使用、营运)一段时间后,对项目的立项决策、设计、施工、竣工验收、生产营运全过程进行系统评价。通过后评价达到肯定成绩、总结经验、研究问题、吸取教训、提高项目决策水平和投资效果的目的。

(2) 实现生产经营目标。实现生产经营目标,一是要尽快生产出合格产品并达到设计所规定的年生产能力,二是按计划逐年实现利润指标。要实现生产经营目标,首先,要控制生产成本,保证产品具有较高的市场竞争力;其次,要提高产品质量,建立严格的产品考核检查制度,保证产品优质品率;再次,要保证原材料的正常供给和资金周转;最后,要强化产品促销,准确、及时开发市场,搞好售前、售中、售后服务,树立产品的良好信誉和企业形象。

(3) 资金回收。投资项目在建成投产转入正常生产经营后就要逐年从收入中收回投资,偿还贷款。资金回收的速度反映了项目的财务生命力,为了保证资金的正常回收,要建立一整套规章制度。在项目投资前,银行与企业签署贷款合同或协议,规定投资回收期、分年度回收量以及防范风险的措施。投产经营中,企业则应加强对债务的管理,保证及时归还到期的借款和债务。

以上各阶段的工作在实际操作时又细分为:开始—计划—执行—控制—结束等环节,相互之间有交叉重叠性。可用图 1-5 表示。

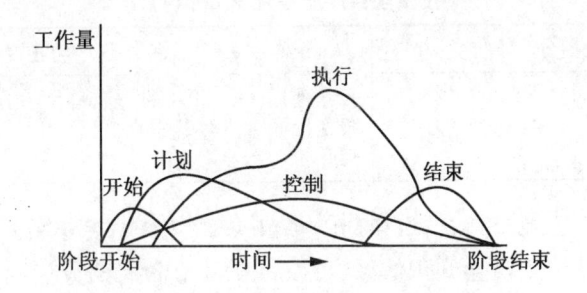

图 1-5 项目或某阶段中子过程的重叠示意

### (二)投资项目发展周期四阶段的划分

投资项目的发展周期,国际上通常分为决策阶段、规划设计阶段、实施阶段和投产使用四个阶段,每个阶段的工作内容如表 1-1a 至表 1-1d 所示。

表 1-1a　　　　　　　　　　投资项目周期各阶段工作(1)

| 周期阶段划分 | 工作程序与主要内容 |
| --- | --- |
| 决策阶段 | 投资意向<br>市场研究与投资机会研究<br>项目建议书<br>初步可行性研究<br>可行性研究<br>决策立项<br>设计任务书 |

表 1-1b　　　　　　　　　　投资项目周期各阶段工作(2)

| 周期阶段划分 | 工作程序与主要内容 |
| --- | --- |
| 规划设计阶段 | 项目选址<br>初步设计<br>建设准备<br>技术设计<br>施工图设计 |

表 1-1c　　　　　　　　　　投资项目周期各阶段工作(3)

| 周期阶段划分 | 工作程序与主要内容 |
| --- | --- |
| 实施阶段 | 施工组织设计<br>施工准备<br>施工过程<br>生产准备<br>竣工验收 |

表 1—1d　　　　　　　投资项目周期各阶段工作(4)

| 周期阶段划分 | 工作程序与主要内容 |
| --- | --- |
| 投产使用阶段 | 投产使用<br>投资回收<br>后评价 |

(三)国际项目管理专业资质认证(IPMP)中国认证委员会,关于项目生命周期的划分

根据 IPMP 中国认证委员会知识体系,可以将项目生命周期分为四个阶段:概念阶段、规划阶段、实施阶段、结束阶段。各阶段的主要工作及资源的投入力度,见图 1—6 和图 1—7。

- C—概念阶段,组织好可行性论证
- D—规划阶段,组织好开工前的人、财、物及一切软件准备
- E—实施阶段,保证项目的质量、成本、进度的顺利完成
- F—结束阶段,评审、鉴定及项目交付和组织结束工作

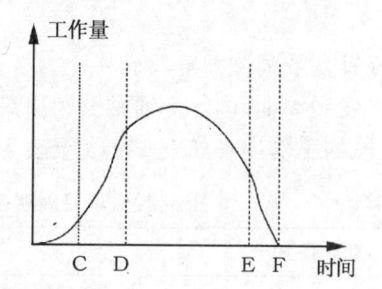

图 1—6　生命周期各阶段的主要工作

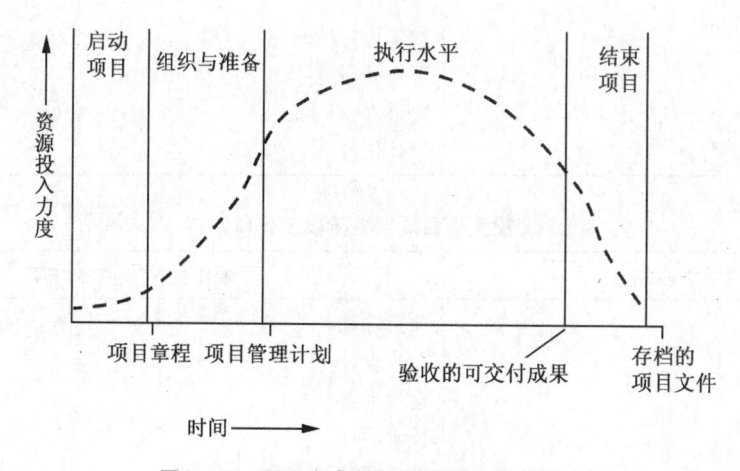

图 1—7　项目生命周期中资源的投入力度

## 第三节　项目管理的任务、职能、原则与知识体系

**一、项目管理的内涵、要素及操作规程**

自 20 世纪 50 年代以来,随着社会经济及科技的迅速发展,各国都在努力提高自身的综合实力,以求在全球性的竞争中获胜。在这一进程中,现代化企业不断建立,高层、超高层建筑工程层出不穷,大型军事科研项目接连竣工,项目构成了社会生活的基本单元。项目开发的成败

直接影响一个国家、一个地区或一个企业的发展速度和综合实力，随着项目规模的日趋扩大及技术工艺复杂性程度的提高，专业化分工愈加精细，投资者对项目质量、进度、投资效益等方面的要求也越来越高，因此，项目管理成为决定企业生命力的关键。

从我国情况来看，经济建设取得了举世瞩目的成就，工业新增固定资产总值、国内生产总值、国民收入和人均消费水平的增长速度都超过发达国家。每年有成千上万个项目需要决策、实施。所以，必须从战略高度认识现代项目管理的重要性，不断建立和完善项目管理制度和方法，提高我国项目管理水平。

（一）项目管理的内涵

项目管理是以项目为对象的一种科学管理方式，是指项目管理者通过一个临时性的扁平化的柔性组织，按照客观规律的要求，在有限的资源条件下，运用系统工程的观点、理论和方法，对项目涉及的全部工作进行全过程的综合、动态管理，有效地完成项目总目标，尽力使利益相关者都满意。即从项目的前期决策到实施、后评价的全过程，进行计划、组织、指挥、协调、控制和总结评价，以实现项目管理的目标。

（二）项目管理的五大要素

(1)管理的客体是项目涉及的全部工作，这些工作构成了项目的系统运动过程——项目周期。

(2)管理的主体是项目管理者。投资项目的管理者应该是投资者或经营者（项目业主），他们对项目发展全过程进行管理。

(3)管理的目的是实现项目目标。管理的性质和功能决定了它本身不是目的，而是实现一定目的的手段。项目管理的目标是：在有限资源条件下，保证项目时间、质量、成本达到最优化。

(4)管理的职能是计划、组织、指挥、协调和控制。管理者从事管理，必须行使一定的管理职能。项目的管理职能可概括为计划、组织、指挥、协调和控制。离开这些职能，项目的运转是不可能的，管理的目标也无法实现。

(5)管理的依据是项目的客观规律。管理是人的主观行为，而主观行为必然要受到客观规律的制约。要实现管理目标，达到预期效果，就必须尊重项目运行的客观规律。

（三）项目管理体系

(1)单项目管理。项目管理理论形成初期，主要是针对单项目的管理，随着项目的发展和复杂化，近年才逐步形成了比较完整的体系，并且仍然在不断地完善发展。

(2)项目集群管理。为了达到某个战略目标而设立的，几个相互关联、协调管理的一组项目，称之为项目集群。对项目集群进行统一管理，可以取得比单独管理更高的效率，实现更大的战略目标和效益。

(3)项目组合管理。项目组合是为了控制、协调和达到项目组合整体的最优效果，而放在一起进行管理的几个相关或不一定相关的项目和/或项目群。项目组合级别的重要事件需要由项目组合经理汇报给组织的高级管理部门，并同时提出解决方案。这样有助于管理部门给予实际的信息，给出决策，通过资源优化利用，进行集中管理，提高总体绩效。

（四）项目管理操作规程

项目管理操作规程如图1-8所示。

## 二、项目管理的任务

项目管理有多种类型，不同类型的项目管理，其具体任务不尽相同，但任务的主要范围是

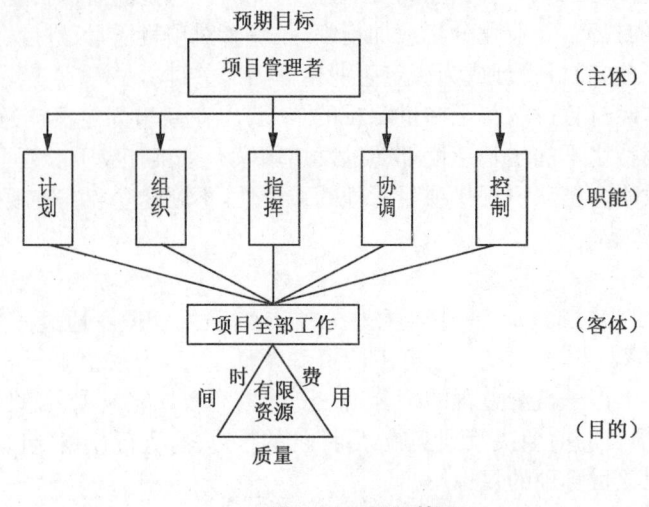

图 1-8 项目管理

类同的,包括项目组织、进度控制、费用控制、质量控制和合同管理五项任务。

(一)项目组织

项目组织任务,包括明确项目组织关系、设计项目组织结构、组建项目团队、挑选项目经理班子、制订项目管理制度和建立项目信息管理系统六个方面任务。前四个方面任务是提高项目组织的运行效率和运行效果的重要前提,后两个方面任务是提高项目组织的运行效率和运行效果的重要保证。

(二)时间控制

时间控制通常又称进度控制,其任务包括进度方案的科学决策、计划的优化编制和实施的有效控制等三个方面任务。方案的科学决策,是实现进度控制的先决条件,它包括方案的可行性论证、综合评估和优化决策。只有决策出优化的方案,才有可能编制出优化的计划。计划的优化编制,是实现进度控制的重要基础,它包括科学确定项目的工序及其衔接关系、持续时间、优化编制网络计划和实施措施。只有编制出优化的计划,才有可能实现计划实施过程的有效控制。实施的有效控制,是实现进度控制的根本保证,它包括同步跟踪、信息反馈、动态调整和优化控制。只有对实施过程进行有效控制,进度控制才能真正实现。

(三)费用控制

费用控制任务,包括编制费用计划、审核费用支出、分析费用变化情况、研究费用减少途径和采取费用控制措施五个方面任务。前两个方面任务是对费用的静态控制,是较容易实现的,后三个方面任务是对费用的动态控制,是较难实现的,不仅需要研究一般工程项目费用控制的理论和方法,还需要总结特定工程项目费用控制的经验和数据,才能实现工程项目管理的动态费用控制。

(四)质量控制

质量控制任务,包括各项工作的质量要求与预防措施、各个方面的质量监督与验收以及各个阶段的质量处理与控制三个方面任务。在第一项任务中,要提高质量要求的科学性和预防措施的有效性,特别是提高预防措施的有效性,是转变"事后处理"(传统的落后方法)为"事前控制"(科学的先进方法)的可靠基础。在第二项任务中,包含了对设计质量、施工质量以及材料和设备等质量的监督和验收,要严格检查制度和加强分析工作,这是实现质量目标的重要过程。在第三项任务中,要细化各个阶段的质量要求和预防措施,最大限度降低质量事故的出现率,即使出现了,也能采取最有效的处理措施,确保质量的合格率和优良率,这是实现质量目标的根本保证。

(五)合同管理

合同管理包括合同签订和合同管理两个方面任务。合同签订任务,包括合同的准备、谈判、修改和签订等工作;合同管理任务,包括合同文件的执行、合同纠纷的处理和索赔事宜的处理等工作。在合同管理任务中,要突出合同签订的合法性和合同执行的严肃性,为实现管理目标服务。

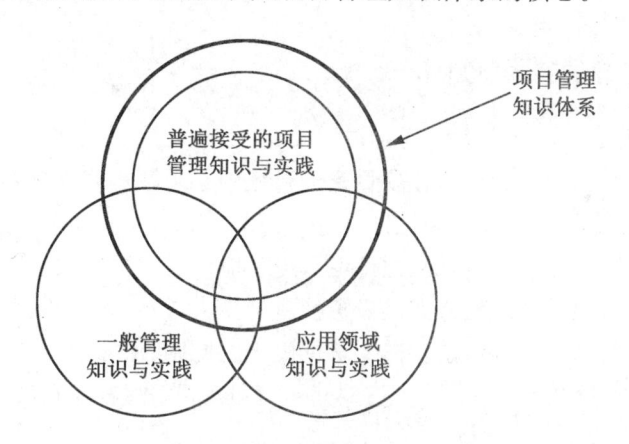

### 三、项目管理知识体系

项目管理知识体系的概念是在项目管理学科和专业发展进程中由美国项目管理学会(Project Management Institute,简称PMI)首先提出来的,这一专门术语是指项目管理专业领域中知识的总和。

项目管理是管理学科的一个分支,同时又与项目相关的专业技术领域密不可分,目前国际项目管理界普遍认为,项目管理知识体系的知识范畴主要包括三大部分,即项目管理所特有的知识、一般管理的知识和项目相关应用领域的知识。从图1—9看到,项目管理学科的知识体系与其他学科的知识体系在内容上有所交叉,这符合学科发展的一般规律。通常,一个专业的知识体系与其他专业知识体系在内容上有所重叠,但它必须拥有与本专业领域相关的独特的知识内容。因此,项目管理所特有的知识是项目管理知识体系的核心。

图1—9 项目管理知识体系范畴示意

项目管理主要涉及十大职能。按照国际上项目管理知识体系的概括,项目管理涉及十大职能:范围管理、时间管理、费用管理、质量管理、人力资源管理、采购与合同管理、沟通管理、风险管理、利益相关方管理、综合管理。详见图1—10。

由于项目管理是一门实践性强的交叉学科,又涉及不同的应用领域中各具特色的项目,加之学科和专业本身不断发展的特性,要建立一个"完全"的知识体系文件几乎是不可能的。因此,各国项目管理知识体系的研究与开发,其核心是解决好"为什么要建立知识体系文件?""哪些知识应包括在知识体系文件中?""如何将这些知识组织成为一个有机的体系?"这三个关键问题。本书在充分研究和吸收《中国项目管理知识体系》的基础上,形成了自己的体系结构,重点叙述项目管理的共性理论与实践经验,同时,又对贷款项目、工程建设项目、技术改造项目、会展项目的管理程序、案例,作了深入的分析,以期对各类读者都能有所启迪。

项目范围管理
项目启动
项目范围策划
项目范围定义
项目范围验证
项目范围变更控制

项目人力资源管理
项目组织策划
项目职员获得
项目团队开发

利益相关方管理

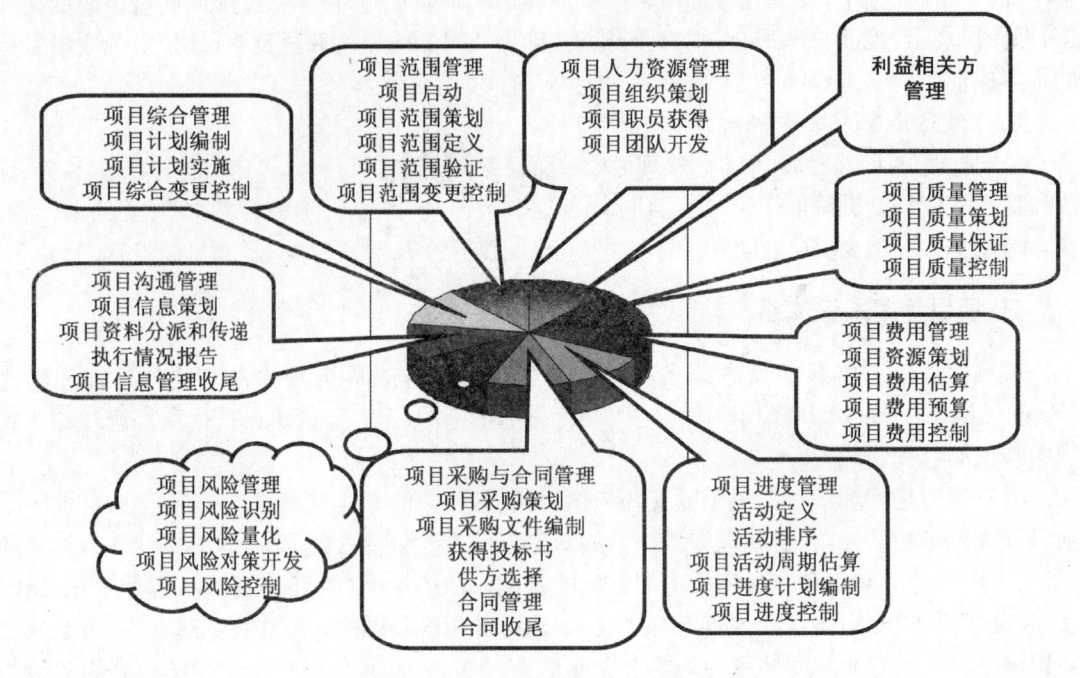

项目综合管理
项目计划编制
项目计划实施
项目综合变更控制

项目质量管理
项目质量策划
项目质量保证
项目质量控制

项目沟通管理
项目信息策划
项目资料分派和传递
执行情况报告
项目信息管理收尾

项目费用管理
项目资源策划
项目费用估算
项目费用预算
项目费用控制

项目风险管理
项目风险识别
项目风险量化
项目风险对策开发
项目风险控制

项目采购与合同管理
项目采购策划
项目采购文件编制
获得投标书
供方选择
合同管理
合同收尾

项目进度管理
活动定义
活动排序
项目活动周期估算
项目进度计划编制
项目进度控制

图1-10 项目管理的十大职能

## 四、现代项目管理的基本原则

### （一）科学化、民主化原则

这一原则包含两层意思。首先，在项目决策过程中必须尊重客观规律，按照科学的决策程序进行。所谓科学程序，就是坚持"先论证、后决策"的原则，必须做到先对项目进行调查研究和论证，然后进行决策。杜绝"边投资，边论证"，更不应该采取"先决策，后论证"的违反客观规律的做法。其次，社会化大生产的特点是投资项目规模大，投资多，技术复杂，牵涉面广。单凭个人经验决策很难作出正确判断，这就需要贯彻民主的原则，依靠群众的智慧，广泛集中经济、技术、管理等各方面专家的意见，集思广益，发挥他们的聪明才智，实行决策的科学化、民主化。

### （二）系统性原则

所谓系统性原则，就是把项目看作国民经济大系统中的一个子系统，从整个系统的角度看项目的可行性与实际效用，同时，从项目内部各要素之间的相互关系中寻求其总体效益的最优化。在社会化大生产条件下，项目与企业同行业存在密不可分的关系，新上一个投资项目，必然会打破原有的关系和利益格局，形成新的平衡协调关系。这样，就需要妥善解决一系列新问题，如原材料、燃料、动力、交通运输、其他企业协作配套能力等。如果不能依赖现有的条件解决以上矛盾，就必须对这些方面进行相关投资。因此，在项目管理的前期论证中，要全面评价项目及所需的相关投资，考虑投资主体的投资承受力和项目投产后协作配套能力等。另外，在项目本身的运作过程中，要搞好项目周期各阶段、各环节的衔接和组合，进行有效的指挥和协调，达到项目系统目标最优化。

### （三）动态管理的原则

动态管理的原则主要包含两层含义：项目全过程管理和考虑资金的时间价值。

简单地说，资金的时间价值是指资金投入使用后随时间的推延而带来的增值。这一增值具体反映在利息上。按照马克思主义观点，资金的增值部分不过是劳动者在生产中创造的剩余价值的转化形式，资金本身没有什么时间价值，因为货币如果脱离生产和流通，它就凝固为贮藏货币，即使藏到千万年后，也不会增加分毫。

由于资金投入的生产领域不同，会使所得的那种积累有多有少。无论是从国家还是从企业来看，都必须以尽可能少的资金占用，获取最大的物质财富。因此，在考虑资金投入时就要比较分析，究竟采用何种方式、究竟投入哪一生产领域才能获得资金的增值。另外，由于资金拥有量并不是无限的，一笔资金用于这一项目的投资，实际也就放弃了它在另一些项目上的投资使用；也就是说，我们进行这项投资时，实际上是以放弃其他一些项目的投资为代价的，这种代价就称之为机会成本。如果放弃的这种代价相对于正进行的投资比较小，表明正进行的投资是可行的；反之，则是不可行的。

在项目管理中重视资金的时间价值，重视资金的机会成本，实际上就是要求我们不能仅从静态角度分析评价项目的投资利税率高低，投资回收期长短，还要从动态角度分析资金在利率变动的情况下、在一定利息情况下，资金的总收益如何，从而推断项目在经济上的可行性，使资金利用效果达到最大。

(四)责任、利益、风险对称的原则

项目管理的责任、利益、风险是相对称的。没有责任与利益的统一，项目主体不可能真正承担投资风险，投资效益也就成为一句空话，因此，要赋予投资主体严格的经济责任，明确"谁决策，谁负责"。同时，作为投资主体应是形成新资产的所有者和受益者，做到"谁投资，谁受益"、"谁受益，谁承担风险"，使项目主体真正以自己的经济生命承担投资风险。这样，才能真正调动投资者、项目管理者等各方面积极性，使项目获得预期效果。

### 五、现代项目管理重心的战略转向

与传统的项目管理相比，现代项目管理重心出现了四大战略转向：

1. 从项目实施阶段为重心向项目决策阶段为重心转向。在"如何把事情做对"的同时，更加关注"如何做对的事"。
2. 从单项目管理为重心向多项目管理为重心转向。
3. 从面向个人的项目管理培训向面向组织的项目管理培训转向。
4. 从定性项目管理知识体系向定性定量相结合，定量的数字化、可视性项目管理知识体系转向。

管理重心的战略转向实际上就是要达到通过项目管理使项目利益相关者都满意的目的。利益相关者就是参加或可能受项目影响的所有个人或组织，包括：业主，发起该项目的人；项目产品的接受者和使用者；项目产品的合伙人，项目的合作者；提供资金者，金融机构；承包商，供货商；司法、执法机构；项目组织的成员及其家属；相关的社会大众。

### 六、现代项目管理职能贯穿项目发展全周期

现代项目管理职能贯穿项目发展全周期，主要关系如图1—11所示。

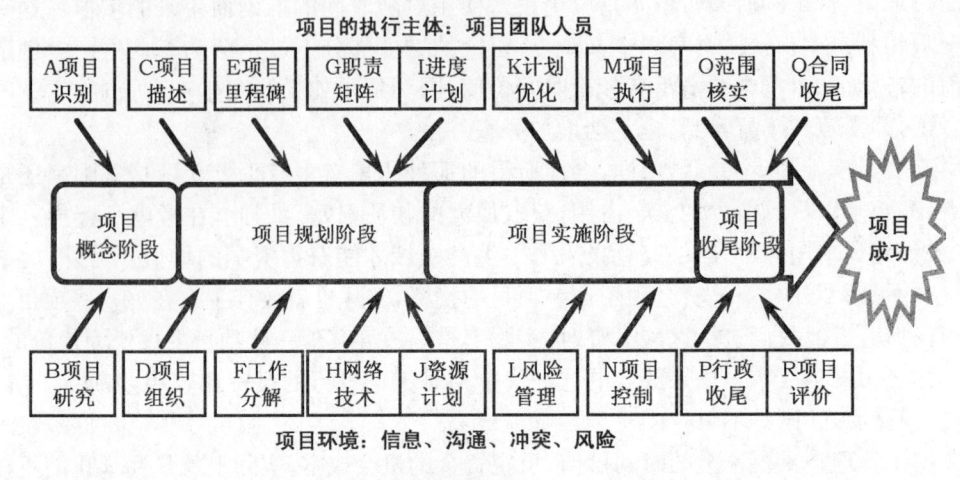

图 1-11

## 第四节 项目管理者应树立的观念

观念是人类支配行为的主观意识。正确的思维方式是开展有效工作的基本前提。观念的产生与所处的客观环境关系密切。辩证唯物主义者认为,观念不外是移入人脑并在人脑中改造过的物质的东西。正确的观念就是人的大脑对客观环境的正确反映。观念正确与否直接影响到行为的结果。因此要想行为正确有效,必须先树立正确的观念。在现代项目管理过程中,树立以下几种观念甚为重要。

### 一、系统观念

"系统"作为日常用语,指同类事物按一定关系组成的整体;作为科学用语,它是由若干既有区别又有联系、相互作用的要素所组成的,处在一定环境之中,为达到规定目的而存在,并具有一定功能的有机集合体。因此,各类"系统"都具有集合性、相关性、目的性和环境适应性等共同特征。系统观念就是要从系统、系统要素、系统结构、系统功能、系统环境等实际出发,认识事物、思考问题,寻找解决问题的方法。树立系统观念,具有现代认识论和方法论的意义。项目管理本身就是一个系统,系统思维应该是最基本的思维方式,运用系统论的理论和方法来管理项目,这是一切项目成功的基本条件。

在项目管理周期里,系统论观念要体现在项目可行性研究和组织实施的各个阶段。系统观念要求借鉴"木桶原理"处理一切的人和事:

(1)项目各个环节都强调向共同目标出发;
(2)重视项目系统内部的协调性;
(3)重视项目系统对外部环境的适应性。

只有这样,才能实现项目系统最优的整体效应。否则,任何一个子系统或分阶段工作的失误,都会影响项目总目标的实现。对于项目经理来说,必须学会运用系统观念,搞好协调工作。不仅自己,而且要让所有的项目实施者都树立系统观念。

根据三坐标原理,项目管理的目标是整体最优,使利益相关者都满意。项目的进度管理是项目能否按期实现的基本保证;项目的费用管理是对实现项目所需要的经费进行合理有效的管理,使项目的费用支出与进度相协调,并尽量不超支;项目的质量管理是使所实施的项目达到设计质量及技术指标的关键,是项目得以顺利完成的基础。

## 二、竞争观念

竞争是人类行为的基本特征之一,也是同商品生产相联系的一种经济现象,源于人们需求的无限性和财富的有限性之间的矛盾。传统的竞争观念,着眼于既有的有限财富的分配,尽力使其有利于自己;而现代的竞争观念则立足于鼓励财富的再生产,通过财富的再生产增加既有的财富总量,并改变对财富的支配、占用状况。在具有现代竞争观念的人看来,期初的财富支配状况只决定竞争的空间大小,不决定竞争的胜负。竞争面前没有绝对的优势,因而也没有甘居落后的理由,一切都是可以努力争取的。

在项目管理中,竞争观念非常重要,贯穿始终,体现得最充分的是项目筛选和招标投标阶段。项目管理者不仅要具有现代竞争观念,而且要掌握竞争技巧,要摸准市场现状与发展趋势,做到"知己知彼,有备而战",要懂得如何扬长避短,尽量避免攻对手之强的"正面竞争",而采用避实击虚或联合竞争的策略,这样才能"克敌制胜"。

## 三、时间观念

时间和空间是人类一切活动的两大载体。时间是物质运动的顺序性和持续性;空间是物质的伸张性,表明事物的位置、体积和形状的特性。

时间,绝非仅仅一个容器、一种流程,时间是一种重要的基础资源,具有总量恒定、不可再生、强迫占用、不可贮存、机会均等、不可转借等特点。时光不停地流转,任何人也无力抓住它停留片刻。时间改变一切也证实一切。一切存在,严格地讲都需要时间。然而,时间并不单独存在,它无声无形、无味无色,要表明时间的存在还得从万物中取证:日月交替,草木枯荣,生命存亡。对项目而言也如此。项目在时间中决策,在时间中实施,也在时间中使用,必须明确表明项目的起止时间。

项目管理者的时间观念应该包括:

(1)时间的紧迫感。时间就是机会,时间就是金钱,要当机立断,不要错过时机。在项目实施过程中,更不能延误了进度,影响了整个项目的周期。

(2)时间的效益观。注意运用货币时间价值理论,合理利用时间,精打细算,取得最大效益。

(3)敏锐的时代感。及时了解世界科学技术、经济文化的发展变化,并将这些成果适当地吸收到项目中来。

(4)时间的长远观念。项目建设要立足现在、放眼未来,符合长远发展规划,在时间上掌握主动权。

## 四、风险观念

每一位项目决策者都希望选择一个方案,既能获得尽量多的效益,又可少冒或不冒失败的风险。然而,决策是针对未来的,从决策到项目完成的全过程内,有很多产生风险的因素。例如,地震、洪水、台风、火灾等自然因素;市场饱和、价格波动、竞争加剧等经济因素;政策变化、税率和利率调整、对方欠债或诈骗等人为因素,都会导致风险产生。根据哲学原理和运动定律,运动是绝对的,静止是相对的。因此,风险是客观存在的,项目管理者必须具备风险观念。具体体现在:项目管理者既要有敢于承担风险的精神,又要能充分估计和分析风险,并在风险和机会之间权衡利弊得失,做出正确抉择。

风险的根源在于事物的运动性,运动是绝对的,因此风险也是客观存在的,管理人员不仅要树立风险观念,还必须掌握风险管理的技巧。项目风险管理是项目管理十大职能之一,是在项目全生命周期中识别和规划影响项目计划和成败的不确定性因素,建立风险监控机制和应对计划,化风险为机会,确保项目目标顺利实施。

风险管理的主要程序是:风险识别与评估;风险规划与量化;制订风险应对措施和风险监控机制。风险管理流程如图1-12所示。

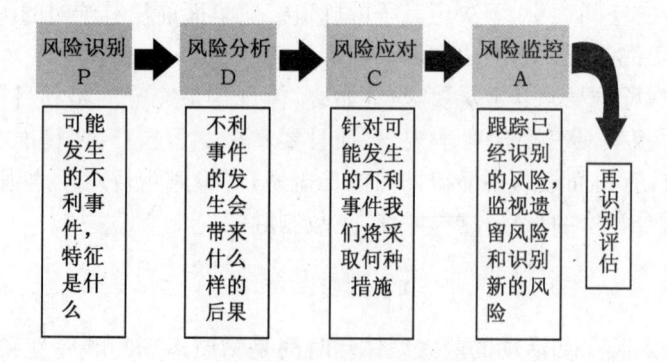

图1-12 风险管理流程

风险分析是一项重要的工作,出于项目顺利启动和运作的目的,应做到以下几点:

(1)确认各种风险。现代项目风险的种类:市场风险,技术风险,资金风险,工程风险,三坐标目标风险(时间、质量、费用),其他风险(政治经济条件变化、政策变化、法律法规变化等)。

(2)预计各种风险发生的条件、特征和概率,进行风险量化和评估。

(3)分析风险一旦发生,可采用哪些措施以防止其发生,或可采取何种措施以减轻其影响。

(4)建立并实施风险监控机制。

风险管理的主要工具是:德尔菲法、SWOT分析模型、敏感性分析、概率分析法等。

解决风险的基本思路是集中风险、重点防患、转移(分散)风险、减少损失。具体可以采取以下对策:

风险回避:风险发生的概率大,损失大,应尽量回避。

风险减轻:一个工程分成几个子项目,分别招标。

风险转移:让承包商出具保函;买保险。

风险共担:找合作者共同承担风险。

风险自担:①以上方法均不行;②承担风险的成本比以上方法的成本低;③风险造成的损失比以上方法成本低。

## 五、人本观念

人是项目中最主要的资源。人力资源与其他资源相比,有其明显的特征:主观能动性、多层次需求性、终生可开发性、继承性与社会环境的约束性等。无论一个项目的组织和计划多么完善,缺乏项目组成员的支持和参与就几乎没有成功的希望。项目组成员都是具有一定需求和欲望的人,具有一定的才智和技能,都有其各自的长处和短处。如何在了解成员之间差异的基础上,充分调动他们的主观能动性,尽可能好地利用人这一主要资源,实现项目的成功,这就要求项目管理者具备人本观念。

项目管理者的人本观念体现在:

1. 善于进行交流。项目是一个系统,而人是这一系统中唯一具有主观能动性、最活跃的因素,项目经理应经常与项目组成员交流,努力创造一种让人能自由发表意见的氛围,以达到沟通思想、明确认识的目的,并最终使全体成员在项目的总目标下达成共识。

2. 善于将工作委托给他人。适当的工作委托无疑会激发员工的工作兴趣,增强他们在项目中的参与感与责任感。项目管理者应做到用人之长、容人之短,使项目组各成员都尽可能发挥其最大作用。

3. 善于激励别人。通过了解每一位成员,找出最能激励他们的因素,付诸实践,以使工作更富效率,使各方目标得到协调统一。

4. 善于领导别人。项目的成功在很大程度上依赖项目参与者的承诺和忠诚,这不是靠简单的命令和指挥就能达到的,需要管理者说服、鼓励别人跟随他一起行动。

5. 善于沟通协调各方关系,加强利益相关方管理,尽量使利益相关方都满意。

## 六、效益观念

效益泛指投入与产出的比较,一般可以分为经济效益、社会效益和生态效益。提高效益与发展社会生产力、增加社会财富、扩大社会积累有着密切的联系,是一切社会发展的基础,同时也是项目投资者和管理者最关心的问题。

项目建设不能只考虑经济上的收益,也要考虑来自社会和公众的需要,如保持生态平衡、改善社会环境方面的需要。有些项目即使经济效益欠佳,但若具有良好的社会效益,也应继续进行,当然在实施过程中要力求提高经济效益,求得"双效"的统一。

提高经济效益必须以质量为本。"百年大计,质量为本",质量就是项目的生命。因此,项目管理者应牢固树立"质量为本"的观念,不能为片面追求经济效益而放弃对质量的要求。质量观点应在一开始就融入项目工作中,并成为一切与项目有关人员日常工作的行动指南。

在项目管理中,效益观念应该始终贯穿在系统观念、风险观念、时间观念之中。系统观念是研究怎样在投入的各环节、各生产要素之间建立有效的联系,获得更多的产出;风险观念是为了避免非正常因素对有机的动态平衡的投入产出关系所造成的干扰;时间观念是强调对经济活动中投入的基础资源——时间的开发、利用和节约,强调投入的生产要素的时间价值,最终也是为了提高效益。效益观念是支配其他几个观念的核心观念。

强调效益观念的同时,必须注意从传统的投资驱动逐步转换到创新驱动。摒弃以往过度依赖于消耗资源、能源等物质投入,不珍惜环境的高强度投入的增长方式,更多依靠集约投入、科技创新,走质量提升型的发展新路。

## 七、法治观念

法是指由国家制定或认可,体现统治阶级意志和利益,以国家强制力保证实施的行为规范的总称,包括宪法、法律、法令、条例、规则、规定、决议、惯例等。

法制是统治阶级按照自己的意志和利益,通过国家政权机关建立起来,并由国家强制力保证实施的法律制度,以及由此建立起来的社会秩序。随着商品经济的发展,法已经越来越多地介入经济活动领域。

我国要全面深化改革与推进依法治国,保证立法有理、有法必依、执法必严、违法必究。有严格的法律依据、完善的制度,才能有效执行顶层设计,护航中华民族伟大复兴。从宏观角度讲,必须坚持依法治国和以德治国相结合,坚持从中国实际出发。作为一名合格的项目管理者,必须掌握与项目有关的法律、法规和条例,注意避免项目实施中以及交付使用后产生与现行法律相冲突的现象,还应该学会借助法律保障预定目标顺利实现。

### 八、哲学观念

经济、技术、哲学的紧密结合,是现代社会的发展趋势。哲学的核心内容是世界观、方法论和思维规律。哲学对项目管理的指导作用是每位项目管理者都不可忽视的。将管理学与哲学有机结合,运用辩证的哲学观念去解决项目生命周期中遇到的"怎么选择项目"、"怎么规划项目"、"怎么实施项目",不仅能够提升项目管理水平,获得事半功倍的功效,还将推动项目管理学科的完善与发展。

项目是诸多要素构成的集合体,必须运用哲学观念,本着从整体出发把握对各要素的控制,处理好项目与科学、技术、创新的辩证关系。科学是以发现为核心,通过对自然的本质及其运行规律的探索、发现和揭示,最终归纳为真理。技术是以发明为核心,其本质上是改善人类社会生活的手段,讲求的是技巧。创新是工程的灵魂,创新就是要把新的技术商业化。项目则是集成科学和技术,利用科学原理和技术手段有目的地完成规划、实施、解决特定的实际问题。人们在上项目时一方面要了解国内外科学家有什么新发现,另一方面更要了解社会近期、远期有什么需求,不仅把科学家的发现和社会的需求联系起来,还要把知识、行动和道德结合起来,明确应该怎么看、怎么想、怎么做。将系统集成优化贯穿项目全生命周期。辩论定义、修订和追求切合实际的目标:坚持整体大于个体的总和,个体大于整体的分解;分而攻之,合而治之。

总之,观念的东西与物质的东西具有相同的本质属性,观念是对客观的反映,来源于客观存在,引导人们的行动。项目管理者应该以人为本,在法制的制约和保护下,于风险和竞争的环境里,运用哲学观念和系统论的原理方法,管理好项目寿命周期的全过程,以期实现项目的最佳效益。

## 思考题

1. 现代项目具备什么特征?
2. 现代项目管理的基本任务是什么?
3. 现代项目管理学的研究对象是什么?它包含哪些内容?
4. 项目发展周期的组成内容有哪些?研究项目发展周期对现代项目管理有什么意义?
5. 项目管理的基本原则是什么?
6. 项目管理知识体系的内容,涉及哪些职能领域?
7. 项目管理者应确立哪些观念?如何在项目周期中运用这些观念?
8. 联系实际分析项目成功(或失败)的原因、经验与教训。

# 第二章

# 现代项目管理的基本理论与方法

**本章要点**

本章详细叙述货币时间价值理论及其计算方法,这是项目管理动态计算的理论基石。以案例形式完整地介绍了敏感性分析等不确定性理论及其计算流程,帮助读者,运用动态管理理念和方法,预测风险的种类及幅度,力求尽量规避风险,提高项目的可靠性。本章简要介绍了影子价格的理论与确定方法,这是帮助读者从宏观的角度分析研究问题,以供高年级学生、研究生、从事国民经济分析的人员学习参考。

## 第一节 货币时间价值理论与计算方法

### 一、货币时间价值的含义

货币作为资本投入生产,与其他生产要素相结合,经过一段时间发生增值,使其价值大于原投入的价值,这种货币数额在特定利率条件下对时间指数的变化关系称为货币时间价值。

在对项目经济评价时,为了计算投资方案的经济效益,通常把方案的耗费和收益表示为货币形态的支出和收入,并按国际惯例,将由于实施方案造成的货币支出称为现金流出,将因实施项目而带来的货币流入称为现金流入。某一时刻的货币收入与支出的数量统称为现金流量,两者之间的差额(代数和)称为净现金流量。

各备选方案的现金流量会发生两种类型的差异:一是投入及产出数量上的差异,即现金流量大小的差异;二是投入及产出时间上的差异,即现金流量时间分布的差异。现金流量的差异是决定方案优劣的重要因素之一。

关于货币时间价值的表现,银行储蓄是最直观的例子。人们都知道,假定2015年2月在银行存入10 000元,2016年2月肯定能取出比10 000元多的钱,多出来的部分是10 000元本金在银行存1年应得的利息。本金加上利息称为本利和,由于利息的因素,本利和随时间的延长而增加。处在生产经营过程中的货币,在不同的时点有不同的价值,货币价值随着时间的变化而变化,这是客观事实,只要存在商品生产和货币交换,就必须考虑货币的时间价值。

在对项目经济评价中,如果简单地将现在发生的支出,与将来获得的收入作静态比较,是不可能得出正确结论的。为了保证项目寿命期内不同时点发生的支出与收入具有可比性,必须运用货币时间价值的理论和计算方法,将不同时点的价值折算成相同时点的价值,进行动态比较,以便做出科学的决算。货币时间价值是项目管理中必须考虑的因素,有很重要的现实意义。

**二、影响货币时间价值的制约因素**

从总体上讲,在货币投入使用的情况下,以将来较多的所得弥补现在较少所失的超额价值来表示"时间价值";在货币闲置不用的情况下,以按闲置时间所计算的牺牲代价来表示"时间价值"。货币时间价值的大小,受以下三个因素制约,即货币投入量、货币投入方式、利率和利息计算方式。

1. 货币投入量就是本金,投入量越大,在相同的时间和计息方式条件下,得到的利息、本利和越大。

2. 货币投入方式按货币投入金额和投入间隔期可划分为如下形式:

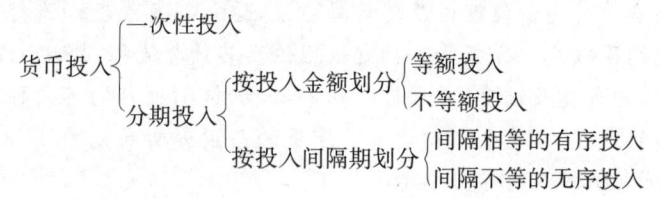

```
                 ┌─一次性投入
                 │              ┌─按投入金额划分 ┌─等额投入
货币投入 ┤                                          └─不等额投入
                 │
                 └─分期投入 ┤
                                └─按投入间隔期划分 ┌─间隔相等的有序投入
                                                    └─间隔不等的无序投入
```

经过组合,大致有五种不同的投入方式:
(1)一次性投入;
(2)等额有序投入;
(3)不等额有序投入;
(4)等额无序投入;
(5)不等额无序投入。

其中,第四种方式可以分解为一次性投入和等额有序投入;第五种情况,可以通过假定未投资年投资额为零,将其化解为第三种投入方式。所以,前三种投入方式是最基本的。

3. 利率和利息计算方式。一般来说,代表资金时间价值的利息是以百分比,即利率来表示的。在商品经济条件下,利率是由以下三部分组成:

(1)时间价值:纯粹的时间价值,随着时间的变化而发生的价值增值。
(2)风险价值:现在投入的资金,今后能否确保回收。
(3)通货膨胀:资金会由于通货膨胀而发生贬值。

利息计算方式有单利法和复利法两种。

单利法是指利息由本金一次计算而得,其一般公式为:

$$F = P + P \cdot i \cdot n = P(1 + i \cdot n)$$

式中:$F$ 为本利和;$P$ 为本金;$i$ 为利率;$n$ 为计息周期。

复利法是指利息由本金复合计算,即不仅对本金计息,还要对利息计息。其一般公式为:
$$F=P(1+i)^n$$

用单利法计算的时间价值少于由复利法计算的时间价值。两者从理论上讲,复利法的原理更符合资金在社会再生产过程中的作用规律。但在实际操作时,当计息时间和利率都比较小时,为简便计算,有时用单利法代替复利法。

**【例 2-1】** 某度假集团在全国各地有十几个度假基地,除通常的营销手段外,采取会员制方式回报稳定客户。一般会员入会门槛价 8 万元,年收益率为 8%,4 年归还本金,每年还可以选择到度假基地免费住十天。四年后的本利和,单利法和复利法计算结果会有何区别?

单利法:$F(单)=P(1+i \cdot n)=8(1+8\% \times 4)=8+2.56=10.56$(万元)

复利法:$F(复)=P(1+i)^n=8(1+8\%)^4$

$(1+8\%)^4$ 复利终值系数为 1.360 5,$F(复)=8 \times 1.360\ 5=10.884$(万元)

单利法和复利法计算结果相差:

$F(复)-F(单)=10.884-10.56=0.324$(万元)

因为年限短,本金小,单利法和复利法计算结果区别不大。该集团为了让会员每年见到收益,采取单利法签订合同。

投资项目一般期限长投资额大,应该运用复利法。本书主要采用复利法计算货币的时间价值。

### 三、货币时间价值的计算方法

目前国际上广泛采用的计算货币时间价值的方法有三种,即终值、现值和年金。

**(一)复利终值**

根据前面所述,复利计算的特点是"利上滚利"。复利终值是指按本金计算的每期利息在本期末加入本金,并在以后各期内再计利息,期末所得的本利和复利终值的计算公式,就是前面所述的一般公式。为计算方便,将公式中的 $(1+i)^n$ 称为复利终值系数,它的含义是本金为 1,利率为 $i$,$n$ 期以后的复利终值。复利终值系数可以适用于任何一种货币单位,在计算时,只要根据所给条件($i$ 和 $n$),从附录中查到相应的复利系数,再乘以本金,所得的和即为要求的复利终值。一次性投入(贷款),在若干年后一次性还本付息的情况下,使用此计算方法。

**【例 2-2】** 某股份有限公司拟贷款 800 万元,扩建生产车间。假定贷款利率 8%,每半年复利一次,五年后连本带利一次归还。试计算该公司到期需归还银行多少金额?

根据所给条件,得知本金 $P=800$ 万元,年利率为 8%,半年利率 $i=8\% \div 2=4\%$,期数 $n$ 为 $5 \times 2=10$(因为每半年复利一次,五年复利 10 次)。从附录表 1 复利终值表中查出 $i$ 为 4%,$n$ 为 10 的复利系数是 1.480 2。

$F=P(1+i)^n=800(1+4\%)^{10}$
$=800 \times 1.480\ 2=1\ 184.16$(万元)

五年后,该股份有限公司应该归还给银行的本利和为 1 184.16 万元。

**(二)现值**

现值是指未来某一金额的现在的价值。把未来金额折算成现值的过程称为折现(或贴现),贴现中所使用的利率称为折现率(或贴现率)。现值的计算公式为:

$$P = F \frac{1}{(1+i)^n}$$

式中：$P$ 为将来金额的现在值；$F$ 为将来值；$\frac{1}{(1+i)^n}$ 为现值系数（见附录表2）。

复利终值系数与现值系数互为倒数。计算终值时，利率、期数与终值成正比例，利率越高，期数越长，终值也就越大。计算现值时，利率、期数与现值成反比例，利率越高，期数越长，现值反而越小。一笔若干年以后使用（无论是一次使用还是分几次使用）的资金，现在需要预先筹集多少钱存入银行以备到期支付使用，这一类问题可以根据现值公式加以计算。

**【例2—3】** 某大学准备以招标承包方式，修建一座现代化计算机中心，计划分三次付款：项目实施第一年初支付300万元，第二年末支付500万元，第三年末完工时再付300万元。试问该项目总投资1 000万元的现值为多少？（贴现率为10%，一年计复利一次）

根据题意：总投资的现值由三部分组成，即 $P_n = P_1 + P_2 + P_3$。

$P_n$ 为总投资现值，$P_1$、$P_2$、$P_3$ 分别为第1年初和第2、3年末所支付款项的现值。

$P_1$ 即为第一年初支付的300万元，不必折现。

$$P_2 = F \frac{1}{(1+i)^n}$$

其中 $F = 500, i = 10\%, n = 2$。

查附录表2，得到 $\frac{1}{(1+10\%)^2}$ 的现值系数为0.826 4，所以

$P_2 = 500 \times 0.826\ 4 = 413.2$（万元）

$$P_3 = F \frac{1}{(1+i)^n}$$

其中 $F = 300, i = 10\%, n = 3$。

查附录表2，得到 $\frac{1}{(1+10\%)^3}$ 的现值系数为0.751 3，所以

$P_3 = 300 \times 0.751\ 3 = 225.39$（万元）

$P_n = P_1 + P_2 + P_3 = 300 + 413.2 + 225.39 = 938.59$（万元）

经过计算得知，修建该计算机中心总投资的现值为938.59万元。

### （三）年金

年金是指在一定时期内，每间隔相同时间，支付（或收入）相同数额的款项。由于间隔时间通常以年为单位，所以该相同的固定数额被称为年金。

年金按其收入或支出所发生的时间，可以分为期初年金和期末年金。每期期初所发生的定额款项称期初年金，有时又称即付年金，每期期末发生的定额款项称期末年金，又称普通年金。

年金按其贴息的时序，可以分为年金复利终值和年金现值两种。年金复利终值是指每间隔相等时间支付或收入相同的固定金额，直至最终期，并按复利计算的本利和。年金现值是指一定时期内，每间隔相等时间支付或收入等额款项的现在价值。下面分别介绍它们的计算方法。

1. 期末年金（普通年金）复利终值

期末年金复利终值的计算公式为：

$$F_R = A \frac{(1+i)^n - 1}{i}$$

式中：$F_R$ 为期末年金复利终值；$A$ 指按期支付（收入）的等额款项；$\dfrac{(1+i)^n-1}{i}$ 为年金终值系数（可查附录表3）。

【例 2—4】 20 世纪 90 年代初上海某区教育局为充实师资力量，先后从各省市引进了 100 名骨干教师。区政府为帮助这批教师五年后解决住房问题，决定每年从福利基金中提取 800 万元存入银行（年利率 4%），第五年年初取出用于建造教师楼，预测需资金 3 300 万元。试问每年存入的钱款是否能达到所需数额？

根据题意：$A = 800$ 万元，$i = 4\%$，$n = 4$

从附录表 3 中查得 $\dfrac{(1+4\%)^4-1}{4\%}$ 年金复利终值系数为 4.246 5，所以

$$F_R = 800 \times \dfrac{(1+4\%)^4-1}{4\%} = 800 \times 4.246\,5 = 3\,397.2（万元）$$

第五年初将这笔钱款取出时共计有 3 397.2 万元，能达到建造教师楼所需资金的数额。

**2. 期初年金复利终值**

期初年金由于是在期初发生的一定款项，计算时可以利用期末年金终值系数加以适当调整。年金款项期数为 $n$，先查 $(n+1)$ 期的期末年金终值系数，然后将系数再减去 1，即为 $n$ 期的期初年金终值系数。

【例 2—5】 某职工每年年初存入银行养老保险金 12 000 元，年利率 5%，第 20 年末共可得多少？

根据题意：$A = 12\,000$ 元，$i = 5\%$，$n = 20$

先查附录表 3，$n+1$ 即 $20+1$ 期的系数为 35.719 3，从中减去 1 后所得的差 34.719 3 即为应乘的系数。

$$F_R = 12\,000 \times 34.719\,3 = 416\,631.6（元）$$

该职工如果从 40 岁时每年年初为自己存入银行 12 000 元，60 岁退休时，银行累计存款达 41 662.8 元，可贴补退休后的消费需求，安度晚年。

**3. 年金现值**

年金现值是各期期末所发生的等额款项现值的总和。其计算公式为：

$$P_R = A\,\dfrac{1-\dfrac{1}{(1+i)^n}}{i} = A\left[\dfrac{(1+i)^n-1}{i(1+i)^n}\right]$$

其中：$P_R$ 为年金现值；$A$ 为每期期末发生的等额款项；$\dfrac{(1+i)^n-1}{i(1+i)^n}$ 为期末年金现值系数（可查附录表4）。

【例 2—6】 某企业原产品市场滞销，经研究准备购买一套设备，生产市场畅销的 A 产品，估计这套设备每年生产的产品可带来 45 万元纯收益。设备连续使用五年后将报废，残值与清理费相抵后尚可收回 0.5 万元。企业要求投资收益率不低于同行业的平均利润率 8%。试问该企业购买这套设备时最高价格是多少？

根据题意：购买设备的最高价格由两部分组成，即每年年末 45 万元纯收益的现值和 0.5 万元残值的现值。

$$P_R = 45 \times \dfrac{(1+8\%)^5-1}{8\%(1+8\%)^5}$$

查附录表 4，$\dfrac{(1+8\%)^5-1}{8\%(1+8\%)^5}$ 为 3.992 7，所以

$P_R = 45 \times 3.992\ 7 = 179.672$（万元）

$P = 0.5 \times \dfrac{1}{(1+8\%)^5}$

查附录表 2，$\dfrac{1}{(1+8\%)^5}$ 为 0.680 6，所以

$P = 0.5 \times 0.680\ 6 = 0.340\ 3$（万元）

$P_R + P = 179.672 + 0.340\ 3 = 180.012\ 3$（万元）

该企业为实现 8% 的投资收益率，购买设备时能出的最高价格为 180.012 3 万元。

### 4. 期初年金现值

期初年金现值是各期期初所发生的等额款项的现值之和。期初年金第一期所发生的款项即为现值，不必折现。利用期末年金现值系数进行计算时，需做如下调整：$n$ 期期初年金，查 $n-1$ 期的期末年金现值系数，然后再加上 1，即为所需要的期初年金现值系数。

【例 2—7】 某国有企业向集体企业有偿转让一台闲置设备，经双方协商签约，准备分期付款，每年年初支付 4.6 万元，分三年付清，贴现率按 10% 计算。后因国有企业急需资金，要求集体企业年初一次付清，并同意补贴 1 万元的违约损失费。试问该集体企业应付多少？

根据题意：先计算 $n$ 为 3，$i$ 为 10%，等额款项为 4.6 万元的期初年金现值。查附录表 4，得知 $i=10\%$，$n=3-1=2$ 时系数为 1.735 5，加上 1 后的和 2.735 5 即为该题所需的系数。

$4.6 \times 2.735\ 5 = 12.583\ 3$（万元）

$12.583\ 3 - 1 = 11.583\ 3$（万元）

该集体企业期初只需付给国有企业 11.583 3 万元，即可获得这台设备。

### 5. 不等年金

不等年金是指间隔相同的时间支付或收入金额不等的款项，它是年金的一种特殊形式。其计算方法要根据所给条件，按年金的不同种类分别计算。

【例 2—8】 某汽车集团准备投资购买一台设备，付款方式有两个方案可供选择。第一方案，交货期初一次付清 62 万元；第二方案，分期付款，第 1、2、3 年末各交 15 万元，第 4、5、6 年末各交 10 万元。试问汽车集团选择哪一种方式更省些？（折现率为 8%）

根据题意：先分段求出 1~3、4~6 年的年金现值，然后将两段现值之和与一次性付款价相比，从中选择价款少的。

第 1~3 年年金现值为：

查附录表 4，$i$ 为 8%，$n$ 为 3 的年金现值系数为 2.577 1，则：

$P_R = 15 \times 2.577\ 1 = 38.656\ 5$（万元）

第 4~6 年年金现值为：

$P_R = 10 \times \left[ \dfrac{(1+8\%)^6-1}{8\%(1+8\%)^6} - 2.577\ 1 \right]$

查附录表 4，$i=8\%$，$n=6$ 的系数为 4.622 9，所以

$P_R = 10 \times (4.622\ 9 - 2.577\ 1) = 10 \times 2.045\ 8 = 20.458$（万元）

两段支付的年金现值之和为：

38.656 5＋20.458＝59.114 5(万元)＜62(万元)

经过计算比较,该汽车集团应选择分期付款的方式。从表面上看,分期付款六年共付75万元,但是按8%折现率,折现为现值仅59.114 5万元,小于一次性付款的62万元。

6. 投资回收年金值

投资回收年金值是指在固定折现率和期数的情况下,对一笔现值投资,每年回收的等额年金值。其计算公式为:

$$A = P \frac{i}{1 - \frac{1}{(1+i)^n}} = P \frac{i(1+i)^n}{(1+i)^n - 1}$$

式中:$A$为投资回收年金值;$P$为现值投资额;$\frac{i(1+i)^n}{(1+i)^n - 1}$为投资回收年金系数,它与期末年金现值系数互为倒数,也可直接查系数表(见附录表5)。

【例2－9】 某企业年初投资50万元开发新产品,当年投产见效。投资者要求四年内收回投资并保证10%的投资收益率。试问该新产品投产后,每年必须获得多少纯利润,才能实现投资者要求?

根据题意:$P=50$万元,$i=10\%$,$n=4$

查附录表5,得投资回收年金系数为0.315 5,所以

$A=50×0.315\ 5=15.775$(万元)

经计算得知,该产品每年要能提供15.775万元纯收益,才能保证实现投资者的期望目标。

7. 资金存储年金

资金存储年金是指在固定贴现率和期数的情况下,对一笔终值投资每年存储的等额年金值。其计算公式为:

$$A = F \frac{i}{(1+i)^n - 1}$$

式中:$A$为资金存储年金;$F$为终值投资(或收益);$\frac{i}{(1+i)^n - 1}$为资金存储系数,它与期末年金终值系数互为倒数,具体数值可查附录表6。

【例2－10】 某本科毕业生计划工作五年后报考MBA研究生,第一年所需费用约7万元。他应该每年节余多少钱存入银行(假定利率为4%)?

根据题意:$A = 7 \times \frac{4\%}{(1+4\%)^5 - 1}$

查附录表6,得系数为0.184 6,所以

$A=7×0.184\ 6=12\ 922$(元)

经计算得知,该青年每年应节余12 922元存入银行,五年后即可积累7万元,以备攻读MBA第一年所需费用。

综上所述,货币时间价值的计算公式,可以汇总如表2－1所示。

表 2—1　　　　　　　　　　　货币时间价值计算公式汇总表

| 投资方式 | 货币时间价值类别 | 符 号 | 计算公式 | 系数的经济含义（在$i$折现率,$n$期条件下） | 备 注 |
|---|---|---|---|---|---|
| 一次性支付 | 复利终值已知$P$求$F$ | $F_{PF}(i,n)$ | $F=P(1+i)^n$ | 1元钱复利本利和 | 附录表1 |
| | 复利现值已知$F$求$P$ | $F_{FP}(i,n)$ | $P=F\dfrac{1}{(1+i)^n}$ | 1元钱的复利现值 | 附录表2 |
| 分期支付 | 期末年金终值已知$A$求$F$ | $F_{AF}(i,n)$ | $F_R=A\dfrac{(1+i)^n-1}{i}$ | 每期末等额支付1元钱的复利本利和 | 附录表3 |
| | 期末年金现值已知$A$求$P_R$ | $F_{AP_R}(i,n)$ | $P_R=A\dfrac{(1+i)^n-1}{i(1+i)^n}$ | 每期末等额支出1元钱的现值总和 | 附录表4 |
| | 投资回收年金已知$P_R$求$A$ | $F_{P_RA}(i,n)$ | $A=P_R\dfrac{i(1+i)^n}{(1+i)^n-1}$ | 现值总和为1元钱的每期末等额支付值 | 附录表5 |
| | 资金存储年金已知$F$求$A$ | $F_{FA}(i,n)$ | $A=F\dfrac{i}{(1+i)^n-1}$ | 终值本利和为1元钱的每期等额支付值 | 附录表6 |

注：$i$为贴现率；$n$为期数；$F$为复利终值；$P$为复利现值；$A$为每期收入或支付的等额款项；$F_R$为年金终值；$P_R$为年金现值。

# 第二节　不确定性理论及其分析方法

## 一、不确定性理论的基本内容和现实意义

所谓不确定性理论，就是分析研究可能的不确定因素对财务评价、社会经济评价指标的影响，从而推测项目可能承担的风险，进一步确认项目在财务上、社会经济上的可靠性。所以，不确定性理论有时又被称为可靠性理论。

进行项目财务评价和社会经济评价，是为了预测项目实施的价值，估计项目未来的获利能力。这种预测的可靠程度，对决策的正确性、科学性起着重要作用。现代项目类别很多，但有一个共同的特点，就是周期比较长，在项目的经济寿命周期内，存在着许多不确定性因素。例如，投资软环境中，社会、政治、文化等方面的不确定性和风险性；经济、技术发展本身给项目带来的不确定性和风险性；市场上供求数量变化、供求结构变化而造成的不确定性和风险性；自然条件、资源条件方面的不确定性和风险性；从事项目经济分析人员的任务水平、改革水平以及主观随意性而造成的不确定性和风险性；等等。尽管随着科学技术和预测科学的发展，预测的方法和手段日趋完善，然而项目周期中的事物变化是客观存在的，不确定性和风险性也是难免的。因此，项目管理者必须掌握不确定性理论及其计算方法。

不确定性分析的主要方法是盈亏平衡分析、敏感性分析和概率分析。盈亏平衡分析只能用于财务评价，而敏感性分析和概率分析则在财务评价和社会经济评价中均可采用。

## 二、盈亏平衡分析及计算方法

盈亏平衡分析就是要确定一个项目投产后,从一定时期内产量、成本和利润之间的关系,找出一个平衡点,在这一点上收入和支出持平,净收益等于零,故而盈亏平衡分析又称盈亏临界分析、收支平衡分析、量本利分析。

项目投产后,总成本一般可以分解为固定费用和可变费用两部分。固定费用是指在一定时期和一定产量的范围内,相对稳定,不随产量变动而变动的费用。即使产量为零,这笔费用也照样要支出的,如折旧费、车间和企业的管理费等;可变费用是与产量的增减成正比例变动的费用,如原材料、燃料动力、工资支出等费用。盈亏平衡点通常是根据正常生产年份的产品产量或销售量、可变费用、固定费用、产品价格、税金等数据计算。一般用图示法和计算公式相配合。

盈亏平衡点有两种情况:一种情况是成本方程式和销售方程式是线性的,只有一个平衡点;另一种情况是成本方程式和销售方程式是非线性的,会有两个平衡点。

1. 线性盈亏平衡点。线性盈亏平衡点所对应的产量是销售额等于总成本时的产量,此时利润为零,支出等于收入,即保本(如图2—1所示)。

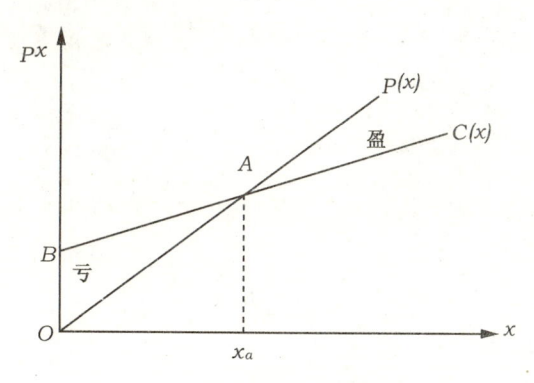

图2—1 线性盈亏平衡图

假设: $x$ 为产量或销售量; $P$ 为单位产品价格(元/件); $C$ 为总成本(元); $B$ 为固定成本(元); $d$ 为可变成本; $t$ 为单位产品税金; $r$ 为单位产品利润(元/件); $x_a$ 为平衡点时产量。

成本方程: $C(x)=B+(d+t)x$

销售收入方程: $P(x)=Px$

利润方程: $R(x)=rx=P(x)-C(x)$

盈亏平衡点时利润为零,即 $R(x)=0$,所以 $P(x)=C(x)$,

$$Px=B+dx+tx, x_a=\frac{B}{p-d-t}$$

一般来说,盈亏平衡点越低(即对应的产量越低),拟建项目投产后适应市场的能力越大,抗风险能力越强。

【例2—11】 某集团拟建一新车间,用于生产新产品,现有A、B两个方案供选择,经预测相关数据如表2—2,试对两个方案进行盈亏平衡分析,并做出比较判断(该集团对新产品的目标利润为500万元)。

表 2—2

| 方案 \ 指标 | 固定费用 B(万元) | 可变费用 d(元/件) | 产品价格 P(元/件) | 税金 t(元/件) | 设计能力 (万件) |
|---|---|---|---|---|---|
| A | 2 500 | 1 700 | 3 000 | 300 | 5 |
| B | 2 100 | 2 000 | 3 000 | 300 | 4 |

(1)先求出 A 方案的盈亏平衡点,设计能力利用率,目标利润产量,保本价格。

盈亏平衡点：

$$x_a = \frac{B}{P-d-t} = \frac{25\ 000\ 000}{3\ 000-1\ 700-300} = 2.5(万件)$$

设计能力利用率：

$$BEP_Q = \frac{B}{Q(P-d-t)} \times 100\% = \frac{25\ 000\ 000}{50\ 000(3\ 000-1\ 700-300)} \times 100\% = 50\%$$

实现目标利润时产量：

$$R(x) = P(x) - C(x)$$

$$x_n = \frac{B+R(x)}{P-d-t} = \frac{25\ 000\ 000 + 5\ 000\ 000}{3\ 000 - 1\ 700 - 300} = 3(万件)$$

按设计能力生产,保本点的价格：

$$BEP_p = \frac{B}{Q} + d + t = \frac{25\ 000\ 000}{50\ 000} + 1\ 700 + 300 = 2\ 500(元/件)$$

(2)求出 B 方案的盈亏平衡点,设计能力利用率,目标利润产量,保本价格。

盈亏平衡点：

$$x_a = \frac{B}{P-d-t} = \frac{21\ 000\ 000}{3\ 000-2\ 000-300} = \frac{21\ 000\ 000}{700} = 3(万件)$$

设计能力利用率：

$$BEP_Q = \frac{B}{Q(P-d-t)} \times 100\% = \frac{21\ 000\ 000}{40\ 000 \times (3\ 000-2\ 000-300)} \times 100\% = 75\%$$

实现目标利润时产量：

$$x_n = \frac{B+R(x)}{P-d-t} = \frac{21\ 000\ 000 + 5\ 000\ 000}{3\ 000 - 2\ 000 - 300} = 37\ 143(件)$$

保本价格：

$$BEP_p = \frac{B}{Q} + d + t = \frac{21\ 000\ 000}{40\ 000} + 2\ 000 + 300 = 2\ 825(元/件)$$

(3)对比分析。从以上计算可以看出,A 方案的各项主要指标都明显优于 B 方案,投产以后抗风险能力 A 方案强,所以应该选用 A 方案。

2. 非线性盈亏平衡点。现实生活中,成本方程和销售收入方程为非线性函数,此时两条曲线会产生两个交点,也即有两个盈亏平衡点。在这两个点之内为盈利的产量范围；在两个平衡点之外都将是亏本的(如图 2—2 所示)。

[案例]

某项目投产后,每年固定费用为 8.4 万元,单位产品可变费用基数为 25 元,每多生产一件降低 0.001 元；单位产品销售价格基数为 60 元,每多销售一件降低 0.002 元。试求该产品的

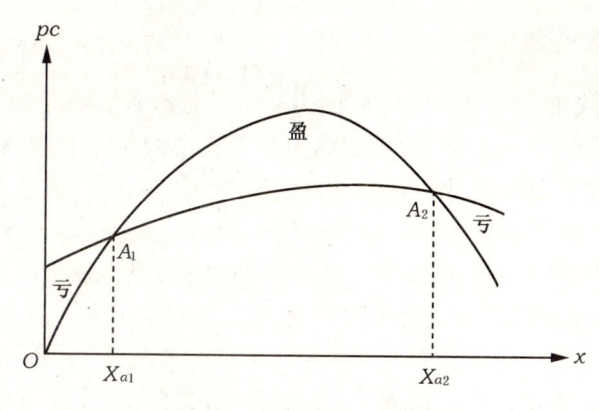

图 2—2 非线性盈亏平衡图

盈亏平衡点产量、最大利润时的产量及最大利润额,若投资者的目标利润每年 20 万元,该项目是否值得投资?

根据题意,固定费用 $B=84\,000$ 元

单位可变费用 $d=25-0.001x$;单价 $P=60-0.002x$

成本方程:

$C(x)=B+dx=84\,000+(25-0.001x)x$

销售收入方程:

$P(x)=(60-0.002x)x$

平衡点产量 $P(x)=C(x)$,即

$84\,000+(25-0.001x)x=(60-0.002x)x$

经将公式展开整理后得公式:

$x^2-35\,000x+84\,000\,000=0$

解方程得:$x=\dfrac{35\,000\pm 29\,816}{2}$

$x_1=\dfrac{35\,000-29\,816}{2}=2\,592$(件)

$x_2=\dfrac{35\,000+29\,816}{2}=32\,408$(件)

最大利润时产量:

$x^*=\dfrac{x_1+x_2}{2}=\dfrac{2\,592+32\,408}{2}=17\,500$(件)

最大利润为:

$R(x^*)=P(x^*)-C(x^*)$
$=(60-0.002\times 17\,500)\times 17\,500-84\,000-(25-0.001\times 17\,500)\times 17\,500$
$=222\,250$(元)

盈亏平衡分析结论:该项目投产后最大年利润为 22.225 万元,超过了投资者的目标利润,只要原材料有保障、市场销售量稳定,该项目值得投资。

运用盈亏平衡分析,计算简单,若是画图更是一目了然,但由于未考虑货币时间价值的因素,因此不够准确,属于静态分析法。

### 三、敏感性分析及分析步骤

敏感性分析是当决策方案中一个或多个因素发生变化时,对整个项目的经济评价指标所带来的变化程度的预测分析,这种变化程度称为敏感度,幅度大表示敏感,幅度小表示不敏感。通过敏感性分析可以找出影响本项目成本和效益的主要因素,及时采取有效措施,弥补或缩小预测的误差,确保项目达到预期目标。项目对某种因素的敏感程度,可以表示为该因素按一定比例变化时评价指标达到的临界点(如财务内部收益率等于财务基准收益率,经济内部收益率等于社会折现率)时允许某因素变化的最大幅度,即极限变化。超过此极限,即认为项目不可行。通过敏感性分析能够帮助决策者对项目方案作出正确选择,还能帮助分析评价人员找到今后提高资料数量和质量的重点。敏感度高的因素,数据要全面、准确,多花一些时间去收集整理,敏感度低的因素,数据相对可以粗略一些。

敏感性分析在计算时要考虑货币的时间价值,采用现值分析法,是一种动态分析。不同项目的敏感与非敏感因素是不完全相同的,但分析的步骤、方法是相同的。

1. 计算基本情况下备选方案的净现值和内部收益率。净现值就是该项目效益现值的总额减去投资成本现值总额后的余额,也就是各年净现金流量现值之和。可以表示为:

$$NPV = \sum_{n=1}^{k} \frac{P_n}{(1+i)^n} - \sum_{n=1}^{k} \frac{A_n}{(1+i)^n}$$

式中:$P$ 为每年的效益;$A$ 为每年的投资成本;$n$ 为期数;$i$ 为贴现率。

以净现值大于、等于、小于零来判别该项目的可取程度。如果净现值大于零,说明此项目有利可获,数量越大,获利越多;净现值小于零,说明该项目投资成本大于效益,项目不可取。

内部收益率(内部报酬率)是项目效益现值总额等于投资成本现值总额即净现值为零时的贴现率。可以表示为:

当 $\sum_{n=1}^{k} \frac{P_n}{(1+i)^n} = \sum_{n=1}^{k} \frac{A_n}{(1+i)^n}$ 时的 $i$,即为内部收益率。

内部收益率的计算方法有试算法和内推法。试算法是先采用相当于机会成本的贴现率来试算。如果净现值为零,该贴现率即为内部收益率;如果净现值不为零,则根据内部收益率与净现值成反比的关系,调整贴现率。首次试算的净现值为正值,则提高贴现率,再作试算;如首次试算时净现值为负值,则降低贴现率再试算,直至为零或接近零,这时的贴现率即为内部收益率。

内推法是在试算的基础上,利用两个最接近零的正负净现值所对应的贴现率进行推算。计算公式为:

$$i = R_1 + (R_2 - R_1) \frac{NPV_1}{NPV_1 + |NPV_2|}$$

式中:$R_1$ 为低贴现率;$R_2$ 为高贴现率;$NPV_1$ 表示与 $R_1$ 对应的正净现值;$|NPV_2|$ 表示与 $R_2$ 对应的负净现值的绝对值。

2. 列出影响项目投资效益的主要因素。建设项目一般要考虑投资成本、建设周期、生产成本、销售价格四类因素。

3. 分别预测主要因素的变动幅度以及变动后对净现值和内部收益率的影响程度。

4. 将某一项目(或同一项目的不同方案)的各种因素变动所造成的影响幅度,进行比较汇总,某一因素变动前后计算结果的差别越大,说明该项目对此因素的反应越敏感,项目在这方面所承担的风险也越大。

5. 根据项目性质以及对各种因素敏感度的次序,选择风险较小、较可靠的方案。

下面以一个具体的生产性投资项目为例,说明如何进行敏感性分析。

[案例]

某城市拟新建一座化工企业,计划投资3 000万元,建设期3年,考虑到机器设备的有形损耗与无形损耗,生产期定为15年,项目报废时,残值与清理费正好相等。投资者的要求是项目的投资收益率不低于10%,基准收益率为8%。试通过敏感性分析决策该项目是否可行,以及应采取的措施。

该项目的敏感性分析可以分为六步进行。

第一步:预测正常年份的各项收入与支出,以目标收益率为基准收益率,计算出基本情况下的净现值和内部报酬率(见表2—3)。

表2—3　　　　　　　　某化工企业新建项目基本情况表　　　　　　　　单位:万元

| 年份 | 投资成本 | 销售收入 | 生产成本 | 净现金流量 | 10%贴现系数 | 现　值 |
|---|---|---|---|---|---|---|
| | 1 | 2 | 3 | 4=2-1-3 | 5(查附录表2) | 6=4×5 |
| 1 | 500 | | | −500 | 0.909 1 | −454.55 |
| 2 | 1 500 | | | −1 500 | 0.826 4 | −1 239.60 |
| 3 | 1 000 | 200 | 140 | −940 | 0.751 3 | −706.22 |
| 4 | | 3 000 | 2 600 | +400 | 0.683 0 | 273.20 |
| 5 | | 5 000 | 4 500 | +500 | 0.620 9 | 310.45 |
| 6~15 | | 6 000 | 5 400* | +600** | 3.815 3* | 2 289.18 |
| 合计 | 3 000 | 68 200 | 61 240 | +3 960 | | 472.46 |

注:* 为贴现率为10%时第6~15年时的年金现值系数(下同);

** 为单年数值(下同)。

从表2—3中可以看出,该项目正常情况下的净现值为正值。运用内推法确定基本情况下的内部收益率(计算过程省略)。

当贴现率为15%时,净现值为−212.56万元。

$$\text{内部收益率} = 10\% + (15\% - 10\%) \times \frac{472.46}{472.46 + |-212.56|}$$
$$= 10\% + 3.414\%$$
$$= 13.414\%$$

从计算结果得知,正常情况下内部收益率为13.414%,高于基准收益率和投资者期望收益率,具有一定吸引力。对此类项目影响较大的因素是投资成本、建设周期、生产成本和价格波动。需分别对这些因素进行敏感性分析。

第二步:进行投资成本增加的敏感性分析。

假定该项目由于建筑材料涨价,导致第一年投资成本上升15%,原来3 000万元的投资额增加为3 450万元,进行敏感性分析时,首先在基本情况表中对投资成本一栏加以调整,算出净现值,然后再计算内部收益率(见表2—4)。

从表2—4中可见,其余条件不变,仅仅由于第一年投资增加450万元,净现值已由原来的

472.46万元降为63.36万元,其内部收益率也将相应下降。

当贴现率为12%时,净现值为－251.59万元。

表2－4　　　　　　　某化工厂投资成本增加15%时敏感性分析表　　　　　　单位:万元

| 年份 | 投资成本 | 销售收入 | 生产成本 | 净现金流量 | 10%贴现系数 | 现值 |
|---|---|---|---|---|---|---|
| 1 | 500＋450 |  |  | －950 | 0.909 1 | －863.65 |
| 2 | 1 500 |  |  | －1 500 | 0.826 4 | －1 239.60 |
| 3 | 1 000 | 200 | 140 | －940 | 0.751 3 | －706.22 |
| 4 |  | 3 000 | 2 600 | ＋400 | 0.683 0 | 273.20 |
| 5 |  | 5 000 | 4 500 | ＋500 | 0.620 9 | 310.45 |
| 6～15 |  | 6 000** | 5 400** | ＋600** | 3.815 3* | 2 289.18 |
| 合计 | 3 450 | 68 200 | 61 240 | ＋3 510 |  | 63.36 |

注:同表2－3。

$$\text{内部收益率} = 10\% + (12\% - 10\%) \times \frac{63.36}{63.36 + |-251.59|}$$
$$= 10\% + 0.402\%$$
$$= 10.402\%$$

分析表明,在其他条件不变,投资成本上升15%时,该项目内部收益率由13.41%降为10.402%,但仍高于投资者期望收益率,项目可接受。

第三步:进行项目建设周期延长的敏感性分析。

假定该项目施工过程中由于意外事故,造成部分工程返工、停工,建设周期延长一年,并由此导致投资增加100万元。试生产和产品销售顺延一年,预测数据见表2－5。

表2－5　　　　　　　某化工厂建设周期延长一年的敏感性分析表　　　　　　单位:万元

| 年份 | 投资成本 | 销售收入 | 生产成本 | 净现金流量 | 10%贴现系数 | 现值 |
|---|---|---|---|---|---|---|
| 1 | 500 |  |  | －500 | 0.909 1 | －454.55 |
| 2 | 1 400 |  |  | －1 400 | 0.826 4 | －1 156.96 |
| 3 | 900 |  |  | －900 | 0.751 3 | －676.17 |
| 4 | 300 | 200 | 140 | －240 | 0.683 0 | －163.92 |
| 5 |  | 3 000 | 2 600 | ＋400 | 0.620 9 | 248.36 |
| 6～15 |  | 6 000** | 5 400** | ＋600* | 3.815 3* | 2 289.18 |
| 合计 | 3 100 | 63 200 | 56 740 | ＋3 360 |  | 85.94 |

注:同表2－3。

由上表可见,由于工期延长一年,净现值已由原来的472.46万元降为85.94万元。

当贴现率为12%时,净现值为－205.05万元。

$$\text{内部收益率} = 10\% + (12\% - 10\%) \times \frac{85.94}{85.94 + |-205.05|}$$
$$= 10\% + 0.59\%$$
$$= 10.59\%$$

计算表明,该项目工期延长一年,内部收益率仍在10%以上,项目可以继续进行。

第四步：进行生产成本增加的敏感性分析。

假定由于原材料调价，营销费用增加，该项目投产后，第6～15年生产成本上升5%，其他条件不变，基本情况表中的数字调整后见表2—6。

表2—6　　　　　某化工厂生产成本上升5%的敏感性分析表　　　　　单位：万元

| 年份 | 投资成本 | 销售收入 | 生产成本 | 净现金流量 | 10%贴现系数 | 现 值 |
|---|---|---|---|---|---|---|
| 1 | 500 | | | −500 | 0.909 1 | −454.55 |
| 2 | 1 500 | | | −1 500 | 0.826 4 | −1 239.60 |
| 3 | 1 000 | 200 | 140 | −940 | 0.751 3 | −706.22 |
| 4 | | 3 000 | 2 600 | +400 | 0.683 0 | 273.20 |
| 5 | | 5 000 | 4 500 | +500 | 0.620 9 | 310.45 |
| 6～15 | | 6 000** | 5 670** | +330** | 3.815 3* | 1 259.05 |
| 合计 | 3 000 | 68 200 | 63 940 | +1 260 | | −557.67 |

注：同表2—3。

当贴现率为10%时，净现值仅为−557.67万元；当贴现率为5%时，净现值为+68.73万元。

$$内部收益率 = 5\% + (10\% - 5\%) \times \frac{68.73}{68.73 + |-557.67|}$$
$$= 5\% + 0.55\%$$
$$= 5.55\%$$

计算表明，生产成本上升对项目效益影响很大，生产成本上升5%，导致内部收益率下降7.9个百分点，低于10%的期望收益率和8%的基准收益率，此方案风险很大。

第五步：进行价格下降的敏感性分析。

在市场经济条件下，产品价格若呈上升趋势，当然对项目效益有利，但也不能排除价格下降的可能性。假定经过市场预测后得知，项目投产以后前三年按计划价格销售，第6～15年由于市场需求减少，产品价格下降5%，才能保证生产的产品全部售出。在其他条件不变的情况下，销售收入也随之下降5%，基本情况表将作相应调整（见表2—7）。

表2—7　　　　某化工厂产品价格下降5%的敏感性分析表　　　　单位：万元

| 年份 | 投资成本 | 销售收入 | 生产成本 | 净现金流量 | 10%贴现系数 | 现 值 |
|---|---|---|---|---|---|---|
| 1 | 500 | | | −500 | 0.909 1 | −454.55 |
| 2 | 1 500 | | | −1 500 | 0.826 4 | −1 239.60 |
| 3 | 1 000 | 200 | 140 | −940 | 0.751 3 | −706.22 |
| 4 | | 3 000 | 2 600 | +400 | 0.683 0 | 273.20 |
| 5 | | 5 000 | 4 500 | +500 | 0.620 9 | 310.45 |
| 6～15 | | 5 700** | 5 400** | +300** | 3.815 3* | 1 144.5 |
| 合计 | | 65 200 | 61 240 | +960 | | −672.22 |

注：同表2—3。

当贴现率为10%时，净现值为负值，为−672.22万元；当贴现率为5%时，净现值为+

129.23 万元。

$$\text{内部收益率} = 5\% + (10\% - 5\%) \times \frac{129.23}{129.23 + |-672.22|}$$
$$= 5\% + 0.81\%$$
$$= 5.81\%$$

计算结果清楚地警告投资者,该项目对销售价格因素也非常敏感,必须千方百计提高产品质量、性能,控制价格下降幅度,否则无法实现投资者的期望收益率,假如通过努力,仍不能控制价格下降的幅度,此项目则不可行。

第六步:对整个项目的敏感性分析进行汇总、对比(见表2—8)。

表 2—8　　　　　　　某化工厂四个主要因素敏感性分析汇总表

| 序号 | 敏感因素 | 净现值（万元） | 与基本情况差异（万元） | 内部收益率（%） | 与基本情况差异（百分点） |
|---|---|---|---|---|---|
| 0 | 基本情况($i=10\%$) | 472.46 | 0 | 13.41 | 0 |
| 2 | 销售价格下降5% | −672.22 | −1 144.68 | 5.81 | −7.6 |
| 1 | 生产成本增加5% | −557.67 | −1 030.13 | 5.55 | −7.86 |
| 3 | 投资成本增加15% | 63.36 | −409.1 | 10.40 | −3.01 |
| 4 | 建设周期延长一年 | 85.94 | −386.52 | 10.59 | −2.82 |

从汇总表中可以得知,新建项目对分析的四类影响因素的敏感程度顺序为:生产成本增加5%,销售价格下降5%,投资成本增加15%,建设周期延长一年。后两个因素发生时,净现值仍为正值,仍能实现投资者期望收益率。当未来产品销售价格下降5%时,以及生产成本增加5%时,净现值为负值,不能实现投资者需要,在财务评价和社会经济评价时必须提出切实措施,以确保方案有较好的抗风险能力,否则就另行设计方案。从总体上讲,风险太大,应放弃。

敏感性分析是不确定性分析中一个重要的方法,在充分肯定其作用的同时,也必须注意它的局限性。首先,这种分析是将几个影响因素割裂开,逐个分析的,如果几个因素同时作用,则不能单独依靠敏感性分析进行决策,还应配合其他方法进行。其次,每种影响因素的变化幅度是由分析人员主观确定的,如果事先未作认真的调查研究,或收集的数据不全、不准,敏感性分析得出的预测很可能带有较大的片面性,甚至导致决策失误。例如,价格下降幅度,分析人员预测为5%,如果预测时估计价格下降2%,敏感性分析的结果可能就有正净现值出现。因此,运用敏感性分析方法时,必须广泛开展调查研究,并注意各种影响因素之间的相互关系,尽量使收集的数据客观、完整,才能克服预测中主观片面性,为决策者提供可靠的依据。

### 四、概率分析(风险分析)及其一般步骤

概率分析是用概率方法对项目的不确定性因素及其影响下的财务评价、社会经济评价指标进行的定量分析,是不确定性分析的常用方法之一。

项目实施过程中以及整个寿命周期中,很多现象的出现带有偶然性或不确定性。它们在一定条件下可能出现,也可能不出现。这种偶然现象称作随机现象,随机现象的结果通常就称为随机事件。任何一种随机事件的出现与否,虽不能事先确定,但根据历史经验和当时各种客观条件,人们可以估计其可能性的大小,对于随机事件出现的可能性大小用一个确定的数值来表示,这种数值就称为概率。

概率分析的一般步骤为：

1. 在许多不确定因素中，经过分析判断先选出一个最不确定的因素或影响程度最大的因素，将其他几个因素假定为确定因素。

2. 估计这种不确定因素可能出现的自然状态的概率。概率估计的准确度直接影响概率分析的可靠度，并影响项目决策的正确与否。因此分析人员必须通过认真细致的调查、收集整理数据，作出慎重的估计。

3. 计算期望值的大小。期望值又称数学期望值、平均数，是反映随机变量平均水平的数字。其计算公式为：

$$E(x) = \sum_{i=1}^{n} x_i P(x_i)$$

式中：$E(x)$为期望值；$x_i$为$i$情况下的数值；$P(x_i)$为出现$x_i$数值的概率。

4. 计算方差与标准差。方差是反映随机变量与实际值的分散程度的数值。随机变量$x$的方差为：

$$\sigma_x^2 = \sum_{i=1}^{n} [x_i - E(x)]^2 \cdot P(x_i)$$

方差的平方根称作标准差，即$\sigma_x$。标准差是概率分析中必用的指标，它能反映随机变量变异程度或分散程度，从而有助于判断项目的风险程度。

5. 计算变异系数。标准差是绝对值，用它来衡量项目风险大小有时仍会有局限性。例如，两个备选方案投资规模，预期净现金流量相差都很大，用标准差就不能准确反映风险大小。此时，可以通过变异系数反映单位期望值可能产生的离差（变异）。其计算公式为：

$$CV = \frac{\sigma_x}{E(x)}$$

6. 再选择一个影响程度大一些的不确定因素，假定其他因素为确定数，重复上述2、3、4步的工作。

7. 进行综合分析，判断备选方案中的优劣顺序，供决策者作为选择方案时的依据。

[案例]

某项目年产量为150万件，其投资额、产品售价和年经营成本，可能发生的数值及概率见表2—9。项目寿命周期12年，贴现率为10%，投资者的期望收益为850万元，净现值率不低于30%。

要求：试进行概率分析，计算净现值的期望值，并作出投资与否决策。

本案例分析过程见表2—10、表2—11、表2—12。

表2—9　　　　　　　　　　投资数值与概率估算表　　　　　　　　　　单位：万元

| 年　份 | 第一年 | | 第二年 | |
|---|---|---|---|---|
| | Ⅰ按计划完成 | Ⅱ返工 | Ⅰ按计划完成 | Ⅱ返工 |
| 数值 | 1 000 | 1 200 | 2 000 | 2 400 |
| 概率 | 0.8 | 0.2 | 0.7 | 0.3 |
| 期望值 | 1 000×0.8+1 200×0.2<br>=+1 040 | | 2 000×0.7+2 400×0.3<br>=+2 120 | |

表 2—10　　　　　　　　　　　产品售价及概率估算表　　　　　　　　　　单位：元/件

| 年　份 | 第 3～12 年 | | |
|---|---|---|---|
| 可能情况 | Ⅰ激烈竞争 | Ⅱ一般竞争 | Ⅲ无竞争 |
| 数值 | 6 | 7 | 8 |
| 概率 | 0.2 | 0.6 | 0.2 |
| 年销售收入期望值 | (6×0.2+7×0.6+8×0.2)×150＝1 050 | | |

表 2—11　　　　　　　　　　　年经营成本及概率表　　　　　　　　　　　　单位：万元

| 年　份 | 第 3～12 年 | | |
|---|---|---|---|
| 可能情况 | Ⅰ无竞争 | Ⅱ一般竞争 | Ⅲ激烈竞争 |
| 数值 | 250 | 350 | 450 |
| 概率 | 0.2 | 0.6 | 0.2 |
| 成本期望值 | 250×0.2+350×0.6+450×0.2＝350 | | |

表 2—12　　　　　　　　　　　项目收益净现值估算表　　　　　　　　　　　单位：万元

| 年　份 | 1 | 2 | 3～12 | 合计 |
|---|---|---|---|---|
| 投资额 | 1 040 | 2 120 | | 3 160 |
| 经营成本 | | | 350 | 3 500 |
| 销售收入 | | | 1 050 | 10 500 |
| 净现金流量 | －1 040 | －2 120 | 700 | 3 840 |
| 10％贴现系数 | 0.909 1 | 0.826 4 | 5.078 2 | |
| 现　值 | －945.464 | －1 751.968 | 3 554.74 | 857.31 |
| 净现值率 | 857.31÷(945.464＋1 751.968)×100％＝31.78％ | | | |

结论：项目净现值和净现值率均能达到投资者期望，项目可行。

## 第三节　影子价格的理论与确定方法

### 一、影子价格的特定含义

影子价格是指在项目经济评价中采用的部分货物经过调整计算的价格，反映社会对这些货物真实价值的度量，是投资项目经济评价的通用参数。广义的影子价格还包括资金的影子价格（社会折现率）、土地的影子价格、工资的影子价格（影子工资）、外汇的影子价格（影子汇率），等等。

从宏观角度讲，在一定的生产和技术条件下，可供利用的资源是有限的，资源存在一个最优分配问题。要实现资源的最优分配，就应该把稀缺资源优先分配给经济效益好的投资项目。资源在最优利用状况下，单位(资源的计量单位)效益增量价值，便是资源的影子价格。资源稀缺程度与影子价格成反比例，资源越稀缺，资源单位效益增量值就越大，价格也就越高；反之，当资源可以满足全社会需求时，资源单位效益增量价值就越小，当供大于求时影子价格则为零。

影子价格的含义是科学的，但它的确定却是极其困难的，只能用变通的办法，根据某种资源的机会成本估计,得到近似的影子价格。机会成本在西方又称"择一成本",在项目管理中是指两个或两个以上备选项目,选中一项而放弃其他项目的最大代价数值。由于机会成本是在项目外部形成的,并未实际发生,只能通过分析人员的研究、比较才能确定。研究机会成本可以为决策者提供在各备选方案中选择最优方案的依据。

## 二、影子价格的确定方法

在确定影子价格时,首先将项目涉及的货物,包括所有的投入物和产出物,划分为可外贸货物、非外贸货物和特殊投入物三种,按照联合国工业发展组织对发展中国家进行项目经济评价的方法分别确定。

(一)可外贸货物影子价格的确定

1. 直接进口的国外货物,如图 2—3 所示。

影子价格＝货物到岸价格×影子汇率＋国内运费＋贸易费用

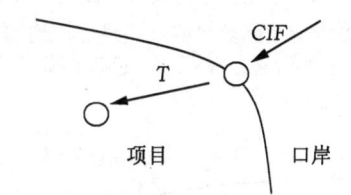

注:CIF —— 到岸价格
　　F —— 影子汇率
　　T —— 从口岸到项目的国内运费和贸易费用
影子价格＝CIF×F＋T

图 2—3　直接进口的国外货物影子价格的确定

2. 间接进口的货物,如图 2—4 所示。

影子价格＝货物到岸价格×影子汇率＋口岸到原用户的运费和贸易费用－供应厂到原用户的运费和贸易费用＋供应厂到拟建项目的运费和贸易费用

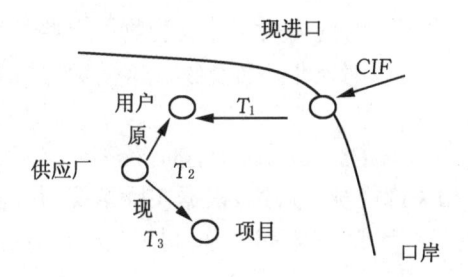

影子价格＝CIF×F＋$T_1$－$T_2$＋$T_3$

图 2—4　间接进口的货物影子价格的确定

3. 直接出口(外销产品)的货物,如图 2—5 所示。

影子价格＝离岸价格×影子汇率－国内运费－贸易费用

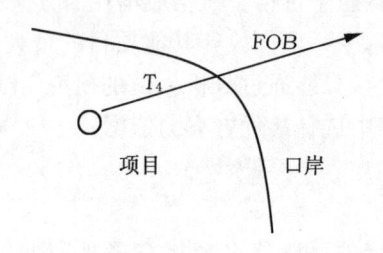

注：FOB —— 离岸价格
$T_4$ —— 项目到口岸的国内运费和贸易费用
影子价格 = FOB × F − $T_4$

**图 2-5　直接出口货物影子价格的确定**

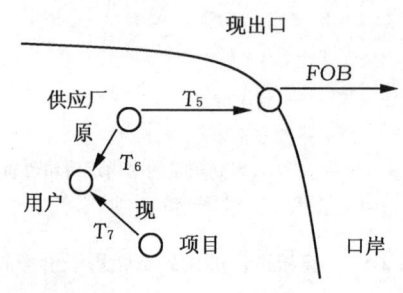

4. 间接出口的货物（替代其他货物，使其他货物增加出口的内销产品），如图 2-6 所示。

$$影子价格 = \frac{离岸}{价格} \times \frac{影子}{汇率} - \frac{原供应厂到港口的}{运费和贸易费用} + \frac{原供应厂到用户的}{运费和贸易费用} - \frac{拟建项目到用户的}{运费和贸易费用}$$

影子价格 = FOB × F − $T_5$ + $T_6$ − $T_7$

**图 2-6　间接出口货物影子价格的确定**

### （二）非外贸货物的影子价格的确定

凡不属于可进口或出口的货物，均列入非外贸货物。有些外贸货物由于国内运费昂贵或受国内外贸易政策的制约，也可以列入非外贸货物。这类货物的影子价格确定方法有三种。

1. 利用换算系数确定。

$$影子价格 = 国内现行价格 \times 经济换算系数$$

经济换算系数由国家相关部门统一规定，根据实际情况，作适当调整，如影子汇率长期以来采用 1.08 换算系数。鉴于汇率变动因素，在作远期经济评价时对美元的影子汇率通常调高到 1.10 以上比较合适。

2. 采用价格分解法确定。即将生产或使用这类货物的主要投入物中的外贸货物的价格，主要按影子价格调整，少量不能调整的仍按实际价格计算，然后加权汇总，确定出该类货物的影子价格。这种价格分解法计算起来比较复杂，只有对项目投资额中占很大比重的主要投入物，才采用这种方法。

3. 采用"替代法"确定。即根据与其相类似的货物或替代品的影子价格来确定。如天然气的影子价格，可以根据其含热量换算成标准煤以后，用石油的影子价格作为天然气的影子价格。大部分非外贸货物可以采用这一方法。

(三)特殊投入物影子价格的确定

1. 劳动力的影子价格,即影子工资。影子工资是指一个项目所用的人员,假定他不参加本项目工作,而在原来工作岗位上所可能做出的贡献。此外,还应包括社会为劳动力就业而付出的但职工又未能得到的其他代价,如为劳动力就业而花费的培训费、交通费,等等。

按国家计委规定,我国影子工资计算公式为:

影子工资=(财务评价中所用的工资+提取的职工福利基金)×工资换算系数

工资换算系数是视职工来源而定,项目所需人员若为在岗人员调来,系数为1;若为失业人员,系数为零。在建设期内大量使用农民工的项目,农民工的影子工资换算系数为0.5;涉外项目的影子工资的换算系数一般为1.5。

2. 土地。土地的影子价格主要取决于项目所使用土地的年产值和年租金。如果项目占用的土地原为荒地,其影子价格为零。如果是耕地,目前比较通用的方法是根据项目的寿命期、影子利率、土地原来的年产值,运用年金现值的计算公式加以计算。

## 思 考 题

1. 什么是货币时间价值?其数值大小受哪些因素制约?
2. 现值、终值、年金的内涵及计算方法是什么?
3. 如何确定影子价格?在项目经济评价中影子价格起什么重要作用?
4. 不确定性理论的基本内容和意义是什么?
5. 有哪几种主要方法可以分析项目的可靠性?它们各自有什么优点和局限性?
6. 现有一建设项目,投资为1.2亿元,项目寿命期为14年,其投资支出情况、销售收入、经营成本如下表所示。现假定项目基准贴现率为15%,请对项目投资总额、销售收入、经营成本三个方面作敏感性分析(变动幅度可以自行设计)。

单位:万元

| 年 份 | 投资额 | 销售收入 | 经营成本 |
| --- | --- | --- | --- |
| 1 | 3 000 | | |
| 2 | 5 000 | | |
| 3 | 4 000 | | |
| 4 | | 15 000 | 12 000 |
| 5 | | 20 000 | 16 000 |
| 6~14 | | 25 000/年 | 20 000/年 |
| 合计 | 12 000 | 260 000 | 208 000 |

# 第三章

# 项目可行性研究和项目评估

**本章要点**

项目可行性研究和项目评估是项目决策阶段的重要步骤和内容,是关系着项目成败的关键一环。本章详细叙述了可行性研究的重要性、阶段划分及其操作程序;介绍编写可行性报告的内容、原则。本章强调在五位一体同步建设时,规范项目环境影响评价的重要性及其分类管理方法。项目评估是项目决策时不可或缺的重要工作,本章做了简要分析。

## 第一节 可行性研究的内涵及作用

### 一、可行性研究的含义与阶段划分

(一)可行性研究的含义

可行性研究(又称项目论证)是指运用现代经济与技术分析方法,事先研究论证项目的建设可行性、技术先进性、经济合理性的一种科学方法。其目的是为项目开工建设与生产经营提供依据。

可行性研究自20世纪30年代美国制定开发田纳西河流工程规划时开创,经过不断的完善与发展已形成一套比较完整的理论。1978年联合国发展组织编写了《工业可行性研究编写手册》,至此,可行性研究理论框架初步形成,并成为世界各国订立可行性分析标准的基础。我国从1982年开始,将可行性研究列为工业投资的一项重要的必不可少的工作与程序。

可行性研究不仅用于工程项目建设,而且用于工业、农业等多种产业的投资建设与生产管理,并进一步用于自然环境影响和社会发展等诸多问题,从而使可行性研究不仅仅停留在研究技术、经济两方面,而是包括技术先进性、经济合理性、社会公正性和环境适应性的综合评价与优化选择。

项目可行性研究是项目前期工作的最重要内容。它要解决的主要问题是：为什么要进行这个项目？项目的产品或劳务市场的需求情况如何？项目的规模多大？项目选址定在何处合适？各种资源的供应条件怎样？采用的工艺技术是否先进可靠？项目筹资融资渠道、盈利水平以及风险性如何等。它从项目选择、立项、建设到生产经营的全过程来考察分析项目的可行性。首先从预测市场需求开始,通过多方案比较,论证项目建设规模、工艺技术方案、厂址选择的合理性,原材料、燃料动力、运输、资金等建设条件的可靠性,其次对项目的建设方案进行详细规划,最后通过对生产经营成本、销售收入和一系列指标的计算,评价项目在财务上的盈利能力和经济上的合理性,提出项目可行或不可行的结论,从而最终回答了项目是否有必要建设、是否可能建设和如何进行建设的问题,为投资者的最终决策提供直接的依据。

（二）可行性研究的阶段划分与投资估算误差

广义的可行性研究,划分为机会研究、初步可行性研究及详细可行性研究三个阶段。

1. 机会研究

机会研究也称投资机会鉴定,是指寻求投资的机会与鉴别投资的方向。它的主要任务是对项目投资进行初步鉴定。在一个指定的地区或部门内,对资源的情况、市场需求情况的预测及对项目工艺技术路线和经济效益作一些粗略的分析研究,寻找最有利的投资机会。这种研究一般靠经验数据估计,是匡算的,其误差一般为±30%。时间较短,约1~2个月,费用也较少。如果这一研究能引起投资者的兴趣,可以转到下一步；否则就此停止。

机会研究又分一般机会研究和特定项目机会研究两种。根据当时的条件,决定进行哪种机会研究,或两种机会研究都进行。

(1)一般机会研究。这种研究主要是通过国家机关或公共机构进行的,目的是通过研究指明具体的投资建议。有以下三种情况：地区研究,部门研究,以资源为基础的研究。

(2)特定项目机会研究。一般投资机会做出最初鉴别之后,即应进行这种研究,并应向潜在的投资者散发投资简介,实际上做这项工作的往往是未来的投资者或企业集团。主要内容为：市场研究,项目意向的外部环境分析,项目承办者优劣势分析。

2. 初步可行性研究

初步可行性研究是进一步分析和判断投资项目是否有生命力,是否有利可图,是否值得进行下一步的可行性研究,对投资项目的关键性问题需要作专门的调查研究,例如：市场情况、资源条件、产品方案、工艺路线、技术设备及经济效益的评价等,需要取得较精确的数据。初步可行性研究一般要用半年左右时间,投资估算误差一般为±25%,而所需费用一般占投资总额的0.25%~1.5%。如果对项目的各个主要专题研究结果感到可行,就可转入下一个步骤,进行可行性研究。有些项目在有较大的把握时,就不再作初步可行性研究,而直接从机会研究进入详细可行性研究阶段。

3. 详细可行性研究

这是一个关键阶段,也是投资前最重要的阶段,它需要对研究项目进行深入详细的技术经济论证,提供项目所需的各种依据,并做出全面、详细、完整的经济评价,并且可列出不同的方案,从最优目标出发,对项目的原材料、工艺、品种、厂址、投资情况及项目工期等进行比较论证,从中选择投资少、进度快、效益高的最优方案。这一阶段的建设投资和成本估算的误差应在±20%以内,所需时间一年左右,或更长时间,其费用一般占投资总额的0.8%~3%。

上述三个阶段是密切相关的。机会研究是对项目的设想进行鉴别,确定投资方向；初步可行性研究是为投资项目能否进行提供依据；详细可行性研究则是对项目的实施提供较为详细的依据。项目的建设一般要经过这几个阶段，但有时也可省略机会研究或初步可行性研究。

## 二、可行性研究的作用和出发点

### （一）可行性研究的作用

投资一个项目，目的就在于最大限度地获得经济效益和社会效益。任何投资决策的盲目性或失误，都可能导致重大的损失，特别是重大项目的决策正确与否，其影响所及，会是整个国民经济的结构和规模。投资项目进行可行性研究的主要作用，表现为以下几个方面。

**1. 可行性研究是科学的投资决策的依据**

任何一个投资项目成立与否，投资效益如何，都要受到社会的、技术的、经济的等多种因素的影响。对投资项目进行深入细致的可行性研究，正是从这三方面对项目分析、评价，从而积极主动地采取有效措施，避免因不确定因素造成的损失，提高项目经济效益，实现项目投资决策的科学化。科学的投资决策，是项目顺利进行、投资效益正常发挥的保证。

**2. 可行性研究是编制计划、设计、施工实施以及后评价的依据**

一个项目的建设是十分复杂的，可行性研究的进行只是其中重要的一部分，今后的工作计划、设计及设备的选择、采购、安排等都将一一进行。在现行的规定中，虽然可行性研究是与项目设计文件的编制分别进行的，但项目的设计要严格按批准的可行性研究报告的内容进行，不得随意改变可行性研究报告中已确定的规模、方案、标准、厂址及投资额等控制性指标。项目设计中的新技术、新设备也必须经过可行性研究才能被采用。因此，我国建设程序规定，可行性研究是建设程序中的一个重要阶段，是在设计前进行并作为项目设计的依据。

可行性研究是项目实施的依据。只有经过项目可行性研究论证，被确定为技术可行、经济合理、效益显著、建设与生产条件具备的投资项目，才能被列入国家或地方的投资计划，允许项目单位着手组织原材料、燃料、动力、运输等供应条件和落实各项投资项目的实施条件，为投资项目顺利实施作出保证。项目的可行性研究是项目实施的主要依据。

项目建成交付使用一段时间后要进行后评价，运营效果要与可行性研究的资料和结论相对比分析，构成项目后评价的重要依据。

**3. 可行性研究是项目评估、筹措资金的依据**

在可行性研究报告中，具体地分析了项目建设的必要性和可行性，对选择最优方案做出明确结论。项目评估，是在可行性研究的基础上进行的，通过论证、分析，对可行性研究报告进行评价，提出项目是否可行，是否是最好的选择方案，为最后做出投资决策提供咨询意见。可行性研究还详细计算项目的财务、经济效益、贷款清偿能力等详细数量指标以及筹资方案和投资风险等，银行在对可行性研究报告进行审查和评估后，决定对该项目的贷款金额。

**4. 可行性研究是提高投资效益的重要保证**

进行可行性研究时，必须在多方案中进行反复论证，筛选掉那些投资效益差的方案，当然这种筛选必须建立在数据准确和完善的基础上，并且要进行综合分析。这样可以促进项目的最优化，同时为项目实施过程的顺利进行，防止重大方案的变动或返工奠定基础。

目前，国内外有关项目的可行性研究的文献非常丰富。国际上比较有代表性的著作是联合国工发组织编制的《工业可行性研究编制手册》，该手册可以说是国内各种可行性研究论著的一个"母本"，被称为可行性研究"黄皮书"。该手册按基础资料占有程度、研究深度和可靠性要求不同，把项目前期论证工作划分为若干阶段，如表3—1所示。

表 3—1　　　　　　　　　　　项目前期各阶段工作比较

| 工作阶段 | 机会研究 | 初步可行性研究 | 可行性研究 | 项目评估 |
|---|---|---|---|---|
| 工作目标 | 项目选定 | 初步选择与初步分析 | 最终分析 | 项目决策 |
| 工作内容 | 鉴别投资方向；寻找投资机会；确定初步可行性研究的范围；确定辅助研究的关键方面 | 鉴定项目的选择标准；确定项目暂定的可行性；评价是否应当开始可行性研究；辅助研究 | 确定项目选择标准；进行深入技术经济论证和效益分析；多方案比较；详细调查研究；确定可行性 | 综合分析；评估可行性研究的真实性和可靠性 |
| 工作成果及作用估算 | 编制项目建议书，为初步可行性研究提供依据 | 编制初步可行性研究报告，为可行性研究提供依据 | 编制可行性研究报告，为项目决策提供重要依据 | 对可行性研究报告进行评估，做出决策 |
| 误差 | ±30% | ±25% | ±20% | ±20% |
| 费用占投资的百分比 | 很少 | 0.25~1.5 | 大型项目 0.8~1.0；中小型项目 1.0~3.0 | |
| 需要时间(月) | 1~2 | 4~6 | 8~12 或更长 | |

（二）可行性研究的出发点

项目可行性研究有着如此重要的作用，因此，从事可行性研究的人员必须坚持：(1)站在咨询的立场上；(2)提出多种替代方案，进行多方案比较；(3)对各种方案做经济技术分析；(4)决定最佳投资时期和投资规模；(5)提出可能实施的具体措施；(6)把资源的有效利用放在中心位置；(7)要做环境影响评价。

（三）可行性研究的原则

(1)政策导向和市场导向相结合的原则；(2)技术、经济、环保相结合的原则；(3)定量和定性分析相结合的原则；(4)近期效益与远期效益、微观效益与宏观效益相结合的原则；(5)系统优化的原则；(6)客观性、公正性的原则。

### 三、我国可行性研究的应用与发展

可行性研究工作是在 20 世纪上半叶随着技术、经济和管理科学的发展而产生的。美国是最早开始采用可行性研究方法的国家。第二次世界大战以后，西方工业发达国家普遍采用这一方法，广泛地应用到建设领域，经过不断充实和完善，逐步形成了一整套较系统的科学研究方法。目前，不但西方国家把可行性研究作为投资项目决策的手段，中东地区、亚洲一些发展中国家也在积极开展这项工作。

我国建设项目投资决策前的可行性研究工作是在 20 世纪 70 年代末，随着改革开放方针的提出，在引进国外的先进技术和设备的同时逐渐开展起来的。在这之前，我国在投资项目决策前所做的技术经济论证工作，其作用和目的也是为了在投资前对拟建项目的必要性、建设条件、建成后的效果等进行分析论证，以提高投资效益。

早在 20 世纪 50 年代初期，在中央财经委员会颁布的《基本建设工作暂行方法》中就提出："在进行建设之前，应先经调查研究，提出计划任务书，经批准后，方得开始设计。"并规定了计划任务书的内容：(1)产品品种及在国民经济中的重要性；(2)生产规模及其发展前景；(3)建设地点及与有关工业之关系；(4)建设期限及与有关工业之配合；(5)投资估计数及所需外汇；(6)资源与经济条件，包括原材料供应与产品销路。这些规定与要求，对保证基本建设按程序进行,保证投资的有效使用起到了很大作用。在随后的"文化大革命"中,这些行之有效的前期工作方法被否定了,建设事业受到了严重影响。

中共十一届三中全会以后,国民经济发展转入正轨,投资建设工作也逐步恢复和采用了一些有效的科学管理方法。

1979年,国家有关部门邀请世界银行专家在我国举办"可行性研究"讲习班,介绍了国外的可行性研究方法,在这以后,各部门开展对可行性研究的学习,并组织翻译出版了有关出版物。

1981年1月,国务院颁布了《技术引进和设备进口工作暂行条例》,明确规定"所有技术引进和设备进口项目,都要明确编制项目建议书和可行性研究报告",并规定了可行性研究的内容及附件的目录,这是我国正式规定有关建设项目必须进行可行性研究工作,把编制可行性研究报告作为项目决策依据的开端。接着1982年9月国家计委又在《关于编制建设前期工作计划》的通知中进一步扩大了需要进行可行性研究工作的范围,包括所有列入"六五"计划的大中型项目。并规定所有建设项目的设计任务书都必须在批准的可行性研究的基础上进行编制,作为最终决策和初步设计的依据。至此,可行性研究工作已在我国所有建设项目上实施,并构成建设程序中的一项重要内容。

以上工作为1983年2月国家计委制定和颁发《关于建设项目可行性研究的试行管理办法》奠定了基础。国家计委制定的这个试行管理方法,对有关可行性研究工作的各种问题作了全面的阐述与规定。

1987年,国家计委依据科委和国务院技术经济研究中心提出的用"企业经济评价"方法进行应用研究,发布了《建设项目经济评价方法与参数》,对可行性研究中的经济评价部分作了更为详细的规定和具体要求。2006年7月发布了《建设项目经济评价方法与参数》第三版。《建设项目经济评价方法与参数》是由国家发改委和建设部共同发布的政府指导性文件,是编制建设项目可行性研究报告不可缺少的必要参考资料。我国有关建设项目可行性研究工作的管理已日趋完善,基本上能满足建设项目决策的需要。一些部门与地方在此基础上,结合各自的特点,制定了相应的可行性研究实施细则。目前,不仅大中型项目,而且一些有条件的小型项目也都开展了项目的可行性研究。

## 第二节　可行性研究的内容、程序和原则

### 一、可行性研究的内容

可行性研究的内容不同的项目有不同的侧重点。但一般要有以下内容:

1. 项目的必要性、重要性或紧迫性;
2. 国家、市场、用户需求;
3. 项目的建设地点、建设规模以及建设条件;
4. 项目建设所需人力、物力资源、供应商供应与协作关系及条件;
5. 项目的投资比较精确测算和资金筹措方式;
6. 项目建设所采用的技术,项目要达到的技术水平、功效与生产运营能力;
7. 项目的建设周期;
8. 项目的财务评价、国民经济评价、环境评价、社会评价等;

9. 项目可行性研究的结论。

按照项目的规模大小、技术复杂程度及资源耗费多少的不同,可行性研究报告详细程度有所不同,应按国家现行规定的审批权限报批:大中型和限额以上项目的可行性研究报告,报国家发改委审批。总投资在2亿元以上的项目,经过国家发改委审查后报国务院审批。中央各部门所属小型和限额以下项目由各部门审批。地方投资2亿元以下项目,由地方发改委审批。

为使投资决策更加科学化、民主化,国家规定,在工程建设项目的可行性研究报告送审批前,需经有资质的中介机构(工程咨询公司等)先行提出对项目的评估报告,作为国家有关部门进行决策的重要依据。

可行性研究报告经批准后,不得随意修改和变更。如果在建设规模、产品方案、主要协作关系等方面有变动,以及突破投资控制数额时,应经原批准机关复审同意。可行性研究报告批准后,应正式设立项目法人,并按项目法人责任制实行项目管理。经过批准的可行性研究报告,是项目最终决策立项的标志,也是进行初步设计的重要文件。

概括而言,可行性研究工作内容必须包括以下三个方面:

(1)进行市场研究,以解决项目建设的必要性问题;

(2)进行工艺技术方案的研究,以解决项目建设的技术可能性问题;

(3)进行经济和社会环境分析,以解决项目建设的合理性问题和可持续性发展问题。

## 二、可行性研究的工作程序

国际上典型的可行性研究的工作程序分为六个步骤。在整个程序中,委托单位和咨询单位必须紧密合作。

第一步,开始阶段。要讨论研究的范围,细心限定研究的界限及明确委托单位的目标(包括成果性目标和约束性目标)。

第二步,进行实地调查和技术经济研究。每项研究要包括项目的主要方面,需要量、价格、工业结构和竞争将决定市场机会,同时,原材料、能源、工艺要求、运输、人力和外国工程又影响适当的工艺技术的选择。所有这些方面都是相互关联的,但是每个方面都要分别评价。

第三步,选优阶段。将项目的各不同方面设计成可供选择的方案。这里咨询单位的经验是很重要的,它能用较多的有代表性的设计组合制定出少数可供选择的方案,便于有效地取得最优方案,随后进行详细讨论,委托单位要作出非计量因素方面的判定,并确定协议项目的最后形式。

第四步,对选出的方案更详细地进行论证,确定具体的范围,估算投资费用、经营费用和收益,并作出项目的经济分析和评价。为了达到预定目标,可行性研究必须论证选择的项目在技术上是可行的,建设进度是能达到的。估计的投资费用应包括所有合理的未预见费用(如包括实施中的涨价备用费)。经济和财务分析必须说明项目在经济上是可以接受的,资金是可以筹措到的。敏感性分析则用来论证成本、价格或进度等发生时,可能给项目的经济效果带来的影响。

第五步,编制可行性研究报告和环境影响报告。其结构和内容经常有特定的要求(如各种国际贷款机构的规定)。这些要求和涉及的步骤,在项目的编制和实施中能有助于委托单位。

第六步,编制资金筹措计划。项目的资金筹措在比较方案时,已作过详细的考察,其中一些潜在的项目资金会在贷款者讨论可行性研究时冒出来。实施中的期限和条件的改变也会导致资金的改变,这些都可以根据可行性研究的财务分析作相应的调整。最后,要作出一个明确的结论,以供决策者作最终判断。

项目可行性研究的工作程序基本框架见图3—1。

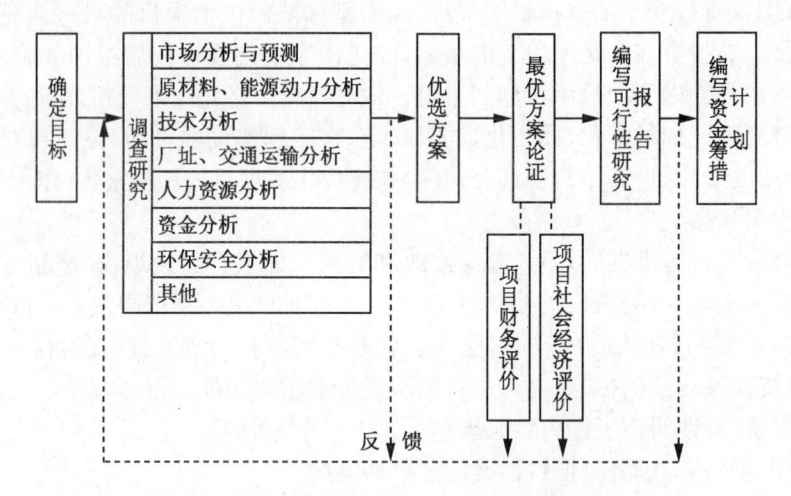

图3—1 可行性研究工作程序基本框架

### 三、可行性研究的机构及应遵循的基本原则

（一）承担可行性研究工作的单位

承担可行性研究工作的单位必须是具有法人资格的咨询单位或设计单位。同时它还应具备以下三个条件：

1. 承担可行性研究的单位必须经过国家有关机关的资质审定,取得承担可行性研究的资格。未经资质审定确认的单位或个人不得承担可行性研究工作。

2. 承担可行性研究工作的单位应具有编制可行性报告的能力和经验,必须对可行性研究报告的质量负责。如果有多个单位共同完成一项可行性研究工作,必须有一个单位总负责。

3. 可行性研究人员应具有所从事专业的中级以上专业职称,并具有相关的知识、技能和工作经历。

（二）可行性研究工作应遵循的基本原则

可行性研究工作在建设过程中与国民经济计划中有着极其重要的作用,这就要求承担这一工作的单位和个人以高度负责与严肃认真的态度对待工作,竭尽全力,不断提高工作质量和可行性研究报告的质量,保证每一项目的提出和决策都能拥有充分的依据；保证不带主观随意性或因领导压力、人情关系而违背作为一个科学工作者的良知和责任。为此,可行性研究工作应严格遵循以下基本原则：

1. 科学性原则。即要求按客观规律办事。这是可行性研究工作必须遵循的最基本的原则。

(1)要用科学的方法和认真的态度来收集、分析和鉴别原始的数据与资料,以确保它们的真实和可靠。真实可靠的数据和资料是可行性研究的基础与出发点。

(2)要求每一项技术与经济的决定,都有科学的依据,是经过认真的分析、计算而得出的。

(3)可行性研究报告和结论必须是分析研究过程的合乎逻辑的结果,而不掺杂任何主观成分。

2. 客观性原则。也就是要坚持从实际出发、实事求是的原则。建设项目的可行性研究，是根据建设的要求与具体条件进行分析和论证而得出可行或不可行的结论。

（1）首先要求承担可行性研究的单位正确地认识各种建设条件。这些条件都是客观存在的，研究工作要求排除主观臆想，必须从实际出发。

（2）要实事求是地运用客观的资料作出符合科学的决策和结论。

3. 公正性原则。就是站在公正的立场上，不偏不倚。在建设项目可行性研究的工作中，应该把国家的和人民的利益放在首位，绝不为任何单位或个人而生偏私之心，不为任何利益或压力所动。实际上，只要坚持科学性与客观性原则，不弄虚作假、牟取私利，就能够保证可行性研究工作的正确和公正，从而为项目的投资决策提供可靠的依据。

## 第三节　可行性研究的方法

可行性研究的方法很多，这里重点介绍经济评价法、市场预测法和投资估算法。

### 一、经济评价法

（一）经济评价法的分类

可行性研究的经济评价法分为财务评价和国民经济评价两部分。财务评价是在国家现行财税制度和价格的条件下考虑项目的财务可行性。财务评价只计算项目本身的直接效益和直接费用，即项目的内部效果。使用的计算报表主要有现金流量表、内部收益率估算表。评价的指标以财务内部收益率、投资回收期和固定资产投资借款偿还期为主要指标。国民经济评价是从国民经济综合平衡的角度分析计算项目对国民经济的净效益，包括间接效益和间接费用，即项目的外部效果。为正确估算国民经济的净效益，一般采用影子价格代替财务评价中的现行价格。国民经济评价的基本报表为经济现金流量表（分全部投资与国内投资两张表）。评价的指标是以经济内部收益率为主要指标，同时计算经济净现值和经济净现值率等指标，详见本书第四章。

（二）经济评价法的特点

经济评价法是在我国传统的评价方法上继承和发展起来的，但与传统的相比，有如下特点。

1. 定量与定性分析相结合，以定量分析为主。在整个可行性研究中，对项目建设和生产过程中的很多因素，通过费用、效益的计算，得出了明确的综合的数量概念，从而使可行性研究能选择最佳方案，而这种定量分析随着科学技术的进步及人们观念的转变越来越被广泛应用。但同时，一个复杂的项目总会有许多因素不能量化，不能直接进行数量比较，在许多情况下，需要用理论加以说明，因此，必须进行定性分析。定量与定性相结合，使可行性评价较完整。

2. 动态与静态分析相结合，以动态分析为主。可行性研究的经济评价，过去往往只用静态分析，很难正确反映可行性研究的结果。因为静态的分析法较简单、直观，使用方便，在我国一些地区应用较普遍，因此，仍有一定实用价值。动态分析考虑货币的时间价值，用等值计算法将不同时间内资金流入和流出换算成同一点的价值，以便进行不同方案、不同项目的比较，使投资者、决策者树立起资金周转观念、利息观念、投入产出观念。

3. 宏观效益与微观效益分析相结合，以宏观效益为主。在可行性研究的财务评价与国民经济效益评价中,多数是一致的,但有时是不一致的。过去,往往偏重于项目自身效益的大小,以及地区、行业的发展需要;现在,不仅要看项目本身获利多少,有无财务生存能力,还要考虑对国民经济的净贡献。财务评价不可行,国民经济评价可行的项目,一般应采取经济优惠措施;财务评价可行,国民经济评价不可行的项目,应该否定,或重新考虑方案。

4. 预测分析与统计分析相结合,以预测为主。在可行性研究中既要以现有状况水平为基础,对各种历史资料和现有资料进行分析,在预测技术不发达及信息资料不全的情况下,以实际达到水平作依据。同时,又要运用各种预测的方法,对各种因素进行预测分析,还应对某些不确定因素进行敏感性分析、风险分析和概率分析等。

## 二、市场预测法

在可行性研究市场预测中,有很多方法,但不可能也没有一种方法在任何条件下都是理想的,因此,人们经常有选择地将不同方法结合使用,这样往往可以取得较好的效果。

市场预测一般是以消费动态为主,采用比较多的数学计算方法,它主要有以下几种。

### 1. 趋势外推法

这种方法是根据事物历史和现时统计资料,寻求事物变化规律,从而推测出该事物未来状况的一种常用预测方法。该法适用于非跳跃变化的事物预测,其数学规律的确定可以采用多种方法,这里举出两种常用模式:回归直线法和二次曲线法。

(1) 回归直线法。它以 $y=a+bx$ 对给定数据进行回归处理,并以此作为未来变化规律。由最小二乘法确定 $a$、$b$ 最佳值为:

$$a = \frac{1}{n} \cdot \sum_{i=1}^{n} y_i - \frac{1}{n} \cdot b \cdot \sum_{i=1}^{n} x_i$$

$$b = \frac{\sum_{i=1}^{n} x_i y_i - \frac{1}{n} \sum x_i \sum y_i}{\sum x_i^2 - \frac{1}{n} (\sum x_i)^2}$$

对于均匀时间序列,我们可通过恰当地选择坐标原点位置,使 $\sum x_i = 0$ 以简化计算。

【例 3—1】 某企业历年销售资料如表 3—2 所示,试预测 2007 年的销售额。

表 3—2　　　　　　　　某企业近几年销售额情况　　　　　　　　单位:万元

| 期　数 | 销售额 $Y_i$ | $x_i$ | $x_i^2$ | $x_i y_i$ |
|---|---|---|---|---|
| 2001 | 350 | −3 | 9 | −1 050 |
| 2002 | 480 | −2 | 4 | −960 |
| 2003 | 400 | −1 | 1 | −400 |
| 2004 | 560 | 0 | 0 | 0 |
| 2005 | 550 | 1 | 1 | 550 |
| 2006 | 650 | 2 | 4 | 1 300 |
| 2007 | 850 | 3 | 9 | 2 550 |
| $n\sim 7$ | $\sum y_i = 3\,480$ | $\sum x_i = 0$ | $\sum x_i^2 = 28$ | $\sum x_i y_i = 1\,990$ |

$$a = \frac{1}{n} \sum y_i = \frac{3\,480}{7} = 497.1$$

$$b = \sum x_i y_i / \sum x_i^2 = \frac{1\,990}{28} = 71.1$$

所以,按 $y = a + bx$,可得:

2007 年预测值 $= 497.1 + 71.1 \times 4 = 781.5$(万元)

回归直线本身包含一定误差,为判定预测数可靠程度及其波动范围,可计算标准差如下:

$$\sigma = \sqrt{\frac{\sum(y - y_i)^2}{n}}$$

根据统计数据的分布条件,我们可由 $\sigma$ 推知预测精度与预测范围的关系。根据本例计算 $\sigma$ 为 79.8,一般以 $Y \pm 2\sigma$ 作为控制范围,则其预测值在 629.9 万~941.1 万元之间的概率为 95.5%。

(2)二次曲线法。如因变量与自变量不是呈直线关系,而是呈抛物线状,则可用以下公式总结该趋势规律:

设:$y = a + bx + cx^2$

为使预测值 $y$ 与实际值 $y_i$ 间的误差平方和最小,我们同样可运用最小二乘法,得到使最佳系数 $a$、$b$、$c$ 能够确立的一组方程:

$$\begin{cases} \sum y_i = na + b\sum x_i + c\sum x_i^2 \\ \sum x_i y_i = a\sum x_i + b\sum x_i^2 + c\sum x_i^3 \\ \sum x_i^2 y_i = a\sum x_i^2 + b\sum x_i^3 + c\sum x_i^4 \end{cases}$$

为了使计算过程简化一些,我们可仿照回归直线法,使 $\sum x_i = 0$(从而 $\sum x_i^3 = 0$)。另外,二次曲线法的误差估算也有专门方法,这里略去。

2. 指数平滑法

指数平滑法是利用指数修正系数对预测值进行修正,它的特点是要求历史数据极少,对近期数据较重视。其公式为:

$$\hat{y}_{n1} = \hat{y}_n + \alpha(y_n - \hat{y}_n) = \alpha y_n + (1-\alpha)\hat{y}_n$$

式中:$\hat{y}_{n1}$ 表示下一期预测值;$y_n$ 表示本期实际发生值;$\hat{y}_n$ 表示本期预测值;$\alpha$ 表示修正系数,$0 \leq \alpha \leq 1$。

上述公式说明:如果本期的预测值与实际值没有差异,就不需要修正,可直接作为下一期的预测数;如果两者相差很大,则需要进行修正,才能作为下一期的预测值。$\alpha$ 值可通过试算来决定,可用 $\alpha = 0.3, 0.4, 0.9 \cdots\cdots$ 对同一预测对象进行试算,用哪一个 $\alpha$ 修正系数的预测数与实际数的绝对误差最小,就以这个常数为修正系数。

【例 3—2】 某企业 2014 年的实际产值为 2 951 万元,当年的预测值为 2 621 万元(若取 $\alpha = 0.7$),试计算 2015 年的预测值。

2015 年预测值 $= 0.7 \times 2\,951 + (1 - 0.7) \times 2\,621 = 2\,852$(万元)

### 三、投资估算法

投资费用一般包括固定资金及流动资金两大部分,固定资金中又分为土地费、建筑费、设备费、技术设计费及项目管理费等。投资估算是项目可行性研究中一个重要工作,投资估算的正确与否将直接影响项目的经济效果,因此,要求尽量准确。

投资估算根据其进程或精确程度可分为数量性估算(即比例估算法)、研究性估算、预算性估算及投标估算。投资估算的方法主要有以下几种。

1. 指数估算法

即用"0.6次方法则",0.6是公式的平均指数,其公式为:

$$x = y\left(\frac{c_2}{c_1}\right)^{0.6} C_F$$

式中:$x$ 表示投资结算数;$y$ 表示同类老厂的实际投资数;$c_2$ 表示新厂的生产能力;$c_1$ 表示老厂的生产能力;$C_F$ 表示价格调整系数。

【例3-3】 某地需建造一座日产200吨的冷库,已知该地区原建一座150吨冷库投资600万元,老价格调整系数为1.8,则新建冷库的投资额为:

$$x = 600 \times \left(\frac{200}{150}\right)^{0.6} \times 1.8 = 1\ 281.6(万元)$$

当然,指数有时可根据实际情况进行变动,如扩大生产规模时,可增至0.9~1。

2. 因子估算法

因子主要是指主要设备与其他设备的比值。例如,建造一艘船,已知船体为500万元,机器设备因子为0.6,各种仪表因子0.2,船上各种机械因子0.3,电气设备因子0.08,油漆因子0.07,其他因子0.3,因子之和为1.55。

则一艘船的投资额为:

$500 \times (1 + 1.55) = 1\ 275(万元)$

3. 单位能力投资估算法

单位能力投资估算是根据历史资料得到生产能力投资,然后与新建项目生产能力相乘,进行项目投资估算,其关系式为:

$$\hat{K} = K \cdot Q$$

式中:$\hat{K}$ 表示被估算项目投资额;$K$ 表示单位生产能力投资额;$Q$ 表示被估算项目的生产能力。

【例3-4】 根据资料可得冷库每吨投资费为3.5万元,则可推算出200吨冷库的投资费为700万元。

这种方法十分简便明了,但较粗糙,而且由于各地区新建、改建各种投资费都不同,因此,使用时要充分考虑各种因素。

## 第四节 环境影响评价

### 一、加大环境保护力度的紧迫性

我国2003年开始执行《中华人民共和国环境保护法》(简称《环境保护法》),执行情况检查报告触目惊心:统计显示,我国1/3的国土已受酸雨污染,2/5的主要水系成为劣五类水,黄河流域4条支流有水皆污,3亿多农村人口喝不到安全的水。据国家环保总局领导在2006年的"区域空气质量管理国际研讨会"透露,44.9%的城市环境空气质量超过国家二级标准,其中有43个城市环境空气质量劣于国家三级标准,涉及河北、山西、内蒙古、湖北、广西、四川、贵州、云南、陕西、甘肃、青海、新疆等广大地域,4亿多城市居民呼吸着严重污染的空气,1 500万人因此得上支气管炎和呼吸道癌症。国家环保总局正在积极探索建立区域污染联合防控制度,以应对区域空气质量恶化的趋势。这个制度包括污染源监管体系,污染源排放数据通报、空气监测数据通报、预警通报等信息共享反馈机制,省市间空气污染联席会议等。

过去几十年中国的经济快速增长,可以说是一场拼环境和资源的战争。在GDP增长的同时,生产安全事故频发,自然资源遭受不顾后果的"大开发",对环境的破坏很厉害。

从生态角度来说,中国的环保到了紧要迫切的关头。要重视五位一体同步建设,项目决策时必须加大环境保护力度。《中华人民共和国环境保护法》(1989年12月26日第七届全国人民代表大会常务委员会会议通过,执行了14年;2014年4月24日第十二届全国人民代表大会常务委员会第八次会议修订,修改后的《环境保护法》2015年1月1日正式实施,被誉为"史上最严环保法",其"严厉"主要体现在严格的法律措施、严格的法律责任以及严格的执法要求等方面。新环保法为健全法律法规,强化法律监督,加大查处力度提供了法律依据。

## 二、环境影响评价的内涵和分类管理

### (一)环境影响评价的内涵及相关法规

环境影响评价法所称环境影响评价,是指对规划和建设项目实施中和交付使用后可能造成的环境影响进行分析、预测和评估,提出预防或者减轻不良环境影响的对策和措施,进行跟踪监测的方法与制度。

《中华人民共和国环境影响评价法》是为了实施可持续发展战略,预防因规划和建设项目实施后对环境造成不良影响,促进经济、社会和环境的协调发展而制定。由第九届全国人民代表大会常务委员会第三十次会议于2002年10月28日修订通过,自2003年9月1日起施行。实施《环评法》,是为了从根本上、全局上和发展的源头上注重环境影响、控制污染、保护生态环境,及时采取措施,减少后患。规划环境影响评价最重要的意义,就是找到一种比较合理的环境管理机制,充分调动社会各方面的力量,形成政府审批,环境保护行政主管部门统一监督管理,有关部门对规划产生的环境影响负责,公众参与,共同保护环境的新机制,使人们的活动和项目更具环境相容性。

### (二)环境影响评价实行分类管理

(1)可能造成重大环境影响的,应当编制环境影响报告书,对产生的环境影响进行全面评价;

(2)可能造成轻度环境影响的,应当编制环境影响报告表,对产生的环境影响进行分析或者专项评价;

(3)对环境影响很小、不需要进行环境影响评价的,应当填报环境影响登记表。

## 三、环境影响评价的机构

为建设项目环境影响评价提供技术服务的机构,不得与负责审批建设项目环境影响评价文件的环境保护行政主管部门或者其他有关审批部门存在任何利益关系。

环境影响报告书或者环境影响报告表,应当由具有相应环境影响评价资质的机构编制。

任何单位和个人不得为建设单位指定对其建设项目进行环境影响评价的机构。

## 四、环境影响的后评价及跟踪检查

在项目建设、运行过程中产生不符合经审批的环境影响评价文件的情形的,建设单位应当组织环境影响的后评价,采取改进措施,并报原环境影响评价文件审批部门和建设项目审批部门备案;原环境影响评价文件审批部门也可以责成建设单位进行环境影响的后评价,采取改进措施。

**五、依法追究行政责任或刑事责任**

建设项目依法应当进行环境影响评价而未评价,或者环境影响评价文件未经依法批准,审批部门擅自批准该项目建设的,对直接负责的主管人员和其他直接责任人员,由上级机关或者监察机关依法给予行政处分;构成犯罪的,依法追究刑事责任。

早在2006年5月1日开始执行的《上海市环境保护条例》明确规定:实行环境保护行政首长负责制。浦东新区作为先行区,制定了《环境保护实绩考核试行办法》,考核项目有以下5项:环境政策法规执行、环境质量、目标任务完成情况和解决环保突出问题、环境污染事故、公众满意度。

考核结果纳入干部考核体系,一票否决制,只要在该干部管辖区内发生重大环境污染事故或引进高污染企业,考核就不合格,该政策已经在上海及其他城市推行。

根据2015年8月开始实行的《党政领导干部生态环境损害责任追究办法(试行)》,我国实行生态环境损害责任终身追究制。对违背科学发展要求、造成生态环境和资源严重破坏的,责任人不论是否已调离、提拔或者退休,都必须严格追责。随着大气污染加剧,受雾霾影响的城市不断扩大,《大气污染防治法》的专家建议稿已经完成。环境法律制度在建设生态文明、实现永续发展中发挥着重要的作用。目前在环境执法中存在许多困难和障碍,立法机关应该构建可行的环境污染惩罚机制,推动环境执法常态化。

为适应国家加强生态文明建设、认真执行《环境保护法》的要求,最高人民法院成立了专门审判机构——环境资源审判庭。自成立以来,审判庭主要在推进环境司法专门化、建立环境公益诉讼制度、建立与行政区划相区别的管辖制度、加强学术界与实务界的沟通和合作四个方面不断努力,并取得一定成效。

# 第五节 可行性研究报告和环境影响报告书的编写

**一、编写可行性研究报告的要求**

由于可行性研究工作对于整个项目建设过程以至于整个国民经济都有极其重要的意义,为了保证它的科学性、客观性和公正性,有效防止错误和遗漏,对编制可行性研究报告有下列要求。

1. 必须站在客观公正的立场进行调查研究,搞好基础资料的收集。对于基础资料,要按照客观实际情况进行论证评价,如实地反映客观规律、经济规律。可行不可行的结论,应用科学分析的数据来回答,绝不能先定可行的结论,再去编选数据。一句话,应从客观数据出发,通过科学的分析,得出最终的结论。

2. 可行性研究报告的内容深度一定要达到国家规定的标准(如误差≤10%),基本内容要完整,应占有尽可能多的数据资料,避免粗制滥造,走形式。在做法上要掌握以下四个要点:

(1)坚持先论证,后决策。

(2)要掌握好项目建议书、可行性研究、评估这三个阶段的关系,哪一个阶段发现不可行就应停止研究。对于重大项目,如果发现建议书研究不够应先进行初步可行性研究。多比较选择一些方案,厂址可以先预选,认为可行后,再选定厂址,要进行全面的、更深层次的可行性研究。

(3)调查研究要贯彻始终。要掌握切实可靠的资料,保证资料选取的全面性、重要性、客观性和连续性。

(4)坚持多方案比较,择优选取。在进行方案比较时,特别要注意方案之间的可比性,如满足需要可比、消耗费用可比、价格可比、时间可比。

3. 为了保证可行性研究质量,应保证咨询设计单位必需的工作周期,防止因各种原因而搞突击,草率行事。具体的工作周期由委托单位与咨询设计单位在签订合同时商定。

以上三条要求目的是保证可行性研究报告能准确客观反映事实,为决策提供依据,为施工的顺利进行和效益的正常发挥创造一个良好的前提条件。

## 二、可行性研究报告的编写规范

可行性研究报告的编写规范,以工业项目可行性研究报告为例,一般包括下列11个部分。

### 第一部分 总 论

总论作为可行性研究报告的首要部分,要综合叙述研究报告中各部分的主要问题和研究结论,并对项目的可行与否提出最终建议,为可行性研究的审批提供方便。

一、项目背景

(一)项目名称

(二)项目的承办单位

(三)项目的主管部门

(四)项目拟建地区和地点

(五)承担可行性研究工作的单位和法人代表

(六)研究工作依据

(七)研究工作概况

二、可行性研究结论

在可行性研究中,对项目的产品销售、原料供应、生产规模、厂址、技术方案、资金总额及筹措、项目的财务效益和国民经济、社会效益等重大问题,都应得出明确的结论。可行性研究结论包括:

(一)市场预测和项目规模

(二)原材料、燃料和动力供应

(三)厂址

(四)项目工程技术方案

(五)环境保护

(六)工厂组织及劳动定员

(七)项目建设进度

(八)投资估算和资金筹措

(九)项目财务和经济评价

(十)项目综合评价结论

三、主要技术经济指标表

在总论部分中,可将研究报告中各部分的主要技术经济指标汇总,列出主要技术经济指标表,使审批和决策者对项目全貌有一个综合了解。

四、存在问题及建议

对可行性研究中提出的项目的主要问题进行说明并提出解决的建议。

## 第二部分　项目背景和发展概况

这一部分主要应说明项目的发起过程，提出的理由，前期工作的发展过程，投资者的意向，投资的必要性等可行性研究的工作基础。为此，需将项目的提出背景与发展概况作系统地叙述，说明项目提出的背景，投资理由，在可行性研究前已经进行的工作情况及其成果，重要问题的决策和决策过程等情况。在叙述项目发展概况的同时，应能清楚地提示出本项目可行性研究的重点和问题。

### 一、项目提出的背景
（一）国家或行业发展规划
（二）项目发起人以及发起缘由

### 二、项目发展概况
项目的发展概况是指项目在可行性研究前所进行的工作情况，包括：
（一）已进行的调查研究项目及其成果
（二）试验试制工作（项目）情况
（三）厂址初勘和初步测量工作情况
（四）项目建议书（初步可行性研究报告）的编制、提出及审批过程

### 三、投资的必要性

## 第三部分　市场分析与建设规模

市场分析在可行性研究中的重要地位在于，任何一个项目，其生产规模的确定，技术的选择，投资估算甚至厂址的选择，都必须在对市场需求情况有了充分了解以后才能决定。而且市场分析的结果，还可以决定产品的价格、销售收入，最终影响项目的盈利性和可行性。

### 一、市场调查
（一）拟建项目产出物用途调查
（二）产品现有生产能力调查
（三）产品产量及销售量调查
（四）替代产品调查
（五）产品价格调查
（六）国外市场调查

### 二、市场预测
市场预测是市场调查在时间上和空间上的延续，是利用市场调查所得到的信息资料，根据市场信息资料分析报告的结论，对本项目产品未来市场需求量及相关因素所进行的定量与定性的判断与分析。在可行性研究工作中，市场预测的结论用于制定产品方案。
（一）国内市场需求预测
（二）产品出口或进口替代分析
（三）价格预测

### 三、市场推销战略
在商品经济环境中，企业要根据市场情况，制定合格的销售战略，争取扩大市场份额，稳定销售价格，提高产品竞争能力。因此，在可行性研究中，要对市场推销战略进行研究。
（一）推销方式
（二）推销措施
（三）促销价格制度
（四）产品销售费用预测

### 四、产品方案和建设规模
（一）产品方案

(二)建设规模

**五、产品销售收入预测**

根据确定的产品方案和建设规模及预测的产品价格,估算产品销售收入。

### 第四部分 建设条件与厂址选择

这一部分是研究资源、原料、燃料、动力等需求和供应的可靠性,并对可供选择的厂址作进一步技术和经济分析,确定新厂址方案。

**一、资源和原材料**

(一)资源详述

(二)原材料及主要辅助材料供应

(三)需要做生产试验的原料

**二、建设地区的选择**

选择建厂地区,除需符合行业布局、国土开发整治规划外,还应考虑资源、区域地质、交通运输和环境保护这四要素。

(一)自然条件

(二)基础设施

(三)社会经济条件

(四)其他应考虑的因素

**三、厂址选择**

(一)厂址多方案比较:地形、地貌、地质的比较;占用土地情况比较;拆迁情况的比较;各项费用的比较。

(二)厂址推荐方案

### 第五部分 工厂技术方案

技术方案是可行性研究的重要组成部分。

主要研究项目应采用的生产方法、工艺和工艺流程,重要设备及其相应的总平面布置,主要车间组成及建构筑物形式等技术方案,并在此基础上,估算土建工程量和其他工程量。在这一部分中,除文字叙述外,还应将一些重要数据和指标列表说明,并绘制总平面布置图、工艺流程示意图等。

**一、项目组成**

凡由本项目投资的厂内、外所有单项工程,配套工程包括生产设施、后勤、运输、生活福利设施等,均属项目组成的范围。

**二、生产技术方案**

生产技术方案是指产品生产所采用的工艺技术、生产方法、主要设备、测量自控装备等技术方案。

(一)产品标准

叙述本项目主要产品和副产品的质量标准。

(二)生产方法

(三)技术参数和工艺流程

(四)主要工艺设备选择

(五)主要原材料、燃料、动力消耗指标

(六)主要生产车间布置方案

**三、总平面布置和运输**

(一)总平面布置原则

总平面布置应根据项目各单项工程、工艺流程、物料投入与产出、废弃物排出及原材料贮存、厂内外交通运输等情况,按场地的自然条件、生产要求与功能以及行业、专业的设计规范进行安排。

(二)厂内外运输方案

(三)仓储方案
(四)占地面积及分析
**四、土建工程**
(一)主要建、构筑物的建筑特征及结构设计
(二)特殊基础工程的设计
(三)建筑材料
(四)土建工程造价估算
**五、其他工程**
(一)给排水工程
(二)动力及公用工程
(三)地震设防
(四)生活福利设施

第六部分　环境保护与劳动安全

在项目建设中,必须贯彻执行国家有关环境保护和职业安全卫生方面的法规、法律,对项目可能对环境造成的近期和远期影响,对影响劳动者健康和安全的因素,都要在可行性研究阶段进行分析,提出防治措施,并对其进行评价,推荐技术可行、经济,且布局合理,对环境的有害影响较小的最佳方案。按国家规定,凡从事对环境有影响的建设项目都必须执行环境影响报告书的审批制度,同时,在可行性研究报告中,对环境保护和劳动安全要有专门论述。

**一、建设地区的环境现状**
**二、项目主要污染源和污染物**
(一)主要污染源
(二)主要污染物
**三、项目拟采用的环境保护标准**
**四、治理环境的方案**
**五、环境监测制度的建议**
**六、环境保护投资估算**
**七、环境影响评价结论**
**八、劳动保护与安全卫生**
(一)生产过程中职业危害因素的分析
(二)职业安全卫生主要设施
(三)劳动安全与职业卫生机构
(四)消防措施和设施方案建议

第七部分　企业组织和劳动定员

在可行性研究报告中,根据项目规模、项目组成和工艺流程,研究提出相应的企业组织机构、劳动定员总数及劳动力来源及相应的人员培训计划。

**一、企业组织**
(一)企业组织形式
(二)企业工作制度
**二、劳动定员和人员培训**
(一)劳动定员
(二)年总工资和职工年平均工资估算
(三)人员培训及费用估算

## 第八部分　项目实施进度安排

所谓项目实施时期又称为投资时期,是指从正式确定建设项目到项目达到正常生产这段时间。这一时期包括项目实施准备、资金筹集安排、勘察设计和设备订货、施工准备、施工和生产准备、试运转直到竣工验收和交付使用等各工作阶段。这些阶段的各项投资活动和各个工作环节,有些是相互影响、前后紧密衔接的,也有些是同时开展、相互交叉进行的,因此,在可行性研究阶段,需将项目实施时期各个阶段的各个工作环节进行统一规划,综合平衡,做出合理又切实可行的安排。

一、项目实施的各阶段
（一）建立项目实施管理机构
（二）资金筹集安排
（三）技术获得与转让
（四）勘察设计和设备订货
（五）施工准备
（六）施工和生产准备
（七）竣工验收

二、项目实施进度表
（一）横道图
（二）网络图

三、项目实施费用
（一）建设单位管理费
（二）生产筹备费
（三）生产职工培训费
（四）办公和生活家具购置费
（五）勘察设计费
（六）其他应支出的费用

## 第九部分　投资估算与资金筹措

建设项目的投资估算和资金筹措分析,是项目可行性研究内容的重要组成部分。每个项目均需计算所需要的投资总额,分析投资的筹措方式,并制定用款计划。

一、项目总投资估算

建设项目总投资包括固定资产投资总额和流动资金。
（一）固定资产总额
（二）流动资金估算

二、资金筹措

一个建设项目所需要的投资资金,可以从多个来源渠道获得。项目可行性研究阶段,资金筹措工作是根据对建设项目固定资产投资估算和流动资金估算的结果,研究落实资金的来源渠道和筹措方式,从中选择条件优惠的资金。可行性研究报告中,应对资金的每一种来源渠道及其筹措方式逐一论述,并附有必要的计算表格和附件。可行性研究中,应对下列内容加以说明。
（一）资金来源
（二）项目筹资方案

三、投资使用计划
（一）投资使用计划
（二）借款偿还计划

## 第十部分　财务效益、社会经济效益评价

在建设项目的技术路线确定后,必须对不同的方案进行财务、经济效益评价,判断项目在经济上是否可行,并选出优秀方案。本部分的评价结论是建设方案取舍的主要依据之一,也是对建设项目进行投资决策的重要依据。

这里就财务评价、国民经济评价和社会效益评价的主要内容作一说明。

### 一、生产成本和销售收入估算

(一)生产总成本

(二)单位成本

(三)销售收入估算

### 二、财务评价

财务评价是考察项目建成后的获利能力、债务偿还能力及外汇平衡能力的财务状况,以判断建设项目在财务上的可行性。财务评价采用静态分析与动态分析相结合,以动态为主的方法进行。并用财务评价指标分别和相应的基准参数——财务基准收益率、行业标准投资回收期、平均投资利润率、投资利税率相比较,以判断项目在财务上是否可行。

### 三、国民经济评价

国民经济评价是项目经济评价的核心部分,是决策部门考虑项目取舍的重要依据。建设项目国民经济评价采用费用与效益分析的方法,运用影子价格、影子汇率、影子工资和社会折现率等参数,计算项目对国民经济的净贡献,评价项目在经济上的合理性。国民经济评价采用国民经济盈利能力分析和外汇效果分析,以经济内部收益率(EIRR)作为主要的评价指标。根据项目的具体特点和实际需要,也可计算经济净现值(ENPV)指标,涉及产品出口创汇或替代进口节汇的项目,要计算经济外汇净现值(ENPVF),经济换汇成本或经济节汇成本。

### 四、不确定性分析

在对建设项目进行评价时,所采用的数据多数来自预测和估算。由于资料和信息的有限性,将来的实际情况可能与此有出入,这会对项目投资决策带来风险。为避免或尽可能减少风险,就要分析不确定性因素对项目经济评价指标的影响,以确定项目的可靠性,这就是不确定性分析。

根据分析内容和侧重面不同,不确定性分析可分为盈亏平衡分析、敏感性分析和概率分析。在可行性研究中,一般要进行盈亏平衡分析,而敏感性分析和概率分析可视项目情况而定。

### 五、社会效益和社会影响分析

在可行性研究中,除了对以上各项指标进行计算和分析以外,还应对项目的社会效益和社会影响进行分析,也就是对不能定量的效益影响进行定性描述。

## 第十一部分　可行性研究结论与建议

### 一、结论与建议

根据前面各节的研究分析结果,对项目在技术上、经济上进行全面的评价,对建设方案进行总结,提出结论性意见和建议。主要内容有:

(一)对推荐的拟建方案建设条件、产品方案、工艺技术、经济效益、社会效益、环境影响的结论性意见

(二)对主要的对比方案进行说明

(三)对可行性研究中尚未解决的主要问题提出解决办法和建议

(四)对应修改的主要问题进行说明,提出修改意见

(五)对不可行的项目,提出不可行的主要问题及处理意见

(六)可行性研究中主要争议问题的结论

### 二、附件附图

凡属于项目可行性研究范围,但在研究报告以外单独成册的文件、图纸,均需列为可行性研究报告的附件

附图,所列附件应注明名称、日期、编号。

### 三、环境影响报告书的编写规范

自20世纪90年代后期始,我国在拟订可行性研究报告的同时,必须编写环境影响报告书。其内容主要包括:

(一)建设项目概况
(二)建设项目周围环境现状
(三)建设项目对环境可能影响的分析和预测
(四)环境保护措施及其经济技术论证
(五)环境影响经济损益分析
(六)对建设项目实施环境监测的建议
(七)环境影响评价结论

### 四、环保机构审批的主要内容

(一)是否符合环境保护相关法律法规
(二)项目选址、选线、布局是否符合区域、流域和城市总体规划,是否符合环境和生态功能区划
(三)是否符合国家产业政策和清洁生产要求
(四)项目所在区域环境质量能否满足相应环境功能区划标准
(五)拟采取的污染防治措施能否确保污染物排放达到国家和地方规定的排放标准,满足总量控制要求
(六)拟采取的生态保护措施能否有效预防和控制生态破坏

## 第六节  项目评估

### 一、项目评估的内涵及其依据

(一)项目评估的内涵

项目评估指在项目可行性研究的基础上,由第三方(国家、银行或有关机构)根据国家颁布的政策、法规、方法、参数和条例等,对拟建项目建设的必要性、建设条件、生产条件、产品市场需求、工程技术、经济效益和社会效益等进行全面评价、分析和论证,进而判断其是否可行的一个评估过程。项目评估是项目投资前时期进行决策管理的重要环节,其目的是审查项目可行性研究的可靠性、真实性和客观性,为银行的贷款决策或行政主管部门的审批(核准)决策提供科学依据。

政府主管部门对某些大型建设项目的项目建议书也要进行评估,其程序和内容与对项目可行性研究的评估基本相同,只是重点对项目建设的必要性进行评估。

项目评估的最终成果是项目评估报告。

(二)项目评估的依据

1. 项目建议书及其批准文件;
2. 项目可行性研究报告;
3. 报送单位的申请报告及主管部门的初审意见;
4. 有关资源、原材料、燃料、水、电、交通、通信、资金(包括外汇)及征地等方面的协议文件;
5. 必需的其他文件和资料。

### 二、项目评估的程序

项目评估工作一般可按以下程序进行:

1. 成立评估小组并进行分工；
2. 对可行性研究报告和相关资料进行审查与分析；
3. 编写评估报告提纲；
4. 数据调查、分析与论证；
5. 编写评估报告；
6. 讨论、修改评估报告及其定稿。

### 三、项目评估的内容

不同项目评估的具体内容不同。工程项目评估的内容如下：

1. 项目与企业概况评估。
2. 项目建设的必要性评估：评估项目是否符合国家的产业政策、行业规划和地区规划，是否符合经济和社会发展需要，是否符合市场需求，是否符合企业的发展要求。
3. 项目方案合理性评估：包括建设规模；厂址方案；工艺、技术和设备方案；实施进度；项目组织、劳动定员和人员培训计划；投资估算和资金筹措；环境保护；等等。
4. 项目实施条件的评估：原材料、燃料等资源及公用设施条件。
5. 建筑工程标准评估。
6. 项目的效益评估：财务效益；国民经济效益；社会效益评估。
7. 项目风险评估。

### 四、项目评估报告大纲

（一）项目概况

1. 项目基本情况；
2. 综合评估结论：提出是否批准或可否贷款的结论性意见。

（二）详细评估意见

（三）总结和建议

存在或遗留的重大问题；潜在的风险；建议。

## 思 考 题

1. 什么是可行性研究？它有哪些主要作用？
2. 投资机会研究、初步可行性研究和可行性研究三者有什么区别？
3. 可行性研究包括哪些内容？
4. 编制可行性研究报告的依据是什么？有哪些要求？
5. 简述环境影响评价的重要性。
6. 简述环境影响报告书的内容。
7. 环保机构审批的主要内容是什么？
8. 什么是项目评估？它有哪些作用？它与项目可行性研究是什么关系？

# 第四章

# 项目的财务评价和社会经济评价

**本章要点**

本章简要叙述项目经济评价的含义、特点、重要性、社会经济评价与财务评价的异同点。详细分析项目财务评价发展阶段、主要内容及其基本数据预测、项目财务评价基本报表的编制,项目社会经济评价评估方法、评估指标及基本报表的编制。项目财务评价和社会经济评价是项目评价的重要组成部分,它们分别从不同的层面(微观和宏观)对项目的可行性作出评判,从而为投资决策提供依据,提高项目成功率,增进国民经济整体效益和社会发展目标与社会政策的顺利实现。

## 第一节 项目经济评价综述

### 一、项目经济评价的含义、意义和特点

(一)经济评价的含义

项目的经济评价是在技术可行性研究的基础上,对拟建项目经济可行性和合理性进行全面的分析论证,作出综合性评价,为项目的科学决策提供依据。

经济评价包括两个相互补充、相互衔接的评价层次,即从微观效益出发的财务评价与从宏观效益出发的社会经济评价。

(二)经济评价的意义

1. 经济评价有助于协调好宏观规划和项目规划的关系

我国是社会主义市场经济国家,既要制定宏观规划,对国家的重大经济活动进行宏观控制,又要给地方、部门、企业足够的权限,使其自主经营发展,拟订项目规划。这两种规划关系

若处理不好,必然导致盲目投资、重复建设,使投资效益低下。若能坚持对项目,特别是大中型项目认真搞好经济评价,为正确选择项目提供依据,并以科学合理的项目规划为基础,拟订宏观规划,则我国长期存在的"微观不活、宏观乏力"的矛盾现象,将有可能得到克服。

2. 经济评价有利于克服宏观目标增长与资源有限性的矛盾,实现资源优化配置

每一个国家或地区,都会希望在一定时期内,通过项目的实施,实现一些宏观目标的增长。例如,改善基础设施,加速经济增长,提高人民生活水平等。为了实施这些项目,就要消耗各类资源。但宏观目标的增长与资源的有限性会产生矛盾,前者要求实施的项目多多益善,后者却制约了项目的实施。通过经济评价,在众多的相互争资源的项目中作出科学选择,运用项目管理的一套理论和方法,放弃一些项目,集中资源建设一些项目,使有限资源达到最有效的配置,从而有助于实现宏观目标增长的要求。

3. 经济评价是提高投资决策水平和投资效益的重要保证

随着社会主义经济建设的发展,会有越来越多的国内外投资项目提到决策者的议事日程。决策的正确与否,不仅直接关系到投资项目的经济效益,而且关系到产业结构的调整。正确的决策来自于决策前对项目的正确评价。如果在可行性研究过程中,不进行项目的经济分析研究,不进行多方案比较论证,就会导致决策失误。因此,项目评价是可行性研究的核心内容,是提高决策水平和投资效益的重要保证。

(三)现代项目经济评价方法的特点

与以往传统的项目经济评价方法相比,现代项目经济评价方法有以下特点:

1. 动态性。传统的评价方法,不考虑货币时间价值,静态地将不同时点的投资与收益直接相比较,很难真实反映投资效益以及未来时期的发展变化情况。现代项目的评价方法除了计算一些静态指标外,更强调运用等值计算方法,将不同时点的资金流入和流出,折算到同一时点,进行动态比较。这种方法不仅能反映项目未来时期的发展变化情况,而且为不同项目之间以及同一项目不同方案的对比分析提供了可比性。

2. 预测性。对项目进行经济评价,既要以现有经济技术水平为基础,又要进行科学的预测,并且要对某些不确定性因素和风险因素作出估计。其中常用的预测方法有盈亏平衡分析、敏感性分析和概率分析。

3. 全过程性。项目的寿命周期由建设期和生产经营期两个阶段组成。长期以来,我国基本建设和生产经营分属不同部门管理,在项目评价时往往只重视建设期的投资多少、工期长短,而忽视了项目竣工交付使用以后,生产成本的高低,流动资金占用的多少。现代项目的经济评价方法强调全过程分析,为项目取舍提供的判断指标,应是经过综合计算项目寿命周期全过程以后所得到的净现值、净现值率和内部收益率等。

4. 可比性。在进行经济评价时,必须建立一套指标体系,在生产力水平低下的条件下,强调使用价值,侧重评价实物消耗、产品产量、生产能力等实物指标。这些指标恰恰是因时因地而异,无可比性。现代项目在进行经济评价时,则强调价值量分析与实物量分析相结合,以价值量分析为主,尽力将时间因素、物质因素、劳动因素量化为资金价值因素,这样为不同项目、不同方案的取舍提供了可比性,有了相同的价值尺度。

二、社会经济评价与财务评价的关系

社会经济评价与财务评价是项目经济评价的两个不同层次。两者共同之处是均要运用货币时间价值理论,对项目全过程进行动态分析,为项目取舍决策提供依据。然而,社会经济评

价和财务评价存在很多共同点与不同点。财务评价是考察项目建成后的获利能力、债务偿还能力及外汇平衡能力的财务状况,以判断建设项目在财务上的可行性。财务评价多用静态分析与动态分析相结合,以动态为主的方法进行,以判断项目在财务上是否可行。财务评价的目的和任务:评价拟建项目的获利能力;评价拟建项目对投资和贷款的偿还的能力;为企业制定资金规划、合理的筹措和使用资金服务;评价项目承受风险的能力;为协调企业利益和国家利益提供依据。项目社会经济评价是以国家各项社会政策为基础,对项目实现国家和地方社会发展目标所做贡献和产生的影响及其与社会相互适应性所作的系统分析评估。通常,社会发展目标应包括经济、政治、文化、艺术、教育、卫生、安全、国防、环境等各个社会生活领域的目标。而投资项目要实现的社会发展目标主要是指经济增长速度、收入公平分配、自力更生能力、劳动就业程度、科技进步及其他社会变革等,其中最主要、最根本的还是经济增长和收入公平分配的目标。如表4—1所示。

表4—1  社会经济评价与财务评价的异同点

| 对比内容 \ 评价层次 | 社会经济评价 | 财务评价 |
| --- | --- | --- |
| 一、相同点 | | |
| 1. 评价目的 | 为项目取舍提供依据 | 同左 |
| 2. 理论依据及评价方法 | 货币时间价值理论,用现值法进行动态分析 | 同左 |
| 二、不同点 | | |
| 1. 分析角度和侧重点 | 从宏观角度评价对全社会的净效益 | 从微观角度评价项目本身的净效益 |
| 2. 间接费用和效益 | 计入 | 不计入 |
| 3. 折现率 | 社会折现率 | 投资者期望收益率 |
| 4. 采用的价格 | 影子价格 | 国内现行市场价格 |
| 5. 折旧 | 不计入 | 计入 |
| 6. 国内借款利息 | 不计入 | 计入 |
| 7. 税收 | 不计入 | 计入 |
| 8. 财政补贴 | 计入 | 不计入 |
| 9. 综合评价指标 | 经济净现值 经济内部收益率 | 财务净现值 财务内部收益率 |

(一)评价的角度和侧重点不同

财务评价是从项目本身微观角度,评价资金收支和盈利状况,以及借款偿还能力、投资回收期,以判断投资行为是否可行。财务评价侧重于价值形态的直接效益,即财务报表中的货币流入与流出。社会经济评价是从社会宏观角度,评价项目需要国家付出代价和项目对国民经济的影响,既要考虑项目的直接费用和效益,又要考虑间接费用和效益,在选择项目时注重社会资源的合理配置与充分利用,以等量的资源为社会创造更多的财富。

(二)折现率的选用不同

在进行财务评价时,折现率可以有四种选择:银行长期贷款利率,未被选中方案的最高利润率,同行业平均利润率和投资者期望收益率。进行社会经济评价时,统一采用国家规定的社会折现率。发展中国家通用的社会折现率介于10%~15%之间,我国现行社会折现率一般为10%或12%。

(三)采用的价格不同

项目财务评价时,投入物和产出物价格都按现行国内市场价格,并考虑物价变动因素。如有外汇收支,采用官方汇率。项目社会经济评价时,不能直接运用市场价格,要采用影子价格或利用国家规定的换算系数,将财务成本(效益)调整为社会成本(效益),不考虑物价变动因素。对外汇收支数额采用影子汇率。唯有这样得出的结论,才能真实地反映项目对国民经济所造成的影响。

(四)评价内容涉及的面不同

项目财务评价涉及的面比较小,仅限于项目建设和交付使用后直接发生的资金流量,计入折旧、利息、税收,不计入各种财政补贴。社会经济评价则以整个社会的消耗和收益为准,不计入折旧、利息、税收,却要计入财政补贴、间接费用和效益。

### 三、项目经济评价的应用范围

根据我国现行做法,项目经济评价的应用范围分为以下三种:

(一)先作项目财务评价,然后必须作社会经济评价

1. 对国计民生产生重要影响的项目。
2. 涉及国民经济许多部门的重大工业、交通及技改项目。
3. 中外合资经营项目。
4. 涉及产品或原料进出口或替代进口的项目。
5. 产品和原料价格明显不合理或国内价与国际价有较大差额的项目。

(二)只作财务评价,不一定作社会经济评价

1. 投资规模小,产出效益简单的小项目,财务评价的结果已能满足投资决策者要求的,可以不进行社会经济评价。
2. 不涉及产品进出口和外汇平衡的项目。

(三)先作社会经济评价,后作财务评价

对一些涉及面广而深远的重大基础设施项目,如地铁、机场、大桥,以及特大型工程,如三峡工程,都应先从宏观角度作社会经济评价,确认可行后,再作财务评价。

此外,还有一些无法计算经济效益的非生产性项目,如文教卫生项目、政治军事上特殊要求的项目,一般不进行经济评价,只作费用效益对比分析,在相似社会效益的条件下,选择费用最小的方案立项实施。

### 四、财务评价与社会经济评价结论的最终处理

由于财务评价和社会经济评价采用的价格不同,记入的内容不同,因此,经常会出现两个层次评价结论相反的现象。项目评价结论的最终处理,应贯彻以下原则:

1. 当财务评价和社会经济评价结论均为可行时,最终结论是可行,该项目应尽快实施。
2. 当财务评价和社会经济评价均为不可行时,最终结论是不可行,并采取措施防止这些项目上马。
3. 当财务评价认为可行,社会经济评价认为不可行时,一般情况下项目应予否定,结论为不可行。有时可以对项目进行再设计、再评价,力求社会经济评价也认为可行。重新设计后的方案进行社会经济评价仍不可行,该项目应判为不可行,予以取消。
4. 当社会经济评价认为可行,而财务评价认为不可行时,项目一般最终结论为可行。但是,应该分析财务效益差的幅度和主客观原因,采取相应措施,例如,调整成本构成、争取政策性补贴、延长免税期等,分析使财务评价也转为可行的可能性。

## 第二节 项目财务评价及其基本数据预测

### 一、项目的财务评价发展阶段

财务评价作为投资前期对项目进行可行性研究分析的一项重要内容，作为对项目进行技术经济论证的一种科学方法，最早起源于美国。项目的财务评价最早是非贴现法。非贴现评价法主要应用于19世纪末至20世纪50年代，它采用非折现的计算方法，即不考虑资金的时间价值，以投资回收期和投资报酬率为主要评价指标，这也是非贴现评价方法的突出特点。

贴现评价法出现于20世纪50年代以后，其考虑了资金时间价值的影响，从而能够更准确地反映项目实际的投资和收益情况，因此，使用贴现评价方法的企业数量不断增加。贴现评价法主要有净现值法、现值指数法、内部收益率法和不确定性分析法等。20世纪70年代，贴现评价法在发达国家项目投资决策评价方法中占据主要地位，并形成了以贴现现金流量指标为主、以投资回收期为辅的多种评价指标并存的项目投资决策体系。

但是，由于贴现方法和非贴现方法都未考虑到项目时期较长时风险的影响因素，因此，Hertz和Magee等人提出用决策树法和蒙特卡罗模拟法来获得未来经营柔性的价值。到20世纪70年代，Myes提出了实物期权法，把期权定价理论引入了项目投资决策评价的领域。实物期权法的思想是将现实价值分配在不同投资阶段，将投资项目看作一个期权，运用期权定价理论对其进行估价。随后，Reinganum将博弈论引入到实物期权分析框架中，他研究了相互竞争的企业在不确定的条件下的外国投资问题，由此开始了不确定性对项目投资决策的影响研究。虽然期权博弈理论是不确定、不完全竞争条件下投资决策的重要工具，但是，期权博弈还未形成一个完整的理论框架和基本模型，也没能从实证的角度分析不完全信息下多阶段项目投资过程中投资行为的影响因素，因此，项目财务评价中期权博弈方法的应用还有待理论界的进一步探索和完善。

### 二、项目的财务评价内容、程序及基本数据的涉及面

(一) 项目财务评价与企业财务分析的区别

项目财务评价与正常进行生产经营的企业财务分析有着明显区别。

1. 评价的目的不同

项目财务评价为项目取舍提供决策依据，是在项目决策实施前的事先性分析。企业日常财务分析是生产经营过程中的阶段性的事后性分析，为判别企业经营优劣，改善经营效益寻找原因和薄弱环节。

2. 评价的时间跨度不同

日常的企业财务分析只对近期(少则一月，多则一年)的生产经营活动中的财务状况进行短期分析；项目的财务评价必须对项目寿命周期的全过程——建设期和使用期，进行全面的分析，评价涉及的时间跨度比较长。

3. 评价时依据的数据不同

日常财务分析是根据实际价格所记录的数据加以整理、对比分析；项目财务评价是根据现行市场价格对未来可能发生的数据加以预测，然后再进行分析论证。

#### 4. 运用的评价方法不同

日常的财务分析只对当期的财务状况作静态分析,不考虑货币时间价值的因素;项目的财务评价除静态分析外,还要考虑时间因素,对不同时点的资金进行贴现作动态分析。

综上所述,项目财务评价是从项目的微观角度出发,根据国家现行财税制度和现行市场价格,预测项目周期全过程中可能发生的费用和效益,运用货币时间价值的理论,对项目的获利能力、偿还能力、创汇能力等财务状况进行动态分析,为投资决策者取舍项目提供依据。项目的财务评价无论对投资者,还是对投资贷款的金融机构来说,都是十分重要的。

### (二)项目财务评价的内容

项目财务评价是在财务预测的基础上,根据国家现行财税制度和现行价格,分析预算项目的效益和费用,考察项目的获利能力、清偿能力及外汇效益等财务状况,以判别项目财务上的可行性的经济评价方法,是项目经济评价的组成部分。所使用的基本报表有:财务现金流量表、利润表、财务平衡表、财务外汇流量表。所适用的参考报表有:固定资产投资估算表、投资使用计划表、单位成本表、总成本表、销售收入表、借款偿还平衡表。项目财务评价以财务内部收益率、投资回收期和固定资产投资贷款偿还期等作为主要评价指标。产品出口创汇及替代进口节汇的项目,要计算财务外汇净现值、财务换汇成本和节汇成本等指标。根据项目特点和实际需要,也可计算财务净现值、财务净现值率、投资利润率、投资利税率,以及其他价值指标和实物指标。

### (三)项目财务评价的程序

项目财务评价的程序是指进行项目财务效益分析所要经过的步骤,如图 4—1 所示。

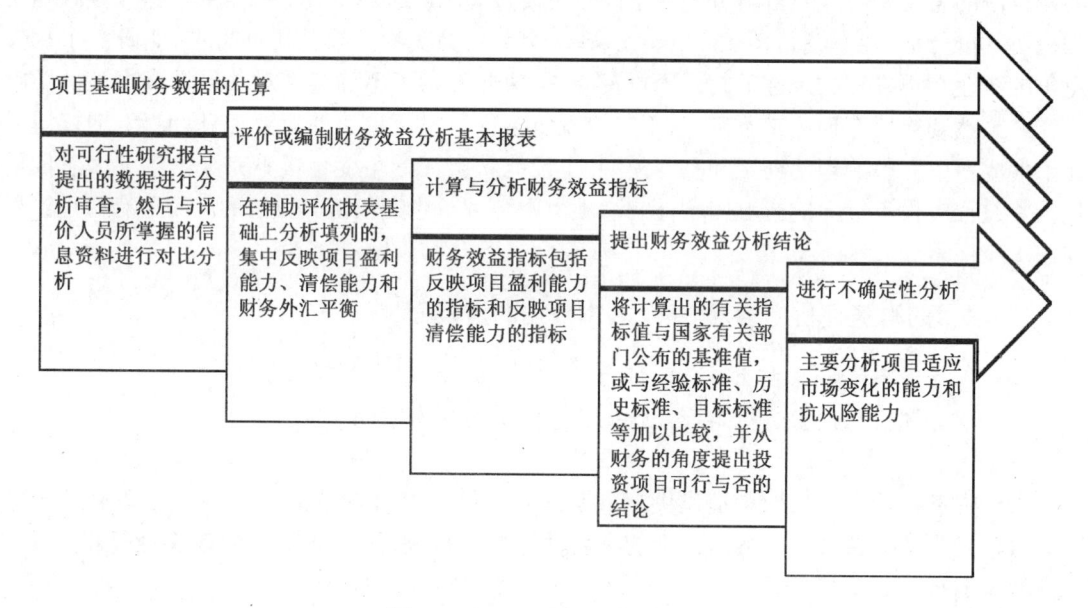

图 4—1 项目财务评价的程序

(1)项目基础财务数据的估算。进行投资项目财务评价首先要求对可行性研究报告提出的数据进行分析审查,然后与评价人员所掌握的信息资料进行对比分析,如果必要,可以重新进行估算。因此,财务评价工作也要对项目总投资、产品成本费用等基础数据进行估算。

(2)评价或编制财务效益分析基本报表。在投资项目评价中,财务效益分析基本报表是在辅助评价报表基础上分析填列的,集中反映项目盈利能力、清偿能力和财务外汇平衡能力。财务效益分析的主要报表包括预期收益率估算表、现金流量估算表、资金来源与运用表、资产负债估算表及外汇平衡表等。在进行项目评价时，不仅要审查基本报表的格式是否符合规范要求，而且要审查所填列的数据是否准确。如果格式不符合要求或者数据不准确，则要根据评估人员所估算的财务数据重新编制表格。

（3）计算与分析财务效益指标。财务效益指标包括反映项目现金流转状况的指标、项目交付使用后生产经营状况的指标、项目盈利能力的指标和项目清偿能力的指标。对财务效益指标进行分析和评价，一是要审查计算方法是否正确；二是要审查计算结果是否准确。如果计算方法不正确或者计算结果有误差，则需要重新计算。

（4）提出财务效益分析结论。将计算出的有关指标值与国家有关部门公布的基准值，或与经验标准、历史标准、目标标准等加以比较，并从财务的角度提出投资项目可行与否的结论。

（5）进行不确定性分析。不确定性分析包括盈亏平衡分析、敏感性分析和概率分析三种方法，主要分析项目适应市场变化的能力和抗风险能力。

（四）项目财务评价基本数据的涉及面

进行项目财务分析所需要的基本数据，主要涉及以下几个方面：

1. 项目建设期和投产后各年总的资金流量情况。
(1) 固定资产投资估算、投资构成及分年度使用计划。
(2) 流动资金估算及分年度使用计划。
2. 项目资金来源，贷款条件（如贷款利率、宽限期、偿还条件等），投资贷款还本付息情况。
3. 项目投产后各年的产量、销售量、单价预测。
4. 产品成本估算及其构成预测。
5. 投产以后各年的销售收入与企业利润。
6. 项目实施进度，包括寿命周期、建设期、投产达产进度。
7. 税种、税率及其他有关的财政规定。

这些基本数据预测的准确性，将直接影响项目财务评价，以至项目投资决策的准确性。为此，财务评价人员不仅应当熟悉与项目有直接关系的资料和数据，还应当通过各种渠道，了解国内外资金市场、产品市场的财务信息和变化趋势，使财务评价的结论具有更加可靠的基础。

## 三、项目总投资预测

项目的总投资一般由固定资产投资和流动资金两部分组成。固定资产投资包括可以计入固定资产价值的各项建设费用支出，以及不计入交付使用财产价值内的应核销投资支出（如不增加工程量的停、缓建维护费）。

按照固定资产投资是否包括建设期借款利息，项目总投资的计算方法也有所不同。

1. 不包括建设期利息：

$$项目总投资额＝固定资产投资＋流动资金$$

2. 包括建设期利息：

$$项目投资额＝固定资产投资＋固定资产投资贷款利息＋流动资金$$

目前很少有建设项目不需贷款，因此总投资额的预测多数采用第二种方法。流动资金贷款利息按国家现行财政政策规定，直接计入生产成本中的企业管理费，项目总投资中不再重复计算。

项目竣工投产后，使用期所发生的更新改造费投资，可以单独列项，也可以并入固定资产投资项中。

为了利用经济杠杆引导投资,我国自1991年1月1日起曾实行"固定资产投资方向调节税",2001年1月1日停征。

### 四、总成本费用的估算

总成本费用是指项目在一定时期内(一般为一年)为生产和销售产品而花费的全部成本和费用。在投资项目可行性研究和评估工作中,总成本费用的估算与分析,就是按照完全成本法原理,对构成总成本费用的各项构成要素分别进行估算和分析,然后加以汇总的全部工作过程。

项目总成本费用主要由外购材料、外购燃料、外购动力、职工工资、职工福利费、固定资产折旧费、修理费、租赁费、摊销费、财务费用、税金、其他费用等要素构成(见表4-2)。

估算成本可采用以下计算公式:

$$估算成本 = 可确认单位的数量 \times 历史基础成本 \times 物价波动系数$$

表4-2　　　　　　　　　项目评价总成本费用构成要素表

| 序号 | 构成要素 | 序号 | 构成要素 |
|---|---|---|---|
| 1 | 外购材料 | 12.6 | 运输费 |
| 2 | 外购燃料 | 12.7 | 装卸费 |
| 3 | 外购动力 | 12.8 | 包装费 |
| 4 | 职工工资 | 12.9 | 展览费 |
| 5 | 职工福利费 | 12.10 | 广告费 |
| 6 | 固定资产折旧费 | 12.11 | 工会经费 |
| 7 | 修理费 | 12.12 | 待业保险费 |
| 8 | 租赁费 | 12.13 | 职工教育经费 |
| 9 | 摊销费 | 12.14 | 排污费 |
| 9.1 | 无形资产摊销 | 12.15 | 咨询费 |
| 9.2 | 低值易耗品摊销 | 12.16 | 绿化费 |
| 9.3 | 递延费用摊销 | 12.17 | 诉讼费 |
| 10 | 财务费用 | 12.18 | 研究开发费 |
| 10.1 | 长期负债利息净支出 | 12.19 | 技术转让费 |
| 10.2 | 周转资金借款利息净支出 | 12.20 | 业务招待费 |
| 10.3 | 汇兑损失净支出 | 12.21 | 劳动保险费 |
| 10.4 | 金融机构手续费 | 12.22 | 坏账损失 |
| 11 | 税金 | 12.23 | 土地损失补偿费 |
| 11.1 | 房产税 | 12.24 | 其他 |
| 11.2 | 车船使用税 | 13 | 固定费用<br>(4+5+6+7+8+9+10.1+11) |
| 11.3 | 土地使用税 | | |
| 11.4 | 印花税 | 14 | 变动费用<br>(1+2+3+10.2+10.3+10.4+12) |
| 12 | 其他费用 | | |
| 12.1 | 办公费 | 15 | 总成本费用<br>(13+14) |
| 12.2 | 差旅费 | | |
| 12.3 | 劳动保护费 | 16 | 经营成本<br>(15-6-7-8-9-10-11) |
| 12.4 | 保险费 | | |
| 12.5 | 业务费 | | |

可确认单位的数量,指该项目生产产品所需材料如钢铁吨数等。历史基础成本,指基准年的成本。物价波动系数应该包括基准年到估算日市场价格实际波动系数,以及从估算日到项目建成投产这期间的通货膨胀预测系数。

估算成本时,先估算100%达到设计生产能力时,正常生产年度的固定费用和变动费用,然后按以下公式估算未达到设计能力年度的总成本费用:

未达到设计生产能力年度成本总费用＝固定费用＋变动费用×达到设计能力的百分比

### 五、市场供求趋势预测

项目投产以后的销售收入取决于生产能力利用率和销售单价,这些又与产品市场供求状况有着密切联系。财务评价时应注意调查并预测同类项目实施情况和项目产品供求变化趋势。市场调查预测表格式见表4－3。

表4－3　　　　某项目产品市场需求调查预测表　　　　单位:千台/年

| 序号 | 内　容 | 项目评估时情况 | 项目投产时情况 | 项目投产后5年时情况 | 项目投产后10年时情况 |
|---|---|---|---|---|---|
| 1 | 国内销售量 | 3 000 | 4 000 | 6 000 | 8 600 |
| 2 | 未满足的需求 | 900 | 700 | 300 | 200 |
| 3 | 国内需求 | 3 900 | 4 700 | 6 300 | 8 800 |
| 4 | 出口 | 0 | 0 | 400 | 500 |
| 5 | 总需求 | 3 900 | 4 700 | 6 700 | 9 300 |
| 6 | 国内现有生产能力 | 2 000 | 3 000 | 5 000 | 7 000 |
| 7 | 进口 | 500 | 900 | 1 200 | 2 000 |
| 8 | 总供应 | 2 500 | 3 900 | 6 200 | 9 000 |
| 9 | 总需求与总供给差额 | 1 400 | 800 | 500 | 300 |
| 10 | 本项目年产量(包含在6中)设计产量为500 | 0 | 200 | 500 | 500 |

根据表4－3,可以得到如下信息:该项目产品在国内市场正处于成长期,10年内市场销售量将出现井喷式发展。该产品目前供不应求,缺口远大于项目设计能力,近10年内国内现有生产能力发展较快,同时该产品的进口量在10年内也会成倍增长,导致供求缺口呈下降趋势,项目规模不宜过大。该项目产品由进口转为出口,国内外竞争性较强,必须重视产品质量,提高竞争力。

### 六、借款利息与偿还期估算

#### (一)借款利息估算

在项目财务评价中,凡国内借款,无论实际上如何计息,一律简化为按年计息。建设期利息可计复利至项目投产后支付。借款利率按有关规定执行。

为了计算简便,在经济评价时每笔贷款或还款均假定是在年中支用或归还,按半年计息。固定资产投资借款利息的计算公式为:

$$本年应计利息＝(年初借款及利息累计＋\frac{本年借款支出}{2}－\frac{本年归还本息}{2})×年利率$$

$$建设期每年应计利息=(年初借款及利息累计+\frac{本年借款支出}{2})\times 年利率$$

$$生产期每年应计利息=(年初借款及利息累计-\frac{本年归还本息}{2})\times 年利率$$

$$还清贷款年份应计利息=\frac{年初借款本息累计}{2}\times 年利率$$

建设期所欠利息转入本金,在生产期间支付,每年的支付数额依偿还能力而定,如偿还能力尚不足付息,可将欠息部分转入下年年初借款与利息累计。

国外借款一般是半年复利一次,还要另计管理费、承诺费等财务费用,其偿还条件不尽相同(如偿还方式、宽限期、偿还期),原则上应按贷款合同规定的条件计息。为简化计算,可按实际利率(或略高于)按年计算。

(二)借款偿还期的估算

在我国现行财政制度下,借款偿还期是指固定资产投资借款偿还期。因为流动资金借款部分在生产经营期内并不偿还,而是有偿占用,每年支付利息,直至项目寿命期期末才将流动资金归还银行。因此,借款偿还期是指按照国家财政规定及项目具体财务条件下,以项目投产后获得的可用于还本付息的资金(包括利润、折旧费、摊销费及其他项目收益),来偿还借款本息所需要花费的时间(以年为单位),它是反映工程项目偿还借款能力和经济效益好坏的一个综合性评估指标,按下列公式计算:

$$I_d = \sum_{t=1}^{P_d}(R_d + D' + R_o - R_t)_t$$

式中:$I_d$ 为固定资产投资借款本息之和;$P_d$ 为借款偿还期(从建设开始年计算);$R_d$ 为可用于还款的年利润;$D'$ 为可用于还款的年折旧和摊销费;$R_o$ 为可用于还款的年其他收益;$R_t$ 为还款期间的年企业留利。

借款偿还期也可通过资金来源与运用表和借款偿还计划表直接推算求得,以年表示。其计算公式为:

$$借款偿还期(年)=借款偿还后开始出现盈余年份数-开始借款年份+\frac{当年应偿还借款额}{当年可用于还款的资金额}$$

还款的资金来源,即可用于还款的资金额,根据现行财政制度规定以及项目所享受的优惠条件而定。

当借款偿还期能满足贷款机构的要求期限($P_c$)时,就可认为该项目具有偿还债务的能力。借款偿还期指标旨在计算最大偿还能力,适用于尽快还款的项目,不适用已约定借款偿还期限的项目。对于已约定借款偿还期限的项目,应采用偿债备付率和利息备付率指标分析项目的偿债能力。

【例4—1】 某建设项目,拟向银行借款120万元,贷款年利率为6.75%,具体情况见表4—4。试计算利息及偿还期。

运用上述计算公式,可得:

借款偿还期=(5-1)+(59.45+2.00)/83.6=4.74(年)≈4年9个月

该建设项目从建设到还清贷款,预计需要4.76年,若不含建设期,只用1.76年即还清贷款,投资效益良好。

表 4—4　　　　　　　　　借款利息及偿还期估算表　　　　　　　　　单位:万元

| 序号 | 项目寿命期 | 年份 | 建设期 2011 | 2012 | 2013 | 生产使用期 2014 | 2015 | 合计 |
|---|---|---|---|---|---|---|---|---|
| 1 | 借款本金和利息 | 上年末借款本息余额 | 0 | 82.7 | 129.63 | 138.38 | 59.45 | |
| 2 | | 本年新借款 | 80 | 40 | | | | 120 |
| 3 | | 本年利息估计(利率6.75%) | 2.70 | 6.93 | 8.75 | 4.67 | 2.00 | 25.06 |
| 4 | 还款能力 | 可用于还款的折旧费 | | | | 32.4 | 32.4 | |
| 5 | | 企业利润中用于还款 | | | | 51.2 | 51.2 | |
| 6 | | 合计(4+5) | | | | 83.6 | 83.6 | |
| 7 | 年末借款本息余额 | 1+2+3-6 | 82.7 | 129.63 | 138.38 | 59.45 | -22.14 | |

## 七、项目投产后年收入与收益净现值的估算

### (一)年收入的估算

项目投产后的年销售收入可以根据项目的设计能力(规模)、生产能力利用率、产品销售价格进行估算。其计算公式为:

年销售收入＝项目设计生产能力×生产能力利用率×产品销售单价×产品销售率

如果拟建项目投产后生产多种产品,可先分别计算每一种产品的年销售收入,然后汇总求得年销售总收入。若项目投产后生产的产品有出口任务,应计算外汇销售收入,并按规定的汇率折算成人民币,计入年销售收入总额中。

### (二)收益净现值的估算

收益净现值是反映项目在整个寿命期内总的获利能力的动态评价指标。收益净现值是指项目按部门或行业的基准收益率或设定的折现率,将项目寿命期内各年的净现金流量(即现金流入扣除现金流出的净收益)折现到建设开始年(基准年)的现值总和,即为项目逐年净现金流量的现值代数和。项目寿命期包括建设期和生产期。生产期按照项目主要设备的使用年限和产品寿命期进行估算。

$$NPV = \sum_{t=0}^{n} \frac{(CI-CO)_t}{(1+i_c)^t} = \sum_{t=0}^{n} \frac{NCF_t}{(1+i_c)^t}$$

式中:$CI$ 为现金流入量;$CO$ 为现金流出量;$(CI-CO)_t$ 为第 $t$ 年的净现金流量;$NCF_t = (CI-CO)_t$ 为第 $t$ 年的净现金流量;$n$ 为计算期年数。

收益净现值是评价项目财务盈利能力的绝对指标,它反映投资项目在满足国家、部门或行业规定的基准收益率或按设定的折现率要求达到的盈利水平外,还能获得的超额盈利的现值。其判别标准为:收益净现值应大于或等于零,表明项目的盈利能力超过或达到部门(行业)规定的基准收益率(即平均利润率)或某设定的折现率计算的盈利水平,则项目在财务收益上是可以接受的。如果净现值为负数,则说明项目盈利水平低于折现率,负值绝对数越大,投资获利能力越低,表明该项目从微观角度看不可行。

对拟建项目进行多方案选择时,一般采用净现值法,取净现值最大的方案。净现值只表明项目投产后的经济效益状况,但尚不知道为取得这样的效益需要多少投资。有时投资多少、单位投资所能带来的效益,对项目取舍起着十分重要的作用。为此,还需要计算净现值率:

净现值率＝净现值总投资现值×100％

一般情况下，取净现值率最高的方案实施。

(三)净现值估算实例

**【例 4-2】** 某改建项目，总投资额为 120 万元，当年即可交付使用，使用寿命 5 年，报废时残值正好与清理费相抵，这类项目的标准投资回收期为 5 年，折旧费计算采用使用年限法。具体情况见表 4-5。

表 4-5　　　　　　　某改建项目收益净现值表　　　　　　　单位：万元

| 序号 | 内容 | 年份 0 | 1 | 2 | 3 | 4 | 5 | 合计 |
|---|---|---|---|---|---|---|---|---|
| 1 | 销售收入 | | 500 | 540 | 580 | 620 | 660 | 2 900 |
| 2 | 现金支出 | | 460 | 480 | 500 | 520 | 540 | 2 500 |
| 3 | 支付税金 | | 10.80 | 25.80 | 36.80 | 48.80 | 60.80 | 183 |
| 4 | 投资额 | 120 | | | | | | 120 |
| 5 | 总支出(2+3+4) | 120 | 470.80 | 505.8 | 536.8 | 568.8 | 600.8 | 2 683 |
| 6 | 净现金流量(1-5) | -120 | 29.2 | 34.2 | 43.2 | 51.2 | 59.2 | 217 |
| 7 | 现值系数(折现率10％) | 1 | 0.909 | 0.826 | 0.751 | 0.683 | 0.621 | |
| 8 | 现值(6×7) | -120 | 26.542 8 | 28.249 2 | 32.443 2 | 34.969 6 | 36.763 2 | 38.968 |

根据上表得：

净现值＝38.968(万元)

净现值率＝38.968/120×100％＝32.47％

## 第三节　项目财务评价基本报表的编制

根据基本数据编制现金流量表、预期收益表、资产负债表等基本报表，是项目财务评价的重要工作内容。

### 一、现金流量估算表的编制

(一)现金流量的概念

项目从筹集开始，经过项目建设、试生产、正式生产到项目报废为止的整个寿命期内，现金流入和现金流出的总称称作现金流量。为了正确判断项目的盈利能力和偿还能力，需要预计项目的经营状况，将项目寿命期内每年的现金流入量和现金流出量及两者之间的差额列成表格，这种表格称作现金流量表。它是分析、预测项目效益的重要的动态报表。

(二)现金流量报表的内容

现金流量分析是第二次世界大战后，首先在西方国家兴起发展起来的一种经济分析预测方法,目前,已被世界大多数国家接受、采用。现金流量分析的基本报表有两类:一类是全部投资现金流量表,另一类是国内资金或自有资金流量表。每一类表中又分为财务和经济两种。现金流量表所包括的时间长短不同,有按月、按季、按年编制的月报表、季报表和年报表。时间长短不同的现金流量报表所反映的数据和所起的作用也各不相同,分别用以计算投资回收期、内部收益率、净现值和净现值率等评价指标。

现金流量表一般由三部分组成:现金流入、现金流出、净现金流量。

1. 现金流入。现金流入是指一个项目建成投产后所取得的一切收入。它主要包括:

(1)销售收入。这是项目的主要现金流入。

(2)基建收入。一般大中型项目试生产期较长,该项收入作为基建收入单列一项;小型项目基建收入很少,往往不单列。

(3)回收固定资产余值。它是指固定资产报废时的残值扣除清理费用后的净残值。为简化测算,一般项目的净残值率为3%~5%,中外合资企业的净残值率为10%以上,回收固定资产余值可用以下公式计算:

$$回收固定资产余值=固定资产原始价值×固定资产净残值率$$

(4)回收流动资金。建设期、生产期无该项现金流入,项目寿命终了时,垫支的流动资金要如数收回,形成现金流入的一项重要内容。

2. 现金流出。现金流出是指一个项目从开始建设到寿命终了的全过程中为它所投入的所有现金。主要包括:固定资产投资;投资贷款利息;流动资金;年经营成本(这是从西方国家引进的专门用于项目经济评价的概念,经营成本=工厂成本-折旧-流动资金利息+销售费用);销售税金;技术转让费;营业外净支出等。

3. 净现金流量。现金流入与现金流出的差额,称为净现金流量,它是项目寿命期内历史的净效益,净现金流量在建设期甚至生产期初期会出现负数,表明当年现金流入量小于现金流出量。

(三)现金流量表的编制

按投资计算范围不同,可以编制三种不同的现金流量表。

1. 全部投资的财务现金流量表。假定项目全部投资(包括固定资产投资和流动资金)均为自有资金,不考虑资金借贷与偿还,不必计算财务费用。该表用来计算全部投资的财务净现值、内部收益率、投资回收期。

2. 国内投资的财务现金流量表。该表以国内投资(包括国家预算内投资、自筹投资、国内贷款)为计算基础,并计算国外借款利息和本金偿还。该表用来计算国内投资的财务净现值、内部收益率,依此评价国内投资的盈利能力及国外借款对项目的影响。

3. 自有资金财务现金流量表。该表以除借入资金以外的自有资金为计算基础,但包括计算借款利息和本金偿还的现金流量,该表用来计算自有资金的财务净现值、内部收益率,考察自有资金的盈利能力。

三种现金流量表流入部分相同,流出部分有所不同,其差异部分见表4-6。

表 4—6　　　　　　　　　　　　现金流出差异对比表

| 全部投资现金流量表 | 国内投资现金流量表 | 自有资金现金流量表 |
|---|---|---|
| (1)全部固定资产投资 | (1)固定资产投资中国内投资 | (1)固定资产投资中自有资金资产投资 |
| (2)部分流动资金 | (2)流动资金中国内投资 | (2)流动资金中自有资金 |
|  | (3)国外借款利息支付 | (3)借款利息支付 |
|  | (4)国外借款本金偿还 | (4)借款本金偿还 |

(四)现金流量表实例

【例4—3】 某项目建设期3年,生产期12年,寿命期共15年,各年度的现金流量情况为:

1. 现金流入:第1～3年为建设期,没有现金流入;第4年进入生产期,年产量为设计能力80%,销售收入800万元;第5年至第15年假定均达到设计能力,销售收入为1 000万元。最后一年收回的流动资金为340万元。

2. 现金流出:固定资产投资共570万元,第1年350万元,第2年220万元,其中投资贷款400万元,年利率6.75%,每年支付利息见表4—7。流动资金第2、3年分别增加100万元和240万元;经营成本(扣折旧)第4年为541.7万元;第5年以后各年为652.12万元;销售税金第4年为54.17万元,第5年起每年为65.21万元;从第6年开始每年交所得税59.01万元。

3. 净现金流量:根据各年的现金流入、流出量,可以求出各年的净现金流量。

从表4—7可以看出,该项目第1～3年只有现金流出,没有现金流入,净现金流量为负数,第4年开始进入生产期,虽然未完全达到设计能力,现金流入量已经超过流出量,净现金流量转为正数。第6～14年,每年净现金流量相等,均为223.66万元。累计净现金流量第7年为−81.52万元,第8年为+142.14万元。15年累计净现金流量为2 086.94万元。进一步计算现金流量表中的累计净现金流量,可以预算该项目的投资回收期。

静态投资回收期=累计净现金流量开始出现正值的年份数−1+上年累计净现金流量的绝对值/当年净现金流量

该案例的静态投资回收期 $T=8-1+|-81.52|/223.66=7.36$(年)

投资收益率 $E=1/T=1/7.36=13.6\%$

当求出的回收期小于部门或行业的基准投资回收期时,应该认为该项目在微观上是可行的。

动态投资回收期是按现值法计算的投资回收期,也可以从全部投资现金流量表中求得,其计算公式为:

动态投资回收期=累计现值出现正值年份数−1+上年累计现值的绝对值/当年现值

贴现率越大,静态投资回收期与动态回收期相差也越大。

第四章 项目的财务评价和社会经济评价

表4—7 现金流量估算表

单位：万元

| 序号 | 内容 | 建设期 | | | | 生产期 | | | | | | 合计 |
|---|---|---|---|---|---|---|---|---|---|---|---|---|
| | | 1 | 2 | 3 | 4 | 5 | 6 | 7 | 8 | 9 | …… | 15 | |
| | | 2014 | 2015 | 2016 | 2017 | 2018 | 2019 | 2020 | 2021 | 2022 | | 2028 | |
| 1 | （一）现金流入 | | | | 800 | 1 000 | 1 000 | 1 000 | 1 000 | 1 000 | | 1 379.2 | 12 179.2 |
| 2 | 销售收入 | | | | 800 | 1 000 | 1 000 | 1 000 | 1 000 | 1 000 | | 1 000 | 11 800 |
| 3 | 回收固定资产余值 | | | | | | | | | | | 39.2 | 39.2 |
| 4 | 回收流动资金 | | | | | | | | | | | 340 | 340 |
| 5 | （二）现金流出 | 359.45 | 342.95 | 267 | 621.18 | 738.26 | 776.34 | 776.34 | 776.34 | 776.34 | | 776.34 | 10 151.27 |
| 6 | 固定资产投资 | 350 | 220 | | | | | | | | | | 570 |
| 7 | 投资贷款利息 | 9.45 | 22.95 | 27 | 25.31 | 20.93 | | | | | | | 105.64 |
| 8 | 流动资金 | | 100 | 240 | | | | | | | | | 340 |
| 9 | 经营成本（扣折旧） | | | | 541.7 | 652.12 | 652.12 | 652.12 | 652.12 | 652.12 | | 652.12 | 7 715.02 |
| 10 | 销售税金 | | | | 54.17 | 65.21 | 65.21 | 65.21 | 65.21 | 65.21 | | 65.21 | 771.502 |
| 11 | 所得税 | | | | | 59.01 | 59.01 | 59.01 | 59.01 | 59.01 | | 59.01 | 590.10 |
| 12 | （三）净现金流量 | −359.45 | −342.95 | −267 | 178.82 | 261.74 | 223.66 | 223.66 | 223.66 | 223.66 | | 602.86 | 2 086.94 |
| 13 | （四）累计净现金流量 | −359.45 | −702.4 | −969.4 | −790.58 | −528.84 | −305.18 | −81.52 | 142.14 | 365.79 | | 2 086.94 | |

### (五)财务外汇流量表

涉及产品出口创汇及替代进口节汇的项目,一般还需要编制财务外汇流量表。见表 4—8。

表 4—8　　　　　　　　　　　财务外汇流量表　　　　　　　　　　单位:万美元

| 序号 | 年期　　　内容 | 建设期 |  |  | 生产期 |  |  |  | 合计 |
|---|---|---|---|---|---|---|---|---|---|
|  |  | 1 | 2 | 3 | 4 | 5 | … | n |  |
| 一 | 外汇流入 |  |  |  |  |  |  |  |  |
|  | 1. 产品外销收入 |  |  |  |  |  |  |  |  |
|  | 2. 其他外汇收入 |  |  |  |  |  |  |  |  |
|  | 流入小计 |  |  |  |  |  |  |  |  |
| 二 | 外汇流出 |  |  |  |  |  |  |  |  |
|  | 1. 进口原材料 |  |  |  |  |  |  |  |  |
|  | 2. 进口零部件 |  |  |  |  |  |  |  |  |
|  | 3. 生产期支付的技术转让费 |  |  |  |  |  |  |  |  |
|  | 4. 偿还外汇借款本息 |  |  |  |  |  |  |  |  |
|  | 5. 其他外汇支出 |  |  |  |  |  |  |  |  |
|  | 流出小计 |  |  |  |  |  |  |  |  |
| 三 | 净外汇流量 |  |  |  |  |  |  |  |  |
| 四 | 产品替代进口收入 |  |  |  |  |  |  |  |  |
| 五 | 净外汇效益 |  |  |  |  |  |  |  |  |

利用外汇流量表可以计算财务外汇净现值、财务换汇和节汇成本,进行该项目的外汇效益分析。

财务换汇成本是指换汇 1 美元外汇,该项目所需的人民币金额。其计算公式为:

$$财务换汇成本 = \frac{生产期内出口产品生产成本总额(人民币万元)}{生产期内出口产品销售收入总额(万美元)}$$

节汇成本是指节约 1 美元外汇所需的人民币金额。其计算公式为:

$$财务节汇成本 = \frac{生产期内替代进口产品生产成本总额(人民币万元)}{生产期内替代进口产品的到岸价总额(万美元)}$$

### 二、财务内部收益率估算表的编制

财务内部收益率是指项目逐年现金流入现值总额与现金流出现值总额相等、净现金流量现值累计为零时的贴现率,它是评价项目投资效益的基本指标,可以分为全部投资内部收益率、国内投资内部收益率、自有资金内部收益率三种。内部收益率估算表的格式及实例,见表 4—9。

表 4—9　　　　　　　　　　财务内部收益率估算表　　　　　　　　　单位：万元

| 序号 | 内容 |  | 建设期 |  |  | 生产期 |  |  |  | … | 11 | … | 15 | 合计 |
|---|---|---|---|---|---|---|---|---|---|---|---|---|---|---|
|  |  |  | 1 | 2 | 3 | 4 | 5 | 6 | 7 |  | 11 |  | 15 |  |
|  |  |  | 2014 | 2015 | 2016 | 2017 | 2018 | 2019 | 2020 |  | 2022 |  | 2028 |  |
| 1 | 净现金流量 |  | −359.45 | −342.95 | −267 | 178.82 | 261.74 | 223.66 | 223.66 |  | 223.66 |  | 602.86 |  |
| 2 | 折现系数（折现率12%） |  | 0.893 | 0.797 | 0.712 | 0.636 | 0.567 | 0.507 | 0.452 |  | 0.288 |  | 0.183 |  |
| 3 | 现值（1×2） |  | −320.99 | −273.33 | −190.10 | 113.73 | 148.41 | 113.39 | 101.09 |  | 64.41 |  | 110.32 | 219.30 |
| 4 | 累计现值 |  | −320.99 | −594.32 | −784.42 | −670.7 | −522.29 | −408.89 | −307.80 |  | −0.38 |  | 219.30 |  |
| 5 | 偏高折现率18% | 折现系数 | 0.847 | 0.718 | 0.609 | 0.516 | 0.437 | 0.37 | 0.314 |  | 0.137 |  | 0.084 |  |
| 6 |  | 现值 | −304.45 | −246.24 | −162.60 | 92.27 | 114.38 | 82.75 | 70.23 |  | 30.64 |  | 50.64 | −40.98 |
| 7 | 内部收益率 |  | 内部收益率(%)=12%+(18%−12%)×219.30/(219.30+|−40.98|)=17.06% |||||||||||||

内部收益率 $FIRR$ 算出后，应与部门或行业的基准收益率$(i_c)$相比较，当 $FIRR > i_c$ 时，表明该项目在财务上是可以接受的。

利用表 4—9 还可以计算动态投资回收期。当贴现率为 12% 时，第 11 年累计净现值为 −0.38，当年净现值为 57.48，累计净现值为 57.10。将有关数据代入动态投资回收期计算公式：

$T = 12 − 1 + |−0.38|/57.48 = 11.01$（年）

投资收益率 $E = 1/T = 1/11.01 = 9.1\%$

如果投资者期望回收期为 10 年，按静态计算 7.36 年可行；然而按动态计算 11.01 年则不可行。因此，在判断项目是否可行时，必须运用动态法，计算动态投资回收期。

### 三、资产负债估算表的编制

（一）资产负债表的概念和特征

资产负债表是反映项目某一日期财务状况的会计报表，在进行财务评价时必须编制。该表一般每年编制一次，有时在对重大问题做出决定的特定日期编制。具有以下特征：

1. 资产负债表是静态报表，只能反映项目寿命期内某一特定时点上的财务状况。
2. 资产负债表只能列入项目本身所拥有的资产以及所欠的债务。
3. 资产负债表可以根据账面价值编制，也可根据市场价值编制，有时这两种数据编制的负债表会有很大差异，因此，常常会看到双栏式资产负债表，在同一张表上记录了用上述两种方法获得的数值，以便决策者对比分析。

（二）资产负债表的内容

资产负债表包括资产和负债两大部分，负债部分又分直接负债与业主权益两种。资产填在表的左边，负债与业主权益填在表的右边，两者总额应相等。

1. 资产。资产是能给企业带来未来经济效益的实物财产或权利。资产可以是有形的，也可以是无形的，可以是流动的，也可以是非流动的，但必须具备以下特性：对所有者的有用性，即具有带来未来经济效益的能力；只能为本企业带来利益，并限制其他人以此获得利益；导致企业对这项利益的权利和控制的交换或事项已经发生。

资产按其在正常经营周期内变成现金的难易程度，可以分为流动资产和非流动资产两类。

（1）流动资产：是指在一年或更短时间内耗用完，或在正常生产经营周期内转变为现金的资产，包括现金、储蓄存款、保证金、应收账款、债券、可上市的股票等财务资产、预付费用、储存物资等实物资产。

(2)非流动资产:不属于流动资产的其他资产,如不能移动的财产(土地、房屋及附着其上的不可分部分的不动财产)、使用年限和金额超过规定限额的固定资产等。

2. 负债。指由于在过去交易或事项中所承担而必须在未来一定时日偿付给他人的现金、商品或劳务的总价值。

负债的主要特征是,负债对债务人具有强制性;负债体现了对债权人的责任,这种责任要在将来某一约定的时间通过交付现金、使用本企业资产、提供劳务等方式来履行;引起负债的交易或事项已经发生。

负债通常分为流动负债和长期负债两类。此外,还有一种特定条件下发生的或有负债。

(1)流动负债:是指一年内或企业正常生产经营周期内到期,要动用流动资产偿付的债务,包括应付账款、短期票据、税款、利息、工资以及股利等。

(2)长期负债:是指离到期偿付日期时间超过一年的未清偿债务,如应支付的长期债券、票据。

(3)或有负债:是指在特殊情况下必须偿付的债务,这是一种潜在的负债,如出售厂房、设备等资产需要缴付的增值税则属于或有负债。在运用现行市场价格编制的资产负债表中,就有此栏目。

3. 业主权益。这是项目交付使用后,企业内部应付账款,是指资产总额减去负债总额的余额,如前一会计阶段收入但尚未分配给股东们的利润等。

(三)资产负债表的简单表格

资产负债表见表4—10。有些大项目,在分年度资产负债表的基础上,还编制一份3~5年的资产负债汇总表。

表4—10　　　　　　　　　　　　资产负债表

(××××年×月×日)　　　　　　　　　　　　　　　单位:万元

| 资　产 | 金　额 | 负债和所有者权益 | 金　额 |
|---|---|---|---|
| 流动资产 | | 流动负债 | |
| 　货币资金 | 40 | 　应付账款 | 35 |
| 　应收账款 | 25 | 　应付税款 | 15 |
| 　短期投资 | 75 | 　流动负债 | 50 |
| 　存货 | 82 | | |
| 　其他流动资产 | 25 | | |
| 　流动资产合计 | 247 | | |
| 长期投资 | | 长期负债 | |
| 　长期债权投资 | 20 | 　长期借款 | 95 |
| 　长期投资合计 | 20 | 　长期负债合计 | 95 |
| 固定资产 | | | |
| 　固定资产 | 95 | 负债合计 | 145 |
| 　固定资产合计 | 95 | 所有者权益 | |

续表

| 资　产 | 金　额 | 负债和所有者权益 | 金　额 |
|---|---|---|---|
|  |  | 股本 | 88 |
|  |  | 未分配利润 | 129 |
|  |  | 所有者权益合计 | 217 |
| 资产总计 | 326 | 权益合计 | 362 |

## 第四节　项目社会经济评价及其基本报表的编制

### 一、项目社会经济评价发展阶段和评价程序

(一)项目社会评价的发展

项目社会评价理论与方法的发展,与项目的发展实践相关联,迄今为止已经历了三个阶段:20世纪50年代以前,各国推行的是项目财务评价,50年代以后,经济评价形成并盛行。自60年代末以来,各种社会评价的理论与方法逐步形成并得到发展。

初期的社会评价为社会费用效益分析方法的应用。形成于20世纪60年代的这种方法,包括经济效率目标与社会公平分配目标两部分的分析与评价,前部分一般称经济评价,两部分合称社会评价。在评价与分析社会公平分配目标时,采用一系列权重计算各方面的公平分配,并将分配效果列入影子价格中加以计算,以评估项目的就业效果、分配效果。这类经济增长加收入分配分析的社会评价,基本上是以经济学为基础的社会评价方法,一般称为狭义的社会评价。

1969年,美国颁布国家环境政策法令,要求用环境影响评价来分析评价美国联邦投资或实施的政策、项目或规划方案在环境方面的影响。在美国联邦政府的要求中,社会环境包括在环境概念中,因此,社会影响评价也包括在环境影响评价中。以后,随着对发展认识的加深,社会影响评价方法逐渐被独立了出来。到20世纪80年代,社会影响评价、社会分析等评价方法被广泛地引入到项目评价中。它们与仅考虑收入分配的狭义的社会评价不同,而是致力于从社会学角度分析项目对实现国家或地方各项社会发展目标所做的贡献和影响,以及项目与当地社会环境的相互影响,被称为广义的社会评价。

项目社会经济评价是指项目的社会效益评价,它是项目社会评价的一个重要组成部分,随着项目社会评价的重要性被广泛接受和要求,项目社会经济评价的方法和指标体系也得以不断地完善。项目社会经济评价以国家各项社会政策为基础,通过项目的社会经济效率指标对项目实现国家和地方社会发展目标所做贡献和产生的影响及其与社会相互适应性作出系统的分析评估,从而促进在投资决策中全面衡量项目的财务、经济和社会效益,减轻项目对社会的不利影响,防止社会风险,促使项目与社会相互适应和协调发展,达到项目的持续发展和充分发挥投资效益,提高项目成功率,增进国民经济整体效益和社会发展目标与社会政策的顺利实现。

## (二) 社会经济评价的程序

社会经济评价是在财务评价所预测的基本数据基础上,经过调整,以社会成本代替财务成本,以社会效益代替项目本身的效益,再进行计算和分析。由于社会经济评价只进行现金流量分析,工作程序比较规范。

1. 将财务现金流量表所列的费用和效益内容,按照社会经济评价的要求,加以增删调整。
2. 对财务现金流量中的主要投入物和产出物,进行价格调整,用影子价格代替国内市场价格,或采用国家统一规定的换算系数,将财务成本调整为经济成本。
3. 编制"经济现金流量表",并进行社会成本与社会效益的对比分析,计算经济净现值(即国民收入增量净现值)和经济内部收益率。

## 二、项目社会成本(费用)分析

经济评价中项目的费用是指整个社会为项目所付出的代价,包括直接费用和间接费用。直接费用是指国家为满足项目投入所需要而付出的代价,即项目本身所直接消耗的有用资源(泛指人力、财力资源和自然资源等各种形态的投入物)。间接费用是指项目所引起的外部费用,或项目所导致的社会净损失。总之,经济评价时分析的费用,应能反映整个国民经济意义上的真正的消耗。进行社会成本分析,一般步骤为:

1. 确认社会成本要素,调整社会成本构成。不同项目其社会成本要素是不完全相同的,首先认真分析与项目成本有关的种种构成要素,在此基础上对财务评价时的成本构成作适当调整。例如,扣除不涉及社会资源实际消耗的转移支付(如折旧、国内利息、税收等),加上财务评价时未予考虑的间接费用和从宏观角度来讲切实发生的支付。

2. 计算增量成本。将有项目时的成本与无项目时的成本进行比较,求得两者差额,即为增量成本。

3. 估算外部成本(即间接费用)。估计社会成本时,不仅要计算项目的内部成本(直接费用),还应计算外部成本,即由于项目的兴建和投入使用而给社会造成的损失,例如,其他部门为满足该项目需要而减少对其他项目的供应而放弃的效益,工业项目的废水、废气、废渣等引起的环境污染所需要的治理费用,等等。这些费用不论由谁支付,不论是否发生在项目实施期,从宏观角度讲,是实实在在要发生的实际消耗,应该予以估计。

4. 将财务成本(财务价值)调整为社会成本(经济价值)。经济评价中所采用的价格必须既反映这种资源的社会必要劳动消耗(即价值),又要能反映这种资源的稀缺程度(即供求关系),只有这样才能正确计算项目的真实的经济价值。为此,必须用影子价格取代财务分析时所采用的国内现行市场价格。具体方法有三种:

(1) 转换系数法。计算公式为:

$$某一特定商品的经济价值 = 某一特定商品的财务价值 \times 换算系数$$

换算系数由各国政府根据实际情况统一制定。我国发改委和建设部于 2006 年 7 月印发了《建设项目经济评价方法与参数》(第三版),公布了国家对一部分商品规定的影子价格和换算系数,这对实现投资项目决策是十分必要的。

(2) 影子汇率法。用影子汇率将外贸商品的口岸价格转化为本国货币表示的价格,这一价格就是经济价值。

$$影子汇率 = 官方汇率 \times (1 + 外汇溢价)$$

人们在购买外贸商品时,往往要多付一定的愿付价格,称为外汇溢价。这种溢价在有价证券的市场上也经常出现,例如,票面价值为8元的股票,发行价为24元,其超过部分即为溢价。

(3)到岸价格加成法。有时为简化计算,可按到岸价格加成10%~30%作价。

5. 以不变价格计算项目的年成本总值。由于通货膨胀、供求关系等因素的影响,不同时期的价格水平是不相同的。为此应采用不变价格计算成本,使用统一的尺度,才能分析、比较不同年份、不同方案的成本和效益。

以不变价格表示的成本的计算步骤如下:

(1)将同一商品报告期价格与基准期价格相比,其比值称为价格指数。

(2)通过价格指数计算通货膨胀率。

(3)以现价除以通货膨胀率,即可得到以不变价格表示的成本。

6. 进行多方案比较,选择一个经济价值较好,也即社会成本较低的方案。

【例4-4】 某企业计划实施一项改扩建项目,投产后所需职工2/3是原有职工,1/3从下岗人员中招聘。该项目的间接费用50万元,国家给予的补贴15万元。现有三个方案可供选择。试利用换算系数法,将财务成本换算为社会成本,并确定最优方案。

分析的程序为:首先,利用财务成本表(见表4-11)及已知条件,进行成本要素调整,删去利息、折旧和税收,加入补贴和间接费用。其次,利用换算系数,进行换算,计算出三个方案的社会成本。最后,进行方案比较。

表4-11　　　　　　　　　　财务成本调整为社会成本　　　　　　　　　　单位:万元

| 成本要素 \ 方案 | A方案 财务成本 | A方案 社会成本 | B方案 财务成本 | B方案 社会成本 | C方案 财务成本 | C方案 社会成本 |
|---|---|---|---|---|---|---|
| 钢材(系数:1.32) | 40 | 52.8 | 50 | 66 | 35 | 46.2 |
| 木材(系数:1.11) | 20 | 22.2 | 20 | 22.2 | 40 | 44.4 |
| 水泥(系数:1.1) | 80 | 88 | 100 | 110 | 90 | 99 |
| 机器设备(系数:0.9) | 200 | 180 | 160 | 144 | 250 | 225 |
| 燃料(系数:1.87) | 60 | 112.2 | 80 | 149.6 | 60 | 112.2 |
| 工资(系数:2/3) | 600 | 400 | 500 | 333.3 | 700 | 466.7 |
| 外汇(系数:1.08) | 100 | 108 | 90 | 97.2 | 150 | 112 |
| 进口税 | 10 | 0 | 9 | 0 | 15 | 0 |
| 贷款利息 | 0 | 0 | 0 | 0 | 0 | 0 |
| 折旧 | 9 | 0 | 7.2 | 0 | 9 | 0 |
| 间接费用 | 0 | 50 | 0 | 50 | 0 | 50 |
| 补贴 | 0 | 15 | 0 | 15 | 0 | 15 |
| 合计 | 1 119 | 1 028.2 | 1 016.2 | 987.3 | 1 349 | 1 170.5 |

经比较,财务成本:C>A>B,B方案最优;社会成本:C>A>B,也是B方案最优。

最后选择:拟选B方案付诸实施。

### 三、项目社会效益分析

分析项目社会效益的步骤、方法与分析社会成本时相同,具体程序有以下内容。

## (一)确认社会效益要素,调整社会效益构成

项目的社会效益是指由于项目的实施、使用(生产)而对整个社会所产生的效益,包括项目执行单位所获得的直接效益(内部效益)和非项目执行单位所获得的间接效益(外部效益)。社会效益可以是有形的,例如,产量增加、销售收入、利润增加,也可以是无形的,例如,减少"三废"污染、改善生态环境,使受益地区人民生活条件得以改善,等等。

凡是不能对国民经济做出新贡献的转移效益,如税收、利息、折旧等,都应加以剔除。

由于经济评价时采用影子价格,对财务评价中的价格作了调整,使许多外部效益内部化了,但是,仍有一些外部效益需要分别计算:

1. 产业关联效益。从社会再生产过程来看,每一个企业(项目)都是再生产链中的一个环节。有些产业(企业)是该项目的前道工序或项目投入物的供应者,有些产业(企业)是该项目的下道工序或项目产出物的使用者,统称为"上、下游企业"。"上、下游企业"的辐射效益即由于拟建项目的使用(生产)使其上、下游企业获得的效益。计算这项效益时必须应用有无比较法原理,把握计算的范围,以免重复计算。

2. 技术扩散的效益。一般来说,一个技术先进、管理科学的项目,会通过推广技术、人才流动、经验交流等渠道使社会受益,这些效益也应算作项目的外部效益。

3. 拟建项目为就业所提供的直接就业机会和间接就业机会。就业对劳动力资源丰富、就业压力日趋严重的国家来讲十分重要,项目所创造的就业机会越多,表明项目对社会的贡献越大。

4. 专门为拟建项目服务的公共工程等基础设施,如交通设施、商业网点、教育卫生等,应进行相关项目效益分析,所得效益计入拟建项目的间接效益。

5. 环境及生态影响效益等。

项目的外部效益计算起来很困难,因此,只有大型项目才单独加以考虑计算。

## (二)计算项目的增量效益

运用有无比较法计算增量效益。下面以某汽车集团扩建项目为例,示范如何进行增量效益的计算。

【例4—5】 某汽车集团目前年产量30万辆汽车。如不进行改扩建,通过内涵扩大再生产,近两年内每年增产5万辆,然后每年保持40万辆水平。为适应国内外市场对汽车的需求,准备实施扩建项目,实施期三年,第四年新厂房投入使用,产量逐年增加,项目寿命期20年,累计增量效益为1.056亿元(见表4—12)。

如果采用前后比较法,将项目前年产量30万辆作为静态的对比基数,项目前,20年产量为600万辆;项目后,20年产量为1 265万辆,错误地认为该项目实物效益为665万辆,虚增效益185万辆。显然,计算项目效益时不能运用前后比较法,只能采用有无比较法。

表4—12　　　　　　　　　　某汽车厂扩建项目增量效益计算表

| 年期 \ 内容 | 有项目时产量<br>(万辆) | 无项目时产量<br>(万辆) | 生产增量<br>(万辆) | 单价<br>(万元/辆) | 增量效益<br>(万元) |
|---|---|---|---|---|---|
|  | 1 | 2 | 3=1-2 | 4 | 5=3×4 |
| 1 | 30 | 30 | 0 | 22 | 0 |
| 2 | 35 | 35 | 0 | 22 | 0 |
| 3 | 40 | 40 | 0 | 22 | 0 |

续表

| 年期 \ 内容 | 有项目时产量（万辆）1 | 无项目时产量（万辆）2 | 生产增量（万辆）3＝1－2 | 单价（万元/辆）4 | 增量效益（万元）5＝3×4 |
|---|---|---|---|---|---|
| 4 | 50 | 40 | 10 | 22 | 220 |
| 5 | 60 | 40 | 20 | 22 | 440 |
| 6 | 70 | 40 | 30 | 22 | 660 |
| 7～20 | 980 | 560 | 420 | 22 | 9 240 |
| 合计 | 1 265 | 785 | 480 | 22 | 10 560 |

(三)利用校正系数,将财务效益换算为社会效益

计算财务效益时是按现行市场价格,事实上市场价格存在许多扭曲现象,价格背离价值,有的价格定得过高,有的价格定得过低。计算社会效益时应确定一个比较合理的价格标准。目前西方国家比较常用的一个简便方法是以消费者愿付价格作为计价标准。消费者愿付价格由市场价格和消费者剩余两部分组成。消费者剩余是指市场价格与消费者愿付价格之间的差额,是消费者获得的一种收益,是项目的外部效益。

当项目的产出量很大,且在市场总供应量中占有相当大的比重时,为了扩大市场需求,往往需要降低销售价格。当项目产出品的价格因项目投产而出现较大幅度下降时,应当使用消费者剩余的概念,去分析对国民经济的影响,求得社会效益。

【例4－6】某地拟新建一个电视机厂,年产120万台LED智能网络液晶平板电视供应国内市场。为了保证国内市场供需平衡,彩电价格将由原来每台6 600元降为4 800元。计算120万台彩电的产出收益。

120万台彩电的销售收入除包括消费者按市场价格实际支付的部分(4 800元/台)以外,还应包括消费者剩余。为简化计算,只要以项目产出前后的平均价格$1/2(P_0+P_1)$作为项目产品的计价标准,所计算的产出收益就包含了相应的消费者剩余。

120万台彩电的产出收益＝(6 600＋4 800)/2×120＝684 000(万元)

利用校正系数,对财务效益作必要的调整时,还可采用以下公式:

校正系数＝(销售收入＋消费者剩余)/销售收入

社会效益＝财务效益×校正系数

(四)以不变价格表示社会效益

为了消除通货膨胀对效益真实性的影响,必须以不变价格为依据。其计算方法参见社会成本的计算。将估算的逐项效益加总,得到社会年效益。

(五)计算项目寿命期社会总效益

计算项目寿命期社会总效益,应进行多方案比较,从中选出效益最优的方案。

**四、项目社会经济评价的基本报表**

在计算项目社会成本和经济效益的基础上,编制以下三份基本报表。

1. 全部投资的经济现金流量表。以全部投资为编制基础,用来计算全部投资的经济内部收益率、经济净现值和经济净现值率等评价指标(见表4－13)。

表 4—13　　　　　　　　　　全部投资的经济现金流量表　　　　　　　　　　单位:万元

| 内容＼年期 | 建设期 |  |  | 生产期 |  |  |  | 合计 |
|---|---|---|---|---|---|---|---|---|
|  | 1 | 2 | 3 | 4 | 5 | … | n |  |
| (一)现金流入 |  |  |  |  |  |  |  |  |
| 　1. 销售收入 |  |  |  |  |  |  |  |  |
| 　2. 回收固定资产余值 |  |  |  |  |  |  |  |  |
| 　3. 回收流动资金小计 |  |  |  |  |  |  |  |  |
| 　4. 项目外部收益流入合计 |  |  |  |  |  |  |  |  |
| (二)现金流出 |  |  |  |  |  |  |  |  |
| 　1. 固定资产投资 |  |  |  |  |  |  |  |  |
| 　2. 流动资金 |  |  |  |  |  |  |  |  |
| 　3. 经营成本 |  |  |  |  |  |  |  |  |
| 　4. 技术转让费(生产期)小计 |  |  |  |  |  |  |  |  |
| 　5. 项目外部费用流出合计 |  |  |  |  |  |  |  |  |
| (三)净现金流量 |  |  |  |  |  |  |  |  |
| 计算指标:经济净现值、经济净现值率、经济内部收益率 |  |  |  |  |  |  |  |  |

注:①对某些项目,如老厂改造项目,需计算改造后的效益时,可在建设期前另加一栏"建设起点",将建设期初以前发生的现金流出写在该栏,计算净现值时不必折现。

②生产期发生的更新改造费,应视作现金流出单独列项或列入固定资产投资中。

③技术转让费是指生产期支付的技术转让费。

2. 国内投资的经济现金流量表。以国内投资为编制基础,用来计算国内投资的经济净现值、经济净现值率和经济内部收益率等指标(见表 4—14)。

表 4—14　　　　　　　　　　国内投资的经济现金流量表　　　　　　　　　　单位:万元

| 内容＼年期 | 建设期 |  |  | 生产期 |  |  |  | 合计 |
|---|---|---|---|---|---|---|---|---|
|  | 1 | 2 | 3 | 4 | 5 | … | n |  |
| (一)现金流入 |  |  |  |  |  |  |  |  |
| 　1. 销售收入 |  |  |  |  |  |  |  |  |
| 　2. 回收固定资产余值 |  |  |  |  |  |  |  |  |
| 　3. 回收流动资金小计 |  |  |  |  |  |  |  |  |
| 　4. 项目外部收益流入合计 |  |  |  |  |  |  |  |  |
| (二)现金流出 |  |  |  |  |  |  |  |  |
| 　1. 固定资产投资中国内资金 |  |  |  |  |  |  |  |  |
| 　2. 流动资金中国内资金 |  |  |  |  |  |  |  |  |
| 　3. 经营成本 |  |  |  |  |  |  |  |  |
| 　4. 技术转让费(生产期) |  |  |  |  |  |  |  |  |

续表

| 年期<br>内容 | 建设期 |  |  | 生产期 |  |  |  | 合计 |
|---|---|---|---|---|---|---|---|---|
|  | 1 | 2 | 3 | 4 | 5 | … | n |  |
| 5.流至国外的资金 |  |  |  |  |  |  |  |  |
| (1)国外贷款本金偿还 |  |  |  |  |  |  |  |  |
| (2)国外借款利息偿还 |  |  |  |  |  |  |  |  |
| (3)其他 |  |  |  |  |  |  |  |  |
| 小计 |  |  |  |  |  |  |  |  |
| 6.项目外部费用 |  |  |  |  |  |  |  |  |
| (三)净现金流量 |  |  |  |  |  |  |  |  |
| 计算指标:经济净现值、经济净现值率、经济内部收益率 |  |  |  |  |  |  |  |  |

注:同表4—13。

3.经济外汇流量表。以外汇的流入、流出为编制基础,用来计算经济外汇净现值、经济换汇成本和经济节汇成本等指标(见表4—15)。

表4—15　　　　　　　　　　经济外汇流量表　　　　　　　　　　单位:万元

| 年期<br>内容 | 建设期 |  |  | 生产期 |  |  |  | 合计 |
|---|---|---|---|---|---|---|---|---|
|  | 1 | 2 | 3 | 4 | 5 | … | n |  |
| (一)外汇流入 |  |  |  |  |  |  |  |  |
| 　1.产品外销收入 |  |  |  |  |  |  |  |  |
| 　2.其他外汇收入 |  |  |  |  |  |  |  |  |
| 流入小计 |  |  |  |  |  |  |  |  |
| (二)外汇流出 |  |  |  |  |  |  |  |  |
| 　1.进口原材料 |  |  |  |  |  |  |  |  |
| 　2.进口零部件 |  |  |  |  |  |  |  |  |
| 　3.支付技术转让费 |  |  |  |  |  |  |  |  |
| 　4.偿还外汇借款本息 |  |  |  |  |  |  |  |  |
| 　5.其他外汇支出 |  |  |  |  |  |  |  |  |
| 流出小计 |  |  |  |  |  |  |  |  |
| (三)净外汇流量[(一)-(二)] |  |  |  |  |  |  |  |  |
| (四)产品替代进口收入 |  |  |  |  |  |  |  |  |
| (五)净外汇效果[(三)+(四)] |  |  |  |  |  |  |  |  |
| 计算指标:经济外汇净现值、经济换汇成本、经济节汇成本 |  |  |  |  |  |  |  |  |

### 五、项目社会经济评价指标体系[①]

#### (一)建立经济评价指标体系的必要性

现代项目一般是由单体工程、配套工程、主体工程综合而成的整体。为了全面计算、考核、比较项目的投资成本和投资效益,必须确定项目经济评价指标。本节所讲经济指标均为社会经济评价时的指标体系,这是一组相互联系的评价指标,由此形成一个有机的整体。

建立和健全项目经济评价指标体系,对加强项目管理,提高投资决策的科学性十分必要。它有助于评价人员利用各种指标全面地、客观地评价项目投资的可行性,选定对发展国民经济最有利的项目,实现宏观范围内的资源优化配置,更好地利用人力、物力、财力,加速国民经济发展,不断提高投资效益。同时,有利于宏观经济效益与微观经济效益、长远经济效益与当前经济效益、直接经济效益与间接经济效益的统一。

#### (二)项目经济评价体系的主要指标

1. 经济净现值(ENPV)

(1)单一方案评价,计算公式如下:

$$ENPV = \sum_{t=1}^{n}(B-C)_t(1+i_s)^{-t}$$

式中,$B$ 为效益流入量;$C$ 为费用流出量;$(B-C)t$ 为第 $t$ 年的净效益流量;$i_s$ 为社会折现率。

(2)寿命期限相同的互斥方案评价。首先,运用单一方案评价时的计算公式,计算各方案的经济净现值,利用绝对效果指标判断各方案自身的经济可行性,若净现值大于或等于零,绝对效果检验予以通过,否则该方案应予以淘汰。

其次,将通过绝对效果检验的方案,进行相对效果检验,净现值最大的方案为最优方案。

(3)寿命期不相同的互斥方案评价。首先,计算各方案在各自寿命期内的经济净现值,进行绝对效果检验,淘汰 $ENPV<0$ 的方案,保留 $ENPV \geqslant 0$ 的方案,进行相对效果检验。

其次,确定同一计算期,并分别计算各备选方案在假定的同一计算期内的净现值。

最后,进行相对效果检验,同一计算期内净现值最大者为最优方案。

2. 经济净现值率

经济净现值率(Rate of Economic Net Present Value)指项目的经济净现值与投资总额的现值之比率,即单位投资现值的经济净现值,表示项目单位投资对国民经济净贡献的相对效果。

$$ENPV = ENPV/i_p$$

经济净现值率一般可按全部投资和国内投资分别计算。在分别计算时,公式中的数据应根据指标的要求作相应的调整。经济净现值率指标一般用于在投资总量限定时多投资方案的比较选择,并可作为判断的依据,即此比率高的投资方案为较好的方案。

3. 经济内部收益率(EIRR)

经济内部收益率是指在项目的计算期内各年累计的经济净现值之和等于 0 时的折现率。计算方法为先采用试算法,后采用插值法。该指标用于反映项目对国民经济贡献的一个相对指标,是项目进行国民经济评价的主要判断依据。

(1)单一方案评价。计算内部收益率的方程式为:

$$\sum_{t=1}^{n}(B-C)_t(1+EIRR)^{-t} = 0$$

---

[①] 高年级或研究生选用。

判别标准：若 $EIRR \geq i_s$，则项目可考虑接受；若 $EIRR < i_s$，则项目应予否定。

(2)寿命期相同的互斥方案评价。首先，计算各方案的经济内部收益率，进行绝对效果检验，淘汰经济内部收益率小于 $i_s$ 的方案，保留经济内部收益率大于或等于 $i_s$ 的方案。注意，不能简单认为内部收益率最大的方案即为最优。

其次，对通过绝对效果检验的方案，将各方案按投资大小排列，采用差额经济内部收益率法，进行方案两两比选。先比较投资最大(或最小)的方案，然后将二者中较优者与下一个方案比较，直至比选完毕，挑选出最优方案。

设两个互斥方案为 A、B，计算差额经济内部收益率的公式为：

$$\sum_{t=0}^{n}(B_{A-B} - C_{A-B})_t(1 + EIRR_D)^{-t} = 0$$

式中：$B_{A-B}$ 为方案 A 减方案 B 的效益流入差额；$C_{A-B}$ 为方案 A 减方案 B 的效益流出差额；$EIRR_D$ 为差额经济内部收益率。

判别标准：$EIRR_D > i_s$，投资 A 的方案好；$EIRR_D < i_s$，投资 B 的方案好。

(3)寿命期不相同的互斥方案评价。首先，计算各方案在各自寿命期内的经济内部收益率。将 $EIRR < i_s$ 的方案予以淘汰；将 $EIRR \geq i_s$ 的方案保留，进入下一轮的相对优选评价。

其次，计算各保留方案的年均净现金流量。

最后，利用差额经济内部收益率法，进行相对选优，其方法和步骤与寿命期相同的互斥方案相同。

判别标准：投资大的方案年均净现金流量大；$EIRR_D > i_s$，投资大的方案好；$EIRR_D < i_s$，投资小的方案好。

4．投资新增国民收入

$$NT = \sum_{t=0}^{n}O_t - \sum_{t=0}^{n}(MI_t + I_t + RP_t)$$

式中：$NT$ 为项目寿命期内的国民收入；$\sum_{t=0}^{n}O_t$ 为项目寿命期内的销售收入总和；$\sum_{t=0}^{n}MI_t$ 为项目寿命期内不包括工资、职工福利基金、流动资金利息和折旧的生产投入值；$\sum_{t=0}^{n}I_t$ 为项目固定资产投资总额和建设期贷款利息；$\sum_{t=0}^{n}RP_t$ 为项目经济寿命期内汇往国外的资金。

如果投资项目属合资企业，国民收入中不应包括汇往国外的利润和支付外籍人员的工资。

5．投资新增国民收入率

投资新增国民收入率是指项目在正常生产年度，所创造的国民收入(净产值)总和与项目固定资产投资总额(不包括建设期贷款利息)加流动资金投资额的比率。其计算公式为：

$$\text{投资新增国民收入率}(\%) = \frac{\text{项目投产后正常年度国民收入(净产值)总额}}{\text{固定资产投资额} + \text{流动资金投资额}} \times 100\%$$

判别标准：当投资新增国民收入率大于或等于国家所规定的基准投资国民收入率时，项目可取，否则予以否定；或再根据具体情况作综合分析，权衡得失后再作取舍。

6．国民收入现值

国民收入现值越大的项目，国民经济效益也越好。计算公式如下：

$$NIPV = \sum_{t=0}^{n}[O_t - (MI_t + I_t + RP_t)] \times a_t$$

式中：$NIPV$ 为项目寿命期内的国民收入现值；$O_t$ 为第 $t$ 年的销售收入；$MI_t$ 为第 $t$ 年的不包括工资、职工福利基金、流动资金利息和折旧的生产投入物价值（生产成本）；$I_t$ 为第 $t$ 年的固定资产投资额（包括建设期贷款利息）；$RP_t$ 为第 $t$ 年末付国外人员的酬金；$a_t$ 为第 $t$ 年的折现系数。

7. 直接外汇效益

直接外汇效益分析，可以计算项目投产后正常年度的投资创汇率，也可以用现值法计算整个项目期内全部外汇收支的净现值。以下介绍百元投资创汇额、净外汇收益现值、投资创汇率和投资节汇率四个指标的计算方法。

(1) 百元投资创汇额。

该指标反映项目固定资产投资总额与项目在寿命期内创汇总额的比例关系。计算公式为：

$$百元投资创汇额(美元) = \frac{外汇净收益(美元)}{项目固定资产投资总额(百元人民币)}$$

式中：外汇净收益等于项目寿命期内产品销售的外汇收入额减去各种外汇支出费用的余额。

(2) 净外汇收益现值。

经济外汇净现值是指生产出口产品项目的外汇流入和外汇流出的差额，采用影子价格和影子工资计算按规定的折现率折算到基年的现值之和。该指标的作用主要为分析评价拟建项目实施后对国家的外汇净贡献程度。一般情况下，要求经济外汇净现值指标大于零。

经济外汇净现值表达式：

$$ENPV_F = \sum_{t=0}^{n}(FI-FO)_t(1+i_s)^{-t}$$

式中：$FI$ 为生产出口产品的外汇流入；$FO$ 为生产出口产品的外汇流出；$(FI-FO)_t$ 为第 $t$ 年的净外汇流量；$i_s$ 为社会折现率。

多方案比较时判别标准：经济外汇净现值大的方案为优。

(3) 经济换汇成本。

经济换汇成本是指用影子价格、影子工资调整计算，用社会折现率计算的项目为生产出口产品而投入的国内资源现值与出口产品的经济外汇净现值之比。它表示换回 1 美元的外汇（现值）所需投入的人民币金额（现值）。该指标用于分析评价项目实施后生产的出口产品在国际上的竞争能力，判断产品能否出口的重要指标。主要适用于生产出口产品的投资项目。表达式为：

$$经济换汇成本 = \frac{\sum_{t=0}^{n}DR_t(1+i)^{-t}(人民币)}{\sum_{t=0}^{n}(FI-FO)_t(1+i)^{-t}(美元)} \leqslant 影子汇率$$

式中：$DR_t$ 为在第 $t$ 年为生产出口产品而投入的国内资源（包括国内投资、原材料投入和劳务工资、其他投入和贸易费用）。

(4) 经济节汇成本。

经济节汇成本是指用影子价格、影子工资调整计算，用社会折现率计算的项目为生产替代进口产品所需投入的国内资源现值与生产替代进口产品的经济外汇净现值之比。它表示节约 1 美元的外汇（现值）所需投入的人民币金额（现值）。该指标主要适用于生产替代进口产品的投资项目的外汇效果评价。

$$经济节汇成本 = \frac{\sum_{t=0}^{n} DR'_t (1+i)^{-t} (人民币)}{\sum_{t=0}^{n} (FI' - FO')_t (1+i)^{-t} (美元)} \leqslant 影子汇率$$

式中:$DR_t$ 为在第 $t$ 年为生产出口产品而投入的国内资源(包括国内投资、原材料投入和劳务工资、其他投入和贸易费用);$FI'$ 为生产出口产品的外汇流入;$FO'$ 为生产出口产品的外汇流出。

项目除直接外汇效益外,还有间接外汇效益。例如,有的项目投产后,产品虽不直接出口,却销售给其他企业加工后出口或连同其他企业产品一同出口(如包装材料等),应该从正常年度的间接出口量来估算该项目的间接创汇率或节汇率。

此外,在社会经济评价指标体系中,还应包括分析国民收入综合能效、就业效果、分配效果、生态平衡等内容的社会效益指标。

# 思 考 题

1. 现代项目经济评价方法有什么特点?
2. 什么是项目财务评价?它与企业日常财务分析有何区别?它与社会经济评价有何异同点?
3. 什么是资产和负债?两者的特征和种类有哪些?
4. 假设某项目的现金流量如下表所示:

| 年期 | 0 | 1 | 2 | 3 | 4 |
|---|---|---|---|---|---|
| 年净现金流量 | −5 000 | 500 | 1 000 | 2 000 | 2 000 |

假设该行业的标准投资收益率为 12%,试分别运用静态法和动态法分析该项目的投资是否可行。

5. 某企业一个新建项目投产后可同时生产甲、乙两种产品,甲、乙的年设计生产能力分别为 10 000 台和 8 000 台。预计甲、乙产品生产能力利用率将分别达 85% 和 90%,甲产品单价为 6 000 元/台,乙产品单价为 6 500 元/台。企业每年可出口甲产品 3 000 台,国际市场价为 660 美元/台,美元兑人民币汇率为 1∶8.3。试估算该企业甲、乙两种产品的年销售收入总额。

6. 社会经济评价通常经过哪些步骤?如何对项目的社会成本和效益进行分析?
7. 项目社会经济评价的主要指标有哪些?
8. 某企业拟实施一投资项目,该项目间接费用 A 方案为 35 万元,B 方案为 75 万元,国家给予的补贴 12 万元。两个可供选择方案的财务成本状况见下表。试计算各方案的社会成本,并选择最优方案。

| 成本要素＼方案 | A方案 | B方案 |
| --- | --- | --- |
| 钢材（系数：1.32） | 20 | 30 |
| 机器设备（系数：0.9） | 200 | 180 |
| 燃料（系数：1.87） | 70 | 100 |
| 工资（系数：  ） | 260 | 210 |
| 外汇（系数：  ） | 120 | 90 |
| 进口税 | 12 | 9 |
| 贷款利息 | 0 | 0 |
| 折旧 | 12 | 10.8 |
| 土地（系数：  ） | 7.5 | 7.5 |

注：该项目外汇、工资和土地的换算系数请读者自行设计，但是必须应用第二章所述原理。

# 第五章

# 项目融资

**本章要点**

本章简要介绍项目融资定义、特征、模式、运作流程,比较系统的叙述项目资金结构的选择和项目融资风险管理。重点分析我国项目融资的发展以及存在的问题,最后运用《深圳沙角B火力发电厂项目融资案例》详细分析项目融资领域国际通行的理论、规范、流程、内容及方法,以帮助读者在实际工作中正确有效地操作与管理项目融资。项目融资的成功与否,是项目顺利进行的前提条件,其模式、规范及运作流程也在与时俱进地变化着,这是读者需要密切关注的。

## 第一节 项目融资概述

### 一、项目融资的定义与特征

项目融资是国际上兴起于20世纪70年代的一种新型的融资方式。经过几十年的实践与发展,逐渐在一些大型基础设施建设项目中得到广泛运用,如发电厂、油田、机场、港口、公路、铁路等。目前,项目融资已得到世界上许多国家重视及采用,旨在减轻政府财政负担,吸引社会资本参与社会与经济建设,是其得以发展的重要原因。同时,项目融资也是一种引进外资来发展本国的基础设施建设的重要手段。在发展中国家,项目融资对于解决大型工程项目建设的资金缺口和引进先进的技术设备与管理经验起了十分重要的作用。引入外商参与项目融资的另一重要目的是通过他们将国际金融市场和金融机构的做法、规则和经验带到本国来,使本国银行和其他金融机构、法律、工程和管理各界有机会熟悉和掌握项目融资的方法和程序,然后在本国逐渐形成和完善项目投资的各种条件与环境。

(一)项目融资的定义

对于项目融资(Project Financing)的表述,目前存在广义论和狭义论两种观点。广义论认为:凡是为建设一个新项目,收购一个现有项目或对已有项目进行债务重组进行的资金筹措活动,均可称为项目融资。而狭义论认为:只将具有无追索或有限追索形式的融资活动,才称为项目融资。根据我国国情的特点,本章讨论的项目融资侧重于狭义上的范畴。因此我们这里的项目融资,是一种与公司融资(Corporate Financing)方式相对应的,以项目公司为融资主体,以项目未来收益和资产为融资基础,由项目的参与各方分担风险的具有有限追索权性质的特定融资方式。

图 5-1 是一个项目融资的简单示意图。项目融资至少有项目发起人、项目公司和贷款人三方参与。

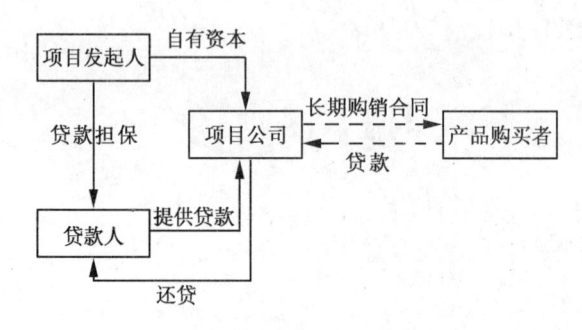

图 5-1 项目融资简单示意

项目发起人(Sponsors)是项目的实际投资者,也称为项目投资者,它可以是单独的一家公司,也可以是由多家公司组成的投资财团。项目融资中一个普遍的做法是成立一个单一目的的项目公司,则发起人可能在该公司中拥有股份,其性质类似于控股公司。项目发起人是项目融资中的真正借款人,它一般需要以直接担保或间接担保的形式为项目公司提供一定的信用支持。

项目公司是项目投资者根据股东协议(或称合资协议)创建的。项目公司应依据《中华人民共和国公司法》及其他法律的有关规定在中国境内设立并注册,项目公司的主要法律形式是有限责任公司和股份有限公司。项目公司作为一个独立的法人,拥有一切公司资产和处置资产的权利,并承担一切有关的债权、债务,在法律上具有起诉权和被起诉的可能。投资者通过持股拥有公司,并通过选举任命董事会成员对公司的日常运营进行管理。项目公司以公司法人身份进行融资并承担相关责任。项目公司是项目的直接主办人,直接参与项目投资和项目管理,直接承担项目债务责任和项目风险。

项目融资中的贷款人主要是商业银行、租赁公司、财务公司、财富管理公司、投资基金等非银行金融机构,以及企业、个人和一些国家政府的出口信贷机构。承担项目融资责任的银行可以是单独的一家商业银行,但一般是银团贷款,参与的银行可达几十家、上百家。其参与数目多少取决于贷款的规模和项目的风险。银行一般希望通过组织银团贷款的方式减少和分散每一家银行在项目中的风险。贷款人为项目公司提供贷款。贷款人主要依靠项目本身的资产和现金流量作为偿贷保证,而原则上对项目发起人拥有的项目之外的资产没有追索权或只有有限追索权。

(二)项目融资的特征

项目融资是一种与传统的公司融资方式相对应的特定融资方式,项目融资与传统的公司融资方式相比,有许多区别(见表5—1)。

表5—1　　　　　　　　　　　项目融资与公司融资的比较

| 内　　容 | 项目融资 | 公司融资 |
| --- | --- | --- |
| 融资主体 | 项目公司 | 发起人 |
| 还款基础 | 项目的未来收益和资产 | 发起人和担保人的信用 |
| 贷款银行的追索权 | 对项目发起人的有限追索 | 对公司发起人的全额追索 |
| 风险承担者 | 项目参与各方 | 发起人 |
| 债务影响 | 不进入项目发起人的资产负债表,不影响项目发起人的信用度 | 进入公司发起人的资产负债表,影响公司发起人的信用度 |
| 贷款技术 | 复杂 | 比较简单 |
| 项目周期 | 长 | 比较短 |
| 融资成本 | 较高 | 较低 |
| 贷款人对项目的管理权 | 参与项目管理 | 不参与项目管理 |
| 典型负债率 | 70%～90% | 40%～60% |

项目融资具有以下主要特征:

1. 有限追索

项目贷款是"有限追索权"的筹资方式。追索是指借款人未按期偿还债务时,贷款人要求借款人用除抵押资产之外的其他资产偿还债务的权利。对于一个工程项目而言,如果采用传统融资方式,贷款人为项目借款人提供的是完全追索形式的贷款。在这种情况下,借款人的资信等级是贷款人最为关心的。而项目融资,贷款人的贷款的回收主要取决于项目的经济强度。项目的经济强度可从两个方面来测度:一是项目未来可用于偿还贷款的净现金流量,二是项目本身的资产价值。除了在有些情况或有些阶段,贷款人对借款人有追索权之外,在一般情况下,无论项目成功与否,贷款人均不能追索到项目借款人除该项目资产、现金流量以及所承担的义务之外的任何形式的财产。在项目融资中,项目本身的效益是偿还债务最可靠的保证,因此,贷款人更加重视对项目效益的考察,注重对项目本身的债务追索。

2. 项目导向

项目导向是指项目融资不依赖项目发起人的信用和资产,而是以项目本身的未来现金流量和项目资产作为举债的基础。对于一个典型的项目融资,通常需要建立一个单独的项目公司来筹集资金并持有项目资产。由于这个新设公司没有以往的营业记录,除项目以外也并无其他资产,只能依靠这个项目本身的未来收益和资产来筹措资金;项目贷款人的基本保障是项目未来的现金流量和资产,而不是项目发起人以往的财力和资产。因此,项目贷款人出于对自身安全的考虑,需要对项目的谈判、建设、运营进行全程的监控。

3. 风险分担

风险分担是指项目融资普遍建立在多方合作的基础之上,项目参与各方均在自己力所能及的范围内承担一定的风险,避免由其中的任何一方独自承担全部风险。

项目发起人通过项目融资可以达到利用外部债务融通项目大部分资金的目的，从而可以把项目的大部分风险转移给项目贷款人，以减少项目发起人所承担的项目风险。对于项目贷款人而言，其风险也只能维持在可接受的水平上，因而只有将项目风险合理地分配给项目的参与各方：原材料及设备的供应商、产品买主和服务用户、承保人和项目东道国政府机构，以及设备供应商所在国的进出口银行。项目的不同参与方对风险的承受能力可能有很大区别，承受风险的大小取决于他们所希望得到的回报及其风险承受能力，从而形成了项目公司对偿还贷款承担直接责任、项目发起人提供有限担保、由第三方向贷款人提供信用支持的风险分担结构。

### 4. 债务屏蔽

债务屏蔽是指在项目融资中通过对投资结构和融资结构的设计，可以把项目债务的追索权限制在项目公司中，从而对项目发起人的资产负债表没有影响。项目融资是一种非公司负债型融资(Off-balance Finance)，也称为资产负债表外的融资，即项目的债务不表现在项目发起公司的资产负债表中。项目融资的非公司负债型融资特征使得项目发起公司能够以有限的财力从事更多的投资，且达到将投资风险分散和限制在多个项目之中的目的。非公司负债型融资有利于公司进行其他的融资活动，因为项目的贷款安排不反映在公司的资产负债表上，项目融资的这一特点体现在不会给项目发起人造成不利的资产负债结构，从而不会造成公司的资产负债比例失衡而超出银行所能接受的安全警戒线。

### 5. 项目周期长

由于项目融资所涉及的资金量和风险都比较大，所以项目评估由于慎重而延长。在项目谈判中，由于要协调项目参与各方的不同利益，而有关风险分担的每一细节又必须在合同中加以详细规定，因而谈判的时间也会延长；项目实施由于规模庞大而相应地延长，从而使项目周期比较长，一般需要经历几年甚至十几年时间。项目融资耗时长短对项目的成败有着重要的影响。如果耗时过长，会增加直接成本；另外，还有可能错过市场和其他机会造成更为严重的经济损失。

由于许多大型项目需要许多年才能建成，因而项目融资一般是随着项目建设的进程，在项目的各个周期内分阶段、多渠道地筹集资金。这种分阶段融资的办法，适应项目不同阶段的需要而选择不同的融资形式。

### 6. 融资成本高

在项目融资中，贷款方承担了较高的风险，所以项目融资贷款所要求的利率要高于普通贷款；而融资过程中烦琐的程序，各种担保与抵押及非常复杂的融资手续都增加了项目融资的费用；在项目营运期间，可能还得花费额外的费用来监控技术进展、运营及贷款的使用。这些因素都令项目融资的成本大幅上升。

### 7. 负债能力强

项目融资可以增强项目的债务承受能力。通过建立复杂的多边担保体系，可以提高债务承受能力；通过对项目融资结构的设计，可以排除许多风险因素和不确定因素，对项目潜在的风险也会有较为清醒的认识。

由于项目融资主要依赖于项目的现金流量和资产而不是依赖于项目的投资者或发起人的资信来安排融资，故而有些对于投资者很难筹措到的资金可以利用项目融资来安排，较难得到的担保条件可以通过组织项目融资来实现。因此，采用项目融资一般可以获得比传统方式更高的贷款比例。项目资本金的比例高低取决于贷款人对项目风险和现金流量的分析。一般来说,项目风险越大,资本金比例应越高。比如,公路项目因车流量难以预测,资本金一般应达到40%～50%,而常规火力发电厂项目的资本金超过15%就可以了。通常而言,项目融资可以为项目提供65%～75%的资本金,而在某些项目中甚至可能获得100%的融资。

8.信用结构多元化

信用结构的灵活性和多元化是项目融资的又一特征。其表现在可以将贷款的信用支持分配到与项目有关的各个方面。例如:资源性项目的开发可以争取获得一个稳定的、合乎贷款银行要求的项目产品长期销售合同;在工程建设方面,可以要求项目设计者提供工程技术保证;要求工程承包公司提供固定价格、固定工期的合同或"交钥匙工程合同"等;在原材料和能源供应方面,可以在要求供应商保证供应的同时,根据项目产品的价格设计一定的浮动价格,从而保证项目的最低效益;在市场方面可以要求对项目产品有要求的购买者提供一份长期购买合同;等等。以上这些做法,都可以形成项目融资的强有力的信用支持,降低融资对投资者资信和其他资产的依赖程度,从而提高项目的债务承受能力。

9.利用税收优惠,降低融资成本

利用税收优惠是指在项目所在国法律及有关政策允许的范围内,通过投资结构的周密设计,将所在国政府对投资的税务优惠政策在项目参与各方中充分地加以组合利用,从而降低融资成本,减轻项目高负债期内的现金流量压力,提高项目的偿债能力和综合收益率。这是项目融资与传统融资方式相比的一个显著优势。

总而言之,项目融资有以上特征。除此之外,在国际经济舞台上,项目融资还有提高项目的综合收益率和偿债能力、利用项目融资促进产品出口等特征。

### 二、项目融资的主要模式

每一个项目融资都具有自己的特点,但其基本结构经常归于以下两者之一:一是有限追索权或无追索权贷款,借款人主要依靠项目产品现金流量来偿还贷款;二是借款人直接以项目的产品偿还贷款,通过"产品支付"和"远期购买"的方式预先支付一定数量的项目的销售收益(或项目收益)。

根据项目的实际情况需要,可以在上述基本结构中综合运用其他的融资技术(如融资租赁、出口信贷、国家金融机构贷款以及发行债券)来进行项目融资。以下对几种主要的融资模式加以介绍和分析。

(一)直接融资

直接融资是指项目投资者直接安排项目的融资,并直接承担起融资安排中相应的责任与义务。当项目投资者本身的公司财务结构良好且合理时采用此种模式,可获得相对成本较低的贷款,可以说这是一种结构最简单的项目融资模式。采用直接融资模式,投资者可根据其发展战略的需要,灵活安排融资结构与方式,确定合适的债务比例,可以利用项目的税收减免等条件降低融资成本。但在采用这一模式的过程中,需要注意的是如何限制贷款银行对投资者的追索权利问题。

(二)"设施使用协议"融资

"设施使用协议"(Tolling Agreement)有时也称为"委托加工协议"。是指项目产品的用户或项目设施的使用者与提供者之间签署的一种具有"无论提货与否均需付款"性质的协议,其内容主要是项目产品的用户或项目设施的使用者,承诺在融资期间定期无条件地向提供者支付一定数量的预先确定的使用费,其可以作为项目公司向金融机构申请贷款的保证或抵押。

采用"设施使用协议"融资的模式时,在签订设施使用协议的使用费的确定上需要综合考虑项目投资在生产运行中的成本、资本再投入的费用、融资成本及投资者收益等几个方面的资金回收。一般来讲,事先确定的项目产品或设施的使用费在融资期间应足以支付项目的生产经营成本和项目债务的还本付息额。

### (三)产品支付和远期购买融资

产品支付(Production Payment)是项目融资的早期形式之一,起源于20世纪50年代美国的石油天然气项目开发的融资安排。这种安排是针对项目的还款方式而言的。借款方在项目投产后不是以项目产品的销售收入来偿还债务,而是直接以项目产品来还款付息。在贷款得到偿还前,贷款方拥有项目部分或全部产品的所有权。产品支付一般只是产权的转移,而非产品本身的转移。一般情况下,贷款方会要求项目公司重新购回产品或通过项目公司的代理来销售这些产品。更常用的方式是根据收款或付款协议,以购买商或最终用户承诺的付款责任来收回贷款。产品支付方式一般适用于资源贮藏量已经探明并且项目生产的现金流量能够比较准确地计算的项目。

一般来说,产品支付融资模式具有以下几个特点:

1. 项目产品是用于支付各种经营成本支出和债务还本付息的唯一来源。因此,比较容易将融资安排成无追索或有限追索的形式。

2. 贷款的偿还期短于项目的实际经济生命周期。

3. 在产品支付融资结构中,贷款银行一般只为项目建设所需的资本费用提供融资,而不提供用于项目经营开支的资金,并且要求项目投资者提供最低生产量、最低产品质量标准等方面的担保。

远期购买具有产品支付的许多特点,是更为灵活的项目融资方式。其灵活性表现在贷款人可以成立专设公司,这个专设公司不仅可以购买规定数量的未来产品,还可以直接购买这些产品未来的现金收益。项目公司交付产品或收益的进度,将被设计成与规定的分期还款、偿债计划相配合。

### (四)租赁融资

租赁融资(Financial Lease)是一种承租人可以获得固定资产使用权而不必在使用初期支付其全部资本开支的一种融资手段。在发达国家,相当多的大型项目是通过租赁融资方式来筹措资金的,其一般形式为:当项目公司需要筹资购买设备时,由租赁公司向银行融资并代企业购买或租入其所需设备,然后租赁给项目公司。项目公司在项目营运期间以营运收入向租赁公司支付租金,租赁公司以其收到的租金向贷款银行还本付息。

租赁融资具有比较高的灵活性。但项目融资中采用租赁融资主要是出于以下两方面的考虑:第一,以小博大。在租赁融资下,承租人可以对设备的全部价款融资,融资额度比使用贷款要大。当然租赁费中所含的利息也比贷款利率要高。同时,出租人在购买用于出租的设备时,也可以使用贷款。通常出租人自己只要支付15%~40%的价款,就可以购得设备的所有权,设备价款的85%~60%可以通过贷款解决。第二,享受税收优惠。租赁融资可以通过厂房和设备的折旧为项目发起方带来资本让税。如企业选择购买,因折旧费可抵消部分所得税,企业可以从税收上获得一些减免的优惠。但如果企业选择租赁融资,所有租赁费支出均可抵消所得税,租赁费通常大于折旧费,企业因此而得到更多的税收减免,从而降低了项目总成本。第三,降低风险。由于在租赁融资中,租赁资产的所有权没有发生转移,仍在贷款人的掌握之中,因此即使在没有可靠的担保法的国家,债权人对租赁资产比较放心,从而降低了贷款风险。

租赁期结束后,出租人基本上可以收回全部成本并取得预期的商业利润。设备的处理可有几种办法:一是通常由承租人以按事先约定的很低的价格向出租人收购的形式取得设备的所有权。二是租约也可以在最低租金水平上延续相当长的一段时间。三是项目公司作为唯一代理人,以出租人同意的价格销售资产,而后大部分销售收入将返还给项目公司作为销售代理费。

在租赁融资中,一种特殊的方式称为回租租赁,其方法是承租人将原来自己所有的设备卖给出租人,再向出租人以租赁融资方式租用这些资产。回租租赁有两种方式:一种是承租人首先借入资金购买设备,然后将该设备转卖给租赁公司以归还贷款,最后再从租赁公司租入该设备以供使用;另一种是承租人将自有的设备甚至生产线、厂房卖给租赁公司,同时即向租赁公司租用同一资产,这样在不影响使用原资产的情况下,又可以进行新的项目投资。

(五)BOT 融资

BOT(Build Operate Transfer,建设—经营—转让)融资方式的特点是借助私人投资来建设原来要由政府开发的基础设施。BOT 的一般做法是:政府部门与投资者签订投资项目的特许权协议,使投资者具有建造经营的权利。项目公司在项目经营特许期内,利用项目收益偿还投资及营运支出,并获得利润。特许期满后,投资者将该项目无偿交还给当地政府。

对于筹资者来说,采用 BOT 方式筹资的主要优点是:(1)可以直接吸收外商投资开发国家重点建设项目,不额外增加政府偿还外债的责任;(2)有利于引进国外先进的生产与管理技术,改善和提高项目的管理水平;(3)方式灵活,能产生一些衍生产品,如 BOO(Build Own Operate,建造—拥有—经营);BOOT(Build Own Operate Transfer,建造—拥有—经营—转让);BLT(Build Lease Transfer,建造—租赁—转让);BTO(Build Transfer Operate,建造—转让—经营);TOT(Transfer Operate Transfer,移交—经营—移交);BT(Build Transfer,建设—转让);IOT(Investment Operate Transfer,投资—经营—转让);ROO(Rehabilitate Operate Own,转让—经营—拥有);DBFO(Design Build Finance Operated,设计—建设—融资—经营);FBOOT(Finance Build Own Operate Transfer,融资—建设—拥有—经营—转让);WA(Wraparound Addition,扩建后经营整体工程并转让);SC(Service Contract,服务协议);OMC(Operate & Maintenance Contract,运营和维护协议)等。

BOT 方式的融资过程简述如下:

1. 成立一家专设公司,即项目公司。

2. 项目公司与承包商签订建设施工合同,接收保函,同时接受分包商、供货商的保函权益转让,并与经营者签订经营协议。

3. 项目公司与商业银行签订贷款协议,同时与出口信贷机构签订买方信贷合同,商业银行以项目资产作抵押为出口信贷机构的贷款担保。

4. 项目公司向担保信托方转让收入。

(六)ABS 融资

ABS(Asset Backed Securitization)融资是以目标项目所拥有的资产为基础,以该项目资产的未来收益为保证,通过在资本市场发行债券等金融产品来筹集资金的一种项目证券融资方式。

在 ABS 融资模式中,原始权益人(进行建设的项目公司)向专门的中介机构——SPV(Special Purpose Vehicle)转让或销售项目的资产及其未来收益,SPV 基于项目资产的支持在资本市场上发行债券募集资金,所募资金用于项目的建设,但项目的开发管理等权利仍由原始权益人来行使,项目建成后产生的收益用于清偿所发行债券的本息,当债券本息还完时,原始权益人就取得对项目的全部权属。

ABS融资主要分为境内与境外发行债券两种形式。境内发行的债券又可分为国家发行和企业发行两种,主要用于项目中长期资金的筹集。境外发行债券 称为境外国际债券,是指在国外向外国投资者发行的外币债券。发行后的债券可以在债券市场上流通。在发行境外国际债券之前,发行人要经过国外评级机构的评级,继而委托承销商确定发行条件。

ABS融资模式运作优势主要有:

(1)可降低项目融资成本。在ABS融资模式的整个过程中,只涉及原始权益人、投资者、证券承销商等主体,减少了中间费用。再者由于该模式在国际市场上发行的债券利率一般较低,因而降低了融资成本。

(2)减轻、分散了投资风险。ABS融资模式使清偿债券本息的资金仅与项目资产的未来现金收入有关,因而优化了债权债务关系,减轻了投资人的风险,并且由于债券购买方众多,也分散了项目的风险。

(3)改善资产管理。ABS融资模式是原始权益人通过SPV发行债券筹集资金,这种负债不反映在原始权益人自身的资产负债表上,从而使原始权益人获得了资金又不增加负债,避免了原始权益人资产质量的限制。

### (七)PPP融资

PPP(Private Public Partnership)融资即公共部门与私人企业合作模式,是指政府、营利性企业和非营利性企业以某个项目为基础而形成的相互合作关系的模式。通过这种合作模式,合作各方可以得到比单独行动更有利的结果。合作各方参与某个项目时,政府并不是把项目的责任全部转移给私人企业,而是由参与合作的各方共同承担责任和融资风险。

PPP模式解决了某些领域完全私有化所带来的公共产权的纠纷问题,又使合作各方同时达到各自的目标。其效果是:(1)希望转移更多的风险到私人部门;(2)提高工程项目的成本利用效率;(3)提高对社区使用者的收费效率和水平。

PPP模式的组织形式非常复杂,既可能包括营利性企业、私人非营利性组织,同时还可能有公共非营利性组织(如政府)。

PPP模式的基本结构是,政府通过政府采购的形式与特殊目的公司签订特许合同(特殊目的公司一般是由中标的建筑公司、服务经营公司或对项目进行投资的第三方组成的股份有限公司),在一定的期限和范围内由特殊目的公司负责筹资、建设、经营及维护。并允许其向使用者收取适当费用以回收投资并赚取利润。政府通常与提供贷款的金融机构达成一个直接协议,这个协议不是对项目进行担保,而是向借贷机构承诺将按与特殊目的公司签订的合同支付有关费用。这个协议使特殊目的公司能比较顺利地获得金融机构的贷款。特许权期间政府只需对其绩效目标进行测定和评估,特许权期限届满后,政府无偿收回并继续承担提供公共服务的责任。

PPP模式不同于传统的承包做法。后者是让私人部门来运营一个曾经为公共部门运营的项目。在这种情况下,私人部门没有提供任何资本,也没有所有权的转移。PPP也不同于完全的私有化,在私有化的情况下,除去一些必要的规制外,是不需要政府的,或者政府在项目中的重要性应该是最小化的。而在大多数的PPP项目中,政府一般都扮演着重要的角色。

PPP与BOT的区别:(1)PPP模式是建立在公共部门和私人企业之间相互合作和交流的基础之上的"共赢",避免了BOT模式由于缺乏相互沟通协调而造成的项目前期工作周期过长的问题,也解决了项目全部风险由私人企业承担而造成的融资困难问题。(2)从运行程序的角度来看,两种模式的不同之处主要在项目前期。PPP模式中私人企业从项目论证阶段就开始参与项目,而BOT模式则是从项目招标阶段才开始参与项目。另外,更重要的是在PPP模式中,政府始终参入其中,而在BOT模式中,在特许协议签订之后,政府对项目的影响力通常较弱。(3)PPP模式更多地适用于政策性较强的准经营性基础设施项目建设。这些项目有一定的现金流入,但无法实现自身的收支平衡。政府需要对这类项目给予一定的政策倾斜和必要的资金补偿。由于这类项目政策性较强,要求政府对这些项目应有较强的调控能力。因此,近年来国际上越来越多地采用PPP这个词,以取代BOT。

例如:北京地铁十号线实行了PPP运作方式[①]。在2007年建成后,一期线路总长30.49公里,总投资153.5亿元。在向社会招商时把一期所有投资建设任务分为A、B两部分。A部分包括征地拆迁、土建工程、轨道、人防工程等,其投资与建设由政府方负责,占总投资的70%。B部分包括车辆、自动售检票系统、信号和通讯、空调通风、给排水和消防、自动扶梯和电梯、控制设备、供电设施等机电设备的购置和安装。B部分约占总投资的30%。政府方和社会投资者共同成立合作性质的特许经营公司,简称"PPP公司",拥有特许权。

(八)联合融资

世界银行等国际金融组织(如上合组织开发银行、金砖国家开发银行、亚洲开发银行、亚洲基础设施投资银行等)贷款项目的联合融资(Cofinancing),简称"联合融资",是由世界银行等国际金融组织为对其贷款项目同时提供商业性贷款的其他贷款人提供必要的担保,以鼓励国外资本,尤其是那些长期、低息的国外私人资本流向发展中国家的基础设施部门,加强发展中国家在国际金融市场上的筹资能力的一种融资方式。世界银行等国际金融组织对其担保的联合融资收取一定的担保费,并要求借款国政府反担保。

中国是第一个在世界银行贷款项目中采用联合融资的国家,而且也是使用联合融资贷款最多的国家。1994年5月,我国在扬州火电项目中首次使用联合融资,其后,浙江北仑火电项目、四川二滩水电项目、河南沁北火电项目等都采用了联合融资的方式。在这四个项目中,联合融资的借款人是由财政部代表中国政府,担保人是世界银行;这些联合贷款项目同时也是世界银行贷款项目,贷款人是国际贷款银团。联合融资为我国在基础设施建设中引入国外私人资本开辟了新渠道,也为我国经济的高速发展做出了贡献。

(九)众筹融资

众筹(Crowdfunding)融资是指大众筹资或群众筹资,用团购+预购的形式,向网友募集项目资金的模式。由发起人、跟投人、平台(互联网终端)构成。具有低门槛、多样性、依靠大众力量、注重创意的特征。现代众筹通过互联网方式发布筹款项目并募集资金。相对于传统的融资方式,众筹更为开放。能否获得资金也不再是由项目的商业价值作为唯一标准。只要是网友喜欢的项目,都可以通过众筹方式获得项目启动的第一笔资金,为更多小本经营或创作的人提供了无限的可能。

为了规避非法集资的嫌疑,众筹网站上的所有项目不能以股权或是资金作为回报,项目发起人更不能向支持者许诺任何资金上的收益,必须是以实物、服务或者媒体内容等作为回报。对一个项目的支持属于购买行为,而不是投资行为。众筹不是捐款,支持者的所有支持一定要设有相应的回报。在众筹平台上,每个项目必须设定筹资目标和筹资天数。在设定天数内,达

---

① 资料来源:段世霞主编:《项目投资与融资》,郑州大学出版社2009版。

到或者超过目标金额,项目即成功,发起人可获得资金;如果项目筹资失败,那么已获资金全部退还支持者。

国内众筹与国外众筹最大的差别在支持者的保护措施上,国外项目成功了,马上会给项目发钱去执行。国内为了保护支持者,把它分成了两个阶段:会先付50%的资金去启动项目,项目完成后,确定支持者都已经收到回报,才会把剩下的钱交给发起人。

近年来,互联网金融飞速发展,出现了一批专注于为解决个人或小微企业投资、贷款、创业的互联网金融平台。据清科研究中心数据显示[1],2014年上半年国内众筹领域共发生融资事件1 423起,参与众筹的人数已超10.9万人,募集总金额近1.88亿元人民币。中国的众筹融资还处于萌芽阶段。

众筹融资模式在国外已被正式界定为互联网金融的新模式。2012年4月5日,美国总统奥巴马签署了《创业企业融资法案》,法案增加了对于众筹的豁免条款,这使得创业公司可以众筹方式向一般公众进行股权融资。

众筹对中小微企业是十分有利的,是对传统融资一种很好的补充。它可以精准服务中小微企业,拓宽了中小微企业融资渠道,支持了创新企业和解决了就业问题。美国最早的众筹网站Kickstarter,在上线之初,便备受追捧。资料显示,截止到2014年年中,Kickstarter已累计融资将近6亿美元,发布了10万多个创意,总共吸引了300多万名支持者。Massolution研究报告显示,2013年全球总募集资金已达51亿美元,其中90%集中在欧美市场。世界银行报告更预测2025年总金额将突破960亿美元,亚洲占比将大幅增长[2]。

除上述模式外,项目融资还有证券、彩票等形式。

## 第二节 项目融资的程序

项目的融资活动千差万别,很难找到两个完全相同的项目融资。但是,项目融资的运作程序大致相同,一般都要经过以下程序。

### 一、项目提出阶段

项目融资是由两类项目主体提出的:一类是政府,尤其是以国有经济为主导的国家,根据政治、经济、社会、军事等多方面需要,提出项目,特别是大型基础设施项目和高风险的新技术项目;另一类是企事业或外商经过对各种因素的分析,根据政府、社会的需要,向政府部门提出项目建议。

### 二、项目融资可行性研究与项目风险分析阶段

项目融资的风险分析是在项目可行性研究报告获得通过后,从项目债务资金提供者的角度,侧重考察和分析项目融资期内的项目风险,从而判断项目债务资金本息偿还的可靠性和安全程度。项目融资可行性分析为项目融资工作开展提供了重要的依据。

项目风险存在于项目的各个阶段。因此,在项目可行性研究的基础上,有必要按照项目融

---

[1] 资料来源:武汉兆联投资顾问有限公司(业务网站 www.btiicn.com)2014—9—14。
[2] 资料来源:番薯藤网,《橘子打造创业团队强力后盾 推出募资平台"群募贝果"》,2014—09—30。

资的要求,对项目风险作进一步详细分类研究。这不仅要对项目风险作定性分析,而且更要注意系统的定量分析,分析各种风险因素对项目现金流量的影响,以帮助设计出可为各出资方所接受的共同承担风险的项目融资方案。

### 三、项目融资决策阶段

项目融资决策是在项目融资可行性研究和项目风险分析的基础上,项目投资者对项目的一些根本性问题,诸如对选择项目融资的方式、聘请项目融资顾问、设计项目融资结构、设计项目投资结构等重大问题作出判断和决定。

(一)选择项目融资方式

项目公司可以通过发行股票、债券和票据、租赁融资、投资基金、BOT和参与多边合作及利用外国直接投资等方式筹措资金。选择何种项目融资方式,取决于项目的投资规模、项目的投资性质和项目自身的技术经济要求,还取决于投资者对债务责任分担、债务资金数量、时间、融资成本等方面的要求,以及诸如税务结构和债务会计处理等方面要求的综合评价。

(二)选聘项目融资顾问

项目投资者选择项目融资方式作为筹资手段,通常需要选择和任命融资顾问。融资顾问通常聘请投资银行、财务公司、财富管理公司或商业银行中的项目融资部门来担任。项目融资顾问应熟悉投资项目所在国的国家法律制度、税务政策、投资政策、投资环境;必须了解项目所在国的政治经济制度、社会意识形态、文化观念、生活习俗,以及经济体制、金融体制的变革和产业政策的调整;项目融资顾问应能够正确分析和认识项目本身及项目所属行业部门或产业领域的技术发展趋势、成本结构和投资费用;准确了解项目投资者的投资目标、基本投资目标收益率和融资战略及具体要求;掌握项目所在国的金融环境变化趋势和当前金融市场尤其是国际资本市场的变化动向和各种新的融资方式,与主要银行和金融机构建立良好的合作关系;具备丰富的谈判经验和技巧等。

项目融资顾问的主要任务是:协助项目投资者全面地分析和判断项目的风险因素,确定项目的债务承受能力和风险,设计和选择能够准确反映出投资者融资战略要求,并有助于实现项目投资目标收益率的项目融资结构及其相应的资金结构,分析和比较可能的融资方案,综合考虑各类项目融资参与者的意见或建议后,再作出融资方案决策。

(三)设计项目融资结构

项目融资结构是设计项目融资方案的关键之一。在设计项目融资结构时,必须考虑选择何种项目融资方式或几种融资方式在项目资金使用的不同阶段上的组合,安排股本资金和债务资金的比例关系,并统筹考虑资金使用进度和计划安排项目所需资金的筹措时间和偿还时间,争取实现项目资金结构和资金进出项目的最佳时间组合。

项目融资必须确定恰当的项目股本资金与债务资金的比例。采用项目融资虽然可以获得较高的债务资金比例,但绝非项目根本不需要或者只需要很少的股本资金。安排项目融资结构的一个基本原则是,在保证项目公司不会因为借债过多而降低项目的经济强度的条件下,尽可能地降低项目的综合资金成本。由于大多数国家的税法规定公司的贷款利息或债券利息的支出可以计入公司成本冲抵所得税,所以项目使用债务资金可以降低项目资金成本。但是,项目的财务状况和抗风险能力会随着债务的增加而相对地减弱。因此,确定项目的股本资金和债务的比例应主要依据该项目的经济强度和项目的债务承受能力。

(四)设计项目投资结构

所谓项目投资结构设计,是指在项目所在国家的法律、法规、会计、税务等外在客观因素的制约条件下,寻求一种能够最大限度地实现其投资目标的项目资产所有权结构。在项目融资中,应用比较普遍的投资结构,通常有公司型合资结构、有限合伙制结构、非公司型合资结构、信托基金结构等。

采用不同的项目投资结构,投资者对其资产的拥有形式,对项目产品、项目现金流量的控制程度,以及投资者在项目中所承担的债务责任和所涉及的税务结构会有很大的差异。这些差异会对项目融资的整体结构设计产生直接的影响。

目前,采用合资结构的形式越来越多,出现这种趋势的原因是:(1)大型项目的开发有可能超出了一个公司的财务、管理或者风险承受能力,使用合资结构,项目的风险可以由所有的项目参加者共同承担;(2)不同背景投资者之间的结合有可能为项目带来巨大的互补性效益;(3)投资者不同优势结合,有可能在安排项目融资时获得较为有利的贷款条件。

(五)设计和选择项目融资方案

设计和选择项目融资方案,主要是在确定项目的投资结构和项目的融资模式前提下,依据项目融资的可行性分析,并考虑项目股本资金和债务资金的来源及资金成本,运用现金流量模式及其敏感性,来确定最佳的股本资金水平并满足项目投资者和项目债权人对相应风险的要求,从而实现预期的项目投资收益率并据此安排项目融资活动。

**四、项目融资合同谈判阶段**

项目融资谈判是项目发起人或政府部门,在提出项目并进行了可行性研究和风险分析的基础上,通过各种渠道、多种形式选择候选合作伙伴,并与他们就融资总额、融资期限、提款方式、还款方式、融资条件和资金提供方的其他要求等重大问题进行会谈,最后选定合作伙伴,并与之进一步协商各方面的条款,形成法律文件,签订合同。项目融资谈判是资金供求双方为了实现各自的利益,通过讨价还价来协调解决某些问题和意见分歧的过程。这一阶段是项目融资最复杂的阶段,并没有一个可以照搬的样板,各个项目都有很大区别。

项目融资谈判结束后,谈判双方在正常情况下都要签署融资协议。在与贷款银团的谈判中,为了满足贷款银团的要求,有时需要调整融资结构和资金结构,甚至修改相应的法律文件。谈判结束后,双方根据谈判中达成的共识,在项目融资顾问和法律顾问协助下,双方共同起草贷款协议和担保文件,并对贷款银团正式介入之前已经签署的协议根据谈判内容作必要修改。

一般来说,项目公司和贷款银行谈判与签协议时,都应认真审阅和参考项目基本文件。项目基本文件是项目融资的重要文件和依据,是项目融资谈判的前提和基础,对项目融资协议的主要内容起决定作用。项目基本文件包括:政府的项目特许经营许可证、特许权协议;土地许可证、土地租赁协议;股东协议或合资协议;项目公司的公司章程等成立文件;原材料、能源、设备供应协议;项目产品销售协议;工程建设承包合同;项目可行性研究报告和项目融资可行性报告;专家评估报告;项目运输协议;项目规划和环境许可证、批文及项目发起人之间的其他融资性文件。

贷款协议主要内容包括:贷款货币,一般有单一、综合和多种贷款货币三种形式;贷款额度和用途;贷款利率,可采用固定利率或浮动利率;贷款期限,协议生效之日起到全部贷款本息偿还为止的整个期间;应向项目融资顾问等支付的费用;项目的财务分析和预测;项目未来现金流量的使用;项目融资的先决条件,即政府批文、法律意见、董事会的决定、股东协议的副本、担保文件的转让、弃权声明书、专家评估报告和财务报表等;保护性条款,即税收补偿、成本超额补偿、浮动利率、拖欠利息补偿等;限制性契约,即贷款限制、派发红利的限制等;加速还贷的程序和担保的强制;说明与担保,即项目公司的法律地位和权利、担保协议的履行等;项目附加要求,即项目是否符合经营许可及有关法律、法规,项目工艺是否可靠,生产技术是否成熟,项目的开发和经营是否符合开发计划和可行性报告等;项目完工测试;贷款终止与资金撤出条件;等等。

### 五、项目融资实施阶段

在正式签署项目融资的法律文件之后,项目融资就进入实施阶段。在项目融资中,项目投资者、项目公司及其他参与方之间通常需要签署大量的、具有合同性质的融资文件,并通过一系列的融资文件及其信用担保协议,实现项目风险在项目各参与方之间进行合理分担。例如,项目投资者或项目公司多在项目融资协议签订之前,通过招标投标确立项目施工单位,并与施工单位签署项目建设承包合同,项目公司依据项目建设承包合同对项目建设开发阶段的全过程进行管理,即对项目建设阶段的质量、工期和费用进行监督、控制和管理。

在项目融资中,贷款人将会通过其经理人(一般是由项目融资顾问担任)经常性地监督项目的进展;根据融资文件的规定,管理和控制项目的贷款资金投入和部分现金流量;帮助项目投资者加强对项目风险的控制和管理。

项目融资的实施应当做好以下几方面工作:根据项目合资协议(或称股东协议)和项目融资协议等,筹措和运用资金,实现融资项目的开发建设;项目公司在项目建设期完成项目投资计划的执行管理;项目融资中的风险控制与管理;项目融资中的融资文件的执行管理。

## 第三节 项目的筹资与资金结构

### 一、项目资金结构的选择

现代资本市场的高度发展,使项目融资方式与技术日益复杂化、多样化。在项目融资模式确定以后,选择和确定项目的资金来源和构成就成为项目融资结构整体设计中的关键的一环。项目融资渠道是多种多样的,其各种资金来源大体上可分为股本资金和债务资金两类。两者的比例就形成了一个项目的资金结构。尽管项目的投资结构、融资模式和项目的信用保证结构在很大程度上制约着这两部分资金在一项目中的比例,但对于项目融资者来说,选择和安排适当的资金来源和结构,既可减少投资者自有资金的直接投入,又能提高项目的综合经济效益。

选择和安排资金结构的基本出发点是最大限度降低项目的资金成本,项目融资中的股本资金与债务资金的比例安排,没有一个绝对的标准,其主要依据是该项目的经济强度,并且随着部门、投资者状况、融资模式等因素的不同,这一比例也会发生相应的变化。一般而言,在考虑到贷款利息的税前支付和公司所得税的基础上,债务资金成本应比股本资金成本低很多。但实际操作中一个项目的资金构成不可能完全是债务资金,因其项目的财务状况和抗风险能力会由于承受极高的负债率而变得相对脆弱。反之,如果一个项目使用的资金全是股本资金,那么项目将会有一个稳固的财务基础,并且使项目的抗风险能力得以加强。但这样必然大大提高了资金使用的机会成本,从而使得综合资金成本大增。因此项目的资金安排必须在债务资金和股本资金之间选择一个合适的比例。在选择这一比例时还要考虑以下几个因素。

### (一)资金成本

项目的股本资金与债务资金对于投资者而言有着不同的意义,股本资金只是一种机会成本,在评价其成本时,一方面要参照投资者获取该笔股本资金时的实际成本,以及当时当地的资本市场利率因素和在可供选择的投资机会之间的比较收益和比较成本等客观因素,而另一方面要参考投资者的长期发展战略以及一些潜在的相关投资利益。

项目的债务资金成本则是一种绝对成本,它主要是项目贷款的利息成本,而其与利率风险又密切相关。在项目债务资金融通过程中必须安排好利率风险的控制,根据各种条件选用固定利率、浮动利率或者两种利率相结合的形式,以及利率封顶、限底等手段,达到降低利率风险的目的。

### (二)资金使用期限

项目资金结构中使用期限最长的资金是股本资金,它与项目的生命周期密切相关。而债务资金大多是有一定期限的,这就要求投资者根据项目的现金流量特点、不同项目阶段的资金需求,采用不同的融资手段,安排不同期限的债务资金,从而降低项目的债务风险,使融资资金的使用期限与项目的需要相匹配,从而使项目取得最大效益。

### (三)税收对融资成本的影响

按照国际惯例,国际资金在各国之间投资流动中,会受到主权国家的课税,其对项目融资的成本也会产生一定影响,利息税预提就是其中一例。预提税是一个主权国家对外国资金的一种管理方式。利息预提税是对非本国居民在其司法管辖地获取的利息收入进行征税,它一般由借款人缴纳。利息预提税率通常为贷款利息的10%~30%。对于以国际债务资金作为重要来源的项目融资,利息预提税无疑增加了项目的资金成本。因此,在项目融资过程中安排资金结构时,融资者要参照国际惯例,运用各种手段,如债务资金公开化、境外融资转化成境内融资、避免双重征税等,从而使该税种对融资成本的影响降到最小。

### (四)融资结构的合理性

为了达到资金使用结构的合理,尽可能降低项目的风险,混合结构融资是大多数融资项目的必然选择。混合结构融资是指不同利率结构、不同贷款形式或不同货币种类的债务资金的组合。此种形式如果安排得当,可以起到降低项目融资成本、减少项目风险的作用。

## 二、项目股本资金

项目的股本资金是项目融资的基础,提供融资的贷款银行也是将投资人的股本资金作为其融资的保障之一,在资金偿还序列中,股本资金排在最末一位。

### (一)股本资金的作用

在项目融资中,股本资金的作用主要有以下几个方面。

#### 1. 可提高项目的抗风险能力

项目的股本资金代表着融资项目所具有的财务基础,股本资金越大,项目的抗风险能力越强,贷款银行的风险也就越小。相反,项目负担的债务资金越大,项目现金流中用于偿还债务的资金数量就越大,贷款银行的风险也就越大。

#### 2. 决定着投资者对项目的关心程度

投资者投入的股本金的数量和其对项目的前途与管理的关心程度是成正比的。贷款银行为了制约投资者全方位地管理好项目,一般会要求投资者投入相当数量的股本资金,以使投资者与贷款银行的利益休戚相关。因此投资者股本资金投入的多少,决定着投资者对项目的关心程度。

3. 对项目的融资工作起着鼓励作用

投资者在项目融资中的股本资金的投入,标志着对项目的承诺和对项目未来发展前景的信心,对于顺利地组织项目融资工作,可起到很好的示范和鼓励作用。

(二)股本资金的来源

在项目融资的运作过程中,股本资金大致可以分为股本资金和准股本资金两大类。

1. 股本资金的主要来源

(1)投资者的自有资金。

在较长的一段时期里,项目公司的股本资金基本来自投资者的自有资金,以购买项目公司股票等形式直接投入,因而资金来源和投资者构成都相对简单。

(2)向社会发行股票。

项目公司按照法定程序向投资者私募或公开募集股票,是近年在项目融资中采用的一种新做法。私募是指将股票直接出售给投资者,不通过公开市场销售。公开募集是指在证券市场上公开向社会发行股票,或是以增配股方式募集资金。这种形式与前一种相比,投资者构成趋于复杂化。

(3)第三方资金。

在项目融资过程中,有时与项目有关的一些政府机构和公司,如购买项目产品的公司、为项目提供原材料的公司、工程承包公司,以及世界银行和地区开发银行等,出于其政治或经济的利益的考虑而提供的软贷款或贷款担保等。

2. 准股本资金的主要来源

准股本资金是指投资者或与项目利益有关的第三方所提供的一种从属性债务。准股本资金相对于股本资金而言,在债务本金的偿还上更具灵活性,它不强制要求项目公司在某一特定时间偿还;在项目资金偿还优先序列中虽高于股本资金,但一般低于其他债务资金。换言之,如果项目公司破产,在偿还所有的项目融资贷款和其他高级债务之前,准股本资金不能被偿还。因此从项目融资的贷款银行的角度看,准股本资金是股本资金的一部分补充。

准股本资金可以一种与股本资金平行的形式进入项目的资本结构,也可作为一种准备金形式,来支付项目建设成本超支、生产费用超支以及其他贷款银行要求投资者承担的资金责任。

与股本资金相比,准股本资金有以下几方面的优势:第一,投资者的回报相对稳定。由于准股本资金作为一种从属性债务,一般有一个比较具体的本息偿还计划,从而使准股本资金的投资者得到稳定的利息收入。第二,有利于减轻投资者的债务负担。在项目融资安排中一般对于项目公司的盈利分配都有严格的限制,但是对于从属性债务通过谈判可减少这方面的限制,从而保证了准股本资金投资人的利益。同时一般还会要求投资者在从属性债务协议中加上有关债务和股本资金转换的条款,用以减轻项目经济状态不好时投资者的债务负担。第三,可为项目公司设计较为合理的税务结构。准股本资金作为一种从属性的债务,支付的利息是可以抵税的,而且债务资金可以在缴税前偿还。而股本资金却要等到公司上缴所得税以后才能分发红利。因而以准股本资金作为股本资金的一部分,可以充分利用在税务方面的优惠,提高项目公司的综合效益。

准股本资金的来源主要有以下几种形式：

(1) 无担保贷款。

无担保贷款是指没有任何项目资产作为抵押和担保的贷款，它是一种银行信用贷款的常见类型，在形式上与商业贷款相似。在项目融资中，项目发起人为了吸引有担保贷款和其他资金，常常提供一定数量的无担保贷款作为"种子资金"。同时发起人使用债务筹资还可得到利息免税的好处。有时项目其他参与者也愿意提供无担保贷款，如有些设备供应商，出于为自己的设备寻找销路的目的，以商业信用的方式为项目公司提供货物，就相当于向项目公司提供了无担保贷款。

(2) 可转换债券。

可转换债券是指在有效期内只需支付利息，到债券到期日收回债券本金，并在特定的时间内，债券持有人有权选择将债券按照规定的价格，转换成为公司的普通股的一种从属性债务的形式。可转换债券的发行没有公司或项目的资产作担保，债券利息一般也比同类贷款利息要略低一些，而转换的价格一般比股票的发行价高20%~30%。这种形式对于债券持有人的吸引力在于：如果项目公司经营效益好，公司股票价格或项目资产价值高于转换价格，债券持有人通过转换可获得资本增值。而如果项目公司经营效益不好，债券持有人仍可以在债券到期日收回债券的本金。

(3) 零息债券。

零息债券作为一种从属性债务形式，在项目融资中应用得较为普遍。它是一种只计算利息但不支付利息的债券。在债券发行时，根据债券的面值、贴现率和到期日贴现计算出债券的发行价格，债券持有人所得的收益就是发行价格与面值的差额。零息债券的优点是：这种资金安排既享有一定的债务资金优惠，如每年的名义利息可以得到税务扣减，又不需要实际支付利息，从而减轻了对项目现金流量的压力。在项目融资的实践过程中，如果项目投资者的股本资金投入不足，贷款银行往往会要求投资者以零息债券形式为项目提供一定数额的准股本资金。

(4) 贷款担保。

贷款担保是指投资者以贷款银行可接受的方式，提供一定数额的贷款担保资金作为准股本资金投入的替代。在项目融资中，这种资金投入方式由于在项目中没有实际的股本资金占用，项目资金成本最低。

贷款担保主要有两种形式：担保存款和备用信用证担保。

担保存款是项目投资者在由贷款银团指定的一家一流的银行中存入一笔固定数额的定期存款，存款账户和利息都属于项目投资者，但存款资金的使用权要掌握在贷款银团的手中，如果项目出现资金短缺，贷款银团可以调用这笔资金。

备用信用证担保是投资者可以不动用任何公司的资金，只是利用本身的资信作为担保。由于采用这种方式贷款银团要承担投资者的信用风险，所以通常要求备用信用证由一家被接受的独立银行开出，以便将风险转移。

由于以贷款担保的形式替代现实的股本资金的投入，会使贷款银行蒙受项目和投资者信用的双重风险，因此在现实中完全由此种形式替代股本资金投入的应用较少，一般都是将贷款担保形式和实际的股本资金投入形式结合起来使用。

### 三、项目债务资金

项目债务资金是项目以负债的方式取得的资金。对于项目而言，债务资金可以从国内、国外两个金融市场筹集,但多数大型融资项目的债务资金几乎全部或大部分来自国外金融市场,因此国外金融市场构成了项目债务资金的主要来源。项目债务资金的主要形式有以下几种:

1. 贷款融资

贷款融资是项目债务资金的主要来源,有些项目贷款可以占到它债务资金的100%。贷款融资又可分为国内、国外两部分。国内贷款主要是商业银行贷款和政策性银行贷款,国外贷款主要包括国际金融组织贷款、国际商业银行贷款和外国政府贷款。

(1)商业银行贷款。

商业银行贷款一般是项目融资中最主要的债务资金形式。商业银行贷款可以由一家银行提供,也可以由多家银行联合提供。商业贷款一般最长不超过十年。具体类型有:工程贷款、定期贷款、转换贷款、抵押贷款及运营资金贷款等。

(2)政策性银行贷款。

政策性银行贷款是我国金融市场上为了扶持特殊项目,国家政策性银行提供的比商业银行贷款利率低的政策性银行贷款。如国家开发银行提供的基础设施建设及重要生产性建设项目的长期贷款;进出口银行提供的产品出口贷款;以及农业发展银行为农业、农村发展提供的贷款等。

(3)外国政府提供的出口信贷。

外国政府提供的出口信贷,即设备出口国政府为扶持和增加本国产品的出口,以对本国的出口提供利率补贴并提供信贷担保的方法,激励本国的银行对出口商或设备进口国的进口商提供的优惠利率贷款。

(4)国际金融机构贷款。

国际金融机构贷款是指世界银行、国际金融公司、欧洲复兴与开发银行、亚洲开发银行、金砖国家开发银行、亚洲基础设施投资银行、美洲开发银行等全球性或地区性金融机构,按照他们制定的贷款政策提供的带有一定优惠性的贷款。这种贷款利率低于商业银行贷款利率,贷款期限可以很长,对于贷款资金的使用一般不附有设备采购对象等限制性条件,但有时需要支付某些附加费用。

2. 债券融资

债券融资是指公司通过发行债券筹集项目资金。债券融资包括国内发行债券和国外发行债券两种。国内发行公司债券必须经过有关部门批准,并依照法定程序发行。国内发行的债券通常是固定利率,并低于银行利率。

在国外债券市场,发行外币债券也是项目融资中经常采用的一种债务资金筹集方式。国际债券主要分为传统的外国债券和欧洲债券两种。

(1)外国债券。

外国债券是指A国发行人在B国某地发行,以B国货币为面值的债券。一般对B国发行地的要求是:政局稳定、资金充足、有完善的证券市场、货币坚挺,此外还要考虑发行国的金融政策、财政政策、外汇管制制度等。

(2)欧洲债券。

欧洲债券是指A国发行人在B国某地发行债券,其面值不是B国货币,而是第三国货币。欧洲债券的发行和交易超出了国家的界限,不受任何国家国内金融市场法律法规的局限。欧洲债券的具体形式有:固定利率债券、浮动利率债券、可转股债券、与另一种货币挂钩的债券、分期或延期付款债券及混合利率债券等。

### 3. 商业票据融资

商业票据是指在国际市场上享有信誉的大公司在金融市场上筹措短期资金的借款凭证,是一种附有固定到期日的无担保的本票。商业票据的投资者主要是工业企业、保险公司、各种基金及个人。票据的销售价格是基于国际资本市场状况和主要评级公司所授予的信用等级而定的,通常以贴现方式发行。公司通过发行新的商业票据偿还旧的商业票据,就可达到融通长期资金的目的。

## 第四节 项目融资风险管理

### 一、项目融资的风险

在项目融资中,项目参与各方谈判的核心问题之一就是各方对风险的合理分配和严格的管理,这也是项目能否成功的关键。由于项目融资有限追索或无追索的特点,所以对于借款方而言,风险大大降低。但就项目而言,其风险依然存在。所以识别、评估项目中存在的风险,制定相应的措施,编制风险管理计划并付诸实施是十分必要的。

项目融资中有两类风险:一类是与市场客观环境有关,超出了项目自身范围的风险,即系统风险;另一类是可由项目实体自行控制和管理的风险,即非系统风险。在系统风险与非系统风险之间并没有绝对的界限。

项目融资的风险由图 5-2 表示。

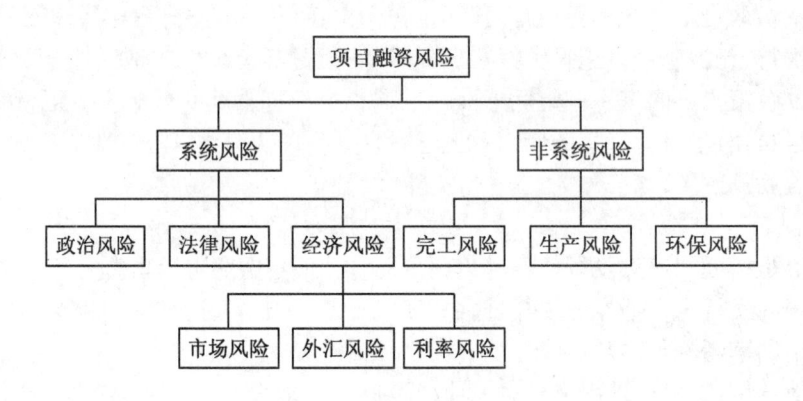

图 5-2 项目融资风险示意图

(一) 系统风险的类型

系统风险主要包括政治风险、法律风险和经济风险。

1. 政治风险

这是指由于各种政治因素如战争、国际形势变幻、政权更替、政策变化而导致项目资产和收益受到损害的风险。政治风险的大小与一国政府的稳定性及政策的稳定性有关。政治因素的变化往往是难以预料的,因此,其造成的风险也往往是很难避免的。主要的政治风险可能来自:项目可能需要政府许可证、特许经营权或其他形式的批准;项目本身对国家的基础设施或安全有重要影响;项目对东道国政府的社会政策或国际形象有重大影响等。

## 2. 法律风险

这是指东道国法律的变动或法制不健全给项目带来的风险,主要体现在以下几个方面:

(1)没有完善的法律体系来解决项目融资过程中出现的纠纷或是不能为项目融资提供相应的令人满意的法律框架。如在一些国家担保和强制获得担保的法律可能不令人满意;现有的法律可能排除对不动产的所有权。有些国家可能还没有制定保护知识产权的法律或是缺乏有关公平贸易和竞争的法律。

(2)东道国没有独立的司法制度,各方面的干预使得法律体系不能有效地执行法院的裁决结果。

(3)根据东道国的法律规定,项目发起人不能有效地建立起项目融资的组织结构和日后进行正常的项目经营。

(4)对东道国的法律不熟悉。

法律的健全与否也是影响项目成败的非常重要的风险因素之一,东道国法律的变动会改变各参与方的约束,进而改变各参与方的地位,从而带来法律风险。

## 3. 经济风险

经济风险包括市场风险与金融风险两大类。

(1)市场风险。项目最终产品的市场风险主要由价格风险、竞争风险和需求风险三个方面组成。项目公司必须直接面对市场风云变幻的挑战,除了存在价格、竞争、需求等风险因素之外,市场风险还可能存在于项目原材料及燃料的供应方面。项目投产后,原材料及燃料价格的涨跌,直接影响项目收益的增减。

(2)金融风险。金融风险包括外汇风险与利率风险。外汇风险涉及东道国通货的自由兑换、经营收益的自由汇出以及汇率波动所造成的货币贬值问题。境外的项目发起人一般希望将项目产生的利润以自己本国货币或者硬通货汇往境外,以避免因为东道国的通货膨胀而蒙受损失。而资金投入与利润汇出两时点上汇率的波动可能对项目发起方的投资收益产生较大的影响。利率风险是指项目在经营过程中,由于利率变动直接或间接地造成项目价值降低或收益受到损失。实时利率是项目借贷款人的机会成本的参照系。如果投资方利用浮动利率融资,一旦市场利率上升,项目的融资成本就上升;而如果采用固定利率融资,一旦市场利率下降便会造成机会成本的提高,而对于借款者而言,则相反。

### (二)非系统风险的类型

## 1. 完工风险

项目的完工风险,是指项目无法完工、延期完工或完工后无法达到预期运行标准的风险。完工风险是项目融资的主要风险之一,如果项目不能按照预定计划建设投产,项目融资所赖以依存的基础就受到了根本的破坏,将导致项目建设成本的增加、项目贷款利息负担加重、项目不能按计划取得收益。项目的完工风险主要是因为工业技术水平、管理水平的落后,所以在发展中国家完工风险比较大。判断完工风险的标准主要有:完工和运行标准,即项目需要在规定的时间内达到商业完工的标准,并且在一定时期内保持在这一水平上运行;技术完工标准;现金流量完工标准;等等。

## 2. 生产风险

项目的生产风险,是指在项目生产阶段和生产运行阶段存在的技术、资源储量、能源和原材料供应、生产经营、劳动力状况等风险因素的总称。项目的生产风险也直接影响项目能否正常地运转,并产生足够的现金流量来支付生产费用和还本付息。

项目的生产风险主要包括以下几个方面：

(1)技术风险。技术风险是指存在于项目生产技术进程中的问题，如项目生产所采用的技术是否为经市场证实的成熟生产技术，会不会被新技术所替代；厂址选择和配套设备是否合适等。

(2)资源风险。有些生产型项目对某种自然资源形成很大的依赖，因此，项目在生产阶段有无足够的资源保证是一个很大的风险因素。

(3)生产供应风险。项目的正常生产与经营必须有可靠的原材料、能源的供应。

(4)经营管理风险。管理风险主要由项目投资者对所开发项目的经营管理能力高低所决定。经营管理者的能力直接影响项目的质量控制、成本控制和生产的效率。

3. 环保风险

近年来，可持续发展成为各国经济发展战略中一个主要的方面，工业对自然环境及生活、工作环境的破坏越来越引起社会公众的关注，所以有关环境保护的立法在世界大多数国家变得越来越严格。对于项目公司来说，要满足日益"苛刻"的环保法规的各项要求，意味着项目成本的增加，或者增加新的资产投入改善项目的生产环境，更严重的甚至迫使项目停产。对于项目融资的贷款银行来说，也必须直接或间接地承担环境保护的压力与责任。因此，在项目融资期内可能出现的任何环境保护方面的风险也应该受到足够的重视。

## 二、项目融资风险管理

(一)系统风险的管理

1. 政治风险的管理

降低项目政治风险程度的办法之一是政治风险保险，包括纯商业性质的保险和政府机构的保险，后者多为几个主要发达国家为保护本国投资者在海外投资的利益时常用。另外，在安排项目融资时应尽可能寻求项目所在国政府、中央银行、税收部门或其他有关政府机构的书面保证。这些书面保证包括政府对一些特许项目权力或特许证的有效性及可转让性的保证，对外汇管制的承诺，对特殊税收结构的批准认可等。另外，在许多大型项目融资中，政府、出口信贷机构和多边金融机构也能为其他项目的参与方提供一些政治上的保护。此外，还有更微妙的方法来减少项目政治风险，比如与地区发展银行、世界银行等机构一起安排平行贷款。贷款结构中具有这样的协调机制将减少东道国政府干涉贷款人利益的风险，而在东道国寻找合作伙伴或是银团中的贷款人来自与东道国友好的国家，也将极大地降低项目融资中的政治风险。

2. 法律风险的管理

对于项目贷款人来说，管理法律风险的最好办法是在早期通过自己的律师对东道国的法律风险进行系统、彻底的研究。如果可能，最好征求东道国政府的法律机构的确认。在一些情况下，可能需要修改东道国的某些法律条款，把针对本项目的新法案作为融资的先决条件。另外，项目公司与东道国政府签订相互担保协议，真正做到互惠互利，在一定程度上也为项目的发起方和贷款人提供了法律保护。

3. 经济风险的管理

市场风险的降低取决于项目初期能否做好充分的可行性研究。在项目的建设和运营过程中，签订在固定价格或是可预测价格基础上的长期原材料及燃料供应协议和"无论提货与否均需付款"产品销售协议，也可以在很大程度上降低项目的市场风险。

金融风险相对较为复杂。金融风险中汇兑风险相对简单，而且一般来讲汇兑风险可能与政治风险与法律风险相关。汇率风险的消除则要利用到一些金融衍生工具,如汇率期权、掉期交易来对冲风险。在东道国金融市场不发达、金融工具缺乏的情况下,只有通过预测汇率的变动趋势,调整资产与负债的货币结构。另外一种可行的将汇率变化风险转移的做法是与项目产品的买主签订"浮动价格购买协议",用价格的浮动来化解汇率风险。

利率风险的消除也可以通过金融衍生工具来对冲其风险,其条件是资产、负债及收益使用的是可交易的硬通货。常用的消除利率风险的金融衍生工具包括利率期货、期权、掉期、远期利率协议等。

(二)非系统风险的管理

1. 完工风险的管理

为了限制和转移项目的完工风险,贷款银行通常要求完工风险由工程承建公司提供相应的"完工担保"作为保证。项目公司也可以通过投保来寻求完工保证。几种常用的完工保证形式有:

(1)无条件完工保证,即投资者提供无条件资金支持以确保项目可以达到项目融资所规定的"商业完工"条件;

(2)债务收购保证,即在项目不能达到完工标准的情况下,由项目投资者将项目债务收购或转化为负债;

(3)其他如单纯技术完工保证、提供完工保证基金和最佳努力承诺等。

2. 生产风险的管理

生产风险的消除与降低可以通过以下一些方式来实现,如保证项目公司与信用好和可靠的伙伴,就供应、燃料和运输问题签订有约束力的、长期的、固定的价格合同;项目公司有自己的供给来源和基本设施(如建设项目专用运输网络或发电厂);在项目文件中订立严格的条款并涉及承包商和供应商的延期惩罚、固定成本以及项目效益和效率的标准;另外,提高项目经营者的经营管理水平也是降低生产风险的可行之道。

总之,项目融资的风险管理的主要原则是让风险爱好者承担风险,通过各种合同文件和担保文件,实行项目风险在各项目参与方之间合理、有效地分配,将风险带来的冲击降至最低。

### 三、项目风险的担保

(一)项目担保人

项目担保人包括三个方面:项目的发起人、(与项目利益相关的)第三方担保人、商业担保人等。

1. 项目发起人作为担保人

项目的发起人和主办人作为担保人是项目融资中最主要和最常见的一种形式。虽然在大多数情况下,项目公司可以用自身的资产作为贷款的抵押,但由于项目公司在资金经营历史等方面一般不足以支持融资,而使得在很多情况下,贷款银行要求项目公司之外的担保作为附加的债权保证,这种担保责任通常落到了项目发起人身上。如果项目发起人向项目公司提供直接担保,则应该将这种担保至少作为一种或有负债形式出现在资产负债表中。

2. 第三方担保人

利用第三方作为担保人是指在项目发起人之外寻找其他与项目开发有直接或间接利益关系的机构为项目提供担保,这样可以使项目发起人能够将债务放在资产负债表之外或免受贷款条款的限制。同样,第三方担保人也可以从提供担保中得益。能够提供第三方担保的机构

可以有以下几种类型:

(1)有关的政府机构。因为项目融资中存在政治风险与法律风险,政府作为担保人出现在项目融资安排中,有利于提高贷款人的信心。因此,政府机构作为担保人在项目融资中比较普遍。

(2)与项目开发有直接利益关系的其他机构,这些机构可以分为:承包商、供应商及产品用户等。承包商为了在激烈的竞争中获得大型工程项目的承包合同,很多承包商愿意提供项目的完工担保,甚至为项目投资者提供一定的财务安排。供应商则主要提供卖方信贷、出口信贷以及项目设备质量担保。原材料供应商多以长期、稳定、优惠的供应协议,作为对项目的支持。在一般情况下,产品用户采取无货亦付款合同或产量合同的形式为生产他们需要的产品或提供此种服务的建设项目提供担保。

(3)世界银行、地区开发银行等国际性金融机构。在前面讲到世界银行贷款项目的联合融资时已指出,联合融资的主要内容是由世界银行为对世界银行贷款项目同时提供商业性贷款的其他贷款人提供必要的担保。这些担保覆盖由于政府(政府机构)不履行合同义务和政治不可抗力事件引起的贷款偿还责任。事实上,世界银行、地区开发银行等机构的参与同样可以起到政府参与的作用,减少项目政治、法律及经济风险,增强贷款人对项目融资的信心。

3. 商业担保人

商业担保人提供两种担保服务,并从提供担保中获取利益。这两种担保服务为:第一,担保项目发起人在项目中或者项目融资中所必须承担的义务,这类担保服务主要为商业银行、投资公司和一些专业化的金融机构提供,所提供的担保一般为银行信用证或银行担保等;第二,为意外事件发生提供担保,这类服务一般由各类保险公司提供。

(二)项目融资中风险担保的形式

1. 项目融资中的信用担保

项目融资信用担保也称人的担保,是一种以法律协议形式作出的表明担保人向债权人承担一定义务的承诺。这种义务就是:在被担保人不履行其对债权人所承担的义务的情况下,必须承担起被担保人的合约义务,或是在担保受益人的要求下立即支付给担保受益人规定数量的资金,而不论债务人是否真正违约。项目融资的信用担保主要有以下几种形式:

(1)完工担保。完工担保是针对完工风险而言的,完工担保主要由项目的投资者作为完工担保人或是由工程承包公司及金融机构相结合作为完工担保人。在任何完工担保协议中,都至少包含了完工担保责任、项目投资者履行完工担保义务的方式及保证项目投资者履行担保义务的措施这三个方面的基本内容。

(2)资金缺额担保。资金缺额担保(Deficiency Guarantees)是一种在担保金额上有所限制的直接担保,主要作为一种支持已进入正常生产阶段的项目融资结构的有限担保。

(3)以"无论提货与否均需付款"协议和"提货与付款"协议为基础的项目担保。"无论提货与否均需付款"和"提货与付款"是国际项目融资所特有的项目担保形式,是项目融资结构中项目产品(服务)的长期市场销售合约的统称。虽然无论提货与否和提货与付款在法律上体现为项目产品买方与卖方的商业合同关系,但实质上是项目产品买方对项目融资提供的一种间接担保。

(4)安慰信。安慰信一般是项目主办方政府写给贷款人表示支持其对项目公司贷款的信。信中一般表明三个方面对贷款人的支持,即经营支持、不剥夺资产(没收或国有化)及提供资金。安慰信的条款一般不具有法律约束力,所以这通常是担保人不愿接受法律约束的情况下所采用的一种担保形式。

(5)东道国政府的支持。东道国政府可能不是借款人或是项目公司的股东,但仍有可能通过代理机构进行权益投资或是项目产品的最大买主或用户。一些项目,特别是基础设施建设项目,东道国政府将参与项目的规划、融资、建设和运营的各个阶段。所以东道国政府的支持对于项目的顺利进行有很大的意义。

2. 项目融资的物权担保

项目融资中与人的担保相对的是物权担保,物权担保是指项目公司或第三方以自身资产为履行贷款债务提供担保。项目融资物权担保按担保方式有以下几种形式:

(1)固定担保。固定担保又可以按标的物的性质分为不动产物权担保和动产物权担保。

①不动产物权担保。不动产指土地、建筑物等难以移动的财产,在项目融资中,一般以项目公司的项目资产作为担保标的,而不包含或在有协议的情况下,包含部分项目发起方的不动产。在借款方违约或项目失败的情况下,项目公司往往被贷款方接管,贷款方可以接管经营或是拍卖项目资产以弥补其贷款损失。但是,项目的失败往往导致项目资产,特别是不动产本身价值的下降,因此这种弥补通常难以使贷款方收回全部贷款。在项目资产专用性强的情况下,项目失败后,项目资产的价值也就变得很低了。

②动产物权担保。动产与不动产相对,可以将其分为有形动产和无形动产两类。有形动产如船舶、车辆、设备、商品等,无形动产如合同、股份和其他证券、应收账、保险单、银行账户等都可以被借款方——项目公司来作为履行合同的保证。同不动产相比,动产物权担保技术更为方便易行,故而在项目融资中广泛使用。

在项目融资中,无形动产担保比有形动产担保更为方便。其理由在于两个方面:第一,有形动产同不动产一样,在项目失败后有价值大大降低的风险;第二,无形动产涉及众多项目参与方,其权利具有可追溯性,并且这种追索有合同文件等书面保证等。

(2)浮动设押。浮动设押(Floating Charge)与固定担保不同,后者是指借款方以确定的资产作为还款保证,而前者则是一种把公司资产(包括未来的资产)和经营收益作为担保并获取收益的担保方式,同时还可具有正常经营这些资产的权利。这种担保方式常见于英格兰和威尔士。由于这种担保方式不是以特定的动产或不动产作为担保标的,只是在特定事件发生时方能紧后确定受偿资产,所以被称之为浮动设押。

在项目融资中,如果担保标的是现有的项目资产和在建项目建设、开发、运营期间将会被项目公司获得的资产,浮动设押方式则提供了获得这些担保品收益的非常便利的方法。浮动设押比固定担保更有利的原因是:浮动设押方式允许公司获得、加工和处置资产(包括原材料、营业用具、现金和其他动产)的权利,而不必为新获得的资产签订担保合同或为每一次资产处置请求许可。

项目融资中还有消极担保条款、准担保交易、从属债等其他担保方式。

(三)项目融资担保文件

项目融资担保文件可分为三类:基本文件、融资文件和支持文件。

1.基本文件

(1)各项政府特许经营协议与其他许可证;

(2)关于土地所有权的文件;

(3)承建商和分包商的履约保函和预付款保函;

(4)项目的各种保险合同;

(5)原材料与能源供应协议；

(6)销售协议。

2. 融资文件

(1)贷款协议：包括消极保证、担保的执行。

(2)担保文件：包括以下的内容：对项目基本文件给予权利的享有权，对项目产品销售协议及营业收入等的享有权，对项目公司股份的享有权，对项目现金流量的享有权，对土地、房屋等不动产抵押的享有权，对动产、债务以及在建生产线抵押的享有权等。

3. 支持文件

(1)项目发起人的支持：还贷担保、完工担保、运营资本合同、现金差额补偿协议保证书和安慰信。

(2)项目发起人的间接支持：无货亦付款合同、使用合同、或供或付合同、无条件运输合同、供应保证协议。

(3)东道国政府的支持：许可证、项目批准、特殊权利、免予没收保证、外汇供应保证等。

(4)项目保险：商业保险、出口信贷担保以及多边机构的担保。

**四、项目融资中的保险和再保险**

保险在项目融资中扮演着非常重要的角色，如果贷款人在保险方面得到充分的保障，项目将会有利于吸引贷款方。在项目融资中，一般需要保险顾问作为项目公司的专业顾问。保险顾问参与风险辨别和评估，视项目实际情况和贷款方要求而设定一个可以保障项目各方利益的保险计划。项目融资中的保险可以分为保险和再保险

(一)保险

在项目融资中，保险是分为建设阶段和运营阶段来考虑的。

1. 建设期的保险

(1)建设工程一切险。建设工程一切险的基本概念是为工程项目的财产损失提供"全险"保障，每一个风险都包括在内，特别列明除外。

(2)第三者责任险。第三者责任险保障施工所致对第三者的身体伤害和财产损失的法律责任。

(3)海运险。海运险是保障进口设备在运输期间的风险。

(4)预期利润损失险。预期利润损失责任险(简称"ALOP")是与开工完工拖延有关的一项保险，是保障由于工期延误导致对业主的某种损失(如此期间的利息费用和其他相关固定运营成本)，一般有最长的期限，如 12～24 个月责任险。

(5)施工机械设备险。施工机械设备险一般由承包施工单位自己给予单独保障。

(6)劳工保险。劳工保险是保障所有承包商和为此项目工作的人员。

2. 运营期的保险

(1)财产损失保险。财产损失保险是保障由于外力所引起的项目资产的损失。一般来说，投保额以重建费用为标准。地震保险可以作为一个额外险种来购买。

(2)业务中断保险。业务中断保险是为保障项目公司由于某种原因业务中断而不能履行还本付息的责任而设。这个险种的购买视项目种类而定，几乎所有发电厂项目都需要，而收费公路则视情况而定。

(3)机器故障保险。机器故障保险是为保障机器故障发生时对项目本身机电设备所引起

的破坏而设。这个险种对发电厂而言比较重要。

(4) 机器故障引起业务中断保险。

(5) 第三者责任险。

(6) 劳工险。

(7) 现金保值险。现金保值险用于有很大现金流量的项目，如收费的高速公路项目。

(二) 再保险

再保险，也称分保，是保险人将其所承保的危险责任的一部分或全部向其他保险人办理保险，即保险的保险，或视为保险人之间的责任分担。

保险市场上有众多直接向投保人承揽业务的保险公司，这种直接面对社会各界各业投保人承担各类保险业务的保险公司习惯上称为原保险人，或直接保险公司，其承揽的业务称为原保险。为了向其他保险人转嫁一定风险，以控制自身所承担的保险责任，原保险人将超过自身承担能力的保险责任分出去给其他保险公司，其本身就成了分出公司，而接受其分出业务的保险公司就成了分入公司，或称为再保险人。再保险的发展基础是原保险，再保险的合同必须以原保险合同为前提条件，再保险的期限和保险责任也都是以原保险合同为基础的，正因为有原保险分散业务责任的需要，才会促进再保险的发展。

原保险与再保险有一定的区别，主要表现在以下几个方面：

1. 保险关系的主体不同。原保险合同关系的主体，是保险人与投保人或被保险人；再保险合同关系的主体，双方都是保险人。

2. 保险标的性质不同。原保险合同保障的标的，有财产及其有关利益，有人的生命和身体机能，有责任和信用之类别的区分；而再保险合同所保障的全都是原保险人所承担的危险责任。

3. 保险赔付的性质不同。原保险人在履行赔付职责时，对财产保险的损失赔付属于补偿性质，而对各种人身保险的赔付属于给付性质；再保险人的摊赔则不论财产保险还是人身保险，都属于对原保险人承担损失责任的补偿。

再保险的作用：(1) 控制承保责任，稳定经营成果；(2) 增大承保规模，扩大经营范围；(3) 便于业务指导，形成联合保险基金。

## 第五节　我国项目融资的发展及案例分析

### 一、我国项目融资的发展

自改革开放以来，我国允许开办有外资参与的合资公司，国家鼓励外国投资和贸易，并引进外国资本和技术。项目融资作为一种重要的国际金融工具，在 20 世纪 80 年代中期被介绍到了我国的企业界和金融界。

1986 年开始动工兴建的深圳沙角火力发电 B 厂项目是我国最早尝试使用 BOT 融资方式兴建的基础设施建设项目，这个项目在国际上产生了比较大的影响，引起了国际上对中国项目融资发展前景的看好。

我国第一例正式的 BOT 试点项目是 1995 年 5 月由原国家计委批准的广西来宾电厂 B 厂项目。来宾电厂从发起到项目融资结束，一直受到国内外的普遍关注，产生了广泛的影响，该项目被评为1995年世界十大BOT项目之一。我国许多项目的建设已采用项目融资的方式,而且大多为BOT方式,如电厂项目,包括定渠电厂、来宾电厂、日照电厂、沙角B电厂、深圳电厂、外高桥电厂等;交通项目北京长城轻轨铁路、广州轻轨铁路、武汉城市铁路、上海黄浦江延安东路隧道复线工程、海南东线高速公路、三亚凤凰机场、重庆地铁、深圳地铁、北京京通高速公路等;环境项目,包括上海大场水处理厂、中川水泥厂等工业项目。

目前,项目融资在我国主要适用于投资规模大、还贷能力强、投资收益稳定、符合国家产业政策的部分基础设施和基础产业项目,特别是上述行业的外商投资项目(包括中外合资、合作和外商独资项目)。一般来说,项目总规模不低于3 000万美元,对外融资额至少在1 500万美元以上。鉴于项目融资方式对国家外债的总量平衡存在一定影响,为保障项目的顺利进行,我国规定:凡采用项目融资方式筹措资金的项目,不论限额以上还是限额以下,均需报国家发改委审批并统一纳入国家利用外资计划。

我国利用项目融资方式来发展基础设施和基础产业已有近30年的历史,在这期间我国经济得到极大的发展,基础设施有了长足的进步。以交通基础设施为例,由于投资额不断快速增长,远远高于国民经济的增长速度,使交通基础设施逐步改变了基础薄弱、能力严重不足、制约国民经济发展的状况。但是在项目融资的过程中,仍然存在一些问题:

1. 债务规模不断上升,对政府构成较大偿债压力和一定的债务风险

我国由于基础设施的投资建设主要是以政府为主导,政府用于项目的资金除一部分专项资金和少量财政预算内资金外,基本上都是采取银行贷款和发行债券的方式筹集。随着逐年大规模的项目开工,政府性债务累积规模不断增大,资产负债率快速上升,形成了较大的偿债压力和债务风险,传统的投融资体制越发不适应经济与社会发展的要求,因此亟待投融资体制的改革及进一步拓宽融资渠道。全面建立"政府推进和引导,市场化为导向,投资主体多元化,融资多样化,注重效益,满足各层次需求"的可持续发展的投融资体制已迫在眉睫。

2. 相关法律法规不够完善,管理体制不够健全

改革开放以来,我国为促进项目融资的发展,曾先后发布了《关于以BOT方式吸引外商投资有关问题的通知》、《关于促进和引导民间投资若干意见》和《境外进行项目融资管理暂行办法》等行政性条例和法规。2004年国务院颁布《关于投资体制改革的决定》后,国家发改委又相继制定了《国际金融组织和外国政府贷款投资项目管理暂行办法》、《外商投资项目核准暂行办法》、《外商投资产业指导目录》、《政府核准的投资目录》等一系列文件,对项目融资活动进行指导和规范。但对项目融资所涉及的行业限制、项目条件、指导原则、项目收益分配原则、政府担保的范围与界限等具体问题还存在法律上的不完善,在行政管理体制上还缺乏一个统一的机构制定出相应的政策来规范和指导项目融资的实施,从而使贷款银行和投资者无法得到正确的政策信息。再有,在项目融资过程中,各参与方之间的关系是通过各种合同协议来约束的,按国际惯例,合同应该适用于合同当事人注册国的法律。而我国目前的经济法律、法规体系滞后,尚不完善,容易造成贷款银行对境外法律能否在中国境内得到执行和操作的疑虑,以上问题必然会影响其对项目融资的兴趣和信心。

3. 外资项目审批体制的约束

我国目前规范的外资项目审批制度要求,每个外资项目都必须取得四个关键的批文:①立项批文(项目建议书批复);②项目批文(可行性研究报告批复);③合同和章程批文;④工商登记。在审批权限方面,按照项目投资额的大小分别由省级有关部门、国家发改委及国务院进行审批。同时,由于在项目融资对外担保方面颁布了《境外进行项目融资管理暂行办法》和《境内

机构对外担保管理办法》等新的法规,提出了新的审批要求,使项目开发商和贷款银行面临一些新的不确定性。

4. 项目成本比较高

造成项目成本较高的原因是多方面的,其中除了项目融资本身的原因之外,还有一些外部原因造成了项目成本的上升。如冗长的审批体系,招标过程中的不公开性所造成投标方、参与方及可能提供支持的银行在前期工作方面投入大量重复劳动所产生的成本,以及因此降低了市场竞争而产生的低效率成本。另外,在国际性项目融资中,按惯例要求项目发起方具有穆迪或标准普尔这两家信用评级公司的评定。由于我国国家主权信用及企业或机构的信用等级常常被低评,因此我国企业的信用等级不仅使项目融资困难,而且使融资成本相对提高。项目融资是一个复杂的系统工程,涉及面广、参与部门多,由于缺乏经验,部门之间的协调难度大,造成成本上升。

5. 外汇兑换及平衡的问题

在融资项目的建设期和经营期都会发生数额较大的外汇资金的流入与流出,由于项目周期内不同阶段用汇的特点的差异,项目本身保持外汇平衡对大多数项目而言是难以做到的,这就可能引起外汇市场供求关系和人民币汇率的波动。

6. 项目融资与预期相比仍有差距

我国通常是通过私下谈判而很少采用竞争的招标方式来挑选最有利的外国投资者。在没有采用竞争招标方式的项目中,我国缺少评估外国投资方报价的基准点。谈判方式建立在成本加回报率的基础上,强调的是谈妥的股本回报率。这种方法很少鼓励项目公司引进新技术与新的管理经验,很少对项目业绩起促进作用。

## 二、深圳沙角 B 火力发电厂项目融资案例

(一)项目背景

深圳沙角 B 电厂于 1984 年签署合资协议,1986 年完成融资安排并动工兴建,最后在 1988 年建成投入使用。深圳沙角 B 电厂的总装机容量为 70 万千瓦,由两台 35 万千瓦发电机组成。项目总投资为 42 亿元港币(5.4 亿美元,按 1986 年汇率计算),被认为是中国最早的一个有限追索的项目融资案例,也是中国第一次事实上使用 BOT 融资概念兴建的基础设施项目。深圳沙角 B 电厂的融资安排,是我国企业在国际市场举借外债开始走向成熟的一个标志。

(二)项目融资结构

1. 深圳沙角 B 电厂的投资结构

深圳沙角 B 电厂采用中外合作经营方式兴建(见图 5—3)。

合作经营是我国改革开放前期比较经常采用的一种中外合资形式,合资一方为深圳特区电力开发公司(A 方),合资另一方是一家在我国香港注册专门为该项目成立的公司——合和电力(中国)有限公司(B 方)。项目合作期为 10 年。在合作期间内,B 方负责安排提供项目全部的外汇资金,组织项目建设,并且负责经营电厂 10 年(合作期)。作为回报,B 方获得在扣除项目经营成本、煤炭成本和支付给 A 方的管理费之后 100% 的项目收益。合作期满时,B 方将深圳沙角 B 电厂的资产所有权和控制权无偿地转让给 A 方,退出该项目。在合作期间,A 方主要承担的义务包括:

(1)提供项目使用的土地、工厂的操作人员,以及为项目安排优惠的税收政策;

(2)为项目提供一个具有"供货或付款"(Supply or Pay)性质的煤炭供应协议;

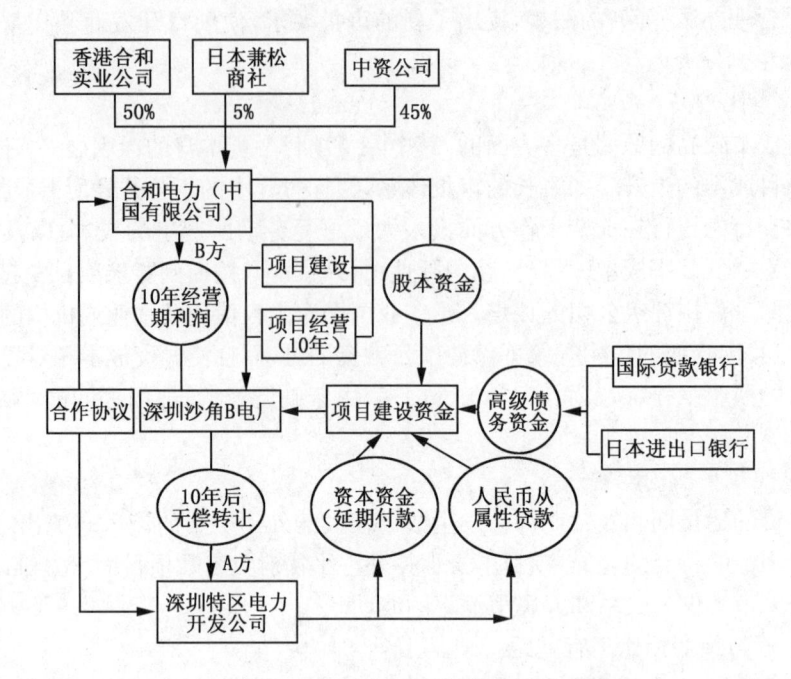

图 5—3 深圳沙角 B 电厂融资结构示意图

（3）为项目提供一个具有"提货与付款"（Take and Pay）性质的电力购买协议；

（4）为 B 方提供一个具有"资金缺额担保"性质的贷款协议，同意在一定条件下，如果项目支出大于收入则为 B 方提供一定数额的贷款。

2.深圳沙角 B 电厂的融资模式

深圳沙角 B 电厂的资金结构包括股本资金、从属性贷款和项目贷款三种形式，其具体的资金构成（以 1986 年汇率换算为美元）如下：

股本资金：

| | |
|---|---|
| 股本资金/股东从属性贷款（3.0 亿港元） | 3 850 万美元 |
| 人民币延期付款（5 334 万元人民币） | 1 670 万美元 |

债务资金：

| | |
|---|---|
| A 方的人民币贷款（从属性项目贷款）（2.95 亿元人民币） | 9 240 万美元 |
| 固定利率日元出口信贷（4.96 兆亿日元） | 26 140 万美元 |

日本进出口银行：

| | |
|---|---|
| 日元贷款（105.61 亿日元） | 5 560 万美元 |
| 港币贷款（5.86 亿港币） | 7 500 万美元 |
| 资金总计 | 53 960 万美元 |

根据合作协议安排，在深圳沙角 B 电厂项目中，除了人民币资金之外的全部外汇资金安排由 B 方负责，项目合资 B 方——合和电力（中国）有限公司利用项目合资 A 方提供的信用保证，为项目安排了一个有限追索的项目融资结构。

在融资结构中：

第一，B 方与以日本三井公司等几个主要日本公司组成的电厂设备供应和工程承包财团谈判获得了一个固定价格的"交钥匙"合同。这个财团在一个固定日期(1988年4月1日)和一个"交钥匙"合同的基础上,负责项目的设计、建设和试运行,并且同意为项目在试运行和初期生产阶段提供技术操作人员。通过这种方式,项目的一个主要风险即完工风险被成功地从项目投资者身上转移出去。

第二,融资结构使用了日本政府进出口银行的出口信贷作为债务资金的主要来源,用以支持日本公司在项目中的设备出口。但是,日本进出口银行并不承担项目的风险,一个由大约五十家银行组成的国际贷款银团为日本进出口银行提供了一个项目风险担保,并且为项目提供日元贷款和港币贷款等。

第三,A方对项目的主要承诺(也即是对B方的承诺)是电力购买协议和煤炭供应协议,以及广东省国际信托投资公司对A方承诺的担保。B方在安排项目融资时将两个协议的权益以及有关担保转让给项目融资的贷款银团,作为项目融资结构的主要信用保证。

第四,在A方与B方之间,对于项目现金流量中的外汇问题也做了适当的安排。在合作期间,项目的电力销售收入的50%支付人民币,50%支付外汇。人民币收入部分用以支付项目煤炭的购买成本以及人民币形式发生的项目经营费用;外汇收入部分支付以外汇形式发生的项目经营费用,包括项目贷款债务偿还和支付B方的利润。A方承担项目经营费用以及外汇贷款债务偿还部分的全部汇率风险,但是,对于B方的利润收入的部分汇率风险则由双方共同分担,30%由A方承担,70%由B方承担。

(三)项目融资模式中的信用保证结构

1. A方的电力购买协议。这是一个具有"提货与付款"性质的协议,规定A方在项目生产期间按照事先规定的价格从项目中购买一个确定的最低数量的发电量,从而排除了项目的主要市场风险。

2. A方的煤炭供应协议。这是一个具有"供货或付款"性质的合同,规定A方负责按照一个固定的价格提供项目发电所需的全部煤炭,这个安排实际上排除了项目的能源价格及供应风险以及大部分的生产成本超支风险。

3. 广东省国际信托投资公司为A方的电力购买协议和煤炭供应协议所提供的担保。

4. 广东省政府为上述三项安排所出具的支持信。虽然支持信并不具备法律约束力,但是,一个有信誉的机构出具的支持信,作为一种意向性担保,在项目融资安排中具有相当的分量。

5. 设备供应及工程承包财团所提供的"交钥匙"工程建设合约,以及为其提供担保的银行所安排的履约担保,构成了项目的完工担保,排除了项目融资贷款银团对项目完工风险的顾虑。

6. 中国人民保险公司安排的项目保险。项目保险是电站项目融资中不可缺少的一个组成部分,这种保险通常包括对出现资产损害、机构设备故障以及相应发生的损失的保险,在有些情况下也包括对项目不能按期投产情况的保险。

通过以上六点,可以清楚地勾画出深圳沙角B电厂项目的种种风险要素是如何在与项目建设有关的各个方面之间进行分配的。这种项目风险的分担是一个成功的项目融资结构所不可缺少的条件。

(四)项目融资结构简评

深圳沙角B电厂项目的建设和融资安排是我国第一个利用有限追索的融资方式进行基础设施项目资金安排的成功实例,也是我国第一个(同时是世界上最早的几个)事实上按照

BOT 模式概念组成起来的项目融资。所谓事实上的 BOT 融资模式,是指从形式上深圳沙角 B 电厂项目的建设和融资并不是以政府特许权合约为基础组织起来的,而是合资双方(A 方和 B 方)根据合作协议以及几个商业合约组织起来的。但是,事实上,由于合资 A 方和广东省国际信托投资公司的政府背景,以及广东省政府的支持,项目的合作协议以及其商业合约具备了明显政府特许权合约的性质。

从 1993 年下半年开始,采用 BOT 模式集资建设基础设施项目,引进国外先进技术和管理经验成为我国基础设施项目开发的一个热点。然而,怎样才能有效地为电厂项目安排一个 BOT 项目融资呢?通过对深圳沙角 B 电厂项目的合资结构以及融资结构的分析,可以归纳总结出以下几点:

1. 作为 BOT 模式中的建设、经营一方(在我国现阶段有较大一部分为国外投资者),必须是一个有电力工业背景,具有一定资金力量,并且能够被银行金融界接受的公司。

2. 项目必须要有一个具有法律保障的电力购买合约作为支持,这个协议需要具有"提货与付款"或者"无论提货与否均需付款"的性质,按照一个事先规定的价格从项目购买一个最低数量的发电量,以保证项目可以创造出足够的现金流量来满足项目贷款银行的要求。

3. 项目必须要有一个长期的燃料供应协议。从项目贷款银行的角度,如果燃料是进口的,通常会要求有关当局对外汇支付作出相应安排;如果燃料是由项目所在地政府部门或商业机构负责供应或安排,则通常会要求政府对燃料供应作出具有"供货或付款"性质的承诺。

4. 根据提供电力购买协议和燃料供应协议的机构的财务状况和背景,有时项目贷款银行会要求更高一级机构提供某种形式的财务担保或者意向性担保。

5. 与项目有关的基础设施的安排,包括土地、与项目相连接的公路、燃料传输及贮存系统、水资源供应、电网系统的连接等一系列与项目开发密切相关的问题的处理及其责任,必须要在项目文件中作出明确的规定。

6. 与项目有关的政府批准,包括有关外汇资金、外汇利润汇出、汇率风险等一系列问题,必须在项目动工之前,得到批准和作出相应的安排,否则很难吸引银行加入到项目融资的贷款银团行列;有时,在 BOT 融资期间,贷款银团还可能会要求对项目现金流量和外汇资金直接控制。

## 思 考 题

1. 项目融资的概念及特征。
2. 项目融资的主要形式。
3. 项目股本资金的作用及来源。
4. 项目债务资金的作用及来源。
5. 项目融资系统风险的内容及管理。
6. 分析项目租赁融资业务所涉及的利益方。
7. 某公司计划投资 8 000 万元建设一个新水厂,他们决定采用项目融资方式。你认为他们应选用何种融资方式?在确定之前要综合分析哪些因素?
8. 某公司要进军房地产行业,准备承担一个棚户区改造项目,需要大量投资,他们计划采用项目融资的方法。请分析融资成功的主要因素有哪些?应采取什么对策才能提高融资的成功率,并尽可能降低融资成本?

# 第六章

# 项目采购管理

**本章要点**

项目采购是从项目系统外部获得资源,它会发生在项目发展周期的各个阶段,按采购法规和国际惯例规范操作是保证其顺利运作的关键所在。本章简要叙述采购的定义、采购管理在项目管理中的重要性,系统地说明采购规划的内涵、依据、技术和工具。详细分析了招标投标的特征、方式、程序和操作要点。本章对政府采购的特点和方式以及世贸组织《政府采购协议》对我国的影响作了简要介绍。

## 第一节 项目采购规划

### 一、采购的内涵及其重要性

(一)采购的定义

采购是从项目系统外部获得货物、土建工程和服务(以下统称"产品")的完整的采办过程。货物采购是指购买项目建设所需的投入物(包括原材料、燃料、设备、产品等)及与之相关的服务。工程采购是通过招标或其他商定的方式选择工程承包单位及与其相关的服务。咨询服务采购是指除货物和工程以外的其他采购对象,例如聘请咨询公司或咨询专家。

(二)采购管理在项目管理中的重要性

采购管理是项目管理的重要职能,采购工作是项目执行中的关键环节,并构成项目执行的物质基础和项目成本的主要内容;规范的项目采购要兼顾经济性和有效性,可以有效地降低项目成本,促进项目的顺利实施和按期完成;项目采购必须体现设计和计划的要求,如果采购的产品不符合设计的预定要求,将直接影响项目质量,甚至导致项目失败;竞争性招标采购有规范的程序,体现公平公正原则,提高透明度,所以能从制度上防止贪污腐败和欺诈行为。

## 二、采购规划的内容

采购规划是确定怎样从组织以外采购物资和服务,最好地满足日常需求或项目需求的过程。其主要内容是在采购市场研究和采购组织内部分析的基础上确定是否采购、采购什么、采购多少、何时采购以及怎样采购等问题(见图6—1)。

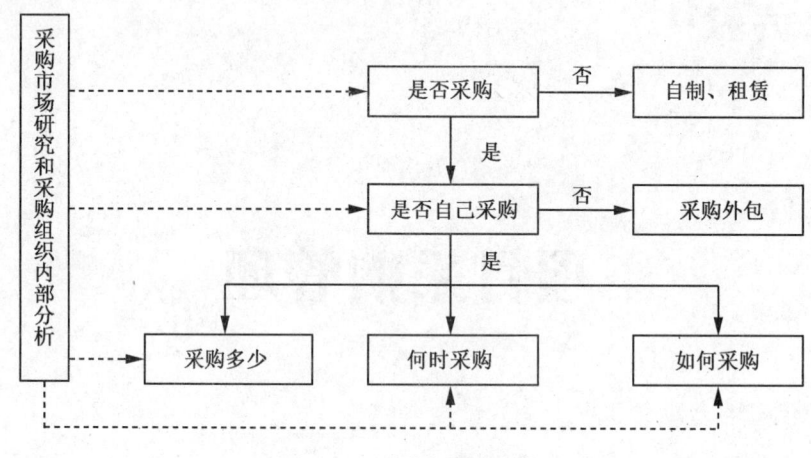

图6—1 采购规划流程图

(一)是否采购

项目获取物资或服务主要有三种来源:外购、自制和租赁。采购规划的第一步即先对此进行选择。

原材料初级品等消耗性物品在进行采购规划时,主要面临外购还是自制的选择;资本性设备在进行采购规划时,主要面临租赁还是购买的选择。

(二)是否自己采购

如果选择外购,还得进一步考虑是自己采购还是外包采购。外包采购的前提是有效性,即能利用特殊外包方的数量规模或是竞争优势带来委托前所不能获得的效益。但若采购活动属于关联性大、协同性高、与核心能力一致的关键活动,则不宜外包。若选择自己采购,还要考虑以下问题。

(三)怎样采购——采购模式和采购方式

采购模式有集中采购、分散采购、混合采购三大类。

1. 集中采购模式是指整个项目所有的或大部分的采购活动在某一处集中处理。集中采购的有利之处在于:一是能够集中需求,形成批量采购,取得规模效益,达到"以量制价"的效果;二是有利于培养专业的采购队伍和专业技能的发展,确保采购质量;三是减少重复采购,降低采购成本;四是有利于贯彻落实采购政策,减少管理上重复设置,有利于监督管理,促进采购执行机构依法采购。集中采购的弊端在于,较难适应采购机构的特殊要求,由于采购方式和程序的制约,往往导致采购周期较长,影响采购效率。这种采购模式的优点是:所购物料比较容易获得规模优势;有利于采购决策中专业化分工。

2. 分散采购模式是指将采购工作分散给各需要部门分别处理。这种采购模式的优点是:能与供应商直接沟通,有更强的顾客导向,能够满足采购单位对及时性和多样性的要求。分散采购的弊端在于，无法产生规模效益，且由于重复采购，造成采购成本高，也不利于监督管理。

3. 混合采购模式又称分散集中化采购模式，是指有些采购活动在企业总部进行，同时主要的相关部门或项目也进行采购。这种模式同时具备集中化和分散化采购模式的特点，通常用于大型项目中。

无论选择哪一种采购模式，都要确定采购方式。采购方式主要分招标采购和非招标采购。招标采购又可以分为无限竞争性的公开招标和有限竞争性的邀请招标。对受客观条件限制和不易形成竞争局面的项目，还可以采取协商议标。

非招标采购又可以分为询价采购、直接采购、定向采购、单一来源采购。

(四)何时采购、采购多少

采购时间和采购数量规划应达到以下目的：

- 预计材料需用时间与数量，防止供应中断，影响项目实施。
- 避免材料储存过多，积压资金，以及占用堆积的空间。
- 使采购部门事先准备，选择有利时机进行采购。
- 确定材料耗用标准，以便管制材料采购数量及成本。

决定采购数量和时间的主要依据是进度计划、用料清单和存量管制卡。按照采购管理的目的，需要通过合理的进货批量和进货时间，使存货的总成本最低，这个批量称作经济订货量或经济批量。有了经济订货量，可以很容易地找出最适宜的进货时间。图6—2是项目设备采购工期计划倒排示意图，从制订设备采购计划结束到设备安装开始的至少需要工期。需要注意的是，从设备招投标流程开始的每项工作都需要一定的工期来完成。如果每项工作都是至少需要工期，为保证后续工作的开始，前道工作有一个必须完成时间。前后工作的衔接顺利，则可实现现场零库存，但风险很大；如果每项工作都有工期余量，则设备提前到现场后要有存储和成品保护工作。

至于某一物料在某时期应如何订购，具体有定期订购法、定量订购法两种方法。

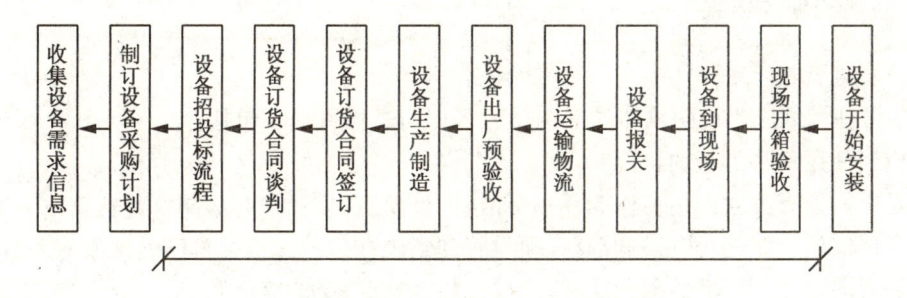

收集设备需求信息 ← 制订设备采购计划 ← 设备招投标流程 ← 设备订货合同谈判 ← 设备订货合同签订 ← 设备生产制造 ← 设备出厂预验收 ← 设备运输物流 ← 设备报关 ← 设备到现场 ← 现场开箱验收 ← 设备开始安装

图6—2 项目设备采购工期计划倒排示意图

### 三、采购规划的依据

1. 范围说明。范围说明书说明了项目目前的界限，提供了在采购规划过程中必须考虑的项目要求和策略等重要资料。

2. 项目最终成果说明。该说明提供了有关在采购规划过程中需要考虑的所有技术问题或注意事项的重要资料。

3. 采购活动所需的资源。项目实施组织若没有正式的订货单位，则项目管理班子将不得不自己提供资源和专业知识支持项目的各种采购活动。

4. 市场状况。采购规划过程必须考虑市场上有何种产品可以买到、从何处购买,以及采购的条款和条件是怎样的。

5. 其他计划结果。只要有其他计划结果可供使用(如项目成本初步估算、质量管理计划等),则在采购规划过程中必须加以考虑。

6. 制约条件和基本假设。由于项目采购存在着诸多变化不定的环境因素,项目实施组织在实施采购过程中,面对变化不定的社会经济环境所作出的一些合理推断,就是基本假设。制约条件和基本假设的存在,限制了项目组织的选择范围。

### 四、采购规划的技术和工具

项目实施组织对需要采购的对象及其获得方式拥有一定的选择权。通常运用以下技术进行选择:

1. 利用平衡点分析法进行外购或自制选择

自制或外购分析就是利用平衡点分析法进行选择决策。这是一种普遍采用的管理技术,可以用来确定获得某种产品是通过自制方式还是外购方式更经济。

2. 运用总成本最低的原则进行短期租赁或长期租赁选择

选择短期租赁还是长期租赁,通常取决于财务上的考虑。根据项目对某租赁品的预计使用时间、租金大小来计算短期、长期租赁的费用,根据总成本最低的原则作出选择确定。

3. 采购专家的介入

采购专家就是具有专门知识或经过训练的单位和个人。咨询公司、行业团体、有发展前景的承包商以及项目实施组织内部的其他单位(如专门从事采购的职能部门、采购部门)可能都具备用于采购的专门知识。项目组织可以聘请采购专家作为顾问,甚至邀请他们直接参加采购过程。

### 五、采购规划的结果

(一)采购管理计划

采购管理计划应当说明具体的采购过程将如何进行管理。包括:

- 应当使用何种类型的合同?
- 是否需要有独立的估算作为评估标准,由谁负责,以及何时编制这些估算?
- 项目实施组织是否有采购部门,项目管理组织在采购过程中自己能采取何种行动?
- 是否需要使用标准的采购文件,从哪里找到这些标准文件?

根据项目的具体要求,采购管理计划可以是正式的,也可以是非正式的;可以非常详细,也可以很粗略。此计划是整体项目计划的补充部分。

(二)要求说明

在工程项目中要求说明也称为工程说明,它相当详细地说明了采购项目,以便潜在的承包商确定他们是否能够提供该采购项目的货物或服务。要求说明的详细程度可以视采购项目的性质、买主的要求或者预计的合同形式而异,在采购过程中可能被修改和细化,例如潜在的承包商可能建议使用比原来规定的效率更高的方法或成本更低的产品。

要求说明应尽可能清晰、完整、简洁。其中包括对所有要求的附属服务的说明(例如,承包商报告及对采购来的设备给予项目完成后的运行支持)。

## 第二节 招标投标综述

### 一、招标投标的概念与特征

招标投标是一种国际流行的采购方式。由招标人和投标人经过邀请、响应、择优选定,最终形成协议和合同关系的平等主体之间的经济活动过程,是"法人"之间诺成有偿、具有约束力的法律行为。

招标投标是商品经济发展到一定阶段的产物,是一种特殊的商品交易方式。招标方与投标方相交易的商品统称为"标的"。在项目工程建设中,这种"标的"指的是项目的工程设计、土建施工、成套设备、安装调试等内容的标明。

招标投标具有下述基本特征:

1. 平等性。招标投标的平等性,应从商品经济的本质属性来分析,商品经济的基本法则是等价交换。招标投标是独立法人之间的经济活动,按照平等、自愿、互利的原则和规范的程序进行,双方享有同等的权利和义务,受到法律的保护和监督。招标方应为所有投标者提供同等条件,让他们展开公平竞争。

2. 竞争性。招投标的核心是竞争,按规定每一次招标必须有三家以上投标,这就形成了投标者之间的竞争,他们以各自的实力、信誉、服务、报价等优势,战胜其他的投标者。此外,在招标人与投标者之间也展开了竞争,招标人可以在投标者中间"择优选择",有选择就有竞争。

3. 开放性。正规的招标投标活动,必须在公开发行的报纸杂志上刊登招标公告,打破行业、部门、地区,甚至国别的界限,打破所有制的封锁、干扰和垄断,在最大限度的范围内让所有符合条件的投标者前来投标,进行自由的竞争。招标活动具有较高的透明度。

### 二、招标的方式

招标活动按照不同的标准可以划分为多种形式。目前国内外采用的招标方式有以下五种:

1. 公开招标。公开招标是由招标单位通过报刊、广播、电视等宣传工具发布招标公告,凡对该招标项目感兴趣又符合投标条件的法人,都可以在规定的时间内向招标单位提交意向书,由招标单位进行资格审查,核准后购买招标文件,进行投标。公开招标的方式可以给一切合格的投标者以平等的竞争机会,能够吸引众多投标者,故称之为无限竞争性招标。如世界银行贷款项目实行的国际竞争性招标,就属于公开招标。

2. 邀请招标。如前所述,邀请招标是一种有限竞争性招标,这种方式的优点是应邀投标者在技术水平、经济实力、信誉等方面具有优势,基本上能保证招标目标顺利完成。其缺点是在邀请时如带有感情色彩,就会使一些更具竞争力的投标单位失去机会。

3. 两段招标。两段招标是将公开招标和邀请招标结合起来的招标方式。这种方式一般适用于技术复杂的大型招标项目。招标单位首先采用公开招标的方式广泛地吸引投标者,对投标者进行资格预审,从中邀请三家以上条件最好的投标者,进行详细的报价、开标、评标。

4. 协商议标。对受客观条件限制或不易形成竞争局面的招标项目,例如专业性很强,只有少数单位有能力承担的项目;或时间紧迫,来不及按正规程序招标的项目,可以由主管部门推荐或自行邀请3~4个比较知底的单位进行报价比较,由招标投标双方通过协商确定有关事宜。

5. 国际招标。上述四种招标方式如果将招标范围放宽到国外,就称其为国际性招标。这种招标方式简称为ICB,一般重大工程建设项目、高科技项目、技术引进项目以及"国际复兴开发银行"、"国际开发协会"及"亚洲开发银行"贷款兴建的工程项目都采用ICB方式。

目前,国际上竞争性招标采购是主要的采购方式,但其比重呈下降趋势,而竞争性谈判采购方式逐步占居主要地位。竞争性招标采购是国内竞争招标采购和国际竞争采购的总称,它有一套统一规范的、完整的程序,这套程序不会因国家、地区和组织的不同而存在太大的区别。前面三节所叙述的操作要点适用于政府采购。

### 三、招标投标的一般程序

招标投标的活动一般分为四个阶段,现以建设工程施工项目为例进行分析。

1. 招标准备阶段。基本分为以下几个步骤:具有招标条件的单位填写《建设工程招标申请书》,报有关部门审批;获准后,组织招标班子和评标委员会,编制招标文件和标底,发布招标公告,审定投标单位,发放招标文件,组织招标会议和现场勘察,接受投标文件。

2. 投标准备阶段。根据招标公告或招标单位的邀请,选择符合本单位施工能力的工程,向招标单位提交投标意向,并提供资格证明文件和资料;资格预审通过后,组织投标班子,跟踪投标项目,购买招标文件,参加招标会议和现场勘察,编制投标文件,并在规定时间内报送给招标单位。

3. 开标评标阶段。按照招标公告规定的时间、地点,由招标投标方派代表也可以有公证人在场的情况下,当众开标;招标方对投标者作资格后审、询标、评标;投标方做好询标解答准备,接受询标质疑,等待评标决标。

4. 决标签约阶段。评标委员会提出评标意见,报送决定单位确定,依据决标内容向中标单位发出《中标通知书》;中标单位在接到通知书后,在规定的期限内与招标单位签订合同。

### 四、我国招标投标管理

(一) 招标投标管理的任务

1. 认真贯彻中华人民共和国招标投标法和政府采购法,以及相关条例、实施细则。
2. 进行招标项目的登记。
3. 审查招标单位或招标工作班子及评标委员会的资格、能力。
4. 核准招标工作班子提供的招标文件和标底。
5. 监督开标、评标、决标和签约。
6. 调解、处理招标投标双方发生的争议、纠纷和违章问题。
7. 会同有关部门监督招标项目合同的履行。

(二) 招标投标工作应遵循的规则

1. 投标者机会均等、公平竞争。
2. 维护招标投标双方的合法权益。
3. 按招标办法规定的程序进行。
4. 开标、评标、决标必须根据标书规定的要求和条件,在公证人监督下进行。
5. 经济合同的主要条款必须与标书规定的条件相符合。
6. 严格保守机密。

## 第三节 招标的程序与操作要点

### 一、招标基本程序

具备招标条件的单位一般按以下程序开展工作(见图 6-3)。

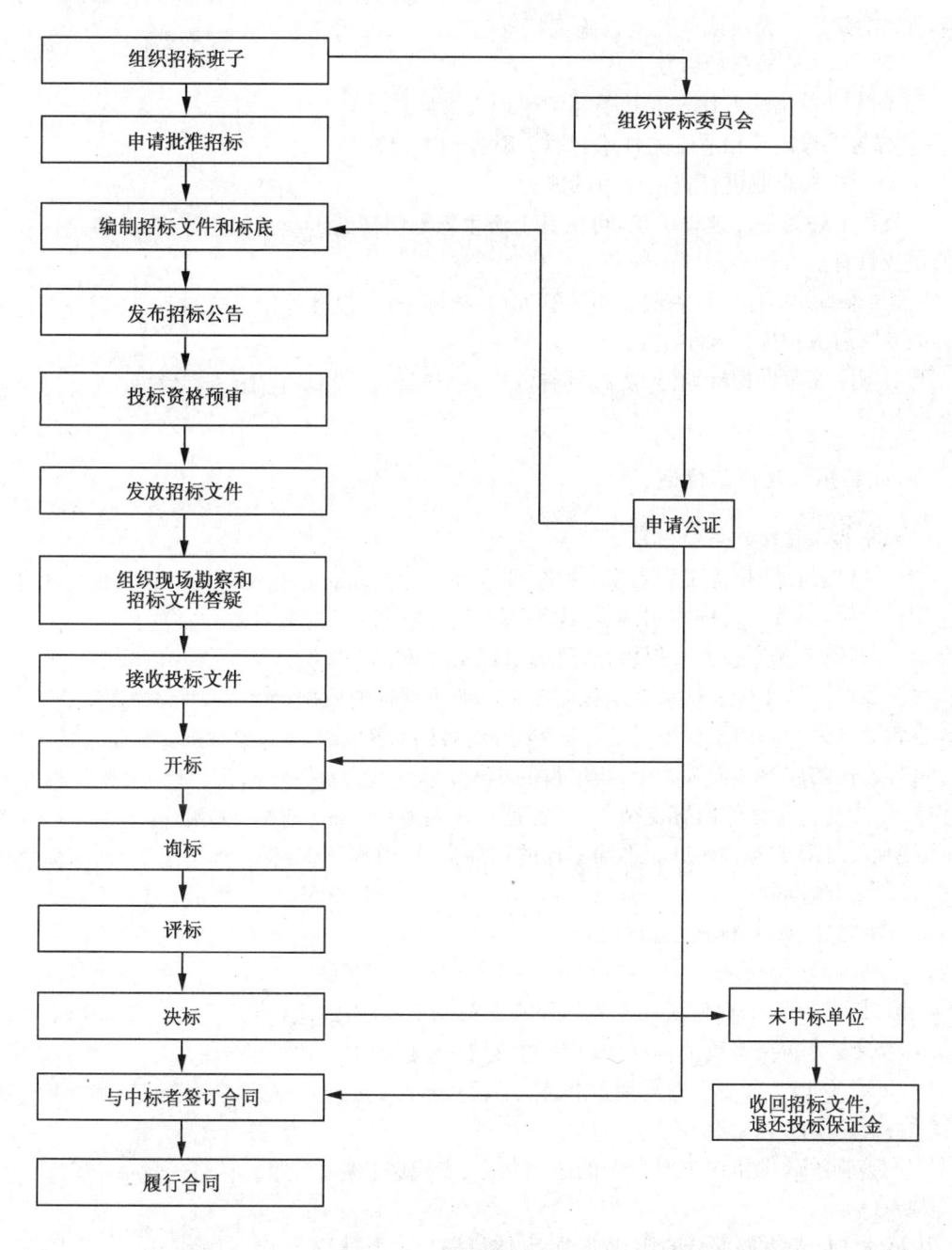

```
组织招标班子
     ↓
申请批准招标                    组织评标委员会
     ↓                              │
编制招标文件和标底 ←────────┐       │
     ↓                      │       │
发布招标公告                 │       │
     ↓                      │       │
投标资格预审                 │       │
     ↓                      │       │
发放招标文件                 │       │
     ↓                      │       ↓
组织现场勘察和               └── 申请公证
招标文件答疑                         │
     ↓                              │
接收投标文件                         │
     ↓                              │
开标 ←───────────────────────────── ┘
     ↓
询标
     ↓
评标
     ↓
决标 ──────────→ 未中标单位
     ↓                 ↓
与中标者签订合同 ← 收回招标文件,
     ↓           退还投标保证金
履行合同
```

图 6-3 招标基本程序图

## 二、招标项目的条件与招标工作班子的组建

(一)实施施工招标的建设工程应具备以下条件

1. 建设工程已经列入上级主管部门年度固定资产投资计划。
2. 有持证设计单位设计的施工图纸和有关设计文件。
3. 建设资金、主要材料和设备协作配套条件已经落实。
4. 拆迁工作基本完成,建设工程施工范围内的"三通一平"(水通、电通、路通、场地平整)和障碍物清除已经完成或一并列入施工招标范围。

(二)招标工作班子的组建

1. 有建设单位法人代表或其委托的代理人参加。
2. 有与工程规模相适应的技术、预算、财务和工程管理人员。
3. 有对投标企业进行资格评审的能力。

不具备上述条件的建设单位,可由其上级主管部门帮助组织招标工作班子,也可以委托招标公司或具有法人资格的咨询服务单位代理招标工作。

大型、重要的招标项目一般要由主管部门、招标单位、设计单位、建设银行或投资金融单位及有关专家组成招标领导小组。

开展国际竞争性招标,必须委托具有资格的招标公司或具有招标能力的外贸公司代理招标。

## 三、编制招标文件和标底

(一)招标文件的作用和内容

招标文件是标明招标工程数量、规格、要求和招标投标双方责权利关系的书面文件。

项目招标,需要一份内容明确、考虑细致周密、兼顾招标投标双方权益的招标文件。招标文件的作用,首先是向投标人提供招标信息,以指导承包人根据招标文件提供的资料进行投标分析与决策;其次,招标文件又是承包商投标和业主评标的依据;最后,招标、投标成交后,是业主和承包商签订合同的主要组成部分。鉴于此,各国对招标文件的编制都比较重视。

招标文件的内容和篇幅大小,与项目的规模和类型有关,一般而言,货物采购的招标文件简单些,工程建设招标的内容复杂些,特别是一些大型项目,其招标文件的篇幅可能长达数千页,内容全面且要求前后连贯。不同工程的招标文件,内容虽有繁简、详略之别,但招标文件一般包括以下几个部分:

1. 招标邀请书,投标人须知;
2. 商务条件;
3. 业主对货物、工程与服务方面的采购需求一览表(格式)、技术规格(规范)、图纸;
4. 对投标人资格审查的标准、投标报价要求、评标办法和评标标准;
5. 投标书格式、资格审查需要的报表、工程量清单、报价一览表、投标保证金格式及其他补充资料表;
6. 双方拟签署的协议书或合同的通用条款、专用条款格式,履约保证金格式,预付款保函格式等。

从招标文件各组成部分的用意来看,大体可分为三大部分:

第一,投标者为了投标需要了解并遵循的规定,即上述1~4所包含的内容;第二,承包商

必须按规定填报的投标书格式,即上述 5 所指的内容;第三,中标的承包商应办理的文件格式,即上述 6 所指的内容。

（二）编制标底

世界银行实行无标底招标,我国目前是有标底招标和无标底招标并存,根据具体项目加以选择。标底又称底价,是招标人对招标项目所需费用的自我测算的期望值,它是评定投标价的合理性、可行性的重要依据,也是衡量招标投标活动经济效果的依据。标底应具有合理性、公正性、真实性和可行性。

影响标底的因素很多,在编制时要充分考虑投资项目的规模大小、技术难易、地理条件、工期要求、材料差价、质量等级要求等因素。从全局出发,兼顾国家、建设单位和投标单位三者的利益。标底的构成包括三部分:项目成本(含主体工程费用、临时工程费用及其他工程费用)、投标者合理利润、风险系数。我国规定标底不得超过经批准的工程概算或修正概算。

标底直接关系到招标人的经济利益和投标者的中标率,应在合同签订前严加保密。如有泄密情况,应对责任者严肃处理,直至追究其法律责任。

### 四、发布招标公告

招标文件编制好后,由招标人或其委托的招标代理机构的主要负责人签名并加盖公章后,经指定的招标管理机构批准,在政府主管部门指定的网站或主要报刊上刊登招标公告或发出投标邀请通知。发布招标公告日期至截止投标日期至少为 20 天,国际招标为 30～60 天。

招标公告和投标邀请通知的主要内容:项目名称,项目建设地点,项目内容概述,投资来源,招标内容和数量,工期要求,发放招标文件的日期和地点,招标文件的价格,投标地点,投标截止日期(必须具体到年、月、日、时)和开标时间(一般与投标截止日期相一致),招标单位的地址、电话号码、邮编、传真、电子邮箱等。内容应当保证真实、准确和完整。

工程项目招标公告格式如下:

---

**招标公告**

1. _____(建设单位名称)的_____工程,建设地点在_____,结构类型为_____,建设规模为_____。招标报建和申请已得到建设管理部门批准,现通过公开招标选定承包单位。

2. 工程质量要求达到国家施工验收规范(优良、合格)标准。计划开工日期为_____年_____月_____日,计划竣工日期为_____年_____月_____日,工期为_____天(日历日)。

3. _____受建设单位的委托作为招标单位,现邀请合格的投标单位进行密封投标,以得到必要的劳动力、材料、设备和服务,建设和完成_____工程。

4. 投标单位的施工资质等级须是_____级以上的施工企业,愿意参加投标的施工单位,可携带营业执照、施工资质等级证书向招标单位领取招标文件。同时缴纳押金_____元。

5. 该工程的发包方式(包工包料或包工不包料),招标范围为_____。

6. 招标工作安排:

(1)发放招标文件单位:

(2)发放招标文件时间:_____年_____月_____日起至_____年_____月_____日,每天上午_____下午_____(公休日、节假日除外)。

(3)投标地点及时间:

(4)现场勘察时间:

```
(5)投标截止时间：_____年_____月_____日_____时
(6)开标时间：_____年_____月_____日_____时
(7)开标地点：
(8)E-mail 或网址：
招标单位：(盖章)
法定代表人：(签字、盖章)
地址：
邮政编码：
联系人：
电话：
日期：_____年_____月_____日
```

## 五、审查投标者资格

资格审查是对申请投标的单位进行资质预审或后审。大部分项目需要进行资格预审，少数项目是正式接受投标后，评标时再进行资格后审。资格预审后，对合格者发放招标文件，这样可以确保招标投标活动按预期要求进行，投标者都是有实力、有信誉的法人。通过预审筛选掉一部分不合格者，也可减少开标、评标的工作量。

资格预审的主要内容有：投标者的法人地位，资产财务状况，人员素质、各类技术力量及技术装备状况，企业信誉和业绩等。

## 六、组织现场踏勘和答疑

**1. 踏勘现场**

业主在招标文件中要注明投标人进行现场勘察的时间和地点。按照国际惯例，投标人提出的标价一般被认为是在审核招标文件后并在现场勘察的基础上编制出来的。一旦标价提出并经开标以后，投标人就无权因为现场勘察不周、情况了解不细或其他因素考虑不全面而提出修改标价、调整标价或给予补偿等要求。因此，投标人应派出适当的负责人员参加现场勘察，并作出详细的记录，作为编制投标书的重要依据。

通常，招标人组织投标人统一进行现场勘察并对工程项目作必要的介绍。投标人现场勘察的费用将由投标人自行承担。

**2. 澄清或修改招标文件**

招标人对已发出的招标文件拟进行必要的澄清或者修改的，应当在招标文件规定的投标文件截止时间至少15日前，以书面形式通知所有招标文件收受人。该澄清或者修改的内容作为招标文件的组成部分。

必要时，可编制招标文件补充文件。

**3. 文件答疑**

标前会议是业主给所有投标者提供的一次质疑机会。投标人应消化招标文件中提到的各类问题，整理成书面文件，寄往招标单位指定地点要求答复，或在答疑会上要求澄清。答疑会上提出的问题和解答的概要情况，应做好记录，如有必要可以作为招标文件的补充部分发给所有投标人。

### 七、招标委托保证金

如果是委托专业机构招标,按现行政策规定委托方要向代理机构递交招标委托保证金,但目前执行者寥寥无几。

## 第四节 投标的程序与操作要点

### 一、投标基本程序

投标的基本程序如图 6—4 所示。

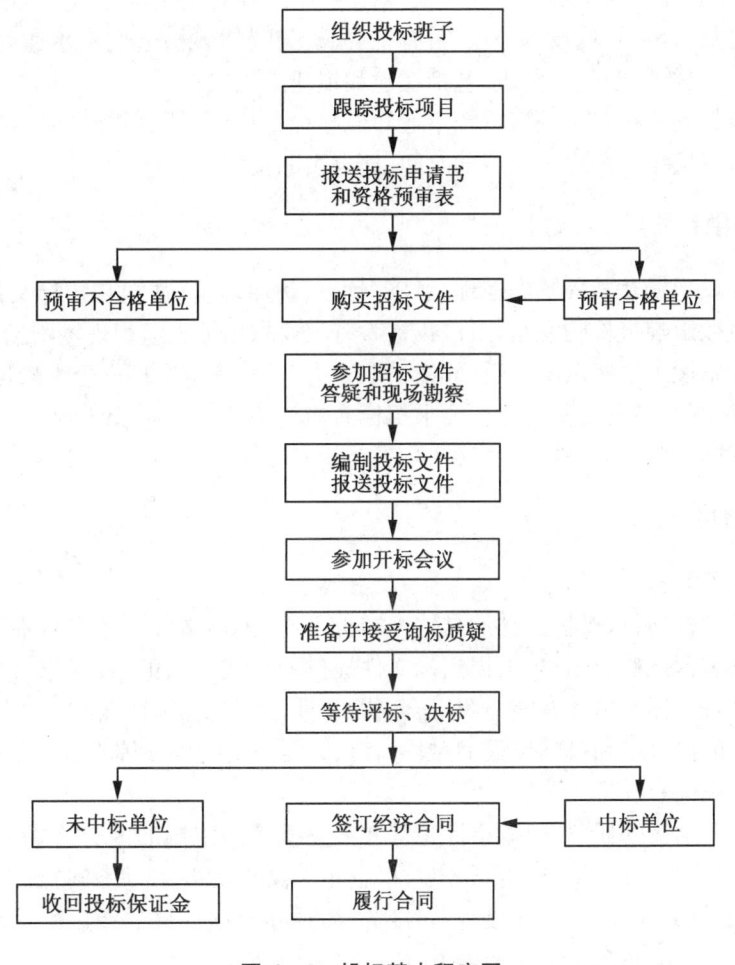

```
组织投标班子
    ↓
跟踪投标项目
    ↓
报送投标申请书
和资格预审表
    ↓
预审不合格单位 ← 购买招标文件 ← 预审合格单位
              ↓
           参加招标文件
           答疑和现场勘察
              ↓
           编制投标文件
           报送投标文件
              ↓
           参加开标会议
              ↓
           准备并接受询标质疑
              ↓
           等待评标、决标
              ↓
未中标单位 ← 签订经济合同 ← 中标单位
    ↓              ↓
收回投标保证金    履行合同
```

图 6—4 投标基本程序图

### 二、投标项目的选择和跟踪

投标是在竞争中承接任务的一种经济手段,在面临很多投标机会而本单位又无力全部参加时,究竟选择哪一个项目参加投标竞争,是投标前期的一项重要的工作。正确地选择投标项目,将直接影响企业的利益、信誉、生存和发展。通常要进行投标可行性评价,慎重地选择那些能发挥本企业优势、有一定利润率、能保证工期和满足质量要求的,并具有中标可能性的项目进行投标。

投标项目选定后,就要组织力量对该项目进行跟踪,了解项目的特点,摸准招标人对招标项目的特殊要求和意向,研究招标项目所在国家和地区的法律、税务和相关环境,及时了解其他投标者的竞争力和动向。在与招标人交往中应积极主动向对方宣传介绍本单位的优势,使招标方全面了解本单位的技术、管理、质量、服务、资信等方面的实力,以提高中标的概率。

### 三、投标申请与购买招标文件

投标单位一旦决定了投标目标,就要向招标单位提出投标申请,报送资格预审表,并同时提供一套资料。如参加建筑安装投标的申请资料就包括以下内容:营业执照,企业资质证书(外省市建筑安装企业还须出示施工许可证);企业简历;自有资金情况;包括技术人员、技术工人数量在内的全员人数,平均技术等级;自有主要施工机械情况;近三年承建的工程及其质量情况说明;现有主要施工任务一览表,包括在建和拟建工程项目。

投标者只有接到招标单位的资格预审通知或投标邀请时,才真正具备了参加该项目投标竞争的资格。可以按招标公告上规定的时间、地点去购买招标文件。

### 四、现场踏勘和质疑

投标项目建设现场及其周围的地理、经济、政治、法律环境,往往在招标文件中表述不详,而这些因素又直接影响报价的大小,所以投标人有权要求招标人组织现场踏勘。

只有在详细掌握了这些情况以后,才能采取有力措施,确定合理报价去参加投标竞争。

对招标文件中的问题,投标人有权要求招标人澄清或解答。投标人提出问题和招标人澄清、解答问题都须以书面形式进行。

### 五、投标文件的编制

(一)投标文件的基本内容

类型不同的投标项目,投标文件的具体内容也不同,投标文件一般有以下基本内容:法人代表授权委托书和营业执照副本;根据招标文件提供的格式填写的"投标书";各种证明文件,如证明投标者具备投标资格并有能力履行合同的文件;货物或工程合格文件;根据招标文件提供的格式所填写的报价单和投标保证书;投标者认为要说明的事项等。

(二)标价与报价的确定

投标者对所要承接的任务,根据招标要求并参照概算所编制的内部价格称作标价。标价的产生一般要由粗到细分三步进行:第一步,根据招标文件的要求,凭经验做出估算;第二步,根据项目实际,进行成本计算,含直接费、间接费、需独立分项计算的费用以及其他费用等;第三步,找出保本点、风险系数及利润期望值,最后确定标价。

标价是投标报价的基础,但由于它没有考虑竞争因素,因此,还不能直接用作投标的报价。投标决策人,应该估计、研究、分析招标单位标底范围和投标竞争对手报价范围,并根据本单位参与投标竞争的基本目标是盈利还是抢占市场,是扩大影响、提高声誉,还是为今后扩大生产经营规模服务,来最后决策投标的报价。它是投标单位向招标单位申报的全部价款,是一种竞争价格。中标后则是向建设单位收取款项的依据。报价由项目成本、风险费和预期投标利润三部分组成。报价高低程度,总体上受价值规律所支配。

(三)投标保证金

在投标文件中必须附有投标保证金,否则将视作非实质性响应而列入不合格文件。

投标保证金,货物一般为报价的1%～4%,工程为报价的1%～2.5%,具体百分比由招标方确定并在招标文件中告知。保证金也可以规定为某一固定金额。投标保证金的形式,可以是银行保函、有价证券、支票,也可以用现金。保证金在招标工作结束后,对那些参加全过程却未中标者,应及时原额返回;对中途退出或废标、有违规行为者,不予返回。

以下是投标书的样式。

## 投标书

建设单位:_____

1. 根据已收到的编号为_____的_____工程的招标文件,遵照《工程建设施工招标投标管理办法》的规定,我单位经考察现场和研究上述工程招标文件的投标须知、合同条件、技术规范、图纸、工程量清单和其他有关文件后,我方愿以人民币_____元的总价,按上述合同条件、技术规范、图纸、工程量清单的条件承包上述工程的施工、竣工和保修。

2. 一旦我方中标,我方保证在_____年_____月_____日开工,_____年_____月_____日竣工,即_____天(日历日)内竣工并移交整个工程。

3. 如果我方中标,我方将按照规定上交上述总价4%的银行保函或上述总价10%的具备独立法人资格的经济实体企业出具的履约担保书,作为履约保证金,共同地或分别地承担责任。

4. 我方同意所递交的投标文件在"投标须知"规定的投标有效期内有效,在此期间内我方的投标有可能中标,我方将受约束。

5. 另外达成协议并生效,你方的中标通知书和本投标书将构成我们双方的合同。

6. 我方金额为人民币_____元的投标保证金与投标书同时递交。

投标单位:(盖章)
单位地址:
法定代表人:(签字、盖章)
邮政编码:
电话:
传真:
开户银行名称:
银行账号:
开户行地址和电话:

日期:_____年_____月_____日

| 序号 | 项目内容 | 合同条款号 | 投标书附件 |
|---|---|---|---|
| 1 | 履约保证金:<br>银行保函金额<br>履约保证金 | 8.1<br>8.1 | 合同价格的_____%(4%)<br>合同价格的_____%(10%) |
| 2 | 发出通知的时间 | 10.1 | 签订合同协议书_____天内 |
| 3 | 延期赔偿费金额 | 12.5 | _____元/天 |
| 4 | 误期赔偿费限额 | 12.5 | 合同价格的_____% |

续表

| 5 | 提前工期奖 | 13.1 | _____元/天 |
| 6 | 工期质量达到优良标准补偿金 | 15.1 | _____元 |
| 7 | 工程质量未达到要求优良标准时的赔偿金 | 15.2 | _____元 |
| 8 | 预付款金额 | 20.1 | 合同价格的_____% |
| 9 | 保留金金额 | 22.2.5 | 每次付款额的_____%(10%) |
| 10 | 保留金限额 | 22.2.5 | 合同价格的_____%(3%) |
| 11 | 竣工时间 | 27.5 | _____天(日历日) |
| 12 | 保修期 | 29.1 | _____天(日历日) |

投标单位：(盖章)

法定代表人：(签字、盖章)

日期：_____年_____月_____日

## 投标保证金银行保函

鉴于_____(下称"投标单位")于_____年_____月_____日参加_____(下称"招标单位")_____工程的投标。

本银行_____(下称"本银行")在此承担向招标单位支付总金额人民币_____万元的责任。

本责任的条件是：

一、如果投标单位在招标文件规定的投标有效期内撤回其投标；或

二、如果投标单位在投标有效期内收到招标单位的中标通知书后：

1. 不能或拒绝按投标须知的要求签署合同协议书；或

2. 不能或拒绝按投标须知规定提交履约保证金。

只要招标单位指明投标单位出现上述情况的条件，则本银行在接到招标单位通知就支付上述金额之内的任何金额，并不需要招标单位申诉和证实其他的要求。

本保函在投标有效期后或招标单位延长的投标有效期后 28 天内保持有效，本银行不要求得到延长有效期的通知，但任何索款要求应在有效期内送到本银行。

银行名称：(盖章)

法定代表人：(签字、盖章)

银行地址：

邮政编码：

电话：

日期：_____年_____月_____日

(四)编制、报送投标文件的注意事项

投标文件是表达投标者意志，体现投标单位总体素质、商务、法务、技术和管理水平的法律文件，是评标、决标的主要依据，必须精心编制。

1. 严格按照招标文件中规定的内容、式样和评标原则进行编制，争取"投其所好"，说明对招标文件的响应程度，并必须在截止投标时间前送到指定地点。

2. 内容应完整，资料、证明文件须齐全，服务措施要有针对性。在对项目的特点和难点分析基础上提出合理化建议，拟在项目中采取的实施方案，拟派出的项目经理与主要技术和管理人员的简历、资质和同类工程业绩，拟投入的人力、仪器、设备计划、进度计划、质量保证措施、

风险分析和应急预案,安全、文明、节能、环保等措施,项目管理制度和服务承诺等内容。

3. 投标文件是向招标人的宣言书,无论对方是否要求,都应主动介绍宣传本单位的历史,在资金、技术、管理、服务上的优势,介绍以往的同类项目业绩,提供嘉奖证明。

4. 投标文件文字要整洁,装订要整齐,规格统一,要有汇总目录和分册目录,使人一目了然,有一个好印象。

5. 采用双封套(内封套和外封套),在投标截止日期以前邮寄或派专人送到指定地点,过期到达的投标文件被视为无效。

投标文件一经送出就不能收回,如要撤回或修改,必须在投标截止日期之前,将书面的撤回要求或修改内容,送达接标人。在截止日期之后和投标有效期内,任何投标文件不得修改或撤回,否则将被没收投标保证金。

### 六、询标答辩

在评标过程中,招标班子或评标委员会通常会要求投标者对投标文件中的技术、商务、报价计算等问题进行澄清和答辩。投标者若能充分利用这次机会,不仅能圆满回答招标方的问题,还能主动弥补投标文件的不足,因此,是直接影响能否夺标的最后一搏。

1. 组织专而精的答辩小组。由于询标涉及承接项目技术、商务、事后服务等深层次的实质性的问题,应该挑选专业对口、业务精通的专业人员(2~4人为宜),他们要既懂工程技术,又懂经济、法律,知识面广,能言善辩,应变能力强。并且,要授予他们拍板权,全权处理技术、商务、价格、交货期等问题。

2. 拟订答辩提纲。知己知彼方能应战自如。答辩小组成员应根据开标记录和项目跟踪时收集的情报,认真研究竞争对手的报价、特点、优势,预测招标人可能提出的问题,本单位投标文件中的优势和欠缺,拟订答辩提纲。其主要内容包括:进一步突出重点地介绍自己的优势;针对招标人可能提出的问题的解答方案;根据投标文件中的可变因素和留有的余地,在投标总价原则不变的前提下,做出分项目的调整或相应提价或降价多种具体应变的方案,以备答辩过程中灵活掌握应用。

3. 随机应变,沉着应战。答辩中必须用词精练、准确,要口齿伶俐,既机智应变,又谦虚诚恳。通过答辩为本单位树立人才辈出、经营有方、可以信赖的良好形象,以赢得招标人、业主、评标委员们的好感,从而奠定中标的基础。

## 第五节　开标、评标、决标与签约

### 一、开标

开标是在招标公告事先确定的时间、地点,召集所有投标方代表和有关人士,也可在公证人员监督下,将密封的投标文件当众启封,公开宣读投标单位名称、投标项目、报价等,并一一记录在案,由招投方法定代表签字认可。

投标文件启封的顺序按递送投标文件的先后次序,顺次逐个进行。

1. 开标一般应按照下列程序进行:
(1)主持人宣布开标会议开始,介绍参加开标会议的单位、人员名单及工程项目的有关情况。

(2) 请投标单位代表确认投标文件的密封性。

(3) 宣布公证(有公证时)、唱标、记录人员名单和招标文件规定的评标原则、定标办法。

(4) 宣读投标单位的名称、投标报价、工期、质量目标、主要材料用量、投标担保或保函以及投标文件的修改、撤回等情况,并当场记录。

(5) 与会的投标单位法定代表人或者其代理人在记录上签字,确认开标结果。

(6) 宣布开标会议结束,进入评标阶段。

2. 投标文件有下列情形之一的,应当在开标时当场宣布无效:

(1) 未加密封或者逾期送达的。

(2) 无投标单位及其法定代表人或者其代理人印鉴的。

(3) 关键内容不全、字迹辨认不清或者明显不符合招标文件要求的。

无效投标文件,不得进入评标阶段。

## 二、评标

评标是一件复杂而又重要的工作,评标委员会应该坚持公正态度,按预先确定的评标原则,一视同仁地对待每份合格的投标文件,从技术、工期、管理、服务、商务、法务等方面进行分析、评价。对每份投标文件都要写出书面分析资料和评价意见,拟写评价对比表和分析报告,提出 2~3 家预中标者的建议,供决标参考。

### (一) 评标委员会的组成

评标由评标委员会负责,评标委员会由招标单位代表和有关技术、经济等方面的专家组成,成员人数为 5 人以上单数,其中技术、经济等方面的专家不得少于成员总数的 2/3。其中一人为评标委员会主任(招标单位代表不得担任该职),一人为秘书长。

上述专家应当从事相关领域工作满 8 年并具有高级职称或具有同等专业水平,由招标单位从国务院有关部门或省、自治区、直辖市人民政府有关部门提供的专家名册或者招标代理机构的专家库内的相关专业的专家名单中确定;一般招标项目可以采取随机抽取方式,特殊招标项目可以由招标人直接确定。且与投标人有直接利害关系的人不得进入相关项目的评标委员会。

专家评委在评标活动中应注意保密,如有徇私舞弊、有失公正行为的,应当取消其评委资格。

### (二) 评标程序

评标基本程序如图 6-5 所示。

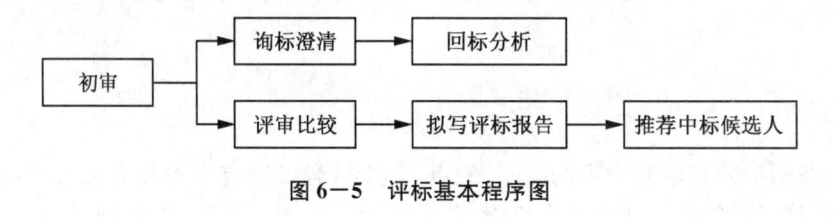

图 6-5 评标基本程序图

1. 初审、询标与回标分析

开标程序很短,结束后即转入内部评审阶段。由招标工作班子做准备工作,由评标委员会对投标文件进行详细审阅、鉴别。

(1) 投标文件的合格性鉴定。

① 在详细评标之前,评标机构将首先审定每份投标文件是否实质上响应了招标文件的要求。所谓实质响应招标文件的要求,是指与招标文件所规定的要求、条件、条款和规范相符,无显著差异或保留。所谓显著差异或保留,是指对发包范围、质量标准及运用产生实质影响,或者对合同中规定的招标单位权利及投标单位的责任造成实质性限制,而且纠正这种差异或保留,将会对其他实质上响应要求的投标单位的竞争地位产生不公正的影响。

② 如果投标文件没有实质上响应招标文件的要求,其投标将被予以拒绝,并且不允许通过修正或撤销其不符合要求的差异或保留使其成为具有响应性的投标。

首先进行初步审查,其内容包括:投标文件是否符合招标文件的要求;应该提交的技术资料、证明文件是否齐全;报价的计算是否正确;全部文件是否按规定签名盖章;有否提出招标人无法接受的附加条件;以及其他需要询问质疑的问题。

(2)询标澄清。经过初步审查,对不符合招标文件的投标文件,按废标处理,对基本符合要求尚需投标者给予澄清的问题,招标工作班子应认真地整理出来,通知投标方进行书面回答,或当面会谈,进行询标质疑,相当于对投标文件进行答辩,国际上称作投标"澄清会议"。

在询标过程中,招标人的质疑、投标方的澄清,均应作书面记录,经双方法定代表人签字后成为招标、投标文件的补充条款。

(3)回标分析。招标代理单位依据招标文件要求对所有的投标文件客观数据进行列表汇总,起草评价对比表,对合格性鉴定和询标澄清情况进行记录。

2. 评标标准和方法

评标可以采用合理低标价法和综合评议法。所谓合理低标价法,即能够满足招标文件的各项要求,投标价格最低的投标即可作为中选投标。综合评议法又可分最低评标价法和打分法两种。所谓最低评标价法,即评标委员会根据评标标准确定的每一投标不同方面的货币数额,然后将那些数额与投标价格放在一起来比较,估值后价格(即"评标价")最低的投标可作为中选投标。打分法则是评标委员会根据评标标准确定的每一投标不同方面的相对权重(即"得分"),得分最高的投标即为最佳的投标。

具体评标方法由招标单位决定,并在招标文件中载明。对于大型或者技术复杂的项目,可以采用技术标、商务标两阶段评标法。

3. 评标报告

评标结束后,评标委员会应当编制评标报告。评标报告应包括下列主要内容:

(1)招标情况,包括工程概况、招标范围和招标的主要过程。

(2)开标情况,包括开标的时间、地点、参加开标会议的单位和人员,以及唱标等情况。

(3)评标情况,包括评标委员会的组成人员名单,评标的方法、内容和依据,对各投标文件的分析论证及评审意见。

(4)对投标单位的评标结果排序,并提出中标候选人的推荐名单。

(5)评标报告须经评标委员会全体成员签字确认。

(6)如果评标委员会经评审,认为所有投标都不符合招标文件要求的,可以否决所有投标。依法必须进行招标的项目,如果其所有投标被否决的,招标单位就必须重新招标。

## 三、决标、授标与签约

(一)决标

国际上公开招标通用的决标办法是,只要投标文件是符合要求的,就选择评标价最低者中标。因为单以报价定标会导致许多风险和后患,影响项目的顺利实施,我国颁布的招标投标工作条例中均规定要选出报价低而又合理的投标者中标。

评标委员会在听取招标工作班子口头汇报和分析初审时的评价对比表、分析报告的基础上,获取各种决标依据,评出一个技术合适、标价合理、服务优惠、质量工期都有保证的最佳投标者为中标人。同时选定第二、第三位中标者作候补,以备第一中标人发生变故时,能及时依次顶替。

决标权通常是招标人亲自掌握,有时也可以授权评标委员会,由他们既评标又决标。

《投标者须知》中通常有一条规定,即下列情况允许招标人拒绝全部投标:投标者少于三家,无竞争性;所有投标文件均未按招标文件要求编制;所有报价均同方向大大偏离标底。如果发现招标方出于私利,故意拒标,也应追究其经济责任。

评标必须在投标文件有效期内结束,一般规定从开标到确定中标单位,间隔时间不超过30天,如因故不能在预期时间内完成,需征得各投标者的同意。大型项目评标时间可以适当延长。

中标结果确定后,招标人应在政府指定的网站进行中标公示,公示期满后方能发出中标通知书。招标人改变中标结果的,应当依法承担法律责任。

(二)授标与签约

1. 授标

《中标通知书》的格式如下。

---

**中标通知书**

＿＿＿＿＿(建设单位名称)的＿＿＿＿＿(建设地点)＿＿＿＿＿工程,结构类型为＿＿＿＿＿,建设规模为＿＿＿＿＿,经＿＿＿＿＿年＿＿＿＿＿月＿＿＿＿＿日公开开标后,经评标小组评定并报招标管理机构核准,确定＿＿＿＿＿为中标单位,中标标价人民币＿＿＿＿＿元,中标工期自＿＿＿＿＿年＿＿＿＿＿月＿＿＿＿＿日开工,＿＿＿＿＿年＿＿＿＿＿月＿＿＿＿＿日竣工,工期为＿＿＿＿＿天(日历日),工程质量达到国家施工验收规范(优良、合格)标准。

中标单位收到中标通知书后,在＿＿＿＿＿年＿＿＿＿＿月＿＿＿＿＿日＿＿＿＿＿时前到＿＿＿＿＿(地点)与建设单位签订合同。

建设单位:(盖章)
法定代表人:(签字、盖章)
　　　　　　　　　　　　日期:＿＿＿＿＿年＿＿＿＿＿月＿＿＿＿＿日

招标单位:(盖章)
法定代表人:(签字、盖章)
　　　　　　　　　　　　日期:＿＿＿＿＿年＿＿＿＿＿月＿＿＿＿＿日

招标管理机构:(盖章)
审核人:(签字、盖章)
　　　　　　　　　　　　审核日期:＿＿＿＿＿年＿＿＿＿＿月＿＿＿＿＿日

---

2. 履约保证

中标单位应按规定提交履约保证,履约保证可由在中国注册的银行出具的银行保函,也可由具有独立法人资格的经济实体企业出具履约担保书。投标单位可以选其中一种,并使用招标文件中提供的履约保证格式。中标后不提供履约保证的投标单位将没收其投标保证金。

**银行履约保函格式**

建设单位名称：_____

鉴于_____（下称"承包单位"）已保证按_____（下称"建设单位"）_____工程合同施工、竣工和保修该工程（下称"合同"）。

鉴于你方在上述合同中要求承包单位向你方提供下述金额的银行开具的保函，承包单位履行本合同责任的保证金；

本银行同意为承包单位出具本保函；

本银行在此代表承包单位向你方承担支付人民币_____元的责任，承包单位履行合同中，由于资金、技术、质量或非不可抗力等原因给建设单位造成经济损失，在你方以书面提出要求上述金额内的任何付款时，本银行即予支付，无需出具证明或说明背景、理由。

本银行放弃你方应先向承包单位要求赔偿上述金额，然后再向本银行提出要求的权力。

本银行进一步同意在你方和承包单位之间的合同条件、合同项下的工程或合同的变化、补充或修改后，本银行承担保函的责任也不改变，有关上述变化、补充和修改，无需通知本银行。

本保函直至保修责任证书发出后28天内一直有效。

银行名称：（盖章）

银行法定代表人：（签字、盖章）

地址：

邮政编码：

日期：_____年_____月_____日

3. 合同协议书的签署

中标单位按"中标通知书"规定的时间和地点，由投标单位和招标单位的法定代表人按招标文件中提供的合同协议书签署合同。若对合同协议书有进一步的修改或补充，应以"合同协议书谈判附录"形式作为合同的组成部分。

招标人向中标人发出书面"中标通知书"称作授标。招标单位应在评标委员会确定中标单位后7日内发出中标通知书，并在发出通知书之日起30日内与中标单位签订合同。合同价等于中标价。中标人如逾期或拒签合同，招标人有权没收其投标保证金，以补偿自己的损失。同时，通知第二中标人前来签约。

对未中标的单位，由招标单位通知，并退还其预缴的保证金。

招标项目的合同文本中应包括招标文件、投标文件、双方签字的开标记录、询标记录、来往函电资料。合同经双方法定代表签字、单位盖章后生效。至此招标工作结束，进入履约实施阶段。

## 第六节　政府采购

### 一、政府采购综述

政府采购又称公共采购，是指各级国家机关、事业单位和团体组织，使用财政性资金，采购依法制定的集中采购目录以内的或者采购限额标准以上的货物、工程和服务的行为。

政府采购的对象包罗万象，具有广泛性。相对于个人采购、集团采购，有以下特点：

1. 采购主体的特定性。政府采购的主体是依靠国家财政资金运作的政府机关、事业单位和社会团体等。

2. 资金来源的公共性。政府采购的资金来源为财政拨款和需要由财政偿还的公共借款，其最终来源为纳税人的税收和公共服务收费。

3. 采购目标的非商业性。政府采购是通过"买"为政府部门提供消费品或向社会提供公共利益，是为用而买，不是为卖而买，因此，它不以盈利为目标，是一种非商业性采购。

4. 采购活动的政策性。采购主体在采购时不能体现个人的偏好，必须遵循国家政策和采购目录的要求，包括最大限度地节约支出、购买本国货物、工程和服务，并执行节能产品、环保标志产品、中小企业、福利企业等政府采购政策。

政府采购应当遵循公开透明原则、公平竞争原则、公正诚实信用原则。一些特殊行业还有保密原则。

### 二、政府采购方式和要点

政府采购方式分为：由集中采购机构实施的集中采购和由各采购人自行实施的分散采购。设区的市、自治州以上人民政府根据本级政府采购项目组织集中采购的需要设立集中采购机构。集中采购机构是非营利事业法人，根据采购人的委托办理采购事宜。

集中采购的范围由省级以上人民政府公布的集中采购目录确定。

政府采购可以按规定分别采用公开招标、邀请招标、竞争性谈判、单一来源采购、询价采购以及国务院政府采购监督管理部门认定的其他采购方式。公开招标是政府采购的主要采购方式。因特殊情况需要采用公开招标以外的采购方式，应当在采购活动开始前获得设区的市、自治州以上人民政府采购监督管理部门的批准。

采用公开招标方式，其具体数额标准，属于中央预算的政府采购项目，由国务院规定；属于地方预算的政府采购项目，由省、自治区、直辖市人民政府规定。

### 三、政府采购相关法规与条例

《中华人民共和国政府采购法》于2002年6月29日通过，2003年1月1日起施行。推行政府采购制度是实施财政支出管理和宏观经济调控的重要手段，它有利于各级政府以有限的公共资金为社会提供更多更好的公共服务；有利于使政府消费行为市场化，为政府机构改革和政府职能转变创造条件；有利于重点扶持对国民经济增长具有拉动效应的项目、部门、产业的发展；有助于"公共财政"基本框架的建立。因此，政府官员、经济管理干部、项目管理人员应及早熟悉与掌握国际惯用的招标投标程序技巧和政府采购的规定，更有力地推进我国的经济发展，同时，也能有效防止和减少在国际经济贸易中蒙受损失。

《中华人民共和国政府采购法实施条例》自2015年3月1日起施行。

各省、自治区、直辖市人民政府依据国家、国际规定，结合本地区实际情况，分别颁布了相关管理办法。例如，《上海市政府采购管理办法》规定政府采购限额标准：集中采购目录以外，预算金额20万元以上的货物和服务项目，50万元以上的工程项目属于分散采购。采购人可以自行采购，也可以委托政府采购代理机构采购。《上海市政府采购管理办法》规定政府采购公开招标数额标准：预算金额200万元以上的各类货物、工程和服务项目应当采用公开招标方式。

目前，多头监管、部门割据、利益分割在整个招标行业中还比较普遍，必须下决心整治，才能有效遏制招投标中的暗箱操作、围标、串标等种种违规现象。建立一个开放的规范的有法可依的采购市场。

### 四、WTO《政府采购协议》(GPA)对我国的影响

《关税和贸易总协定》（简称《关贸总协定》）早在1947年即已签订，但由于各国实行保护民族产业的特定政策目标，因此，各国的政府采购领域很长时期是封闭的，不对外开放，关贸总协定的一些原则不适用于这一领域。但是随着世界贸易自由化进程的加快，潜力巨大的政府采购市场日益引起一些发达国家的关注，强烈要求将政府采购也纳入关贸组织自由化的领域。直至1979年东京回合多边贸易谈判期间，才制定了世界上第一个有关政府采购的协议——《政府采购守则》（简称《守则》），该《守则》将关贸总协定的一些基本原则，如最惠国待遇、国民待遇和透明度原则延伸到政府采购领域。但此时《守则》包括的范围很有限，属非强制性的，由各缔约国在自愿的基础上签署，通过相互谈判确定政府采购开放的程度。当时有美国、加拿大、欧盟、北欧三国、瑞士、奥地利以及亚洲的日本、中国香港地区、新加坡、以色列等成员签署了《守则》，成为《守则》成员。从此，政府采购由财政政策延伸为国际贸易政策。

在乌拉圭回合谈判后期，《守则》成员为了扩大政府采购开放度，开始就新的政府采购协议进行谈判，并于1993年12月15日结束谈判，在对原《守则》的内容进行大幅度调整后，形成了世界贸易组织（WTO）的《政府采购协议》，它是WTO的诸边协议，仅对签字国具有约束力，而不是乌拉圭回合产生的并对所有WTO成员均具有约束力的一揽子多边协定的组成部分。

1994年版《政府采购协议》（简称《协议》）于1996年1月1日正式生效实施，并在世贸组织内建立政府采购委员会，负责与《协议》有关的事宜，包括对申请加入者进行审查和批准。

按《协议》中的规定，申请加入《协议》的国家，首先应是世贸组织的成员。也就是说，我国在成为世贸组织成员后，可以由我国自行决定是否愿意签署《协议》。然而各《协议》成员国认为该协议是贸易自由化过程中非常有意义的一个措施，他们迫切希望采购市场开放范围的扩大及成员方的增加。我国正式加入世贸组织前，一些发达国家表示希望我国签署《协议》，并将《协议》与其他加入世贸组织的强制性条件绑在一起，作为我国加入世贸组织的条件。欧盟提出，我国可以先加入《协议》，并先享受协议的权利，后承担义务，即我国的供应商可以先进入其他成员国的政府采购市场，获取采购合同，到一定的时间以后，再让其他成员的供应商进入我国的政府采购市场。

一些发达国家如此欢迎我国加入《协议》，其根本原因是瞄准了我国数额巨大而且前景广阔的政府采购市场。在建立市场经济体制的过程中，随着政府职能的转换及公共财政管理体制的建立，财政支出结构中采购支出的比重将会提高，总额会进一步扩大。我国如此巨大的政府采购市场及潜力，对那些国内市场饱和但产品技术具有国际竞争力的发达国家，当然有着不可抗拒的吸引力。

我国2007年底正式启动加入《协议》谈判。《协议》要求其协议国彼此间对等开放政府采购市场。协议成员对国内供货商和其他成员供货商实行同等的国民待遇和非歧视性原则，如有违反这一原则的行为，世贸组织政府采购委员会将授予申诉方进行报复的权利。

WTO《政府采购协议》(GPA)1994版规定，参加方在《协议》生效后3年内，继续就《协议》文本和扩大出价开展新一轮谈判。此后，参加方开展了历时近15年的谈判。2011年12月1日的WTO部长级会议通过了GPA新文本，各方也就新一轮出价达成一致。2012年3月30日，WTO政府采购委员会召开正式会议，一并颁布了GPA新文本(也称2012版)和各方新一

轮出价。

  WTO《政府采购协议》(2012版)将对各国政府采购产生影响,其中文序言中提到:本协议各参加方(以下简称"参加方")认识到需要就政府采购建立一个有效的多边框架,以期实现国际贸易进一步自由化和扩大、改善国际贸易行为框架;认识到有关政府采购措施的制定、采纳或应用,不应用于对本国供应商、货物或服务的保护,或者对外国供应商、货物或服务造成歧视;认识到政府采购制度的完整性和可预见性,对公共资源管理的效率和效力,对参加方经济运行和发挥多边贸易体制功能都是必不可少的;认识到本协议下的程序性承诺,应当在适应每一参加方特殊情况方面有充分的灵活性;认识到应当考虑发展中国家特别是最不发达国家,在发展、财政和贸易方面的需要;认识到政府采购透明性措施的重要性,以透明和公正方式实施政府采购的重要性,按照《联合国反腐败公约》等可适用的国际文件避免利益冲突和腐败行为的重要性;认识到对本协议涵盖的采购,使用和鼓励使用电子手段的重要性;期待尚不是本协议参加方的世界贸易组织成员接受并加入本协议;为实现上述目标将进行进一步谈判;特此达成以下协议(具体条文见中国政府采购网)。

## 思考题

1. 简述采购的定义和重要性。
2. 采购规划包含哪些内容?
3. 招标投标作为一种特殊的商品交易方式,具有哪些特征?
4. 招标有哪几种方式?应贯彻哪些原则?
5. 招标投标的一般程序和工作要点有哪些?
6. 招标通告的内容及关键性规定有哪些?
7. 简述底价、标价、报价、评标价的构成、作用及相互关系。
8. 简述推行招标投标制和政府采购制度的意义。
9. WTO《政府采购协议》对各国政府采购产生什么影响?

# 第七章

# 项目合同管理

**本章要点**

项目合同管理是贯穿于整个项目管理过程中的一个重要任务,也是项目顺利实施的重要保障。项目合同管理是依据法律的规范来保障当事者双方的利益,从而使项目有序地实施。本章简要介绍项目合同与一般经济合同的共性、特点以及项目合同的内容、作用。比较全面地分析了项目合同的谈判、签订、担保、履行及项目合同的变更、解除与终止、项目合同纠纷的处置。项目合同是一份严肃的法律文件,要求在它的形成及执行过程中严谨、规范、完整。本章根据两个合同工程索赔运作过程,介绍了项目实施过程中工程索赔及管理程序。

## 第一节 项目合同综述

### 一、合同的内涵与法律特征

(一)合同的内涵

1999年10月1日起施行的《中华人民共和国合同法》规定:合同是平等主体的自然人、法人、其他组织之间设立、变更、终止民事权利义务关系的协议。合同当事人的法律地位平等,一方不得将自己的意志强加给另一方。当事人依法享有自愿订立合同的权利,任何单位和个人不得非法干预。当事人应当遵循公平原则确定各方的权利和义务。当事人行使权利、履行义务应当遵循诚实信用原则。依法成立的合同,受法律保护。

合同是商品生产、商品交换发展到一定历史阶段的产物,是商品交换关系在法律上的反映。合同作为一种法律制度,受国家法律的规范与制约,并由国家强制力保证实施。

## (二)合同的法律特征

合同具有以下法律特征:

### 1. 合同是平等当事人之间意思表示一致的民事法律行为

首先,合同是双方或多方当事人的合意行为,需要有两个或两个以上当事人一致的意思表示才能成立。只有一方当事人的意思表示,或者各方当事人虽都有意思表示,但相互间意思表示的内容不一致,合同都不能成立。即使是赠予合同,如果一方有赠予意愿,而另一方无意接受,赠予合同也不能成立。合同当事人缔结合同的意思表示,应当是自己的自由意思,不得予以强制或者欺诈、胁迫。任何违背当事人真实意思表示的行为,都不能成立合同。

其次,合同当事人在合同中法律地位平等。无论当事人属于哪个国籍,无论是法人还是公民,无论其所有制形式和经济实力如何,也无论其行政级别的高低,在合同中法律地位一律平等,即当事人之间应以平等民事主体地位协商订立合同,任何一方不得把自己的意志强加于其他方。

最后,合同是一种法律行为,其维系着当事人的法律关系。合同制度是一项重要的民事法律制度,合同的法律行为使签订合同的双方当事人产生一定的权利义务关系,受到国家强制力的保护。合同依法成立,即具有法律约束力,任何一方不履行或不完全履行,都要承担经济的或者法律的责任。

### 2. 合同是以设立、变更、终止民事权利义务关系为目的

首先,合同的目的性在于设立、变更、终止民事权利义务关系。即当事人依法成立合同后,便在他们之间产生了民事权利义务关系。

其次,合同的目的性具有因果关系。合同即以设立、变更、终止民事权利义务关系为目的,其必然会发生相应的民事法律后果。因此,不发生任何法律后果,不涉及当事人之间权利义务的协议不是合同。

### 3. 合同的债权债务必须相互对应

首先,合同必须有相应的债权和债务,这是合同的内容特征,并且债权和债务相互对应,不可能出现只有债权而没有债务的合同,也不可能只有债务而没有债权的合同。

其次,债权和债务在当事人之间是对应的,一方享有的债权,必然是另一方当事人的债务,一方负有的债务,必然是另一方当事人享有的债权。在当事人之间,利益总是处于对立的状态,债权和债务相互对应。

### 4. 合同应是合法的法律行为

这就要求当事人订立、履行合同时,应当遵守法律、行政法规,尊重社会公德,不得扰乱经济秩序,损害社会公共利益。只有在合同当事人所作出的意思表示合法的情况下,合同才具有法律约束力。当事人如果做出违法的意思表示,即使达成协议,也不具有法律约束力。

## (三)合同的功能

### 1. 证明功能

合同的订立首先确定了合同双方未来关系的基础。如果合同双方在其后履行的过程中出现了对协议解释的问题,合同记载的履行双方合约的细节和详细条款对解决争议是十分重要的。它是解决纠纷的法律依据,发挥着重要的证明功能。此外,对于长期合同关系而言,由于合同记录了双方在签订协议时所达成的共识,双方需要经常能够根据合同文件的规定来履行各自的义务并享受相应的权利。因此合同又发挥着长期证明的功能。

### 2. 约束功能

合同依法订立,即在当事人之间发生法律约束功能,或称合同对当事人的法律强制功能。首先,这种约束功能是依照法律发生的。国家法律规定,合同一经法律所承认,当事人就必须履行。其次,约束功能要求合同当事人严格履行合同,这种要求是以国家的强制力作为保障的。当事人不按照合同的约定全面履行,法律将确认这种行为违反法律,并对行为人予以民法制裁,责令其承担民事责任。最后,约束功能还表现在,当事人应当按照合同的约定履行自己的义务,非依法律规定或者取得对方同意,不得擅自变更或者解除合同。

3. 激励功能

合同中激励功能的源泉是甲方支付给乙方的利润或收益。在签订合同时,合同安排的目标是履行合同的乙方在比较满意地履行合同后能够获得较理想的利润或收益,从而保证并能激发乙方在合同的执行过程中认真负责、保质保量地按时完成任务的积极性,最终实现合同标的物的交付。

## 二、项目合同的特点与作用

### (一)项目合同的特点

项目(本章均以投资建设项目为例)合同,是指发包方(项目法人)与项目承包方(项目总包方或分包方)为完成指定的投资建设项目而达成的、明确相互权利与义务关系的具有法律效力的协议,项目合同应当采用书面形式。项目合同除了一般合同所具有的特征以外,还可概括出以下一些特点:

1. 合同标的物的特殊性。合同的标的物——建设项目具有固定性的特点,由此便决定了生产的流动性;项目大多结构复杂,且具单件性;建筑产品体积庞大,消耗资源多,投资大,同时受自然条件的影响大,不确定因素多。这些决定了项目合同标的物有异于其他经济合同标的物。

2. 合同执行周期长。项目合同执行周期长是由项目形体庞大、实施周期长决定的。在长时间内,如何保证及时实现合同约定的权利,履行合同约定的义务,是工程项目合同管理中始终应注意的问题。同时要求项目负责人必须加强项目合同全过程的管理,防止因建设周期长而造成资料的散失。

3. 合同内容多。这是由于工程项目经济法律关系的多元性以及工程项目的单件性所决定的。每个工程项目的特殊性和建设项目受到的多方面、多条件的制约和影响,都要相应地反映在项目合同中。合同除了工作范围、工期、质量、造价等一般条款外,还应有特殊条款,内容涉及保险、税收、文物、专利等,条款有的多达几十条。因此,在签订项目合同时,一定要全面考虑多种关系和因素,仔细斟酌每一条款,否则可能造成合同履行的失败。

4. 合同涉及面广。这主要表现在项目合同的签订和实施过程中会涉及多方面的关系,如建设单位可能派代表或雇请咨询机构的人员为之管理,承包方则牵涉到分包方、材料供应单位、构配件生产和设备加工厂家,以及银行、保险公司等。尤其是在大型工程项目中,往往会出现几家、十几家甚至几十家分包单位,还可能有国外供应商,因而相应也就产生了复杂的关系。这些关系联结的方法便是合同的签订。因此,在合同管理中必须注意到项目合同涉及面广的特点。

5. 合同风险大。由于项目合同上述特点以及金额大、竞争激烈等因素,构成和加剧了项目合同的风险性。

## (二)项目合同的作用

1. 可明确建设项目发包方和承包方在项目实施中的权利与义务。具体体现在：项目合同是承发包双方行为的准则；项目合同对承发包双方起制约作用；明确承发包双方的权利和义务的相互关系。

2. 建设项目实施的法律依据。项目合同在法律上有三点作用：依法保护承发包双方的权益；追究违反项目合同的法律依据；调解、仲裁和审理项目合同纠纷的依据。

3. 建设项目实施阶段实行社会监理的依据。要对建设工程实行社会监理，项目合同是必不可少的依据。离开项目合同，监理也就失去了据以衡量的标准。

## 三、项目合同的分类

由于项目的复杂程度、规模大小、承包方式和承包范围的不同，项目合同类型、合同范围、合同条件和选择依据也各不相同。

### (一)按合同所包括的项目范围和承包关系划分

1. 工程总承包合同(EPC)。业主与总承包商之间就某一项目的承包内容签订的合同，也称为一揽子承包合同。合同范围包括项目建设的全过程，可从可行性研究、勘测、设计到设备、材料、劳务的采购与供应、施工、安装到竣工、试生产、维护及管理的全部工作由乙方总承包，到项目全部竣工、试生产正常并达到能正常生产的水平后，再把完成的项目交给甲方。此种合同包括的项目工作量最大、工作范围最宽，因而合同的内容也最复杂。

项目甲方希望由具有综合承包能力的大型承包商总包项目，这样可以依靠总承包商的综合管理优势，使项目的实施纳入统一的项目管理系统，有效防止松散管理状态，解除甲方因项目复杂和缺乏项目管理经验所带来的忧虑。

这种合同一般可分三个阶段进行：第一阶段为业主委托承包商进行可行性研究，并由承包商提出进行初步设计和工程结算所需的时间与费用。第二阶段是在业主审查了可行性报告并批准了项目实施之后，委托承包商进行初步设计和必要的施工准备。第三阶段由业主委托承包商进行施工图设计并着手准备施工。这三个阶段每一个阶段都要签订合同，其中包括支付报酬的方式。

2. 设计—采购合同(EP)。承包商只负责项目设计和材料、设备的采购，而施工工作则由甲方另行委托。此类合同的乙方所承包的工作范围比较窄且专一。甲方的管理工作量较大，需负责项目的设计、采购、施工的统筹和协调。这种类型适用于综合管理能力较强的甲方和具有设计和技术优势的乙方。

3. 设计—施工合同(D+B)。承包商只负责项目设计和施工。

4. 设计合同(Design Contract)。承包商只承包设计和实施中的设计技术服务。

5. 施工总包合同(General Constructing Contract)。承包商只包工程施工。

6. 劳务合同(Labor Service Contract)。它是承包商或分承包商雇用劳务所签订的合同。提供劳务的一方不承担任何风险，但也难以获得较大的利润。

7. 货物采购合同(Procurement Contract)。它是项目组织为从组织外部获得货物而与供应商签订的合同。按照联合国国际贸易法委员会1994年通过的《贸易法委员会货物、工程和服务采购示范法》第2条的定义："货物"可指各种各样的物品，包括原料、产品、设备和固态、液态或气态物体和电力；以及货物供应的附带服务，条件是那些附带服务的价值不超过货物本身的价值。

8. 工程分包合同(Subproject Contract)。它是总承包商将中标工程的一部分内容包给分包商,并为此而签订的总承包商与分承包商之间的分包合同。允许分包的内容一般在合同条件中有规定,如菲迪克合同条件就规定"承包商不得将全部工程分包出去……如(工程师)同意分包(指部分分包),也不得免除承包商在合同中承担的任何责任和义务"。也就是说,签订分包合同后,承包商仍应全部履行与业主签订的合同所规定的责任和义务。

9. 转包合同(Subcontract)。它是一种承包权的转让。承包商之间签订的转包合同,明确由另一承包商承担原承包商与业主签订的合同所规定的权利、义务和风险,而原承包商由转包工程中获取一定的报酬。

10. 劳务分包合同(Labor Subcontract)。通常称其为包工不包料合同,或称包清工合同,常出现在土建工程的劳务分包。分包商在合同实施过程中,不承担材料涨价的风险。

11. 联合承包合同(Joint Contract)。这是指两个或两个以上合作单位之间,以承包人的名义,为共同承担某一工程项目的全部工作而签订的合同。

12. 咨询合同(Consulting Contract)。这种合同是借助国内外有关专家的智力、技术、管理等方面的优势,请专家作咨询顾问,针对项目或企业在技术和管理方面存在的问题,由专家负责提供咨询、建议或指导,或对项目及企业的管理与技术人员进行培训,如设计咨询合同、造价咨询合同、法律咨询合同及税务咨询合同等。

13. 服务合同(Service Contract)。这种合同是由甲方委托乙方所派出的各个领域的管理专家来负责项目各个阶段实施的管理工作,如设计合同、监理合同、项目管理合同、招标代理合同及可行性研究合同、技术服务合同等。

(二)按计价方式分类

1. 总价合同(Lump-sum Contracts)。又分为固定总价合同、调值总价合同和固定工程量总价合同三种。

(1)固定总价合同。它是按商定的总价承包工程。其特点是以图纸和说明书为依据,明确承(发)包的内容和计算单价,并一笔包死。在合同执行过程中,除非业主要求变更原定的承包内容,承包单位一般不得要求变更包价。

固定总价合同具有许多优点,特别是通过竞争性投标所订立的固定总价合同。

其一,这类合同要求最少的管理成本,没有审计成本。业主和承包方的关系也非常简单,承包方独立完成工作,业主按合同验收,支付合同价格。在满足合同要求的条件下,承包方节约的每一分钱都属于自己的。因此,承包方必然努力控制成本,在满足合同要求的前提下尽可能地节约成本。选择效率最高的承包商无疑对业主及整个国民经济都会带来直接的效益和影响。

其二,对业主而言固定总价合同的另一个优点是所有的财务风险都由承包方承担。业主的最终支付义务仅限于合同中确立的价格,所以超过合同价格以上的任何成本都由承包方承担。

这种承包方式对业主来说比较省事,但从实际履行合同的情况看,在固定总价合同中虽然承包方负有圆满履行合同义务的责任,但其提供不良产品或服务的风险可能比其他类型的定价安排合同要大,尤其是在缺乏可供选择的承包商和适当的承包商评价体系的情况下更是如此,往往会导致很低劣的合同履行结果。因此业主必须加强对承包商的选择和合同标的物的验收。

对承包商来说,如果设计图纸和说明书都很详细,能够据此比较精确地计算造价,签订合同时考虑得比较周全，就不会有太大的风险，这是一种比较简便的承包方式。但是，如果设计图纸和说明书不够详细，未知因素太多，或者因建筑材料价格不稳定以及施工环境等因素的影响，可能产生较大风险。这种方式通常适用于规模较小、技术不太复杂的工程。

(2) 调值总价合同。在报价及签订合同时，以设计图纸、工程量清单及当时价格计算签订总价合同。但在合同条款中双方商定，如果在合同执行过程中由于通货膨胀引起工料成本增加时，合同价应作相应调整。这种合同业主承担了物价上涨这一不可预测费用因素的风险，承包商承担其他风险。这种计价方式通常适用于工期较长，通货膨胀难以预测，但现场条件较为简单的工程项目。

(3) 固定工程量总价合同。它以工程量清单和单价表为计算包价的依据。通常由业主委托设计咨询公司或估价师提出工程量清单，由承包商填报单价，再算出造价，业主审核单价是否合理，承包商只要复核工程量是否准确即可。采用此方式对双方都方便。目前国际上采用这种方式较多，我国的施工图预算就属于这一类。

2. 单价合同(Unit Price Contracts)。在没有施工图就开工，或虽有施工图但对工程某些条件尚不完全清楚的情况下，就不能比较精确地计算工程量。为避免风险，可采用单价合同。单价合同通常有三种承包方法。

(1) 按分部分项工程单价承包。由业主开列分部分项工程名称和计量单位，承包商逐项填报单价。经双方磋商，然后签订合同，并根据实际完成的工程数量，按单价估算工程价款。

(2) 按最终产品单价承包。如按每平方米住宅道路等最终产品单价承包，其报价方式与按分部分项工程单价承包相同。

(3) 按总价投标和决标，按单价结算出工程价款。这种承包方式一般在设计图纸已达到一定深度，能够估算出工程数量的近似值，但由于某些情况不完全清楚，在实际工作中可能出现较大的变化时使用。这时双方为了避免承担风险，承包商可以按估算的工程量和一定的单价提出总报价，业主也以总价和单价作为评标、决标的主要依据，并签订单价合同，随后，双方在工程完成后，按实际完成工程数量与合同单价结算工程价款。

3. 成本加酬金合同(Cost Plus Fee Contracts)。这种承包方式的基本特点是按工程实际发生成本加上商定的管理费和利润来确定工程造价。在实践中有四种具体做法：

(1) 成本加固定百分比酬金。可按下式计算：

$$C = Cd + Cd \cdot P$$

式中：$C$ 为总价；$Cd$ 为实际发生的工程成本；$P$ 为固定百分比。

从上式看，总价随着实际成本的增加而增加，显然不利于承包商关心缩短工期和降低成本，对业主不利，现在较少采用。

(2) 成本和固定酬金。工程成本实报实销，但酬金是事先商定一个固定数目。可按下式计算：

$$C = Cd + F$$

式中：$F$ 为固定酬金。

这种承包方式比前一种方式前进了一步，虽然还不能鼓励承包商关心降低成本，但从尽快取得酬金出发，将会使其关心缩短工期。

(3) 成本加浮动酬金。这种承包方式是预先商定工程成本和酬金的预期水平，根据实际成本与预期成本的离差酬金上下浮动。其计算公式为：

当 $Cd = Co$ 则 $C = Cd + F$

$$当\ Cd > Co\ 则\ C = Cd + F - \Delta F$$
$$当\ Cd < Co\ 则\ C = Cd + F + \Delta F$$

式中：$Co$ 为预期成本；$\Delta F$ 为酬金的增减部分（可以是一个百分比，也可以是绝对数）。

(4) 目标成本加奖罚。这种承包方式与成本加浮动酬金基本相同。这种办法以初步设计（概念设计）粗略估算成本作为目标成本，随着施工图（详细）设计的逐步具体化，工程量和目标成本可以加以调整。另外，规定一个百分数，作为计算酬金的比率，最后结算时，根据实际成本与目标成本的关系确定。其计算公式为：

$$C = Cd + P1Co + P2(Co - Cd)$$

式中：$P1$ 为基本酬金百分数；$Co$ 为目标成本；$P2$ 为奖罚百分数。

### (三) 项目合同类型的选择

在实际工作中，选择项目合同类型时主要考虑项目的性质、复杂程度、环境、风险程度和甲乙方的兴趣及合作基础等多种因素。各类项目合同包括了分摊公式、多个独立变量、成本、最高限价、激励措施以及风险修正条款等，因而为合同类型的选择提供了多重的视角。同时影响项目合同类型的内外因素也很多，一般来讲，选择项目合同的类型主要依据以下一些条件：

1. 合同管理的复杂程度和管理成本

合同管理的复杂程度与项目的技术复杂性、合同期限的长短和合同工作量的大小有关，也受到所涉及的承包商、相关机构的数量、工作能力及管理理念的影响。合同管理的复杂程度是合同类型选择决策的关键因素。一般来说，复杂程度高的项目多采用成本类型合同。

合同的管理成本在合同类型决策中也起着重要作用。如果业主力图将管理成本降到最低，比较适合选择固定价格合同类型，因采用这类合同无需审计工作，业主的监督工作也减到最小。而若选择成本和激励合同则要求进行成本审查。固定工资合同则要求定期的管理工作，以保证承包方付出相应的努力。因此在选择使用何种类型合同时，业主必须考虑自己进行监督、审查工作的能力与成本。

2. 技术因素的影响

技术因素的影响主要有两个方面：第一，承包商对技术掌握的程度，直接关系着能否满足合同的要求，合同双方必须认真考虑由谁来承担不能达到合同技术要求的风险，这种不确定性是适当选择合同类型时必须考虑的重要因素。第二，特定领域里日新月异的技术发展及知识的更新，原订合同的技术规格可能难以说明可接受的合同履行标准。这种情况造成了合同基础的变化及相关的合同完成的不确定性，也是合同双方在选择合同类型时要充分考虑的。

3. 项目目标的选择及重视程度

项目的基本目标主要是进度目标、成本目标及质量目标。这三个目标哪个更加重要，需要优先考虑，与合同类型的选择有着密切的关系。如果成本目标或进度目标是一个关键因素，那么合同类型就倾向于采用固定价格类型。但同时可能意味着对质量的限制，并可能限制了风险调整合同条款的采纳。

高层管理者或政府决策者对既定项目的重视程度也会影响合同类型的选择。上层领导的关注，意味着技术和财政报告的详细程度的增加，表明使用成本合同类型的倾向性增加。采用成本补偿性合同，有利于业主明确要求承包商提供充足的成本信息；采用奖金费用合同，可要求承包商编制定期报告文件，从而能更引起双方高层管理对该项目进展情况的关注。

4. 对风险及机遇的预测

项目合同在履行期间往往会出现一些风险，如原有提供的便利设施可能被取消；与履约成本有关的通货膨胀的发生;长期合同中可能出现的停止拨付资金;等等。如果这些风险对承包商来说相当大,那么有可能使用成本类型的合同,或者针对通货膨胀的风险,使用经济价格调整条款。再有,为了使双方都分担一定的风险,可以采用带有最高限价的成本激励合同。

有时某些承包商在面临可能签订系列合同的机遇时,对于前期的研究开发合同虽然在成本不确定的情况下也愿意接受固定价格合同。其原因是他们对后续的生产合同有势在必得打算,以此作为与竞争对手抗衡的手段。

5. 承包商以往的业绩

承包商以往的业绩不但是选择中标者(或是签约人)的重要因素,而且在有些情况下也影响合同类型的选择。例如对服务合同而言,当承包商具有良好的履约业绩时,一些业主倾向于使用成本加固定付费合同。相反,如果对于提供类似服务的承包商的以往业绩不了解,或根据业主的标准来衡量,所提供服务的效果较差,那么就使用成本加奖励付费合同比较合适。

## 第二节 项目合同内容

### 一、合同的组成文件

合同文件通常包括以下六个基本部分。

1. 总标单。即按业主招标规定的统一格式,写给招标委员会的投标总体认可书。

2. 协议书。通常很简短,只要求双方签字,承包商要按照合同、图纸、说明书进行施工并承担责任。

3. 合同的一般条件和标准规范。合同的一般条件、标准规范,是所有工程都要遵守的,特殊规范是标准规范的补充,可由工程师来指定引用。

4. 特殊条件。是为工程特殊需要所做的规定。

5. 设计图纸。

6. 附录。它包括前述部分的补充、更改或修正。

### 二、项目合同的一般内容

各国都根据自己的国情和国际惯例,编制了进行国际采购招标的合同条件,一些国际组织也编制了自己的国际采购合同条件。我国政府有关部门也先后颁布了《建设工程承发包合同条例》、《建设工程勘察设计合同条例》、《建设工程施工合同管理条例》、《建筑安装工程承包合同条例》等。投资项目由于性质、类型以及各国国情不同,在合同内容繁简、格式上也有所差别。但是不论哪一类项目的合同又有其共同点,必须包括商务、技术、管理及法务四大块内容。具体内容是:

1. 合同的序文。合同的序文主要包括合同当事人各方的名称和法定地址,以及定义和解释部分。定义和解释部分,是对在合同中频繁出现,可能引起歧义、含义较复杂的术语作出明确、规范的定义解释。

2. 合同的宗旨。合同的宗旨主要用以说明投资项目根据什么设计文件来实施,各项技术规范和标准、项目建设的性质、规模、种类、质量要求、材料及物资的供应条件等。实质上这是确定承包商应该承担并完成的工作范围,是与合同条款和条件密切相关的。

3. 合同各方的职责。这一部分内容主要是规定业主与承包商应承担的义务和职责范围。这些内容要分别逐条详细列举,并详细规定由于一方未能依照合同规定的义务和职责认真履行而造成对方损失的承担办法。

4. 合同价格条款和支付条款。这是合同中最重要的条款之一,它直接决定了承包商的获利水平和避免货币及支付风险的程度,因此在合同中单独以专款列出。一般包含这样一些内容:合同总价及单项价格、计价货币、支付期限和支付地点、延期付款加利息、预付款和结算。

5. 开工与工期。在合同中通常都规定了承包商在指定期限内开工。这一期限称为准备期,通常为合同签约之日起的三个月到半年。而工期是工程从开工之日起至建成为止的全部时间,是工程承包合同的主要内容之一。承包商若在给定工期限制内不能完工,根据合同的规定,就要给业主承付违约、误期罚款及其他惩罚。

6. 保险条款。国际上工程项目承包中不仅对合同当事人各方有风险,而且对相邻或进入项目工地的第三方及社会财产也有风险。因此,按照国际惯例和国际通用合同条件的规定,承包商必须对工程进行保险。

7. 维修及验收条款。工程竣工后,可以按照验收条款的内容组织验收,由合同双方指定的有权威的专家组成验收委员会,来确定验收的方式、方法和验收时间及验收的依据,即按照合同双方其中一国的标准或是按照国际标准组织验收。验收不合格的工程缺陷等必须在维修期内返工、修补,直至工程师满意为止。

8. 保证条款。保证条款指合同双方为了确保合同的认真履行,共同协商而采取的具有法律效力的、在合同一方不能履行其义务时必须付给另一方一定金额的书面保证条款。在承包合同中,对承包商所要求的保证主要有履约保证、还款保证(预付款保证)、维修保证这三种。

9. 税金条款。签订合同时,签约各方要对纳税的范围、内容、税率和计算方式作出明确规定。通常而言,承包合同中涉及的主要税种有合同税、所得税、社会福利税、社会保险税、养路及车辆执照税、关税等。

10. 违约与索赔条款。合同当事人任何一方如不按合同中规定的内容履行自己的责任和义务,就构成了违约。在承包商发生违约行为后,业主有权以书面形式解除合同、占有工地和工程;有权没收承包商的履约保证金;有权另雇承包商,也可自行完成工程等。当业主发生违约行为时,承包商有权以书面形式解除与业主的合同,有权要求业主支付在合同解除之前已发生的全部款项,有权要求业主赔偿损失等。另外,在工程进行中,承包商为了保持自身的合理利润,可以根据合同条件中规定的有关条款及当地法律向业主提出索赔。

11. 不可抗力条款。这里指在发生了诸如战争、地震、火灾、水灾、传染病流行等一切非人力所能控制的危险或意外事件时,承包商可以用解除合同或延迟履行合同的方式来处理,并有权要求业主对特殊风险所造成的损失支付赔偿金。

12. 转让与分包条款。转让条款是要求承包商部分或全部转让其应履行的合同项下的义务,须事先经业主同意。分包条款是要求承包商如果有分包合同应书面通知业主,该通知不排除承包商承担的合同项下的任何责任或义务。

13. 终止条款。根据这一条款的规定,合同可以在某些事件(如不可抗力作用)发生时,或破产及实质性违约行为等发生时终止。

14. 合同的生效条件。合同生效通常是以满足以下一种或几种情况为条件:主管部门对合同的批准;业主方收到承包方的履约保证金;双方授权代表的签字等。

15. 争议解决条款。当事人双方对合同规定的义务和权利理解不一致,最终导致对合同的履行或不履行的后果和责任的分担产生争议。有争议发生时,通常依次可通过协商、调解、仲裁和诉讼等途径加以解决。首先,双方如果通过友好协商不能解决,可提交合同规定的争议解决机构,如第三方调解和仲裁机构仲裁等。如双方同意将争议提交仲裁机构仲裁,应当在合同中约定仲裁条款或仲裁协议,应当明确约定仲裁地点、仲裁机构、仲裁程序等内容。仲裁是终局的,对双方都具有法律约束力。如果双方未约定仲裁条款或仲裁协议,任何一方均可向有管辖权的法院提起诉讼。

16. 其他条款。主要包括合同文本和合同语言的确定;合同适用的法律、法规、工程变更处理、通知;合同签字的时间、地点及合同生效的日期等。

### 三、项目合同的特殊条件

每一项目都有不同的特点,合同的特殊条件,是为适应每一个建设项目的特殊情况和特殊要求做出的特殊规定。合同的特殊条件的作用主要有两个方面:首先,使合同一般条件的某些条款具体化,如使用语言(文字)、贷款或工程费的支付办法、货币及汇率的具体规定等;其次,就合同的一般条件中某些条款做出特殊规定,如对执行合同过程中更改合同要求而发生偏离合同的情况做出某些特殊规定,等等。此外,还可以增加合同一般条件未包括的某些特殊条件。

土建工程合同的特殊条件,除将一般条件具体化以外,主要集中在以下几个方面:

1. 有关保险的具体规定。
2. 有关开工、竣工和维护的具体规定。
3. 延误完工而赔偿的具体规定。
4. 对执行合同过程中,因更改合同要求而发生的偏离合同情况,以及对这类情况如何计价的具体规定。
5. 有关支付工程费用的多种情况以及计算办法的具体规定。
6. 有关业主一方违约的具体规定。
7. 有关改变费用和调整价格与价格调整公式的具体规定。
8. 有关支付外币及汇率的具体规定。
9. 有关税务的具体规定等。

合同的特殊条件是根据具体项目的要求制定的。凡一般条件不符合项目要求或未能包括项目要求的,必须在合同特殊条件中明确提出删除、更改或增补。在合同执行中,如果一般条件与特殊条件不一致而产生矛盾时,应以特殊条件为准。

我国从1990年开始在全国逐步推行经济合同示范文本制度,即对各类经济合同的主要条款、式样等制定出规范的、指导性的文本,在全国范围内积极提倡、宣传,逐步引导当事人在签订经济合同时采用,以实现经济合同签订的规范化。推行这一制度,一方面有助于当事人了解、掌握有关法律和法规,使经济合同的签订规范,避免缺款少项和当事人意思表示不真实、不确切,防止出现显失公平和违法条款;另一方面便于合同管理机关加强监督检查,有利于合同仲裁机关和人民法院及时解决合同纠纷,保护当事人的合法权益,保障国家和社会公共利益。因此,这是一项完善经济合同制度、提高合同履约率、规范合同当事人行为、维护正常经济秩序的重要举措。近年来,国家工商行政管理局和国家建设部已经陆续制定和公布了一系列有关建设项目的合同示范文本,并在全国推广使用。

## 第三节 项目合同的签约与履行

### 一、项目合同的谈判

设计、施工、监理等合同谈判是根据中标通知书而进行的，所以直接进入第二阶段——实质性谈判。为其他项目合同而举行的谈判，一般可分为如下几个阶段。

（一）初步洽谈阶段

初步洽谈阶段又分前期准备和初步接洽两个阶段。

1. 前期准备。前期准备就是要做好市场调查、签约资格审查、信用审查等一些工作。

2. 初步接洽。在初步接洽中，双方当事人一般是为达到一个预期的效果，就双方各自最感兴趣的事项向对方提出、澄清一些问题。这些问题一般包括：项目的名称、规模、内容和所要达到的目标与要求；项目是否列入年度计划或实施的许可；当事人双方的主体性质；双方主体以往是否从事、参与过同类或相类似的项目开发、实施或完成；双方主体的资质状况与信誉；项目是否已具备实施的条件（重点在于物资方面）等。以上这些问题，有的可以当场予以澄清，有的可能当场不能澄清。如果双方了解的资料及信息同各自所要达到的预期目标相符，觉得有继续保持接触与联系的必要，就可为下一阶段实质性谈判做准备。

（二）实质性谈判阶段

实质性谈判是双方在广泛取得相互了解的基础上举行的。主要是双方就项目合同的主要条款进行具体商谈。项目合同的主要条款一般包括：标的、质量和数量、价款或酬金、履行、验收方法、违约责任等条款。

1. 标的。标的是指合同权利与义务所指向的对象。因此，有关标的谈判，双方当事人都必须严肃对待。特别是项目合同的标的比较复杂，因此力求叙述完整、准确，不得出现遗漏及概念混淆的现象。

2. 质量和数量。项目合同中的质量和数量应严格注明各标的物的质量和数量要求与规范。由于质量和数量涉及双方的权利与义务，所以要慎重处理。这一问题在涉外合同中尤为突出。另外，还要注意对质量标准达成共识。

3. 价款或酬金。价款或酬金是谈判中最主要的议项之一。价款或酬金采用何种货币计算、支付是首先要确定的。这在国内合同中不成问题，但在涉外合同中，以何种货币计算、支付是至关重要的。这里还涉及一个汇率问题，一般可以选择比较坚挺、汇率比较稳定的硬通货，如日元、欧元等。事实上，目前大多数涉外合同的价款或酬金以美元计算、支付。此外，考虑到汇率的波动，还应注意选择购入外汇的时机，以及考虑购买外汇期货以保值。把握价格也是重要的一环。必须掌握各类产品的市场动态，可以通过比价、询价、生产厂让利或者组织委托招标等手段使自己处于有利地位。

4. 履行。它包括履行的期限、方式和地点。对这些内容，合同谈判中应逐项加以明确规定。履行的方式和地点直接关系到以后可能发生的纠纷管辖地，要引起注意。此外，履行的方式和运杂费、保险费由何方承担，关系到标的物的风险何时从一方转向另一方。

5. 验收方法。合同谈判中应明确规定何时验收、验收的标准及验收的人员或机构。

6. 违约责任。当事人应就双方可能出现的错误并影响项目的完成而订立违约责任条款，明确双方的责任。具体规定还应符合法律规定的违约金限额和赔偿责任。

(三) 签约阶段

签订项目合同必须尽可能明确、具体,条款完备,双方权利义务明确,避免使用含糊不清的词句。一般应严格控制合同中的限制性条款,明确规定合同生效条件、合同有效期以及延长的条件、程序;对仲裁和法律适用条款作出明确的规定;对选择仲裁或诉讼作出明确约定。另外在合同文件正式签订前,应组织有关专业会计人员、律师,对合同进行仔细推敲,在双方对合同内容达成一致意见后进行签订。重大项目合同的签订应有律师、公证人员参加,由律师见证或公证人员公证。只有高度重视合同签订的规范化,才能使合同真正起到确认和保护当事人双方合法权益的作用。

## 二、项目合同的签订

合同谈判结束后,就可以依据谈判的实际成果签订合同。合同一经双方签字同意订立,对签约双方都具有法律效力,成为双方履行各自职责、保证工程项目顺利实施并圆满完成的有力保证。

(一) 合同订立的一般程序

尽管投资项目承包合同所涉及的内容和范围较之一般的贸易合同要广泛和复杂得多,双方往往要经过较长时间的反复协商和谈判,才能最终达成一致意见;但是作为经济合同的一种,它也是经过要约和承诺两个阶段才能完成,只是在每个阶段中所包含的内容要复杂一些。

1. 要约

要约即订约的提议,是当事人一方向另一方提出订立合同的建议。具体的要约过程需要做好以下几项工作:

(1) 建立广泛联系,获取拟建工程项目的信息。

(2) 了解项目基本情况,表明合作意愿。承包商取得拟建工程项目信息后,还需进一步了解项目的基本性质和一般情况,以便根据承包商自身的施工能力、目前工程任务的饱满程度以及项目的风险大小,最终决定是否参加该项目的投标竞争。因此,承包商必须与该工程项目的业主或咨询公司及与此项目有关系的其他方面取得联系,从而了解项目的规模、资金来源、工程地点、质量要求、工期限制和付款条件等情况。对于公开招标的工程项目还必须了解投标的条件、日期、方式、开工日期,以及是否需要资格预审等情况,这些都是承包商进行投标决策和报价的基本条件,必须准确掌握。若经高级领导层决定参加投标竞争,承包商就可以用信函、传真、电话等方式向业主表明投标意向或向其他承包商表明联合投标的合作意向。这样就开始了要约过程。

(3) 根据招标文件的有关规定认真计算标价后,按照招标程序组织投标报价。承包商在与业主取得正式联系后(有的需经过必要的资格预审),就可以参加投标了。编制投标书的基础工作是根据招标文件规定的工程量和有关技术规范及其他条件进行工程估价计算,此后才能按招标文件中规定的投标时间和投标方式向业主提交合格的投标书。

2. 承诺

承诺是指当事人一方对另一方提出的要约做出同意的表示。在一般的贸易活动中,承诺的做出,通常经数次乃至数十次讨价还价的函电往来最终形成。而在投资项目承包中,是指业主与承包商(可能有数家)进行多次议标谈判,最后对报价取得一致,并达成协议。承诺是订立合同过程中使合同得以确认的决定性步骤。在要约被接受之前,要约对合同双方当事人不产生任何义务,只有要约为另一方当事人接受后,双方的权利和义务才能形成,合同于是宣告成立,并同时对签约双方具有法律约束力。一般来说,国际工程承包合同中的承诺需经过以下步骤:

(1)标前谈判。开标后,业主为了达到以低价决标正式决定一家承包商来承包该投资项目,将从参加投标的所有承包商中慎重选择两三家标价低且报价条件大致相同的承包商,要求他们再次报价或分别和他们进行讨价还价的谈判,这是业主在决标前迫使承包商让步的主要方法。这一步骤中工作质量的好坏,对项目能否成交起决定性作用,因而承包商的目的应该是促成项目的成交,为争取最后中标和正式签订合同创造条件。

(2)根据招标前谈判结果及招标文件中的有关规定拟订书面协议。在业主与承包商进行谈判的过程中,实际上就是逐步认定了合同的基本条款。而由于投资项目承包的复杂性和合同履行的长期性,经双方当事人一致同意的条件必须拟订书面协议,以明确各方的权利和义务。具体形式可由一方起草并经商讨由另一方确认后形成,或者由双方各起草一份协议,经双方综合讨论,逐条而定,最后形成双方一致同意的合同。

(3)签署协议。书面合同形成后,当事人各方就应及时签署予以确认。投资项目合同的当事人双方多为法人,因而签署时要以法人的全称和签署人的姓名、职务作为标准。

(4)鉴证和公证。书面合同文本经当事人各方会签后,还不能算作承诺的完成。在多数国家都必须经过作为行政监督的鉴证和作为法律监督的公证后,合同才正式生效,具备法律认可的效力。

经过合同"要约"和"承诺"两个阶段后,投资项目合同就宣告订立完成,但这还不是订立合同的全部,贯穿在合同订立全过程中的是必须遵循的原则。

(二)项目合同订立时应遵循的原则

1. 不能违反法律的原则。即合同所有条款的内容、规定的双方权利和义务以及合同签订的程序都必须符合所涉及的国家的法律、法令和社会公共利益。这是订立合同应坚持的首要原则。

2. 由合格的法人在自愿协商的基础上达成协议的原则。双方法人订立合同必须是自愿协商、一致同意的,即双方所表示的自愿必须是在任何一方未受任何有形或无形的压力或威胁,不存在欺诈行为并且没有出现实质性的错误情况下才具备法律约束力。

3. 公平合理、等价交换的原则。在签订合同过程中,双方在合同中所处的地位是完全平等的,双方都有权利也必须达到一定的经济目的。合同的全部内容都不能以损害任何一方的正当利益或以损害社会的公共利益或第三方的权益作为成立的条件。

4. 于己有利的原则。无论是坚持一定的原则还是遵循一定的程序,其最终目的都是争取订立于己方有利且公平合理的合同条款,从而保证己方在合同履行中处于主动地位,最终使得自己的经济目标得以实现。

三、项目合同的担保与审批

(一)项目合同的担保

担保是保证不出问题或一定办到的意思。项目合同的担保是指国家法律、行政法规规定的或者双方当事人协商确定的,保证合同切实履行的一种法律形式。确立担保这种法律关系,对于保证项目合同的履行有着重要的作用。担保不能产生独立的法律关系,它所产生的法律关系只能从属于它所担保的合同,对于它所担保的合同来说只是一种补充。

1. 担保的特征

(1)担保所产生的法律关系,只能在有所担保的有效合同时才能发生。

(2)这些法律关系以所担保的合同转移为转移(但需得到担保人的确认),合同的请求权由原债权人转移给另一人时,因担保新的法律关系而发生的权利义务也转移给新的债权人。

(3)合同的解除同时引起担保义务的消除。

2. 担保的形式

归纳起来,担保形式主要有五种:保证人、违约金、定金、留置权和抵押权。

(1)保证人。保证人是保证当事人一方履行合同的第三人。被保证的当事人不履行合同时,保证人和被保证人一起承担连带责任,保证人有两人以上的,应当共同承担连带责任。保证人履行合同后,有权向被保证人请求偿还。

保证作为合同的担保形式,在我国的合同签订中所占的比例还不高,然而在涉外合同中,一般双方都要求提供保证或其他担保形式。从司法实践来看,保证的形式还是很有必要的,对项目合同也是非常有必要的。

(2)违约金。违约金是缔结合同的一方不履行合同或不适当履行合同时,必须给付对方一定数额的货币。违约金是一种担保形式,因此,只要有一方出现不履行合同的行为,即使对方没有遭到损失,也要按照法律和合同的约定支付违约金。

违约金与赔偿损失是不同的。只要违约,不管是否有损失都要负担。赔偿损失只是由于当事人一方的过错使对方造成损失时,才负赔偿责任。违约金可起到督促对方当事人认真履行合同、严肃合同纪律的重要作用。

(3)定金。定金是指签订合同的一方为了证明合同的成立和保证合同的履行向对方支付一定数额的货币。定金的作用有以下几点:第一,定金是合同成立的证明。签订合同时,合同当事人一方担心对方悔约而给付定金,借以保证和维护合同关系,因此,给付和收受定金的事实,是合同成立的法律依据。第二,定金是一种担保形式。定金也是一种法律关系,按照这种关系的要求,给付定金者违约而不履行合同时,无权请求返还定金。接受定金的一方不履行时,应当双倍返还定金。双方当事人为了避免定金罚则的制裁,只能认真履行合同,体现定金的保证作用。第三,定金是一种预先给付。签订合同时,当事人在合同规定应给付的金额中先行给付若干数额的货币作为担保。这种先行给付实质上具有预付款性质。如果合同如期履行,这部分预付款即可冲抵应付款的部分。但是,不应把定金与单纯的预付款相混同,单纯的预付款不是合同的担保形式,违背合同时,不发生上述法律后果。

(4)留置权。留置权是一种法律关系。当事人依照合同规定,保管对方的财物或接受来料加工,在对方不按期或不如数给付保管费或加工费时,有权留置他的财物。依照法律规定,不履行合同超过六个月的,保管人或加工人可在法律许可的范围内,变卖留置的财物,从价款中优先得到清偿,不足部分可继续向对方要求承担赔偿责任。

(5)抵押权。抵押是当事人一方或者第三人为履行合同向对方提供的财产保证。负有义务的一方不履行义务时,抵押权人在法律法规许可的范围内,可以从变卖抵押物所得的价款中优先得到清偿,变卖抵押物的价款,不足给付应当清偿的数额的,抵押权人有权向负有清偿义务的一方请求给付不足部分。但是,国家法律、法令禁止流通和强制执行的财物,不得作为抵押物。经双方当事人同意,抵押物可以由抵押权人保管,也可以由提供抵押物的人自己保管。抵押权人由于保管不善造成抵押物损坏或遗失的应当承担赔偿责任。

## (二)项目合同的审批

项目合同的审批一般具有两层含义：一是由国家或国家有关主管部门对合同的审批；二是项目合同当事人对合同的审批。通过国家或国家有关主管部门及项目合同当事人对项目合同的审批，来确定合同的有效性、合法性，在法律上予以批准与承认，使之产生法律效力。

1. 国家或国家有关主管部门按照有关规定对一定的项目合同的审批。这种审批主要有以下内容：

(1)审查合同内容是否符合国家的法律、法令以及有关政策；
(2)审查合同当事人是否具有合法的名称、经营内容与资格；
(3)审查当事人双方有无实际履行能力；
(4)审查合同的签订是否根据自愿协商、平等互利的原则；
(5)审查合同当事人双方的权利义务是否明确；
(6)审查合同的条款是否完备、手续是否齐全。

2. 项目合同当事人对合同的审批。这种审批与国家或国家有关主管部门的审批既有共同点也有不同之处。它们的共同点在于，两者都是通过对合同的审批来确定双方当事人的权利义务，确认合同的有效性。它们的不同之处则在于两者审批的侧重点不同，前者主要侧重于当事人的履行能力，侧重于项目是否能够如期或按计划完成规定的工作任务和所要达到的目标等；后者则侧重于合同的合法性、合同双方主体资格的合法性和项目对国计民生、社会公益等产生的作用等方面。

### 四、项目合同的履行与违约责任

#### (一)项目合同的履行

项目合同的履行，是双方当事人根据项目合同的规定在适当的时间、地点，以适当的方法全面完成自己所承担的义务。

严格履行合同是双方当事人的义务，因此，合同当事人必须共同按计划履行合同，实现合同所要达到的各类预定的目标。

项目合同的履行有实际履行和适当履行两种形式。

1. 项目合同的实际履行。即要求按照合同规定的标的来履行。实际履行，已经成为我国合同法规的一个基本原则。采用该原则对项目合同的履行具有十分重大的意义。由于项目合同的标的物大多为指定物，因此不得以支付违约金或赔偿损失来免除一方当事人继续履行合同规定的义务。如果允许合同当事人的一方可用货币代偿合同中规定的义务，那么合同当事人的另一方可能在经济上蒙受更大的损失或无法计算的间接损失。此外，即使当事人一方在经济上的损失得到一部分补偿，但是对于预定的项目目标或任务，甚至国家计划中某些涉及国计民生、社会公益项目不能得到实现，实际上会有更大的损失。所以，实际履行的正确含义只能是按照项目合同规定的标的履行。

当然，在贯彻以上原则时，还应从实际出发。在某些情况下，过于强调实际履行，不仅在客观上不可能，而且会给对方和社会利益造成更大的损失。这样，应当允许用支付违约金和赔偿损失的办法来代替合同的履行。

2. 项目合同的适当履行。即当事人按照法律和项目合同规定的标的按质、按量地履行。义务人不得以次充好、以假乱真，否则，权利人有权拒绝接受。所以，在签订合同时必须对标的物的规格、数量、质量作具体规定，以便义务人按规定履行，权利人按规定验收。这对于提高产品质量、促进社会生产是十分重要的。

合同履行的期限,是指义务人向权利人履行义务的时间。双方当事人应当在合同中明确规定年月日,不能明确规定的,也必须注明某年某季或某年上半年、下半年。

明确规定合同履行地点,也是十分重要的。合同履行的方法,应当符合权利人的利益,同时也应当有利于义务人的履行。

(二)违约责任

违反合同必须负赔偿责任,这是我国合同法规中规定的一项重要的法律制度。

合同关系是一种法律关系,合同依法成立之时,即具有法律的约束力。因此,当一方不履行项目合同时,另一方有权请求对方履行合同,并要求支付违约金或者赔偿损失。支付违约金或者赔偿损失,是对不履行合同一方的一种法律制裁。对于一方当事人不履行合同,当事人的另一方可向仲裁机关和人民法院提出申请和起诉,要求在必要时采取强制措施,强制其履行合同和赔偿损失。

追究不履行合同的行为,必须具备以下条件:

(1)要有不履行合同的行为。当事人一方不履行或不适当履行都是一种不履行合同的行为。

(2)要有不履行合同的过错。过错是指不履行合同一方的主观心理状态,包括故意和过失,这是承担法律责任的一个必要条件。法律只对故意和过失给予制裁,因此,故意和过失是行为人承担法律责任的主观条件。根据过错原则,违反合同的不论是谁,合同的一方当事人也好,合同双方当事人也好,或者合同以外的第三方,都必须承担赔偿责任。

(3)要有不履行合同造成损失的事实。不履行或不适当履行合同必然会给对方造成一定的经济损失。一般来说,经济损失包括直接损失和间接损失两部分。通常情况下,是通过支付违约金赔偿直接损失,而间接损失在实际经济生活中很难计算,所以不大采用。但是,法律、法令另有规定或当事人另有约定的除外。

如前所述,法律只要求行为人对其故意和过失行为造成不履行合同负赔偿责任,而对于无法预知防止的事故致使合同不能履行时,则不能要求合同当事人承担责任。所以,在下列情况下,可以免除不履行合同当事人的赔偿责任:

(1)合同方不履行或不适当履行,是由于当事人无法预知或防止的事故所造成时,可免除赔偿责任。这种事由在法律上称为不可抗力,即个人(或法人)无法抗拒的力量。

(2)法律规定和合同约定有免责条件,当发生这些条件时,可以不承担责任。

(3)由于一方的故意和过失造成不能履行合同,另一方不仅可以免除责任,而且有权要求赔偿损失。

对违约惩罚的方法主要有以下几种:

(1)违约金。违约金是由当事人双方在签订合同时约定,当签约中的一方违约时应向对方支付一定数额的货币。当一方违约时,应无条件地向对方支付违约金,并且不因此而免除违约者继续履行合同约定的义务。这是对双方都有约束力的一项规定。

(2)罚款。包括误期罚款和损害赔偿。误期罚款是对在没有可被业主接受的理由情况下延误工期的一种惩罚措施,一般不超过合同价的10%。损害赔偿是对签约双方都有效的措施,主要是当签约任何一方由于自身的错误而给对方造成损害时,应向对方赔偿损失,通常采取支付赔偿金和恢复原状两种办法。

(3)业主接管工程。当业主在合同执行过程中发现承包商有不良意图,比如不支付职工的工资、拒绝改进低劣的工程质量、在约定的期限内不是因不可抗力作用或甲方原因而履约不力乃至不执行合同等严重不履行合约义务的情况，导致施工进度迟缓或给业主造成不应有的损失时，业主可发出警告书，令其限期改正或弥补。在规定期限后，承包商若未进行改进，那么业主就可以宣布接管工程。但是这并不意味着中断合同的执行，只是由业主代替承包商实施工程的领导权，直接付给工人工资和付给供应商货款，而所有费用均由承包商负担。这种接管可以一直持续到业主认可承包商解除合同的要求为止。接管的决定可以不经过法庭而由业主直接作出。

（4）终止合同。终止合同与业主接管工程不同，这是一种双向的惩罚措施。合同在执行中，由于一方不能履行合约义务，另一方依据合同的有关条款可以要求解除已生效的合同，并可要求赔偿损失。同时，合同也就失去其法律效力。若是承包商违约，可由业主通过协商形式或先行发出警告书等形式终止合同。若是承包商要求解除合同，在业主明确答复之前还必须继续施工，直至业主宣布终止合同为止；若业主不同意，承包商也须继续施工至法庭裁决宣布终止合同时。

（5）重新招标。这是业主针对承包商的严重违约行为而采取的一种比以上四种措施更为严厉的惩罚措施。这种招标的标的一般是除去承包商已完工部分的全部剩余工程，而费用和风险则由违约承包商承担。

（6）取消承包资格。这是在投资项目合同中最严厉的一种惩罚措施，一般并不采用，而且在作出这项决定前，必须事先通知承包商，并要求其在规定期限内做好辩护准备。这种惩罚只在承包商有诈骗行为、严重违约或严重违反有关劳动法规的情况下才会实施。

### 五、项目合同的变更、解除与终止

**（一）合同变更的特征**

合同的变更通常是指由于一定的法律事实而改变合同的内容和标的的法律行为。合同变更的主要特征：一是合同当事人必须协商一致；二是改变合同的内容和标的，一般是修改合同的条款；三是其法律后果应是产生新的债权和债务关系。

从合同变更的内容和范围上看，主要包括增减工作项目、材料的变化、施工方案的变化、施工条件的变更、国家立法的变化等。从管理上看，主要有正常和必要的合同变更与失控的合同变更两大类。正常和必要的合同变更是为了保证项目的正常实施，甲乙双方根据项目目标的需要，进行必要的设计变更或项目工作范围调整等所引起的变化，经过充分协商，对原定合同条款作适当修正，或补充新的条款。这种项目变化引起的原合同条款的变更，是有利于实现项目目标的积极变更。失控的合同变更是在迫不得已的情况下，未经甲乙双方充分协商一致作出的变更，往往会导致项目受损或使合同执行产生困难。

**（二）合同解除的特征**

合同的解除是指消灭既存的合同效力的法律行为。合同解除的主要特征：一是合同当事人必须协商一致；二是合同当事人应负恢复原状之义务；三是其法律后果是消除原合同的效力。

合同的变更和解除，属于两种法律行为，但也有其共同之处，即都是经合同当事人双方协商一致，改变原合同法律关系。所不同的是，前者产生新的法律关系，后者消灭原合同关系，并不再建立新的法律关系。

### (三)合同变更或解除的条件

根据我国现行法律、有关的合同法规以及从经济生活与司法实践来看,凡发生下列情况之一者,允许变更和解除项目合同:

1. 当事人双方经协商同意,并且不因此损害国家利益和社会公共利益。
2. 由于不可抗力致使项目合同的全部义务不能履行。
3. 由于另一方在合同约定的期限内没有履行合同,且在被允许推迟履行的合理期限内仍未履行。
4. 由于一方违反合同,以致严重影响订立项目合同时所期望实现的目的或致使项目合同的履行成为不必要。
5. 项目合同约定的解除合同的条件已经出现。

当事人一方要求变更、解除项目合同时,应及时通知对方。因变更或解除项目合同使一方遭受损失的,除依法可以免除责任之外,应由责任方负责赔偿。当事人一方发生合并、分立时,由变更后的当事人承担或者分别承担项目合同的义务和享受相应的权利。

### (四)项目合同变更或解除的程序

按照我国目前的有关法规和司法实践,项目合同变更或解除需要的程序一般是:第一,属于符合项目合同变更或解除条件第 2、第 3、第 4 项规定情况的,当事人一方有权通知另一方解除项目合同。第二,变更或解除项目合同的通知或协议,应当采取书面形式(包括文书、电报等)。除由于不可抗力致使项目合同的全部义务不能履行,或者由于另一方违反合同以致严重影响订立合同所期望实现的目标的情况以外,协议未达成之前,原项目合同仍然有效。

### (五)项目合同的终止

1. 合同终止的理由。当事人双方依照项目合同的规定,履行其全部义务后,合同即行终止。合同签订以后,因一方的法律事实的出现而终止合同关系,为合同的终止。合同签订以后,是不允许随意终止的。根据我国的现行法律和有关司法实践,合同的法律关系可由于下列原因而终止:

(1)合同因履行而终止。合同的履行,就意味着合同规定的义务已经完成,权利已经实现,因而合同的法律关系自行消灭。所以,履行是实现合同、终止合同法律关系的最基本的方法,也是合同终止的最通常原因。

(2)当事人双方混同为一人而终止。法律上对权利人和义务人合为一人的现象,称为混同。既然发生合同当事人合并为一人的情况,那么原有的合同已无履行的必要,因而自行终止。

(3)合同因不可抗力的原因而终止。不是由于当事人的过错而是由于不可抗力的原因,致使合同义务不能履行的,应当终止合同。

(4)合同因当事人协商同意而终止。当事人双方通过协议而解除或者免除义务人的义务,也是合同终止的方法之一。

(5)仲裁机构裁决或者法院判决终止合同。

2. 终止合同时当事人各方的权利与义务。

(1)合同终止后的义务:

①承包方停止施工和撤离现场,业主接收工程;

②转让与分包商和供应商签订的合同以及业主支付所欠分包商和供应商的款项;

③向业主移交图纸及有关技术资料。

(2)终止合同后的支付:

①由于承包方违约而引起的合同终止,承包方无权取得尚未完成的工程项目的付款,但合同规定承包商在合同终止前,圆满完成的工程部分的价款,承包方有权索取,另外承包方需赔偿业主由于终止合同而引起工程竣工延迟和因终止合同遭受的损失;

②因业主责任引起的合同终止,承包商有权获得属于已完工程的价款和因终止合同遭受的损失;

③由于不可抗力引起的合同终止,承包方有权获得属于其已完工程的价款,对于终止合同对双方造成的损失,按公平合理的办法处理。

## 第四节 项目合同纠纷的处置

### 一、合同纠纷产生的原因

投资项目本身的特点是投资大、工期长、现场复杂多变,尽管投资项目合同十分细致,但仍难免有缺陷。而且因为合同的所有条款都与成本、价格、责任、权利、付款等相联系,直接关系到合同双方当事人的权利与义务关系和可能的收益状况,这也可能造成签约双方对合同理解不一致而发生各执己见、争执不下的局面。由此可见,合同的争端和纠纷是不可避免的。诱发合同纠纷的因素很多,但是归结起来有以下三个方面:

1. 合同自身的原因。这是由于虽然合同都尽可能订得具体详尽,但绝不可能没有任何缺陷,这就成为日后争端的"伏笔"。签约各方必须在签订合同前认真逐条审查合同条款,以便剔除合同中有明显偏向的条款,以免发生争端时被动。

2. 人为的原因。主要是执行合同过程中发生的错误或组织管理不力产生的争议,这种因素常见的有:设计变更、增减项目、工程师指示不明确等。

3. 不可预见的原因。这主要是因为在执行合同过程中发生的不可抗力和不可预见的自然灾害和社会政治变动等情况给工程的实施造成实质性的损害。

具体来说,争议的主要内容有:关于工程进度和工期延误;关于材料、设备等物资供应;关于施工质量和标准;关于工程款项的支付与扣罚款及其依据;关于合同条款的解释;关于索赔与反索赔等。

### 二、处置合同纠纷的主要方式

基于项目合同的特有属性,发生合同纠纷是比较正常和常见的。如何处置合同纠纷,对双方当事人都极为重要,处置合同纠纷的主要方式有:协商解决、调解解决、仲裁解决和诉讼解决。

1. 协商解决。也称为友好协商,是指双方当事人进行磋商,为了促进双方的关系与相互谅解,为了今后双方经济往来的继续与发展,相互都怀有诚意地做出一些有利于纠纷实际解决的让步,并在彼此认为可以接受、继续合作的基础上达成和解协议。

目前,许多合同中有关纠纷解决条款都写明"凡由于在执行本合同所引起的或与合同有关的一切争议,双方当事人应通过友好协商解决"。在通常情况下,双方当事人遇有纠纷,一般愿意先进行协商,宁愿做出一些让步,以换取合同的正常履行。

协商解决的优点在于,无须经过仲裁或司法程序,省去仲裁和诉讼的麻烦和费用,气氛比较友好,而且双方协商的灵活性较大,更重要的是协商解决给双方留有很大的余地。

当然,在协商解决中,让步是有原则的让步。在通常情况下,仅靠友好协商是远远不够的。如果争议所涉及的金额较大,双方都不肯或不可能作太大的让步;或者一方故意毁约,没有协商的诚意;或者经过反复协商,双方各执一端,相持不下,无法达成一致的协议,等等。这样就必须通过调解、仲裁或诉讼来解决。

2. 调解解决。调解是由第三者从中调停,促使双方当事人和解。调解可以在交付仲裁和诉讼前进行,也可以在仲裁和诉讼过程中进行。通过调解达成和解后,即可不再求助于仲裁或诉讼。

重视通过调解来解决各种纠纷,是我国民事诉讼中的一个重要原则。实践证明,许多纠纷经过第三者的调解是可以得到解决的。调解的过程,是查清事实、分清是非的过程,也是协调双方关系、更好地履行合同的过程。

3. 仲裁解决。仲裁也称"公断",是指双方当事人根据双方达成的书面协议,自愿把争议提交双方同意的第三者,由其依据一定的程序做出裁决。裁决对双方都有约束力。仲裁分为国内仲裁和涉外仲裁。

目前,我国国内的仲裁机构为国家工商行政管理总局和地方各级工商行政管理局设立的经济合同仲裁委员会,以及根据《技术合同仲裁机构管理暂行规定》成立的各技术合同仲裁机构;涉外的仲裁机构有中国国际贸易促进委员会国际贸易仲裁委员会,中国国际贸易促进委员会海事仲裁委员会。

国际贸易仲裁机构有临时和常设机构两种。临时仲裁机构是为了解决特定的争议而组成的仲裁庭。争议处理完毕,临时仲裁庭即告解散。常设仲裁机构又可分为两种:一种是国际性和全国性的特设机构。国际性的如国际商会仲裁院,全国性的如英国伦敦仲裁院、英国仲裁协会、美国仲裁协会、瑞典斯德哥尔摩商会仲裁院、瑞士苏黎世商会仲裁院、日本国际商事仲裁协会等。我国的中国国际贸易仲裁委员会属于全国性的常设仲裁机构。另一种是附设在特定的行业组织之内的专业性仲裁机构,如伦敦谷物商业协会等。常设仲裁机构有负责组织和管理有关事项的人员,为仲裁提供方便。因此,在仲裁条款中通常都选用适当的常设机构。

根据我国法律和有关仲裁规则,合同发生纠纷时,当事人可以依据合同中的仲裁条款或者事后达成的书面仲裁协议,向仲裁机构申请仲裁。此外,合同当事人只能或是选择仲裁或是选择诉讼。

仲裁作出裁决后,由仲裁机构制作仲裁裁决书。对仲裁机构的仲裁裁决,当事人应当履行。当事人一方在规定的期限内不履行仲裁机构的仲裁裁决,另一方可以申请法院强制执行。

4. 诉讼解决。指司法机关和案件当事人在其他诉讼参与人的配合下,为解决案件依法定诉讼程序所进行的全部活动。基于所要解决的案件的不同性质,可以分为民事诉讼、刑事诉讼和行政诉讼。而在项目合同中一般只包括广义上的民事诉讼(即民事诉讼和经济诉讼)。

项目合同当事人因合同纠纷而提起的诉讼,一般由各级法院的经济审判庭受理并判决。根据某些合同的特殊情况,还必须由专业法院进行审理,如铁路运输法院、水上运输法院、森林法院以及海事法院等。

当事人在提起诉讼前应该充分做好准备,收集有关对方违约的各类证据,进行必要的取证工作,整理双方往来的所有财务凭证、信函、电报等;同时,向律师咨询或聘请律师处理案件。

当事人在采取诉讼前,应注意诉讼管辖地和诉讼时效问题。

### 三、处置延误工期的主要方式

根据国家有关法律、行政法规和行业惯例,处置延误工期的主要方式有以下几种。

1. 工程不能按合同规定的工期交付使用的,承包方(乙方)向发包方(甲方)按合同中有关协议条款约定支付违约金,承包方仍应继续履行合同。

2. 工程不能按合同规定的工期交付使用的,承包方(乙方)向发包方(甲方)按合同中有关协议条款约定支付违约金,发包方由于承包方严重违约致使双方合作已无可能,不得不终止合同而又同第三方订立合同完成余下的工程,由此造成的损失由承包方承担。

3. 工程不能按合同规定的工期交付使用时,如工程采用招标方式的,发包方可直接扣除承包方中标后所交的保证金,金额不足以弥补违约金的可继续向承包方索赔。

4. 如遇下列情况,经发包方(甲方)代表确认,工期相应顺延:
(1)工程量变化和设计变更。
(2)一周内,非承包方(乙方)原因停水、停电、停气造成停工累计超过 8 小时。
(3)不可抗力。
(4)合同中约定或甲方代表同意给予顺延的其他情况。

承包方在以上情况发生 5 天内,就延误的内容和因此发生的经济支出向发包方代表提出报告,发包方代表在收到报告后 5 天内给予确认、答复,逾期不予答复,即可视为延期要求已被确认。

### 四、索赔

(一)索赔类型

索赔(Claim),是国际工程建设中经常发生的现象,其含义非常广泛。广义而言,索赔是经济合同履行过程中,合同当事人的一方,由于不应归其负责的原因而造成合同义务外的额外费用支出,进而通过一定的合法途径和程序,向合同当事人另一方要求予以某种形式的补偿的活动。

索赔在执行合同的任何一个阶段都可能发生,而且由于各工程项目的复杂性和特殊性,索赔的内容和形式也不尽相同。由于索赔可能发生的范围比较广泛,其分类方法视其涉及的各当事方和索赔依据而有所不同。

1. 按索赔的对象,可分为施工索赔和商务索赔。

(1)施工索赔。是指由于业主或其他有关方面的过失或责任,使承包商在工程施工中增加了额外费用,承包商根据合同条款的有关规定,以合法的程序要求业主或其他有关方面偿还在施工中所遭受的损失。

(2)商务索赔。是指承包商为承包工程,在采购物资中,由于供应商、运输商等有关方面在数量、质量、损坏及延期交货等方面不符合合同规定而提出的索赔。

2. 按施工索赔的目的,可分为延长工期索赔和经济索赔。

(1)延长工期索赔(Claim for Extension of Time)。即承包商向业主要求延长施工时间,使原定的工程竣工日期顺延一段合理的时间。这样,承包商可以避免承担误期损害赔偿费。菲迪克合同条件中,误期损害赔偿费是用以补偿业主由于工程项目较晚投入运行而遭受的经济损失,按日计算赔偿金,可以累计达到合同额的 10%。菲迪克合同条件第 44.1 分条明确规定了可以延长工期的 5 种情况,给承包商赋予了工期索赔权。

(2)经济索赔(Financial Claims)。即承包商向业主要求补偿不应该由承包商自己承担的经济损失或额外开支(Losses and Expenses),也就是取得合理的经济补偿。前提是:在实际施工过程中所发生的施工费用超过了投标报价书中该项工作所预算的费用;而这项费用超支的责任不在承包商方面,也不属于承包商的风险范围。具体地说,施工费用超支主要来自两种情况:一是施工受到干扰,导致工作效率降低;二是业主指令工程变更或产生额外工程,导致工程成本增加。由于这两种情况所增加的新增费用或额外费用,承包商有权索赔。

3. 按索赔的依据,可分为合约索赔、合约外索赔和道义索赔。合约索赔,是指索赔内容可以在合同中找到依据的索赔;合约外索赔,是指索赔内容和权利虽然难以在合同条款中找到依据,但权利可以来自普通法律;道义索赔,又称为"额外支付",是指承包商对标价估计不足遇到了巨大的困难而蒙受重大损失时,建设单位会超越合同条款,给承包商以相应的经济补偿。

(二)索赔程序

菲迪克合同条件第三版尚无索赔程序规定,1989年第四版时才列出新条款。设置该新条款的意图是规定一个对业主和承包商都有利的约束方式。

索赔肯定会引起分歧,因为索赔是在引起索赔工作事件后很久才提出的,双方记忆很难吻合,双方都对处理结果不满意。菲迪克合同条件第四版引入一个索赔程序,对索赔通知和证明均有时间限制,并要求保持同期记录。如果不保持同期记录,承包商的权利可能会受限制。因此,承包商要想获得索赔成功,必须遵守索赔程序,并提出正式要求,否则工程师可以拒绝接受该项要求。

承包商所需遵循的索赔程序是:

1. 递交索赔意向通知。递交索赔意向通知(Notice of Claims,简称NOC)是索赔工作程序中的第一步,在工程实施过程中,一旦出现索赔事件,承包商应在合同规定的时间内,及时向业主书面提出索赔意向通知,亦即向业主就某一个或若干个索赔事件表示索赔愿意、要求或声明保留索赔的权利。

有索赔要求的承包商,应在引起索赔的事件第一次发生后的28天内,将索赔意向通知工程师,同时将一份副本呈交业主。否则将会丧失在索赔中的主动和有利地位,业主和工程师也有权拒绝承包商的索赔要求,这是索赔成立的有效和必备条件之一。

2. 索赔资料的准备。索赔事件产生、持续直至结束的全过程,都必须保留完整的同期记录,这是索赔能否成功的重要条件。承包商应有同期记录。这种记录可作为已经发出索赔通知的补充材料。工程师收到索赔通知后,应对此类同期记录进行审查。

同时,承包商还应跟踪和调查干扰事件,掌握事件产生的详细经过和前因后果,分析干扰事件产生的原因;划清各方责任,确定由谁承担,并分析这些干扰事件是否违反了合同规定,是否在合同规定的赔偿或补偿范围内;进行损失或损害调查或计算,通过对比实际和计划的施工进度和工程成本,分析经济损失或权利损害的范围和大小,并由此计算出工期索赔和费用索赔值。

3. 提供索赔文件。在索赔通知发出后28天内,承包商向工程师递交一份说明索赔及提供索赔依据的详细材料。当据以提出的索赔事件具有连续影响时,上述详细材料应被认为是临时详细报告。工程师在收到施工单位送交的索赔报告及有关资料后,于28天内给予答复,或要求施工单位进一步补充索赔理由和证据;当该索赔事件持续进行时,施工单位应当阶段性向工程师发出索赔意向,在索赔事件终了28天内,向工程师送交索赔的有关资料和最终索赔报告。

4. 工程师(业主)对索赔文件的审核。工程师是受业主的委托和聘请,对工程项目的实施进行组织、监督和控制工作。工程师根据业主的委托或授权,对承包商索赔的审核工作主要分为判定索赔事件是否成立和核查承包商的索赔计算是否正确、合理两个方面,并可在业主授权的范围内作出自己独立的判断。

我国建设工程施工合同条件规定,工程师在收到施工单位送交的索赔报告和有关资料后28天内未予答复或未对施工单位作进一步要求,视为该项索赔已经认可。

5. 索赔的处理与解决。从递交索赔文件到索赔结束是索赔的处理与解决过程。经过工程师对索赔文件的评审,向承包商进行了较充分的了解后,工程师应提出对索赔处理决定的初步意见,并参加业主和承包商之间的索赔谈判,根据谈判达成索赔最后处理的一致意见。如果业主和承包商通过谈判无法达成一致,则可根据合同规定,将索赔争议提交仲裁或诉讼,使索赔问题得到最终解决。

(三) 索赔的依据

索赔依据是完整的工程项目资料,承包商必须指定专人自始至终地负责工程资料的收集和保管;否则,索赔就难以顺利进行。应收集的资料包括:

1. 招标文件。它是工程项目合同文件的基础,包括通用条件、专用条件、施工技术规程、工程量表、工程范围说明、现场水文地质资料等文本,都是工程成本的基础资料。它们不仅是承包商投标报价的依据,也是索赔时计算附加成本的依据。

2. 投标报价文件。在投标报价文件中,承包商对各主要工种的施工单价进行了分析计算,对各主要工程量的施工效率和进度进行了分析,对施工所需的设备和材料列出了数量和价值,对施工过程中各阶段所需的资金数额提出了要求,等等。所有这些文件,在中标及签订施工协议书(Construction Agreement)后,都成为正式合同文件的组成部分,也成为施工索赔的基本依据。

3. 施工协议书及其附属文件。在签订施工协议书前,合同双方对于中标价格、施工计划合同条件等问题的讨论纪要文件中,如果对招标文件中的某个合同条款作了修改或解释,则这个纪要就是将来索赔计价的依据。

4. 来往信件。如工程师(或业主)的工程变更指令(Variation Orders)、口头变更确认函(Confirmation of Oral Instruction)、加速施工指令(Acceleration Order)、施工单价变更通知、对承包商问题的书面回答,等等,这些信函(包括电传、传真资料)都具有与合同文件同等的效力,是结算和索赔的依据资料。

5. 会议记录。如标前会议纪要、施工协调会议纪要、施工进度变更会议纪要、施工技术讨论会议纪要、索赔会议纪要,等等。对于重要的会议纪要,要建立审阅制度,即由作纪要的一方写好纪要稿后,送交对方传阅核签,如有不同意见,可在纪要稿上修改,也可规定一个核签期限(如7天),如纪要稿送出后7天内不返回核签意见,即认为同意。这对会议纪要稿的合法性是很有必要的。

6. 施工现场记录。主要包括施工日志、施工检查记录、工时记录、质量检查记录、设备或材料使用记录、施工进度记录或者工程照片、录像,等等。对于重要记录,如质量检查、验收记录,还应有工程师派遣的监理员签名。

7. 工程财务记录。如工程进度款每月支付申请表,工人劳动计时卡和工资单,设备、材料和零配件采购单、付款收据,工程开支月报,等等。在索赔计价工作中,财务单证十分重要。

8. 现场气象记录。许多的工期拖延索赔与气象条件有关。施工现场应注意记录和收集气象资料,如每月降水量、风力、气温、河水位、河水流量、洪水位、基坑地下水状况,等等。

9. 市场信息资料。对于大中型土建工程,一般工期长达数年,对物价变动等报道资料,应系统地收集整理,这对于工程款的调价计算是必不可少的,对索赔也同等重要。如工程所在国官方出版的物价报道、外汇兑换率行情、工人工资调整等。

10. 工程所在国家的政策法令文件。如货币汇兑限制指令、调整工资的决定、税收变更指令、工程仲裁规则,等等。对于重大的索赔事项,如遇到复杂的法律问题时,承包商还需要聘请律师,专门处理这方面的问题。

(四) 常见的工程索赔内容

比较常见的工程索赔的内容有:

1. 因合同文件引起的索赔。合同文件内容多,最主要的是图纸、技术规范说明、合同条件和工程量清单。在索赔案例中,关于合同条件和工程量及价格方面的问题较多。有关合同文件的索赔内容,常见的有:因合同文件的组成问题引起的索赔,关于合同文件有效性引起的索赔和因图纸和工程量表中的错误而引起的索赔等。

2. 有关工程施工的索赔。由于施工条件的变化,或因业主和工程师要求而引起施工内容的变化,以及施工材料和质量等方面的问题都会引起索赔。常见的有:地质条件变化引起的索赔、工程中人为障碍引起的索赔、工程量增减引起的索赔、工程质量要求的变更引起的索赔、指定分包商违约或延误造成的索赔等。

3. 关于支付方面的索赔。包括由于价格调整方面的索赔、由于货币贬值和严重经济失调导致的索赔、拖延支付工程款的索赔等。

4. 关于工期延误的索赔。包括展延工期的索赔、延误产生损失的索赔、赶工费用的索赔等。

5. 特殊风险和人力不可抗拒灾害的索赔。

6. 工程暂停、中止合同的索赔。

(五) 索赔费用

在土木工程的建造施工中,有四种基本费用,即人工费、材料费、施工机械使用费和分包费。其他费用有:保险费、保证金、管理费以及利息等。

1. 人工费。对于索赔费用中的人工费包括:完成合同之外的额外工作所花费的人工费用;由于非施工单位责任导致的工效降低所增加的人工费用;法定的人工费增长以及非施工单位责任工程延误导致的人员窝工费和工资上涨费等。

2. 材料费。对于索赔费用中的材料费包括:由于索赔事项的材料实际用量超过计划用量而增加的材料费;由于客观原因材料价格大幅度上涨;由于非施工单位责任工程延误导致的材料价格上涨和材料超期储存费用。

3. 施工机械使用费。对于索赔费用中的施工机械使用费包括:由于完成额外工作增加的机械使用费;非施工单位责任的工效降低增加的机械使用费;由于建设单位或监理工程师原因导致机械停工的窝工费。

4. 分包费。分包费用索赔指的是分包人的索赔费。分包人的索赔应如数列入总承包人的索赔款总额之内。

只要各种工程项目的资料齐全,承包商在上述费用中所遭受的应该得到补偿的损失,可通过索赔得到补偿。

### 五、编写索赔报告应注意的事项

索赔报告没有固定的、标准的形式。但一般来说,承包商向工程师提交的索赔报告(即要求业主付给额外款项的报告)应包括以下三项内容:

(1)承包商必须说明索赔的理由和依据,其内容包括引起索赔的原因。

(2)承包商必须明确说明上述所列理由和依据而导致的索赔费用和计算此笔款项的依据。

(3)承包商必须摘要和附上下列文件的复印件作为证据:提出索赔的意向通知书;有关的信件、图纸、计划表、报告、工程照片、价格分析结果和实验计算结果以及计量和计算结果等。

承包商应每月向工程师或工程师代表报送一份索赔通知书,详细说明有权要求支付额外费用(索赔费用)的事实与理由,并提出按照工程师的指令已经实施的追加工程的细节。提出索赔,一般规定有一定的期限,逾期无效。一般来说,通常规定为索赔事件发生后28天内提出为有效。因此,如果发生索赔事件,必须抓紧时间提出。如果未能按照合同规定的期限提出索赔,就将失去索赔的权利。所有的索赔都应以合同中规定的语言以书面报告的形式提出,提出后,要得到工程师或工程师代表的核实和审定,才能做到索赔成功。为此,应注意以下几点:实事求是、计算准确、资料充足、文字简练、条理清楚。

### 六、索赔案例

(一)工程索赔及管理程序案例

随着国家计划经济向市场经济的彻底转变,工程施工单位越来越重视工程索赔工作,本例根据济德高速公路七合同、济南绕城高速公路 A 合同工程索赔运作过程,介绍了工程施工过程中工程索赔及管理程序。

1. 工程概况:

济德路七合同段内设有互通式立交 1 处,分离立交桥 1 处,中桥 3 座,小桥 3 座,箱通 1 道,涵洞 19 道;工程于 1997 年 1 月 18 日开工,1999 年 7 月 6 日竣工。济南绕城高速公路 A 合同设计有互通式立交 1 处,小桥 1 座,分离立交桥 6 处,箱通 2 道,圆管涵 2 道;工程于 1998 年 1 月 28 日开工,1999 年 9 月 30 日竣工。七合同、A 合同全长 10.78 公里,共有路基填方 164.7 万立方米,沥青路面 139.38 万平方米,砌石防护 78 838 立方米,总造价为 22 980 万元。两合同段路基为高填土路段,多数跨越鱼塘、稻田,地形条件复杂,设计中地基已采取砂桩、粉喷桩及抛石挤淤处理,但部分地段仍不能满足要求,施工单位在施工过程中根据工地实际情况,积极地向上级有关单位提出合理化建议,且多数被采用,工程质量得到了保证,工程进度明显加快,同时也不可避免地引起工程造价增加。为做到既保证工程质量,又能维护业主和承包商双方利益,施工单位实事求是地分别向业主和保险公司提出各项索赔。

2. 工程索赔原则:

2.1 根据招标文件及合同要求中有关规定提出索赔意向书。意向书中应包含索赔桩号(结构物名称)、索赔事由及依据、事件发生起算日期和估算损失,并须附有详细的计算资料和证明。这样,使监理工程师通过意向书就可以把整个事件的起因、地点及索赔方向有大致了解。

2.2 索赔意向书递交监理工程师后应经主管监理工程师签字确认,必要时施工单位负责人、现场负责人及现场监理工程师、主管监理工程师要一起到现场核对。

2.3 索赔意向书送交监理工程师签字确认后要及时收集证据。收集的证据要确凿,理由要充分；所有工程费用和工期索赔应附有现场工程监理工程师认可的记录和计算资料及相关的证明材料。

3. 索赔的具体操作步骤：

3.1 当索赔事件发生后,及时在合同规定的时限内(济德路、绕城路规定的时限为 21 天)向监理工程师提出索赔意向书。意向书应根据合同要求抄送、抄报相关单位。

索赔项目种类及起止日期计算方法：

3.1.1 延期发出图纸引起的索赔：当接到中标通知书后 28 天之内,施工单位有权得到免费由业主或其委托的设计单位提供的全部图纸、技术规范和其他技术资料,并且向施工单位进行技术交底。如果在 28 天之内未收到监理工程师送达的图纸及其相关资料,作为施工单位应依照合同提出索赔申请,接中标通知书后的第 29 天为索赔起算日,收到图纸及相关资料的日期为索赔结束日。由于为施工前准备阶段,该类项目一般只进行工期索赔,相应施工机械进场,达到施工程度因未有详细图纸不能进行施工时应进行机械停滞费用[机械台班停滞费＝(机械折旧费＋经常维修费)×50％]索赔。

3.1.2 恶劣的气候条件导致的索赔：分为工程损失索赔及工期索赔；业主一般对在建项目进行投保,故由恶劣天气影响造成的工程损失可向保险公司申请损失费用,在建项目未投保时,应根据合同条款及时进行索赔；该类索赔计算方法：在恶劣气候条件开始影响的第一天为起算日,恶劣气候条件终止日为索赔结束日。例如七合同 1997 年 5 月 13 日～18 日济南市骤降大到暴雨,使便道、A 匝道桥承台基坑、部分涵洞及砂垫层受灾,施工单位立即向保险公司申请损失费用索赔。

3.1.3 工程变更导致的索赔：分为工程施工项目已进行施工又进行变更、工程施工项目增加或局部尺寸、数量变化等；计算方法：施工单位收到监理工程师书面工程变更指令或业主下达的变更图纸日期为起算日,变更工程完成日为索赔结束日。

3.1.4 以承包商之能力不可预见引起的索赔：由于在工程投标时图纸不全,有些项目承包商无法作正确计算,如地质情况、软基处理等,该类项目一般索赔工程数量增加或需重新投入新工艺、新设备等。计算方法：在承包商未预见的情况开始出现的第一天为起算日,终止日为索赔结束日。

3.1.5 由外部环境而引起的索赔：属业主原因,由于外部环境影响(如征地拆迁、施工条件、用地的出入权和使用权等)而引起的索赔。根据监理工程师批准的施工计划影响的第一天为起算日,经业主协调或外部环境影响自行消失日为索赔事件结束日。该类项目一般进行工期及工程机械停滞费用索赔。

3.1.6 监理工程师指令导致的索赔：以收到监理工程师书面指令时为起算日,按其指令完成某项工作的日期为索赔事件结束日。

3.1.7 其他原因导致的施工单位的索赔,视具体情况确定起算和结束日期。

3.2 同期记录：

3.2.1 索赔意向书提交后,就应从索赔事件起算日起至索赔事件结束日止,要认真做好同期记录,每天均应有记录,要有现场监理工程人员的签字；索赔事件造成现场损失时,还应做好现场照片、录像资料的完整性,且粘贴打印说明后请监理工程师签字。否则,在理赔时难以成为有利证据。

3.2.2 同期记录的内容有：事件发生时及过程中现场实际状况,导致现场人员、设备的闲置清单；对工期的延误；对工程的损害程度；导致费用增加的项目及所用的人员、机械、材料数量、有效票据等。

3.3 详细情况报告：在索赔事件的进行过程中（每隔一星期，或更长时间，或视具体情况由监理工程师而定），承包人应向监理工程师提交索赔事件的阶段性详细情况报告，说明索赔事件目前的损失款额影响程度及费用索赔的依据。同时，将详细情况报告抄送、抄报相关单位。

3.4 最终索赔报告：

3.4.1 当索赔事件所造成的影响结束后，施工单位应在合同规定的时间内向监理工程师提交最终索赔详细报告，并同时抄送、抄报相关单位。

3.4.2 最终报告应包括以下内容：

a. 施工单位的正规性文件。

b. 索赔申请表：填写索赔项目、依据、证明文件、索赔金额和日期。在高速公路工程施工中，索赔项目一般包括工程变更引起费用、工期增加，由于地方关系影响造成局部或部分地段停工等引起的机械、人员停滞，相应工期及费用增加等。索赔依据一般包括在建工程技术规范、施工图纸、业主与施工单位签订的工程承包协议、业主对施工单位施工进度计划的批复、业主下达的变更图纸、变更令及大型工程项目技术方案的修改等。索赔证明文件包括业主下达的各项往来文件及施工单位在施工过程中收集到的各项有利证据，施工单位往往在施工过程中只对存在的问题向上级主管单位进行口头汇报或只填写索赔意向书而不注重证据的收集，故业主使很多本来对施工单位有利的索赔项目不进行最终批复。索赔金额及工期的计算一般参照承包单位与业主签订合同中包含的工程量清单、交通部公路工程概预算定额、定额编制办法、机械台班单价，地方下达的定额补充编制办法及业主、总监下达的有关文件。

c. 批复的索赔意向书。

d. 编制说明：索赔事件的起因、经过和结束的详细描述。

e. 附件：与本项费用或工期索赔有关的各种往来文件，包括施工单位发出的与工期和费用索赔有关的证明材料及详细计算资料。

4. 索赔的管理：

4.1 由于索赔引起费用或工期增加，故往往成为上级主管单位复查对象，为真实、准确反映索赔情况，施工单位应建立、健全工程索赔台账或档案。

4.2 索赔台账应反映索赔发生的原因、索赔发生的时间，索赔意向提交时间，索赔结束时间，索赔申请工期和金额，监理工程师审核结果，业主审批结果等内容。

4.3 对合同工期内发生的每笔索赔均应及时登记。工程完工时应形成一册完整的台账，作为工程竣工资料的组成部分。

5. 索赔存在的误区：

可以说索赔是对施工单位有百利而无一害的，故很多施工单位在索赔工作上大做文章，然而在索赔过程中往往存在不少误区，归纳起来，大致可分以下几点：

5.1 当索赔事件发生时，有些施工单位考虑与业主、监理单位的下一步合作，而不敢提出。

5.2 项目经理和技术负责人对索赔工作意识不到位，对可提可不提的索赔往往不提出。

5.3 主管人员对技术规范文件及业主、监理、施工单位往来文件理解不深刻，对实际存在的索赔项目无充分理由。

5.4 只注重索赔意向的提出，不重视索赔过程中的证据收集和及时作最终索赔报告。

## (二)索赔与反索赔相结合案例

某大型公共道路桥梁工程,跨越平原区河流。桥梁所在河段水深经常在5m以上,河床淤泥层较深。工程招标文件采用菲迪克标准合同条件,另有详细的"专用条件"及"施工技术规程"(Specification)。中标合同价7 825万美元,工期24个月。

工程建设开始后,在桥墩基础开挖过程中,发现地质情况复杂,淤泥深度比招标文件资料中所述数据大得很多,基岩高程较设计图纸高程降低3.5m。在施工过程中,咨询工程师多次修改设计,而且推迟交付施工图纸。因此,在工程将近完成时,承包商提出了索赔,要求延长工期6.5个月,补偿附加开支(Additional Costs)3 645万美元。

在这项重大索赔的处理过程中,业主和咨询工程师采取了比较慎重、细致的做法,在审核评价承包商的索赔文件之后,又向承包商提出了某项反索赔,使索赔与反索赔交错在一起,最后做了综合性的处理。

业主和工程师采取的步骤如下:

1. 详读招标合同文件,审核承包商索赔要求的合同依据。逐项审查后认为,承包商有权提出相应的工期延长、工程量增加、个别单价调整等项索赔要求,应对其具体索赔款额进行核算。

在招标文件的"工程造价预算"部分中(这部分文件即"标底",由业主保管,从未向承包商提供或透漏),对大桥工程的造价进行了详细的估算,预算工程总造价为8 350万美元,工期24个月。由此可见,承包商在竞争性公开招标过程中,编制投标书时将工程成本压得过低,并遗漏了一些成本项目,合同报价为7 825万美元。它虽然在竞争中达到了中标的目的,但报价偏低525万美元(8 350万-7 825万=525万),从一开始便埋下了亏损的根子。虽然他编报的施工期仍为24个月,与业主在招标文件中要求的施工期一致。

2. 根据施工过程中出现的情况,对工程成本进行可能状态分析。具体分析每一项新出现的索赔事项(地质条件、修改设计、迟交施工图纸等),核算在这些条件下进行施工时可能形成的工程总造价。当然,在考虑这些新的施工条件或干扰时,应排除:(1)由于承包商的责任造成的成本增加;(2)根据合同条款应由承包商承担的成本风险。

通过可能状态分析,大桥工程的总成本可能达到9 874万美元;所需工期约为28个月,即在原定24个月工期的基础上,延长工期4个月。从工程成本可能状态分析可以看出:

(1)工程总成本由8 350万美元增至9 874万美元,所增加的1 524万美元是承包商本来可以有权提出的索赔款额的上限。

(2)由于承包商在投标报价时较工程"标底"(8 350万美元)少报了525万美元,这是他自愿承担的风险。因此,可能给予承包商的索赔款的上限为999万美元(1 524万-525万=999万)。

(3)承包商提出要求延长工期6.5个月,是他根据施工进度实际情况到工程建成所需要的工期延长(EOT)。但是,根据可能状态分析,可给予承包商延期4个月。其余的拖期2.5个月,则属于承包商的责任。

(4)承包商要求,在他的中标合同价7 825万美元的基础上,再索赔附加成本3 645万美元。这意味着,工程总成本将达11 470万美元(7 825万+3 645万=11 470万)。但业主和工程师的可能状态分析得出的总成本为9 874万美元。这两个总成本的差值1 596万美元(11 470万-9 874万=1 596万),说明承包商的成本支出偏大。其原因可能是:承包商管理不善,形成过大的成本支出;或是承包商在计算索赔数时留有余地,提高了索赔款额。不论是什么原因，业主是不会承担这项总成本的差值的。

3. 对于工期延误，向承包商提出反索赔要求。根据工程项目的可能状态分析，可同意给承包商工期延长(EOT)4个月。对于其余的拖期2.5个月，根据合同条款，业主有权反索赔，即向承包商扣取"误期损害赔偿费"(Liquidated Damages For Delay)。

按照合同规定，工程建成每延误1天按95 000美元收取误期损害赔偿费，共计为：95 000美元×76天＝7 220 000(美元)。

4. 综合处理索赔和反索赔事项，咨询工程师经过数次与承包商洽商，就索赔及反索赔事项达成协议，双方同意进行统筹处理。

(1)业主批准给承包商支付索赔款999万美元，批准延长施工期4个月。

(2)承包商向业主交纳工程建设误期损害赔偿费722万美元。

(3)索赔款和反索赔款两相抵偿后，业主一次向承包商支付索赔款277万美元。

反索赔是被要求索赔的一方向要求索赔的一方提出的索赔要求。它是对要求索赔者的反措施，也是变被动为主动的一个策略性行动。当然，无论是索赔或反索赔，都应当以该工程项目的合同条款为依据，绝不是无根据的讨价还价，更不是无理取闹。

## 思 考 题

1. 合同有哪些法律特征？项目合同有哪些特点？
2. 项目合同有哪些类型？包括哪些内容？合同由哪些文件组成？
3. 项目合同管理的组织形式有哪些类型？各适合何种项目？
4. 为签订项目合同而进行的谈判需经过哪些阶段？
5. 合同订立的一般程序和原则是什么？
6. 什么是项目合同的担保？担保的形式有哪些？
7. 项目变更或解除的条件是什么？两者有何区别？
8. 什么是索赔？如何分类？
9. 索赔的依据是什么？索赔是按什么程序进行的？

# 下篇

# 实务篇

# 第八章

# 项目管理的组织结构与能力评估体系

**本章要点**

项目必须由特定的组织来安排和落实,项目组织形式及项目管理能力往往奠定了项目成功的基础。本章简要介绍了项目的组织形式及选择依据,阐述了项目团队建设的基本方法,系统地说明了项目团队成员和项目经理的选择标准和能力、素质要求。详细分析了项目管理能力评价体系的构成、内容等,包括对项目经理能力的评价、大型项目和项目集的管理能力评价和组织级项目管理能力的评价。

## 第一节 项目管理的组织结构

### 一、项目管理的组织形式

组织,是指有意识形成的职务或岗位的结构。为了使人们能为实现目标而有效地工作,就必须设计和维持一种职务(或岗位)结构。

项目管理组织,是指为了完成某个特定的项目而由不同部门、不同专业人员所组成的一个工作组织。项目管理组织形式就是项目实施时所采用的组织机构形式。目前国内外采用的组织形式大致可以归纳为三大类:职能制组织形式、项目制组织形式、矩阵制组织形式。每一种组织形式的组织过程均分为三个阶段:工作划分、工作归类、形成组织结构。

(一)职能制组织形式

职能制组织形式是把不同的管理机构,按职能从上到下分层次进行组织管理的形式(见图8—1)。

职能制的主要长处是能够集中相同专业人才,进行专业管理,使他们充分发挥各自的专

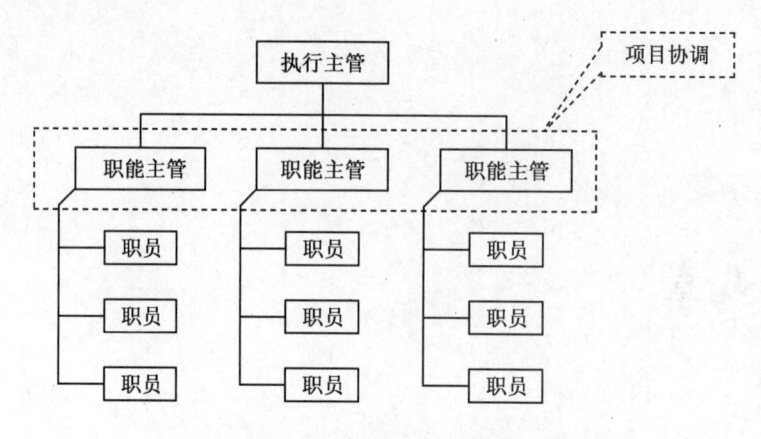

```
            ┌─────────┐        ┌ ─ ─ ─ ─ ─ ┐
            │ 执行主管 │        │ 项目协调  │
            └────┬────┘        └ ─ ─ ─ ─ ─ ┘
    ┌───────────┼───────────┐
┌───┴────┐ ┌────┴───┐ ┌─────┴──┐
│职能主管│ │职能主管│ │职能主管│
└───┬────┘ └────┬───┘ └─────┬──┘
    │           │           │
  ┌─┴─┐       ┌─┴─┐       ┌─┴─┐
  │职员│       │职员│       │职员│
  └───┘       └───┘       └───┘
```

图 8-1　职能制组织形式

长,有利于从整体上协调企业活动,提升企业的技术水平和管理水平。但是,这种组织形式是按职能层次划分的,不同的职能部门有不同的业务目标,往往过多地强调本部门的业务,而忽视项目的总体目标;项目组成员只是临时从本职能部门抽调而来,责任淡化,有时工作重心仍在职能部门,很难树立对项目总体目标的高度责任心;由于实行多头领导,不利于对资源的集中使用,有时还会妨碍对项目实施过程的统一指挥;涉及复杂的大中型项目时,职能制的内部会在资源安排等问题上发生矛盾,造成管理上的混乱。

(二)项目制组织形式

项目制的特点是按专业分工的原则,从项目管理部门抽出项目经理,从各有关职能部门抽调专业人员,按不同项目而成立的组织机构。这种形式主要用于时间要求紧迫的工程项目,有时又被称之为工程队的组织形式(见图 8-2)。

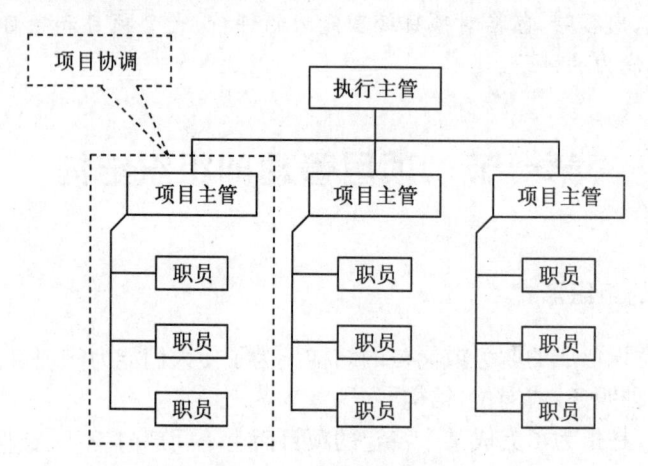

图 8-2　项目制组织形式

专业项目制的主要长处是目标单一,责任明确,指挥统一。项目经理可以直接控制一切必要的资源,集中统一指挥,充分发挥资源的作用;项目经理对上级部门以及对项目的成败均负有直接责任。各类专家集中在一起工作,形成一种团结合作的气氛,有助于互相交流,提高业务水平和工作效率,顺利实现项目要求。但这种组织形式也有缺点:(1)项目组织具有临时性,工作人员流动频繁,没有长远目标,会影响工作情绪。(2)各类人员在一起工作,实际工作量不等，会出现忙闲不均、人力资源闲置的现象。如施工前期，供料人员、施工人员任务繁忙，而设备安装人员却无事可做，而施工后期，则相反。(3)项目组织形式和其他项目、职能部门同属一个水平系统，容易造成不同项目之间，项目与职能部门之间的矛盾，如计划安排、资源分配等方面的矛盾。(4)项目经理权力很大，可是他们的精力或能力都是有限的，很难胜任内部的各类控制和协调工作，如果项目经理能力较弱，这种形式的缺点暴露得尤为明显。

### (三)矩阵制组织形式

矩阵制是一种使直线职能制的纵向管理系统与横向的项目协调系统相结合、纵横交错的组织结构，有时也称作"目标—规划结构"(见图8-3)。

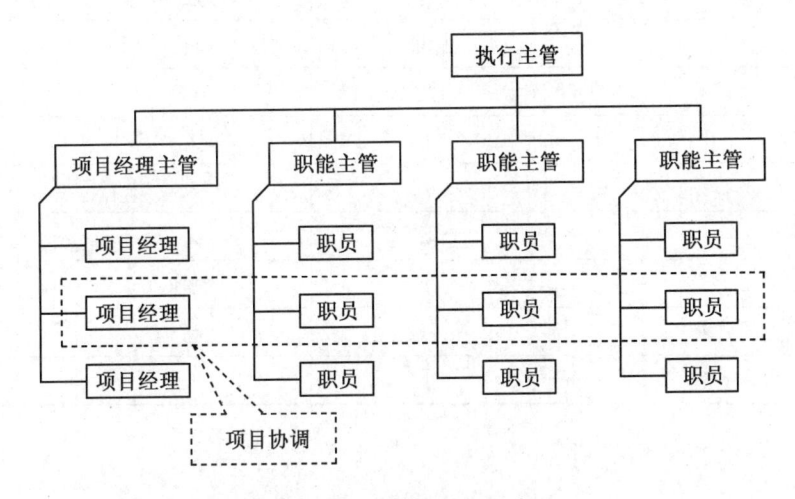

图8-3 矩阵制组织形式

当公司内部同时实施几个项目时，为了充分合理地使用技术人才，要用较少的人力完成较多的项目，矩阵制是一种比较适合的形式。

矩阵制的主要优点是：(1)加强了各职能部门之间的横向联系，具有较强的适应性和机动性，能更好地调动各类专业人员的积极性，有利于管理专业化。(2)矩阵制使职能制与项目制有机地结合起来，使职能机构的长期目标和项目的具体目标得到统一协调。

其缺点在于，各职能部门的人员都是双重领导，既受所属部门的直接领导，又受项目经理的间接领导，必须有周密的计划，良好的控制，才能使项目管理取得成功。当项目机构和职能机构配合不佳时，会互相埋怨，项目经理感到对职能机构无能为力，而职能部门负责人则感到项目经理过多干涉其职权，从而影响双方的工作效率。

上述三种组织形式各有利弊，相互之间并不排斥，可以用于同一项目的不同阶段，也可用于同一家公司的不同项目，决策者应根据项目的特点及条件正确选择。

## 第二节 项目组织形式的选择

项目组织形式是项目开展的组织保证，也是项目人力资源配置的依据，更是项目协调的重要基础。不同的组织形式决定了项目经理的不同职权和责任，决定了对项目经理不同的能力要求和整个企业权力的重心。因此，项目组织形式的选择是开展项目活动的第一步，也是项目启动阶段极为重要的工作内容。

不同的组织形式适合不同的项目类型,因此,在选择项目组织形式时要兼顾很多因素,具体需要考虑的因素见表8-1。

表8-1　　　　　　　　　　　三种组织形式适应程度对比表

| 组织形式<br>项目特点 | 职能制 | 项目制 | 矩阵制 |
| --- | --- | --- | --- |
| 周期长短 | 短 | 长 | 中等 |
| 时间紧迫性 | 弱 | 强 | 中等 |
| 技术 | 标准 | 新 | 高 |
| 复杂性 | 低 | 中等 | 高 |
| 规模 | 小 | 大 | 中等 |
| 项目重要性 | 小 | 大 | 中等 |
| 不确定性 | 低 | 高 | 高 |
| 差异性 | 小 | 中等 | 大 |
| 对项目经理能力的要求 | 一般 | 高 | 高 |
| 项目经理的权力 | 小 | 大 | 中等 |

## 第三节　项目的团队建设

### 一、项目团队的特点

与一般的班组相比,项目团队有以下特点:

1. 共同认可的明确的目标。项目团队要真正成为一个高效的组织,就必须所有团队成员凝成一股绳,为共同的目标而奋斗。在此过程中,团队成员对项目目标的认可度决定了他们的忠诚度和敬业度。只有当所有的团队成员都认为该项目目标的实现不仅对组织有着重要的意义,而且关系到个人的荣誉和发展时,他们才会有全身心的付出和不懈的努力,才会有最终高质量的产出。

2. 合理的分工与协作。项目团队最大的特点是团队成员来自于不同的部门,掌握不同的技能和技术,拥有不同的知识结构,从事不同性质或类型的工作,因此,项目团队每个成员在项目目标实现过程中都有着无可替代的作用。如何充分发挥每个项目团队成员的专长,从而确保项目能够以最短的时间、最低的成本实现既定的质量目标,不仅需要团队成员间合理的分工,更需要他们相互间精诚的合作和工作中的无缝衔接。为了确保团队成员间高效的分工和合作,除了要进行科学合理的工作分解、计划安排等以外,项目经理的沟通管理能力和冲突管理能力也是重要的决定因素。

3. 全体成员的积极参与。项目是由人来完成的,项目的成败和效率的高低最终取决于项目团队成员的工作绩效。项目团队成员工作的投入度、积极性高低不但对项目进度有重大的影响,而且对于项目质量和项目成本控制也有决定性的作用。因此,项目经理必须运用各种激励手段,充分调动团队成员的工作积极性,促使每个团队成员在各自的工作范围内勤勤恳恳,任劳任怨,并且能够运用自己的经验和聪明才智,不断创新性地提出解决方案,提高项目的实施水平。

4. 互相信任及良好的信息沟通。任何形式的合作都是基于相互信任的基础上的。项目团队成员要想开展高效的合作,同样要求团队成员彼此间能够高度信任。而要想获得别人的信任,团队成员必须具有以下基本的素质:(1)正直的品质;(2)良好的专业素养;(3)行为的一贯性;(4)人际交往中保持忠实和开放性。此外,团队成员间及时、有效的信息沟通也是消除不必要的误解、传递准确信息、表达真实意图的重要手段,因此,项目团队必须建立合理的项目组织,构建有效的沟通渠道,鼓励项目团队成员通过正式和非正式沟通网络来促进信息的流动,消除信息沟通障碍,避免由于信息不对称带来的冲突和矛盾。

5. 高度的凝聚力与民主气氛。在项目目标实现的全过程管理中,项目团队的凝聚力建设是体现项目经理管理能力的重要指标之一,因此,项目经理要通过"团队建设"、"敏感性训练"等手段来培养成员间的相互理解、相互欣赏、精诚合作的意识和能力,一支高度团结、凝聚的团队是项目目标的有力保证。同时,团队成员间的互补性和不可替代性也决定了项目经理在面临具体专业决策时,必须依靠团队成员的力量,充分发挥每个团队成员的专业技能来解决项目实施过程中遇到的各种问题。故而,民主决策、发挥每个成员的专业技能在项目团队建设中不是一句空话。

6. 学习是一种经常化的活动。俗话说,"隔行如隔山",项目团队成员不同的技能和专业背景往往会造成由于团队成员不了解别人的工作流程和工作内容,从而对于如何与别人开展合作或者在哪些方面可以有效地合作而感到束手无策。为了达成高效的合作,要求团队成员相互学习,对于合作者的基本工作方法和工作流程的熟悉度越高,合作的基础就越扎实,合作的效率也就越高。因此,项目团队应该经常性地开展一些技术交流,提高项目团队成员对整个项目实施过程中涉及的技能和知识的了解和认识。

## 二、项目团队成员的选定

挑选项目团队成员时,应考虑以下条件:

1. 具有与项目任务相关的知识和技能。由于项目有着明确的时间限制,因此,项目团队在挑选团队成员时,必须确保该成员拥有项目任务相关的知识与技能,也就是说,他应该具备极高的岗位胜任力,一进入项目团队,马上就可以运用自己的专业技能从事指定的项目任务,在规定的时间内保质保量地完成本职工作。

2. 个人对任务感兴趣。"兴趣是最好的老师",只有当团队成员对参与的项目有浓厚的兴趣,才能激发他以巨大的热忱和百倍的努力投入于项目任务中。同时,项目一次性、独特性的属性也意味着任何一个项目都有其特殊性,需要项目团队成员运用智慧,提出创造性的解决方案。项目的风险属性又意味着在实施项目过程中经常会遭遇一些意想不到的事件和境况,更需要团队成员能够突破固有的思维和传统方法的束缚,充分利用现代科技的最新成果来解决新出现的问题。在此过程中,那些对项目任务怀有极大兴趣的成员会更持久地沉浸于项目目标中,更投入地去了解项目的现状及存在的问题,更积极地动用自己的能量和网络,千方百计地帮助团队完成任务。

3. 能够接受项目工作的各种约束。项目的时间限制性特点要求团队成员在特定的时间段内全身心地投入。为了在有限的时间内按时完成目标,有时会对项目团队成员提出一些约束或要求,如,一些咨询类项目会要求成员在短短几天时间内辗转于世界各地;一些海外工程项目会要求员工远渡重洋,在整个项目实施期间不能与家人团聚;一些献礼性项目由于时间紧迫,要求员工三班倒、日夜开工等。因此,在挑选项目团队成员时,必须考虑每个备选员工的工作价值观、家庭情况、身体状况、个人意愿等,只有那些愿意接受项目约束的人,才是项目合适的人选。

4. 有团队精神,喜欢团队合作。项目成员在一起,免不了相互间会有一些冲突和矛盾。除了最根本的利益冲突外,人与人之间还会因个性的不同而产生无谓的矛盾和冲突,这样的矛盾和冲突不但削弱了整个组织的凝聚力和战斗力,而且也破坏了项目团队成员间最基本的合作基础。因此,在选拔项目团队成员时,应该考虑团队成员的个性,只有那些具有团队精神,喜欢团队合作,拥有开放心态和合作意愿的成员,才有可能在项目团队中表现出顾大局、识大体,着眼于共赢的目标,积极参与到团队的工作中。

5. 诚信的理念和开放的心态。项目的成功实施离不开每个团队成员的贡献和付出,因此,"军功章里有你的一半,也有我的一半"。同样,项目的任何瑕疵不但会给整个企业带来利益的损失、商誉的破坏,也会给每个项目团队成员的名誉和声望蒙上阴影,带来羞辱。因此,项目团队成员应该有诚信的理念,勤奋、踏实地做好每项工作,确保项目的每项工作都符合项目相关者的要求。同时,对于项目开展过程中任何不当的行为都要勇于站出来,以项目相关者的利益为重,不拘囿于团队或个人的小圈子。因此,在选拔项目团队成员时,团队成员的诚信和开放也是必须考虑的一个因素。

### 三、使团队成员全身心投入到项目团队中

项目的目标绩效最终取决于团队成员的工作绩效。要使得项目能够按既定目标去实现,团队成员必须在项目开展全过程中保持高度的热忱、旺盛的精力、高涨的干劲、持久的努力。如何调动团队成员的工作积极性,使成员在项目存续期间能够心无旁骛地在项目中恪尽职守,充分运用自己的专业技能,为项目工作献计献策,为项目的实施添砖加瓦,是每个项目经理必须深入思考和预先谋划的重要工作内容。为此,项目经理必须在以下几个方面有所作为:

(1)成员交流经常化,使他们感觉团队的存在。一方面,项目的生命周期属性决定了项目团队成员必然在不同的时间段从事不同的工作,另一方面,项目的不可分割性特点又决定了项目团队成员必须精诚合作,才能完成一个共同的目标。前一个特点意味着项目团队合作的难度,而后一个特点又说明了合作的必要性。要解决这个矛盾,需要项目经理通过各种途径,采取各种措施,让项目成员保持有效的沟通和交流,使团队成员牢固地树立团队意识,能够站在整个项目工作流程有序开展的角度来考虑和从事自己的项目任务,从而确保上下道工序间的无缝衔接,为缩短工期、降低成本和提高质量打下基础。

(2)确保参与团队可以实现成员的合理需要。每个人参加项目团队的目的不同,不同目的的背后实际是每个人的需要不同。根据马斯洛的需要层次论,人有五个不同层次的需要,其中未满足的需要往往决定了一个人能否被激励以及被激励的程度。作为独当一面的项目团队成员,进入项目团队后的工作积极性在很大程度上取决于他对于通过项目满足自己需要程度的认识。特别是项目团队中的一些核心骨干,他们往往拥有良好的专业技能、远大的职业志向和明确的职业规划,希望通过项目来展示自己的能力,得到组织的认可,并在项目结束后实现职业提升。因此,项目经理必须充分了解项目的战略目标、项目目标与公司目标之间的关系,了

解整个公司的人力资源管理现状和相关制度、政策和条例,清楚地知道本项目对组织战略和目标的贡献及局限,理解每个团队成员的需要和个人目标,在项目全过程管理中,通过良好的沟通和交流,使高层领导及时地了解项目的进展和项目成员突出的表现,使项目团队成员的努力和行为能够准确地被了解和认可,从而确保每个项目团队成员都能够通过参与项目来实现自己的需要。

(3) 使每个成员知道项目的重要性,不希望成为"失败者"。通常,项目通过工作分解和责任分配来确定每个员工各自的项目任务,从而确保整个项目有序地推进。但是,这也会导致部分员工缺乏大局观,不了解单个项目任务对整个项目的重要性,不了解自己的工作责任心和工作质量对于整个项目的全局影响,甚至当其他团队成员出错的时候,抱着"事不关己"的幸灾乐祸心态。因此,项目经理在日常管理工作中,要反复向团队成员强调项目的整体属性,让项目团队成员理解项目对于组织、团队和个人的重要意义,人人为项目的成功而努力。

(4) 所有成员共享团队荣誉和成就,有归属感和成就感。尽管项目经理是项目的主要责任者和项目结果的最大受益者,但是,如果项目团队成员缺乏必要的责任心和集体荣誉感,那么,项目经理终究会从最大的受益人变成最大的受害人。因此,项目经理必须通过合理的薪酬安排、科学的绩效考核等措施有效地激励项目成员,把他们的利益和个人需要的满足与项目目标捆绑在一起,"一荣俱荣,一损俱损",通过项目的成功来实现个人的目标,通过项目的成功来树立个人的声誉和职业声望,从而树立项目的归属感和成就感。

(5) 使团队中的竞争减低到最小,防止内耗,形成合力,共同与外界竞争。项目团队作为一个成员间互补型的项目实施基础单位,应该把相互间的合作放在第一位,因此,项目经理在项目团队内部更多地要鼓励成员相互间的协作、互助、共赢,防止不必要的内耗,把竞争的目标定在其他的项目团队上,通过内部的高度凝聚和统一来获取外部的竞争力,进一步强化集体荣誉感和进取心,提高项目团队的工作绩效和工作能力。

### 四、团队发展不同阶段需要的领导风格

团队的建设和发展一般要经过五个不同的阶段,对于一名合格的项目经理,其领导风格不应是一成不变的。相反,伴随着团队建设的不同阶段,项目经理应随机应变,根据不同阶段的不同要求和特点,采取不同的领导风格。

1. 组建阶段。伴随着项目启动,刚刚组建项目团队时,来自不同的部门,从事不同的项目任务的项目团队成员,彼此间非常陌生,甚至对于自己具体从事哪些任务,上下道工序的同事是谁等信息一无所知。处于这样迷茫和陌生的环境中,项目团队成员极需要项目经理能够明确地告知项目的基本情况、各自的工作任务和相互合作的要点等,因此,在此阶段,项目经理应该采取指导型的领导风格,即通过事先制定的科学严谨的各项制度和计划来明确每个成员的职责和任务,明确在项目中必须遵守的各项行为准则和考核基准,防止项目团队成员出现不合团队规范的言行举止。

2. 磨合阶段。在此阶段,伴随着项目的进展,需要项目成员运用自己的技能和知识来解决具体的项目问题,成员间的密切配合、高度合作往往成为项目任务保质保量得到完成的关键。但是,由于项目团队成员都是某一方面的专家,尤其是那些经过层层筛选而脱颖而出的团队成员,更是对自己的技能和能力抱有十分的信心,同时对其他成员的能力和工作性质还不甚了解,因此,在需要配合的环节往往会产生以谁的意见为主、互不买账等一系列问题,加之个别团队成员间由于个性不合、相互看不惯等摩擦,也会给团队内部带来很大的矛盾和冲突,故而,

此阶段一般被称为磨合阶段或者震荡阶段、混乱阶段。项目经理作为团队的领导，在此阶段不但需要依靠自己的专业技能和领导魄力，更需要通过价值观和人际关系能力去影响项目团队成员树立相互尊重、共同合同的团队意识，运用自己的人格魅力去影响对项目至关重要的核心骨干，不计较个人得失，以效益和效率为准则来判断工作方法的取舍和优先权的安排，同时，项目经理要通过搭建正式和非正式的沟通、交流平台帮助项目团队成员尽快相互熟悉、相互了解、彼此接纳，从而为项目的顺利进行打下良好的共事基础。项目经理在此阶段的领导风格可以归纳为影响型的领导风格。

3. 规范阶段。在此阶段，一方面项目团队成员不但彼此间有了比较深入的了解和交往，有些成员通过工作内外的合作和交流，甚至结下了深厚的友谊，另一方面，项目经理在团队管理过程中表现出的领导能力和工作魄力也使得其渐渐在团队中树立起了威信。随着项目活动的不断深入，项目团队成员间的分工和合作日益清晰，团队的工作要求和行为规范被普遍接受和遵循，因此，团队发展进入了规范阶段。同时，此阶段往往也是项目实施的关键阶段，项目团队在此阶段会遇到很多实施过程的具体技术问题，因此，项目经理应该采取参与型的领导风格，即让每个项目团队成员发挥他们的专业特长，运用各自的专业技能参与项目的各项决策，为项目出谋划策。在此阶段，由于项目团队已经成为一个真正的团队，项目团队成员能够以高效、合作作为思想指导和行动指南，能够站在项目的高度提出工作方案和作为评判的依据，因此，参与型领导风格无疑是此阶段最好的选择。

4. 成效阶段。在此阶段，由于项目团队已经有了一套共同接受和广泛认可的价值观、工作模式、行为规范、规章制度、合作准则、利益分配等，项目团队成员可以按照这些标准和要求，通过分工和合作完成项目任务，实现项目目标。因此，此阶段也是项目团队真正发挥作用的阶段，故而称之为成效阶段。在此阶段，项目经理已经不需要凡事亲力亲为，可以从日常工作中解脱出来，放心大胆地让团队成员根据既定的制度去从事各自的项目任务，由此，项目经理的领导风格应该转变为授权型的领导风格。

5. 解散阶段。项目完成之时往往也是项目团队解散之日，在项目的最后阶段，项目经理可以采取灵活型的领导风格，即针对不同成员，综合应用各种领导风格。比如，有的项目成员在项目任务完成过程中，表现出能力上的欠缺和不足，项目经理可以建议他在项目结束后去参加一些相关的培训，以进一步提高业务能力；有的项目成员在项目中不但表现出良好的专业素养和积极的工作态度，而且还表现出较强的人际领导能力和管理能力，对于这样的员工，项目经理不但要给予物质和精神的激励和奖励，更要向公司高层和有关部门推荐其在以后的项目中承担更重要的岗位和职责；有的项目成员经过项目的锻炼，能力上有了很大的提高，项目经理要给予及时的反馈，同时要鼓励他不断进取，朝着更高的目标去努力。总之，项目经理在项目解散的时候，不但要对项目团队成员的辛勤付出和精诚合作表达真诚的谢意，更要针对团队成员的不同能力、不同个性和不同需要，运用不同的领导风格，来进一步强化项目给予团队成员带来的利益或成长等需求的满足，提高项目团队成员的满意度，为以后的项目活动奠定扎实的人力资源基础。

值得注意的是，由于项目的生命周期属性，在有着特定时间规定的项目实施过程中，项目经理要有意识地努力缩短前三个阶段，延长第四个阶段，从而确保项目团队有足够的时间来实现项目目标。为此，项目经理必须掌握项目人力资源管理规律，学习和总结项目人力资源管理的知识和经验，尤其在项目组建和解散阶段要做好以下工作：

(1) 在项目团队组建起始，项目经理应该宣布项目团队成员必须遵守的制度、规范、准则、条例、流程、方法等,从而消除项目成员各自为政、自以为是、自作主张的混乱局面,缩短项目团队建设过程中的磨合阶段和规范阶段,使项目团队从一开始就走上正轨,使项目团队成员在项目刚刚起步时就以规范的行动纲领约束自己,并通过清晰的指令了解彼此间的责任和权利,了解相互间的分工和合作,了解项目经理的工作风格和项目的要求。同时,随着项目工作的不断深入,项目经理要根据本项目的特点、项目团队成员的要求和项目中出现的问题等,不断地修正和完善这些制度、规范等,使它们更适合项目本身的要求。"良好的开端是成功的一半",只有那些关注项目前期工作,做好充足预案和充分准备的项目经理才有可能在项目团队建设和发展中始终处于主导和主动地位,引领项目团队顺利进入成效阶段,尽早发挥团队作用,最终取得巨大的项目效能。

(2)在项目解散阶段,项目经理应该对所有的项目团队成员做个梳理,记录下他们在项目中表现出来的个人特质取向,如:①每个项目成员的个性取向;②每个成员的能力或才干取向;③每个成员在团队中的角色取向等。这些记录将为项目经理以后组建项目团队提供重要的人事依据。项目经理应该根据互补的原则,把个性互补、能力互补、角色互补的成员安排在同一个项目中,项目成员才更有可能相互融合、相互包容、取长补短,共同合作来完成项目任务。为了更准确地了解项目成员的这些特质取向,项目经理在项目开展过程中,就应该有意识地观察每个项目团队成员,做好相关的记录,并据此建立一个人事档案库,便于在需要的时候可以查询和参考,从而使项目团队的组建更科学、更合理。通过项目团队建设过程中对团队成员的观察和记录,项目经理也能进一步加深对员工的了解和认识,从而做到人尽其才的个性化管理,不断提高自己的项目人力资源管理能力。

## 第四节 项目经理的职责与素质要求

### 一、项目经理的设置

项目经理制自 1941 年在美国产生以来,在国外工业发达国家得到普遍推广。我国在 1983 年 3 月,由国家计委颁发的《关于建立健全前期工程项目经理的规定(草案)》中提出建立项目经理负责制,这是加强我国项目管理的一项有力的组织措施。项目经理在项目管理系统中的作用日益受到重视。

以工程项目为例,项目经理是以工程项目总负责人为首的一个完备的项目管理工作班子。项目经理包括建设单位的项目经理、设计单位的项目经理和施工单位的项目经理三种类型。

1. 建设单位项目经理

建设单位项目经理即建设单位领导和组织一个完整工程项目建设的总负责人。一些小型项目的项目经理可由一人担任,但对一些规模大、工期长且技术复杂的工程项目,由工程总负责人、工程目标控制者及合同管理者等人组成,组织项目经理部对项目建设全过程进行管理。建设单位也可以配备分阶段项目经理,如准备阶段项目经理、设计阶段项目经理和施工阶段项目经理等。

2. 设计单位项目经理

设计单位项目经理即设计单位领导组织一个工程项目设计的总负责人,他对建设单位项目经理负责,从设计角度控制工程项目的总目标。

3. 施工单位项目经理

施工单位项目经理即施工单位对一个工程项目施工的总负责人。全面负责的管理者,是项目经理的最高负责者和组织者。项目经理部是由工程项目施工负责人、施工现场负责人、施工成本负责人、施工进度控制者、施工技术与质量控制人、合同管理者等人员组成。

建设单位、设计单位和施工单位如有担当项目管理工作的合适人选,当然是委派本单位人员任项目经理为佳,如果缺乏合适的人选,可委托工程项目管理咨询公司派人任项目经理。由于项目大小不一,组织管理的复杂程度不同,因此,项目经理及其工作班子成员的组成及人数不可能有统一的标准组织模式,应视具体情况而定。

## 二、项目经理的职责

按管理的直接程度来分,项目经理的职责可分为内部职责和外部职责两种。内部职责必须由实质性的经理承担;而外部职责,可由项目经理或其下属人员来承担。

(一) 项目经理的外部职责

(1) 圆满实现业主目标,使业主满意。项目经理的基本职责是组织其下属并协调参加项目建设的各方关系,圆满地实现业主的目标。业主的要求,对项目经理来讲就是约束条件。项目经理通过对项目建设的全过程实行有效的控制,保证项目在质量、工期、造价和效益方面达到业主的要求,尽量使业主满意。

(2) 指导和组织项目的一切日常工作。一个项目不可能自发地运转,必须有人指导和组织,这个人就是项目经理。因此,项目经理的另一个外部职责就是负责对完成项目目标的日常工作给予指导和组织。

(3) 不断开拓新事物。因为项目实施是一次性的,所以项目经理碰到的多数是不可能事先预见到的问题,即一些开拓性的问题。因此,在项目建设中,项目经理应是主要开拓者。碰到新问题怎么办?主要有两条途径:一是靠开拓精神,二是靠不厌其烦地向有关专家请教和咨询。

(4) 对谈判负责。有时,项目经理要亲自负责谈判委托协议和商谈许诺条件等。但是,项目经理并不是事事都以一个谈判者身份出现,而是要对整个项目班子的谈判工作负主要责任。

在项目进展过程中情况会发生变化。项目经理要根据项目的特殊程度,用谈判的方式来解决合同、协议、项目目标、进度、预算、人员、政策、方法等方面的问题。

(5) 收取业主应付的费用。及时从业主处收取应付的费用,也是项目经理的一项重要的外部职责。这项工作可以由项目经理直接去做,但如果由项目组织中的其他成员做会更有利、效率更高的话,则不一定由项目经理亲自去做。

(二) 项目经理的内部职责

(1) 报告工作意图。向有关人员报告自己的工作设想是显示自己领导能力的第一机会,也是项目经理今后开展工作关键的第一步。做得好和做得及时,是对项目组织中全体成员的激励,否则,会影响项目的成功。

(2) 落实计划,严格执行,树立权威。如果在项目进行过程中调换了项目经理,新任项目经理应及时提出和公布新的计划。假如新任项目经理接受了前任项目经理的计划,也应经新任项目经理正式批准再执行,并要对如何贯彻执行计划提出保证措施。

(3) 落实技术、物质资源的供应。项目经理应对人力、设备、材料、服务等项目所需资源的供应进行谈判和落实,并提出保证供应的措施和条件。为便于查证核实,对有关供应商的承诺应力求规范化,这样会有利于检查所答应的条件是否合适以及是否能够控制。

(4)控制、协调好接合部。为了便于项目的实施,要把整个项目划分成若干层次的许多子项,以便把各分项工作划分给基层单位或个人去独立承担。不是所有层次的接合部都由项目经理去管理。一般情况下,项目经理主要负责高层次接合部的控制和协调。对于中间层和低层次的接合部,则由对项目再进一步划分的负责人去管理。

(5)监督并报告工作进程和存在的问题。项目经理要及时向业主、上级和其他需要了解项目的人报告项目进程和存在的问题。因此,项目经理应主动监督、检查项目的进程和了解存在的问题。一位优秀的项目经理应表现出这样的素质:宁愿早听到存在问题的警报,而不愿等到最后出了问题大吃一惊。并且,项目经理还应表示愿意积极帮助反映问题的人去解决存在的困难。

(6)对超出控制范围内的问题进行预防性的管理。项目经理有时会碰到这样的情况:对存在的问题和困难必须求助于外界才能解决,这就是超出项目经理控制范围的难题。此时,需要让项目经理的上级或业主早得到这方面的消息。因为提早告诉给业主或自己的上级,就有可能让他们提供一些额外的资源来解决,或者让他们把规定的约束条件放松一些,或者让他们能适当地调整一下项目目标。

(7)坚持贯彻项目成员的工作标准,遵守制定的规章制度和惯例。项目经理要建立一套行之有效的要求项目成员达到的工作标准,并且要坚持贯彻执行。

(8)负责组织并提出项目报告和审查意见。项目经理要向业主和上级提出项目报告和汇总审查意见。并不是这些工作全部都由项目经理亲自去准备和提出,而是要由项目经理对项目报告和审查意见负责。项目经理不可能对每一个问题的全部细节都了如指掌,但对一些关键性问题的来龙去脉应掌握清楚。

(9)按照项目实施的需要进行人才开发。人才开发主要包括培训下属及锻炼自己两个方面。培训的内容可按工作需要来确定。

### 三、项目经理的基本素质

现代项目经理是项目管理的中心。项目经理的素质对项目管理的绩效举足轻重。项目经理的素质是指项目负责人应具备的各种个人条件在质量上的一种综合,其结构是由个人的品格素质、能力素质、知识素质三大要素组成。一个人在这三种素质方面的状态,决定他能否成为一名合格的项目经理。

(一)品格素质

项目经理的品格素质是指项目经理从行为作风中表现出来的思想、认识、品性等方面的特征,其中项目经理的道德品质占据主要地位。

(1)良好的社会道德品质。项目经理良好的社会道德品质,是指项目经理必须对社会的安全、和睦、文明、发展负有道德责任。在项目建设中,项目经理既要考虑经济效益,也要考虑对社会利益的影响。当项目的经济效益与社会利益发生冲突时,项目经理应合理地加以协调,绝不能一味考虑项目的自身利益,而置社会利益于不顾。这样来约束项目经理,并不意味着否定项目经理的经济目标价值,而是要求项目经理牢牢地把追逐利润的经济行为限制在社会和公众允许的范围之内,而不能为所欲为。

(2)良好的管理道德品质。管理道德品质是对以经营管理活动为职业的项目经理提出的特有要求,它涉及项目经理在管理活动中的种种行为规范和准则。主要包括:

①诚实的态度。任何弄虚作假的欺骗意识和行为都会给项目带来恶劣后果。

②坦率和光明正大的心境。靠用心机、耍手腕,不仅得不到荣誉,相反会败坏项目的声誉和损坏项目的形象。要成功,只能靠坦率和光明正大。

③对过失勇于负责。不能一味诿过于他人,事前应该明确职责,事后出现问题时,除了分析当事人过失以外,还要勇于承担责任。

④言而有信,言行一致。言行不一的经理人员往往会丧失别人的信任感,减弱自己的影响力,最后失去市场,导致失败,因而必须言必信,行必果,表里如一。

## (二)能力素质

能力素质是项目经理整体素质体系中的核心素质。它表现为项目经理把知识和经验有机结合起来运用于项目管理的过程,对于现代项目经理来说,知识和经验固然十分重要,但是归根结底要落实在能力上。能力是直接影响和决定项目经理成败的关键。

(1)决策能力。决策能力集中体现在项目经理的战略战术决策能力上。工程项目大多面临错综复杂、竞争激烈的外部环境,要使项目建设成功,经理人员应了解和研究环境,对与项目建设有关的技术、设备、材料等商情进行分析预测,制定出战略决策,并付诸实施。从决策程序来看,经理人员的决策能力可分解为如下三种:收集与筛选信息的能力、确定多种可行方案的能力、择优决策的能力。

(2)组织能力。项目经理的组织能力是指设计组织结构、配备组织成员以及确定组织规范的能力。显然,拥有较高组织能力的经理人员能够运用组织理论原理,建立科学的、分工合理的、配套整齐的、高效精干的组织结构,合理配备组织成员,确定一整套保证组织有效运转的规范。

(3)创新能力。项目经理的创新能力可归纳为嗅觉敏锐,想像力丰富,思路开阔,设想多样和提法新颖等特征。经理必须具备创新能力,这是由项目活动的竞争性所决定的,只有不断利用新思想、新技术和新工作方法来替代原有的做法,才能使项目在竞争中立于不败之地。

(4)协调与控制能力。项目经理作为项目的最高领导者必须具有良好的协调与控制能力,而且,项目的规模越大,对经理的协调与控制能力要求越高。项目经理的协调与控制能力是指正确处理项目内外各方面关系、解决各方面矛盾的能力。从项目内部看,经理要有较强的能力协调项目中的各部门、所有成员的关系,控制项目资源配置,全面实施项目的总体目标。从项目与外部环境的关系来看,经理的协调能力还包括协调项目与政府、社会、协作者、承包商、物资供应商之间的关系,尽可能地为项目创造有利的外部条件,减少或避免各种不利因素的影响,以争取建立一个有效的外部支持系统。

在经理人员的协调能力中,最困难但也是最重要的是协调人与人之间的关系,因为项目内部的关系以及项目与外界的关系很大程度上表现为人与人之间的关系,这也往往是项目经理进行协调时关注的焦点。经理协调能力赖以实施的手段是沟通,应保持与他人的双向沟通渠道,倾听各方意见,同时提出自己的看法,通过这种沟通达到相互间的理解和支持。

(5)激励能力。项目经理的激励能力可以理解为调动下属积极性的能力。从行为科学角度看,经理人员的激励能力表现为经理所采用的激励手段与下属士气之间的关系状态。如果采取某种激励手段导致下属士气提高,则认为经理激励能力较强;反之,如果采取某种激励手段导致下属士气降低,则认为该经理激励能力较低。

项目经理的激励能力与经理人员对人的认识有关。现代人不单纯是"经济人",而且是"社会人",不仅有经济上的需求,而且有社会和心理上的需求。经理人员应更加注重运用各种社会和心理刺激手段,通过丰富工作内容、民主管理等措施来激励和调动职工的士气。

(6)社交能力。项目经理的社交能力即与企业内外、上下、左右有关人员打交道的能力。待人接物技巧高的经理人员往往会赢得下属的欢迎,因而有助于协调与下属的关系。在现代社会中,项目经理仅与内部人员交往远远不够,他还必须善于同企业外部的各种机构和人员打交道,这种交际不应是一种被动的行为或单纯的应酬,而是在外界树立起良好形象,这关系到项目的生存和发展。那些注重社交并善于社交的项目经理,往往能赢得更多的投资者和合作者,使项目处在强有力的外界支持系统中。

(三)知识素质

根据理论探讨和项目经理实践经验的分析,项目经理应具备三大类知识,即基础知识、管理知识和应用领域的业务知识。

(1)基础知识。基础知识主要包括哲学、社会科学和自然科学。在社会科学方面,应掌握经济学、管理学、心理学、法律和伦理学等方面的知识。在自然科学方面,应学好数学、物理学、生态学和电子计算机使用等知识。

(2)管理知识。项目经理除了掌握一般的管理常识外,还应掌握项目管理学、技术经济学、企业领导学等。其中,在项目管理知识方面,结合美国项目管理协会提出的项目管理知识体系,项目经理应该对项目管理知识体系的十大范围都有所涉猎。同时,项目经理作为项目的领导者,有关领导学方面的理论和知识对于项目成功非常关键。总之,项目经理必须是个通才,而不是专才。

(3)应用领域的业务知识。当今社会,项目已成为各行各业的基本活动形态,项目管理的应用也早已突破了传统领域,成为广泛应用于各个行业领域的重要管理手段。然而,项目管理工具和方法应用的有效性本身取决于对项目技术特征的把握能力,因此,项目经理必须对本领域的技术知识和技术方法有较深的了解。总之,项目经理应该是具有一定知识广度的"杂家",他应在实践中不断深化和完善自己的知识结构。

### 四、项目经理的管理技巧

国内外成功的项目经理的经验证明,仅有较好的素质条件只是一个方面,除此而外,还应总结学习较高的项目管理技巧。这些技巧主要有以下内容。

1. 队伍建设技巧

建设一支能战斗的项目队伍是项目经理的基本功之一。队伍建设涉及各种管理技巧,但主要的应能创造一种有利于协作的气氛,把参加项目的所有人员统筹安排到项目系统中去。项目经理要抓住三个主要问题:有效的联系、真诚地关心队伍成员的专业提高和个人成长、专心致力于项目工作。

2. 解决矛盾的技巧

矛盾对于复杂的管理任务来说是最基本的障碍。它常常由总项目组织以及其他职能组织的相互影响所决定。了解矛盾的决定性因素对项目经理有效地解决矛盾是相当重要的。矛盾往往导致不恰当的总项目决议,打乱队伍的工作,甚至对完成项目产生消极影响。

通过各种调查研究获得许多建议,目的在于增强项目经理解决矛盾从而改善项目作业的能力。项目经理必须做到:

(1)了解组织和行为因素之间的相互关系,以便建立有利于发挥队伍热情的环境,这将会加强积极合作和将有害于工作的矛盾减少到最低程度。

（2）为了实现项目的目标和决议，应与各级组织进行有效的联络沟通。定期安排情况审查会议，这可作为一种重要的联系方法。

（3）找出产生矛盾的决定因素及其在项目周期内发生的时间，制订有效的项目计划及应急措施，取得高级管理层的保障和参与，这一切有助于在矛盾成为阻碍项目作业的因素之前避免或最大限度地减少矛盾。

矛盾产生的后果取决于项目经理促进有益争论，同时又将其潜在的危险后果减少到最低限度的能力。有才能的经理需要具有"第六种感官"来指明何时需要矛盾，哪种矛盾是有益的，以及在给定情况下有多少矛盾是最适宜的。总之，他不但要对项目本身负责，而且还要对所产生矛盾使项目成功或失败负完全责任。

3. 取得管理层支持的技巧

项目经理周围有许多组织，它们或支持或控制或制约项目活动。了解这些关系对于项目经理是很重要的，因为它可以提高他们与高级管理层建立良好关系的能力。项目组织是与许多具有不同爱好和办事方法的人员共同分担权力的系统。这些权力系统有一种均衡的趋势，有了高级管理阶层支持的强有力的领导才能避免发生不良的倾向。

4. 资源分配技巧

总项目组织一般有很多经理。因此，在资源分配方面需要根据任务目标，搞好平衡和分配。有效而又详尽的总项目计划有助于完成所承担的任务和自我控制。部分计划是为资源分配奠定基础的工作说明。

综上所述，项目经理的基本要求可以概括为：良好的职业道德；丰富的知识和经验；系统的思维能力；综合的管理能力（计划、组织、指挥、协调、控制等）；创新能力；健康的身体。

## 五、项目经理的绩效考核

1. 项目经理绩效评价体系

绩效是个体或群体工作表现、直接成绩、最终效益的统一体。项目经理的绩效也必然表现为工作表现、直接成绩和最终效益等方面。因此，对项目经理的绩效考核和绩效评价不能用单一指标，而是必须构建一个绩效评价体系，全方位地对项目经理的工作业绩作出全面、客观和公正的评价。

项目经理的绩效评价体系包括以下内容：项目总体结果绩效，管理过程绩效，团队建设绩效，关系处理绩效。

（1）项目总体结果绩效。项目经理的工作能力和工作成效直接体现在项目的产出物上，因此，项目总体结果绩效是项目经理的直接成绩，也是项目经理绩效评价的最重要内容。项目总体结果绩效是指项目产出结果与项目目标的吻合度，只有当项目的最终成果符合项目的计划要求，满足项目相关者的需要，这样的项目才算是合格的项目。因此，项目总体结果绩效是项目经理绩效评价体系中的基本要求，它既是项目经理工作的出发点，也是项目经理必须达到的归宿点。

（2）管理过程绩效。项目的独特性决定了每个项目实施过程的复杂性，这就需要项目经理不断地通过一次次的项目实践来提高项目管理能力和水平。因此，对于项目经理的考核指标之一就是项目经理通过"干中学"，不断地总结项目管理经验教训，不断地提高项目管理应用水平的学习能力和成长能力。项目经理必须通过自己的项目实践，总结出一套行之有效的适合本企业、本行业项目管理特点的管理手段和方法，并能够与时俱进地不断修正和完善，通过企业内、行业内项目经理之间的交流和互助互学,不断提高企业和行业整体的项目管理水平。管理过程绩效的提高是项目总体结果绩效的有力保证。

(3)团队建设绩效。作为项目的领导者,项目经理在项目开展过程中团队建设的绩效不但直接影响到所领导项目的效益和效率,而且还影响到整个组织的文化建设和凝聚力工程。因此,项目经理必须具备优秀的团队建设能力,通过项目团队建设带动整个公司的人才筛选、员工激励、培训培养、职业发展、价值观改造、制度规范等一系列管理措施的开发和落实,带来整个公司人力资源管理水平的提高,最终使整个公司能够成为有高度凝聚力、能引才留才的"员工之家"。

(4)关系处理绩效。项目是应项目相关者的需要而设立的,因此,项目的开展过程也是项目经理与方方面面的项目相关者打交道的过程。对于项目经理来说,识别项目相关者及其需要,评估不同项目相关者与项目的利益关系及其利益相关程度是决定项目最终满意度的重要一环。因此,项目经理在整个项目生命周期内,要不断地去甄别项目相关者,特别是潜在的干系人,通过高超的人际领导能力和卓越的沟通能力,与项目相关者达成战略伙伴关系,依靠项目团队的力量和项目相关者的资源来保证项目目标的高效完成。项目经理的关系处理能力不但会对项目相关者的满意度产生直接的影响,也会给企业声誉、品牌美誉度等产生巨大影响。项目经理杰出的关系处理绩效在一定程度上会带来企业的可持续发展和行业地位的上升。

2. 项目经理对项目成败关键要素的把握

项目经理的工作绩效除了受其能力、素质、管理技巧等影响外,还在很大程度上受制于他对项目成败关键要素的把握和布局。项目经理对于自己所承担的项目性质、特点、要求了解得越透彻,其对项目成败关键要素的把握就越准确,从而项目计划工作也就越可靠,项目的风险管控也就越合理,项目的实施也就越有保证。

不同的项目有不同的工作重点,项目的关键成败要素自然各不相同。但是普遍地,项目的成败一般取决于以下基本要素(见表 8—2),这些要素上的管理能力和控制能力往往会对项目产生致命性的作用,因此,把这些决定性的要素称为项目成败关键要素可以帮助项目经理认清项目的工作重点,了解项目的潜在隐患,关注项目的薄弱环节,调整自己的工作方法,通过事先计划、事中检查和事后反馈等一系列措施和手段,保障项目的成功实施。

表 8—2　　　　　　　　　　　　项目成败关键要素

| 成功关键要素 | 失败关键要素 |
| --- | --- |
| 项目目标清楚 | 决策不正确 |
| 各方参与决策 | 沟通不够 |
| 各方职权划分明确 | 规划工作不细 |
| 对多个方案进行分析比较 | 下属能力不够 |
| 控制有力,及时总结不正确的经验决策 | 未能及时总结经验 |

3. 项目经理的最终责任

项目经理的最终责任是通过一系列的领导及管理活动,使项目的目标成功实现并使项目相关者都获得满意。只有当项目经理实现了最终的责任,项目工作才能宣告结束,项目各方的权利、义务、责任才能终结。项目经理的最终责任具体表现为项目成果性目标和约束性目标的同步实现,项目资源的合理配置和充分利用,实现低成本、高质量的如期完工,确保所有的项目利益相关者都有较高的满意度,从而给组织的持续发展带来竞争优势(如图8—4所示)。

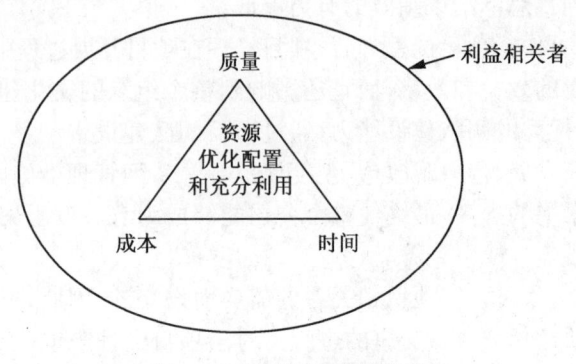

图8—4 项目经理的最终责任

# 第五节 项目管理能力评估体系

## 一、项目管理能力评估的概念

项目管理能力评估就是依据有关的准则,运用科学原理和方法通过对评估对象的项目管理过程和结果进行测量、评价和估判,确定其项目管理能力和水平的行为和过程。

项目管理能力评估的对象有项目经理、大型项目和项目集群、企业多项目或项目化管理三类,分别属于项目管理者级、项目级和组织级三个层次。

## 二、对项目管理者的评估

国际项目管理协会(International Project Management Association,IPMA)是一个由70多个国家或地区的项目管理专业组织组成的联盟,基于"全球协作、属地服务"的原则,通过分布各地的成员组织为广大项目管理从业人员提供支持和服务。

1. 个人项目管理能力基准(Individual Competence Baseline,ICB)

IPMA ICB® 4.0(下称ICB® 4.0)是IPMA于2015年发布的第4版。前3个版本分别于1992年、1999年和2006年发布。

为适应项目管理的长足发展,ICB® 4.0在下列几个方面有重大变化:

● 目的:ICB® 4.0聚焦于项目管理中的个人能力本身,为能力需求、能力培养、能力评估、能力提升等更为广泛的目的服务;

● 受众:除传统的项目管理从业人员和认证评估师外,还包括教育工作者、培训讲师、人力资源管理人员等;

● 范围:将个人项目管理能力范围扩展为项目管理(Project Management)、项目集群管理(Programme Management)和项目组合管理(Portfolio Management)三个领域,并对该广义项目管理(英文缩写为PP&PM)相关的个人能力分别进行描述;

● 结构:ICB® 4.0仍沿用"能力之眼"三个维度来认识个人能力。从语言习惯考虑沿用"技术能力"、"行为能力"和"环境能力"中文表述;但三个能力维度的陈述顺序有所调整,英文

表述有所不同,一定程度上反映了认识项目管理视角的调整和项目管理能力要素逻辑结构的变化;
- 要素:三个维度的能力要素(CE)精减为 29 个,见表 8-3;
- 内容:每个要素包括知识、技能和才能等内容,增加了"关键能力指标"(共 133 个)。

表 8-3  能力要素总览

| 3 | 环境能力要素 | 4 | 行为能力要素 | 5 | 技术能力要素 |
|---|---|---|---|---|---|
| 3.1 | 战略 | 4.1 | 自我反思与自我管理 | 5.1 | 项目策划/项目集群策划/项目组合策划 |
| 3.2 | 治理、架构与过程 | 4.2 | 诚信与可靠 | 5.2 | 需求与目标/收益与目标/收益 |
| 3.3 | 遵循的要求、标准与规则 | 4.3 | 人际沟通 | 5.3 | 范围 |
| 3.4 | 权力与利益 | 4.4 | 关系与参与度 | 5.4 | 时间 |
| 3.5 | 文化与价值 | 4.5 | 领导力 | 5.5 | 组织与信息 |
|  |  | 4.6 | 团队工作 | 5.6 | 质量 |
|  |  | 4.7 | 冲突与危机 | 5.7 | 财务 |
|  |  | 4.8 | 谋略 | 5.8 | 资源 |
|  |  | 4.9 | 谈判 | 5.9 | 采购/采购与伙伴关系/采购与伙伴关系 |
|  |  | 4.10 | 结果导向 | 5.10 | 计划与控制 |
|  |  |  |  | 5.11 | 风险与机会 |
|  |  |  |  | 5.12 | 利益相关方 |
|  |  |  |  | 5.13 | 变化与变革 |
|  |  |  |  | 5.14 | —/选择与权衡/选择与权衡 |

2. 国际项目经理资质认证(IPMA Project Manager Professinal,IPMP)

IPMP 是中国对 IPMA 的四级认证体系(Four-level Certificate System,4-L-C)的本土化称呼,其认证规则(International Certification Regulations,ICR)基于 ICB®,所以 ICB® 4.0 也作为能力评估的标准。IPMA ICR 4.0 于 2019 年 7 月 1 日起正式实施。

IPMA 4-L-C 认证分为 A、B、C、D 四个级别,级别定义由如下标准构建:

A 级是根据在非常复杂的项目(或项目集群、项目组合)中整个生命周期内(如适用)的战略层面上所展现出来的领导能力来建立的。

B 级是根据在复杂项目(或项目集群、项目组合)中整个生命周期内(如适用),所展示的领导能力构建的。

C 级是根据对一般复杂性项目整个生命周期内,所展示的管理能力构建的,包括知识/理论的应用及所有相关能力。

D 级仅根据所有相关能力的知识构建。

IPMA 4-L-C 认证体系有三个领域——项目、项目集群和项目组合。在这三个领域中,项目有四个层次(A、B、C、D);项目集群和项目组合各有两个层次(A 和 B)。于是这就生成了 IPMA 4-L-C 体系中建立了 8 个不同认证的描述,如表 8-4 所示:

表 8—4　　　　　　　　　　　　IPMA 4-L-C 体系概要描述

<table>
<tr><th colspan="2" rowspan="2">等级划分/Level</th><th colspan="3">领域分类/Domain</th></tr>
<tr><th>项目<br>Project</th><th>项目集群<br>Programme</th><th>项目组合<br>Portfolio</th></tr>
<tr><td>A</td><td>认证的特级项目经理<br>Certified Project Director</td><td>认证的特级项目集群经理<br>Certified Programme Director</td><td>认证的特级项目组合经理<br>Certified Portfolio Director</td></tr>
<tr><td>B</td><td>认证的高级项目经理<br>Certified Senior Project Manager</td><td>认证的高级项目集群经理<br>Certified Senior Programme Manager</td><td>认证的高级项目组合经理<br>Certified Senior Portfolio Manager</td></tr>
<tr><td>C</td><td>认证的项目经理<br>Certified Project Manager</td><td></td><td></td></tr>
<tr><td>D</td><td>认证的项目经理助理<br>Certified Project Management Associate</td><td></td><td></td></tr>
</table>

项目管理、项目集群管理和项目组合管理三个领域的 A、B、C、D 四个级别均要求有 80% 以上的能力要素(CE)"达标"方能视为"通过",各领域"通过"认证的标准如表 8—5 所示:

表 8—5　　　　　　　　　　　　各领域"通过"认证的标准

| 领域 | CE 总数 | "通过"要求达标的 CE 数量 |
| --- | --- | --- |
| 项目管理 | 28 | 23 |
| 项目集群管理 | 29 | 24 |
| 项目组合管理 | 29 | 24 |

3. 能力水平层次

要将 IPMA ICB® 4.0 应用于个人能力评估和开发,需要按布鲁姆分类法进行分类。不同的能力水平依次包括:

- 知识:通过回忆事实、术语、基本概念和答案,展示对学习资料的记忆。
- 理解:通过组织、比较、翻译、解释、描述并说明主要思想证明对事实和想法的理解。
- 应用:利用获得的知识、事实、技术和规则解决新情况下的问题。
- 分析:通过识别动机或原因,推断并找到证据支持概括,来检查和将信息分类。
- 综合:利用各种元素构建一个结构或模式,并将部分放在一起形成一个整体;通过利用一种新的模式来组合元素或提出替代解决方案,并按照不同的方式编译信息。
- 评价:根据一系列标准,对信息、想法的有效性或工作的质量做出判断,并表达意见。

三、对大型项目和项目集群管理的评估[①]

目前,用于对单一的大型项目和项目集群管理评估的模型,比较通用和公认的有国际项目管理评估模型,也称为"卓越项目模型"(Project Excellence Model),以及我国借鉴国际卓越项目模型,结合中国项目管理实际开发的"中国卓越项目管理评估模型"。

---

① 高年级或研究生选用。

(一)卓越项目模型

国际卓越项目模型秉承"项目管理应该导致项目结果,项目结果应该体现项目管理"和"持续改进,追求卓越"的理念,构建了一套完整的评估标准体系和评估运行流程。自2001年以来用于在全球范围对单项目和项目集群管理的评估并每年对评估结果颁奖——国际项目管理大奖。该模型由"项目管理"与"项目结果"两部分各500分、总分1 000分的量化评估,共设有9个评估标准,构成项目管理评估体系。

国际卓越项目模型的特点有:

1. 借鉴全面质量管理(TQM)和著名的EFQM模型,1997年起源于德国,2001年应用于全球国家项目管理大奖评审,至今已历经10多年,有深厚的理论和实践基础。

2. 内容全面、系统、具体、明确;考核标准分9个方面,22项;标准的内容面向项目结果,注重管理过程,两者相互对应,充分考虑因果关系;权重分明,能全面、准确地反映项目管理的真实水平。

3. 评估方法注重以事实、证据、实例为依据,以模型的评价标准为准绳,强调客观,调查研究,充分核实;分析判定采用量化评分的方法,把专家的认知、判断,科学地转换量化的分值,便于计量比较;体现出客观、公开、公平、公正。

4. 评审程序科学、规范、严谨。

5. 评审队伍为专家型,由从全世界范围选拔且经过严格培训的资深的项目管理和相关专业专家组成(目前,全世界共有评估师150余人,经过由国际项目管理协会培训的有260余人,其中我国有40余人),具有权威性。

6. 评审活动目的积极,评审过程中努力发现和挖掘申请者项目管理的潜在积极因素;反馈报告极具友好性和建设性,其中汇集了国际评估师的经验和智慧,以及针对项目的优势方面和需要改进之处提出的评估意见、改进建议;对申请单位项目管理水平的提高具有推动和导向作用。

(二)中国卓越项目管理评估模型

中国(双法)项目管理研究委员会(PMRC)、北京市科委,组织国内有关项目管理专家、学者,从2004年开始做了大量工作,于2006年正式推出、结合中国国情又与国际接轨的中国卓越项目管理评估模型(Chinese Excellent Project Management Evaluation Model)。该模型共有13项评估标准,31项子准则,共计1 200分。其主体部分是国际卓越项目模型的内容,附加部分是考虑中国项目管理现阶段实际情况和中国国情新增加的考核内容,要求展示有关"资源节约与环境友好"和"项目创新管理"的工作,共有4项评估标准,9项子准则,共200分。中国卓越项目管理评估模型如图8-5所示。

1. 评估准则体系

(1)主体部分(1 000分):

A. 项目管理部分,5项准则,分别是:项目目标(140分)下设3个子准则;领导力(80分)下设2个子准则;人员(70分)下设2个子准则;资源(70分)下设4个子准则;过程(140分)下设3个子准则。

B. 项目结果部分,4项准则,分别是:客户结果(180分)下设2个子准则;人员结果(80分)下设2个子准则;利益相关方结果(60分)下设2个子准则;主要成就和项目结果(180分)下设2个子准则。

(2)附加部分(200分):

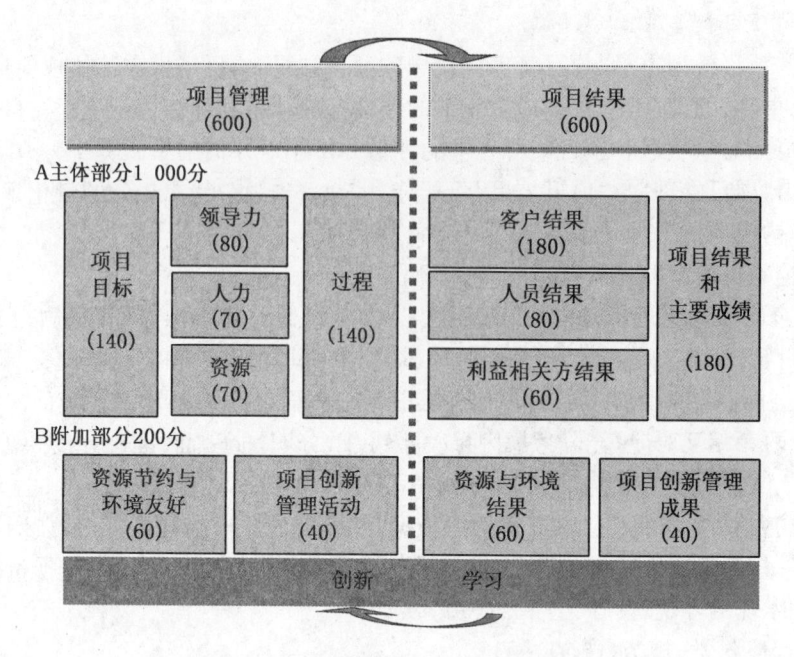

图 8—5　中国卓越项目管理评估模型

A. 在项目管理部分，2项准则，分别是：资源节约与环境友好（60分）下设4个子准则；项目创新管理活动（40分）下设2个子准则。

B. 在项目结果部分，2项准则，分别是：资源与环境成果（60分）下设2个子准则；项目管理创新成果（40分）下设1个子准则。

2. 评估及组织评奖活动流程

对项目管理的评估及组织评奖活动流程如图8—6所示。

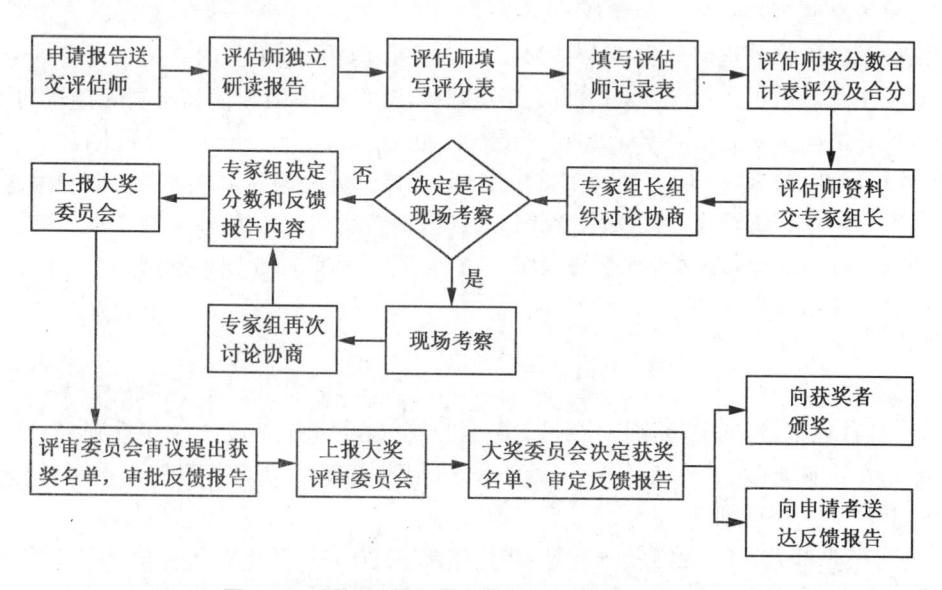

图 8—6　对项目管理的评估及组织评奖活动流程

近年来，以该模型为依据的大型项目和项目集群管理评估，每年都在进行中。依据"卓越项目管理评估模型"进行评审,不仅可以评估项目的优势和不足,更重要的是经过高水平的项目管理专家们依据"模型"的分析评估,使申请者可以非常清楚地认识到在自己亲身经历的项目管理过程中的成绩与问题所在,以及他们与国际、国内卓越项目管理水平的差距所在。加之评估前段自我总结,评估后的认识改进,是对项目管理专业团队及专业人员水平与素质的极大提升。这种提升对于企业和组织今后的项目管理是极为宝贵的资源和经历,绝不是闭门自学和任何培训所能够获得的。

**四、对组织级项目管理的评估**[①]

对组织内多项目的管理就是组织级项目管理,是指运用知识、技能、工具和技术,对项目、项目集群、项目组合的系统管理,以取得组织战略目标的实现。组织级项目管理的范围,不仅仅包括单一项目管理的成功交付,还包括项目集群管理(Program Management)和项目组合管理(Portfolio Management)。对单个项目和项目集群的管理可以认为是战术水平的,而组织级的项目管理则上升到了战略高度。对于组织范畴项目管理的评估,就是组织级的项目管理评估。

目前在全球范围内对组织级项目管理能力的评估正在广泛开展、日益深化。

(一)项目管理成熟度模型的概念

项目管理成熟度(Project Management Maturity)表达的是一个组织(通常是一个企业)具有的按照预定目标和条件成功地、可靠地实施项目的能力。成熟度意味着在发展过程中不断地充实和改善项目管理的能力,从而提高项目的成功率。模型就是一个从低级向高级的发展过程和阶段。项目管理成熟度模型(Project Management Maturity Model,PMMM)就是一种项目管理组织评估和改进自身项目管理水平的方法和工具。

(二)项目管理成熟度模型的作用

1. 项目管理成熟度模型主要功能

(1)过程评估。确定一个企业或组织的项目工作过程状态,为领导层进行过程改善提供支持。

(2)能力评价。识别企业在预定的费用和进度条件下完成要求的产品的可行性、可能性和可靠性。

(3)组织体系改善。以提高项目管理成熟度和成功率为目标,对企业现有的组织管理体系进行重构。

(4)过程改善。按照有效描述企业项目管理成熟度的准则,通过有选择地引用项目管理的关键实践来指导项目管理过程的发展和完善,从而实现项目成本、进度、功能质量和用户满意等目标。

2. 项目管理成熟度模型的作用

(1)通过内部的纵向比较、评价,找出企业改进的方向。

(2)通过外部的横向比较,提升企业在市场中的竞争力。

(3)总结项目管理中项目资源分配、项目业绩的度量标准、项目的调整和优选、过程的整合和标准化等最佳实践经验。

(4)企业通过评价和宣传,提升企业形象。

---

① 高年级或研究生选用

(5)通过评估企业项目管理能力达到的成熟度等级,作为项目控制的手段,以便更好地提升企业的项目管理水平。

(三)一些常用的项目管理成熟度模型

目前,组织级项目管理成熟度模型有数十种,其中比较影响的有:

1. 美国卡内基·梅隆大学软件工程研究所(SEI)提出的 CMM(Capability Maturity Model For Software);

2. 著名项目管理专家、美国 Harold Kerzner 博士提出的 K-PMMM;

3. 美国项目管理学会(PMI)提出的 OPM3(Organizational Project Management Maturity Model);

4. 英国商务部和 APM 集团的 OGC-P3M3(Portfolio,Programme & Project Management Maturity Model);

5. 日本的项目和项目群管理成熟度模型 P2M(Project & Program Management for Enterprise Innovation Maturity Model);

6. 美国项目管理解决方案公司的项目组合管理成熟度模型 PP-MMM(Project Portfolio Management Maturity Model);

7. 中国神州项目管理成熟度模型 SZ-PMMM(Shenzhou Project Management Maturity Model);

8. 国际项目管理协会(IPMA)推出的组织项目管理能力成熟度模型 Delta;等等。

不同的模型从不成熟到成熟划分阶段的标准、命名以及在每个阶段中所关注的重点是不一样的。而 PMI 发布的 OPM3 模型和 IPMA 发布的 Delta 模型是目前最具理论水平和权威性的模型。

(四)PMI-OPM3 模型

1. OPM3 的结构。

该模型结构 PMI 的组织级项目管理成熟度模型——OPM3 如图 8-7 所示。

该模型包括 3 个维度:第一维是成熟度(过程改进)的四个梯级;第二维是项目管理的十个领域和管理的五个基本过程;第三维是组织项目管理的三个层次。

成熟度的四个梯级分别是:可标准化的(Standardizing);可测量的(Measuring);可控制的(Controlling);持续改进的(Continuously Improving)。

项目管理的十个领域指项目整体管理、项目范围管理、项目时间管理、项目费用管理、项目质量管理、项目人力资源管理、项目沟通管理、项目风险管理、项目采购管理和项目的利益相关方管理。

项目管理的五个基本过程是指启动过程(Initiating Processes)、计划编制过程(Planning Processes)、执行过程(Executing Processes)、控制过程(Controlling Processes)和收尾过程(Closing Processes)。

组织项目管理的三个层次是单个项目管理(Project Management)、大型项目管理(Program Management)和项目组合管理(Portfolio Management)。

2. OPM3 的运用步骤

对那些想在项目管理成熟度方面有所改进的组织来说,OPM3 在避免组织资源浪费的同时提供了合理改进过程的指导方针。运用 OPM3 的步骤如下:

(1)研究标准。第一步是组织必须尽可能透彻地了解该模型所依托的种种概念。这包括

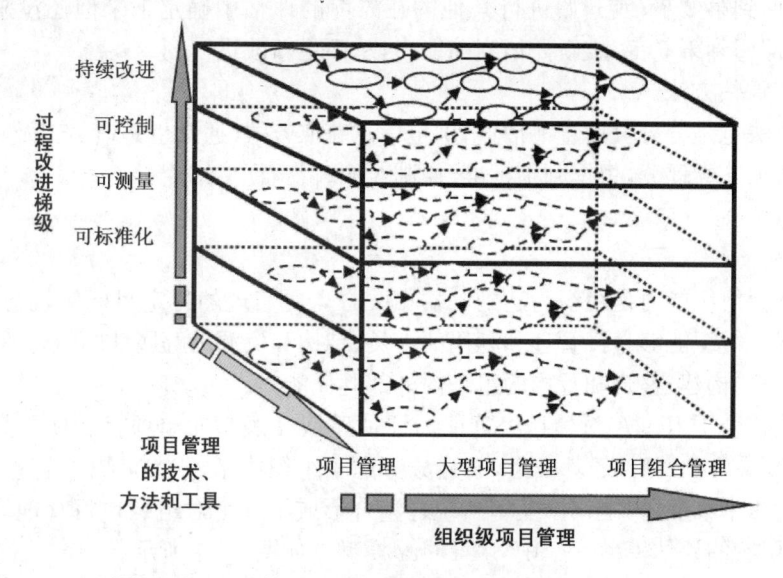

图 8-7  PMI 的组织级项目管理成熟度模型——OPM3

研究比较标尺的内容,熟悉组织项目管理以及 OPM3 模型的组成和操作程序。

(2) 评估组织现状。这一步是评估组织的组织项目管理成熟度。为此,组织必须把自己当前的成熟度状态的特征来与 OPM3 模型所描述的具有代表性的特征进行对比。通过对比,识别自己当前状态,包括自己的强势和弱势,以及在组织项目管理成熟度中的位置处于哪个梯级,从而可以决定是否需要制订和实施改进计划。

(3) 决定改进重点。OPM3 的自我评估帮助组织识别了自己的状态,了解了自己目前在组织项目管理方面已经具备和还缺乏哪些基本的特征。这样使用者就可以把重点放在与"最佳实践"相关的、需要改进的那些特征上来,并制订适当的改进规划。一旦使用者知道哪些"最佳实践"是需要测定和致力于改进的,这种"最佳实践"以及对它们的描述,都可以在 OPM3 模型给出的目录中查找出来。

(4) 决定改进的路径。一旦使用者从目录中查看到希望完成的"最佳实践"所需要的一系列能力,他们也就找到了改进的路径,知道了如何才能达到需要的"最佳实践",以便将当前的成熟度梯级提高一步。

(5) 评价当前能力。在这一步,组织将需要确定自己具备了哪些在步骤 4 中提到的首先必备的能力。这包括仔细研究每种能力,并确定可以证明该能力的结果是否存在,或者是否可以观察到。该评价步骤将帮助组织决定要达到预期的成熟度需要培育哪些特定能力。

(6) 编制改进计划。以上步骤的完成将构成组织改进计划的基础。组织可以根据那些未被观察到的结果(这表明组织的某些能力还没有获得)的记录文档,就这些结果所反映组织所需能力的优先程度进行排序。这些信息,同实现资源最佳配置的"最佳实践"的选取结合起来,就可以编制出管理改进计划。

(7) 执行改进计划。这一步是组织真正实施变革的步骤。一旦计划被制定,组织必须一步一步地将其贯彻下去,也就是必须实施改进活动来获得必需的能力,并沿着组织项目管理成熟度发展的道路不断推进。

(8) 重复过程。完成了计划中的一些改进活动后,组织将重新评估当前的组织项目管理成熟度状态，即回到第2步；或开始进行其他的在先前的评估中确定下来但还没来得及实施的"最佳实践"，即回到第5步，重新评估当前能力，从而更新改进计划。

3. OPM3 评估方法。

其基本方法也是分阶段设置评估点，确定信息获取方式（通常也是请员工及项目的利益相关者答卷），根据答卷评分，根据判别标准、原则对照，得出评估结论。

（五）IPMA-Delta 模型

1. 模型简介

该模型认为组织能力是组织为达到利益相关方需要实现的特定目标应具备的内部能力，也是某种情况下组织能够直接管理和利用的人员、结构和资源的等属性的组合，是应对快速变化的环境、动态的构建、整合和重构的组织内外部胜任能力。

该模型是整合了 IPMA 对项目经理能力评估模型（I 模型）、单项目和项目集群评估模型（卓越项目模型——P 模型）的基础上，又充分考虑了组织中基于治理结构、管理过程、管理人员和管理环境 4 个维度的要素（O 模型），统筹整合形成了一个对组织项目管理能力系统评估的、包括三个层次的评估模型——IPMA-Delta 模型。如图 8-8 所示。

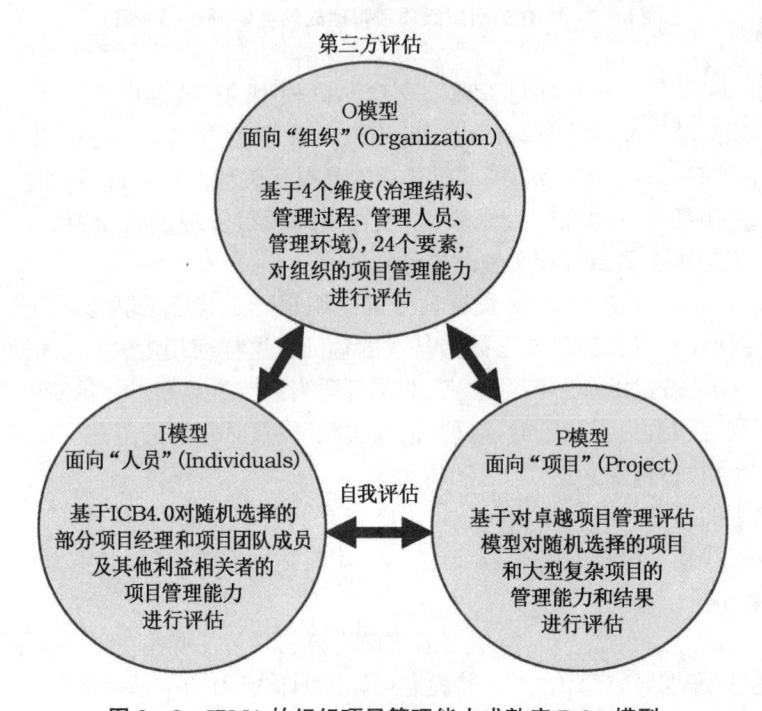

图 8-8　IPMA 的组织项目管理能力成熟度 Delta 模型

其中的"I"模型就是第八章第五节对项目经理能力认证标准的评估模型；"P"模型源于"卓越项目模型"，但较之"卓越项目模型"内容略有变动；"O"模型是对于组织集项目管理能力评估的重点内容。"O"模型中的具体维度、要素和指标数如表 8-6 所示。

表 8-6　　　　　　　　　　　　"O"模型的维度、要素和指标概览表

| 维　度 | 要　　素 | 指标数 |
|---|---|---|
| 治理结构<br>(6/30) | 使命、愿景与战略 | 7 |
|  | 效益与效率 | 7 |
|  | 组织结构 | 5 |
|  | 文化 | 3 |
|  | 领导与沟通 | 4 |
|  | 发展 | 4 |
| 管理过程<br>(6/40) | 项目决策 | 6 |
|  | 项目与项目集管理过程 | 18 |
|  | 项目组合管理过程 | 6 |
|  | 集成与协调 | 3 |
|  | 协作与合同管理 | 4 |
|  | 报告与文件编制 | 3 |
| 管理人员<br>(4/16) | 项目、项目集与项目组合经理的能力 | 5 |
|  | 利益相关者的能力 | 3 |
|  | 人员招聘 | 4 |
|  | 能力开发 | 4 |
| 管理环节<br>(8/18) | 人员管理 | 2 |
|  | 职业健康、安全与环境 | 3 |
|  | 财务 | 2 |
|  | 法律 | 2 |
|  | 采购与物流 | 2 |
|  | 系统、产品与技术 | 2 |
|  | 业务 | 3 |
|  | 知识管理 | 2 |

2. 对组织项目管理能力的分级

该模型对组织项目管理能力的评估分为 5 个级别。

(1)个性化管理级为最低级。该级别项目管理成效处于个体层面,某些个体执行效果良好,但这种效果是偶然性的;该组织尚未建立正式的项目管理标准、结构和流程。

(2)规范化管理级为第二级。该级别已部分定义了管理标准、组织和流程,并已部分应用于该组织中部分项目的管理。

(3)标准化管理级为第三级。该级别已全面定义了管理标准、组织和流程,并已绝大多数应用于该组织管理的各个方面。目前,国内外能够达到此级别的组织项目管理能力水平还为数不多。

(4)体系化管理级。该级别已全面定义了管理标准、组织和流程,并已全面应用于该组织管理的各个方面,且其应用受到该组织管理层的积极监控。

(5)持续优化管理级为最高级。该级别已全面定义了管理标准、组织和流程,并已全面应用于该组织管理的各个方面,该组织管理层积极监控其有效应用,并对其进行持续不断地改进与优化。

各级别的能力评估内容如图8—9所示。

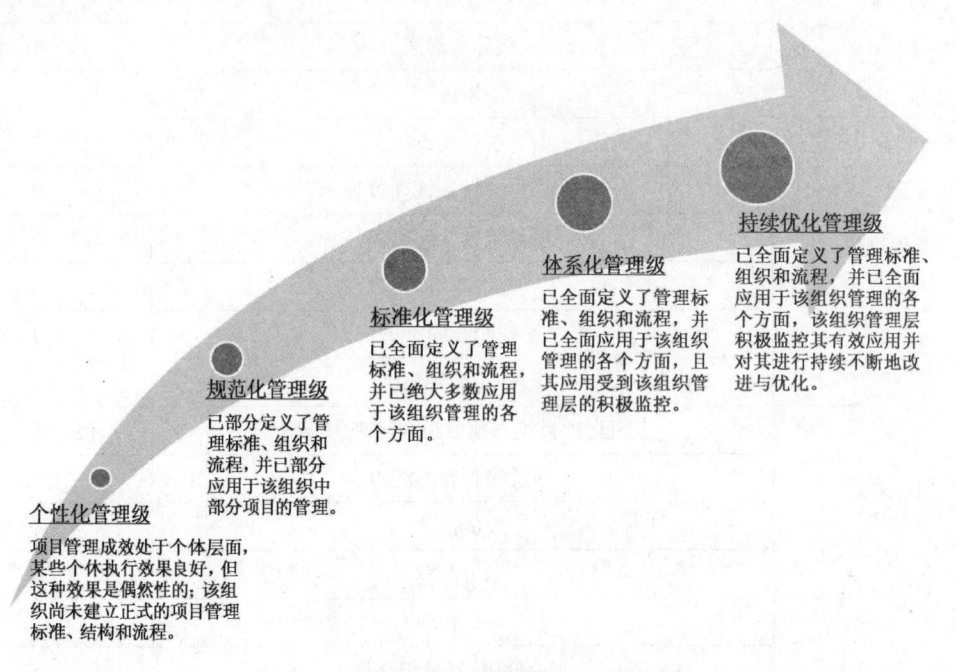

**图8—9　IPMA-Delta模型评估级别示意图**

依据IPMA-Delta模型对组织项目管理能力的评估,需要被评估方依据模型要求的提纲认真总结自身组织的项目管理能力,向评估组织方提交报告;评估组织方委派组织项目管理能力评估师到现场访谈、考察评估,向被评估方提交评估报告、确定被评估方组织级项目管理能力的级别。

## 思 考 题

1. 项目可以采用哪些组织形式?每种组织形式有什么样的特点?如何选择项目组织形式?
2. 项目经理的职责是什么?如何选聘优秀的项目经理?
3. 如何选拔合格的项目团队成员?
4. 如何对项目经理实施考核?
5. 联系实际分析项目成败的关键要素,从中可得到什么样的经验和教训?
6. 项目管理能力评估体系有哪些组成部分?每个部分是如何开展评估的?
7. 项目团队建设一般要经过哪几个阶段?每个阶段中项目经理的主要工作是什么?

# 第九章

# 项目范围管理与进度管理

**本章要点**

范围管理是界定为了完成项目而设置的一系列必要的工作,搞好范围管理不仅可以减少规划期的失误,也是项目管理其他九大职能的重要依据。本章详细介绍范围管理的基本内容,项目工作结构分解的意义、目的、工具。重点分析项目进度计划的编制、优化、实施与控制,以及如何制定责任分配表、里程碑计划和网络计划。编制详细、缜密的进度计划,并实施、控制好,是保证项目成功的重要因素。

## 第一节 项目的范围管理

### 一、范围管理的内涵和基本内容

(一)范围管理

范围管理是指界定为了顺利完成项目而设置的一系列必要的工作,通过工作分解明确责任和结构,再通过项目计划使其整个项目系统的工作在启动阶段就关系明确,次序清晰,从而减少规划期的失误。它主要涉及定义并控制哪些工作是项目范畴内必须完成的。

(二)范围管理的基本内容

其包括:项目启动、范围规划、范围定义、范围核实、范围变更控制等。

(1)项目启动是指正式开始一个项目或继续到项目的下一个阶段。启动过程的一个输出是项目章程,需要粗略地规定项目的范围,规定项目经理的权利以及项目组中各成员的职责,还有项目其他关系人的职责。在推广过程中,一开始就制定了项目分组以及职责划分,并明确了相关部门的职责。比如,将推广人员划分为:总体组、数据组、配置组、系统组和测试组等,在各组内又进行细分,并明确职责。

(2)范围规划就是确定项目范围并编写项目范围说明书。范围说明书中至少要说明项目论证、项目产品、项目可交付成果和项目目标,应该由项目班子负责,是签订协议及后续工作的基础。

(3)范围定义是指将项目主要的可交付成果细分成较小的、更易管理的工作包。项目组要建立一个工作分解结构(WBS图)。

(4)范围核实是指对项目范围的正式认定。项目主要关系人,如项目客户和项目发起人等要在这个过程中正式接受项目可交付成果的定义。这个过程是范围确定之后,执行实施之前各方相关人员的承诺问题。一旦承诺则表明你已经接受该事实并必须根据你的承诺去实现。

(5)范围变更控制是指对有关项目范围的变更实施控制。再好的计划也不可能做到一成不变,因此变更是不可避免的,关键问题是如何对变更进行有效的控制。通常对发生的变更,需要识别是否在既定的项目范围之内。如果在项目范围之内,就要评估变更所造成的影响,以及如何应对的措施;如果变更不在项目范围之内,就需要与变更方进行谈判,看是否增加费用,还是放弃变更。

(三)确定项目范围的作用

确定项目范围可以提高费用、时间和资源估算的准确性;可以作为确定进度测量和控制的基准;有助于清楚地分派责任让项目团队成员都明白各自的责任。

## 二、项目工作结构分解

(一)项目工作结构分解的意义及目的

项目结构包括项目组织结构(OBS)、项目工作结构(WBS)、项目费用结构(CBS)等。项目工作结构分解将项目按系统规则和要求,分解成相互独立、相互影响、相互联系的项目单元(工作包),将其作为一系列项目管理工作的对象,以便实行更有效的控制和跟踪;便于划分各单元之间的界限;便于进行责任的分解、分配和落实;是编制各类计划必不可少的基础性工作。

(二)项目工作结构(WBS)的类型

项目工作结构WBS是一个分级的树形结构,是对项目工作由粗到细的分解。主要有以下两种类型:

(1)基于可交付成果的划分:上层一般为可交付成果;下层一般为可交付成果的工作内容。

(2)基于工作过程的划分:上层按照工作的流程分解;下层按照工作的内容划分。

(三)编制工作分解结构WBS时的注意事项

(1)分解后的任务应该是:可管理的、可定量检查的、可分配任务的、独立的。

(2)复杂工作至少应分解成两项任务。

(3)编号排序应该表示出任务间的联系。

(4)最底层的工作应具有可比性。

(5)内容要全,包括次承包商的活动和管理活动(项目管理单列)。

工作分解结构格式见图9—1。

(四)WBS表达形式可以层次结构图和锯齿列表两者选择

WBS表达形式可以层次结构图和锯齿列表两者选择,如图9—2所示。

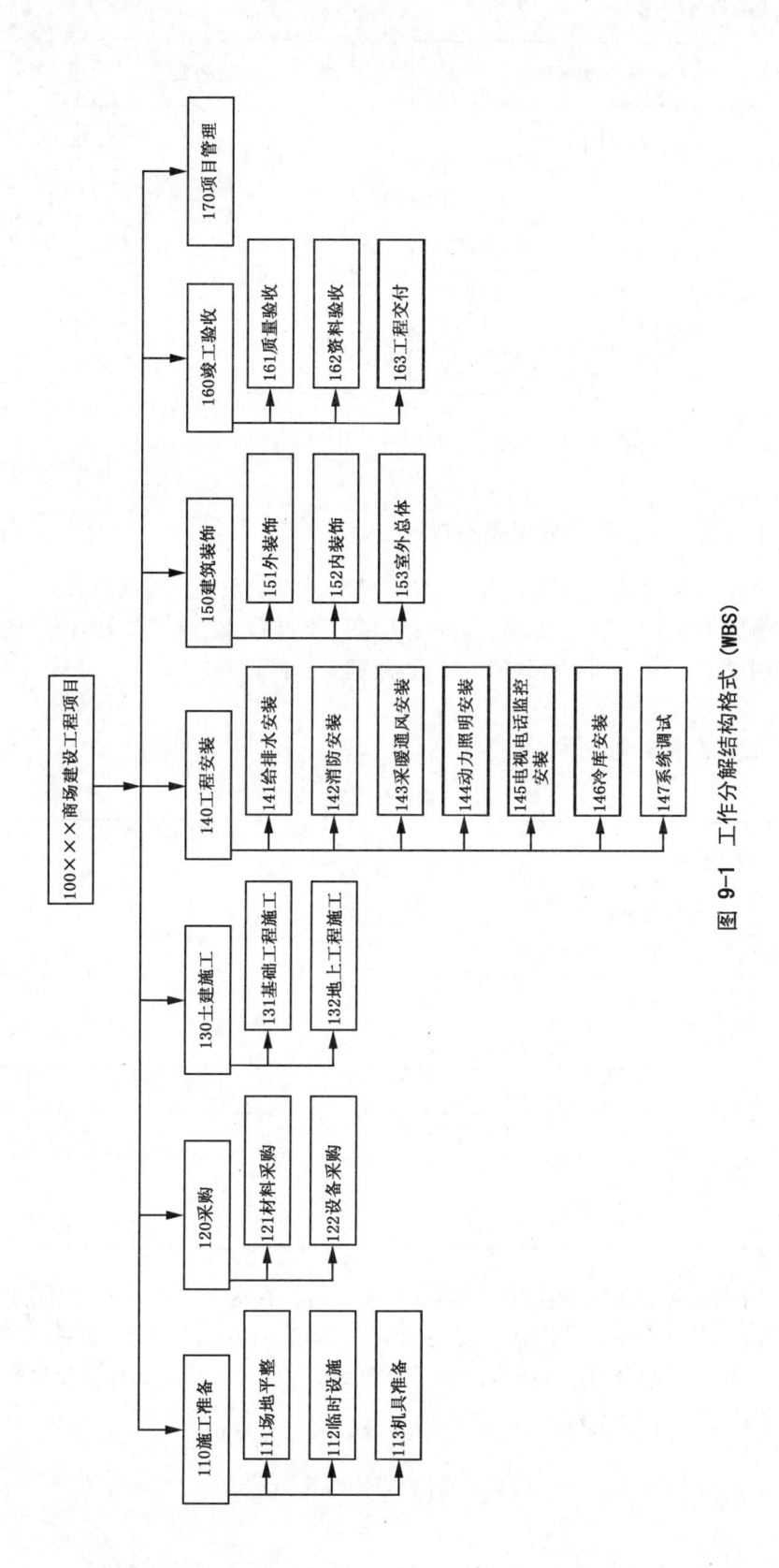

图 9-1 工作分解结构格式 (WBS)

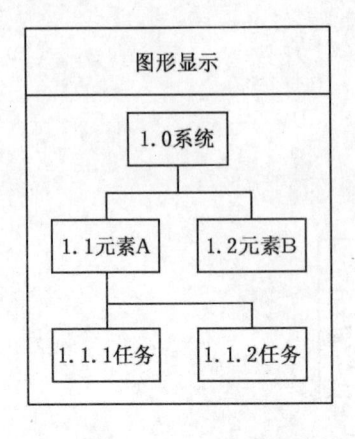

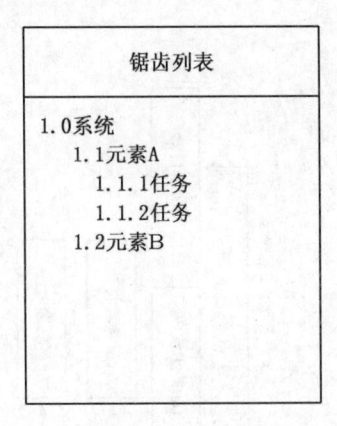

```
┌─────────────────────────┐  ┌─────────────────────────┐
│        图形显示          │  │        锯齿列表          │
│                         │  │                         │
│        1.0系统          │  │  1.0系统                │
│         ┌─┴─┐           │  │    1.1元素A             │
│      1.1元素A 1.2元素B   │  │      1.1.1任务          │
│       ┌─┴─┐             │  │      1.1.2任务          │
│    1.1.1任务 1.1.2任务   │  │    1.2元素B             │
└─────────────────────────┘  └─────────────────────────┘
```

图 9—2　WBS 表达形式——层次结构图和锯齿列表

### 三、工作列表和工作责任分配表的制定

工作分解结构完成后,必须以工作分解结构图表和项目组织结构图表为依据,对项目的每一项任务分配责任者(人或组织),落实责任。明确了各单位或个人的责任,便于项目管理部门在实施过程中的控制和协调。计划能否实行,关键是安排正确的人、运用正确的方法、做正确的事。

责任分配表如表 9—1 所示。

表 9—1　　　　　　　　　　　　　责任分配表

| F 负责　S 审核　P 配合　C 参与 | 责任者(个人或组织) ||||||
|---|---|---|---|---|---|---|
| 工作任务分解 ||  |  |  |  |  |  |
| 任务编码 | 任务名称 |  |  |  |  |  |  |
|  |  |  |  |  |  |  |  |
|  |  |  |  |  |  |  |  |
|  |  |  |  |  |  |  |  |
|  |  |  |  |  |  |  |  |

工作责任分配可以采用责任分配矩阵技术来进行。在这个矩阵表中,横列表示组织单元,即参加这个项目的各个职能部门,纵列表示经过 WBS 分解的工作任务,用字母 F 表示负责该工作;C 表示参与该项工作;P 表示审批;S 表示实施;T 表示通知。工作责任分配矩阵表的格式见表 9—2。

表 9—2　　　　　　　　　×××项目责任分配矩阵表

| WBS 任务编码 | 任务名称 | 经理 | 副经理 | 总工程师 | 工程部 | 计财部 | 安质部 | 供应部 | 综合部 |
|---|---|---|---|---|---|---|---|---|---|
| 110 | 施工准备 | P | F | S | S | C | T | C | C |
| 120 | 主体工程施工 | P | F | S | S | T | T | C | T |
| 130 | 公用系统 | | | | | | | | |
| 131 | 消防安装 | P | C | F | S | C | T | C | T |
| 132 | 水电 | P | C | F | S | C | C | C | T |
| 140 | 设备安装调试 | P | C | F | S | C | C | C | T |
| 150 | 室内外装修 | P | C | F | S | C | C | C | T |
| 160 | 竣工验收 | P | F | S | S | T | C | T | T |

注：P 审批；F 负责；S 实施；C 参与；T 通知。

工作列表包含的内容：工作代码；工作名称；输出（完成该工作后应输出的信息）；输入（完成本工作所要求的前提条件）；本工作要完成的具体内容和流程；本工作的负责单位或部门和协作单位和部门；WBS 结构中与本工作直接相连的子工作。具体格式见表 9—3。

表 9—3　　　　　　　　　工作列表包含的内容

| 工作代码 | 用计算机管理工作时的唯一标识符,可看出工作之间的父子关系 |
|---|---|
| 工作名称 | 该工作的名称 |
| 输出 | 完成该工作后应输出的信息（包括产品、图纸、技术文件、工装及有关决策信息）以及对输出信息的规范和内容定义 |
| 输入 | 完成本工作所要求的前提条件（包括设计文档、技术文件、资料等） |
| 内容 | 定义本工作要完成的具体内容和流程（包括应用文件、支撑环境、控制条件、工作流程） |
| 负责单位 | 本工作的负责单位或部门 |
| 协作单位 | 完成本工作的协作单位和部门 |
| 子工作 | WBS 树形结构中与本工作直接相连的下属工作 |

# 第二节　项目进度计划的编制

## 一、编制项目进度计划的重要性

项目进度管理是指在规定的时间内,拟订出合理且经济的进度计划,在执行该计划的过程中,经常检查实际进度是否按计划要求进行,以便及时找出原因,若出现偏差,采取必要的补救措施或调整、修改原计划（包括多级管理的子计划）,直至项目完成。项目进度管理的目标是按期完成任务。

计划是项目管理的一大职能,进度计划是项目计划的重要组成部分,在市场经济条件下,时间就是金钱,效率就是生命。一个工程项目能否在预定的工期内竣工交付使用,这是投资者最关心的问题之一,也是项目管理工作的重要内容。以建设电厂为例,一个12.5万千瓦的发电厂,每提前一天发电,就可多生产300万度电,创造价值上万元。因此,按期建成投产是早日收回投资、提高经济效益的关键。对于实行投资包干的项目,包工期更是投资包干经济责任制的一个重要内容,就承包单位而言,能否按期完工,也是衡量管理水平的一个重要标志。当然,控制项目的进度并不意味着一味追求进度,还要满足质量、安全和效益的要求。

## 二、工程项目进度计划的基本内容

工程项目越复杂,专业分工越细,就更需要全面的综合管理,需要有一个总体的协调的工作进度计划,否则不可能对整个工程项目的建设进度进行控制。工程项目进度计划应包括以下内容。

1. 工程项目综合进度计划。工程项目综合进度计划是一个综合性的进行进度控制的重要计划。首先将项目所有的作业单项按前后顺序排列,并明确其相互制约的关系,然后计算出每一作业单项所需要的工时数,进而计算出各单位工程所需的工期,再计算出整个工程项目所需的总工期,直至达到计划目标确定的合理工期为止。若达不到合同工期要求,则应采取有效措施,如改进施工方法、运货途径、增加工作班次等,但同时要注意控制费用。

2. 工程项目设计进度计划。工程项目设计进度计划是按设计项目对各设计单元进行编号,由有关专业设计组对各设计单元设计图纸的工作量和所需的辅助工作量进行估算。然后根据施工进度要求提供图纸的日期,各专业设计组对各个设计单元的设计图纸的工作量,其他辅助工作量的估算,以及设计工作中各专业的工作顺序,安排各个设计单元的进度计划,保证及时供应图纸,不使施工单位停工待图。

3. 工程项目采购工作进度计划。工程项目采购工作进度计划是根据项目产品工艺流程图、电气仪表系统图,编制出项目所需的设备清单并编号,按照工程项目总进度计划中对各项设备到达现场的时间要求,确定出各项设备到达施工现场的具体日期。

4. 工程项目施工进度计划。工程项目施工进度计划是根据工程预算中各作业单项所需消耗的工时数,以及计划投入的劳力和工作班数,求出各作业单项所需的施工工期,然后按照施工工序的要求,制定出整个工程的施工进度计划。在整个工程的施工进度计划中,对一些关键性的日期,如某分包工程的完工日期、某车间的竣工日期、动力车间供电日期等,应在项目进度计划中标出,整个工程的竣工日期应符合合同规定的项目工期要求。

5. 工程项目设备验收和投产进度计划。工程项目设备验收和投产进度计划是对工程项目的主要设备和各项设施进行验收和投产进度安排的计划。该计划可使建设单位、总包单位、分包单位及有关方面做到心中有数,据此安排好各自的工作,以便及时对单项工程及全部工程进行验收和试生产。

## 三、项目总进度计划的编制

(一)编制目的

进度计划是项目按期完成的基本条件,是项目进度控制的依据,是进一步编制资源计划、费用计划、采购计划、质量计划等的基础,是绩效考核的依据。

(二)编制依据

包括:工作结构分解图(WBS)、合同约定、工期要求及里程碑计划,项目内外各种资源的供应状况及约束,项目的技术经济条件,本行业相关管理及技术规范。

(三)编制原则

包括:为保证计划的权威性和严肃性,进度安排应科学合理;作为对项目进度进行跟踪、控制、监督的工具和手段,进度安排应具有较高的可操作性;为应对各类突发事件、风险,要预留一定的弹性空间。

(四)项目总进度计划的编制步骤

第一步:确定各单项工程与单位工程的施工顺序和工期。项目总进度计划是以整个建设项目的施工为对象编制的,确定整个工程的施工顺序,是编制总进度计划的重要工作之一。它对建设项目的施工是否能够按期、按质和成套投入生产和交付使用,充分利用人力、物力、财力,减少不必要的消耗,降低工程成本,都起着重要作用。因此,在安排施工顺序时,除应遵循通用程序外,还应根据施工方案拟订的分期建设原则。

对于一些大型建设项目,通常要分期进行建设,以便集中人力、财力,使投资迅速获得应有的效果。在决定分期建设的工程项目时,应考虑以下几个问题:

(1)各期的项目,必须满足产品在生产流程上的全部需要,工艺应该是完整的。

(2)必须使有关流程的生产规模相互适应,在投资的进度安排上也应协调一致,不误投产。

(3)在划分分期建设的项目时,应避免给续建施工带来不便。

施工顺序确定后,根据合同对各单项工程的进度要求,参考建筑安装工期定额和国内外同类工程工期,结合本单位的技术水平、装备及其他条件,初步确定工期。

第二步:安排流水施工,编制初步进度计划。为了编制项目总进度计划,一般从工程较大的分部分项工程或大型机械施工的分项工程着手,组织全场性的流水。一般工业项目的施工,土建部分可分别组成几条流水线,如挖土、柱基、构件预制或现浇框架结构、吊装、砌砖等。厂区地下工程可组织平整场地、管道敷设(包括挖、填土)、道路等工程的流水线,依次流水。民用项目,一般是砌筑、抹灰、吊装等以砌砖为主体工程组织流水。它们的工程量可根据扩大概算指标计算出来,然后根据工期,确定每季(每月或旬)应完成的工程量,这样,工程的流水施工就可以组织起来,各工程项目的搭接关系也可相应地确定下来,总进度计划就初步制定出来了。图9-3为该进度计划的甘特图。

| 日期<br>工序 | 1 | 2 | 3 | 4 | 5 | 6 | 7 | 8 | 9 | 10 | 11 | 12 | 13 |
|---|---|---|---|---|---|---|---|---|---|---|---|---|---|
| 安门窗 | | | | | | | | | | | | | |
| 做屋面 | | | | | | | | | | | | | |
| 内粉刷 | | | | | | | | | | | | | |
| 外粉刷 | | | | | | | | | | | | | |
| 安管道 | | | | | | | | | | | | | |
| 电 气 | | | | | | | | | | | | | |
| 地 坪 | | | | | | | | | | | | | |
| 养 护 | | | | | | | | | | | | | |

图9-3 甘特图

第三步:修正初步进度计划。初步的项目总进度计划排定后,还得检查、调整和修正,最后确定项目总进度计划。

**四、项目单位工程进度计划的编制**

1. 单位工程进度计划编制的主要依据是：项目管理目标与项目总进度计划；拟建工程施工图和工程量计算资料；单位工程施工方案；工期定额、预算定额、施工定额；现场条件。

2. 项目单位进度计划的编制的基本原理是流水作业，其编制程序：第一步，确定组成单位工程的各分部工程的施工顺序；第二步，组织各分部工程流水作业；第三步，把各分部工程搭接起来成为初步的单位工程进度计划；第四步，调整和优化。

项目单位工程的调整和优化方法主要通过均衡优化和成本—工期优化进行。

（1）均衡优化。这是指通过分别计算几个主要分部分项工程与单位工程综合均衡系数来看是否保持均衡性施工，其计算公式如下：

$$工程量均衡系数 = \frac{某分项工程施工期内最高工程量}{某分项工程施工期内平均工程量}$$

$$工人人数均衡系数 = \frac{施工期内最高用工人数}{施工期内平均用工人数}$$

（2）成本—工期优化。建设项目施工，工期与成本有着密切的联系，在一般情况下，要压缩工期，则必然地要增加直接费用的开支，如增加人力、机械，采取技术组织措施，调整施工组织等，都不可避免地会使成本随之提高；但间接费用却可随施工期限的缩短而有所降低，总成本是直接费和间接费之和。图9-4表示直接费、间接费和总成本与工期的关系，找出总成本变动曲线的最低点，即为成本最低的最佳工期。成本—工期优化就是寻找成本最低的相应工期。

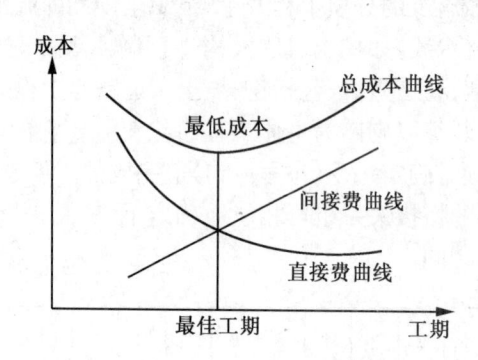

图9-4 成本与工期的关系

## 第三节 项目进度计划的实施和控制

**一、项目进度控制的内涵和周期**

（一）项目进度控制的内涵

项目计划的执行需要多次反复协调，并且需要消除与计划不符的偏差。

项目计划的控制就是要时刻对每项工作进度进行监督，然后，对那些出现"偏差"的工作采取必要措施，以保证项目按照原定进度执行，使预定目标按时和在预算范围内实现。

责任心不强、信息失实或遗漏、协作部门的失误等都会影响到工期。项目进度控制是指在限定的工期内，拟订出合理且经济的进度计划，在执行该计划的过程中，经常检查实际进度是否按计划要求进行，若出现偏差，应及时找出原因，采取必要的补救措施或调整、修改原计划，直至工程竣工。

项目控制主要解决的问题是克服拖期，但实际进度与计划不符的情况还有另外一种，即工作的过早完成。一般来说，这是有益无害的，但在有些特定情况下，某项工作的过早完成会造成资金、资源流向问题，或支付过多的利息。

(二)项目进度控制分类

按照不同管理层次对进度控制的要求分为三类：

1. 项目总进度控制：项目经理等高层次管理部门对项目中各里程碑事件的进度控制。
2. 项目主进度控制：主要是项目部门对项目中每一主要事件的进度控制。在多级项目中，这些事件可能就是各个分项目。
3. 项目详细进度控制：主要是各作业部门对各具体作业进度计划的控制，这是进度控制的基础。

(三)项目进度控制的周期

进度控制是一种循环的例行性活动。在每个周期的活动中大致可以分为四个阶段，先后的顺序是：编制计划、实施计划、检查与调整计划、分析与总结。在前一循环和后一循环相衔接处，靠信息反馈起作用，使后一循环的计划阶段与前一循环的分析总结阶段保持连续，解决前一阶段遗留的问题并应用其经验，使工作向前推进一步，水平提高一步。每一循环构成一个封闭的回路，不同阶段从发展上看应呈逐步提高的趋势。为使水平不断提高，在每个循环的开始阶段(计划编制阶段)都应针对前一循环最后一个阶段(分析与总结阶段，也称处理阶段)遗留的问题采取有力的措施加以解决，如图9-5所示。

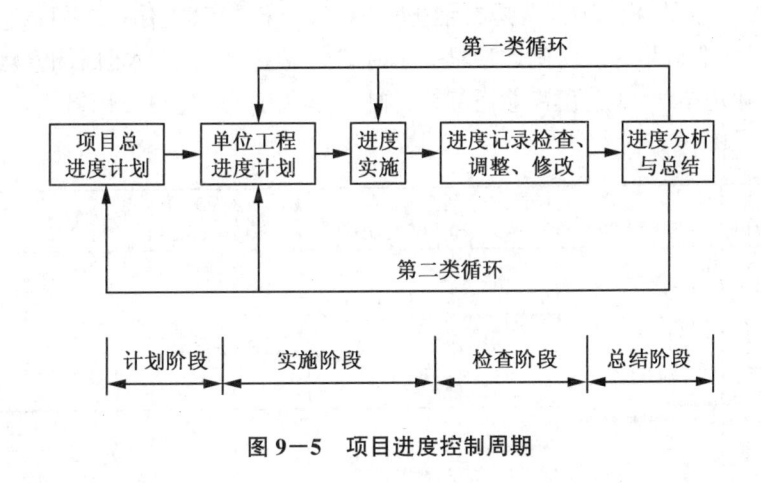

图9-5 项目进度控制周期

项目进度中，施工进度在整个项目实施进度中占主导地位，所以应特别重视项目实施的进度控制。

要做好项目的进度控制，必须明确项目控制的目的；加强来自各方面的综合、协调和督促；要建立项目管理信息制度；项目主管应及时向领导汇报工作执行情况，也应定期向业主报告，并随时向各职能部门介绍整个项目的进程。

## 二、用于项目进度控制的表达形式

### (一)里程碑计划

里程碑计划以中间产品或可实现的结果为依据,它显示了项目为达到最终目标而必须经过的条件或状态序列,描述了在每一阶段要达到什么状态而不是如何达到。

确定项目里程碑计划首先要运用"头脑风暴法"确定里程碑事件。里程碑事件可以用文字说明,例如三峡工程重大里程碑及其主要提交成果为:1992年,宣布三峡工程正式开工;1997年,右岸明渠通航、大江截流;2003年,首台机组开始发电;2009年,工程全部完工、电站全部投入运行。

里程碑事件也可用图表来表示,这样的图表被命名为里程碑计划表,具体格式见图9-6。

| 里程碑事件 | 一月 | 二月 | 三月 | 四月 | 五月 | 六月 | 七月 | 八月 |
|---|---|---|---|---|---|---|---|---|
| 转包合同签订完成 | | | ▲ 3/5 | | | | | |
| 计划书的完成 | | | | ▲ 4/6 | | | | |
| 设计检查完成 | | | | | ▲ 5/5 | | | |
| 子系统测试完成 | | | | | | ▲ 6/6 | | |
| 第一单元实现 | | | | | | | ▲ 7/15 | |
| 产品计划完成 | | | | | | | | ▲ 8/10 25 |

图9-6 项目进度的表达形式(一)——里程碑计划

### (二)甘特图

甘特图又称条形图、横道图,它是二维坐标图,纵坐标表示工作,横坐标表示时间(或资源),先按照每项作业最早开工时间和最早完工时间画草图,然后根据带时间参数的网络图,进行调整,关键作业用粗线,非关键作业用细线,弹性时间用虚线,还可以用箭线表示作用之间的联系,具体格式见图9-7。

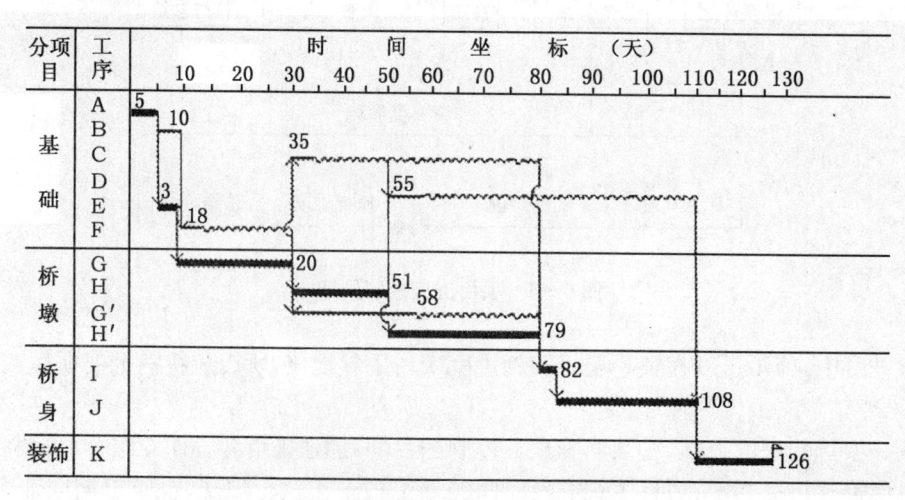

图9-7 项目进度的表达形式(二)——优化后的甘特图

在检查进度计划时还可以再次利用甘特图,将检查日各作业完成点连接起来,形成前锋线,能很直观地表示进度计划执行状态,具体格式见图9—8。

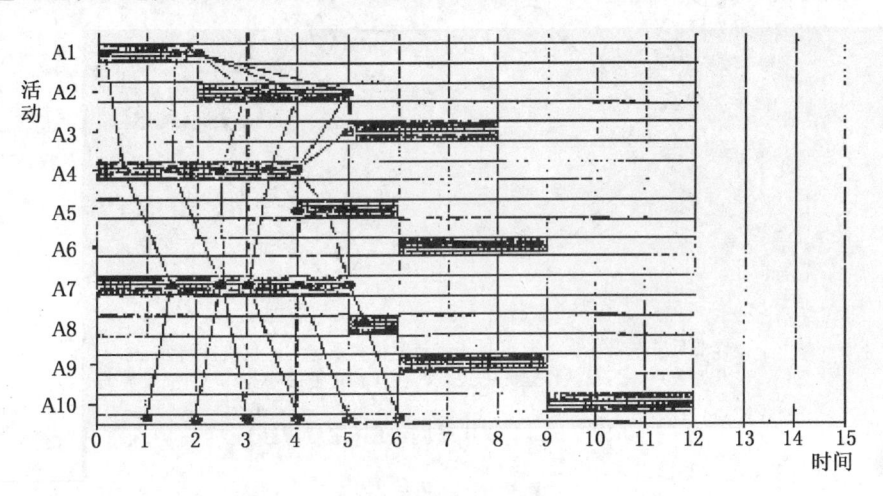

图9—8 项目进度动态曲线图——网络图

表示进度计划的第三种形式是网络图。网络计划又分单代号网络计划和双代号网络计划。

1. 单代号网络计划

这是一种使用节点表示工作、箭线表示工作关系的项目网络图。这种网络图通常称为单代*号网络(简称AON),这种方法是大多数项目管理软件包所使用的方法。

单代号网络图格式见图9—9。

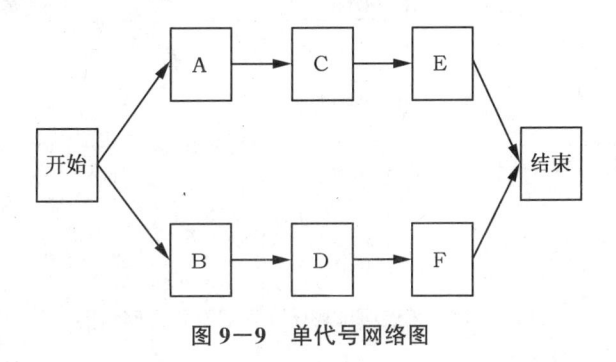

图9—9 单代号网络图

2. 双代号网络计划

这是一种用箭线表示工作、节点表示工作相互关系的网络图方法,这种技术也称为双代号网络(AOA)。双代号网络计划一般仅使用结束到开始的关系表示方法,为了表示所有工作之间的逻辑关系往往需要引入虚工作加以表示。双代号网络图格式见图9—10。

某饮料市场研究项目双代号网络图如图9—11所示。

### 三、关键路线图的编制

(一)确定作业和作业时间

编制关键路线图首先要确定各项作业,即在特定时间内完成的工作或工程,以及每项作业所需要的时间。由于影响作业时间的因素很多,如施工方式、质量要求高低、参加施工人员的

图 9—10 双代号网络图(注意虚线)

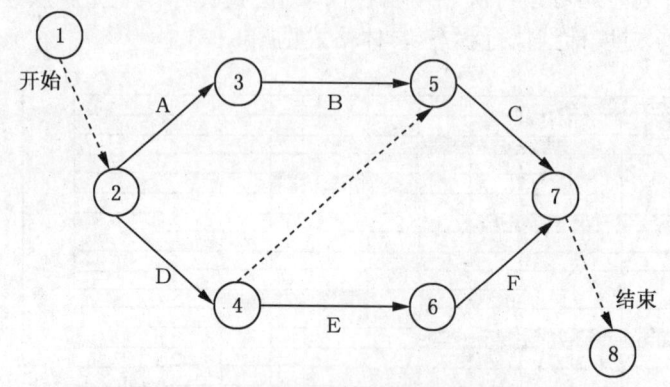

作业反映在箭头上,节点起到连接逻辑关系作用,仅支持结束—开始关系,为反映作业间的关系,往往要设置虚作业。

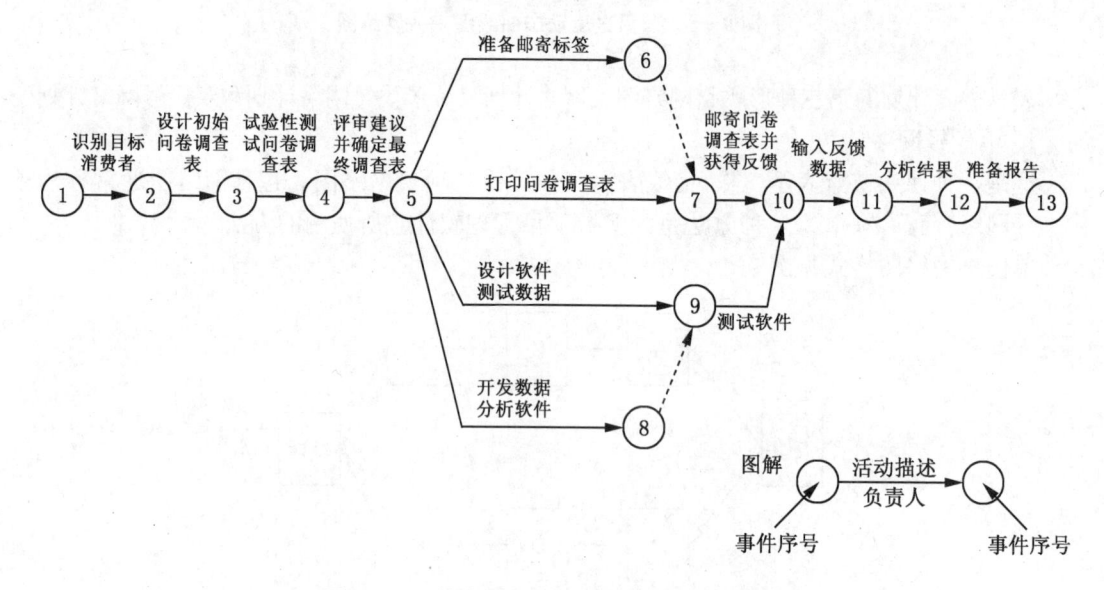

图 9—11 某饮料市场研究项目双代号网络图

多少、气候地质条件等,都会影响作业时间的长短。确定工作时间的主要方法如下。

(1)专家判断:专家判断主要依赖于历史的经验和信息,当然其时间估计的结果也具有一定的不确定性和风险。

(2)类比估计:类比估计意味着以先前的类似的实际项目的工作时间来推测估计当前项目各工作的实际时间。当项目的一些详细信息获得有限的情况下,这是一种最为常用的方法,类比估计可以说是专家判断的一种形式。

(3)单一时间估计法:估计一个最可能工作实现时间,对应于 CPM 网络。

(4)三个时间估计法:估计工作执行的三个时间,乐观时间 a、悲观时间 b、正常时间 m,期望时间 $t=(a+4m+b)/6$。

例如,某一工作在正常情况下的工作时间是 15 天,在最有利的情况下工作时间是 9 天,在最不利的情况下其工作时间是 18 天。该工作的估算完成时间是多少天呢?

工作时间 t=(9+4×15+18)/6=14.5(天)

（二）分析工作先后关系

任何工作的执行必须依赖于一定工作的完成，即它的执行必须在某些工作完成之后才能执行，这就是工作的先后依赖关系。工作的先后依赖关系有两种：一种是工作间本身存在的、无法改变的逻辑关系；另一种是人为组织确定的，两项工作可先可后的组织关系。在编制进度计划时应该先保证逻辑关系，合理安排组织关系。

(1)强制性逻辑关系的确定：这是工作相互关系确定的基础，由于它是工作之间所存在的内在关系，通常是不可调整的，主要依赖于技术方面的限制，确定起来较为明确，通常由技术和管理人员的交流就可完成。

(2)组织关系的确定：对于无逻辑关系的那些工作，由于其工作先后关系具有随意性，将直接影响到项目计划的总体水平。工作组织关系的确定一般比较难，它通常取决于项目管理人员的知识和经验，对于项目的成功实施是至关重要的。

(3)外部制约关系的确定：在项目的工作和非项目工作之间通常会存在一定的影响，在项目工作计划的安排过程中也需要考虑到外部工作的一些制约及影响，这样才能充分把握项目的发展。

从总体讲，工作之间的搭接关系又可以细分为四种类型(结束 Finish，开始 Start，间隔时间 Tiem)：

结束到开始的关系(FTS)；开始到开始的关系(STS)；

开始到结束的关系(STF)；结束到结束的关系(FTF)。

在网络计划中，结束到开始的关系最为常用，它是一种最为典型的逻辑关系。

（三）按项目各项作业活动的内在联系和先后顺序绘制网络图

网络图分为单代号网络图和双代号网络图，现重点介绍单代号网络图。每个作业画一个方块，里面的数字表明作业代号和作业时间，并用箭头表示作业活动的进行方向。网络里不允许有不能通向最终事件的路线，也不允许有返回闭合路线。

（四）计算出最早开始时间和最早完成时间

从网络始点起，由前向后推算每项作业活动的最早开工时间(ES)和最早完工时间(EF)。时间数分别标记在作业方块的左上角和右上角。如果一项作业活动有两个或两个以上紧前作业时，则它的最早开工时间，将受其中完成日期最迟的作业活动所约束。在推算过程中必须选定完成日期最长的数，作为该作业活动的最早开始时间。最早开始时间加作业时间，即为最早完成时间。网络图中最末尾一项作业活动的最早完成时间就是该项目完成的总工期。

技巧小结：最早开始时间(ES)；看紧前作业(EF)取大；

最早结束时间(EF)；(ES)+本作业时间。

（五）计算出最晚完成和最晚开始的时间

从网络尾端开始，由后向前推算每项作业活动的最晚完成时间(LF)和最晚开始时间(LS)。如果一项作业后面同时连续几项作业，在计算时，必须选用最晚开始时间最小的数，作为前一个作业活动的最晚完成时间，最晚完成时间减去本作业的作业时间，即得到最晚开始时间。最晚开始和最晚完成时间分别填在作业方块的左下角和右下角。

技巧小结：最迟结束时间(LF)；看紧后作业(LS)取小；

最迟开始时间(LS)；(LS)-作业时间。

### (六) 计算总时差和自由时差

总时差是不影响总工期的弹性时间,计算:本工作的 LS-ES,或 LF-EF。

自由时差是不影响紧后工作最早开始的弹性时间,计算:紧后工作的 ES-本工作的 EF。

### (七) 确定关键路线

比较每一项作业的最早开始、最晚开始或最早完成、最晚完成时间,将会发现两种情况:一种情况是某些作业活动的最早开始时间和最晚开始时间不一致,两者之间的差额,就是该项作业活动的机动时间;另一种情况是有些作业活动的最早开始时间等于最晚开始时间,两者之间没有机动时间,表明这项作业必须严格按规定时间开工、完工,否则将影响下一项作业活动甚至整个工程的进度。这种没有弹性时间可供机动的作业,被称为关键性作业。在网络图中联结各关键性作业的连线,称为关键路线,将这一条关键路线上的所有作业的作业时间相加起来,就是项目完成的总工期——必需的最短工期。只要关键路线上的任何一项作业活动时间被延长了,即使其他作业活动时间不变,甚至缩短,而项目总工期的时间仍然会同数量延长。

关键路线在项目实施过程中有可能改变。一个项目可能有两条甚至两条以上的关键路线,此时紧缺资源的优化配置显得特别重要。

[案例 1] 某机械厂开发新产品项目(假定作业之间都是 FS0 的关系)

(1)初步确定该项目在实施时有 10 项作业,每项作业的顺序、代号、所需作业时间、紧前作业的要求如表 9-4 所示。

(2)根据所给条件绘出网络图。

(3)计算最早开工、最早完工、最晚开工、最晚完工时间(见图 9-12)。

表 9-4　　　　　　　　　　　项目作业表

| 序　号 | 作业名称 | 作业代号 | 紧前作业 | 作业时间 |
|---|---|---|---|---|
| 1 | 市场调查 | A | — | 5 |
| 2 | 新产品开发决策 | B | A | 2 |
| 3 | 筹集资金 | C | B | 5 |
| 4 | 设计 | D | B | 11 |
| 5 | 采购设备 | E | C,D | 7 |
| 6 | 厂房改建 | F | C | 15 |
| 7 | 设备安装 | G | E,F | 4 |
| 8 | 试生产 | H | G | 2 |
| 9 | 建立销售网络 | I | G | 6 |
| 10 | 生产、投放市场 | J | H | 10 |

(4)从网络图中寻找没有弹性时间(或时差)的作业(见图 9-13),最早开工时间和最晚开工时间之间的差距,称为弹性时间。无弹性时间的作业称为关键性作业。

(5)将所有无弹性时间的关键作业联结起来,形成关键路线图(见图 9-14)。

[案例 2] 有多种搭接关系的网络图(见图 9-15)

请注意:C 作业的最晚完成时间为什么是 17,不能是 15-SS4+8=19,更不能是 15?

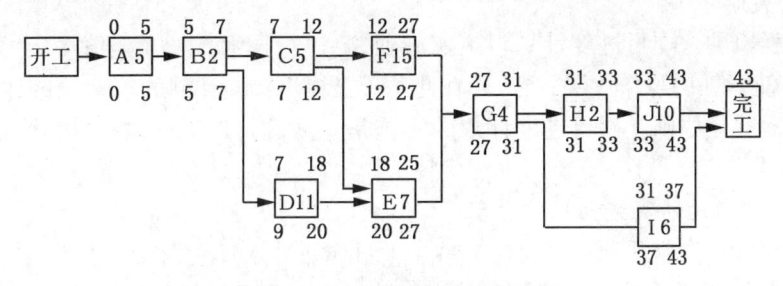

图 9—12 新产品开发网络图

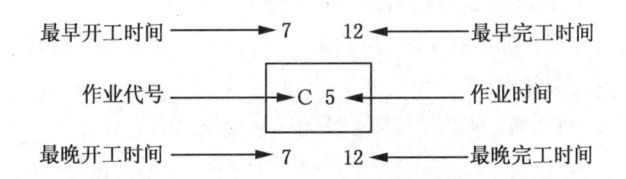

图 9—13 关键性作业图

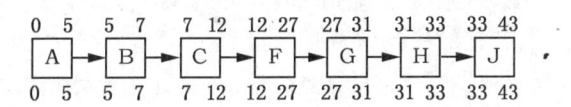

图 9—14 关键路线图

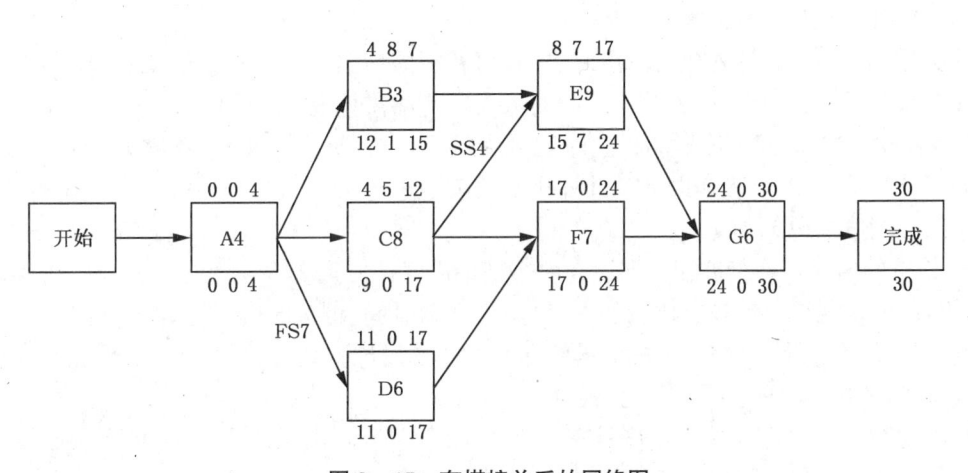

图 9—15 有搭接关系的网络图

## 四、项目进度计划的实施

(一)项目进度计划的实施原则

1. 系统原则。项目是个总体,要保证项目按合同工期要求实现,应从总体目标要求出发,建立计划体系,使项目总进度计划、单位工程进度计划、分部分项工程进度计划和月(旬)作业计划互相衔接、互为条件,组成一个计划实施保证体系,最后以实施任务书的方式下达给队

(组),以保证实施。

2. 透明度原则。项目进度计划付诸实施前,要进行技术、组织、经济内容(要求)"交底",提高透明度,使管理层与作业层一致,并在此基础上提出实施计划的技术、组织措施。

3. 管理标准化原则。项目进度计划的实施是一项例行性工作,有制度作保证,应有一套工作规范,不能带有随意性,不能以主观代替工作规律。

(二)项目进度计划实施的工作内容

1. 编制月(旬)作业计划和项目任务书。项目作业计划是根据项目经营目标、进度计划和现场情况编制的、确保项目进度按计划实施的月(旬)以下具体执行的计划。项目进度计划是施工前编制的,虽然是用于指导具体施工,但毕竟还是比较粗的,而且现场情况又不断变化,因此,执行中需要编制作业计划使其具体化和切合实际。

项目任务书是将作业计划下达到班组进行责任承包,并将计划执行与技术管理、质量管理、成本核算、原始记录、资源管理等融合为一体的技术经济文件,是班组进行施工的"法规",首先必须保证作业计划的实现,所以它是计划和实施两个环节的纽带。

2. 做好记录,掌握现场施工实际情况。"记录"就是如实记载计划执行中,每个工序的开始日期、工作进程和结束日期。其作用是为计划实施的检查、分析、调整、总结提供原始资料。因此,有三项基本要求:一是要跟踪记录;二是要如实记录;三是要借助图表形成记录文件。

3. 做好调度工作。调度工作是正确指挥施工的重要手段,是组织施工各环节、各专业、各工种协调动作的核心方法。它的主要任务是掌握计划实施情况,协调关系,采取措施,排除施工中出现的各种矛盾,克服薄弱环节,实现动态平衡,保证作业计划进度控制目标实现。

### 五、项目进度计划实施中的检查分析

(一)项目进度计划的检查

这实际上是融合于计划执行阶段之中的,两者不能截然分开。计划的检查是计划执行信息的主要来源,又是计划调整和分析总结的依据,故应引起特别的重视。

1. 计划的检查时间。计划的检查时间分为两类:一是日常检查,二是定期检查。定期检查一般与计划的周期相一致,即周期计划执行结束时进行检查,如旬检查、月检查、季检查等。定期检查在制度中规定。

2. 检查的内容。施工进度计划检查内容是在进度计划执行记录的基础上,将实际执行结果与原计划的规定进行比较。比较的内容包括:开始时间、结束时间、持续时间、逻辑关系、实物量或工作量、总工期、网络计划的关键线路和时差利用等。

3. 检查的方法。一般采取对比法。

4. 检查结果的处理。施工进度检查,要建立报告制度。进度报告,是项目执行过程中,把有关项目业务的现状和将来发展趋势,以最简练的书面报告形式提供给项目经理及各业务职能负责人。

5. 计划的调整(或修改)。计划的调整是在检查分析发现矛盾之后进行的,通过调整解决矛盾。

(二)项目进度计划的分析总结

现代管理十分重视总结分析,其原因是它对实现管理循环和信息反馈起重要作用。总结分析是对进度控制进行评价的前提,是提高控制水平的阶梯。

1. 总结分析的主要内容。进度控制总结分析阶段的主要工作内容是:各项目标的完成情

况分析(包括时间目标、资源目标和成本目标),进度控制中的问题及原因分析,进度控制中经验的总结分析,提高进度控制工作水平措施。

2. 目标完成情况分析。

(1)时间目标完成情况分析。该项工作可以通过计算以下指标进行分析:

$$计划工期提前率 = \frac{计划工期 - 实际工期}{计划工期} \times 100\%$$

$$缩短工期的经济效益 = 缩短一天产生的经济效益 \times 缩短工期天数$$

缩短工期的原因大致有以下几种:计划编制积极可靠,执行认真,控制得力,协调及时有效,劳动效率高等。

(2)资源利用情况分析。所使用的指标有:

$$单位用工 = \frac{总用工数}{建筑面积}$$

$$劳动力不均衡系数 = \frac{最高日用工数}{平均日用工数}$$

$$节约工日数 = 计划用工工日 - 实际用工工日$$

$$主要材料节约量 = 计划材料用量 - 实际材料用量$$

$$主要机械台班节约量 = 计划主要机械台班数 - 实际主要机械台班数$$

$$主要大型机械费节约率 = \frac{各种大型机械计划费之和 - 各种大型机械实际费之和}{各种大型机械计划费之和} \times 100\%$$

资源节约大致原因有以下几种:计划积极可靠,资源优化效果好,按计划保证供应,认真制定并实施了节约措施,协调及时得力。

(3)成本分析。主要指标有:

$$降低成本额 = 计划成本 - 实际成本$$

$$降低成本率 = \frac{降低成本额}{计划成本额} \times 100\%$$

节约成本的主要原因大致如下:计划积极可靠,成本优化效果好,认真制定并执行了节约成本措施,工期缩短,成本核算及成本分析工作效果好。

3. 进度控制中问题的总结分析。项目控制包括对未来情况的预测、对当时情况的衡量、预测情况和当时情况的比较以及及时制定实现目标、进度或预算的修正方案。这里所指的问题是,某些进度控制目标没有实现,或在计划执行中存在缺陷。在总结分析时,可以定量地计算,指标与前项分析相同,也可以定性地分析。对产生问题的原因要从编制和执行计划中去找。

进度控制中出现问题的种类大致有以下几种:工期拖后、资源浪费、成本浪费、计划变化太大等。控制中出现上述问题的原因大致是:计划本身的原因、资源供应和使用中的原因、协调方面的原因、环境方面的原因等。

进度控制要遵循以下原理

(1)动态控制原理:不断动态循环进行。

(2)系统原理:计划、控制活动、对象、主体均是系统。

(3)封闭循环原理:循环(反馈)封闭不断运行的例行过程。

(4)信息原理:信息是项目进度控制的依据。

(5)弹性原理:计划留有机动余地。

(6)网络计划技术原理:可以用于控制。

4. 进度控制中经验的总结分析。经验是指对成绩及其取得的原因进行分析后,归纳出来的可以为以后进度控制借鉴的、本质的、规律的东西。

(三)项目进展报告内容和形式

每次检查后应该写出项目进展报告,其内容主要包括:

(1)项目进展简介:列出有关重要事项。对每一个事项,叙述近期的成绩、完成的里程碑以及其他一些对项目有重大影响的事件(如采购、人事、业主等)。

(2)项目近期趋势:叙述从现在到下次报告期间将要发生的事件。对每个将要发生的事件进行简单说明,并提供一份下一期的里程碑图表。

(3)预算情况:一般以清晰、直观的图表反映项目近期的预算情况,并对重大的偏差作出解释。

(4)困难与危机:困难是指你力所不能及的事情,危机是指对项目造成重大险情的事,同时可提出高层管理人员支持的要求。

(5)人、事表扬。

(四)项目进展报告的形式

(1)日常报告:日常报告是为报告有规律的信息,按里程碑时间安排报告时间,有时根据资源利用期限发出日常报告,有时每周甚至每日提供报告。

(2)例外报告:此种报告的方式用在为项目管理决策提供信息报告。

(3)特别分析报告:常用于宣传项目特别研究成果或是对项目实施中发生一些问题进行特别评述。

(4)几种常用的报告表:关键点检查报告表,项目执行状态报告表,任务完成报告表,重大突发性事件的报告表,项目变更申请报告表,项目进度报告表,项目管理报告表等。

## 思 考 题

1. 简述范围管理的内涵和重要性。
2. 简述工作分解结构的作用和编制原则。
3. 如何确定里程碑计划?它与网络计划有何区别?
4. 项目进度控制在项目管理中的重要意义何在?
5. 如何进行项目进度控制?
6. 如何编制项目进度网络图和关键路线图?
7. 单代号网络图与双代号网络图有什么区别?
8. 根据下表条件,计算各作业的六个时间参数,绘制网络图和关键路线图。

| 序号 | 工作代号 | 工作名称 | 紧前工作 | 延续时间 |
| --- | --- | --- | --- | --- |
| 1 | A | 拆开 | — | 12 |
| 2 | B | 准备清洗材料 | — | 11 |
| 3 | C | 电器检查 | A | 12 |
| 4 | D | 仪表检查 | A | 12 |
| 5 | E | 机械检查 | A | 12 |
| 6 | F | 机械清洗组装 | B,E | 14 |
| 7 | G | 总装 | D,C,F | 12 |
| 8 | H | 仪表校准 | D | 11 |

(搭接关系自行分析后添加)

# 第十章

# 项目质量管理

**本章要点**

项目质量是反映项目满足用户需要的能力的特性总和,是实施项目的重要目标之一。本章简要叙述项目质量与项目管理质量概念、质量管理体系的建立、运转方式和审核。详细分析项目质量策划、质量计划与质量管理统计方法和满意度调查方法,分别介绍项目质量管理事前控制、事中控制和事后控制的重要手段。在质量管理中引进 6σ 的管理思想,突破了传统的狭义的质量管理范畴,提高到精细化管理的现代项目管理层面。项目质量的持续改进、使利益相关方满意、主动管理、追求完美、容忍失败等理念不仅仅是一种工具方法,更是一种文化,一种管理哲学。

## 第一节 项目质量与项目管理质量概述

### 一、项目质量的概念

产品是由过程产生的结果。产品通常有 4 种通用的类别:服务、软件、硬件和流程性材料。服务通常是一种无形产品,例如为顾客创造氛围、为顾客提供有形产品或无形产品所完成的活动。软件通常是无形产品并可用方法、记录或程序的形式存在。硬件通常是有形产品,其量具有记数的特征,例如开发一个产品,建造一个工程。流程性材料通常是有形产品,其量具有连续的特征。

产品可能是上述 4 种类型中的一种,也可以是由不同类别的几种产品所组成。

项目的交付物是一种产品。不同项目的交付物是不同的,例如工程项目的交付物是工程产品;软件开发项目的交付物是软件及使用手册;课题研究项目的交付物是课题研究报告;设计项目的交付物是设计文件和计算书。所以从这个意义上说,项目质量就是项目交付物的质量。

项目的成果性目标就是指项目的交付物。项目的交付物完成了,项目的成果性目标也就实现了。

项目质量是反映项目满足用户需要的能力的特性总和;项目质量的好坏就是项目交付物的固有特性满足项目发起方要求的程度。

项目质量的特点是由项目的特点决定的。不同的项目,项目的特点是不一样的。而项目质量的共性特点有以下内容。

(一)影响因素是动态、复杂的系统

项目要经过一定周期才能完成。在这个周期内,又可划分若干阶段。在不同的阶段,影响质量的因素是众多而变化的。其中有些因素是已知的,有些是未知的。

(二)质量变异大

项目的一次性特征决定了项目与生产流水线作业不同,没有规定的生产工艺流程和完善的检测技术,没有唯一正确的路线和稳定的生产环境。所以项目质量波动易发且较大。影响项目质量的偶然因素和系统因素都会使项目质量产生波动。

(三)质量的隐蔽性

项目特别是大型复杂项目,项目结构具有系统性。在进行工作分解前项目先进行结构分解。项目分解结构(Project Breakdown Structure,PBS)就是一个大项目可以分解成若干个子项目,对每一个子项目还可以分解成若干个更小的分项目,甚至还可以继续分解下去。每一个分项目或子项目都有中间产品或阶段成果,且会被覆盖或隐蔽。因此质量存在隐蔽性,使得项目质量保证的难度增加了。

(四)项目目标的特定性和多要素性

每一个项目的目标都是个性化的,有一定范围的、明确的、具体的要求,也称作为唯一性或独特性。且目标又具有系统性特征,可以进行分解。目标间互相制约、相辅相成,质量目标只是其中一个,需要协调和平衡。

(五)项目环境的约束性和不确定性

项目所处的环境,其自然条件、资源条件、社会条件不尽相同,条件是有限的,且存在着变化,无疑存在风险。这些情况都会给项目质量带来影响。

(六)评价方法的特殊性

由于不同类型的项目,其质量评价方法不同;不同子项目和分项目的质量评价方法也不同。有些项目质量的评价方法有标准可以采用,更多项目没有规定的评价方法,需要预先设定评价指标才能进行,称为一事一议。所以对质量评价方法或规则的适用性和公正性先要进行论证或评审。如果质量评价方法或规则存在问题,很难想象对项目质量能评出正确的结果。这就是项目质量评价的复杂性和特殊性。

**二、项目管理质量的概念[①]**

项目的定义与项目管理的定义不同,显然项目管理质量与项目质量也不同。项目质量关注的是结果的质量,也就是交付物的质量;而项目管理面向项目结果,关注的是管理过程,包含产品制造过程,或称工艺过程,及产品服务过程,或称工作过程。项目管理质量就是体现在管理过程的质量和项目结果质量的相互关系上。

---

① 本节内容供高年级或研究生选用。

项目的约束性目标有产品质量一次合格率、费用限制、工期进度要求、安全和环保要求、节能和人力资源要求等。这是实现项目成果性目标的客观条件和人为约束的统称，是项目实施过程中必须遵循的条件。这些约束性指标会相互影响，存在着对立统一关系。所谓牵一发动全身，某一个指标的变动会造成其他指标的变化。项目管理就是要用系统的思想在这些条件下进行协调，不可能各个指标都是最优，而是要在各个指标中综合取得动态平衡，追求整体最优；平衡就和谐，和谐就顺畅。

成果性目标和约束性目标反映了项目利益相关方的需求，利益相关方的需求不可能是一致的，更因为利益相关方之间的文化、理念、思路、经验、方法、资源等的差异性会有矛盾和冲突。项目管理就是要对各种需求进行协调，统筹兼顾以取得某种平衡，最大限度地调动利益相关方的积极性，在利益相关方满意中取得平衡点，保证项目在限制性条件下实现预定的目标。和谐、共赢、以人为本是项目管理的哲学理念。

项目不同，项目发起方和利益相关方的需求也不同；同样，项目不同，项目目标也不同（包含质量目标）。所以不是每个项目都要求质量目标为优。如有些项目目标要求交付物质量为精品，有些项目只要求质量为合格。有些体育项目要拿世界冠军，有些体育项目只要进国内前6名。显然，项目目标是不一样的。

同类项目即使交付物相同，而质量目标不同，则所需的资源、费用、工期、能耗、环境等约束条件都会不同。

对项目管理质量的要求来源于项目的发起方及各相关方，满足各方要求的程度反映出项目管理质量的好坏。

影响项目管理的因素很多，不同项目的项目管理特点也不一样。项目管理质量的特点主要体现在以下几个方面。

（一）范围广

项目管理从职能领域分解有范围管理、质量管理、进度管理、费用管理、资源管理、采购管理、风险管理、沟通管理、综合管理和利益相关方管理。质量管理仅是其中之一。与其他管理有联系又有制约关系，要相互协调好。

除了面向项目结果的质量，还要关注项目过程的管理质量。两者相互对应，有一定的因果关系。

（二）复杂性

项目管理的对象是项目，涉及的主体多，经历的环节多，项目的影响因素众多，又是错综复杂地交织在一起且不断变化着，风险多，要理顺各种关系所需要的管理及管理办法也要多样且适用，也要有变化。就像没有一帖灵丹妙药能治百病，只能对症下药，不断调整药方，该治表时治表，该治根时治根。

不同的项目，由不同的项目管理团队去管理，得到的项目结果会不同，其项目管理过程也会不同。只有最合适的，没有最好的；一个成功项目和项目管理的模式，一成不变地复制到另一个项目上难以一定取得成功。

（三）动态性

项目要经历从概念阶段到收尾阶段的完整的生命周期，甚至是包括使用阶段的全寿命周期。不同阶段的项目管理内容和重心不同，影响项目管理的因素也不同；即使在某一个阶段里，不同的时间点上，影响项目管理的因素也会有所不同，同样需要进行针对性的项目管理。项目管理的质量会随着时间的变化而波动。除了协调好上下左右以外，还要协调好前后。全过程贯穿着动态管理。

(四) 不可逆性

项目具有一次性特点,这就需要对项目的每一个环节、每一个要素的管理都予以高度重视,否则时过境迁,时光不会倒流,就可能造成难以挽回的损失或影响。所以对项目管理来说是"机不可失,时不再来",特别贴切。项目管理的本质是创新性。

(五) 项目文化的独特性

项目文化是基于企业文化,又有项目特色的团队文化,是一种基于团队管理的项目经理负责制。组建项目团队时选择项目经理很重要,项目经理是项目文化的灵魂。项目经理要善于识别、开发、维护和发展项目团队成员的潜力、能力和积极性。不断关注团队建设,为项目目标的实现而发挥作用。

项目经理还要关注和协调客户、供应商等利益相关方。充分、合理、高效利用各种资源,做好项目策划、确定、管理、审核、调整和优化项目成功所需的过程,选择并采用适宜的项目管理方法和体系,并结合项目特点加以改进。不断总结经验教训,并文档化,使其他项目受益。这样,才能获取项目预期的结果。所以说,项目文化与项目管理质量密切相关。

(六) 评价方法的特殊性

项目管理的好坏是一个系统性的评价,要有权重的概念和协调平衡的思路。评价项目管理质量极其复杂,没有唯一正确的答案。

"做正确的事,正确地做事,获取正确的结果"这句话说明项目目标很重要。项目管理目标不同于项目目标。基于项目利益相关方的需求信息,设定正确的项目目标,还要开发、跟踪检查并实现项目目标。在过程中,还要综合、权衡、优化、协调项目目标。项目管理从某种意义上说是专业化的目标管理,是创造和保持使项目能顺利进行的环境。其方法、工具和手段具有先进性、开放性和可操作性。

与项目质量大多偏重于硬性指标的不同,项目管理质量更偏重于软性的内容。要从定性到定量评价项目管理质量,做到既科学又合理确实不易。

## 三、项目质量与项目管理质量的关系[①]

项目质量与项目管理质量有一定的关系。项目质量好,往往与项目管理好有关;项目质量差,往往项目管理有问题。反过来,项目管理得好,给项目的成果实现创造一个良好的氛围,项目质量也会好;项目管理得差,项目的交付物也不会好到哪里去。

同一个项目,由不同的项目经理或团队去管,则项目质量和项目管理质量都会不同。因为人力资源是宝贵的、有限的,对重大项目或重点项目的项目参与方往往会派出精兵强将的团队,项目发起方(如政府主管部门)会成立重大项目协调办公室或指挥部,在监管和协调上也作倾斜,就是这个道理。

但两者关系不是绝对的。有时项目管理得好,但因战争、全球经济危机、地震等自然灾害或项目发起方决策失误,也会使项目夭折。

有的科研项目在探索未知世界的过程中不确定因素多,风险大,数百次的试验都没有成功,不一定是项目管理得差。

有时项目管理很成功,项目交付物也很好,使用寿命应该几十年或上百年,但没过几年又

---

① 本节内容供高年级或研究生选用。

拆了。原因是换了领导把规划改了。这样的项目从宏观上讲还是不能算成功。浪费资源、破坏环境、劳民伤财、失信于民。

有时项目管理得并不好,工期拖延、成本增加,或团队成员不团结,经过多次整改后项目成果也交付了。因为属于行业垄断的关系,项目没有亏损,也会纳入领导的业绩。反过来,如果项目管理得好,则项目收益会更大。

**四、项目质量和项目管理质量的检验标准**

(一)项目质量的检验标准

一般来说,检验项目质量即项目成果质量有验收技术规范,如国家标准、行业标准、地方标准和企业标准。从质量要求严格程度看是企业标准最高,国家标准最低。当企业没有自己标准,或没有行业标准和地方标准时,才用国家标准。

如美国就没有国家标准,只有大企业有自己的标准,并成为行业标杆。

项目合同中明确的委托方需求(如使用功能要求)也是检验项目质量的依据。

(二)项目管理质量的检验标准①

建立项目管理质量的检验标准起步时间尚晚,还在不断完善中。

1. 有关产品过程的项目管理质量标准

国际标准化组织发布的有关检验生产/服务过程的标准有:

(1)ISO 9000《质量管理体系》标准,适用于产品生产过程的质量管理;

(2)ISO 10006《质量管理体系 项目管理质量指南》标准,基于美国项目管理协会(PMI)的项目管理知识体系 PMBOK,适用于项目管理过程的质量管理;

(3)ISO 21500《项目管理》标准,基于国际项目管理协会(IPMA)国际项目管理能力基准的 ICB4.0,适用于项目管理过程的质量管理;

(4)ISO 14001《环境管理体系》标准,属于利益相关方范畴;

(5)OHSAS 18001《职业健康与安全管理》标准,属于利益相关方范畴;

(6)HSE 标准(健康、安全和环境三位一体的管理体系),属于利益相关方范畴。

即使是在一个个的项目中,也不乏流程型的工作。通过贯彻 ISO 9000 标准,保证了项目产品过程的质量,从而实现产品的质量。

ISO 9000 标准关注的是流程化管理;ISO 10006 和 ISO 21500 标准着眼的是项目化管理。

2. 有关工作过程的项目管理质量标准

有国际项目管理协会(IPMA)、中国项目管理研究委员会(PMRC)、美国项目管理协会(PMI)等发布的检验项目级或组织级项目管理的质量标准,详见第八章第五节。

## 第二节 质量管理体系

**一、质量管理的发展过程**

质量管理的发展是同生产力、科学技术和企业管理的发展相联系的。从世界范围看,质量

---

① 本节内容供高年级或研究生选用。

管理起始于工业发达国家,其发展过程一般可分为以下四个阶段。

(一)质量检验阶段

20世纪前产品质量检验是由操作者自己进行,那时的质量管理可称为"操作者质量管理"。20世纪初,随着泰罗制的建立,使质量管理作为一门科学来研究对待,并使它成为科学管理的一个重要组成部分。这时,质量检验已从加工制造中分离出来作为一个单独的工序,并且配备了质检部门。质检部门的主要任务是:依靠专职检验人员,利用检测仪器和工具,按照产品质量标准,对产品进行检验,区分出合格品和不合格品。这一阶段质量管理的主要作用是制造后把关,挑出不合格品,保证合格品出厂。但明显的缺陷是不能防止不合格发生,不能及时发现和解决生产过程存在的质量问题,缺乏预防和控制作用。1924年,美国贝尔研究所的休哈特(W. A. Shewhart)最先提出运用数理统计原理来预防和控制产品质量的理论和方法,但由于当时生产技术水平的限制,休哈特的理论和方法未能得到推广应用。

(二)统计质量控制阶段

第二次世界大战初期,美国许多企业转产军需品。产品质量不稳定,不能按时交货,不能保证战争需求。为此,美国政府在1941年制定了"战时质量管理标准",强制推行休哈特的统计控制方法。以后民用企业也竞相采用,并于20世纪50年代初被西欧、日本等许多国家引进采用,使质量的统计控制方法成为质量管理的主要内容,形成了统计质量控制阶段。这一阶段质量管理的主要作用是可以控制工序质量,预防不合格品的发生;同时也改变了单纯事后检验和产品全数检验的陈旧方式方法。但统计质量管理的缺陷是只注重数理统计方法,忽视组织管理工作。但毕竟这一阶段质量管理较前一阶段进步和科学,为全面质量管理准备了条件。

(三)全面质量管理阶段

20世纪50年代后期,科学技术和生产力迅速发展,许多高科技产品相继问世,对产品质量提出了更高更全的要求。为了保证产品的可靠性和安全性,单靠统计方法控制生产过程是不够了。于是,美国质量管理学家朱兰(J. M. Juran)和费根堡(A. V. Feigenbaum)提出了全面质量管理的理论。认为必须从系统的观点出发,运用系统理论和方法研究质量问题。不仅在产品制造领域,而且从设计开始直到使用过程都要进行严格的质量管理。在质量管理中既要重视和应用各种检验手段和统计方法,更应做好一系列组织管理工作。特别强调每个职工都要参与质量管理,担当有关质量责任,保证为用户提供满意的产品。美国提出的全面质量管理理论,经过日本企业质量管理的实践,使全面质量管理理论在体系、内容、方法上日趋完善,于20世纪60年代在世界范围内得到推广应用,从而使质量管理进入了一个新的阶段。

(四)质量管理体系标准化阶段

随着质量管理的理论与实践的发展,许多国家和企业为了保证产品质量,选择和控制供应商,纷纷制定国家或公司标准,对公司内部和供方的质量活动制定质量体系要求,产生了质量保证标准;

1987年首次发布的ISO 9000族标准是在全世界范围内通用的关于质量管理和质量保证方面的系列标准。

1994年国际标准化组织(ISO)对其进行了全面的修改,并重新发布实施;其内容过分趋向于硬件制造业,而其他行业应用不便。

2000年ISO又对ISO 9000系列标准进行了重大改版,明确规定满足客户的需要和期望;强调通过持续改进,不断提高企业经营业绩;与其他管理体系(ISO 14001,OHSAS 18001)容易整合;

2008 年 ISO 再次对 ISO 9000 系列标准进行修改,对"产品"的定义也可指"服务";2015 年年中发布 ISO 14001(2015 版);2015 年 9 月发布 ISO 9000(2015 版)。

## 二、质量管理体系的概念

(一)基本概念

ISO 9000 族标准是国际标准化组织(ISO)在 1994 年提出的概念,是指由 ISO/Tc176(国际标准化组织质量管理和质量保证技术委员会)制定的国际标准。

ISO 9001 是 ISO 9000 族标准所包括的一组质量管理体系核心标准之一,用于证实组织具有提供满足客户要求和适用法规要求的产品的能力。质量管理体系,就是以保证和提高产品质量为目标,运用系统理论和方法,把质量形成的全过程中的各部门、各生产环节的质量管理工作严密地组织起来,形成一个任务明确、职责对等、互相协调、互相促进的质量管理有机体系。质量管理体系的运行,使质量管理工作更统一化、制度化、标准化、程序化,有效地保证企业产品质量不断提高,目的在于增进客户满意。

随着商品经济的不断扩大和日益国际化,为提高产品的信誉、减少重复检验、削弱和消除贸易技术壁垒,维护生产者、经销者用户和消费者各方权益,这个第三方认证不受产销双方经济利益支配、公正、科学,是各国对产品和企业进行质量评价和监督的通行证;作为客户对供方质量体系审核的依据;企业有满足其订购产品技术要求的能力。

凡是通过认证的企业,在各项管理系统整合上已达到了国际标准,表明企业能持续稳定地向客户提供预期和满意的合格产品。站在消费者的角度,公司以客户为中心,能满足客户需求,达到客户满意,不诱导消费者。这是对客户的承诺。

该系列标准目前已被 100 多个国家等同或等效采用,是全世界最通用的国际标准,在全球产生了广泛深刻的影响。

我国国家标准局引进 ISO 9000 族标准是等同采用,发布的国家标准是推荐性标准。

《质量管理体系 基础和术语》GB/T 19000—2008 idt ISO 9000:2005

《质量管理体系 要求》GB/T 19001—2008 idt ISO 9001:2008

《追求组织的持续成功 质量管理方法》GB/T 19004—2011 idt ISO 9004:2009

《环境管理体系》GB/T 24001—2005 idt ISO 14001:2005

《职业健康与安全管理》GB/T 28001:2005 idt ISO 18001:2005

《质量管理体系 项目管理质量指南》GB/T 19016:2005 idt ISO 10006:2003

其中《环境管理体系》是对社会的承诺;《职业健康与安全管理》是对员工的承诺。

(二)实施 ISO 9000 的好处

1. ISO 9000 为企业提供了一种具有科学性的质量管理和质量保证方法及手段,可用于提高内部管理水平。

2. 提高全员质量意识,使企业内部各类人员的职责明确,改善企业文化。

3. 文件化的管理体系使全部质量工作有可知性、可见性和可查性,通过培训使员工更理解质量的重要性及对其工作的要求。

4. 强化品质管理,使产品质量得到根本保证。

5. 可以降低企业的各种管理成本和损失成本,提高企业效益。

6. 为客户和潜在的客户提供信心。

7. 提高企业形象,扩大市场份额,增强了竞争的实力。

8. 满足市场准入的要求，获得了国际贸易"通行证"，消除了国际贸易壁垒。

### (三)八项基本原则

八项基本原则是质量管理体系 ISO 9000 标准的核心内容。

#### 1. 以客户为关注焦点

组织的生存依赖于客户。因此组织应当理解客户当前和未来的需求，满足客户要求并争取超越客户期望。首先应明确自己的客户是谁；应调查客户的需求和期望是什么；应研究如何满足客户的需求，提高客户的满意度。

项目的一个相关主体存在着两类客户，即外部客户(用户、销售商或项目的其他受益者)和内部客户(项目实施过程中输入到的下一个部门、岗位或个人)，在项目进行过程中，客户是动态的，所以要不断识别客户。

客户的需求和期望表达了客户对项目质量的要求，会随着项目的进行而有所改变，这就需要动态地加以识别。同时，确保项目包括质量目标在内的各项目标能直接体现客户的需求和期望。然后，确保在整个组织中得以沟通，使得本组织的所有员工都能及时了解客户需求的内容、细节和变化，并采取措施以满足客户的需求。

定期衡量客户的满意度，采取措施持续改进。

#### 2. 领导作用

项目任一方的领导者都需要针对项目的特点和要求，建立质量宗旨和方向，应当创建并保持使项目所有参与者都能充分参与以实现项目质量目标的内部环境。为此，领导者应做好确定方向、策划未来、激励员工、协调活动和营造一个良好的内部环境等项工作。领导者的作用、承诺及积极参与，对项目质量的保证并使项目的所有相关方都满意是至关重要的。

#### 3. 全员参与

员工是项目的具体实施者，项目质量管理除了管理者的正确领导，还有赖于全体员工的参与。员工的素质如何，员工对项目质量的重视程度都将对项目质量产生影响。与项目有关的所有员工都需要通过完成好自己的本职工作为实现项目的质量目标作出贡献。

为此，对员工要进行质量意识、职业道德、以客户为核心的思想、敬业精神和与项目有关的专业知识教育，全面提高员工的素质；激发员工的积极性和责任感，使员工明确自己在项目中的作用；赋予员工相应的责权；为员工创造提高自己能力、知识和经验的机会；提倡知识和经验共享，成为组织共同的财富。

#### 4. 过程方法

任何利用资源并通过管理，将输入转化为输出的活动均可视为过程。系统地识别和管理相应的过程，特别是这些过程之间的相互作用就是过程方法。过程方法的目的是获得持续改进的动态循环，并使项目的质量水平得到显著提高。过程方法通过识别组织内的关键过程，随后加以实施和管理，并不断进行持续改进来达到使客户满意的目的。

过程是一个或若干个输入转化为输出的活动，一个过程的输出往往是下一个过程的输入，过程与过程之间往往会形成复杂的过程网络。过程的输入和输出与内部和外部客户相连。所以应对每一个过程的输入、输出、活动、资源、职责和支持性过程等要素加以识别和管理，在过程的监控和测量的基础上进行数据分析，寻找改进措施，评价过程结果可能产生的风险及对项目质量的影响。

#### 5. 管理的系统方法

系统的特点之一就是通过各子系统协同作用、相互促进，使总体的作用超过各子系统的作用之和。系统方法是在系统分析有关数据、资料或客观事实的基础上确定要达到的优化目标；通过系统工程，设计或策划需要采取的各项措施、步骤和应配置的资源，形成一个完整的方案；在方案实施过程中，通过系统管理提高有效性和效率。

在项目质量管理过程中，采用系统方法对组成项目系统的各个过程加以识别、理解和管理，明确顺序和相互作用，使这些过程相互协调。

6. 持续改进

影响项目质量的因素在不断变化，客户的需求和期望也在不断变化，这就要求项目管理者应不断改进其工作质量，提高质量管理体系及过程的效果和效率。只有坚持持续改进项目质量才能得到不断完善和提高，这应成为项目进展过程中的一个永恒主题、一种制度，成为所有参与者追求的目标。

要对员工进行持续改进方法和工具的培训，将持续改进的结果加以肯定和推广。

7. 基于事实的决策方法

在项目管理过程中决策随时伴随其中。有效的决策应建立在数据和信息分析的基础上，所以对所采集的数据和信息要进行鉴别，确保其准确性和可靠性；随后采取适当的统计技术等有效方法，通过合乎逻辑的分析、处理，才能凭积累的经验和直觉判断等综合进行正确决策。

所以建立完整的项目管理信息系统，明确规定应收集信息的种类、渠道和相关人员的职责，确保信息渠道的畅通是前提。

8. 互利的供方关系

供方提供给项目的资源将对项目质量产生重要影响。项目的承包方与供方是相互依存、互利的关系，这种关系可增强双方创造价值的能力。处理好与供方的关系，对承包方能否向客户提供满意的项目成果至关重要。因此，对供方不仅要讲控制，还要讲互利合作，这对双方是一种双赢战略。

首先要根据项目需求，识别并合理选择供方；与供方建立长期合作伙伴关系，既考虑当前利益，又考虑长远利益；与供方建立畅通和公开的沟通渠道，及时解决有关问题。共享专门技术、信息和资源；鼓励供方的持续改进及其成果。

项目经理为实现项目的质量目标，应在以上八项质量管理原则指导下，带领项目组织成员，持续改进工作，项目管理质量就有了可靠保证。

### 三、质量管理体系的运转方式

质量管理体系及其构成分系统是按照"计划—实施—检查—处理"（即 PDCA）管理循环周而复始地运转的。PDCA 管理循环是质量保证的客观要求，体现了质量管理活动内在的规律。这个管理循环包括四个阶段和八个步骤。

第一阶段是计划（Plan）。就是制定质量目标、行动计划和措施方案。具体可分为以下四个步骤：(1)分析质量现状，找出存在的质量问题；(2)分析产生质量问题的各种原因或影响因素；(3)找出产生质量问题的主要原因或主要因素；(4)针对主要原因或主要因素，提出技术组织措施方案，并纳入行动计划，落实到具体部门和人员。

第二阶段是实施（Do）。就是执行技术措施方案，按照计划的进度要求去组织落实。

第三阶段是检查（Check）。就是检查执行计划的情况，并把执行结果与计划目标或指标进行对比分析，衡量计划执行的效果并分析原因。

第四阶段是处理（Action）。就是总结本轮循环的经验教训，推动下一轮循环的进程。具体包括两个步骤:(1)进行标准化管理,即把成功的经验和失败的教训都总结整理,制定成标准、规章,以便今后遵循;(2)把没有解决的遗留问题,转到下一轮管理循环去解决。

PDCA管理循环四阶段、八步骤如图10-1和图10-2所示。

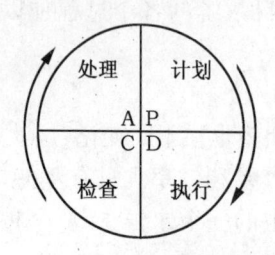

图10-1　PDCA管理循环四阶段 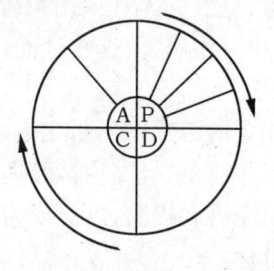　　图10-2　PDCA管理循环八步骤

PDCA管理循环,一般有以下特点:

(1)大环套小环,小环保大环,一环扣一环,推动大循环,如图10-3所示。整个项目的质量管理体系是一个大环,各管理部门和生产单位是小环,通过质量管理和质量计划指标将它们不可分割地联系起来。上一级的管理循环是下一级循环的根据。下一级管理循环又是上一级管理循环的组成部分和具体保证。通过各个小循环的不断转动,推动整个项目级循环不停转动,实现预定的质量目标,保证不断完善和提高产品质量。

(2)管理循环每转动一周,产品质量就提高一步;这个转动不是停留在原地的重复,而是每循环转动一周,进入一个新的高度;在新的层面上再开始新的循环、不断稳步提高。如图10-4所示。

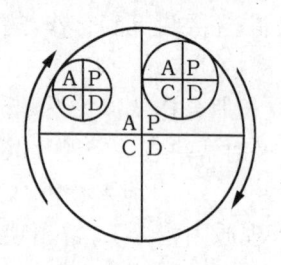

图10-3　管理大环套小环的循环 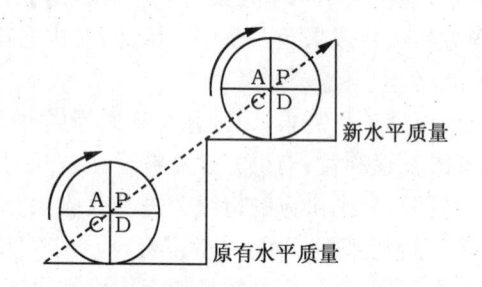　　图10-4　管理不断循环、不断提高的关系

(3)从实际出发,注重实效。一方面在制定质量目标、拟订措施方案和计划时都是从解决企业现存质量问题入手,不搞不切实际的空洞目标和计划。另一方面,在管理循环的各阶段各步骤中,如果实际情况需要在某一阶段或某一步骤完成其他阶段和步骤的工作,那不仅允许,而且鼓励做这样有实效的工作,绝不因管理循环的理论阶段和步骤的划分而被限制。例如,在执行计划阶段和步骤,因为项目外部环境变化较快,所以需要边执行、边检查、边调整计划,这种注重实效的做法是允许的和必要的。

### 四、质量管理体系的建立和审核

(一)质量管理体系的建立

质量管理体系作为一个整体系统的质量管理网络,并要使它卓有成效地运转,需要在思想上、方针目标上、组织机构上、责任制度上、管理工作标准和技术标准上、信息反馈和处理等各方面加强建设。

1. 在思想上牢固树立"一切为用户"、"满足用户需要"的观念

坚持"质量第一，永远第一"的方针。制定具体的可行的质量目标，并且把质量目标纳入到质量计划中去。这样，为项目质量管理体系的建立和运转规定了方向，指出了行动纲领。可以说，这是项目质量管理体系建立的首要工作。

2. 建立和健全项目质量管理体系

产品质量归根到底依赖于管理质量。只有管理质量好，才能保证产品质量。要管理质量好，就要建立和健全项目质量管理体系，即质量形成全过程所涉及的质量管理体系。其主要内容包括：

(1)确定管理目标。即为了保证项目管理质量对具体管理工作提出的要求和应达到的水平。

(2)确定管理标准。管理标准是项目质量管理体系的基础，它包括很多内容。例如，工作任务量和进度、期限、工作内容、权限和责任、应达到的质量标准等。制定项目管理标准必须按工作岗位定型化，不能因人而异。

(3)确定工作流程。就是要确定某项管理工作的总体关系，由哪些部门、岗位负责完成，先后顺序如何，如何相互衔接和进行联系，如何对工作完成情况进行考核检查等。按照标准化、程序化、科学化的方式做好工作，就能确保项目管理质量达到较高水平，从而保证和提高产品质量。

3. 建立和健全质量管理组织体系

目前企业一般由总师室/技术质量部负责，它的主要职能是：统一组织、计划、协调项目质量管理的活动；检查、督促和指导企业各部门、各项目的质量管理工作；组织公司内外质量信息反馈；全面掌握质量管理体系活动动态，及时组织协调平衡；开展质量教育，组织群众性的质量管理活动等。另外，该体系还有专门的质量检验功能，专人负责质量的把关，这是质量管理体系不可缺少的组成部分。只有坚决阻止不符合质量标准、流程、规定的行为，质量保证才能真正落实。

4. 建立质量信息反馈系统

质量信息反馈系统是质量管理体系的"神经系统"，是项目管理信息系统的一部分。建立质量信息反馈系统要求是：有信息反馈中心；有信息传输渠道；对项目内外信息的收集要全面、准确；信息的传输要迅速、畅通；信息的处理要及时并提供最急需有用的信息。总师室/技术质量部作为信息反馈中心，通过项目内部和外部的各种信息传输渠道，获取大量质量信息，经过加工、处理后，将最重要最有用的信息及时反馈给企业决策部门，使各级领导和有关部门及时了解产品质量的动态、问题和内在原因，以便采取主动攻关措施，解决质量问题，完善和不断提高产品质量。

质量信息反馈系统，把企业与项目同市场、用户联结起来，把企业内部各部门、各项目与各生产环节联结起来，把质量形成的全过程贯通起来，把决策部门、执行部门、检查和监督部门沟通起来，通过信息的收集、传输、贮存、处理等活动的最佳组织，保证不断提高产品质量目标的实现。

5. 广泛开展质量管理小组活动

质量管理小组(QC 小组)是质量管理体系的基层组织，是广大职工参加质量管理活动的主要形式。开展质量管理小组活动，应抓好三方面工作：

(1)围绕质量问题按自愿结合原则组建小组，企业应对小组给予指导和帮助，使小组真正在质量管理中发挥作用，而不流于形式。

（2）质量管理小组要有目标，要开展经常性的活动。必须明确小组的任务和目标，就是解决生产过程的质量问题并不断改进和提高产品质量。小组应经常在生产实际中选择质量课题，作为一个项目来做，开展质量攻关活动。

（3）对小组活动的成果，应定期考核评比，并对解决和提高质量的重要革新、创新、建议给予奖励，推动质量管理小组活动更全面、深入地开展。

6. 监督分包供应商开展质量管理活动

产品的质量主要取决于企业本身，但与分包供应商也有关系。因为最终产品的质量与配套产品和分包供应商的质量密切有关。所以监督分包供应商开展质量管理活动，应看成是企业质量管理体系的组成环节，是本企业质量管理活动的当然延伸。同样要高度重视，定期去指导、监督和检查，使分包供应商的质量管理体系及其运转完全符合标准和要求，切实保证所提供的配套产品完全符合质量标准，从而保证和提高最终产品质量。

（二）质量管理体系的审核①

1. 内部审核

简称内审，是企业的自检活动。这体现了大环套小环的循环。内审是大环 PDCA 中的 C 和 A。内审本身就是一个小环。企业的质量管理机构每年要制定质量管理活动/内审的计划，设置检查点。定期由内审员带队深入企业的各生产/管理部门，对照企业和各部门的质量管理体系文件规定进行检查。主要流程见图 10—5。

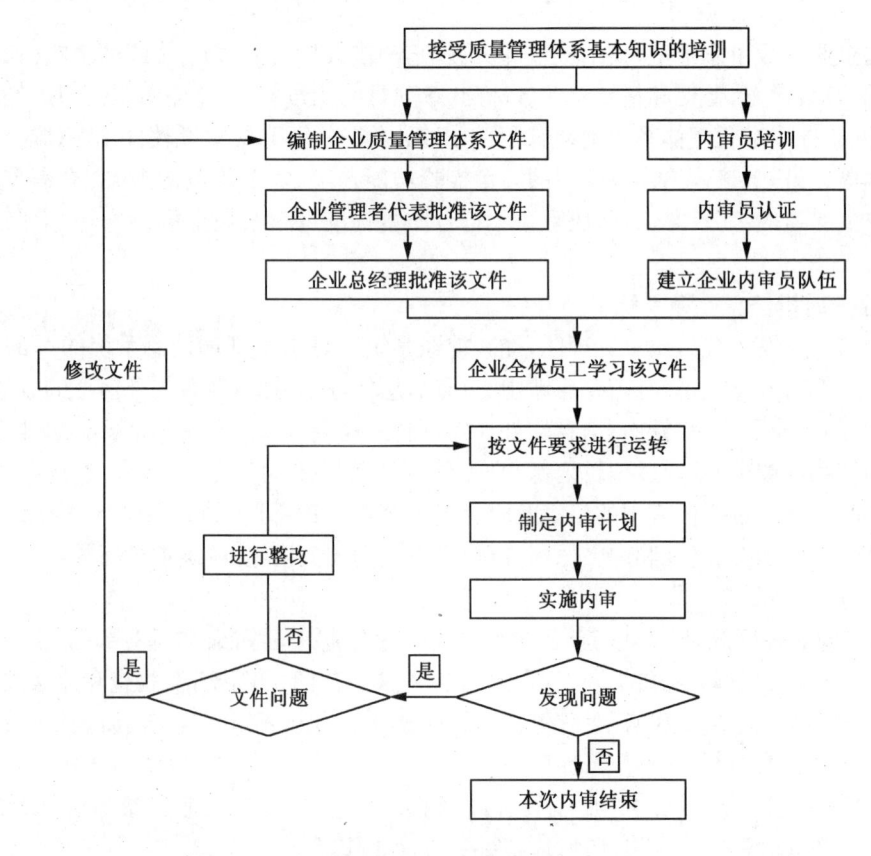

图 10—5　内审基本流程

---

① 本节内容供高年级或研究生选用。

检查的准则,就是实际的生产活动和管理活动是否按照质量管理体系的文件规定、流程、要求执行,及委托第三方机构的客户满意度调查所反馈的意见。以事实为依据,发现问题记录在检查表上。检查表汇总到企业的质量管理机构,统一向管理者代表报告。并由质量管理机构发不合格通知单,要求该部门在规定的期限内整改,并书面报告整改措施或结果。再由质量管理机构复审整改是否通过。整改不到位将继续整改。

不合格通知单分为一般不合格和严重不合格两类。一般不合格是指质量管理体系文件基本合适,在执行过程中出现偏差;而严重不合格是指质量管理体系文件规定、流程、要求发现缺陷,已对实现企业的质量目标产生影响,必须修改或完善企业的质量管理体系文件。

企业根据实际情况制定内审的频次。

2. 外部审查

简称外审,是委托有认证资质的机构进行第三方的审查/认证。审查合格发证书,在证书的有效期到期前须进行复审,复审合格再换新的证书。外审是在内审的基础上进行的。外审的基本流程见图10—6。

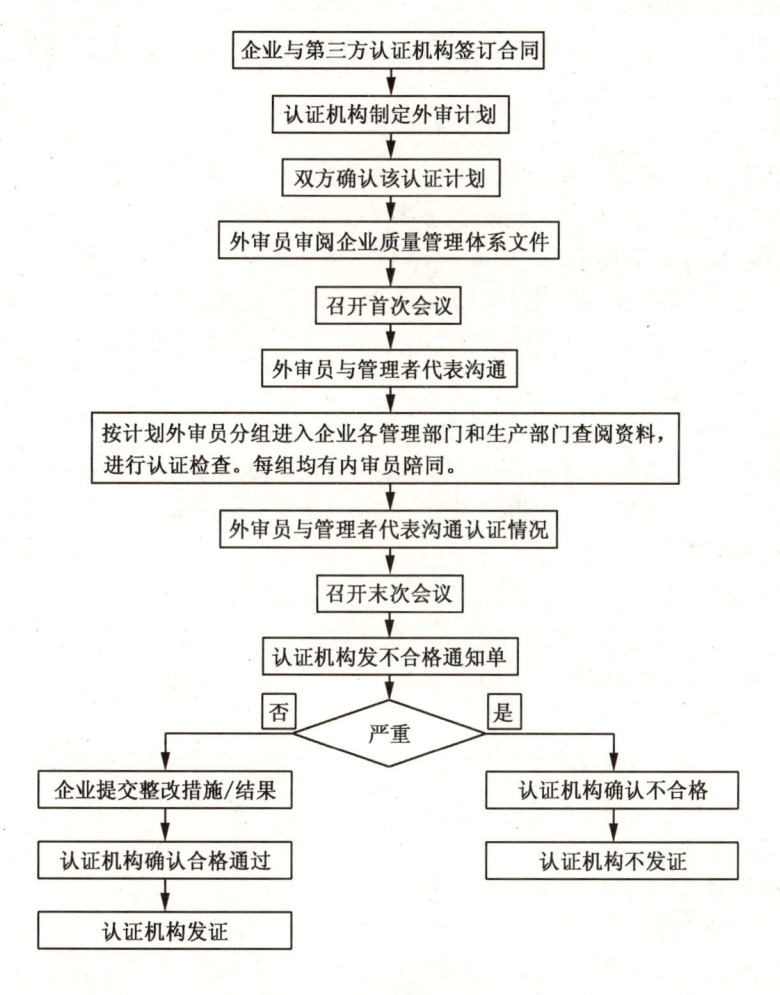

图10—6 外审基本流程

## 第三节 项目质量策划和质量计划

### 一、项目质量策划

项目质量策划是项目质量管理最重要的组成部分,是事前控制的有效手段。项目质量策划是按质量目标、实施过程和相关资源三方面来进行的。

#### (一)项目质量目标策划

项目质量目标是项目在质量上应达到的水平和必须满足用户的要求。项目质量目标包括总目标和具体目标。总目标通常用合格品率和优等品率表示;具体目标通常用一系列技术经济指标表示,如项目性能、可靠性、安全性、经济性、时间性、环保性等。

对于工程项目来说,在质量目标策划时,一般要考虑以下因素:

1. 项目的功能性要求

例如,一个新建不锈钢厂项目,必须达到正常生产 100 万吨不锈钢板;一条地铁新线项目,必须每天运输旅客 30 万人次。

2. 项目的外部条件

工程项目建设是在一定环境下进行的,如地质、地貌、气候、水文条件等,项目质量目标的确定,不能离开这些条件去人为主观设定,必须与这些条件相适应。

3. 用户的明确和隐含要求

在确定项目质量目标时,要通过市场研究,把用户长远的需求和期望考虑进来。例如一座新医院项目的质量目标,就必须把病人更方便、更快捷、更准确、更好地得到医疗服务考虑进来。

4. 质量经济性

项目质量是有成本的。不仅在项目建设过程中有质量成本,而且项目建成投入使用后运营也有质量成本。所以,在确定项目质量目标时,一定要综合考虑项目质量和成本的关系,确定一个合理的项目质量目标。

#### (二)实施过程策划

项目的质量是在项目进行过程中逐步形成并最终实现的,所以,必须对项目实施过程进行策划。实施过程策划,主要明确以下要点:

1. 项目质量环

项目质量环就是项目质量的形成所经历的各个环节。例如项目在施工过程中的质量环是:施工准备→材料采购→施工安装→检验→功能试验→竣工验收→回访与保修。

2. 质量管理制度

明确质量管理工作流程,明确在工作流程中质量管理的重点内容。

3. 质量管理措施和方法

包括质量改进的技术与组织措施和质量控制的工具方法。

#### (三)相关资源策划

项目质量管理,需要人力、物力、财力、技术、信息以及一定的组织机构,对这些相关资源进行策划。

1. 人力资源计划

人力资源计划有管理层和作业层的团队组织，各专业人员的岗位设置、数量和进出项目的时间点，项目组织各部门的界面和权限，企业内部人员调配计划，人员培训计划和人才招聘计划，等等。

2. 物力资源计划

物力资源计划有材料设备的采购（含数量、品种、规格及进场时间点）、采购方式、采购流程、合同模式、质量检验标准、验收方式（是否有驻厂监督）；施工设施的进出场计划（含数量、种类、规格及自备和租赁的选择）；还有运输、储存等物流内容；如果是国际采购，还有报关、商检、海运、空运等事项。

3. 财力资源计划

财力资源计划就是资金总计划和资金分配计划，资金按月和年的负荷图，资金自备及筹融资计划（含筹融资规模、方式、进度等），资金回报计划等。

4. 技术资源计划

技术资源计划就是有哪些技术难关，自有哪些优势技术和专利技术，可通过采购咨询服务得到哪些新技术或专利，通过课题研究或技术攻关可以解决哪些问题。

5. 信息资源计划

信息资源计划就是通过社会人脉可以建立的信息渠道和协调网络，通过网络和图书馆收集的情报资料，通过企业同类工程项目的资料得到的经验教训，通过项目团队建立的项目信息系统的积累。

每一个计划都有流程；每一个流程都有多项工作形成步骤；每一项工作都有输入和输出，输入的是条件，输出的是结果；往往前面工作的输出结果正是后面工作的输入条件。每一项工作还要有责任人，责任要落实到人。与考核机制挂钩，责权利对等。

## 二、质量计划

项目质量策划的结果是通过质量计划表达出来。项目的质量计划是对项目从设计、采购、施工生产、检验等环节的质量实施作出具体方案。

制造企业把每一个订单当项目来做，以工程项目作为最终产品和投产后生产产品为例，产品质量计划的构成是：

产品质量目标计划、产品质量指标计划和产品质量改进措施计划三个部分。产品质量计划是质量目标的具体化，它规定着企业各部门、各职工在某个时间内应达到的质量目标和应完成的质量工作任务。

（一）产品质量目标计划

产品质量目标计划又称产品质量发展规划。它是根据技术发展趋势和用户需求来确定企业在较长时期内产品质量发展的方向和目标，并具体规定出新产品和老产品改进应达到的质量标准水平。在产品质量目标计划中，应确定企业产品质量赶超国内外先进水平的具体目标、时间和进度要求。无论是新产品研制、开始，还是老产品改进，其质量目标的实现，往往需要通过生产技术组织措施计划来进行。产品质量目标计划，一般由总工程师室或技术质量部负责编制，经公司经理审批后贯彻执行。质量管理部门要参与制定和检查贯彻执行情况。

（二）产品质量指标计划

产品质量的高低和管理质量的好坏，都要通过指标来表达。产品质量的目标计划及其分年度的进度要求,也需要用具体指标来体现。质量指标及其计划正是为了适应上述需要而制定的,它是产品质量计划的核心组成内容。企业根据产品质量目标计划,制定产品质量指标计划,组织在计划年度内的质量指标计划,组织在计划年度内的质量管理工作。由于各企业的产品特点和技术要求各有不同,所采用的质量指标也有所不同,但一般来讲,通常采用的质量指标可分为以下两大类:

### 1. 反映产品质量状况的指标

(1)产品等级率。有些企业为促进不断提高产品质量,往往将合格品根据符合产品质量标准的程度划分为不同的等级。产品等级率,就是某一等级的合格品在合格品总量中所占的比重,其计算公式为:

$$产品优等(一、二等)品率 = \frac{产品优等(一、二等)品数量}{产品合格品总数量} \times 100\%$$

(2)平均品级。在产品等级分得较多的情况下,不便于从各等级产品所占比重的变化中直接看出总的质量状态,这就需要采用产品平均品级指标或品级系数指标,它们能综合反映总体产品质量的状况。平均品级越接近于1或品级系数越接近100%,则说明产品总体质量越高。它们的计算公式为:

$$平均品级 = \frac{\sum(各种产品的等级 \times 各该等级产品的数量)}{各等级产品的总数量}$$

$$平均品级 = \frac{各等级产品的产值合计}{全部产品按优等品单价计算的产值合计}$$

通过用优等品率和品级系数的提高率来编制质量计划,就能规定出企业在计划期内产品质量提高的具体目标要求和任务。

### 2. 反映工作质量的指标

(1)产品合格率。凡符合产品质量标准的产品称为合格品。产品合格率是指合格品数量占全部制品数量的比重。产品合格率并不反映产品内在质量和外观质量,只是表明产品的设计和制造工作达到规定质量标准要求的程度,因此它是衡量企业管理质量水平的指标。计算公式为:

$$产品合格率(\%) = \frac{合格品数量}{合格品数量 + 不合格品数量} \times 100\%$$

在计算产品合格率时,有些产品经过检定为返修品,则这部分产品暂不统计,作为在制品处理,经返修后,如检定合格,则计入合格品数量中,不合格则计入不合格品数量中。

(2)产品检验一次合格率。是指产品完成后送交检验的一次性合格比率,该指标能更深入地反映管理质量的保证程度。计算公式为:

$$成品检验一次合格率(\%) = \frac{第一次检验确定的合格品数量}{第一次送交检验的成品总数量} \times 100\%$$

(3)返修率。是反映产品的设计和制造工作不能完全达到质量标准要求的程度。该指标比率越高,说明管理质量越不符合要求。计算公式为:

$$产品返修率 = \frac{需要返修产品的数量}{送交检验的产品总数量} \times 100\%$$

(4)废品率。废品是指不符合产品质量标准并没有使用价值的不合格品。废品率本身并不能说明产品的质量,只是表达企业生产过程的管理质量。不断降低废品率,意味着企业的生产技术和经营管理水平在不断改进和提高,管理质量在不断提高。废品率的计算公式为:

$$废品率(\%) = \frac{废品数量(或工时)}{全部制品数量(或工时)} \times 100\%$$

(5)次品率。次品是低于产品质量标准,能够在一定范围和条件下使用的产品。它与合格品的主要区别在于:它不完全符合产品质量标准,不能完全发挥产品的使用效能。次品率的降低,也反映着企业管理质量的提高。计算公式为:

$$次品率(\%)=\frac{次品数量}{全部制品数量}\times100\%$$

通过以上若干工作质量指标来编制计划,规定企业在计划期内产品合格率的增长率和废品率、返修率、次品率的降低率,就规定了企业管理质量应达到的水平和要求,为企业各项质量管理工作指明了方向和确定了行动纲领。

(三)产品质量改进措施计划

为了解决质量问题和不断提高产品质量,企业要制定产品质量改进措施计划。这种计划是按项目制定的。每一项目计划包括改进措施的工作内容、工作程序、工作方法、完成进度和负责部门、人员等。

编制产品质量改进措施计划时,首先,由总师室/技术质量部将企业内外的各种质量信息收集、加工处理,并反馈给企业有关决策部门研究分析。其次,由厂长召集有关部门决策。再次,由主要负责部门草拟项目的改进措施计划,并送总师室/技术质量部进行综合平衡,把各项目措施的专题计划汇编成全厂的质量改进措施计划草案。最后,按照审批程序进行审批,并纳入企业的整个生产经营计划,要求严格贯彻执行。质量改进措施计划的执行方式,可按 PDCA 管理循环方式进行。

## 第四节 质量管理统计方法

### 一、基本概念和原理

为了保证项目及产品质量,需要对过程(工序)质量状况及其动态进行掌握、分析、判断,以保证过程(工序)质量处于稳定状态,制造出符合质量标准的合格品。质量管理统计方法就是适应这一需要的科学管理方法。

所谓质量管理统计方法,就是利用数理统计原理和方法对施工及生产过程实行科学管理和控制的有效方法。这个方法的基本原理是:用具有代表性的"样本"代替"母体",通过系统的随机抽样活动取得样本数据,并对它进行科学的整理分析,揭示出包含在数据中的规律性本质,进而推断总体的质量状况,从而采取相应技术组织措施,实现对过程的质量控制。是事中控制的有效手段。

产品控制的总体质量,是通过部分样品的质量特性值来推断的。样品的质量特性值不可能完全相同,而且总与产品的设计的质量特性值存在一定差异。但是只要处在允许波动范围内,产品仍认为是合格品;只有超出允许波动范围,才认为产品不合格或生产过程存在问题。这种产品质量特性值存在变异的客观表现,是由于制造过程的两种因素各自或同时在起作用的结果。一是系统性因素在影响制造过程,使产品质量特性值产生条件误差,经常造成产品为不合格品。如设备不良、材质差、工艺方法不当、操作者技能不过关、制造环境不符合要求等因素。不过,上述因素容易查明,而且可以采取措施消除其产生的条件误差。二是偶然性因素对制造过程的影响作用,如设备偶尔震动、材料某处出现料想不到的砂眼、工人操作上的微小变化等。这些偶然性因素作用也会产生质量特性值变异,出现随机误差。但这种变异不是经常发生的,只是偶然发生的,这表明生产过程总体情况是正常的,不会经常大量出现不合格品,只是偶尔少量出现不合格品。另外,要查明这种偶然性因素引起的质量变异的具体因素和采取解决措施也是不容易,并且也是不必要的。

数理统计方法就是通过对抽测的数据分布倾向的分析,揭示出制造过程系统性因素或偶然性因素的作用,从而随时掌握制造过程质量波动状况和变化趋势,以便及时采取措施,预防不合格品出现,保证质量制造过程正常稳定,达到控制质量的目的。

质量管理统计方法是以批量生产为条件的。这主要因为只有在一定数量的重复连续生产条件下,才能获取有代表性的样品数据,才能运用统计方法,所以特别适用于制造业的质量管理。

质量管理统计方法是以数据作为根据的。可以说,没有数据的收集、整理、分析、判断,就没有质量控制的统计方法,就没有质量的界定和质量的控制及管理。过程(工序)质量的异常状况、一批产品的质量状态、制造过程的稳定程度和变化趋势,都是要靠数据来说明来推断的。

为了使数据更真实、更准确、更全面反映制造过程的实际情况,在数据的收集、整理和分析中要做好以下工作。

1. 明确收集数据的目的

目的有多种多样,如判断产品质量,控制生产过程,查明和确定影响产品质量的主要因素,掌握生产过程整体质量现状,等等。目的不同,数据收集的数量、方法、程序、要求和工具都可能不同。

2. 进行数据收集

根据确定的目的,选准数据收集的对象并采用合理经济的抽样方法进行数据收集。例如目的是为了控制工序,就应以关键工序为观测对象,采用定时连续抽取部分产品方法取得所需数据。从母体中抽取子样的活动称为抽样,随机抽样是收集数据最通用的方法。运用子样来估计和推断母体,正是统计质量管理的目的。

3. 注意区分两类不同数据

数据通常分为计量值数据和计数值数据两类。计量值数据是具有连续性的数据,是可以用各种计量工具测量的数据,如长度、容积、重量、温度等。计数值数据是离散性的数据,一般不需要用计量工具仅靠人记数就可取得。具体细分成计件数据和计点数据两种,如合格品件数和单位缺陷数等。

4. 要对数据进行科学的整理和分析

科学的整理就是要使杂乱无章的数据系统化、规则化、直观化;科学的分析,就是由表及里地揭示数据体现的规律,从中发现问题,作出推断,提出措施意见。

加强质量管理统计方法的推广和应用,对于保证和提高产品质量有重要作用。主要表现在以下方面:

(1)能够控制生产过程的质量及其发展趋势,预防不合格品的发生,大大提高产品的合格率。

(2)在系统研究分析质量数据的基础上,能掌握各种因素对质量影响的一般规律,为最经济有效地采取措施改进和提高产品质量奠定了基础。

(3)对制造过程控制和管理的经验总结,为设计过程的设计质量科学化、合理化提供了实际的依据,也为编制合理工艺规程提供了依据,从而有利于保证和提高产品的设计和制造质量。

（4）积极采用质量管理统计方法，大大减少了检测人员和检测工作量，节省了生产过程停工检测的时间，从而有利于降低质量成本费用，并缩短产品的生产周期。

## 二、因素分析的统计图表法

因素分析的统计图表是质量管理统计方法的重要组成部分。它通过对收集的质量数据进行整理分析，并做成各种统计图表，明确地揭示出产生产品质量问题的因素和主要因素，为采取措施解决质量问题找到了正确途径和方法，从而保证和提高了产品质量。具体的因素分析统计图表有：排列图、因果分析图、散布图、分层法、检查表五种。

### （一）排列图法

排列图也称巴雷托（Pareto）图，是找出影响产品质量主要因素的有效方法（见图10-7）。

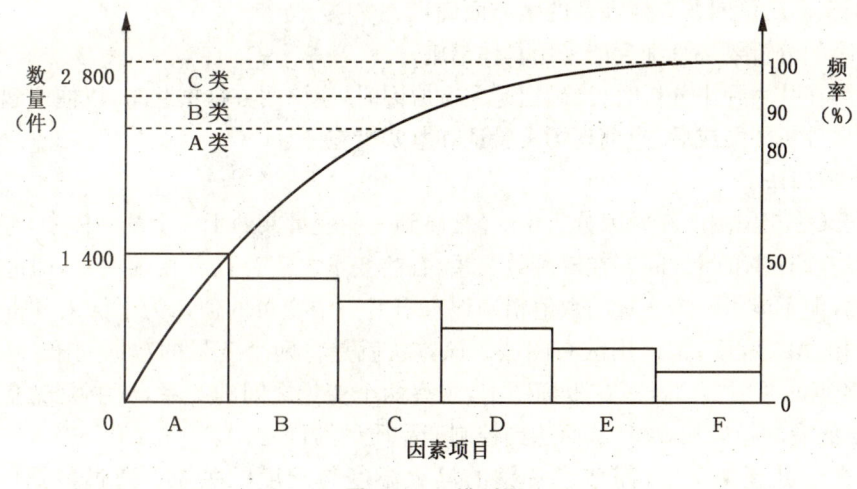

图10-7 排列图

排列图由两个纵坐标、一个横坐标、几个矩形和一条曲线组成，左边纵坐标为频数，表示件数、金额等，右边纵坐标为频率，以百分数表示，横坐标则表示影响质量的各个因素，按影响程度的大小从左至右排列。矩形的高度表示某因素影响的大小。曲线表示各影响因素大小的累计百分数，这条曲线称为巴雷托曲线。通常把累计百分数分为三类：

0～80%为A类因素，是累计百分数在80%的因素，这是主要因素；累计百分数在80%～90%的为B类因素，这是次要因素；累计百分数在90%～100%的为C类因素，这是一般因素。主要因素查明后，就可针对性地采取措施解决质量问题。

### （二）因果分析图法

因果分析图又称特性因素图，又因其形状而称为树枝图、鱼刺图，是分析产生质量问题具体原因和深层原因的一种有效方法。其图形见图10-8。

因果分析图法是从某一具体产品质量问题这一结果出发，去寻找产生结果的原因。寻找时要从大到小，从粗到细，深入研究分析，直到确定具体的决定性的原因为止。然后才可对症下药，解决质量问题。

具体运用因果分析图法时，应注意以下几点：

(1)采用头脑风暴法。

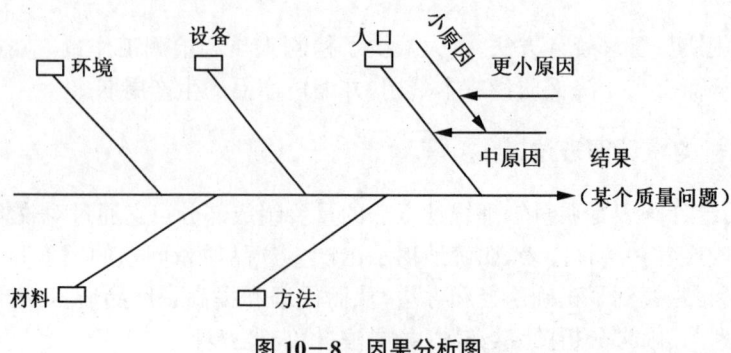

图 10-8　因果分析图

（2）影响质量问题的大原因，一般从操作者、设备、工艺方法、材质和生产环境五个方面找，也可以根据实际质量问题具体涉及的大方面确定。

（3）原因的分析要一直细到能采用具体措施。

（4）原因在从大到小分析时，当确定是关键原因时，应该用方框框起来，以便引起重视。

（5）因果分析图画成后，应到现场去验证和落实措施。

（三）散布图法

散布图又称相关图。在原因分析中，经常碰到一些变量共处于一个统一体中，它们相互联系、相互制约。有些变量之间存在着函数关系，有些变量之间存在着相关关系，即这些变量之间既有关联，但不能由一个变量的数值精确地求出另一个变量的值。为了深入分析和表达两个变量之间的相关程度，常运用散布图法。该方法就是将两个变量的数据列出（一般需收集30～50个数据），并用"点"填写在坐标图上，观察两个变量之间的关系，从中发现控制产品质量影响因素的变动趋势和规律，从而达到控制产品质量的目的。

例如，在热处理加工中，需要了解钢的淬火温度与硬度的关系。通过数据收集（见表10-1）和作散布图（见图10-9），可以发现硬度与淬火温度近似线性相关，可以用一次函数 $Y=a+bx$ 近似表达它们之间的关系。

表 10-1　　　　　　　　　　淬火温度($x$)与硬度($y$)对应数据表

| 编号 | 温度 $x$ | 硬度 $y$ | 编号 | 温度 $x$ | 硬度 $y$ | 编号 | 温度 $x$ | 硬度 $y$ |
| --- | --- | --- | --- | --- | --- | --- | --- | --- |
| 1 | 832 | 41 | 12 | 858 | 50 | 23 | 884 | 54 |
| 2 | 835 | 46 | 13 | 858 | 55 | 24 | 885 | 59 |
| 3 | 836 | 45 | 14 | 863 | 44 | 25 | 886 | 57 |
| 4 | 840 | 47 | 15 | 865 | 56 | 26 | 895 | 56 |
| 5 | 844 | 43 | 16 | 866 | 53 | 27 | 898 | 61 |
| 6 | 846 | 48 | 17 | 870 | 48 | 28 | 900 | 56 |
| 7 | 848 | 42 | 18 | 874 | 54 | 29 | 901 | 58 |
| 8 | 852 | 45 | 19 | 880 | 59 | 30 | 904 | 59 |
| 9 | 856 | 46 | 20 | 881 | 47 | 31 | 908 | 63 |
| 10 | 857 | 48 | 21 | 882 | 56 | 32 | 917 | 62 |
| 11 | 857 | 52 | 22 | 883 | 50 | | | |

按表10-1的数据可具体确定出：当淬火温度在830℃～920℃范围内，钢件硬度与淬火

温度满足下列方程式：

$$Y = -147.506 + 0.229x$$

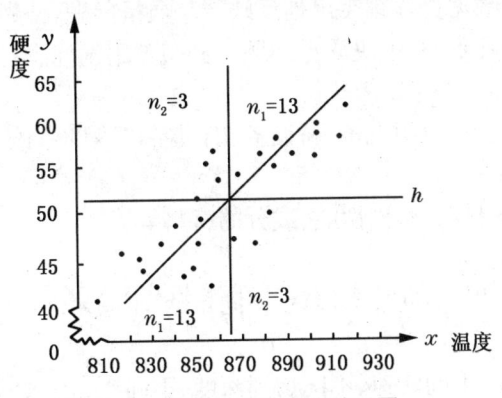

图 10-9　淬火温度与硬度关系图

所以，可以通过对淬火温度的控制，取得质量所需要的钢件硬度。例如，当温度为 $x = 880℃$ 时，硬度 $y = -147.506 + 0.229 \times 880 = 54$。

散布图的形态，有下列六种形式，见图 10-10。

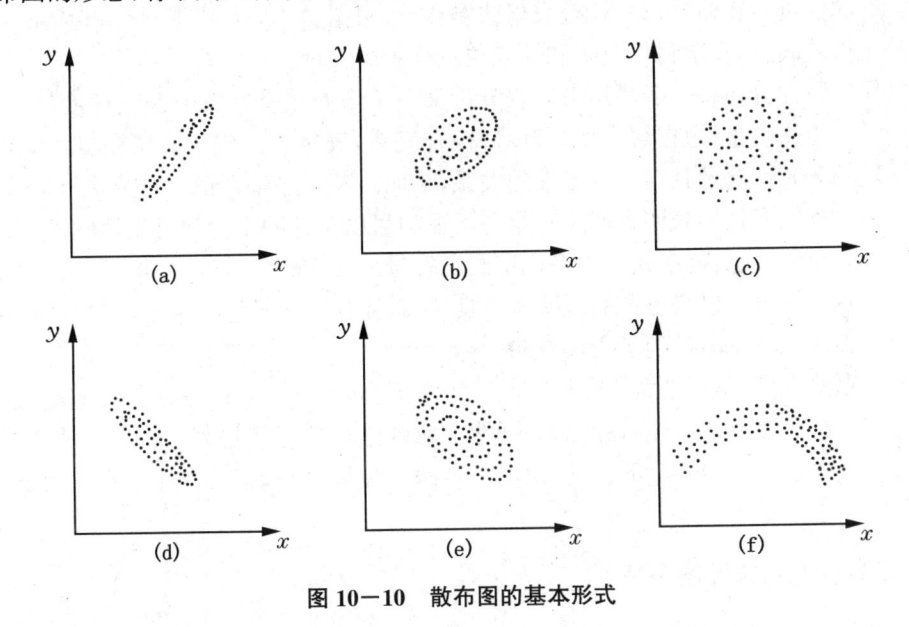

图 10-10　散布图的基本形式

(1) 图(a)中，$x$ 变大，$y$ 显著变大，表明 $x$ 和 $y$ 两因素成强正相关关系。
(2) 图(b)中，$x$ 变大，$y$ 一般变大，表明 $x$ 和 $y$ 两因素存在弱正相关关系。
(3) 图(c)中，$x$ 和 $y$ 不存在有规律变化的关系，表明 $x$ 和 $y$ 两因素不相关。
(4) 图(d)中，$x$ 变大，$y$ 显著变小，表明 $x$ 和 $y$ 两因素成强负相关关系。
(5) 图(e)中，$x$ 变大，$y$ 一般变小，表明 $x$ 和 $y$ 两因素成弱负相关关系。
(6) 图(f)中，$x$ 变化，$y$ 不成直线形变化，表明 $x$ 和 $y$ 两因素是非线性相关关系。

(四) 分层法

分层法又称分类法，它是整理分析数据的一种重要方法，也是分析产生质量问题原因的一种基本方法。

这种方法就是把收集到的数据按照不同的目的、标志加以分类,把性质相同、生产条件相同的数据归并一类,使数据更深刻突出地反映产品质量问题,使影响质量问题的原因更深层地显露出来,从而可以对症下药,解决质量问题。分层常用的标志有以下几种:

1. 按设备分

如使用的是专用设备、通用设备、新设备、旧设备,型号不同的设备等。

2. 按材质分

如不同供货单位的材料,不同性能、成分的材料等。

3. 按作业者分

如作业者是不同性别、不同技术等级、不同年龄、不同培训程度的工人等。

4. 按工艺方法分

如不同的淬火温度、不同转速、不同切削深度、不同压力等加工方法。

5. 按检测方式分

如不同测试方法、不同检测手段、不同检测人员等。

(五)检查表

检查表又称调查分析表或统计分析表。它是利用表格来进行数据的收集、整理并对影响产品质量的原因进行粗略分析。检查表格式多样,应根据具体质量问题设计,常用的有工序质量特性分布检查表、不良项目检查表和缺陷位置检查表三种。

工序质量特性分布检查表是用来调查分析某一工序质量特性(如尺寸、精度等)的分布情况。使用时边检查测量,边在表中填写符号,检查完毕,表格也完成了。从表格中就可直观看出工序质量的分布情况及其与质量标准的关系,从而判断工序是否正常以及是否要采取措施。

不良项目检查表是用来调查产品有哪些不良项目以及各种不良项目发生的多少。每当有不良品发生时,检查人员就在相应表格栏中画上符号。工作完成了,不良项目检查表结果也显示出来了。通过该表不仅知道产品有哪些不良项目,而且可以了解各个不良项目发生的多少,从而为减少和消灭不良品找到了主攻方向。

缺陷位置检查表,是用来调查分析产品有无缺陷(如疵点、砂眼、污点、气泡等)发生的位置分布情况的一种简便方法,一般在产品展开图上对缺陷位置标出记号。这样可直观地看出缺陷主要集中发生在产品的哪个部位,以便进一步深入现场调查,找出产生缺陷的原因,采取措施予以消除。

### 三、工序管理的统计图表法

工序管理的统计图表法是质量管理统计方法的主要内容,它是以概率论与数理统计学的原理为基础,通过抽查所得的数据,运用图表显示质量变异的情况,检查生产过程是否处于控制状态,从而达到控制质量、预防废品发生的一种统计方法。具体的统计图表法有直方图和控制图两种。

(一)直方图法

直方图是质量特性值分布的一种图形。它是将从工序收集的数据整理后,分成若干组,画成以组矩为底边、以频数为高度的一系列长方形连起来的矩形图。通过对直方图的观察,可以分析、判断和预测工序质量及其变化。

1. 直方图的绘制

直方图如图 10-11 所示。

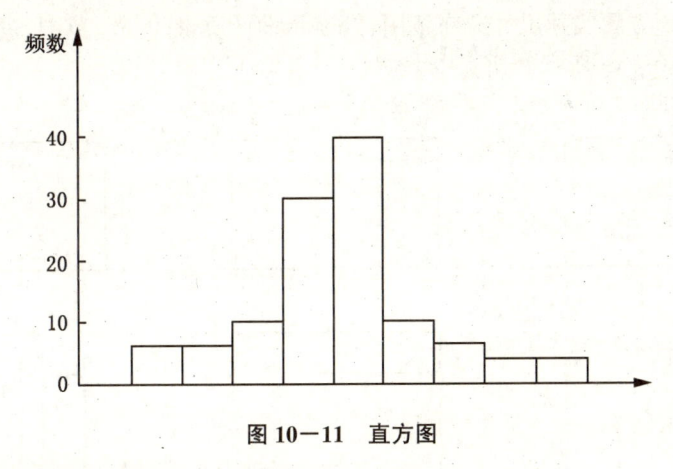

图 10-11 直方图

2. 直方图的观察分析

作直方图的目的是通过观察分析直方图来判断生产过程是否稳定,预测生产过程的不合格品率。

首先,要看整个图形的形状。一般来说,整体图形以中间为顶峰,左右对称呈正态分布时,表明是正常型图形,说明工序是处在正常稳定状况下。如图 10-12(a)所示。如果整体图形出现异常形状,呈现畸形分布时,则说明工序过程存在不正常不稳定情况,要采取措施解决。异常型图形一般有以下几种:

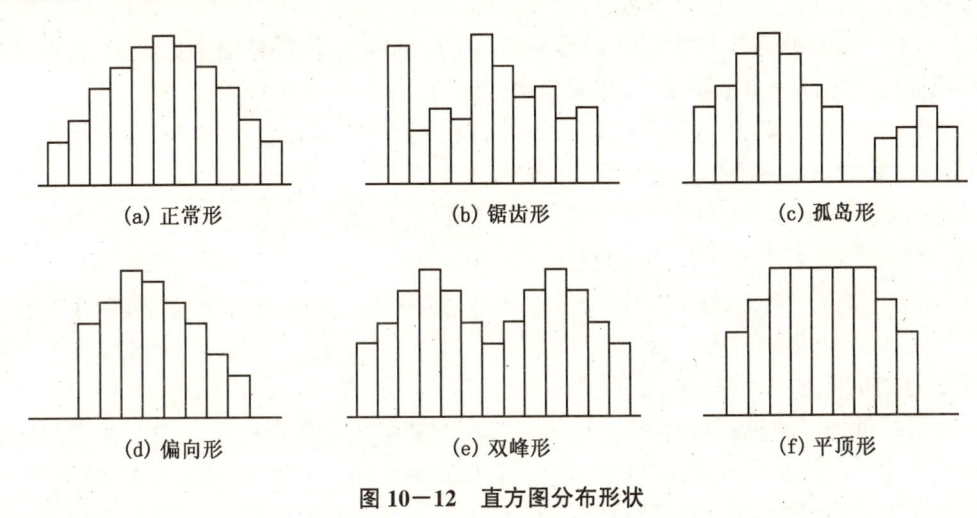

(a) 正常形　(b) 锯齿形　(c) 孤岛形
(d) 偏向形　(e) 双峰形　(f) 平顶形

图 10-12 直方图分布形状

(1)锯齿形。如图 10-12(b)所示,表明分组不当或测量仪器有问题。

(2)孤岛形。如图 10-12(c)所示,表明生产过程有异常,需具体查明是操作方法不当或是材质有问题等。

(3)偏向形。如图 10-12(d)所示,表明操作者心理作用所造成。

(4)双峰形。如图 10-12(e)所示,是由于两个不同的分布所造成。

(5)平顶形。如图 10-12(f)所示,表明生产过程有异常,如设备和工具磨损、工人疲劳等。

其次，要用直方图与公差进行对比。就是看直方图是否都在公差规定范围内，并看有无余地。假设 R 表示直方图实际尺寸分布范围，T 表示设计质量的公差范围，进行对比后，有以下六种情况。如图 10-13 所示。

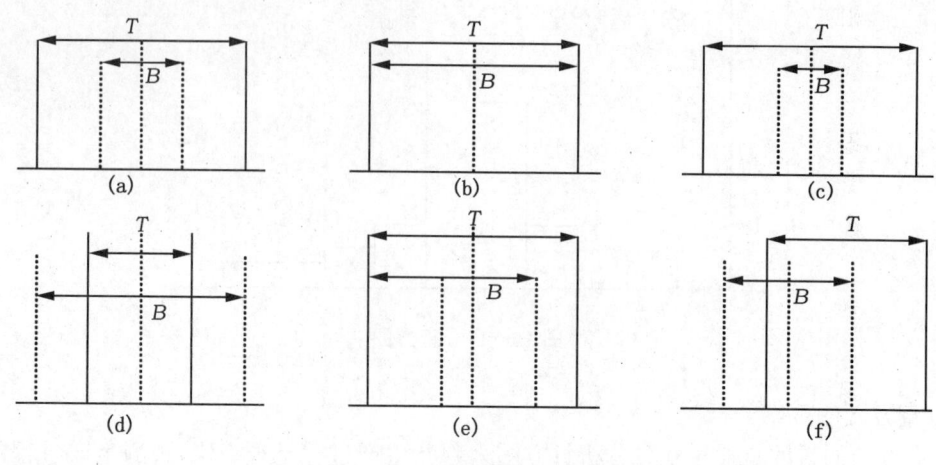

图 10-13　直方图与公差对比

（1）图 10-13(a) 中，B 与 T 的中心线重合，B 的两边与 T 界限都有一定余地，表明工序质量很理想。

（2）图 10-13(b) 中，B 与 T 的中心线重合，但 B 与 T 完全相等，没有任何余地，表明工序质量很容易出偏差，必须缩小分布范围。

（3）图 10-13(c) 中，B 与 T 的中心线重合，但 B 的两边至 T 界限余地太大，表明工序精度太高或设计质量的公差范围太大，应采取措施解决。

（4）图 10-13(d) 中，B 与 T 的中心线重合，但 B 两边都超出 T 的界限，表明出现大量废品，必须及时采取措施解决生产过程质量问题。

（5）图 10-13(e) 中，B 与 T 中心线不重合，B 偏向 T 的一边，虽仍在公差范围内，但很容易超差，需采取措施解决工序存在的问题。

（6）图 10-13(f) 中，B 与 T 中心线不重合，且偏移过大，已经出现超差，表明生产过程出现不合格品，应采取措施解决。

### 3. 工序能力系数

工序是质量保证的最基本环节。工序能力是指工序在正常和稳定状态下的实际加工能力。它是通过一定产品质量特性值的分布范围（如实际尺寸分布范围）来表现的，记作符号 B。在工序处在正常稳定情况下，质量特性值分布的范围总是 $6\sigma$，超出 $6\sigma$ 的质量特性值是极少见的。因此工序能力可用 $6\sigma$ 表示。

工序能力系数，是指这道工序的实际加工能力能够满足产品质量设计要求的程度。工序能力系数用 $Cp$ 表示，它表明工序能力对工序质量要求的保证程度。当公差中心和尺寸分布中心重合时，$Cp$ 可用公式计算：

$$Cp \frac{T}{B} = \frac{T}{6\sigma}$$

式中，T 为公差范围，是产品设计的质量要求；B 为工序能力，又称加工精度，$\sigma$ 为该工序生产过程的标准偏差。

在实际工作中,尺寸分布中心与公差中心并不一定重合。产生偏移时,应设法使其重合。如果调整有困难或无必要的话,应对 $Cp$ 值进行修正。修正的 $Cp$ 值定为 $Cpk$,计算公式为:

$$Cpk = Cp \cdot (1-K)$$

式中,$K$ 为修正系数,$K$ 的计算方法为:

$$K = \frac{\varepsilon}{T/2} = \frac{|M-x|}{T/2}$$

式中,$\varepsilon$ 为尺寸分布中心与公差中心的绝对偏移量,$M$ 为公差范围的中心值;$x$ 为实际尺寸分布范围的中心值。

工序能力系数(包括修正的)同该工序设计质量要求和实际加工能力都有关系,它是衡量生产过程质量的综合性指标。通过计算工序能力系数或修正后的工序能力系数,就可对生产过程质量保证程度进行判断。具体判断见表10-2。

表10-2 $Cp$ 值($Cpk$ 值)判断表

| $C_P$ 值的大小 | 判 断 |
| --- | --- |
| $C_P > 1.33$ | 工序能力可以充分满足产品设计质量的要求。如果 $C_P$ 值过大,则应对公差要求再分析审定,避免加工精度的浪费。 |
| $C_P = 1.33$ | 最理想的生产过程状态,工序能力能保证产品质量。 |
| $1 \leqslant C_P < 1.33$ | 生产过程比较正常,工序能力尚符合质量要求,但 $C_P = 1$ 时,则有产生超差的危险,应加强对生产过程控制。 |
| $C < 1$ | 工序能力不足,不能满足公差要求,必须采取措施解决。 |

(二)控制图法

控制图又称管理图。它是用于分析和判断工序是否处于正常稳定状态的一种图形。

1. 控制图的基本原理

质量波动和变异是由系统性原因和偶然性原因引起的。偶然性原因造成的质量波动和变异,其质量特性值分布属正态分布,因此认为这种质量波动、变异是正常的、允许的,生产过程被认为是处于控制状态中。系统性原因造成的质量波动、变异,其质量特性值不满足正态分布规律的要求,这种质量波动和变异是必然产生的,是不正常、不允许的。控制图的主要功能就是对此严加控制。

当生产过程处于控制状态时,产品质量特性值绝大部分落在平均数±3个标准差范围内,落在其范围外的只占0.27%。即在1 000个数据中至多有3个数据不在正常范围内。因此,在一次抽测少量数据时,是不应发生"3‰"这种小概率事件的。如果在有限次抽测中,发生和经常发生产品质量特性值出现在之外,则说明生产过程不正常、不稳定,没有处在控制状态下。所以,控制图一般取±3$\sigma$作为上下控制界限的范围。超出3$\sigma$以外,就表示工序处于非控制状态。

2. 控制图的基本格式和作用

控制图的基本格式见图10-14。

图10-14中,横坐标为子样组号,表示抽样所取得的样本的次数或时间,必须注意每个子样组所包含的样品个数应是相同的。纵坐标为质量特性值,如长度、重量等。图中"点"是与子样组号对应的,实际是子样组号中所有样品质量特性值的平均值。

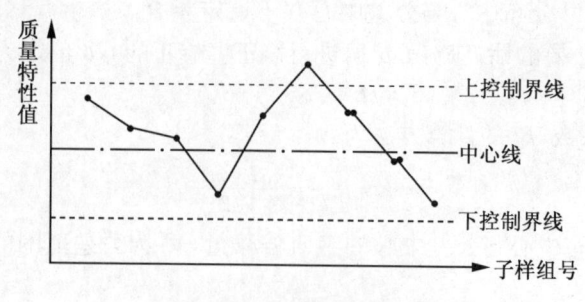

图 10-14　控制图的基本格式

控制图的主要作用是：
(1)对工序进行控制,即判断工序质量是否正常稳定。
(2)对工序质量进行分析。
(3)对控制图反映的工序过程动态,确定要采取措施的对象和范围。
(4)为评定产品质量提供依据。
(5)根据控制图反映的状况,决定产品检验方式和检验范围。

3. 控制图的种类

控制图分为计量值控制图和计数值控制图两大类。每类又可细分为若干种,用途不尽相同。如表 10-3 所示。

表 10-3　　　　　　　　　　控制图的种类

| 种类 | 控制图符号 | 名　称 | 用　途 |
|---|---|---|---|
| 计量值控制图 | $x$ | 单值控制图 | 用于计量值。在加工时间长,测量费用高,取得数据时间长,样品数据不便分组等情况下使用。 |
| | $\bar{x}-R$ | 平均数—极差控制图 | 用于各种计量值。使用广泛。 |
| | $\tilde{x}-R$ | 中位数—极差控制图 | 同上。 |
| 计数值控制图 | $Pn$ | 不合格品个数控制图 | 用于各种计数值。 |
| | $P$ | 不合格品率控制图 | 用于各种计数值。如水合格品率。 |
| | $u$ | 单位缺陷数控制图 | 用于单位面积、单位长度上缺陷数的管理。 |
| | $c$ | 缺陷数控制图 | 用于焊件缺陷数、电镀件表面缺陷数的管理。 |

4. 控制图的观察分析

控制图上点的曲线反映了工序过程的实际状态。通过对曲线的观察分析,可以判断、预测生产过程是否正常稳定。判断的规则是:点子不出界限且点子排列无缺陷。如果不能同时满足这两条规则,则表明生产过程存在异常情况,需采取措施解决,以保证生产出合格品。点子排列有缺陷在图上的反映是点子排列有规律,是内在的系统性原因在起作用,具体有以下几种表现：

(1)点子呈现周期性变动,如正弦波、余弦波变动等。
(2)连续 7 个以上的点上升或下降。
(3)点子在中心线一侧连续出现 7 次以上。
(4)点子在中心线一侧多次出现,如连续 17 个点中有 14 个点(可以不连续)出现在中心线

一侧

(5)点子多次在控制界限附近出现,如连续7个点中有3个点接近控制界限。

质量管理的统计方法除了以上七种主要方法外,还有其他方法,而且方法本身还在发展。所以应结合企业实际需要,积极运用七种常用方法和适应管理现代化要求的新的质量统计方法,为保证和不断提高产品质量而努力进取。

### 四、六西格玛($6\sigma$)的管理思想和方法[①]

(一)基本概念

西格玛($\sigma$)是希腊字母,用在统计学中表示数据的统计特性,称为"标准偏差",即表示数据的分散程度或者个体偏离平均值的程度。

产品和流程的质量是以缺陷概率表现的,这种缺陷概率与缺陷概率相关的$\sigma$水平相比较,观察到的缺陷概率越低,说明这类产品或流程质量的$\sigma$水平就越高。

每一个企业都可以分为战略决策层、战术管理层和操作层。$6\sigma$属于战略层级的,当产品或服务质量能被看作一种可操作的和战术层次的努力时,$6\sigma$就被看作一个长期的战略目标。

$6\sigma$从20世纪80年代早期由摩托罗拉公司发明该术语,用来描述在实现质量改进的过程中所要达到的目标。6个$\sigma$意味着在100万个机会里只有3.41次失误,这几乎是人类能够达到的最高水平了。$6\sigma$管理法主要表现为减少缺陷、提高产量、加快周转、提高利益相关方忠诚度和增加商业回报等方面。统计资料显示:如果一个$3\sigma$企业改进其业务流程,提高一个$\sigma$水平,大约可实现:利润率增长20%,产能提高12~18%,雇员减少12%,资本投入减少10~30%。

$6\sigma$管理法经通用电气公司的成功实践,才真正流行并发展起来。$6\sigma$管理法已突破狭义的质量管理范畴,目前在全球180多个国家迅速普及,数十万家公司在运用该方法。其代表企业管理卓越,$6\sigma$管理法比传统管理方法高出几个数量级进行精细化管理。使企业对更为细微的缺陷和弊端能及时察觉,及时主动做出纠正,提高质量,增强企业竞争力,拥有稳定忠诚的客户群和供应商合作方。

$6\sigma$除了是目标,还是一种思想,是一整套持续改进管理的思想,要求最大化满足利益相关方需求,包括外部客户(中间用户和最终用户)、内部客户(员工和上下道工序),供应商合作方等。

$6\sigma$是一种方法。DMAIC流程或DOE等流程是一整套可以控制并产生财务效果的业务改进流程;聚焦于流程管理和改进,主动管理。

$6\sigma$是一种文化。结合一种从上而下的方法以确定信息需要,以事实和数据为基础的问题与缺陷分析,而非主观的判断或假设;追求完美,容忍失败。

$6\sigma$是一种管理哲学。对每一个缺陷的改进都要产生质量成本,"二八定律"告诉我们,引发80%问题的原因只有20%或者更少,抓住关键点而全力解决它。

(二)DMAIC流程

$6\sigma$同时还是一套业绩突破的方法。它是将理念变为行动,将目标变成现实的方法。这套方法就是DMAIC流程。流程分定义(Define)、量化(Measure)、分析(Analyze)、改进(Improve)、控制(Control)五个阶段。见图10-15所示。核心思想是:在企业流程中寻找引发利

---

[①] 根据远平《六西格玛管理学》2013年改编;供高年级或研究生选用。

益相关方不满意的那些关键因素,然后进行持续地改进。

6σ所要求的不是6σ团队所做出的改进,而是使这些改进在整个企业中产生作用,并持续产生作用。控制需要持续,持续更加需要控制,两者相互依存,不可分割。

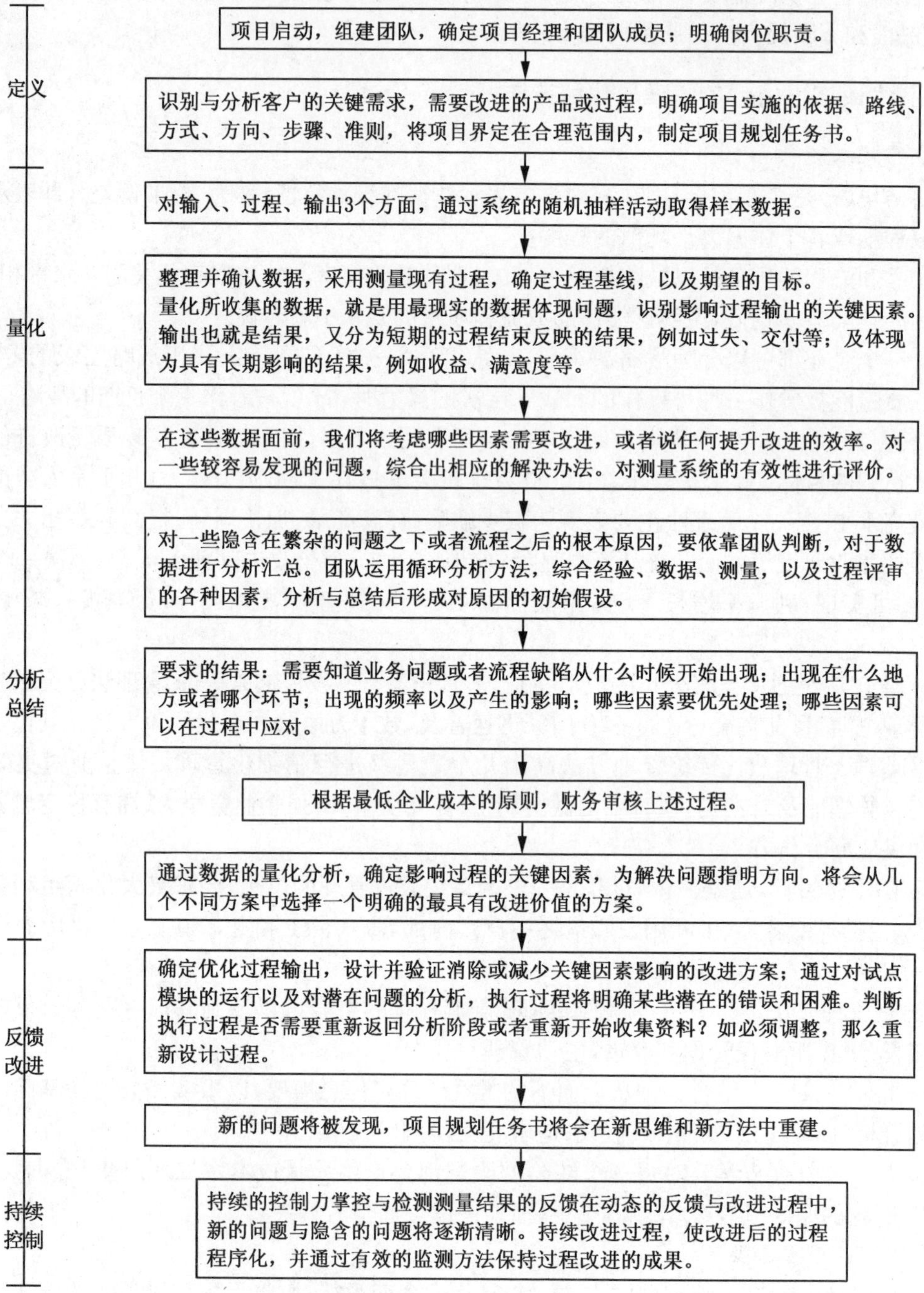

**定义**

项目启动,组建团队,确定项目经理和团队成员;明确岗位职责。

识别与分析客户的关键需求,需要改进的产品或过程,明确项目实施的依据、路线、方式、方向、步骤、准则,将项目界定在合理范围内,制定项目规划任务书。

**量化**

对输入、过程、输出3个方面,通过系统的随机抽样活动取得样本数据。

整理并确认数据,采用测量现有过程,确定过程基线,以及期望的目标。
量化所收集的数据,就是用最现实的数据体现问题,识别影响过程输出的关键因素。输出也就是结果,又分为短期的过程结束反映的结果,例如过失、交付等;及体现为具有长期影响的结果,例如收益、满意度等。

在这些数据面前,我们将考虑哪些因素需要改进,或者说任何提升改进的效率。对一些较容易发现的问题,综合出相应的解决办法。对测量系统的有效性进行评价。

**分析总结**

对一些隐含在繁杂的问题之下或者流程之后的根本原因,要依靠团队判断,对于数据进行分析汇总。团队运用循环分析方法,综合经验、数据、测量,以及过程评审的各种因素,分析与总结后形成对原因的初始假设。

要求的结果:需要知道业务问题或者流程缺陷从什么时候开始出现;出现在什么地方或者哪个环节;出现的频率以及产生的影响;哪些因素要优先处理;哪些因素可以在过程中应对。

根据最低企业成本的原则,财务审核上述过程。

通过数据的量化分析,确定影响过程的关键因素,为解决问题指明方向。将会从几个不同方案中选择一个明确的最具有改进价值的方案。

**反馈改进**

确定优化过程输出,设计并验证消除或减少关键因素影响的改进方案;通过对试点模块的运行以及对潜在问题的分析,执行过程将明确某些潜在的错误和困难。判断执行过程是否需要重新返回分析阶段或者重新开始收集资料?如必须调整,那么重新设计过程。

新的问题将被发现,项目规划任务书将会在新思维和新方法中重建。

**持续控制**

持续的控制力掌控与检测测量结果的反馈在动态的反馈与改进过程中,新的问题与隐含的问题将逐渐清晰。持续改进过程,使改进后的过程程序化,并通过有效的监测方法保持过程改进的成果。

图 10—15  DMAIC 流程

## 第五节　满意度调查方法[①]

满意度调查方法是项目质量管理事后控制的重要手段,特别适用于服务类项目质量的评价。

满意是一种心理状态。是客户的需求被满足后的愉悦感,是客户对产品或服务的事前期望与实际使用产品或服务后所得到实际感受的相对关系。如果用数字来衡量这种心理状态,这个数字就称作满意度了,客户满意是客户忠诚的基本条件。

### 一、计算方式

"满意度"是通过评价分值的加权计算,得到测量满意程度(深度)的一种指数概念。国际上通行的测评标准即为CSI(用户满意度指数)。

### 二、测评目的

(1)掌握满意度现状:帮助客户把有限的资源集中到客户最看重的方面,从而达到建立和提升客户忠诚并保留客户;

(2)分品牌和客户群调研,为分层、分流和差异化服务提供依据,了解并衡量客户需求。

(3)找出服务短板,分析客户价值,实现有限资源优先配给最有价值的客户;

(4)研究服务标准、服务流程及服务传递与客户期望之间的差距,找到客户关注点和服务短板,提出相应改善建议。

### 三、测评作用

(1)当你需要衡量你的产品或服务水平在整个行业中的位置时,可以通过客户满意度调查。

(2)当你需要一个量化的工具来考核各分公司、各部门的服务水平时,可以通过客户满意度调查,获得一个满意度分数来进行考核。

(3)当你需要强化员工的服务意识时,可以通过客户满意度调查,让员工了解和关注客户满意度,推动员工以客户满意为关注焦点。

(4)当你需要评估产品或服务改进的效果时,可以通过满意度调查,跟踪用户满意情况,检验满意度提升工作的效果,明确需进一步改善之处。

(5)总之,如果你认同产品或服务质量是重要的,而且你认同客户的评价是重要的,那么就需要客户满意度调查。

### 四、测评模型

新力市场研究(DMB Research)满意度研究模型,针对企业或产品的层次与因子进行研究分析,更深入地研究整体的满意度状况与影响满意度的因素,客观地了解与认识各环节满意度的健康水平,为企业更好地判断各环节满意度情况。

---

[①] 本节供高年级或研究生选用。

该模型中把消费体验过程分成了三部分——品牌印象、预期质量、感知质量与感知价值为满意度的前提变量,是影响满意度的原因;用户抱怨与忠诚度是满意度的结果变量,提高满意度,可减少抱怨,提高忠诚度。

从以往单纯从"感知质量"的角度展开指标体系进行测评,但不同用户的品牌印象、质量预期,以及价格敏感度都是不一样的,而这些因素都会对用户最终满意度产生影响,TCSI 模型从消费者体验过程出发,系统地考虑了这些因素之间的因果关系,可以更全面、准确地测量用户满意度。TCSI 是一个结构方程模型,模型同时包括路径分析、因子分析、多元回归分析等非常专业的统计技术,需采用非常专业的统计分析软件,如 AMOS、PLS-GRAPH 等来进行运算分析;同时,要具备足够的项目经验,研究人员才能对 TCSI 分析数据做出正确的解读。

## 思 考 题

1. 项目质量是何概念?
2. 项目管理质量是什么概念?
3. 贯彻质量管理体系应遵循哪些原则?
4. 质量管理体系运转方式 PDCA 循环包含哪些内容?
5. 质量管理体系为什么要有内审和外审?
6. 项目质量策划包括哪些内容?
7. 质量管理统计方法的基本原理是什么?
8. 质量管理的常用统计方法有哪几种?分别起何作用?
9. 简述 $6\sigma$ 的管理思想。
10. 工程项目在施工中,设备安装要求精度≤0.05mm。通过随机抽样,计算出的样本均值=0.01mm,样本标准偏差 $S$=0.011mm,求 $Cp$,并判断施工工序质量是否符合项目设计要求。
11. 满意度调查有何意义?

普通高等教育商学院精品教材系列

第十一章

# 项目费用管理

**本章要点**

项目费用管理是项目管理的核心内容,也是项目管理达到成功的重中之重。本章详细叙述了项目费用管理四个基本过程:项目资源计划、项目费用估计、项目费用预算、项目费用控制。项目费用控制是项目费用管理中的关键一环,本章重点分析了挣得值法,它是项目费用控制中的有效工具,也是项目管理中的特色内容。挣得值法及时有效的实施,既可随时监测费用计划的执行情况,又可监测进度计划的执行情况,对于防范项目实施中的失控,起到有效的作用。

## 第一节 项目费用管理综述

**一、项目费用管理的含义**

项目费用管理,是指为保障项目实际发生的费用,在确保项目质量和按期完成的条件下,不超过已批准的预算而进行的项目资源计划、项目费用估计、项目费用预算和项目费用控制等方面的管理活动及过程。

对于任何项目,其最终的目的都是要通过一系列的管理工作取得良好的经济效益。对项目费用是否有效地安排和控制,是衡量项目是否成功的一个关键标准。一个项目尽管实现了它的质量及工期的目标,但如果严重超支,也不是一个成功的项目。项目费用的发生往往存在着很多不确定性,其源于人们理性的有限性;对未来预测的科学性和准确性未达到要求;对信息掌握的不充分及市场、政策发展的多变性等。项目费用管理就是要对事前、事中和事后项目可能发生的费用、已经发生的费用以及未来发生的费用做到科学、合理的预测、安排和控制,以求项目在批准的预算内按时、保质、经济、高效地完成既定目标。

**二、项目费用的构成及其影响因素**

(一)项目费用的构成

项目费用,是指项目形成全过程中所耗用的各种资源的货币价值量的总和。项目费用的管理首先应从费用分解结构开始,弄清项目费用的构成。费用分解结构(Cost Breakdown Structure,CBS)是项目发展周期成本管理的核心方法之一,这种分解方法的目的是找出项目费用的构成要素,其具体步骤可以是根据一定的分类标准对项目全发展周期内的费用要素进行逐层的细分(参见图11-5)。在使用该方法时,首先必须很好地分析和界定项目的范围,防止在项目费用分解过程中发生遗漏或重复。

在使用项目费用分解结构时,应当注意以下几个方面:

1. 费用分解结构应具有合法合规性。即在分解中应当使用财务会计和管理会计中的基本原理和方法,包括会计科目划分的法定要求等。

2. 费用分解要满足项目费用管理的实际需要。即要根据项目费用管理的需要去确定分解的细化程度和相关内容。

3. 必须识别出所有的项目费用构成要素。即既包含外部发生的项目费用构成要素,也包含内部发生的项目费用构成要素。

4. 找出每个费用构成要素所对应的标的。即对于每个费用构成要素都要找出其所对应的那项具体的项目活动,或是项目所需要的设备、材料或软件等。

5. 对识别出的费用构成要素做详细说明。即要对所有识别出的项目费用构成要素做详细的说明,包括给出命名、代码等。

6. 项目费用分解结构要有一定的聚类性。即对由不同实施主体完成的项目活动及其费用要进行聚类分解。如由承包商、分包商、供应商或服务商完成的项目任务要单独归类,以便更好地对项目费用进行确定和控制。

因为项目的形式非常多样,其费用的构成又各不相同,在此仅以建筑工程项目为例,其主要包括以下内容(见图11-1)。

1. 项目决策费用。为了对项目进行科学决策,在这一阶段要进行详细的市场调查,掌握翔实的资料,进行可行性研究。完成这些工作所耗用的资金就构成项目的决策费用。

2. 项目规划费用。在项目的可行性研究得到批准立项之后,就进入了规划阶段。任何一个项目都要开展项目规划设计工作,这些工作所发生的费用,就构成了项目规划费用。

3. 招投标费用。为了实现项目的最大效益,选择最佳的承包商进行项目实施,或希望通过竞争获得项目的承包权,业主和承包商都要投入一定的人力和物力进行招投标工作,这就是招投标费用,其构成了整个项目费用的一部分。

4. 勘察设计费用。为完成建筑工程项目所进行的一系列的勘察和设计工作的费用。

5. 项目施工费用。是在施工过程中为完成项目的建筑安装施工所耗用的各项费用总和。包括施工生产过程中所耗费的生产资料转移的价值和活劳动耗费所创造的价值中,以工资和附加费的形式分配给劳动者的个人消费金。具体包括人工费、材料费、机械使用费、其他直接费和施工管理费。其中前四项称为"直接费用或直接成本",施工管理费称为"间接费用或间接成本"。

项目的施工费用是项目总费用的主要组成部分,虽然决策质量、勘察设计结果都将直接影

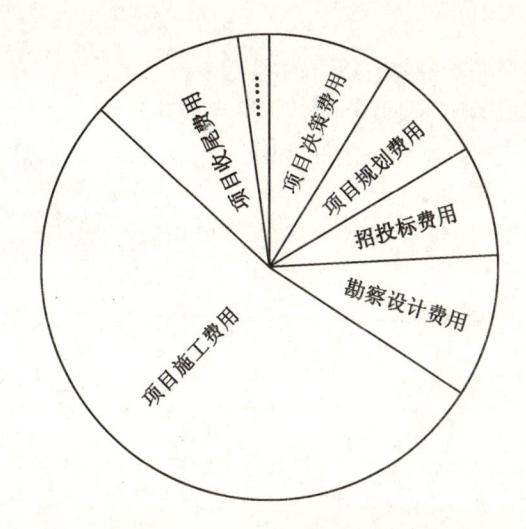

图 11-1　建筑项目费用构成图

响施工费用,但在正确的决策和勘察设计条件下,在项目总费用中,施工费用一般占总费用的 90% 左右。因此,项目费用控制,在这种意义上讲实际上是施工费用控制。

6. 项目收尾费用。项目结束阶段会发生竣工验收费、调试测试费及试生产费等,这些费用构成项目收尾费用。

除上述几项外,近年来,国际上在项目管理的过程中也逐渐融入了项目社会责任成本的意识。项目社会责任成本是指在满足股东利益的前提条件下,对利益相关者履行经济责任、法律责任和伦理责任所产生的成本支出。

如目前欧洲一些国家在评价项目方案中,提出了项目社会责任成本的概念,即项目投产后生产的产品引起消费者成本和产品处置成本的状况(例如有毒有害的废弃电池、电子产品的处理、回收的费用)作为评价项目方案优劣的重要标准。目前在我国重大建设项目中,也涌现了一批注重社会责任、口碑好的项目,如国际航运中心洋山深水港区建设项目,其历时六年的项目论证过程集中研究了项目是否科学、合理、可行性,从资金到环境,从合作到施工,每一个细微的问题,都研究明白、争论明白、试验明白、回答明白才得到国家的批复和开工。而 2008 年被国家能源局局长张国宝点名表扬的中国最大合资项目——中海炼化惠州项目,从履行法律责任、向国际先进标准看齐、征询公众意见、关注弱势群体、参与公益活动、持续履行社会责任几个层面承担起了项目的社会责任,取得了很大的成功,平衡了投资和效益的关系,短期成本是提高了,但对项目的长期发展很有利。这两个项目都是国家级别的,在这个层面上对社会责任问题的关注确实不少。但目前中国的普遍现象是项目管理中比较忽视社会责任,引起了很严重的后果。像 2004 年在中国被紧急叫停的江苏铁本钢铁有限公司违法违规上钢铁项目,导致 2 000 多户、6 000 多农民居无定所,占用优质可耕地 6 000 多亩,损失 25.6 亿[①],并且是不可逆的永久性损失。

虽然目前由于体制、机制及管理水平的局限,项目社会责任成本还未正式计入一般项目费用构成中,但随着我国体制、机制的改革及管理理念及水平的提高,项目社会责任成本的意识会逐渐融入我国的项目管理的过程中。

---

① 根据《新华每日电讯》2004 年 5 月 7 日版报道整理。

## （二）影响项目费用的因素

影响项目费用的因素很多，主要有以下内容：

1. 项目范围对费用的影响。项目范围界定了完成项目所需要包括的工作内容，凡是项目内的工作都要消耗一定的资源，发生一定的费用。因此，项目范围界定了费用发生的范围和数额。

2. 质量对费用的影响。质量对费用的影响，可以用质量成本构成图来表示（见图 11-2）。

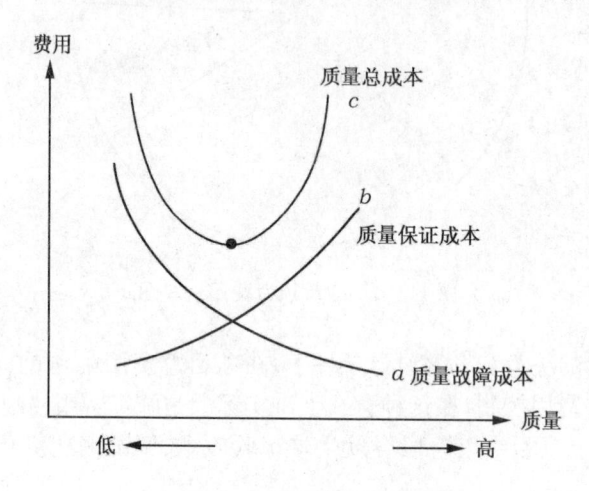

图 11-2　质量成本构成图

质量总成本由质量故障成本和质量保证成本组成。质量越低，引起的质量不合格损失越大，则故障成本越大；反之，质量越高，故障越少，引起的损失也越少，则故障成本越少。质量保证成本，是指为保证和提高质量而采取相关的保证措施而耗用的开支，如购置设备改善检测手段等，这类开支越大，质量保证程度越高；反之，质量就越低。

3. 工期对费用的影响。工期越长，不可预见的因素越多，风险越大，费用越高。

4. 价格对费用的影响。在项目的全周期过程中会涉及各种各样的资源，而各种资源价格的变化直接影响项目的费用。例如，在设计阶段对费用的影响主要反映在施工图预算，而预算要取决于设计方案的价格，它直接影响到工程造价。因此，在进行施工图预算时，应做好价格预测，以便较准确地把握费用水平。另外，项目如果在通货膨胀时期实施，费用往往会大大地提高。

5. 管理水平对费用的影响。管理水平对费用的影响主要表现在以下几个方面：

（1）甲方对预算费用估计偏低，例如征地费用或拆迁费用实际执行的数额，大大超出计划预算而最终可能影响总费用预算。

（2）乙方由于资金供应紧张或材料、设备供应发生问题，从而影响工程进度，延长工期，造成建设费用增加。

（3）甲方决策失误造成的损失。

（4）更改设计可能增加费用开支，又往往会影响施工进度，给费用控制带来不利影响。

## 三、项目费用管理的原则与内容

（一）项目费用管理的原则

1. 项目整个发展周期费用最低原则

项目费用管理是项目管理的主要内容之一,其效果直接影响到项目的绩效。因此在保证质量和工期的前提下,应尽可能地降低项目费用。这里不是片面强调项目全过程的某个阶段的费用最低,而是项目整个发展周期的费用最低。

2. 全面费用管理原则

全面费用管理是要求从全面性出发,对项目形成的全过程、全方位及全要素开展费用管理,由项目全体团队成员参加费用管理。

3. 费用责任制原则

为了实行全面费用管理,必须对项目费用进行层层分解,使费用目标落实到项目的每项工作、每个人员。项目的每个参与人员都承担着费用责任,按照费用责任落实的情况对项目人员的业绩进行评价。

4. 费用管理科学化原则

费用管理科学化是要求把有关自然科学和社会科学中的理论、技术和方法运用于费用管理的过程中,如预测与决策方法、不确定性分析方法和价值工程方法等,从而使费用管理得更科学、合理、精确。

(二)项目费用管理的内容及含义

项目费用管理的主要内容包括:

1. 制定项目资源计划

项目资源计划是指通过缜密的分析,确定出项目需要投入的各种资源(环境、信息、设备、材料、能源、人力、资金等)的种类、数量及投入的时间,并制定出能够确保项目实施所需的各种资源的清单和计划安排。

2. 进行项目费用估计

项目费用估计是指依据项目资源计划和各种资源的预期市场价格信息,测算出项目各项工作费用和整个项目全部费用的管理过程。

3. 编制项目费用预算

项目费用预算(在实际工作中也称费用目标、费用计划等),是指把依据项目费用估计的项目总费用分配到项目各项具体工作上,建立基准费用以衡量项目执行情况的全部工作及过程。项目费用预算的主要任务是合理、科学地制定出项目的费用控制基准。

项目费用估计和项目费用预算既有区别又有联系。费用估计的目的是估计项目的总费用和误差范围,而费用预算是将项目的总费用分配到各项工作上。费用估计的输出结果是费用预算的基础和依据,费用预算有时会根据资金的限制或为追求经济效益而减去一些工作来满足总预算的要求。费用估计与费用预算所要求的精确程度是有所区别的,一般来讲费用预算被要求的误差更小一些。

4. 实施项目费用控制

项目费用控制是指在项目实施的全过程中,对各项费用的开支进行监督,及时纠正发生的偏差,尽可能地将项目的实际费用控制在项目费用预算范围之内,控制项目预算的变更并及时调整计划以达到费用目标的过程。

在实际工作中,上述这些项目费用管理工作之间并没有严格的、独立的、清晰的界限,它们往往是相互重叠和相互影响的,而且它们还时常会与其他管理工作相互影响。

## 第二节 项目资源计划

### 一、项目资源计划编制的依据

项目的任何一项工作都需要消耗资源,而资源的可投入量总是有限的。通过制定资源计划来合理安排资源,使它与项目计划进度和质量要求相匹配,避免由于资源配置不合理造成项目工期拖延、实际费用超预算的后果。由于项目资源计划涉及决定什么样的资源以及多少资源将用于项目的每一项工作的执行过程中,因此它必然是与费用估计相对应的,是项目费用估计的基础。

编制一个科学、经济、合理、可行的项目资源计划的依据主要包括:

1. 项目范围说明

项目范围说明是对项目工作的目标及边界的陈述,其明确了项目最终的可交付成果及技术规范,即明确了哪些工作是属于项目应该做的,而哪些工作是不包括在项目之内的。如果项目范围内的某个目标或工作被遗漏或是被忽视,或是在工作结构分解中没有反映出来,项目的资源需求就不会计算全面、准确,项目的成功就会受到影响。例如一个现代化学校校园的建设项目,应该包括教学区、生活区、体育活动区及校园绿化等子项目,如果由于场地等种种原因遗漏或忽视了体育活动区的建设,这一项目的建设不能算成功的,因为它从功能上不能保证学生德智体全面的发展。所以,在制定项目资源计划时,必须全面审查项目的资源需求是否能够全面满足实现项目目标的需要,必须认真考虑项目范围说明。

2. 项目工作分解结构

项目工作分解结构(WBS)是已确定出的项目工作的结构图和项目工作明细,是项目团队在项目实施期间要完成的全部任务和整个项目的工作范围。不同的工作会有不同的资源需求,因此项目工作分解结构可为项目管理者提供项目的所有工作的资源需求构成,从而为项目资源计划的编制提供依据。当然项目工作分解结构中工作划分得越细、越具体,所需资源种类和数量就越容易估计,项目资源计划的编制就越翔实、准确。

3. 项目工作进度计划

项目工作进度计划是项目计划中最主要的,是其他各类计划(如资金计划、质量计划、资源供应计划等)的基础。资源计划一般来说必须服务于工作进度计划,何时需要何种资源是依据工作进度计划的需要而安排的。要确保项目进度计划的顺利执行,就必须保证项目资源及时、合理的配置,即项目资源的分配受到项目总工期和其中每一项工作历时的限制。当资源分配出现矛盾时,要在不影响工期的前提下,对资源分配进行调整。

4. 历史信息

历史信息是指项目组织内部和外部所积累的类似的、已完工的项目资料,包括资源计划和实际消耗的资源信息等。参考这些历史信息,借鉴以往同类项目中的经验和教训,有助于制定出拟建项目资源计划。因此,积累和收集详细的同类项目的历史信息,是制定科学、合理、经济的资源计划的重要参考资料。例如,我国 2008 年举办的奥运会和 2010 年的世博会就充分参考了以往历届奥运会与世博会的相关资料和成功经验。

5. 资源安排的描述

项目所需的资源往往是有限的，并且在项目的不同阶段、不同工作中所需资源的种类、特性和数量都有很大的差异。所以，在制定资源计划时必须依据对项目所需资源的种类、数量、质量、价格、需要的时间进行安排的说明和描述。例如在项目早期设计阶段，主要需要设计专家和工作人员，而到项目实施阶段主要需要建筑施工的专家、施工人员、设备及建筑材料等。资源计划的安排先有实物量的计划，再考虑市场价格信息调整的因素，折算成费用计划。这种项目资源的描述对于制定项目资源计划而言是至关重要的依据。

6. 项目组织策略

项目组织策略是指项目组织的结构、项目获得资源的方式、手段以及在项目资源管理等方面的有关策略。例如，项目对施工和检测设备是采用购买的方式还是采用租赁的方式；对项目所需资源是采用经济批量订货的管理策略，还是采用零库存的管理策略；项目中的技术人员是用本企业职工还是外聘等。这些对于制定项目资源计划也是非常重要的依据。

## 二、资源计划编制的方法及工具

（一）资源计划编制的方法

编制项目资源计划的方法有许多种，其中比较常用的有：

1. 专家判断法

专家判断法是指由专家根据经验和判断，来确定和编制项目资源计划的方法。这里的专家是指具有特殊知识或经过特别培训、对项目资源配置具有丰富实践经验的组织和个人。例如，一个建筑师可以相当准确地估计建筑一堵砖墙所需要的砖的数目，只要知道砖墙的长宽高就可以得到所需要砖的数目，加上一定的其他损耗，结果的误差可能在1%上下。再如，出版商只要知道关于一本书的几个数据，如字数、开本和印数等，就可以相当准确地估算出出版这本书所需的费用。采用专家判断法又可以分为两种具体操作的方式：一是请若干专家先进行调查研究，然后通过座谈会、讨论会的形式共同探讨，最终形成意见比较一致的项目资源计划；二是请参与此活动的若干专家在互不见面、互不知名的情况下，自由充分地发表个人意见，然后由协调人员汇集专家意见，整理并编制出项目资源计划。

2. 资料统计法

资料统计法是指使用历史项目的统计数据资料，计算和确定拟建项目资源计划的方法。这里的历史统计资料必须有具体的数量统计指标和足够的样本量。所谓具体的数量指标主要是反映项目资源的规模、质量水平、消耗速度、各种比例关系等。利用资料统计法计算和确定拟建项目资源计划，能够得出比较准确的、合理的和可行的项目资源计划。但此种方法要求有详细的、具有可比性的历史数据，因此使用的条件有一定的局限。

3. 数学模型法

数学模型法是指在资源计划的编制过程中，为了使计划具有科学性、可行性而借助于某些数学模型的方法，如资源分配模型、资源均衡模型等。

总之，在实际编制资源计划的过程中不可能单纯仅使用某一种方法，而是同时使用几种方法，以求互相校正、检验，最终达到资源计划编制的科学、合理、经济、可行的目的。

（二）编制资源计划的工具

编制项目资源计划的工具主要包括以下内容：

1. 资源需求量表。它反映了每项工作（或每个阶段）所需要的各种资源的数量或费用（市场预测价格×需求量）。

2. 资源负荷图,如图 11-3 所示。它是直观描述在项目实施期间各种资源需求量或费用的直方图,反映了单位时间资源需求的负荷状况。

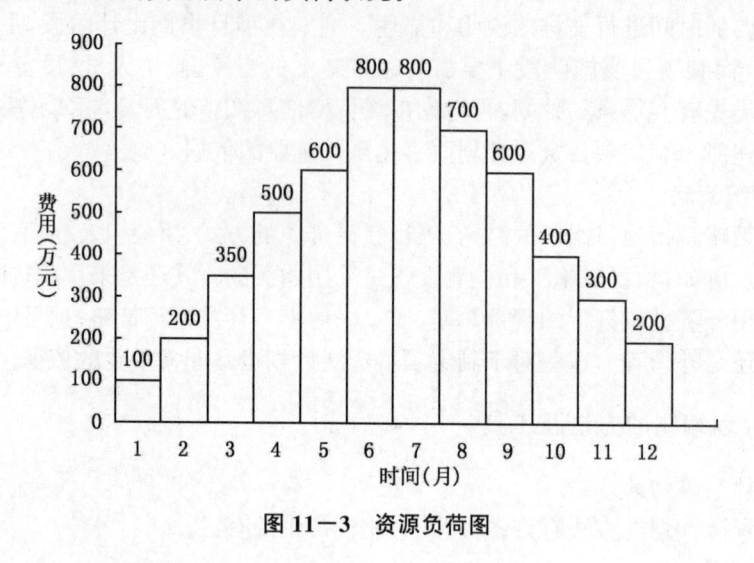

图 11-3 资源负荷图

3. 资源累计需求曲线图,如图 11-4 所示。它是在项目实施期间随时间发展逐步上升的一条 S 形曲线,反映了资源需求的累计状况。

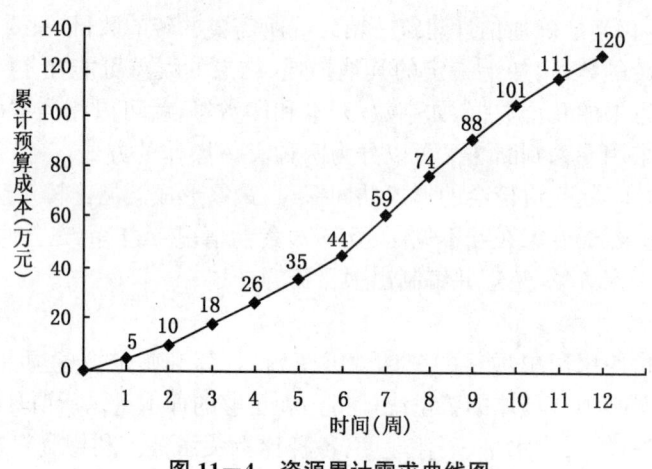

图 11-4 资源累计需求曲线图

## 第三节 项目费用估计

项目费用估计根据精确度的不同可分为几种形式。一般情况下,在一些大型项目的费用估计中是分阶段做出的,包括方案设计费用估计、初步设计的费用估计和详细设计的费用估计,这是随着项目的情况逐渐明了、细化而逐渐精确的。

项目费用估计应该与工作进度和质量的结果相联系,并应该考虑各种形式的费用交换。例如,许多项目在设计阶段增加一些工作会增加项目的费用,但设计质量的提高可能会大大减少项目实施阶段的费用。再如,缩短工期往往需要提高费用的投入强度,而提早竣工往往又能提早取得项目的收益。

## 一、项目费用估计的依据

1. 工作分解结构。
2. 资源需求计划。即上一阶段资源计划的结果,它为估计费用提供了基础数据。
3. 资源的价格信息。为了计算项目各项工作费用,必须知道各种资源的单位价格,包括人力资源的工时费、单位体积或重量的材料费以及设备价格等。在资源价格的确定上,往往不但要了解目前的市场价,还要考虑到该种资源价格的变化趋势,特别是在通货膨胀严重的时期。
4. 工作进度计划及各项工作的持续时间。由于工作进度计划决定了各项工作的开始与结束时间,以及它们之间的前后顺序和联系方式,从而也就影响着项目的现金流的状况,而各项工作的持续时间将直接影响分配给它的资源的数量,所以工作进度计划及各项工作的持续时间是决定项目费用估计的重要依据。
5. 历史信息。
6. 会计表格。会计表格说明了各种费用信息项的代码结构,这有利于项目费用的估计与正确的会计科目相对应。但应注意项目费用估计和会计之间存在着不同,例如,项目的一项工作需要8万元,四个月内完成。但实际支出时,可能第一个月没有投入,第二、三个月各3万元,第四个月是2万元。但是在会计记账上,可能是线性分配,即每个月2万元。这种现金流和账面上的差异,即时间序列上的差异,在项目费用管理上要引起注意。

## 二、项目费用估计的方法和工具

1. 类比估计法

类比估计法是通过将拟建项目与以往已建成的类似项目比较来进行费用估计的方法。这种方法也称自上而下法。通常当拟建项目的详细资料难以得到时,可以运用类似项目的费用资料进行拟建项目的费用估计,但要注意对拟建项目与类似历史项目之间的差异进行调整。所谓自上而下法,即这种方法一般是首先以收集上层和中层管理人员的经验和判断为基础,按照WBS过程,从最上层或者最为综合的层级一层层向下分解费用估计值。

类比估计法是一种在项目费用估计精确度要求不是很高的情况下常用的方法,比其他方法简单容易,成本低,但精确度也低。它的使用条件:一是类似的历史项目与拟建项目不仅在形式上,而且在实质上相同;二是项目费用估计人员具有必要的专业技能和经验,能识别出新老项目的异同,因为项目之间总是存在相当大的差异,很少有简单的重复。不过有些经验对于这种估计是有作用的。例如,在同一类项目中,花费在研究与开发上的比重往往是比较稳定的。

2. 参数模型法

参数模型法是利用项目特性参数去建立数学模型来估计项目费用的方法。参数模型法重点集中在费用动因(即影响费用最重要的因素)的确定上,这种方法并不考虑众多的项目费用细节,因为项目的费用动因决定了项目的费用变量。

参数模型法能针对不同项目费用元素分别进行计算。例如,软件研制的人工时数、软件的大小(有多少行代码)等都是软件开发项目的费用动因。有时,一些复杂的大型项目往往可以利用一定的经验公式作出相当简明的估计。例如,在建筑业中,对于有经验的管理人员来说,一定的建筑面积对应的费用往往可以通过建筑面积乘上一定的调整因子来获得。当然这些获得只是一种近似,需要根据项目的具体特性进行调整,但调整比从空白开始进行估计是简单多了。参数模型法的优点是快速并易于使用,它只需要一小部分信息,即可据此得出整个项目的费用。另外,参数模型法的准确性验证后,至少可以与其他估算技术一样准确,但要求用于校准、验证的历史数据要适用、准确,并且项目参数容易定量化,否则估计的费用误差会较大。

3. 工料清单法

工料清单法也称自下而上的估计法,这种方法通常首先根据各独立工作的人工物料清单进行费用估计,然后再从下往上逐级加总,直至估计出整个项目的总费用。这种方法的优点是对费用估计提供了基础、详细的信息,比其他方法更为准确。其缺点是它的执行需要大量的时间和经费支持。

4. 软件工具法

利用计算机和项目管理软件,如费用估算软件、计算机工作表、模拟和统计工具等可以简化一些费用估计技术,提高各种费用估计方案的计算速度。

5. 储备分析

储备分析,是为应对费用估计的不确定性所增加的应急储备,其可以是费用估计的某个百分比或某个固定值,也可通过定量分析来确定。

### 三、项目费用估计的结果

项目费用估计的结果主要有以下几个方面:

(一)项目费用估计成果文件

项目费用估计成果文件是对完成项目所需费用的估计和计划安排,是项目管理文件中的一个重要组成部分。该文件要对完成项目工作所需资源的可能费用的定量估计,所有应用到项目工作费用估计的资源均应列入估计范围,其中不但要有人工、材料、物资等要素,还要包括应对通货膨胀、应急储备等不可预见费用等范畴。

(二)相关支持细节文件

这是对于项目费用估计成果文件的依据和考虑细节的说明文件。其主要包括:

1. 项目工作范围的描述。
2. 项目费用估计的基础和依据文件。如各种费用估计的方法说明、各种参照的国家规定等。
3. 项目费用估计的各种假设条件的说明文件。如对各种费用估计中所假设的实施效率、资源的价格水平、资源消耗的定额估计等假设条件的说明。
4. 项目费用估计可能出现的变动范围的说明。其主要是对于各种假设条件、费用估计基础与依据发生变化后,项目费用可能会发生怎样的变化、发生多大变化的说明。

(三)变更的请求

费用估计过程可能产生的影响费用管理计划、工作资源要求及其他组成部分的变更请求。

(四)费用管理(更新)计划

对于被批准的变更请求在影响到费用的估计时,相应采取措施的详细计划和安排,即更新的费用管理计划。

## 第四节　项目费用预算

### 一、项目费用预算的特性

项目费用预算是一项制定项目费用控制标准的项目费用管理工作,它所获得的度量项目实施的费用基准,用于测量和监控项目费用的实施情况。项目费用预算的特性主要有以下内容。

(一)计划性

从本质上看,项目费用预算是一种在预计时间内,在一个项目系统中分配资源的计划,因此具有投入资源的事先确定性。它是通过一系列的调查研究及决策活动,判断出项目中各项工作之间的关系和重要程度,据此事先确定出对项目中各项工作的资源分配的支持力度。因而在确定预算的时候既要充分考虑实际需要,使预算计划得以保证执行,避免由于预算过紧造成无法完成或质量低下,又要坚持节约的原则,使既有资源能够充分利用,避免浪费。

项目费用预算的计划性还表现在,它是在项目开始之前制定的,特别是历时多年的大项目,随着时间的推移,会出现国际国内政治经济形势的变化和自然灾害等,会出现新的可利用的原材料、人员和技术,即使是原有的资源也可能会发生价格的改变,这些都会使得预算计划逐渐失去原来的效力,不可避免地要在项目进行中根据新发生的情况和新的环境重新修正和调整。因此,编制费用预算要留有充分的余地,使预算具有一定的适应条件变化的能力,即应具有一定的弹性。通常可以在整个项目预算中留出10%～15%的不可预见费用,以应对项目进行过程中可能出现的意外情况。

(二)约束性

项目费用预算对项目管理人员来说是一种约束,所涉及人员只能在这种约束范围内活动。因为,也正是预算的结果体现了公司的政策倾向和对项目中各部分工作的支持力度,反映了高级决策层对各项活动重要性的认识和意图。项目各层实施的管理者要遵循项目预算的额度去完成任务,一般不能擅自随意突破。

(三)控制性

项目费用预算也是一种控制机制,可以作为一种衡量资源实际使用量和计划用量之间差异的基线标准来使用。对于项目管理者而言,不仅要完成预定的目标,还要使目标完成得有效率,要尽可能地节约资源,这样才能获得最大的经济效益。由于进行预算时不可能完全预计到实际工作中所遇到的问题和所处的环境,所以对预算计划的偏离总是不可避免,这就要求项目管理者谨慎地控制资源的使用,在项目进行中不断根据项目进度来检查所使用的资源量,一旦出现对预算的偏离,就要认真分析原因和研究对策,以求清楚地掌握项目进展和资源使用情况,避免偏差的累积造成项目失败或效益低下的结果。在项目的实施中,应该不断收集和报告有关进度和费用的数据,以及对未来问题和相应费用的预计,以达到项目管理者可以对预算以及整个项目的控制。

### 二、项目费用预算的依据、方法及工具

项目费用预算的依据、方法及工具类似于费用的估计。

### 三、项目费用预算的结果

项目费用预算的结果主要是获得费用基线。费用基线将作为度量和监控项目实施过程中费用支出的依据,通常的费用基线随时间的延伸呈一条 S 形曲线。项目费用预算的结果可以有多种表现形式:

1. 项目预算表(见表 11—1)。此类表格完整详尽地反映出项目的各种要素投入或各项工作的起止、持续时间及预算。

表 11—1　　　　　　　　　　　　　　项目预算表

| 项目名称: | | 日期:自　　至 | | 制表人: |
|---|---|---|---|---|
| 项　目 | 时　间 | | 数量(单位) | 预算成本 |
| | 开始 | 结束 | | |
| 1. 人员<br>(1)项目团队成员<br>(2)承包商<br>(3)咨询商或顾问<br>…… | | | | |
| 2. 原材料<br>(1)<br>(2)<br>(3)<br>…… | | | | |
| 3. 租用器具<br>(1)<br>(2)<br>(3)<br>…… | | | | |

2. 项目预算负荷图。此类图形是反映项目在全周期(或一段时间内)单位时间的预算数量的直方图。

3. 项目预算累计曲线图。该图形反映了项目在全周期费用预算随时间延伸的累计数额,即费用基线。

下面以一工程项目成本预算案例加以说明。[①]

【例 11—1】　同兴公司生产并安装一台大型机床,此项工程项目成本预算(假设此预算是考虑了扣除项目利润、风险费用等因素后的数额)包括两个部分:一是分摊总预算成本;二是制定累计预算成本。

1. 分摊总预算成本

分摊总预算成本就是将预算总成本分摊到成本要素中去,并为每一个阶段建立总预算成本。其具体方法有两种:一种是自上而下法,即在总项目成本(即人工、原材料等)之内按照每个阶段的工作范围,以总项目成本的一定比例分摊到各个阶段中;另一种方法是自下而上法,它是依据与每一阶段有关的具体活动而做成本估计的方法。每一阶段的总预算成本就是组成

---

① 孙慧主编:《项目成本管理》,机械工业出版社 2005 年版。

各阶段的所有活动的成本总和。

同兴公司生产并安装一台大型机床，总预算成本分解如图11-5所示。

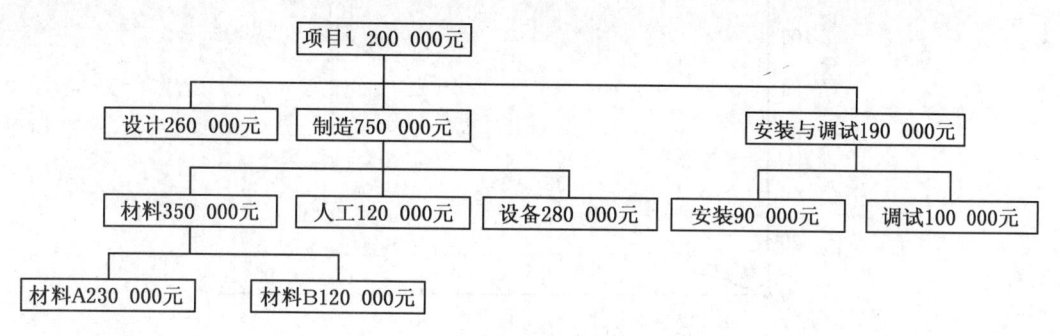

```
                    项目1 200 000元
         ┌──────────────┼──────────────┐
     设计260 000元    制造750 000元   安装与调试190 000元
     ┌──────┐      ┌──────┼──────┐    ┌──────┬──────┐
  材料350 000元 人工120 000元 设备280 000元 安装90 000元 调试100 000元
   ┌─────┐
材料A230 000元  材料B120 000元
```

图11-5　总预算成本分解示意图

图11-5表明了将120万元的项目总预算成本分摊到工作分解结构中的设计、制造、安装与调试各个阶段的考虑。

那么，分摊到各阶段的数字表示为完成所有与各阶段有关活动的总预算成本。无论是自上而下法还是自下而上法，都被用来建立每一阶段的总预算成本，所以，所有阶段的预算总和不能超过项目总预算成本。

**2. 制定累计预算成本**

我们为每一阶段建立了总预算成本，就要把总预算成本分配到各阶段的整个工期中去。每期的成本估计是根据组成该阶段的各个活动进度确定的。当每一阶段的总预算成本分摊到工期的各个区间，就能确定在这一时间内用了多少预算。这个数字用截至某期的每期预算成本总和表示。这一合计数称作累计预算成本，将作为分析项目成本绩效的基准。

在制定累计预算成本时，要编制大型机床项目每期预算成本表，如表11-2所示。

表11-2　　　　　　　机床项目每期预算成本表　　　　　　　单位：万元

| | 总预算成本 | 周 | | | | | | | | | | | |
|---|---|---|---|---|---|---|---|---|---|---|---|---|---|
| | | 1 | 2 | 3 | 4 | 5 | 6 | 7 | 8 | 9 | 10 | 11 | 12 |
| 设计 | 26 | 5 | 5 | 8 | 8 | | | | | | | | |
| 建造 | 75 | | | | | 9 | 9 | 15 | 15 | 14 | 13 | | |
| 安装与调试 | 19 | | | | | | | | | | | 10 | 9 |
| 合计 | 120 | 5 | 5 | 8 | 8 | 9 | 9 | 15 | 15 | 14 | 13 | 10 | 9 |
| 累计 | | 5 | 10 | 18 | 26 | 35 | 44 | 59 | 74 | 88 | 101 | 111 | 120 |

对于大型机床项目，表11-2表示了估计工期如何分摊每一阶段的总预算成本到各期，也表示出了整个项目的每期预算成本及其累计预算成本。

根据表11-2的数据，可以给出时间—成本累计曲线，如图11-6所示。

整个项目的累计预算成本或每一阶段的累计预算成本，在项目的任何时期都能与实际成本和工作绩效作对比。对项目或阶段来说，仅仅将消耗的实际成本与总预算成本进行比较容易引起误解，因为只要实际成本低于总预算成本，成本绩效看起来总是好的。在大型机床的例子中，我们会认为只要实际总成本低于120万元，项目成本就得到了控制。但当某一天实际总

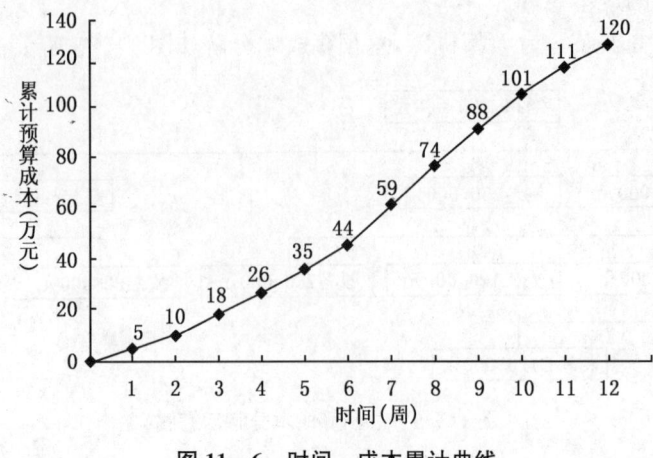

图 11-6  时间—成本累计曲线

成本超过了总预算成本 120 万元,而项目还没有完成时,那该怎么办呢?到了项目预算已经超出而仍有剩余工作要做的时候,要完成项目就必须增加费用,此时再打算进行成本控制就太晚了。为了避免这样的事情发生,就要利用累计预算成本而不是总预算成本作为标准来与实际成本作比较。如果实际成本超过累计预算成本时,就可以在不算太晚的情况下及时采取改正措施。

对于那些包括很多阶段或活动的大项目,可使用项目管理软件来辅助进行预算。

## 第五节  项目费用控制

### 一、项目费用控制概述

项目费用控制具有两方面的职能:一方面,它根据项目实际发生的费用情况,对费用支出情况进行监测、计算和分析,修正初始的费用预算;另一方面,通过对实际费用与计划费用的对比、分析,找出费用差异发生的原因,找到缩小偏差和达到费用目标的途径。

项目费用控制的目的是实现费用计划,把影响项目费用的各种支出控制在费用计划之内,并尽可能地使耗费达到最小。这主要是通过运用各种现代化管理方法,减少项目实施过程中的各种机会损失和资源浪费,使项目获得最佳经济效益。项目费用控制离不开反映及时、准确的动态信息的反馈系统,即各部门对费用、进度的定期报告制度。项目费用控制的意义在于,它可以促进提高项目管理水平,促进承包商不断挖掘潜力、降低成本,加强经济核算,提高经济效益。

(一)项目费用控制过程

项目费用控制的基本过程是,将项目费用预算计划额作为项目控制目标值,再把项目进展过程中的实际支出额与控制目标进行比较,发现并找出实际支出额与控制目标值的偏离额,进而采取有效的调整措施加以控制。

为使费用控制更好地发挥作用,应做好以下几项工作。

第一,正确确定项目费用控制的目标值,包括项目的总目标值、分目标值。因为确定目标值是控制的起点和依据,若没有明确的费用控制目标值,则控制过程无法进行。在确定各目标值时,应有科学的依据,如果控制目标值与工价、料价、设备价以及各项有关费用和各种收费标准不相适应,控制目标便没有实现的可能,则控制也是徒劳的。

另外,由于人们对客观事物的认识是有个过程的,人们在一定时限内所获得的经验和知识是有限的。因此,对项目的控制目标值应辩证地对待。也就是说,项目费用控制目标值既是严肃的,但也应允许对某些脱离实际的既定控制目标值进行必要的调整。项目费用控制目标值确定后,还应注意充分考虑实现项目目标值的有效措施。

第二,在项目实施的过程中,应注意及时、全面、准确地收集汇总费用支出额的实际值,以便与费用控制目标值进行比较,或者进行费用支出总额的预测。

第三,在项目实施的过程中,应定期将实际支出额与控制目标值相比较,并根据比较的结果及时采取相应的控制措施。

第四,加强对干扰因素及其影响程度的调查,做到情况明、决心大,及早制定出防范措施,保证项目费用控制目标值的实现。

(二)项目费用失控的原因分析

根据我国项目建设过程中多年的实践经验及对有关资料的统计分析,项目费用失控的主要原因有以下几个方面:

1. 费用初期测算时,项目规划、设计不够全面,深度不够,造成总费用测算不足。
2. 项目费用计算方法不正确,与实际情况不符或存在漏项等问题。
3. 计算项目费用的数据不准确,甚至出现相关的基础数据失真和计算结果错误。
4. 项目设计突破费用计划目标,设计者未按计划费用进行限额设计。
5. 项目实施期间价格上涨,即项目开始设计至交付使用期间各种物资价格上涨。
6. 项目需求变更,引起规划或设计要求的改变,从而造成费用增加。
7. 项目在施工过程中不可预见因素的出现,如地基处理所需费用估计偏低。
8. 项目施工不能顺利进行而引起费用增加,如设计单位出图时间延迟,影响了正常施工。
9. 在项目设计、施工中管理不善,损失浪费严重,不注意费用控制。
10. 项目招标工作不当,如资格预审失误以致中标承包商无力承担项目合同任务;评标价确定偏高等,导致造价居高不下。

在实际工作中,项目管理者应注意调查分析已建成项目费用失控的原因,引以为戒,据此采取相应的对策,才能做好项目费用控制。

(三)控制项目费用的措施

1. 采取组织措施,建立合理的项目组织结构

通过建立合理的项目组织结构,明确项目中的负责人及其职责和任务,以使项目的费用控制过程有专人负责。要避免多头领导,政令不一,防止各位领导者独自和分别向设计单位、施工单位提出各不相同的有关项目建设的要求和变更设计的要求。

2. 做好设计方案的技术经济论证,优选最佳设计方案

在项目规划、方案设计过程中,各阶段、各分项项目设计中,要重视技术经济分析,应深入到技术、工艺领域,研究节约费用的可能方案,做到设计方案必须控制在计划费用预算以内,并对每一个设计方案报出其相应的费用,以便通过多方案的技术经济分析对比,从中选出较优的设计方案。

3. 采取经济措施,合理进行费用切块

采取经济措施,是指加强管理,合理确定费用控制目标,严格费用支出的审批制度。当项目的费用目标值确定之后,为确保费用目标值的最优化,应正确合理地编制费用计划,即对项目费用总额进行分解和综合。费用总额的分解就是通常所说的费用切块,犹如把一个大面包(费用总额)切成若干个小面包块,每一小面包块分配一定的费用。当把这些小面包块再拼在一起时,还应是那个被切的大面包,这就是所说的综合。

4. 做好合同的签订和管理

合同体现了甲、乙双方之间的经济关系,正确合理地签订和履行合同,有助于对项目费用的控制。首先,应认真考虑合同的结构形式,因为不同的合同结构形式有其不同的特点和利弊,笼统地签订包干合同是不合适的。如总价合同是最大范围的包干,但对于规模大、技术复杂的项目并不合适,因为一般资质的承包商,较难准确地全面完成在合同中所规定任务的内容、数量和质量要求,因而也就不便于控制费用。其次,应做好合同的履行工作。在合同有效期间,承包商必须认真履行合同中的规定,以免违约造成损失。

5. 加强费用信息管理,定期进行费用对比分析

费用信息资料是控制项目费用的基础和依据,与项目费用控制有关的信息包括以下内容:

(1)项目费用计划信息,如项目费用预算总额,各子项目、细项目,各项工作在各阶段的计划费用预算分配数额。

(2)项目费用耗用情况信息,是指已经支付的各种费用款额,并应按子项目、细项目,各种工作进展的各阶段等分类汇总。

(3)项目的任务量及已完成的任务量情况信息,如各项工作的计划任务量、实际完成的任务量和尚未完成的任务量等。

(4)项目的环境信息,包括项目各方面费用的经验数据,人、材、物等方面价格的现行数据和预测数据等。

6. 实行项目设计招标,博采众长,优化设计方案

设计招标是控制项目造价,提高设计质量,采用新材料、新技术,提高费用效益并促进缩短设计周期的有效措施。设计招标应可以打破行业和地区界限,承担各部门和各地区的勘察设计任务。从实行设计招标的实践来看,凡通过招标方式承包设计的项目,其设计质量和投资效益要比分配设计任务的项目好。近年来实行的设计管理体制改革,推行设计招标制度,增强了设计单位之间的竞争意识,这对于开展项目设计方案的竞赛和设计方案的优选是十分有益的。

7. 加强项目设计工作的监督控制和审批

在项目的方案设计阶段,建设方应抓好对设计的监督和控制,做好方案优化。

**二、项目费用控制的内容和依据**

(一)项目费用控制的内容

项目费用控制主要是对于那些可能引起项目费用变化的因素的事前控制,项目实施过程中费用使用的事中控制,以及当项目费用变动实际发生时对项目费用变化的事后控制。要实现对于项目费用的全面控制和管理,最根本的任务是要控制项目各方面的变更。为此,项目费用控制的内容包括:监视项目的费用变更,切实做到实际需要的项目变更都能够记录在案,防止错误的或未授权的项目变更所发生的费用被列入项目费用预算,采取针对性的费用变更的管理措施等。

有效地控制项目费用的关键是经常及时地分析项目费用的使用情况,尽早发现实际费用

与费用目标出现的偏差和问题,积极地着手去解决。否则一旦项目费用失控是很难挽回的,若仍要控制在预算内,可能不是要缩小项目范围,就是要推迟项目工期进度或者降低项目质量了。因此项目费用控制还包括查找出现正负偏差的原因,这一过程必须同其他控制过程包括范围变更控制、进度计划控制、质量控制和其他控制等紧密地结合起来。

项目费用控制的具体内容主要包括:

1. 费用监督。审核各项费用,确定是否进行项目款的支付,监督已支付的项目是否完成,并做实际费用报告。

2. 费用跟踪。做详细的费用分析报告;确定实际需求的项目变动费用都被准确地记录下来,防止不正确、不合适的或未授权的项目变更所发生的费用被列入项目费用预算中。

3. 费用诊断。对费用超预算量进行度量及原因的分析,对剩余工作所需费用的预算和项目费用趋势的分析。

4. 把合理的费用改变通知项目的涉及方。

(二)项目费用控制的依据

对于项目费用控制而言,其直接依据是费用计划、执行情况报告、项目的变更申请、费用控制计划。

1. 费用计划

费用计划,也称费用基准计划,它是一个以时间为自变量的预算,是用于测量和监控项目实施情况的基准。费用计划提供了费用预算使用的一个基本范围,是实施费用控制的最基本的依据。

2. 执行情况报告

执行情况报告一般应提供范围、进度、费用、质量等信息,主要反映了项目费用的实际使用情况,例如哪些工作费用超出了预算、哪些没有超出,所造成的原因是什么等。该报告可以用多种方法报告费用信息,较常用的是开支表、直方图和 S 曲线等。

3. 项目变更申请

项目费用的变化,往往是由项目的变更造成的。通常项目的变更申请是由建设方(或客户)、项目实施者或其他相关方面以口头或书面方式提出来的。变更申请是对费用使用方向和范围发生改变的一种记录。项目费用控制的主要工作就是要审查这些申请的合理性、必要性,并且要报给建设方审批。只有得到建设方许可的项目变更,实施方才能得到费用的补偿,否则就可能面临着其变更活动不能收到付款的风险。

4. 费用控制计划

费用控制计划描述了当实际费用与计划费用发生差异时如何进行管理的安排,是关于如何控制好项目费用变动的说明文件,是项目计划管理文件的一个组成部分。在这一文件中重点给出了关于项目费用事前控制的计划和安排,对于项目费用控制工作具有重要的指导意义。

5. 项目计划和标准、规范

与项目有关的各种计划以及项目实施必须遵循的各种标准、规范也是项目费用控制的依据。

### 三、项目费用控制方法

费用控制的方法很多,这里重点介绍三种方法:挣得值分析法、成本分析表法和价值工程的应用。

## （一）挣得值分析法

挣得值（Earned Value）分析法是一种分析目标实施与目标期望之间差异的方法，所以又常称为偏差分析法。挣得值分析法通过测量和计算已完成的工作的预算费用与已完成工作的实际费用和计划工作的预算费用得到有关计划实施的进度和费用偏差，而达到判断项目预算和进度计划执行情况的目的。它的独特之处在于以预算和费用来衡量工作的进度。1967 年，美国国防部制定费用/进度控制系统的准则（Cost/Schedule Control Systems Criteria，即 C/SCSC，或简称 CS）时，正式采用了挣得值的概念，目前包括美国宇航局（NASA）、美国国税局（IRS）和美国联邦调查局（FBI）等机构也采用了挣得值的概念。

### 1. 挣得值分析法的三个关键参数

（1）计划工作预算费用（Budgeted Cost For Work Scheduled，简称 BCWS）。它是在一个给定的期间内计划完成的工作量所需的预算费用，其计算公式为：

$$BCWS = 计划工作量 \times 预算定额$$

BCWS 主要反映按进度计划应当完成的工作量及预算费用，其对衡量项目进度和费用都是一个标尺或基准。一般来说，除非合同有变更，BCWS 在项目实施过程中应保持不变。如果由于合同变更影响到项目的进度和费用，经过业主方的批准认可，BCWS 基线也应做相应的更改。根据我国的习惯，一般把它称为"计划投资额"。

（2）已完成工作预算费用（Budgeted Cost For Work Performed，简称 BCWP）。它是指项目实施过程中在一个给定期间内实际完成工作量按预算定额计算出来的费用，即挣得值，其计算公式为：

$$BCWP = 已完成工作量 \times 预算定额$$

由于业主正是根据这个值对承包商完成的经过验收、符合质量要求的工作量予以支付，即承包商获得的金额，所以称为挣得值。这一指标反映了满足质量标准的项目的实际进度，真正实现了投资额到项目成果的转化。根据我国的习惯，一般把它称为"实现投资额"。

（3）已完成工作实际费用（Actual Cost For Work Performed，简称 ACWP）。它是指在项目实施的过程中一个给定的期间内实际已完成工作的支出费用。ACWP 主要反映项目执行的实际消耗指标。根据我国的习惯，一般把它称为"消耗投资额"。

### 2. 挣得值法的四个评价指标

（1）费用偏差（Cost Variance，简称 CV）。这一指标是指检查期间项目的 BCWP 与 ACWP 之间的差异，其计算公式为：

$$CV = BCWP - ACWP$$

当 CV 为负值时，表示检查期间实际使用费用超过预算值，即超支，说明项目实施效果不好。

当 CV 为正值时，表示检查期间实际使用费用少于预算值，即节支，说明项目实施效果良好，见图 11—7。

当 CV 为零时，表示检查期间实际使用费用等于预算值。

（2）进度偏差（Schedule Variance，简称 SV）。这一指标是指检查期间项目的 BCWP 与 BCWS 之间的差异，其计算公式为：

$$SV = BCWP - BCWS$$

当 SV 为负值时，表示检查期间进度延误。

当 SV 为正值时，表示检查期间进度提前（见图 11—8）。

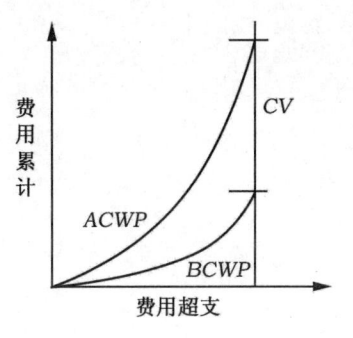

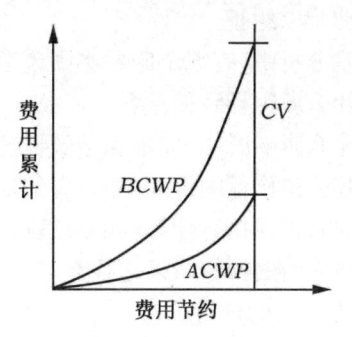

图 11-7 费用偏差示意图

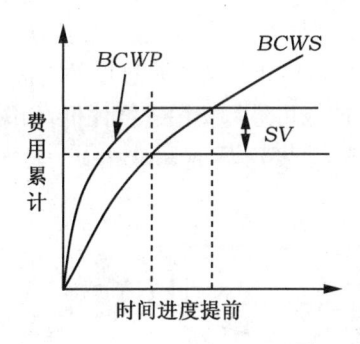

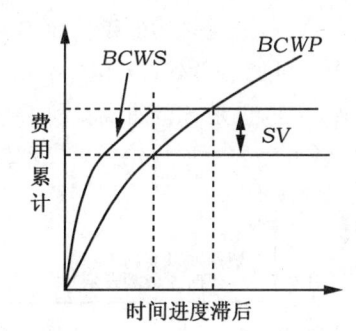

图 11-8 进度偏差示意图

当 SV 为零时,表示检查期间实际进度与计划进度一致。

(3)费用执行指标(Cost Performed Index,简称 CPI)。这一指标是指检查期间已完工的项目预算费用与实际费用的比值,它衡量的是正在进行的项目的成本效率。其计算公式为:

$$CPI = BCWP/ACWP$$

当 $CPI>1$ 时,表示节支,即检查期间实际费用低于预算费用;
当 $CPI<1$ 时,表示超支,即检查期间实际费用高于预算费用;
当 $CPI=1$ 时,表示检查期间实际费用等于预算费用。

(4)进度执行指标(Schedul Performed Index,简称 SPI)。这一指标是指检查期间项目挣得值与计划预算值的比值,它衡量的是正在进行的项目的完工程度。其计算公式为:

$$SPI = BCWP/BCWS$$

当 $SPI>1$ 时,表示进度提前,即检查期间实际进度比计划进度快;
当 $SPI<1$ 时,表示进度延误,即检查期间实际进度比计划进度慢;
当 $SPI=1$ 时,表示检查期间实际进度等于计划进度。

通过三个关键参数的对比,计算出四个评价指标,可以对项目的实际进展情况做出明确的测定和衡量,有利于对项目进行监控,也可以清楚地反映出项目的管理水平。

例如,一个项目计划在前 4 个星期每周花 10 万元,在第 4 周末实际花费为 32.5 万元。因此,BCWS 为 40 万元,ACWP 为 32.5 万元。单从这两个参数来看,对于项目状态有几种可能的解释。但是,如果现在知道 BCWP 是 30 万元,那么可以得出这样的结论:这个项目的实施进度落后于计划并且花费过度。

偏差总是被视为关键的一条,并要向所有的组织级别汇报。对偏差分析,项目经理的目标是采取行动予以纠正。

在偏差分析中,有五个问题必须说明:
①是什么原因导致偏差?
②是什么影响时间、成本和绩效情况?
③对其他工作量的影响(如果有的话)是什么?
④计划或正在执行什么样的政策措施?
⑤改善措施的预算结果是什么?

3. 挣得值法的评价分析

(1)挣得值法评价曲线。

挣得值法评价曲线如图 11-9 所示。图的横坐标表示时间,纵坐标表示费用(以实物工程量、工时或金额表示)。图中 BCWS、BCWP 都是按 S 型曲线路径不断增加,直至项目结束达到它们的最大值。可见 BCWS、BCWP 都是一种 S 型曲线。ACWP 同样是进度的时间参数,随项目推进而不断增加,也是 S 型曲线。利用挣得值法评价曲线可进行费用进度评价,如图 11-9 所示。$CV<0$,$SV<0$,表示项目执行效果不佳,即费用超支,进度延误,应采取相应的补救措施。

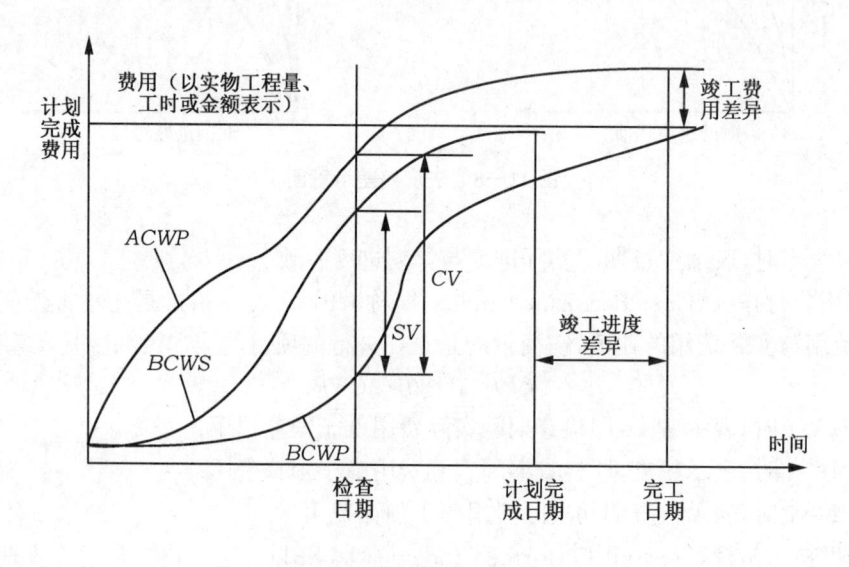

**图 11-9 挣得值法评价曲线图**

在实际执行过程中,最理想的状态是 ACWP、BCWS、BCWP 三条曲线靠得很近、平衡上升,表示项目按预定计划目标前进。如果三条曲线离散度不断增加,则预示可能发生关系到项目成败的重大问题,应该对项目进行重新评估和安排。

(2)分析与建议。

经过对比分析,发现某一方面已经出现费用超支,或预计最终将会出现费用超支,则应将它提出,作进一步的原因分析。原因分析是费用责任分析和提出费用控制措施的基础。费用超支的原因是多方面的,例如:

● 宏观因素。国家政策的变化、计划、设计不充分,出现重大技术难题或政治、金融风波,总工期拖延,物价上涨,工作量大幅度增加。

● 微观因素。分项工作效率低,协调不好,局部返工。

● 内部原因。采购了劣质材料、材料消耗增加,用人不当,员工素质不高,出现事故,管理失误等。
- 外部原因。上级、业主的干扰，设计的修改，阴雨天气，其他风险等。
- 另有技术的、经济的、管理的、合同的等方面的原因。

原因分析可以采用因果关系分析图进行定性分析，在此基础上又可利用因素差异分析法进行定量分析。

通常要压缩已经超支的费用而不损害其他目标是十分困难的，一般只有当给出的措施比原计划已选定的措施更为有利，或使工程范围减少，或生产效率提高时费用才能降低。

当发现费用超支时，人们常常通过其他手段，在其他工作上节约开支，这是十分困难的。这会损害项目，包括项目质量和工期的目标，甚至有时贸然采取措施，主观上企图降低成本，而最终却导致更大的费用超支。

大量实践证明，完全没有超支和进度拖延的成功项目是很少的，因而费用的超支是一个常态。但必须是良性的超支才能接受，例如：由于购买更新、更高效的技术、原材料；购买特别保险；实施过程的重新规划等。表11-3为挣得值法参数分析与对应措施表。

表11-3　　　　　　　　　挣得值法参数分析与对应措施表

| 序号 | 图型 | 三参数关系 | 分析 | 措施 |
|---|---|---|---|---|
| 1 | ACWP/BCWP/BCWS | $ACWP>BCWS>BCWP$ $SV<0$  $CV<0$ | 效率低 进度较慢 投入超前 | 用工作效率高的人员更换一批工作效率低的人员 |
| 2 | BCWP/BCWS/ACWP | $BCWP>BCWS>ACWP$ $SV>0$  $CV>0$ | 效率高 进度较快 投入延后 | 若偏离不大，维持现状 |
| 3 | BCWP/ACWP/BCWS | $BCWP>ACWP>BCWS$ $SV>0$  $CV>0$ | 效率较高 进度快 投入超前 | 抽出部分人员，放慢进度 |
| 4 | ACWP/BCWP/BCWS | $ACWP>BCWP>BCWS$ $SV>0$  $CV<0$ | 效率较低 进度较快 投入超前 | 抽出部分人员，增加少量骨干人员 |
| 5 | BCWS/ACWP/BCWP | $BCWS>ACWP>BCWP$ $SV<0$  $CV<0$ | 效率较低 进度慢 投入延后 | 增加高效人员的投入 |

4. 运用挣得值法分析进行项目总费用预测

在分析整个项目的实际费用绩效的基础上，可以利用挣得值法去预测项目的未来完工总费用(Estimate At Completion，简称EAC)。按照已完成工作的情况预测EAC的方法有三种：

(1) 假设项目剩余部分将按照已完工的效率去实施的预测方法。

这种方法对EAC的预测，是用实际支出加上按照实施情况对剩余预算所做的修改。此方法通常用于已发生的情况可以反映未来的变化趋势时。其计算公式为：

EAC＝实际费用＋(总预算费用－挣得值)×(实际费用/挣得值)

或

EAC＝总预算费用×(实际费用/挣得值)

(2) 重新估算所剩余工作量费用的预测方法。

这种方法对EAC的预测，是用实际支出加上对未来所有剩余工作的重新估计。此方法一般用于当已执行的情况显示了原来计划中所有的假设条件基本失效的情况下，或者由于条

件的改变原有的假设不再适用,所以对未来所有剩余工作必须重新安排。其计算公式为:

$$EAC = 实际费用 + 重估剩余工作量的费用$$

(3) 假设项目剩余部分将按计划规定的效率进行的预测方法。

这种方法对 EAC 的预测,是用实际支出加上剩余的预算。此方法适用于已发生的变化仅是一种特殊情况,项目管理者认为未来的项目实施不会发生类似的情况。其计算公式为:

$$EAC = 实际费用 + (总预算费用 - 挣得值)$$

利用上述三种方法可以在项目实施的过程中,确定预测总费用超支或节支的具体数额大小,并以此为依据,采取相应的费用控制和纠偏措施,使项目在尽可能节约费用的前提下顺利完成。

以下举例说明挣得值法的应用。

【例 11-2】 某项目共有 10 项工作,工期一年,预算总额为 600 万元。项目经理在第四个月末进行检查。检查结果发现,按计划第四个月末应该完成的第 1~4 个工作分别完成了原计划工作量的 100%、80%、20% 和 10%。各项工作已完成工作量的实际消耗费用在表 11-4 中的第 3 列给出,假设项目剩余部分将按照已完工的效率去实施,请计算该检查日的 BCWP、BCWS、ACWP 和 EAC,并判断项目在此时费用使用和进度情况。

表 11-4　　　　　　　　项目费用控制跟踪表

| 序号 | 成本预算(万元) | ACWP(万元) | BCWP(万元) | 任务完成时的预测成本 EAC(万元) | BCWS(万元) |
|---|---|---|---|---|---|
| 1 | 25 | 22 | | | |
| 2 | 45 | 40 | | | |
| 3 | 30 | 6 | | | |
| 4 | 80 | 7 | | | |
| 5 | 75 | 0 | | | |
| 6 | 170 | | | | |
| 7 | 40 | | | | |
| 8 | 80 | | | | |
| 9 | 25 | 0 | | | |
| 10 | 30 | 0 | | | |
| 合计 | 600 | 75 | | | |

根据已知条件到第四个月末,计算如下:

(1) BCWP 的计算。BCWP 为各工作已完成工作量的预算费用之和,即:

$$BCWP = 25 \times 100\% + 45 \times 80\% + 30 \times 20\% + 80 \times 10\% = 75(万元)$$

(2) BCWS 的计算。BCWS 为检查日时计划应完成工作量的预算费用之和,即:

$$BCWS = 25 + 45 + 30 + 80 = 180(万元)$$

(3) ACWP 的计算。ACWP 为所有工作实际已支付费用之和,即:

$$ACWP = 22 + 40 + 6 + 7 = 75(万元)$$

(4) EAC 的计算。假设项目剩余部分将按照已完工的效率去实施,则:

$$EAC = 实际费用 + (总预算费用 - 挣得值) \times (实际费用/挣得值)$$
$$= 75 + (600 - 75) \times (75/75) = 600(万元)$$

或

$EAC = $ 总预算费用 $\times$ (实际费用/挣得值)

$= 600 \times (75/75) = 600$(万元)

(5)判断项目在此时费用使用和进度情况。

$CV = BCWP - ACWP = 75 - 75 = 0$,故项目既没有超支也没有节约。

$SV = BCWP - BCWS = 75 - 180 = -105$,故项目严重拖期。

(二)成本分析表法

施工项目成本控制的成本分析表法,包括成本日报、周报、月报表,分析表和成本预测报告表等。这是利用表格的形式调查、分析、研究施工成本的一种方法。成本分析表反映的内容要简明、迅速、正确。常见的成本分析表有以下几种:

(1)月成本分析表。每月要做出成本分析表,对成本进行研究比较。在月成本分析表中要表明工程期限、成本费用项目、生产数量、工程成本、单价等。对可能控制的作业单位,每个月都要做成本分析。这些作业单位的成本费用项目的分类,一定要与施工预算(或成本计划)相一致,以便分析对比。

(2)成本日报或周报表。现场领导对重要工程应掌握每周的工程进度和成本,及时发现工作上的弱点和困难,并采取有效措施。对主要工程应该每日、每周都做出成本分析表。

这些成本日报或周报,比做出的关于全部工程的月报表要详细、正确。一般只是对重要工程和进度快的每项作业分别写一份报告书,通常只计入人工费、机械营运费和产品数量。

(3)月成本计算及最终预测报告。每月编制月成本计算及最终成本预测报告是项目成本控制的重要内容之一。该报告书记载的主要事项包括:项目名称、已支出金额、到竣工尚需的预计金额、盈亏预计等。这个报告书要在月末会计账簿截止的同时立即完成,一般应由会计人员对各工程科目将"已支出金额"填好,剩下的由成本会计来完成。这种报告书随着时间的推移其精确性不断增加。

(三)价值工程在项目费用控制中的应用[①]

1. 价值工程的基本概念

价值工程,又称价值分析,其定义是:以提高价值为目标,以功能分析为核心,围绕功能分析进行成本分析,用最低的寿命周期成本来实现其必要功能的一项有组织、有计划的创新活动和现代化的管理方法。

价值工程,是一门技术与经济相结合的现代化管理科学。它通过对产品的功能分析,研究如何以最低的费用去实现产品的必要功能。因此,应用价值工程,既要研究技术,又要研究经济,即研究在提高功能的同时不增加成本,或在降低成本的同时不影响功能,把提高功能和降低成本统一在最佳方案之中。

在很长的时间里,人们习惯于把质量管理和成本管理分成两个学科。在实际工作中,更把提高质量看成是技术部门的职责,而把降低成本则看成是财务部的职责。由于这两个部门的分工不同,业务要求不同,因而处理问题的观点和方法也会不同。例如:技术部门为了提高质量往往不惜工本,而财务部门为了降低成本又很少考虑保证质量的需要。通过价值工程的应用则能使产量与质量、质量与成本的矛盾得到完美的统一。

由于价值工程是把技术与经济结合起来的管理技术与方法,需要多方面的业务知识和技

---

① 根据孙慧主编《项目成本管理》,机械工业出版社2005年版相关内容改编。

术数据,也涉及许多技术部门(如设计、施工、质量等)和经济部门(如预算、劳动、材料、财会等)。因此,在价值工程的应用过程中,必须按照系统工程的要求把有关部门组织起来,通力合作,才能取得理想的效果。

2. 价值工程的基本原理

(1)价值、功能和成本的关系。

价值工程的目的是力图以最低的成本实现项目产品或作业应该具备的必要功能并提高其价值。因此,价值、功能和成本三者之间的关系应该是:

$$价值=功能(或效用)/成本(或生产费用)$$

用数学公式可表示为:

$$V=F/C$$

上述公式给我们的启示是:一方面客观地反映了用户的心态,都想买到价廉物美的产品或作业,因而必须考虑功能和成本的关系,即价值系数的高低;另一方面又提示产品的生产者和作业的提供者,可从下列途径提高产品或作业的价值:①功能不变,成本降低。②成本不变,功能提高。③功能提高,成本降低。④成本略有提高,功能大幅度提高。⑤功能略有下降,成本大幅度下降。为了对上述公式中的价值、功能和成本有一个正确的理解,需要说明如下:

● 价值不是从价值构成的角度来理解的,而是从价值的功能角度出发,表现为功能与成本之比。

● 功能是一种产品或作业所担负的职能和所起的作用。这里有一个观念问题,当用户购置产品或作业,并非购买产品或作业的本身,而是购买它所具有的必要功能。如果功能过全、过高,必然会导致成本费用提高,而超过必要功能的部分用户并不需要,这就会造成功能过剩;反之,又会造成功能不足。

(2)价值工程的核心——功能成本分析。

价值工程的核心是对产品或作业进行功能分析,即在项目设计时,要在对产品或作业进行结构分析的同时,还要对产品或作业的功能进行分析,从而确定必要功能和实现必要功能的最低成本方案;在项目施工时,要在对工程结构、施工条件等进行分析的同时,还要对项目建设的施工方案及其功能进行分解,以确定实现施工方案及其功能的最低成本计划(施工预算)。

(3)价值工程是一项有组织的活动。

在应用价值工程时,必须有一个组织系统,把专业人员(如施工技术、质量安全、施工管理、材料供应、财务成本等人员)组织起来,发挥集体力量,利用集体智慧方能达到预定的目标。组织的方法有多种,在项目建设中,把价值工程活动同质量管理活动结合起来进行,不失为一种值得推荐的方法。

3. 价值工程的工作程序

在此我们以施工项目为例,根据价值工程的工作标准,再结合项目施工的特点。施工项目的价值工程工作程序可分为以下四个阶段实施:

(1)准备阶段。

①对象选择。价值工程的应用对象和需要分析的问题,应根据项目的具体情况来确定,一般可从下列三方面来考虑:

a. 设计方面。如设计标准是否过高,设计内容中有无不必要的功能等。

b. 施工方面。主要是寻找实现设计要求的最佳施工方案,如分析施工方法、流水作业、机械设备等有无不必要的功能(即不切实际的过高要求)。

c. 成本方面。主要是寻找在满足质量要求的前提下降低成本的途径,应选择价值大的工程进行重点分析。

②组织价值工程小组。价值工程小组的建立要根据选定的对象来组织,可在项目经理部组织,也可在班组中组织,还可上下结合起来组织。

③制定工作计划。价值工程的工作计划,其主要内容应该包括:预期目标、小组成员及分工、开展活动的方法和步骤等。

(2) 分析阶段。

①收集资料。

a. 基础资料。是指本项目及企业的基本情况,如企业的技术素质和施工能力,以及本项目的建设规模、工程特点和施工组织设计等。

b. 技术资料。包括项目的设计文件、地质勘探资料以及用料的规格和质量等。

c. 经济资料。如项目的施工图预算、施工预算、成本计划和工、料、机费用的价格等。

d. 业主单位意见。如业主单位对项目建设的使用要求等。

②功能分析。即对项目实体进行系统的功能分析,如分析项目的每个部位、每个分项工程,甚至每道工序在项目施工中的作用。

③功能评价。即对工序、分项工程、部位进行功能评价,求出其成本和价值。

(3) 方案创新和评价阶段。

①提出改进方案。目的是寻找有无其他方法能实现这项功能,如混凝土工程有无新的配合比或掺用附加剂,深基础工程有无不同的开挖方法等。

②评价改进方案。主要是对提出的改进方案,从功能和成本两方面来进行评价,具体计算新方案的成本和功能值。

③选择最优方案。即根据改进方案的评价,从中选出最佳方案。

(4) 实验与验收阶段。

①提出新方案,报送项目经理审批,有的还要得到监理工程师、设计单位甚至业主的认可。

②实施新方案,并对新方案的实施进行跟踪检查。

③进行成果验收和总结。

# 思 考 题

1. 简述项目费用的构成。
2. 简述影响项目费用的因素。
3. 简述项目费用管理的内容。
4. 简述项目费用估算的依据。
5. 简述项目费用控制的过程。
6. 简述控制项目费用的措施。
7. 如何理解价值工程在项目成本控制中的应用。
8. 如果一个项目在中期阶段进行检查,测得 $BCWP=350$;$ACWP=400$;$BCWS=325$。试问该阶段的费用偏差和费用执行指标各是多少?进度偏差和进度执行指标各是多少?如何评价该项目在这一阶段的执行情况?

# 第十二章

# 项目监督、验收与后评价

**本章要点**

项目管理是一项复杂的系统工程,随着全社会环保与生态平衡的意识日益加强,监督、验收与后评价的重要性日益显现。本章简要介绍政府、建设方、社会中介、非诉讼性法律和社会舆论监督,多方组成项目监督系统,形成有中国特色的项目监督体系。分析工程建设监理的概念、组织和人员要求,监理基本方法、手段和流程。希望读者了解项目竣工验收的概念和内容,竣工结算和决算不同的含义、作用、内容和文件构成。了解项目后评价的概念、方法和意义。

## 第一节 项目监督系统

为了保证项目完满实现投资与建设的目标,必须加强监督。项目的监督是全方位的,构成了一个监督系统。项目的监督系统由政府、建设方和社会中介三方组成。每一方都会运用综合的方法来对项目进行监督,再加上非诉讼性法律和社会舆论监督,形成有中国特色的项目监督体系。

### 一、政府对项目的监督

政府对项目监督,涉及该项目从立项到验收、投产运营的全过程,政府对项目的监督涉及层级和部门两个界定。政府包括中央政府和地方政府两个层级,政府部门包括综合部门、职能部门和项目建设单位的政府主管部门。

(一)政府对项目监督的主要任务

1. 项目在决策和实施过程中,对政府制定的各种法律、法规和政策的执行和落实情况的监督政府通过制定各种宏观经济政策来引导和控制工程项目的投资方向和规模,通过制定各种法律法规来引导和控制工程项目建设活动。宏观经济政策主要有货币政策、财政政策、投资政策、产业政策等;建设法规主要有建筑法、合同法、建设工程招标投标法等。政府制定的法律、法规、政策,很全面、很正确,但项目在执行时却打折扣,甚至偏离或违反,则政府的引导和调控目的和目标就要落空,所以必须在这方面强化监督。

2. 政府对项目符合国家长远发展规划的监督

政府通过制定各种经济与社会发展战略和长期发展规划、年度计划,以及地区、行业、城市发展规划等,对项目进行引导和调控。

例如,铁路的电气化线路长远发展规划,城市地铁的发展规划,汽车工业的混合动力汽车和电动汽车长远发展规划等。项目必须符合国家长远发展规划的要求。即使是企业自筹资金的项目,也必须是受国家长远发展规划的指导,不能自搞一套,所以要加强这方面的监督。

3. 政府对项目在使用国家重要资源的监督

例如,土地资源,资金包括外资,重要的甚至十分稀缺的矿产资源等,政府负有很大责任监督项目合理使用和节约使用这些国家重要资源。虽然在项目的立项和审批过程中,政府十分重视对国家重要资源的管理,但项目在实施过程中还必须强化监督,否则就会造成国内资金总量平衡破坏,耕地不合理占用和减少,重要矿产资源滥用和枯竭。

4. 政府对项目的安全方面的监督

安全关系到人的生命,是第一位大事。施工和生产必须安全,工程建筑物及设施必须安全,否则就要出人命关天的大事故或特大事故。

项目的安全问题是指项目施工建设与将来生产运营过程中的人身及财产安全。国家制定了项目建设和运营中在安全施工、生产、防火、消防等方面的安全防护标准和规定。政府对项目在进行设计与施工时必须严格监督执行这些标准和规定。项目建成后,还必须监督有关部门严格检查,取得许可后方可投入使用。

5. 政府对项目环境方面的监督

项目的施工以及项目建成后的生产运营,都可能对自然环境产生一定的负面影响。政府对项目环境方面的监督,主要体现在以下两个主要宏观层面上:一是监督项目严格执行国家在环境保护方面的法律、法规、法令,严格执行 ISO 14000 系列标准和国家有关标准;二是监督项目的环境配套工程一定要与项目主体工程同时设计、同时施工和同时投入使用。

(二)政府对项目监督的主要内容

1. 政府在项目建设前期所进行的监督工作内容

其内容包括:审查项目建设的可行性和必要性;督查项目用地面积的位置及大小;是否符合环保要求。

2. 政府在项目设计和施工准备阶段所进行的监督主要工作内容

其内容包括:督查项目的设计是否符合有关建设用地、城市规划、公共安全和环境保护的要求;依靠社会审查机构督查项目是否符合建筑技术性法规、强制性设计标准的规定;规范招投标流程,建立评标专家库,采用随机抽取评标专家的方法,对项目设计、采购与施工评标过程的全程监控,加强对评标专家的管理。保证招投标的公开、公正、公平;督查项目参与单位的市场准入合规性和施工单位用工的合规性等。

3. 政府在项目施工阶段和竣工投产运营阶段所进行的监督主要工作内容

其内容包括:施工阶段的基础、结构封顶和竣工 3 个节点的质量监督检查;对消防安全的不定期监督检查。

政府对项目的监督,采用的监督方法除行政方法外,还包括法律方法和经济方法。

## 二、建设方对项目的监督

业主是项目的发起人、建设方、投资方、使用方的总称。建设方的主要职责是:提出项目设想,作出投资决策;筹措项目所需的全部资金;选定项目总承包商或设计、施工、设备供应承包商。建设方可以是政府部门、事业单位、企业、公司、私人组织或个人。

建设方对项目的监督可以是对承包商的直接监督,也可以是通过社会中介监督组织(如项目管理公司、监理公司、造价咨询公司)进行间接监督。建设方对项目监督的方法最主要是招投标制度和合同制度,实质是一种制度监督。

建设方在项目的不同阶段过程中,监督工作内容是不同的。

(一)项目的设计阶段,建设方对项目监督的主要工作内容

1. 项目设计的准备工作是否到位;
2. 项目的总体设计是否符合国家规定的政策、主管部门的规定和业主的使用功能要求;
3. 项目的设计方案是否能实现工期、费用和质量三大目标要求;
4. 项目设计计划编制及实施情况;
5. 项目设计在实施中的控制情况;
6. 项目设计文件的修改、变更、交付、交接、整理、归档、使用情况;
7. 项目的设计文件是否通过施工图审查。

(二)项目的实施阶段,建设方对项目监督的主要工作内容

1. 施工方开工的手续是否备齐;
2. 施工所需的人力、材料、施工机械设备、通设施是否到位;
3. 施工组织设计是否通过监理审查;
4. 设计交底和图纸会审的沟通是否充分;
5. 项目管理、监理、造价咨询机构是否发挥应有的监督作用;
6. 合同是否按规定严格履行;
7. 隐蔽工程、单项和分项工程竣工验收是否按程序进行;
8. 招标代理机构是否按采购计划进行招标工作;
9. 项目整体完工后办理移交及资料归档工作是否按要求进行。

## 三、社会中介机构对项目的监督

社会中介监督主要包括各种社会中介组织的监督,如项目管理公司、监理公司、造价咨询公司、会计师事务所、审计师事务所、律师事务所、施工或供应商行业协会。

各社会中介组织对项目的监督的重点和内容有所不同,主要因为各社会中介组织的服务对象和业务领域是不同的。例如,国内现有各种监理公司主要重点监督项目承包商在项目施工阶段执行合同的情况,特别是项目施工现场的质量监督;而各类造价咨询公司、会计师事务所、审计师事务所主要受托对项目的造价、实际投资及各种成本费用数额及构成进行监督;法律事务所受托对项目执行中的法律、法规及合同进行监督;其他社会中介组织,以公共利益和公众利益为己任,对项目妨碍和损害公众利益、生态环境和人民的身心健康进行监督。

(一)工程监理公司对项目的监督

工程监理公司是具有相应资质的独立中介机构,《建设工程监理规范》(GB/T50319—2013)定义:工程监理单位受建设单位委托,根据法律法规、工程建设标准、勘察设计文件及合同,在施工阶段对建设工程质量、进度、造价进行控制,对合同、信息进行管理,对工程建设相关方的关系进行协调,并履行建设工程安全生产管理法定职责的服务活动。按合同约定在勘察、设计、保修等阶段提供服务活动。

工程建设监理制度从1988年在我国开始实施,1997年被列入《中华人民共和国建筑法》,期间经历了试点阶段、稳定发展阶段、全面推行与实施阶段。

1. 工程建设监理的性质、作用、原则

(1)工程建设监理的性质具有服务性、科学性、公正性、独立性。属于咨询(Consultant)行业。利用高素质的人才,既有较高专业理论水平和综合分析能力,又有丰富生产及管理实践经验,还有良好的职业道德为建设方服务。

(2)工程建设监理的作用有:有利于提高工程建设投资决策科学化水平;有利于规范工程建设参与各方的建设行为;有利于保证工程建设质量和安全;有利于提高工程建设投资效益。

(3)工程建设监理的原则有:公正、独立、自主、权责一致、严格管理、热情服务、综合效益、预防为主、实事求是。

2. 工程建设监理的主要内容

从理论上讲,从建设前期阶段,到设计阶段、施工招标阶段、施工阶段、保修阶段全过程;从造价控制、进度控制、质量控制,到合同管理、信息管理,还有全方位协调。就是通常说的"三控二管一协调",后来又加上安全管理,变成"三控三管一协调"。

根据我国国情,目前工程监理公司对项目的监管重点是在项目施工阶段和施工现场,最主要是质量监督和安全管理。

3. 工程建设监理的基本方法

工程建设监理的基本方法是一个完整的系统体系,由目标管理、动态控制、组织协调、合同管理和信息管理等子系统组成。

(1)目标管理。就是通过分析利益相关方的需求,识别项目的造价、进度、质量等目标。确定总目标后,再按阶段按层次进行分解。目标要有量化指标,评估各目标的权重,协调好各目标间的关系。根据工程项目的实施过程、工作分解结构、需采用的资源编制成计划。为目标的实现要进行风险识别、分析、评估,以便制定好风险应对措施,主动控制。

(2)动态控制。为保证在变化着的外部条件下实现其目标,按照预先制定的计划和标准,从全面及时准确掌握的项目进展信息中,比较检查结果,对需控制的对象进行监督、引导、纠偏,并不断循环该过程。动态控制贯穿于工程项目监理的全过程,适用于监理工作的各方面。计划总是在调整中运行,控制就是要不断适应计划的变化,做到有效执行。

(3)组织协调。组织协调与目标管理密不可分。协调的目的就是为了实现项目目标。协调要通过监理组织系统或项目组织系统,设置专门机构或专人,明确责权界面后进行;协调要明确范围、流程、方式、方法、场合;协调往往要达到某一目的,实现某一效果(如取得共识)。任何一项工程的利益相关方很多,能否搞好利益相关方的协调,将直接影响项目的进度或成败。做好项目监理组织内部协调和外部协调,对监理工作十分重要。

(4)信息管理。信息是工程建设的重要资源,工程建设监理离不开工程信息。在项目实施过程中,需要对工程信息进行收集、整理、分析、加工、处理、储存、传递、应用等工作,这就是信息管理。监理中的决策、计划、执行、检查、控制、总结工作好坏,与信息的完整性、准确性、及时性、有效性、可靠性、适用性等密切相关。

(5)合同管理。工程建设监理项目的合同管理包括委托监理合同和施工总包合同及建设单位的指定分包(建设单位选择的供应商)合同。

4. 工程建设项目监理的组织

根据工程项目的规模、特点、承发包模式、建设单位委托的范围和监理单位自身的情况,科学、合理地确定项目监理组织形式。不管是项目式、职能式、矩阵式还是混合式(部分成员专职、部分成员兼职),只要适合的,就是可行的。

(1)项目组监理人员一般分为3个层次。总监理工程师、专业监理工程师和监理员。需要时,可设置总监理工程师代表。岗位资格是:

总监理工程师——由监理公司法定代表人任命,有注册监理工程师资质;

总监理工程师代表——由总监理工程师授权,代表总监理工程师行使其部分权力和职责,具有工程类执业资质或具有中级及以上专业技术职称、3年及以上工程实践经验并经监理业务培训的人员;

专业监理工程师——由总监理工程师授权,具有工程类执业资质或具有中级及以上专业技术职称、2年及以上工程实践经验并经监理业务培训的人员;

监理员——从事具体监理工作,具有中专及以上学历并经过监理业务培训的人员。

《建设工程监理规范》GB/T50319-2013规定:总监理工程师职责有15条;其中8条不得委托给总监理工程师代表;专业监理工程师职责有12条;监理员职责有5条。

(2)监理大纲、监理规划和监理细则是工程建设监理工作的3个层次文件。

监理大纲即是监理企业投标时的技术标书,表述针对该项目监理机构如何开展监理工作的思路、依据、原则、步骤、方案等。是指导监理规划编制的框架。由监理企业经营部门或技术管理部门,也应包括拟任项目总监理工程师共同编制。

监理规划在签订建设工程监理合同及收到工程设计文件后,由总监理工程师组织编制,经监理单位技术负责人审批,并在召开第一次工地会议前报送建设单位。

监理规划应结合工程实际情况,明确项目监理机构的工作目标和范围,人员配备和岗位职责;确定具体的监理工作制度,"三控三管一协调"的各阶段内容、程序、方法和措施。

对专业性较强、危险性较大的分部分项工程,应编制监理实施细则。专业监理工程师编制后须经总监理工程师批准方能实施。监理实施细则是监理工作的操作性文件,应包括下列主要内容:专业工程特点;监理工作流程;监理工作要点;监理工作方法及措施。

5. 工程建设监理项目基本流程

工程建设监理单位通过招投标程序,中标后与建设单位签订委托监理合同。开始收集项目资料,任命总监理工程师,组建项目团队。工程建设监理基本流程见图12-1所示。

其中许多工作包可以分解成子流程,甚至于更细层次的工作流程。

6. 监理工程师的基本手段

监理工程师在项目上有如下基本手段:

工程计量——项目监理机构对施工单位申报的合格工程的工程量进行核验。

旁站——项目监理机构对工程的关键部位或关键工序的施工质量进行的监督活动。

巡视——项目监理机构对施工现场进行的定期或不定期的检查活动。

平行检验——项目监理机构在施工单位自检的同时,按有关规定、建设工程监理合同约定

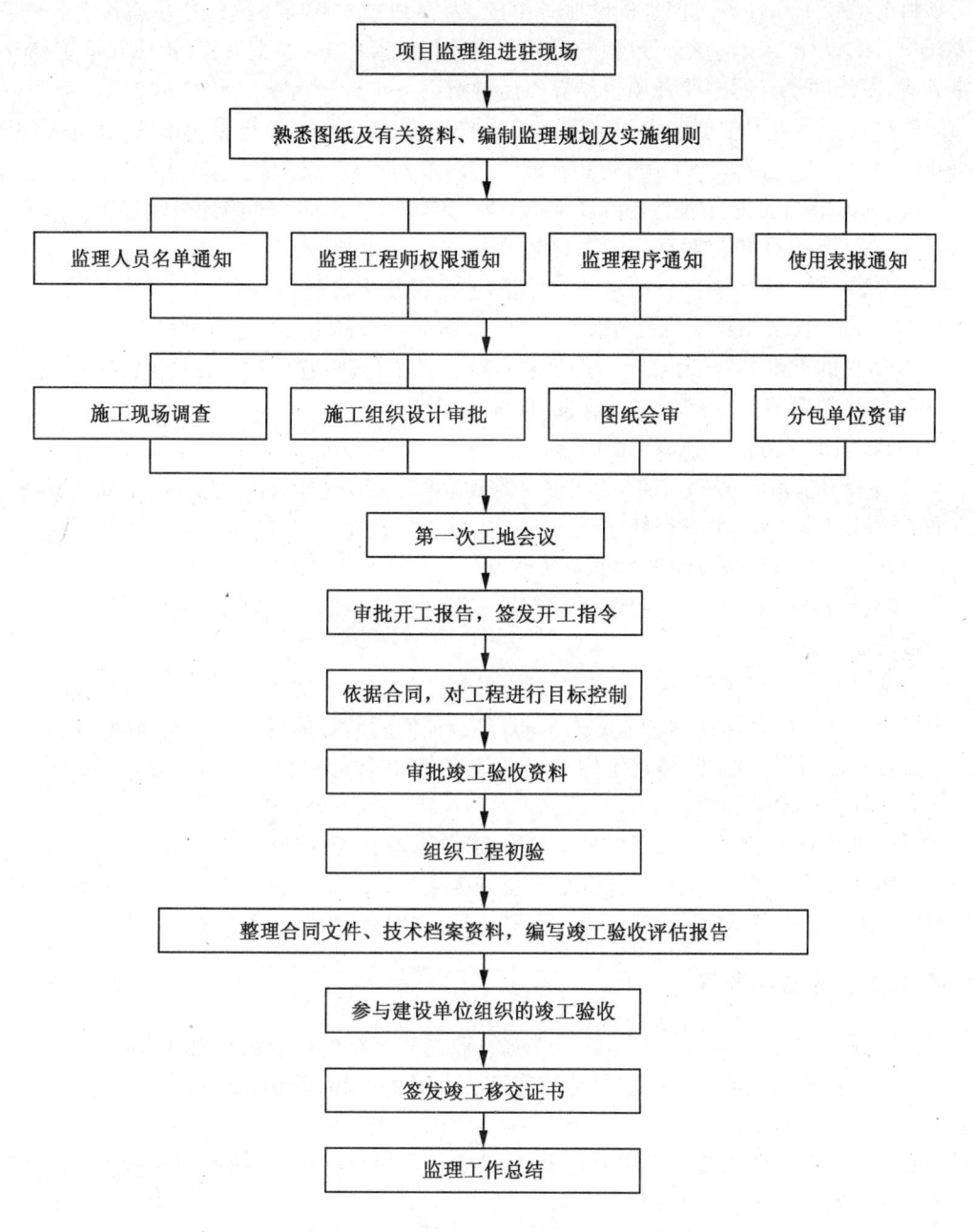

```
                        ┌──────────────────┐
                        │  项目监理组进驻现场  │
                        └────────┬─────────┘
                                 ↓
                ┌──────────────────────────────────┐
                │ 熟悉图纸及有关资料、编制监理规划及实施细则 │
                └────────────────┬─────────────────┘
                                 ↓
  ┌──────────┬──────────────────┬──────────────────┬──────────┐
  │监理人员名单通知│ 监理工程师权限通知 │   监理程序通知    │ 使用表报通知 │
  └──────────┴──────────────────┴──────────────────┴──────────┘
                                 ↓
  ┌──────────┬──────────────────┬──────────────────┬──────────┐
  │ 施工现场调查 │  施工组织设计审批 │     图纸会审      │ 分包单位资审 │
  └──────────┴──────────────────┴──────────────────┴──────────┘
                                 ↓
                        ┌──────────────────┐
                        │   第一次工地会议   │
                        └────────┬─────────┘
                                 ↓
                     ┌────────────────────────┐
                     │ 审批开工报告，签发开工指令 │
                     └───────────┬────────────┘
                                 ↓
                     ┌────────────────────────┐
                     │ 依据合同，对工程进行目标控制│
                     └───────────┬────────────┘
                                 ↓
                        ┌──────────────────┐
                        │   审批竣工验收资料  │
                        └────────┬─────────┘
                                 ↓
                        ┌──────────────────┐
                        │    组织工程初验    │
                        └────────┬─────────┘
                                 ↓
             ┌──────────────────────────────────────┐
             │整理合同文件、技术档案资料，编写竣工验收评估报告│
             └──────────────────┬───────────────────┘
                                 ↓
                     ┌────────────────────────┐
                     │ 参与建设单位组织的竣工验收 │
                     └───────────┬────────────┘
                                 ↓
                        ┌──────────────────┐
                        │   签发竣工移交证书  │
                        └────────┬─────────┘
                                 ↓
                        ┌──────────────────┐
                        │    监理工作总结    │
                        └──────────────────┘
```

图 12-1 工程建设监理项目基本流程

对同一检验项目进行的检测试验活动。

见证取样——项目监理机构对施工单位进行的涉及结构安全的试块、试件及工程材料现场取样、封样、送检工作的监督活动。

监理工程师在项目上通过验收、监理例会、监理工作函和监理报告等方面，运用好建设单位的授权，发挥对项目的监督管理作用。

(二)造价咨询公司和会计师事务所、审计师事务所对项目的监督

造价咨询公司和会计师事务所、审计师事务所是独立的中介服务机构,可以受业主委托承

担对项目的监督工作任务。但他们的服务范围、内容和方式有所不同。造价咨询公司是对所有委托项目的设计、采购和施工过程的工程造价进行跟踪服务，审查概算、预算和结算；而会计师事务所、审计师事务所主要在项目结算以后进行财务审计。由于国家审计部门力量有限，只能对国资投资的重点大中型建设项目实施审计监督，许多中小型项目无法审计。为此，国家应调整建设项目审计范围与分工，调动社会审计组织参与对项目监督和审计的积极性。对于竞争性项目，国家鼓励业主自觉委托会计师事务所、审计师事务所进行审计与监督。在市场经济形势下，许多上市企业也有对项目的审计需求。

会计师事务所、审计师事务所对项目监督，主要工作内容是：

1. 对项目的投资预算编制过程进行监督，保证符合国家的投资控制规模要求。
2. 对项目的资本结构进行监督，保证项目符合具体行业、领域资本结构的一般要求。
3. 对项目的费用开支情况进行监督，保证项目严格按费用计划实施，对超支的费用要分析原因，采取纠正和防范措施。
4. 对项目在实施过程中，在贯彻国家财经政策和财务管理规章制度以及执行国家会计准则方面的情况进行监督，坚决查处违反财经法规、纪律、制度、准则的一切行为。

（三）施工或供应商协会组织对项目的监督

施工或供应商行业协会在各自的职权下，对于维护社会的公共利益、用户利益和公众利益在尽各自的职责。

鼓励这些社会组织对项目参与监督，可以发挥他们各自的独特作用。例如，行业协会往往是由项目所处行业的资深技术和业务人士所组成，他们的监督体现了技术与管理上的权威；消费者协会与社区组织的监督，体现了用户和民众的心声；新闻单位是大众的喉舌，体现了人民大众强大的社会舆论的监督。

项目成果的质量，项目进程中对生态环境的影响，项目投产运营后，对人民大众的影响，特别需要上述社会组织参与监督，以保证尽可能减少或消除不良后果和影响，为人民交付和使用的是最优良的工程实体，为保护和优化生态环境做出积极的贡献。

## 四、非诉讼性法律监督

项目管理中涉及许多权益问题，除了加强行政的和经济的控制监督以外，还必须借助于非诉讼性法律监督——公证。公证制度是商品经济发展的产物，是由私人作证演变而来的一种防患于未然的法律制度。

公证是公证机关根据公民或法人的申请，依法证明法律行为、法律事件或有法律意义的文书和事实的真实性、合法性的非诉讼活动。公证是一种运用法律手段监督经济活动的重要制度。随着经济体制改革的深入，商品经济和横向经济联合的发展，项目周期中形成了许多需要借助法律效力监督执行的经济活动。公证在项目寿命周期中的作用涉及资格公证、过程公证、合同公证。

项目实施过程中还应该充分发挥社会舆论监督的作用，加强舆论宣传工作，形成社会监督网。通过消费者协会、社区组织及新闻机构，如广播、电视、报纸、杂志、网络等舆论工具，以公共利益和公众利益为己任，对项目妨碍和损害公众利益、生态环境和人民的身心健康进行监督。通过大力宣传优质工程和创建优质工程的企业，树立样板工程和优秀企业的光辉形象，提高其知名度，进而提高其市场占有率，保证其为社会提供更多的优质工程。对劣质工程及其施工单位充分曝光，让其在社会舆论的强大压力下，努力改进工作、提高质量、尽量减少环境污染;否则使其在激烈的竞争中失去市场,失去生存与发展的能力。

## 第二节 项目竣工验收

### 一、竣工验收的作用

以工程项目为例,竣工验收就是由建设单位、施工单位和项目验收委员会,以项目批准的设计任务书和设计文件,以及国家(或部门)颁发的施工验收规范和质量检验标准为依据,按照一定的程序和手续,在项目建成并试生产合格后,对工程项目的总体进行检验和认证(综合评价、鉴定)的活动。

竣工验收是建设项目建设周期的最后一个阶段收尾阶段的重要内容,它是全面考核建设工作,检查工程建设是否符合建设范围、设计要求和工程质量的重要环节,也是保证工程质量的最后关口,对促进建设项目及时投产,发挥投资作用,总结建设经验具有重要意义。对施工单位来讲,有助于其全面考核工程质量,保证建设项目施工符合设计要求和国家规范、标准规定的质量标准,完成合同规定以及接受新工程。对建设单位来讲,工程项目经过验收,交付使用,标志着投入的建设资金转化为生产力。项目投入运营后,应及时对前期投资效果进行评价。

投资项目竣工验收的重要意义和作用,归纳起来主要有:

(1)通过竣工验收,考核投资建设效果,检验工程设计、设备制造和工程施工质量,及时发现和解决一些影响正常生产使用的问题,保证项目能按设计要求的技术经济指标正常地投入生产并交付使用。

(2)促进投资项目建成后及时投入生产和交付使用。及时批准动用固定资产,及时或提前发挥投资效益。

(3)参加投资和建设的有关部门和单位可借此总结经验,提高项目决策和实施的管理水平。

(4)可为投产企业的经营管理、生产技术和固定资产的保养和维修提供全面系统的技术经济文件、资料和图纸。

投资项目竣工验收,既是项目建设的结束,又是生产的开始。大量的检验工作,需要投资建设单位与各方密切配合去完成。涉及利益的矛盾,必须遵循有关的规定,并按合同依法妥善处理。竣工工程未经验收,不得投产或使用;工程不具备竣工条件,不得甩尾竣工;已经具备了验收条件的工程,不得迟迟不收尾,不报验收,长期吃"基建饭"。

### 二、竣工验收的标准和组织

(一)竣工验收的范围和依据

所有列入固定资产投资计划的建设项目或单项工程,已按国家批准的设计文件所规定的内容建成,工业投资项目经负荷试车考核,试生产期间能够正常生产出合格产品,非工业投资项目符合设计要求,能够正常使用的,不论是属于哪种建设性质,都应及时组织验收,办理固定资产移交手续。

有的工期较长、建设设备装置较多的大型工程,为了及时发挥其经济效益,对其能独立生产的单项工程,也可以根据建成时间的先后顺序,分期分批地组织竣工验收;对能生产中间产品的一些单项工程,不能提前投料试车的,可按生产要求与生产最终产品的工程同步建成竣工后,再进行全部验收。

竣工验收时所依据的文件和规定主要有:

(1)上级主管部门有关工程竣工的文件和规定;

(2)建设单位同施工单位签订的工程承包合同;

(3)工程设计文件(包括施工图纸、设计说明书、设计变更洽谈记录、各种设备说明书等);

(4)国家现行的施工验收规范;

(5)建筑安装工程统计规定;

(6)凡属从国外引进的新技术或进口成套设备的工程项目,除上述文件外,还应按照双方签订的合同书和国外提供的设计文件进行验收。

(二)竣工验收的标准

1. 竣工验收的一般标准

进行建设项目验收,由于建设项目所在行业不同,验收标准也不完全相同。以制造业为例,一般情况下必须符合以下要求:

(1)生产性项目和辅助性公用设施,已按设计要求建完,能满足生产使用;

(2)主要工艺设备配套设施经联动负荷试车合格,形成生产能力,能够生产出设计文件所规定的产品;

(3)必要的生活设施,已按设计要求建成;

(4)生产准备工作能适应投产的需要;

(5)环境保护设施、劳动安全卫生设施、消防设施已按设计要求与主体工程同时建成使用。

有的建设项目(工程)基本符合竣工验收标准,只是零星土建工程和少数非主要设备未按设计规定的内容全部建成,但不影响正常生产,也应办理竣工验收手续。对剩余工程,应按设计留足投资,限期完成。有的项目投产初期一时不能达到设计能力所规定的产量,不应因此拖延办理验收和移交固定资产手续。

有些建设项目或单项工程,已形成部分生产能力或实际生产中已经使用,近期不能按原设计规模续建的,应从实际情况出发缩小规模,报主管部门(公司)批准后,对已完成的工程和设备,尽快组织验收,移交固定资产。

国外引进设备项目,按合同规定完成负荷调试、设备考核合格后,进行竣工验收。其他项目在验收前是否要安排试生产阶段,按各个行业的规定执行。

已具备竣工验收条件的项目(工程),三个月内不办理验收投产和移交固定资产手续的,取消企业和主管部门(或地方)的基建试车收入分成,由银行监督全部上交财政。如三个月内办理竣工验收确有困难,经验收主管部门批准,可以适当延长期限。

2. 生产性投资项目土建、安装、管道等工程的验收标准

生产性投资项目,如工业项目,一般土建工程、安装工程、人防工程、管道工程、通信工程等,这些工程的施工和竣工验收,必须按国家批准的《中华人民共和国国家标准××工程施工及验收规范》和主管部门批准的《中华人民共和国行业标准××工程施工及验收规范》执行。

(三)竣工验收的组织和职责

竣工验收的组织,国资投资项目按原国家计委、建委关于《建设项目(工程)竣工验收办法》的规定组成。大中型和限额以上基本建设和技术改造项目(工程),由国家发改委或由国家发

改委委托项目主管部门、地方政府部门组织验收。小型和限额以下基本建设和技术改造项目(工程),由项目(工程)主管部门或地方政府部门组织验收。竣工验收要根据工程规模大小、复杂程度组成验收委员会或验收组。验收委员会或验收组应由银行、物资、环保、劳动、消防及其他有关部门人员组成。建设单位、接管单位、施工单位、勘察设计单位参加验收工作。

外资和社会其他资金投资的项目由外企或民企自行组织验收。

验收委员会或验收组的主要职责是:

(1)审查预验收情况报告和移交生产准备情况报告;

(2)审查各种技术资料,如项目可行性研究报告、设计文件、概(预)算,有关项目建设的重要会议记录,以及各种合同、协议、工程技术经济档案等;

(3)对项目主要生产设备和公用设施进行复验和技术鉴定,审查试车规格,检查试车准备工作,监督检查生产系统的全部带负荷运转,评定工程质量;

(4)处理交接验收过程中出现的有关问题;

(5)核定移交工程清单,签订交工验收证书;

(6)提出竣工验收工作的总结报告和验收鉴定书。

### 三、竣工验收的程序和内容

竣工验收是关系到投资项目是否能按期建成投产,生产出合格产品,取得良好的投资效益的关键步骤。为了确保投资项目竣工验收的顺利进行,必须按照建设总体规划的要求,有计划、有步骤地进行。竣工验收主要流程见图12-2。

投资项目竣工验收一般有以下几个步骤。

(一)竣工验收的准备工作

为保证竣工验收工作的顺利进行,竣工验收前主要应做好以下几项准备工作。

1. 做好项目施工的收尾工作

建设安装工程到接近交工阶段,有时会不可避免地存在一些零星的未完项目,这就形成所谓收尾工程。收尾工程的特点是零星、分散、工程量小、分布面广,如果不及时完成,会直接影响工程的投产和使用。做好收尾工作,必须摸清收尾工程的项目范围。通过交工前的预检,作一次彻底清查,按生产工艺流程和图纸,逐一对照,找出漏项项目和需修补工作,制定作业计划,合理安排施工。

2. 竣工验收资料准备工作

竣工验收资料和文件是建筑物的主要档案资料。它反映了建设项目的全面情况,对建设项目今后的使用与维护都是极其重要的。在竣工验收时,也可通过对有关文件资料的研究而发现项目存在的问题,及时纠正。

竣工验收资料,主要包括以下各项内容:(1)竣工工程项目一览表;(2)设备清单;(3)竣工图;(4)材料、构件出厂合格证及试验检验记录;(5)建设项目土建施工记录;(6)设备安装调试记录,管道系统安装、试压、试漏检查记录,建筑设备(水、暖、电、卫、空调、通信)检验和试验记录;(7)建筑物、构筑物的沉降、变形、防震、防爆、绝缘、密闭、净化、隔音、隔热等指标的测试记录,重要钢结构的焊缝探伤检查记录;(8)隐蔽工程验收记录;(9)工程质量事故的发生处理记录;(10)图纸会审记录,设计变更通知和技术核定单;(11)试运转、考核资料;(12)竣工决算。

(二)项目中间验收

投资项目中间验收,是在项目实施过程中,由业主、承包单位、建设监理单位,根据工程建

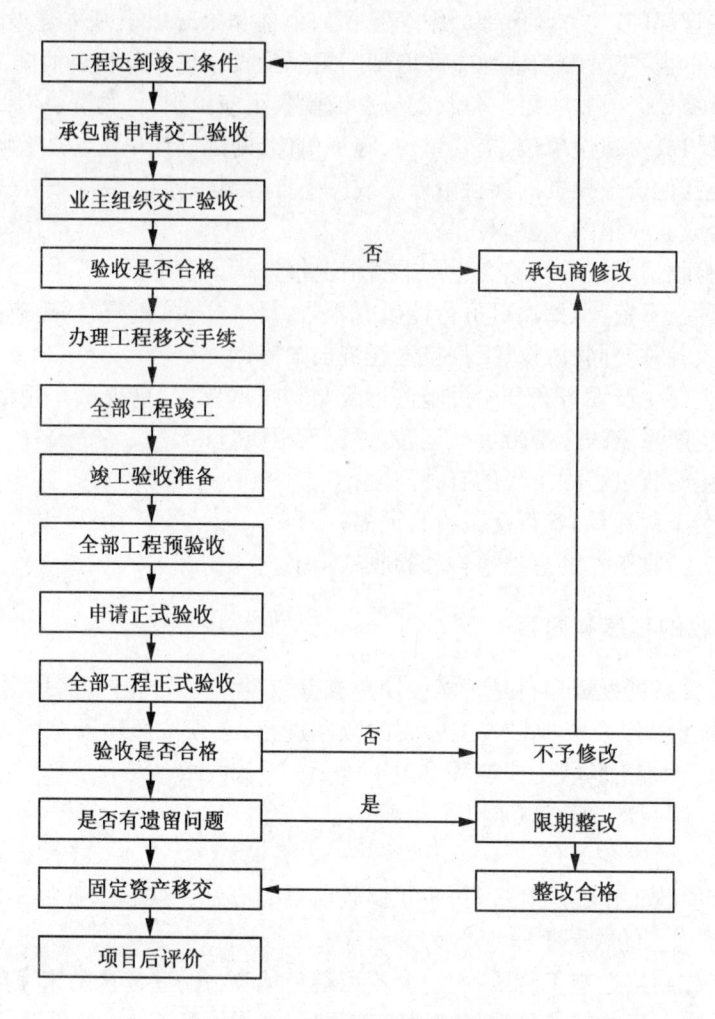

```
┌─────────────────┐
│  工程达到竣工条件  │◄─────────┐
└────────┬────────┘           │
┌────────▼────────┐           │
│  承包商申请交工验收 │           │
└────────┬────────┘           │
┌────────▼────────┐           │
│  业主组织交工验收  │           │
└────────┬────────┘           │
┌────────▼────────┐   否  ┌────┴────┐
│   验收是否合格    ├─────►│ 承包商修改 │
└────────┬────────┘      └─────────┘
┌────────▼────────┐
│  办理工程移交手续  │
└────────┬────────┘
┌────────▼────────┐
│    全部工程竣工   │
└────────┬────────┘
┌────────▼────────┐
│   竣工验收准备    │
└────────┬────────┘
┌────────▼────────┐
│   全部工程预验收  │
└────────┬────────┘
┌────────▼────────┐
│    申请正式验收   │
└────────┬────────┘
┌────────▼────────┐
│  全部工程正式验收  │
└────────┬────────┘
┌────────▼────────┐   否  ┌─────────┐
│   验收是否合格    ├─────►│  不予修改 │
└────────┬────────┘      └─────────┘
┌────────▼────────┐   是  ┌─────────┐
│   是否有遗留问题  ├─────►│  限期整改 │
└────────┬────────┘      └─────────┘
┌────────▼────────┐      ┌─────────┐
│    固定资产移交   │◄─────│  整改合格 │
└────────┬────────┘      └─────────┘
┌────────▼────────┐
│    项目后评价    │
└─────────────────┘
```

图 12—2　工程竣工验收主要流程

设进度，适时在质量检查和隐蔽工程验收的基础上进行的一项工作，它是建设项目正式竣工验收的基础和前提。搞好中间验收，可以确保项目的分部、分项工程和单位工程的质量和进度，确保项目目标的实现。

项目中间验收，是工程建设的国际惯例。菲迪克（FIDIC）合同条款第 37～38 条作了较详细的规定。如第 38 条中规定："未经工程师批准，工程的任何部分都不能封盖或掩盖，承包商应保证工程师有充分的机会对即将覆盖的或掩盖起来的任何一部分工程进行检查、检验，以及对任何部分将置于其上的工程基础进行检查。无论何时，当任何部分的工程或基础已经或即将为检验做好准备时，承包商应通知工程师，除非工程师认为检查无必要，并就此通知了承包商，否则工程师应参加对这部分工程的检查和检验，以及对基础的检验，并且不得无故拖延。"菲迪克（FIDIC）合同条款的这一规定，其目的就是为了促使建设工程能够正常进行，使工程质量得到切实可靠的保证，承包商必须无条件接受工程师对工程质量的检查。与此同时，为了防止工程师借故检查，对承包商进行无理刁难，以确保承包商正常的工程施工，菲迪克（FIDIC）合同条款对工程师的职权也作了合理的必要限制。菲迪克（FIDIC）合同第 37 条规定："承包商应同工程师商定对合同规定的任何材料和工程设备进行检查和检验的时间和地方。工程师应在 24 小时之前将准备进行检查或参加检验的打算通知承包商。若工程师或其授权代理人未能按商定的日期准时参加，除工程师另有指示外，承包商可继续进行检验，并可将该项检验视为是在工程师在场的情况下进行的。承包商应立即向工程师提交有适当证明的检验结果的副本。若工程师未参加检验，他应承认上述的检验结果为准确的结果。"

我国在投资项目建设中，也特别强调中间验收的必要性。改革开放以来，随着我国经济与世界经济的融合，项目建设与国际惯例接轨，中间验收更显重要。

### （三）单项工程验收

单项工程验收，也称交工验收或初步验收，是指投资项目全部验收前，承包商完成其承建的单项工程施工任务以后向建设单位（或业主）交工，接受建设单位验收的过程。验收中，对设备应按试车规程进行单体试车、无负荷联动试车和负荷联动试车。验收合格，建设单位与施工单位应签订《交工验收证书》。

### （四）正式验收

正式验收即施工单位同建设单位和监理单位共同验收。对大型工程或重要工程，还要上级领导单位或地方政府派员参加，共同进行验收。验收合格后，即可将工程正式移交建设单位使用。

### （五）项目收尾

项目收尾一般有以下程序：

1. 报送竣工验收报告
2. 组织竣工验收机构（按项目规模和隶属关系组织验收委员会或验收组）

按现行竣工验收组织规定，由银行、物资、环保、劳动、统计、消防及其他有关部门组成的验收委员会或验收组验收。

3. 整理各种技术文件材料

建设项目竣工验收前，各有关单位应将所有的技术文件进行系统整理，由建设单位负责分类立卷，分别满足国资投资项目的行业主管部门归档要求和地方建设主管部门的归档要求。在竣工验收时，交生产单位统一保管，并上交归档；同时将与所在地区有关的文件交当地城建档案管理部门，以适应生产、维修的需要。

4. 绘制竣工图

竣工图是真实地记录各种地下、地上建筑物和构筑物等情况的技术文件，是对工程进行交工验收、维护、改建、扩建的依据，是国家的重要技术档案。竣工图的编制，根据谁施工谁编制的原则，在建设项目签订承发包合同时明确规定编制、检验相交接问题。由设计单位审核后会签。

5. 进行工程质量评定

建筑工程，按设计要求和建筑安装工程施工的验收规范和质量标准进行质量评定验收。

设备安装工程，一般要进行单体无负荷试车、无负荷联动试车、负荷试车及负荷联动试车。单体无负荷试车及无负荷联动试车是由施工单位负责，建设单位、监理单位、设计单位参加，无负荷试车合格后，施工单位向建设单位移交交工资料，办理交工手续。

无负荷试车合格后，进行负荷试车。负荷试车由建设单位负责，施工单位参加。

验收委员会或验收组，在确认工程符合竣工标准和合同条款规定后，签发竣工验收合格证书。

6. 编好竣工决算

建设项目办理竣工验收手续之后,对所有财产和物资进行清理,在竣工结算基础上编好竣工决算,分析概(预)算执行情况;考核投资效果,报上级主管部门(公司)审查。

7. 办理固定资产移交手续

竣工验收交接后,要求及时办理固定资产移交手续,加强固定资产的管理。

8. 签署竣工验收鉴定书

竣工验收鉴定书,是表示建设项目已经竣工,并交付使用的重要文件,它是全部固定资产交付使用和建设项目正式动用的依据,也是承包商对建设项目消除法律责任的证件。竣工验收鉴定书如表12-1所示。

表12-1 竣工验收鉴定书

| 工程名称 | | 工程地点 | |
|---|---|---|---|
| 工程范围 | | 建筑面积 | |
| 工程造价 | | | |
| 开工日期 | | 竣工日期 | |
| 日历工作天 | | 实际工作天 | |
| 验收意见 | | | |
| 建设单位 | | | |
| 验收人 | | | |
| 建设单位 | (公章)<br><br>年 月 日 | 监理单位 | (公章)<br><br>年 月 日 | 施工单位 | 工程负责人:____(公章)<br>公司负责人:____(公章)<br><br>年 月 日 |

当建设项目规模较小、较简单时,可以把单项工程验收和建设项目竣工验收合而为一,进行一次全部项目的竣工验收。

(六)单项工程竣工验收与建设项目竣工验收的区别

单项工程竣工验收与建设项目竣工验收的区别见表12-2。

表12-2 单项工程竣工验收与建设项目竣工验收的区别

| 验收类别 | 验收对象 | 验收时间 | 验收主持单位 | 验收参加单位 | 验收目的 |
|---|---|---|---|---|---|
| 单项工程竣工验收(交工验收) | 单项工程 | 单项工程完工后 | 建设单位(业主) | 建设单位(业主)、设计和施工单位 | 交工 |
| 建设项目竣工验收(竣工验收) | 项目总体 | 项目全部建成后 | 项目主管部门或国家 | 验收委员会、建设单位 | 移交固定资产 |

根据现行规定,竣工图作为竣工验收的必备条件之一,要求准确、完整绘制,符合归档要求。有了合乎要求的竣工图,方能进行竣工验收。绘制竣工图的职责和具体要求是:

(1)投资项目建设按施工图设计没有变动的,由施工单位在原施工图上加盖"竣工图"标志后,即可作为竣工图。

(2)在施工过程中,虽有一般性的设计变更,但能在原施工图上修改、补充作为竣工图的,可以不再重新绘制,由施工单位在原施工图上绘制、修改、补充,同时附上设计变更通知单和施工说明,加盖"竣工图"标志后,即可作为竣工图。

(3)结构形式、工艺技术、平面布置乃至项目的改变以及不宜在施工图上修改、补充的,应该重新绘制改变后的竣工图。新的竣工图的绘制单位确定原则是,谁造成项目变动的由谁来负责,比如:由于设计原因造成施工的变动由设计单位绘制竣工图,并承担其费用;由于施工原因造成的变动,应由施工单位重新绘制,所需费用由施工单位承担。并由设计单位审核后会签;由其他原因造成的变动,则需建设单位自行绘制,或由其委托设计单位负责绘制,并由施工单位负责在新图上加盖"竣工图"标志,并附以有关记录和说明,其所需费用,由建设单位在项目投资中解决。

大、中型项目的竣工图不能少于3套,其中一套移交生产单位保管,一套交主管部门或技术档案部门永久保存,一套交地方城建档案部门保存。关系国计民生的特别重大项目,还要增加一套给国家档案馆保存。小型投资项目,至少要具备两整套竣工图,移交生产使用单位和地方城建档案部门保管。

**四、工程移交**

工程项目移交,是在竣工验收后,承包商与业主转移项目占用权的过程。工程移交完毕,业主就必须有责任对整个工程项目进行管理,承包商与业主的施工合同关系基本结束,承包商从工程项目的施工阶段转到保修阶段。

工程项目的移交包括工程实体移交和工程技术档案资料移交两个部分。

1. 工程实体移交

工程实体移交即建(构)筑物实体和工程项目内所包括的各种设备实体的交接。工程实体移交的繁简程度随着工程项目承发包模式的不同及工程项目本身的具体情况不同而不同。在工业建筑工程项目中,一些设备还带有备品和安装调试用的专用工机具,在施工单位负责设备订货和接检工作时,凡是合同上规定属于用户在生产过程中使用的备品、备件及专用工机具,均应由施工单位向建设单位移交。

2. 工程技术档案资料移交

移交时,要编制《工程档案资料移交清单》,见表12-3。承包商和业主双方按清单查阅清楚,认可后,双方在移交清单上签字盖章。移交清单一式两份,双方各自保存一份,以备查对。

表12-3　　　　　　　　　工程档案资料移交清单

| 编　号 | 专　业 | 档案资料内容 | 人员数 | 备　注 |
|---|---|---|---|---|
|  |  |  |  |  |
|  |  |  |  |  |
|  |  |  |  |  |
|  |  |  |  |  |

续表

| 编 号 | 专 业 | 档案资料内容 | 人员数 | 备 注 |
|---|---|---|---|---|
|  |  |  |  |  |
|  |  |  |  |  |
|  |  |  |  |  |
| （施工单位）签单<br><br>经办人： | （接收单位）签单<br><br>接收人： | | 说明： | |

移交时间：　年　月　日　　　　　　　　　　　　第＿＿页，共＿＿页

工程移交完毕后，承包商仍然对项目工程具有提供保修服务的责任。交工后服务，一方面是合同的要求，另一方面也是提高施工企业的技术质量管理水平和社会信誉、增强市场竞争力的需要。

交工后服务的形式主要是保修和回访。

1. 保修

施工合同中一般都规定缺陷保修期，并对这段时间内所发生的质量问题以合同条款的形式做出了预先处理方式，承包商可以按照合同要求进行工程保修。

保修期内，用户发现了问题，一般有如下的处理办法：

（1）确因承包商施工质量原因造成的问题，均由承包商无偿进行保修。

（2）如因设计原因造成使用问题，则可由用户提出修改方案或由原设计单位提出修改方案，经用户向施工单位提出委托，进行处理或返修，费用由用户负责。

（3）如因用户在使用后有新的要求或用户使用不当需进行局部处理和返修时，由双方另行协商解决，如由原施工单位进行处理或施工，费用由用户负责。

2. 回访

在缺陷责任保修期内，承包商应定期向用户进行回访。保修期内至少应回访一次，到期时进行第二次回访并填写回访卡。

## 第三节　项目竣工结算、决算和资料归档

### 一、项目竣工结算

（一）竣工结算定义

竣工结算是指一个建设项目或单项工程、单位工程全部竣工，发、承包双方根据现场施工记录，设计变更通知书，现场变更鉴定，综合单价等资料，进行合同价款的增减或调整计算。竣工结算应按照合同有关条款和价款结算办法的有关规定进行，合同通用条款中有关条款的内容与价款结算办法的有关规定有出入的，以价款结算办法的规定为准。

竣工结算是反映项目实际造价的技术经济文件，是建设方进行经济核算的重要依据。每项工程完工后，承包方在向建设方提供有关技术资料和竣工图纸的同时，都要编制工程结算，办理财务结算。

## (二)竣工结算分类

竣工结算分为单位工程竣工结算、单项工程竣工结算、建设项目竣工总结算。

## (三)竣工结算程序

1. 承包人应在合同约定时间内编制完成竣工结算书,并在提交竣工验收报告的同时递交给发包人。承包人未在合同约定时间内递交竣工结算书,经发包人催促后仍未提供或没有明确答复的,发包人可以根据已有资料办理结算。对于承包人无正当理由在约定时间内未递交竣工结算书,造成工程结算价款延期支付的,其责任由承包人承担。

2. 发包人在收到承包人递交的竣工结算书后,应按合同约定时间核对。竣工结算的核对是工程造价计价中发、承包双方应共同完成的重要工作。按照交易的一般原则,任何交易结束,都应做到钱、货两清,工程建设也不例外。工程施工的发、承包活动作为期货交易行为,当工程竣工验收合格后,承包人将工程移交给发包人时,发、承包双方应将工程价款结算清楚,即竣工结算办理完毕。

## 二、项目竣工决算与财务审计

### (一)竣工决算定义

项目的竣工决算是由建设单位编制的反映建设项目实际造价和投资效果的文件。

竣工决算是以竣工结算为基础进行编制的,加上从筹建开始到工程全部竣工验收、交付使用全过程中实际支付的全部建设费用。竣工决算是整个建设工程的最终价格,是作为建设单位财务部门汇总固定资产的主要依据。竣工结算是由承包方编制的,而竣工决算是由建设方财务部门编制。建设方往往委托社会审计机构进行审计,所以也称为财务决算或审计决算。以示与竣工结算区别。

### (二)竣工决算作用

1. 全面反映竣工项目最初计划和最终建成的工程概况。
2. 考核竣工项目设计概算的执行结果,正确反映开发项目的实际造价和投资成果。
3. 竣工决算核定竣工项目的新增固定资产和流动资产价值,是建设单位向使用或管理单位移交财产的依据。
4. 竣工决算全面反映了竣工项目建设全过程的财务情况。通过竣工决算和概算、预算、合同价的对比,考核投资管理的工作成效,总结经验教训,提高未来建设工程的投资效益。
5. 竣工决算界定了项目经营的基础,为项目进行后评估提供依据。
6. 竣工决算报告作为重要的技术经济文件,是存档的需要,也是积累工程技术经济方面的基础资料。

### (三)竣工决算报告的内容

竣工决算的内容应包括从项目策划到竣工投产全过程的全部实际费用。竣工决算报告由竣工财务决算说明书、竣工财务决算报表、工程竣工图和工程造价对比分析四个部分组成。其中竣工财务决算说明书和竣工财务决算报表又合称为竣工财务决算,它是竣工决算的核心内容。

由于各主管部门不同,各行业的领域不同,专业内容有差别,所以决算报表的格式也不同。项目竣工决算必须按照主管部门的要求进行操作。

### (四)财务审计内容

1. 审查决算资料的完整性

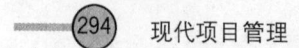

建设、施工等与建设项目相关的单位应提供必要的资料,以保证审查决算资料的完整性。

2. 竣工财务决算报表和说明书完整性、真实性审计

(1)大、中型建设项目财务决算报表如下:

表12-4为基本建设项目竣工决算报表封面:

表12-4　　　　　　　　　基本建设项目竣工决算报表封面

建设单位_____　建设项目类别_____
主管部门_____
级　　别_____　建设性质_____

| 基本建设项目竣工决算 |
|---|

建设单位_____　编制日期_____

表12-5为大、中型建设项目竣工工程概况表:

表12-5　　　　　　　　大、中型建设项目竣工工程概况表

| 建设项目(或单项工程)名称 | | | | | 项　目 | 概算(元) | 实际(元) | 主要事项说明 |
|---|---|---|---|---|---|---|---|---|
| 建设地址 | | 占地面积 | 设计 | 实际 | 建安工程<br>设备工具<br>器具<br>其他基本建设<br>　土地征用费<br>　生产职工培训费<br>　施工机械转移费<br>　建设单位管理费<br>　负荷试车费<br>合计 | | | |
| 新增生产能力 | 能力(效益)名称 | | 设计 | 实际 | 建设成本 | | | |
| | | | | | | | | |
| 建设时间 | 计划 实际 | 从　年　月开工,　年　月竣工<br>从　年　月开工,　年　月竣工 | | | | | | |
| 初步设计和概算批准机关、日期、文号 | | | | | | | | |
| 完成主要工程量 | 名　称 | 单　位 | 数　量 | | 主要材料消耗 | 名称 | 单位 | 概算 | 实际 |
| | 建筑面积<br>设备…… | 平方米<br>台/吨 | 设计 | 实际 | | 钢材<br>木材<br>水泥 | 吨<br>立方米<br>吨 | | |
| 收尾工程 | 工程内容 | 投资额 | 负责收尾单位 | 完成时间 | | | | |
| | | | | | 主要技术经济指标 | | | | |

表12-5主要是考核分析投资效果。表中"初步设计和概算批准机关、日期"按最后一次填列。"收尾工程"是指全部验收投产以后还遗留极少量尾工。未完工程实际成本可根据具体情况进行估算,并作说明,完工以后不再编制竣工决算。"技术经济指标"可根据概算或主管部门(总公司)规定的内容分别计算或按实际填写。对未经批准,任意增加建设内容、扩大建设规模、提高建设标准等,要进行检查说明。

表12-6为大、中型建设项目竣工财务决算表:

表 12－6  　　　　　　　　大、中型建设项目竣工财务决算表

建设项目名称：

| 资金来源 | 金额（千元） | 资金运用 | 金额（元） |
|---|---|---|---|
| 一、经营基金<br>二、银行贷款<br>三、利用外资 | | 一、交付使用财产<br>二、在建工程<br>三、应核销投资支出<br>　1. 拨付其他单位基建款<br>　2. 移交其他单位未完工程<br>　3. 报废工程损失<br>　…… | 补充资料<br>基本建设<br>收入总计<br>其中：应上交财政，<br>见上交财政支出 |
| 四、专项基金 | | 四、应核销其他支出<br>　1. 器材销售亏损<br>　2. 器材折价损失<br>　3. 设备报废盘亏<br>　…… | |
| 五、自筹 | | 五、器材<br>　1. 需要安装设备<br>　2. 库存材料<br>　……<br>六、施工机具设备<br>七、专用基金财产<br>八、应收款<br>九、银行存款及现金 | |
| 合　　计 | | 合　　计 | |

表12－6反映全部竣工项目的资金来源和运用情况。表中"交付使用财产"、"应核销投资支出"、"应核销其他支出"、"经营基金（预算内）投资"、"银行贷款"等，应填列开始建设至竣工的累计数。其中"拨付其他单位基建款"、"移交其他单位未完工程"、"报废工程损失"应在说明中列出明细内容和依据。器材应附设备、材料清单和处理意见。"施工机具"是指因自行施工购置的设备，应列出清单上报主管部门（总公司）处理，如作为固定资产管理的，可另列有关科目。

表12－7反映竣工项目新增固定资产和流动资产的全部情况，可作为财产交接依据。

表 12－7  　　　　　　　　大、中型建设项目交付使用资产总表

建设项目名称：　　　　　　　　　　　　　　　　　　　　　　　　　　　　　　单位：元

| 工程项目名称 | 总计 | 固定资产 ||||  流动资产 |
|---|---|---|---|---|---|---|
| | | 合计 | 建安工程 | 设备 | 其他费用 | |
| | | | | | | |

交付单位　　　　　　　　　　　　　　　　接收单位

盖章＿＿＿　年 月 日　　　　　　　　　盖章＿＿＿　年 月 日

补充资料：由其他单位无偿拨入的房屋价值＿＿＿＿，设备价值＿＿＿＿。

表12-8为建设项目交付使用资产明细表。

表12-8　　　　　　　　　建设项目交付使用资产明细表

建设项目名称：

| 工程项目名称 | 建筑工程 ||| 设备、工具、器具、家具 |||||||
|---|---|---|---|---|---|---|---|---|---|---|
| | 结构 | 面积（平方米） | 价值（元） | 名称 | 规格型号 | 单位 | 数量 | 价值（元） | 设备安装费用（元） ||
| 合　计 |  |  |  | 合　计 |  |  |  |  |  |  |

交付单位　　　　　　　　　　　　　　　接收单位

盖章____　年　月　日　　　　　　　　盖章____　年　月　日

表12-8反映竣工交付使用固定资产和流动资产的详细内容,适用大、中、小型基本建设和技术改造项目。固定资产部分,要逐项盘点填列。其中"建筑结构"是指砖木结构、混合结构、钢筋混凝土框架结构、金属结构等。工具、器具和家具等低值易耗品,可分类填报。固定资产和低值易耗品的划分标准,按主要部门(总公司)和地区规定办理。

(2)小型基建项目财务决算报表如下：

表12-9为小型建设项目竣工决算总表,此表应反映该类竣工项目的全部工程和财务情况。

表12-9　　　　　　　　　小型建设项目竣工决算总表

| 建设项目名称 ||| 占地面积 | 设计 | 实际 | 项　目 || 金额（元） | 主要事项说明 |
|---|---|---|---|---|---|---|---|---|---|
| 建设地址 ||| | | | | | | |
| 新增生产能力 | 能力(效益)名称 | 设计 | 实际 | 初步设计和概算批准机关或日期 || 资金来源 | 1.基建预算拨款<br>2.基建其他拨款<br>3.应付款<br>……<br>合计 | | |
| 建设时间 | 计划 | 从　年　月开工,　年　月竣工 ||||| | | |
| | 实际 | 从　年　月开工,　年　月竣工 ||||| | | |
| 建设成本 | 项　目 ||| 概算（元） | 实际（元） | 资金运用 | 1.交付使用固定资产<br>2.交付使用流动资产<br>3.应核销投资支出<br>4.应核销其他支出<br>5.库存设备材料<br>6.银行存款及现金<br>7.应收款<br>……<br>合计 | | |
| | 建筑安装工程设备、工具、器具及其他基本建设<br>1.土地征用费<br>2.负荷试车费<br>3.生产职工培训费<br>……<br>合计 ||||| | | |

3.各项建设投资支出的真实性、合规性审计

包括:建安工程投资审计;设备投资审计;待摊投资列支的审计;其他投资支出的审计;待核销基建支出的审计;转出投资审计。

4. 建设工程竣工结算的真实性、合规性审计

包括：约定的合同价款和合同价款调整内容以及索赔事项是否规范；工程设计变更价款调整事项是否约定；施工现场的造价控制是否真实合规；工程进度款结算与支付是否合规；工程造价咨询机构出具的工程结算文件是否真实合规。

5. 概算执行情况审计

包括：实际完成投资总额的真实合规性审计；概算总投资、投入实际金额、实际投资完成额的比较；分析超支或节余的原因。

6. 交付使用资产真实性、完整性审计

包括：是否符合交付使用条件；交接手续是否齐全；应交使用资产是否真实、完整。

7. 结余资金及基建收入审计

包括：结余资金管理是否规范，有无小金库；库存物资管理是否规范，数量、质量是否存在问题；库存材料价格是否真实；往来款项、债权债务是否清晰，是否存在转移挪用问题；债权债务清理是否及时；基建收入是否及时清算，来源是否核实；收入分配是否存在问题。

8. 尾工工程审计

包括：未完工程工程量的真实性和预留投资金额的真实性。

(五) 结算与决算的区别

1. 二者包含的范围不同

竣工结算是指按工程进度、施工合同、施工监理情况，按单位工程分别编制的工程价款结算，以及根据工程实施过程中发生的超出施工合同范围的工程变更情况，调整施工图预算价格，确定工程项目最终结算价格。

竣工决算按整个项目，包括从筹集到竣工投产全过程的全部实际费用，即包括技术、经济、财务等，在结算的基础上加设备费、勘察设计费、监理费、工程咨询费、招标代理费、监测检测费、征地费、拆迁费，及预备费和投资方向调解税等费用。这样就形成最后的固定资产。

2. 编制人和审查人不同

竣工结算由承包方造价部门编制、发包方造价部门审查。或由发包方委托具有相应资质的工程造价咨询机构进行审查。

竣工决算的文件，由建设单位财务部门编写，有国资投资的须上报主管部门审查，委托社会审计。同时抄送有关设计单位。大中型建设项目的竣工决算还应抄送财政部、建设银行总行和省、市、自治区的财政局和建设银行分行各一份。非国资投资的建设方可直接委托具有相应资质的社会审计机构审计。

3. 二者的目标不同

结算是在施工完成已经竣工后编制的，反映的是基本建设工程的实际造价。

决算是要正确核算新增固定资产价值，考核分析投资效果，建立健全经济责任的依据，是反映建设项目实际造价和投资效果的文件。

(六) 编制决算时须注意的问题

竣工财务决算表是竣工财务决算报表的一种，用来反映建设项目的全部资金来源和资金占用(支出)情况，是考核和分析投资效果的依据。其采用的是平衡表的形式，即资金来源合计等于资金占用合计。在编制竣工财务决算表时，主要应注意区别下面几个问题：

1. 资金来源中的资本金与资本公积金的区别。
2. 项目资本金与借入资金的区别。

3. 资金占用中的交付使用资产与库存器材的区别。

(七)资产划分

新增资产的划分与核定按照财务制度及有关规定,新增资产按资产性质划分为固定资产、流动资产、无形资产、递延资产和其他资产共五大类。

(八)资产价值[①]

计算以单项工程为对象,单项工程建成经验收合格,正式移交生产使用,即应计算新增固定资产价值。

1. 新增固定资产价值的范围

计算新增固定资产价值时首先要清楚其包括的范围。新增固定资产价值共包括三个内容,即交付使用的建安工程造价、达到固定资产标准的设备及工器具的费用、其他费用[包括土地征用及迁移费(即通过划拨方式取得无限期土地使用权而支付的土地补偿费、附着物和青苗补偿费、安置补助费、迁移费等)、联合试运费、勘察设计费、项目可行性研究费、施工机构迁移费、报废工程损失费和建设单位管理费中达到固定资产标准的办公设备、生活家具、用具和交通工具等的购置费]。

2. 新增固定资产价值的计算

计算以单项工程为对象,单项工程建成经有关部门验收鉴定合格,正式移交生产使用,即应计算新增固定资产价值。一次性交付生产或使用的工程一次计算新增固定资产价值,分期分批交付生产或使用的工程应分期分批计算新增固定资产价值。

3. 新增固定资产价值的内容

(1)流动资产。

流动资产价值的确定中,主要是存货价值的确定,应区分是外购的还是自制的,两种途径取得的存货价值的计算是不一样的。

(ⅰ)货币资金,即现金、银行存款和其他货币资金(包括在外埠存款、还未收到的在途资金、银行汇票和本票等资金)。一律按实际入账价值核定计入流动资产。

(ⅱ)应收和应预付款。包括应收工程款、应收销售款、其他应收款、应收票据及预付分包工程款、预付分包工程备料款、预付工程款、预付备料款、预付购货款和待摊费用。其价值的确定,一般情况下按应收和应预付款项的企业销售商品、产品或提供劳务时的实际成交金额或合同约定金额入账核算。

(ⅲ)各种存货是指建设项目在建设过程中耗用而储存的各种自制和外购的各种货物,包括各种器材、低值易耗品和其他商品等。其价值确定:外购的,按照买价加运输费、装卸费、保险费、途中合理损耗、入库前加工整理或挑选及缴纳的税金等项计价;自制的,按照制造过程中发生的各项实际支出计价。

(2)无形资产。

无形资产的计价,原则上应按取得时的实际成本计价。主要是应明确无形资产所包含的内容,如专利权、商标权、土地使用权等。

(ⅰ)专利权的计价。专利权分为自制和外购两种。自制专利权,其价值为开发过程中的实际支出计价。专利转让时(包括购入和卖出),其价值主要包括转让价格和手续费用。由于专利是具有专有性并能带来超额利润的生产要素,因此其转让价格不能按其成本估价,而应依

---

① 高年级或研究生选用。

据所带来的超额收益来估价。

（ⅱ）非专利技术的计价。非专利技术是指具有某种专有技术或技术秘密、技术诀窍，是先进的、未公开的、未申请专利的，可带来经济效益的专门知识和特有经验，它也包括自制和外购两种。外购非专利技术，应由法定评估机构确认后，再进一步估价，一般通过其产生的收益来估价，其方法类同专利技术。自制的非专利技术，一般不得以无形资产入账，自制过程中所发生的费用，按新财务制度可作当期费用直接进入成本处理。这是因为非专利技术自制时难以确定是否成功，这样处理符合稳健性原则。

（ⅲ）商标权的价值。商标权是商标经注册后，商标所有者依法享有的权益，它受法律保障。分为自制和购入（转让）两种。企业购入和转让商标时，商标权的计价一般根据被许可方新增的收益来确定，自制的，因在商标设计、制作、注册和保护、广告宣传都要花费一定的费用，一般不能作为无形资产入账，而直接以销售费用计入损益表的当期损益。

（ⅳ）土地使用权的计价。取得土地使用权的方式有两种，则计价方法也有两种：一是建设单位向土地管理部门申请，通过出让方式取得有限期的土地使用权而支付的出让金，应以无形资产计入核算；二是建设单位获得土地使用权原先是通过行政划拨的，就不能作为无形资产，只有在将土地使用权有偿转让、出租、抵押、作价入股和投资，按规定补交土地出让金后，才可作为无形资产计入核算。

无形资产入账后，应在其有限使用期内分期摊销。

(3) 递延资产。

主要是开办费的计价问题。开办费是指在筹建期间建设单位管理费中未计入固定资产的其他各项费用，如筹建期间的工作人员工资、办公费、旅差费、生产职工培训费、利息支出等。

(4) 其他资产。

主要以实际入账价值核算。

### 三、项目资料归档

国资投资项目和地方建设主管部门面对的工程建设项目有相同的项目，也有不同的项目。如地方建设主管部门要面对不同投资主体的项目，项目的性质和用途呈多样化。各地对建设项目的档案管理要求也不完全相同。一个地方的经验难以复制到另一个地方。而国资投资项目大多数是基本建设项目或生产性项目，所以项目建成并不是项目结束，一直要到项目投产为止才算完成。两者对项目的关注点有差异。所以反映在建设项目的档案管理的规定上也有不同。

一般来说，除了两者对建设工程项目的全过程资料都很重视外，地方建设主管部门还对土地的出让过程和施工人员的资质情况要求留有痕迹。而国资项目因为涉及投资，项目遍布全国各地甚至于世界各地，所以档案资料内容要更多更广，如项目资金的评估、项目自然条件（地质灾害、水资源、水土保持、地震等）评估、原材料和燃料供应来源评估、工艺设备和生产设备采购及监造、开工前准备、试生产、财务和审计、项目后评价等资料。另外，境外项目还要留有涉外全过程的记录。

一个投资项目最后的归档资料至少要有数套，分别满足不同的主管部门要求，因为有些资料一定要盖有红印的原件，所以工作量很大。而且，归档资料不能等到项目结束阶段去做。一定要在项目启动开始，一直贯穿项目实施过程，有专职人员建立项目信息编码系统，按照归档要求去收集、整理、储存。除了纸质文档，还有电子文档和声像资料，不然项目过程中丢失的记录,到最后是很难弥补的。所以,很多项目在开始阶段就委托专业的档案管理机构做咨询服务或承包服务,进行全过程跟踪服务,以保证资料归档的一次通过。

国资投资项目的行业主管部门归档要求(参考目录)

| | | | |
|---|---|---|---|
| 1 | 可行性研究、任务书 | 2 | 设计基础文件 |
| 3 | 设计文件 | 4 | 项目管理文件 |
| 5 | 施工文件 | 6 | 监理文件 |
| 7 | 工程质量监督文件 | 8 | 物资(设备)采办文件 |
| 9 | 工艺设备文件 | 10 | 科研项目文件 |
| 11 | 涉外文件 | 12 | 生产技术准备、试生产文件 |
| 13 | 财务、审计管理材料 | 14 | 竣工验收文件 |
| 15 | 后评价文件 | | |

## 第四节 项目后评价

### 一、项目后评价概述

(一)项目后评价的含义

项目后评价是项目竣工投产并营运一段时间后,对项目立项决策、设计、施工、生产营运等全过程进行系统评价的一种技术经济活动,是项目生命周期收尾阶段后的一项重要内容。通过项目后评价可以达到肯定成绩、总结经验、研究问题、吸取教训、提出建议、改进工作、不断提高投资项目决策水平和投资效果的目的。项目后评价是增强项目决策者、实施者、营运者责任心和工作水平的重要手段。

(二)项目后评价的内容

项目后评价内容包括立项决策评价、设计施工评价、生产营运评价、建设效益评价和影响评价。实际工作中,根据项目特点、规模和工作需要可以有所增减和侧重。

(三)项目后评价的特点

项目后评价的特点归纳起来主要表现为以下三个方面。

1. 现实性。项目后评价是以实际情况为基础,对项目建设、营运实际存在的情况、产生的数据进行的评价,所以具有现实性的特点。它与投资前期的可行性研究不同,可行性研究阶段所做的评价是预测性的评价。

2. 全面性。项目后评价是对项目的全面评价,首先是范围的全面性,包括项目生命周期全过程的评价。同时,这种评价既包括对项目投资效益的评价又包括经营管理效果评价。

3. 反馈性。可行性研究阶段的评价即前评价直接用于项目的决策,而后评价的目的在于通过情况检查、分析评价,并通过反馈,达到肯定成绩、总结经验和改进工作,对未来项目也可作为借鉴,不断提高未来项目的决策水平。

(四)项目后评价与项目前期论证(可行性研究)的区别

项目后评价与可行性研究的区别见表12—10。

表 12-10　　　　　　　　　　　　项目后评价与可行性研究的区别

|  | 可行性研究 | 后评价 |
| --- | --- | --- |
| 时点 | 项目决策前 | 项目建成并运行后 |
| 目的 | 确定项目是否可以立项 | 总结经验教训,改进决策和经营管理 |
| 内容 | 从经济、技术、环境等角度确定项目是否可行,并预测项目未来的效益 | 总结项目的准备、实施、完工和营运,并对项目未来进行分析评价 |
| 主要方法 | 预测法 | 对比法 |
| 判别标准 | 投资者要求获得的收益率或基准收益率 | 与前期评估的结论对比 |

## 二、项目后评价的方法

### (一)项目后评价的基本方法

项目后评价的基本方法是"对比法",即应用有无比较法,把项目建成投产后取得的实际效果、经济效益和社会效益、环境保护等情况与前期论证工作中的预测情况相对比,将有项目时的情况与无项目时的情况相对比,从中发现问题,总结经验和教训。在实际工作中往往从三个方面对具体项目进行后评价。

1. 通过项目竣工投产(营运、使用)后对社会的经济、政治、技术和环境等方面所产生的影响来评价项目决策的正确性。如果项目建成后达到了原来预期的结果,对国民经济的发展、产业结构调整、生产力布局、人民生活水平的提高、环境保护等方面都带来有益的影响,说明项目决策是正确的。如果背离了原来的决策目标,就应具体分析、找出原因、引以为戒。这是从项目竣工投产后对各方面的影响进行评价的,所以又称影响评价。

2. 通过项目竣工投产营运后的实际资料计算财务内部收益率、财务净现值、财务净现值率、投资利税率、贷款偿还期、国民经济内部收益率、经济净现值、经济净现值率等一系列的后评价指标并与可行性研究时所预测的相关指标对比,从经济上分析项目投产营运是否达到了预期效果。没有达到预期效果的应分析原因,采取措施,把生产搞上去。这是从经济效果方面对竣工投产后的项目进行分析评价的,所以又称为经济效益评价。

3. 深入分析项目后评价与原预期效益之间的差异所产生的原因。必须对项目的立项决策、设计施工、竣工投产、生产营运等全过程进行系统分析,找出问题所在,使后评价结论有根有据,同时针对问题提出解决办法。这是通过对建设全过程评价来研究和解决项目存在问题的,所以又称为过程评价。

### (二)项目后评价的逻辑框架法 LFA

项目后评价的逻辑框架法见表 12-11。

表 12-11　　　　　　　　　　　　项目后评价的逻辑框架法

| 目标层次 | 验证对比指标 ||| 原因分析 || 可持续性（风险） |
| --- | --- | --- | --- | --- | --- | --- |
| | 项目原定指标 | 实际实现指标 | 差别或变化 | 主要内部原因 | 主要外部原因 | |
| 宏观目标(影响) | | | | | | |
| 项目目的(作用) | | | | | | |

续表

| 目标层次 | 验证对比指标 ||| 原因分析 || 可持续性（风险） |
|---|---|---|---|---|---|---|
| | 项目原定指标 | 实际实现指标 | 差别或变化 | 主要内部原因 | 主要外部原因 | |
| 项目产出(实施结果) | | | | | | |
| 项目投入(建设条件) | | | | | | |

（三）项目成功度评价法

依靠评价专家或专家组的经验，综合后评价各项指标的评价结果，对项目的成功程度作出定性的结论；用逻辑框架法分析的项目目标的实现程度和经济效益分析的评价结论为基础，以项目的目标和效益为核心所进行的全面系统的评价。

评价等级分为4类，其标准为：

1. 成功的(A)：项目的各项目标都已全面实现或超过；相对成本而言，项目取得巨大的效益和影响。

2. 部分成功的(B)：项目的大部分目标已经实现；相对成本而言，项目达到了预期的效益和影响。

3. 不成功的(C)：项目实现的目标非常有限；相对成本而言，项目几乎没有产生什么正效益和影响。

4. 失败的(D)：项目的目标是不现实的无法实现；相对成本而言，项目不得不终止。

### 三、项目后评价的执行过程及后评价报告的编写

（一）项目后评价的执行过程

1. 资料信息的收集：项目论证、实施及执行各种报告和文件。
2. 后评价现场调查：项目基本情况；目标实现程度；作用及影响。
3. 分析和结论：总体结果；可持续性比选方案；经验教训。

（二）项目后评价报告的编写

项目后评价报告是评价结果的汇总，是反馈经验教训的重要文件，必须反映真实情况，报告的文字要准确、简练，尽可能不用过分生疏的专业化词汇；报告内容的结论、建议要与问题分析相对应，并把评价结果与将来规划和政策的制定、修改相联系。

项目后评价报告提纲，举例如下：

前言
项目概况
建设目的和目标
工程建设内容和进度
项目投资和资金来源
项目营运情况
项目实施过程评价
项目实施过程
项目实施过程中的变化
主要问题及原因分析
财务和经济效益评价

财务评价
国民经济评价
效益分析
社会效益及影响
结论
主要经验教训
建议

## 思考题

1. 我国项目监督体系包括哪些内容？
2. 业主、社会中介组织对项目的监督包括哪些主要内容？非诉讼性法律监督（公证）具有哪些特征？监督活动主要表现在哪些方面？
3. 简述监理在工程项目中的地位和作用。
4. 什么是竣工验收？竣工验收的作用是什么？如何进行竣工验收？竣工工程移交的主要内容是什么？
5. 什么是项目竣工结算？什么是财务决算？两者有哪些区别和联系？
6. 投资项目技术档案的特点和内容是什么？
7. 何谓项目后评价？包括哪些内容？如何进行项目后评价？
8. 项目后评价和可行性研究有什么联系与区别？

# 第十三章

# 贷款项目管理

**本章要点**

贷款是项目筹集资金的重要来源,在项目中十分普遍。贷款有各种条件约束,特别是利用国际金融组织的贷款,更是要遵从国际惯例。本章简要介绍了贷款内涵、作用和分类,详细分析了贷款项目的特点及管理程序,并引用《云南贫困农村社区发展项目》和《四川城市环境治理项目》两个典型项目的案例分析,帮助读者了解世界银行贷款项目的实施过程和管理经验。

## 第一节 贷款项目综述

### 一、贷款的内涵和分类

贷款是银行、保险公司、信托投资公司等金融机构借出资金的一种资产业务。其他的机构或个人有时也可以提供贷款。这种业务活动以到预定期限偿还本金为条件,并且根据预先设定的利率,按借出资金的数量和时间收取利息。

(一)按贷款的时间长短划分

1. 短期贷款。期限在一年以内,属流动资金周转性贷款。

2. 中长期贷款。期限在一年以上,具体分1~3年,3~5年,5年以上三种情况。中、长期贷款一般用于生产性企业的基本建设、设备购置或流通性企业的流动资金,属投资性贷款。

(二)按贷款的条件划分

1. 信用贷款。是贷款人凭借款人的信誉发放的贷款。

2. 抵押贷款。是贷款人以借款人提供的有价证券或实物抵押为条件发放的贷款。

3. 担保贷款。是贷款人以有经济实力的第三方为借款人提供偿还担保为条件发放的贷款。

(三)按贷款用途不同划分

1. 工业贷款。包括工业企业的固定资金贷款和流动资金贷款。其中固定资金贷款又可分为基本建设贷款、大修理贷款、设备和技术改造贷款等。

2. 商业贷款。包括商业企业的基本建设和设备等固定资金贷款以及流动资金贷款,其中流动资金贷款有的通过分期付款转为消费贷款。

3. 农业贷款。包括农业生产贷款、农业建设和设备贷款、乡镇企业贷款等。

4. 其他贷款。包括外汇贷款、"三资"企业贷款、外贸商品流转贷款、出口商品生产贷款等。

(四)按贷款本息的不同偿还方法划分

按贷款本息的不同偿还方法,可分为一次性偿还贷款和分期偿还贷款。

(五)按贷款的来源划分

1. 国内贷款。包括国内金融机构贷款和企业间贷款,其中金融机构贷款占绝大部分。国内金融机构中,中国人民银行为中央银行;中国银行在主管外汇业务的同时从事商业贷款;中国工商银行主要办理工商贷款;中国农业银行主要办理农业和农村地区信贷及其他商业贷款;中国建设银行主要办理固定资产贷款及其他商业贷款;交通银行、中信银行、各保险公司、城市信用社和城市银行、地方性商业银行从事综合性商业信贷;中国进出口银行专业提供政策性外贸的买方信贷和卖方信贷;中国农业发展银行专业从事政策性农业建设和农业生产贷款;中国开发银行专业从事政策性基础设施和国家重点工程贷款。随着金融机构改革,上述业务在各类银行之间会相互交叉渗透。

2. 国外贷款。分为国家统借的贷款和各地区、企业自借的商业贷款。其中国家统借的贷款可分为:国际金融机构贷款,包括世界银行贷款、亚洲开发银行贷款、国际农业发展基金组织贷款;政府间贷款,包括日本海外协力基金贷款、能源贷款、黑字还流贷款、专项商业贷款和其他政府贷款。我国目前国家统借贷款中最多的是世界银行贷款、亚洲开发银行贷款和日本海外协力基金贷款。

世界银行成立于1945年。它以通过提供长期贷款和组织投资,解决成员国恢复和发展经济的资金需要为目的。世界银行贷款的期限和宽限期利率视借款国人均国民生产总值高低有所不同,其分类标准会定期公布,统一执行。

亚洲开发银行是由联合国亚洲及太平洋经济委员会发起成立的,从1966年开始营业。亚洲开发银行主要向本地区有关的国际机构和地区性机构提供长期贷款,并优先资助对本地区及邻近国经济一体化有利的项目,特别是对经济最不发达的弱小成员国提供资助。其贷款分普通贷款和特别贷款两种。普通贷款是针对比较富裕的发展中国家,贷款期一般12~15年,宽限期2~7年;特别贷款针对贫穷的发展中国家,贷款期限25~30年,最长可达40年,宽限期10年,不收利息,只收1‰手续费。贷款方式分为直接贷款、参加贷款和担保贷款三种。其中直接贷款是亚洲开发银行单独出资对特别项目提供的贷款,参加贷款则是该行参加国际银团共同出资,担保贷款是该行为贷款国向第三方申请的贷款提供担保。

日本海外协力基金由日本政府经济企划厅领导,成立于1961年,主要办理日本政府向发展中国家提供贷款的业务。贷款分开发贷款和商品贷款两种。其中开发贷款是向工程项目提供贷款,要求直接用于双方共同商定的各种工业、农业、交通、能源、住宅等项目;商品贷款是为解决配套资金困难,用贷款从日本进口商品,在国内出售取得本国货币以用于项目。贷款期限为20年左右,宽限期为5年左右。

亚洲基础设施投资银行,简称亚投行,成立于2015年,是一个政府间性质的亚洲区域多边开发机构,重点支持基础设施建设,总部设在北京。亚投行法定资本1 000亿美元(中国出资比30％),57个意向创始成员国已就《亚投行章程》文本达成一致,六月在北京举行了《亚洲基础设施投资银行协定》签署仪式,并于2015年底正式运行。相比于亚洲开发银行等国际金融组织来说,亚投行申请贷款更具有便利性,帮助亚洲发展的诚意更大。亚洲基础设施投资银行最大特殊性指向基础设施投资。

目前亚洲基础设施投融资需求每年约为7 300亿美元,而世界银行和亚洲开发银行目前每年投资到亚洲地区的资金加起来约有200亿美元,其中能够用于基础设施的资金只有100亿美元左右,资金缺口和实际需求差距非常大。

亚投行的贷款政策将充分借鉴世行、亚行、欧投行等现有多边机构的经验和教训,在项目评估、环境影响、保护当地文化、促进健康持续的经济发展等方面遵循高标准,并在高标准和亚洲地区受援国实际情况之间找到平衡点,但一定不会附加政治条件。亚洲基础设施投资银行同时考虑适合亚洲的贷款条件和亚洲国家的需要。这些落后的发展中国家就更容易获得投资贷款。只要各国秉持多边合作精神,就一定能将亚洲基础设施投资银行建设成一个开放包容、互利共赢的新平台,为亚洲基础设施发展作出积极贡献。

## 二、贷款的作用

### (一)贷款是筹集资金的重要来源

在我国目前的经济建设中,资金缺乏是国家和企业都面临的一个严重问题。在各种市场化筹资手段中,贷款是成本最低的一种,筹资速度也比较快。同时,由于我国企业大多缺乏知名度和资信度,发行有价证券的筹资手段受到很大限制,贷款更显得重要。在我国的对外开放过程中,国外借款对解决我国国内资金不足的问题发挥了重要作用。这些贷款有力地支持了我国的交通、能源、农业、水利、林业、教育等项目的重点建设。

### (二)贷款能促进社会资本集聚,为游资和闲资寻找增值出路,提高社会资本运行效率

资本只有参与生产和扩大再生产过程才能增值。金融机构把分散的游资和闲散资本集中起来,形成庞大的借贷资本,向最有前途和符合社会经济发展的项目和企业贷款,然后收回本金和利息。这既有利于其他企事业的发展,也使借贷资本自身的规模和力量得以扩大,然后再进行贷款。这样周而复始,可以提高资本这种重要的经济资源的使用效率,发挥其潜能。

### (三)国外贷款能提高我国生产技术、设备的现代化水平

由于这类贷款要求必须以一定比例在国际市场上从事设备采购、技术招标等,因此其中投向基本建设、更新改造的贷款能引进各种先进适用的技术和设备,而这是单靠我国的自有外汇难以实现的。例如,世界银行贷款,其中65％是以设备等实物提供,35％才是现汇。日本海外协力基金,规定贷款额5亿日元以上设备应采用国际招标方式。一般来说,购买设备可以采用国际招标、比价选择、国内招标和限制性购买四种方式。其中以国际招标方式最有利于满足技术上先进、经济上合理的要求。

### (四)贷款有利于促进企业改善经营管理

贷款是一种要支付利息的有偿使用资金,它有利于从根本上打破资金无偿划拨使用上的"大锅饭",促使用款单位建立健全经济责任制,改善经营管理。这是金融杠杆作用的一大体现。金融机构还可以利用这一经济手段,通过控制贷款流向,贯彻国家宏观经济政策,推动产业结构优化,提高社会经济效益。

### 三、贷款的范围和条件

贷款的范围是指贷款的对象。在市场经济条件下，除政府的政策性贷款主要以关系社会经济大局，或者公益性、扶持性的事业或单位为对象而不注重其本身经济效益外，商业贷款都是以有盈利前景、能保证收回本息的企业或项目为贷款对象；相应的贷款条件也就是以按期归还、信用或财物担保、与利率相适应的盈利前景为主要内容。这是对贷款的范围和条件一般性的描述。

从贷款项目管理的角度看，贷款的范围和条件更有其针对性，这可以分为国内和国外贷款两种类型考察。

（一）国内贷款

我国国内贷款以国家金融机构为主渠道，规定基本建设贷款的对象是：实行独立核算并能承担风险的全民和集体企业，以及国家批准的建设单位，中外合资、合作企业。技术改造贷款的对象是：经工商行政管理部门登记注册，持有营业执照，具有法人资格的全民、集体企业，联营企业，"三资"企业，以及科研等有一定盈利水平和还款能力的企事业单位。

1. 基本建设贷款的条件

（1）贷款项目必须具备批准的项目建议书，可行性研究报告（或设计任务书），以及初步设计等文件。

（2）贷款项目总投资中，各项建设资金来源必须正当、落实，要有不少于总投资30%的自筹资金，自筹资金必须按照国家规定存入银行。

（3）贷款项目必须经过银行或委托有资格的咨询公司评估，经济效益好，具有按期还本付息能力，并纳入国家年度基本建设投资计划。

（4）借贷单位有较高的管理水平和资信度。

2. 技术改造贷款的条件

（1）符合国家的投资政策，具有经有关机关批准的项目建议书、可行性研究报告或设计任务书（投资总额在100万元以下的小型技术改造项目或主要是单台设备更新的项目为技术改造方案）和初步设计等文件。

（2）根据国家有关规定，列入技术改造投资计划。

（3）项目总投资中的自筹资金已经按规定落实，并存入贷款经办行。

（4）生产工艺成熟，技术过关，所需原材料、燃料、动力有可靠来源，三废治理、环保措施已同时安排，项目竣工后能正常生产。

（5）项目建设所需设备、材料、施工力量已有安排，能够保证按期竣工生产。

（6）经营管理水平较高、恪守信用。产品适销对路，有市场竞争力，经济效益好，有按期还本付息的能力。

（7）有承担贷款风险的可靠措施。能落实具有法人资格、有偿还能力、实行独立核算的第三方作为担保单位，或有属于借款单位自己的财产作为抵押。

（二）国外贷款

国外一般商业贷款都没有特定对象，但贷款条件较苛刻，以银行可接受的资信或财产担保为原则。较为典型的项目贷款政策当属世界银行的贷款政策。

世界银行规定贷款对象为世界银行批准的特定项目，即经世界银行审定为在技术上和经济上是可行的，并与借款国商定确属经济发展应最优先考虑的项目。在特殊情况下，世界银行也发放非项目贷款,通常是提供进口物资、设备所需外汇,以支持借款国已有的生产设施。

1. 世界银行的贷款条件

(1)世界银行只向会员国政府或由会员国政府、中央银行担保的公私机构贷款。

(2)世界银行只有在会员国在当时市场情况下,确实不能以世界银行认为合理的条件从其他来源取得资金时,才考虑给予贷款。

(3)贷款只贷放给有偿还能力的会员国。

2. 与以上条件相适应,世界银行可以凭以下理由拒绝贷款

(1)世界银行认为申请国提出的项目对于该国的经济发展并非最优先的项目,或者不够妥善,过于贪大,准备太差。

(2)世界银行认为申请国能以合理的条件从其他来源获得该项目的资金。

(3)世界银行认为申请国偿还贷款的前景不可靠。

(4)世界银行认为申请国提出的项目不属于世界银行经营的贷款范围(如世界银行缺乏足够的专家对这方面的贷款进行监督)。

## 第二节 贷款项目的管理程序

### 一、贷款项目的特点

贷款项目是指贷款用于某一特定的具体项目,可以是工程项目,也可以是更新改造项目,一般是指单个项目或功能、时间上联系较密切的一系列部门内及跨部门的多个项目(如成片开发的交通、邮电、基建等工程项目)。贷款项目有以下特点。

(一)贷款的可控性较强

贷款直接针对特定的项目,而项目需要做可行性分析,慎重选择,认真核标。经过系统的分析,再由贷款方提出关于该项目的有关社会、经济及其他定性和定量资料,特别是对项目实施的经济效益进行分析预测,这就保证了贷款项目实施的成功性。国外贷款更是重视对贷款项目的审核控制。如世界银行对贷款项目一般只提供总费用35%的资金,其余65%要由贷款国提供配套资金,并且在所提供的贷款额中,一般有65%是以实物形式提供,35%是现汇,而且不是一次性支付,是根据项目的进度分期支付。

(二)贷款的期限较长

国内中长期贷款项目期限一般为3~5年,有的则更长。世界银行和亚洲开发银行贷款期限都在15年以上,最长达30年,特殊贷款可长达50年。在贷款期内还规定了宽限期,即贷款的最初几年不需还本,只支付利息和承诺费的期限,这就避免了在贷款尚未全部使用、项目尚未建成时就需还本的困难,可以使贷款国在项目实施获得一定收益时才开始还本。

(三)贷款项目需承担更多风险

贷款项目不仅要需承担项目本身的风险,还要承担到期不能按约还本付息的风险。一般来说,这种风险的产生是由于在项目执行过程中其所处的社会、经济环境变化与原来的预测不相一致,使得贷款项目的成本上升或产品销路不好,从而影响其经济效益。对国外贷款而言,还存在汇兑风险,这是由于贷款以外币计算,还贷以外币支付,而项目的直接投入和产出则通常以本币计算,这样在贷款使用和归还过程中就需进行两次相反方向的兑换,由于外币和本币

间汇率的不利变动,就会产生汇兑损失,从而带来风险。

最为特殊的是特别提款权。特别提款权(SDR)是国际货币基金组织于 1969 年创设的一种储备资产和记账单位,又称"纸黄金",后称为"特别提款权"。最初每特别提款权单位被定义为 0.888 671 克纯金的价格,也是当时 1 美元的价值。起初特别提款权是由 15 种货币组成,作为国际货币基金组织(IMF)分配给会员国的一种使用资金的权利,经过多年调整,目前,特别提款权的价值由美元、欧元、英镑和日元这四种货币所构成的"一篮子"货币的当期汇率确定,所占权重分别为 48.2%、32.7%、11.8%和 7.3%。

特别提款权与各种货币的比价在每个纽约外汇市场交易日由国际货币基金组织公布,各贷款国提款时,不论提取哪种货币,均按当日牌价折合为特别提款权记账,还本付息时也同样折合为还款当日牌价的特别提款权。例如,1986 年的一特别提款权为 1.175 美元左右,1999 年初为 1.45 美元;同期人民币对美元汇率也由 3.74 上升到 8.27。这样,20 世纪 80 年代我国使用特别提款权贷款的项目,到 90 年代还款时既承担人民币对美元贬值的风险,又要承担美元对特别提款权贬值的风险。近几年,人民币、美元、特别提款权之间的比例发生了新的变化。人民币对美元汇率也降为 6.12 左右。人民币对特别提款权的折算率,需要先计算美元对于特别提款权的比例,然后再根据人民币对美元汇率,换算得出人民币对特别提款权的汇率。

2015 年 11 月 30 日正式批准人民币纳入特别提款权(SDR)货币篮子,为确保各方有充足时间进行调整以适应新的变化,新的货币篮子将于 2016 年 10 月 1 日正式生效。SDR 的价值将由包括美元、欧元、人民币、日元和英镑在内的篮子内五种货币的加权平均值决定。IMF 将篮子货币的权重调整为:美元占 41.73%,欧元占 30.93%,人民币占 10.92%,日元占 8.33%,英镑占 8.09%。

### (四)贷款项目的利息计算特殊

贷款计算利息是由货币的时间价值决定的,能促使贷款者精打细算,加强管理,提高资金使用效率,同时也使金融机构能通过设定不同利率水平来控制投资方向。贷款项目这方面的特殊性取决于确定利率和计算利息两个部分。

根据基本建设贷款实施细则规定,贷款自支用之日起,按实际支用额计收利息。

第一步先折算利率,日利率用年利率除以 360 计算;

第二步确定结息日,年结息日定在 12 月 20 日;

第三步确定计息时间,是从贷出之日起,至归还的前一天为止,按实际天数计算;

第四步确定积数,存、贷户每天的最后余额乘以存、贷款天数得出积数,然后将逐日积数累计得出年息依据,最后计算利息,其方法是:

$$应计利息 = 放款积数 \div 360 \times 利率$$
$$超期放款期间的利息 = 超期放款积数 \div 360 \times 1.2 \times 利率$$
$$挪用放款期间的利息 = 挪用放款积数 \div 360 \times 1.5 \times 利率$$

利率的确定一般是根据社会平均利润率来确定,以零为最低界点,以平均利润率为最高界点,取其中某一点为基本建设贷款利率,当然这一点取决于国家资金供应状况,国家宏观货币政策,国家、企业、金融机构三者的经济关系和贷款时间长短等因素。

国外贷款方面,利率随国际资本市场利率调整。如世界银行贷款的利率是参照国际资本市场利率逐季调整,一般比市场利率低。在贷款协议签订后,从签约日起至全部偿还为止利率固定不变。在贷款未支用前,只对协议贷款额收取每年 0.75% 的承诺费。计算利息时,每年按当年实际天数、每月按当月实际天数计算,每半年结算一次。

（五）贷款项目的申请程序较复杂，并且有连续性

因为这类贷款主要是信用贷款和担保贷款，贷款项目一般都要有项目的可行性研究、评估、论证、方案选优等文件作为依据，并有初步设计和计划任务书报有关部门审批，然后递送贷款申请书，再签订贷款合同，整个过程时间较长。例如，世界银行贷款从选择项目到实施贷款需一两年时间。但从另一种意义上讲，贷款的要求较严格也有利于保证贷款项目的顺利进行。

## 二、借贷双方项目管理工作程序对照

一般来说，借款方，也就是使用贷款的项目实施单位，其项目管理工作程序主要分四个阶段：项目的设想与选定，项目的准备与分析，项目的实施与监督和项目的竣工验收与后评价。相应地，贷款方，也就是提供贷款的金融机构，其项目管理工作程序也可分四个阶段：贷款申请立项，贷款审批发放，贷款使用监督及贷款的收回与评价。

在项目的设想与选定阶段，主要是借款方提出各种方案并进行方案选优，一般不涉及贷款方的直接参与，但需考虑到贷款方的有关政策和规定。

在项目的准备与分析阶段，借款方主要进行项目可行性分析并向有关机构报请审批。这时贷款方也同时会受理贷款的申请，对可行性研究提出自己的意见。一旦可行性研究报告和有关文件通过管理机关审批，贷款方即可将贷款申请立项，并向其上级部门提出计划，同时借款方进行项目的前期准备工作。

在项目的实施与监督阶段，首先是贷款方的贷款计划通过上级审批后列入正式计划，借贷双方通过谈判签订贷款合同，然后贷款方为借款方开立户头，拨入资金，贷款的审批发放工作结束。接着借款方开始正式实施项目建设，并对项目建设工作进行监督控制，同时贷款方进入贷款使用监督阶段，依据贷款合同及其他有关文件，一方面监督贷款资金的使用方向，以避免挤占挪用，另一方面监督工程进展情况，以避免由于工程不能按期完工而造成贷款回收的困难。

在项目的完工与验收评价阶段，贷款的使用监督工作也告完成。项目工程通过完工验收后开始投产，贷款本息的回收工作也同时开始。这一阶段贷款方要密切监督项目的资金流动情况，并适时采取措施，以保证贷款本息能按照还款计划如期收回。贷款本息全部收回后，贷款方还要对此项贷款的发放、使用、回收及效益等情况进行综合评价，完成总结工作。至此，借贷双方的整个项目管理工作宣告结束。贷款项目管理工作程序对照情况见图13-1。

## 三、国内贷款项目管理程序

国内贷款项目是通过贷款的审批、发放和归还来实现管理的。一般可分为：贷前调查——对贷款项目进行可行性研究，确认项目是否可行，决定是否给予贷款。贷时审查——贷前调查的进一步落实和补充，也是对贷款使用的控制。根据贷款申请书，结合贷前调查所掌握的情况，按贷款条件，审查贷款协议书和贷款合同，看贷款是否正确使用，是否与项目进度一致。贷后检查——总结投资效果，确保贷款资金按时偿还。具体的管理程序如下。

（一）对贷款项目进行可行性研究，做好前期工作

对建设项目的宏观经济效益和微观经济效益应进行调查研究，并对经济、技术、财务各方面加以论证、评估和选择，从各种方案中选择最优可行方案。

（二）根据可行性研究报告编制初步设计

贷款项目应具备经批准的可行性研究报告和初步设计。因此，编制好的上述文件应报有

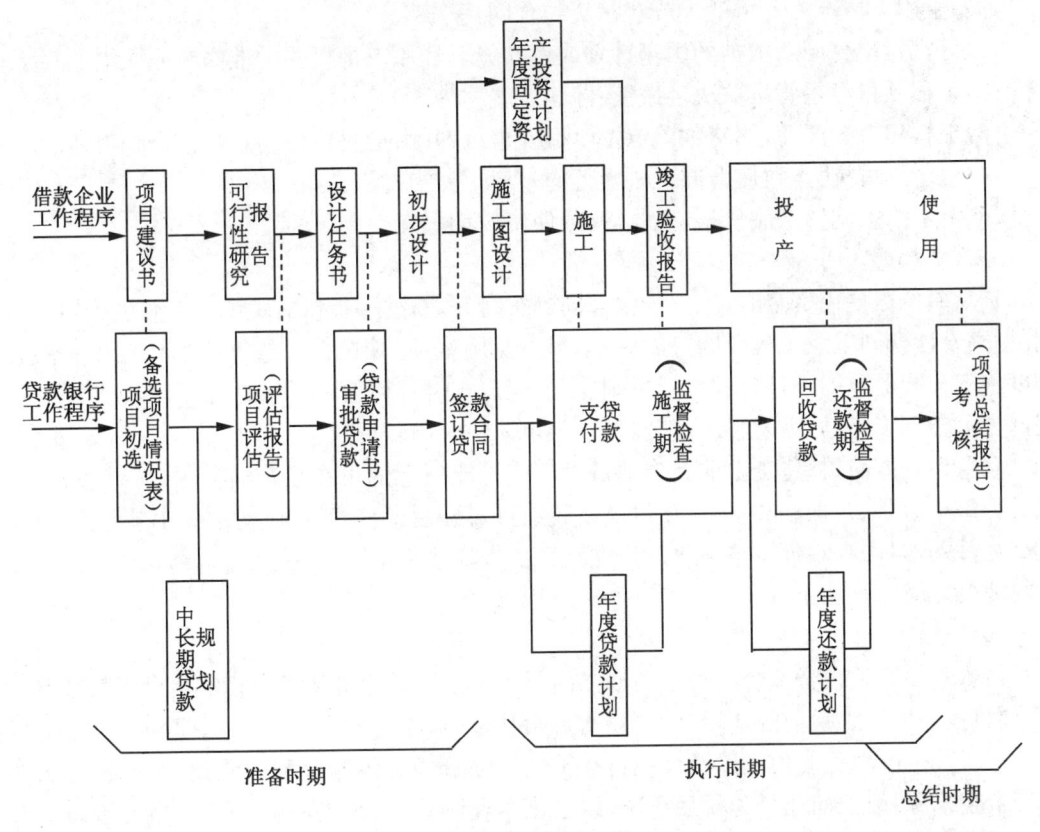

图 13-1 贷款项目管理工作程序对照图

关部门审批,并纳入相应编制的长期规划和年度计划。

(三)向银行申请贷款

根据已经批准的项目可行性研究报告、初步设计,向有关银行申请贷款,并按项目安排和隶属关系,分别由总行和分行根据经办行上报意见,审查汇总贷款基金计划,纳入财政预算。总、分行在财政预算分配的贷款基金范围内,分别核定和下达国务院安排核定的项目和各地方安排投资项目的年度贷款指标,经过审查符合条件,即可与贷款方签订贷款合同。

申请小型、零星项目贷款的单位,应提出建设方案和设计文件;获得担保,向当地建设银行申请贷款。

(四)签订贷款合同

贷款项目的计划任务书和初步设计经过批准,并符合以下条件的就可给予贷款:

(1)产品有销路,生产技术过关;
(2)生产所需的原材料、能源动力、水源、运输、公共设施等已经落实;
(3)投资总额和投资回收期计算准确可靠,并能按期还本付息;
(4)建设用地、设备、建材、施工力量已有安排。

经办行与贷款单位签订总合同和贷款年度合同,贷款单位根据合同按计划完成建设任务,按期还清贷款本息,银行则保证在合同规定的数额内,按期保证资金供应,履行经济责任。

贷款合同的内容包括:贷款总金额及分年度贷款计划;贷款期限及利率;还款计划;逾期还款加息;借方与贷方的经济责任。

如发生以下情况之一可变更或解除贷款合同:
(1)订立贷款合同所依据的国家计划或设计概算经原审批机关批准修改或取消的;
(2)工程项目经主管机关决定撤销、停建或缓建的;
(3)工程建成投产后,原贷款单位发生撤并事项,并由接收单位同意履行合同责任的;
(4)由于不可抗力,致使合同无法履行的;
(5)由于国家调整产品价格、税收等,致使贷款期限发生变化的。

(五)贷款的支用

贷款单位需提用资金时,根据贷款合同到银行开户,逐一提供有关贷款项目的设备订货合同、勘察设计合同以及工程合同等的副本,据以支用款项,并在设计概算所列单项工程投资和年度施工合同的范围内,依据财务结算制度的规定支付各种款项。年终时,当年贷款指标未用完部分可转到下年,如需超过年度贷款额,可申请临时周转贷款。

利息计收方面,基建贷款的新建项目投产前不能付息的可在投产后支付,并计收复利,结息日为每年9月20日。改、扩建项目及新建项目投资后的利息原则上要以自有资金支付,结息日为每季末月的20日。技术改造贷款利息由贷款单位用自有资金支付,结息日也为每季末月的20日。

(六)还本付息

借款单位必须在贷款合同规定的期限内还本付息。固定资产投资贷款项目还款来源主要有:项目投产后所得税前的新增利润、新增折旧基金、基本建设收入、基建投资包干结余分成和经税务机关批准减免的税收以及其他自有资金。随着经济体制改革的深化,国家将要求改革还贷资金来源,改税前还贷为税后还贷,以强化企业预算约束。在还贷期间,贷款单位应及时了解借款企业的经济效益和资金情况,督促按期还贷。对有还款资金来源而拒不还款的,除通知其限期归还外,还要视同挤占挪用贷款而加收罚息。

有些企业生产税大利小产品,用上述资金还贷有困难的,需经省级财政部门审查,报财政部批准,在还本付息期间可减免所得税等税负。由财政拨款改为贷款的,新建项目可在提取计划内企业基金后再归还贷款,改扩建项目投产后的新增利润,实行企业基金的企业,可在提取计划内企业基金后再还贷。实行利润留成的企业,可在按基数提取有关留成后再还贷。

**四、国外贷款项目管理程序**

来源不同的国外贷款的管理程序之间不完全相同,其中商业银行贷款管理较宽松,国际金融机构则较严格,但内容大致相同。以世界银行贷款管理程序为例,包括项目的选定、评估、谈判、执行与监督、总结、评价等阶段。

(一)项目的选定

项目的选定是指选择对国民经济起着较大作用或属于国民经济中一些薄弱环节(如能源、交通、农业、教育等)的项目。同时,这些项目的选定也必须符合世界银行的要求,其贷款领域是工业、农业、交通、电力、电信、给排水、教育、旅游、人口计划、城市发展等。

项目选定过程中,要求提供准确和完备的数据,充分提供各个项目的自然资源、人力资源和社会经济的相关情况,并认真分析,编制详细的项目文件。

项目选定后,经世界银行同意即编入贷款计划。

(二)项目的准备

项目的准备工作主要是对项目进行可行性研究后,准备好初步设计,提出技术方面和组织方面可供选择的方案,从多种方案中选出最佳方案,在技术上先进可行,在经济上有利可图。

（三）项目的评估

在项目通过可行性研究后,根据提供的可行性研究报告及有关文件资料进行评估。评估应包括项目的技术、组织、经济和财务四个方面。

技术评估,要求项目设计合理,在工程技术上处理适当,并适合有关标准。具体审定项目的规模、布局及技术装备、技术运用条件,执行计划是否可行,预计的产出水平是否可能。技术评估中的重要问题是审查费用估算及其所依据的工程技术或其他数据,还有采购设备的安排及经营项目的设施和劳务、原材料供应等。

组织评估,主要是对项目执行机构的组织和管理,要求有一套合理可行的组织体系,包括机构、人员、政策、制度、程序等,考察其机构是否健全、管理效率如何及人员的素质状况。

经济评估,主要是评估项目的社会经济效益是否大于社会经济成本,这是最基本的评估。其原则是既符合借款方的利益,也符合贷款国的利益。经济评估应从是否有利于社会利益,是否有利于国民经济整体发展出发。

财务评估,主要审查项目的资金是否有保证,是否有偿还能力。世界银行一般只提供项目所需资金的35%,65%需由贷款申请国配套提供,如配套有困难,就需做出特殊安排。审查申请国是否有偿还能力,主要通过对项目现金流量表、资产负债表和损益表的预测来估算财务状况。财务评估还十分关心本项目能否从受益者收回投资和经营费用,也就是能否通过税收、定价等方式从受益的消费者和企事业机构手中收回项目的费用。

（四）项目的谈判

谈判的主要内容包括:贷款金额、贷款期限、偿还计划和项目执行措施。谈判不是纯技术性的,而是前三项工作的继续,通过双方协议,订立财务公约,规定财务目标、必要的收益率及增长幅度,还可规定建立机构的时间、方式和人员的配备、项目执行进度计划等。谈判是协调争议的过程。双方应本着有利于发展经济的目的,既要坚持原则,又要有一定的灵活性,谈判是能够成功的。谈判达成协议,就要正式签署谈判协议书。

（五）项目的执行

项目执行从决定投资开始到建成投产为止,这期间要进行项目设计、采购、施工、试运转等工作,其事项进度安排可利用线条图或网络图技术进行。在完成总体规划后就应选择适当时机及时进行招标工作。

项目执行过程中,借款方应逐年提供报告,世界银行也会不断派专家进行指导,逐年提出"监督项目执行情况报告书",并帮助组织机构、培训人员,协助进行各项工作,但有时也会因为他们对各国当地实际情况缺乏了解而带来一些不利的因素。

借款国的报告应包括项目各阶段的进度、项目开支、借款使用、项目管理等情况,借款国承诺的执行情况,财务及项目预期收益的情况等。如发现有问题,世界银行可随时派人到贷款国进行实地调查。

（六）项目的总结评价

项目的总结评价一般在项目贷款发放完毕一年左右进行。先由项目的主管人员提出一份"项目完成报告",然后由世界银行"业务评议局"进行审查。项目完成报告的主要内容是:根据实际的资料分析项目在评估阶段所作的预测和判断是否正确,从物资、财务、管理等方面说明进展情况及存在的问题并应从中吸取的教训等。

### (七) 项目的监督

项目的监督应贯彻于项目整个周期之中,是保证实现项目预期目的所必须采取的重要措施。项目监督的范围包括技术、组织、经济、财务、社会影响等方面。监督的方式包括要求提交和审查项目执行进度的报告,建立工作指标制度,派专家进行实地检查等。

## 第三节 贷款项目案例分析

### 一、云南贫困农村社区发展项目

#### (一) 项目基本信息

项目名称:世界银行和英国国际发展部混合贷款云南省贫困农村社区发展项目(简称"PRCDP")

项目地址:云南省

项目目标:总体发展目标是持续减少云南省项目区的贫困人口,到2015年消除绝对贫困,改善生计安全保障,实现云南省昌宁、龙陵、永德、沧源、西盟和孟连六个县、34个乡镇、187个村委会的贫困农户持续参与到项目的设计、实施和监测评价过程中。提高项目县发展管理能力和农户自我发展、自我组织管理的能力。

实施日期:2005年10月~2011年6月30日

云南省贫困农村社区发展项目是世界银行和英国国际发展部混合贷款"中国贫困农村社区发展项目"的组成部分。主要内容包括农村基础教育、农村卫生、基础设施、可持续山地农业、社区能力建设、机构能力建设与项目监测六个分项目及其29个子项目。

项目2005年10月20日启动,项目瞄准了昌宁、龙陵、永德、沧源、西盟和孟连六县最贫困和最弱势的少数民族地区及其贫困弱势人群,在项目区倡导性别平等,在项目实施中运用参与式方法,通过各级政府和部门积极密切配合,农户积极参与,项目顺利实施,按期完成,项目已取得明显的社会经济和扶贫效益。世界银行评价"云南项目区为项目的实施做出了典范的工作",项目荣获世界银行社会发展部"以人为本奖"。

#### (二) 面临的发展挑战

1. 贫困面大,贫困人口多,贫困程度深

云南省的国家重点扶持县有73个,占全国总数的12.3%。至2002年底,云南省农村人均纯收入在865元以下的低收入人口为764万人,占农村人口的比重为21.89%,约占全国农村低收入人口的11.2%,其中,年收入625元以下的绝对贫困人口为286万人,绝对贫困发生率为8.19%。与全国相比较而言,云南省贫困人口不仅数量大,而且贫困程度深,少数民族整体贫困现象十分突出。据统计,云南省还有40余万户近200万特困农民居住在夏不避雨、冬不御寒、四面通风、摇摇欲坠的茅草房、木楞房、杈杈房,甚至岩洞之中,有极少数特困农户衣不遮体、食不果腹,基本上处于靠忍耐维持,靠政府救济的状况。

2. 基础设施薄弱

长期以来,国家基础设施建设的重点放在交通沿线和坝区,对贫困山区投入较少,而这些贫困山区多集中在自然条件复杂、地理位置偏僻的地方,农户居住分散,农田水利、公路、输电和通信等基础设施差、建设难度大、投资大。

3. 社会发展滞后,劳动者文化程度低

云南省独有的佤、拉祜等少数民族,生产力水平低,生活条件相对较差,青、壮年文盲、半文盲率达到45%。

4. 自然条件差,自然灾害频繁

云南省大多数贫困人口居住在深山区、岩溶地区、高寒山区、干热河谷山区和边疆民族地区。这些地区生态恶化,生产、生活条件比较困难,地震、泥石流、干旱、洪涝等自然灾害频繁,返贫率高,扶贫难度大。

5. 扶贫资金投入不足和需求增加的矛盾进一步加剧

随着扶贫难度的加大,对扶贫资金的投入也相应加大。我国加入WTO以后,贫困地区面临的不仅是国内市场的竞争,还面临国际市场的竞争,贫困地区的扶贫开发更需要大量资金的投入。

(三)项目设计

1. 项目建设具体目标

增加项目区贫困人口的收入水平,解决少数民族的贫困问题;改善项目区域的环境条件,促进生态环境恢复;调整产业结构,推动当地区域经济发展;提高山区农业生产力并进一步加强基础设施建设;实行科学设计和管理,创造一种可借鉴、可推广的组织实施管理模式。

2. 项目构成

项目包括五大构成:可持续山区大农业;农村基础设施、基础卫生、基础教育;社区能力建设;项目管理和项目监测。

3. 项目组织机构

PRCDP为跨区域多部门合作的综合性外资扶贫项目,各级政府和领导高度重视项目实施工作,省级建立了云南省世界银行扶贫项目协调工作联席会议制度。联席会议由省政府副秘书长、省扶贫开发领导小组副组长担任召集人,省发展改革委、财政厅、扶贫办等省级十一家部门为联席会议成员单位,市、县各级相应成立了项目领导小组及项目办公室,并定期召开会议,共同研究和解决项目实施中遇到的问题,协调各业务部门之间的工作。

(四)项目交付

1. 资金筹措

项目的总投资为5 000万美元,折合人民币41 350万元(按当时美元与人民币汇率为1∶8.27)。其中:世界银行(国际复兴开发银行IBRD)提供3 500万美元的贷款,国内配套资金12 405万元人民币(折合1 500万美元),英国政府提供赠款用于将世界银行3 500万美元贷款的利率软化到2%左右。国内配套资金的主要来源为:中央以工代赈项目资金3 180万元,国家和省扶贫专项资金7 902万元,市、县筹措1 323万元以及水利、农业、卫生、教育等各部门的项目资金。项目中期调整后计划总投资调整为35 440.65万元。截至2011年6月30日,项目实际完成投资35 724.75万元,占总投资计划的100.80%。

2. 采用的激励措施

实施参与式贫困分析和参与式村级规划。项目明确提出,在项目设计一开始就要广泛应用参与式方法,以确保目标人群持续有效的参与到整个项目过程中,同时明确参与式方法的应用贯穿在项目的准备和实施过程的始终。经过这种参与式分析,最终确定的养殖业发展、核桃种植、道路修建和科学技术知识培训等项目受到农户的欢迎,也极大地调动了农民的积极性。项目确定后又通过投票选举优先贷款农户。这种做法,保证了扶贫资金的分配和使用效率。

实施参与式采购。参与式采购是参与式农村工作方法的内容之一。听取项目农户对采购品种、数量及方式的意见和建议。由畜牧局组织实施的草场建设与肉牛养殖两个子项目,使用的参与式采购,均取得了良好的效果。

3. 使用的创新方法提高了扶贫的瞄准性,创新机制。

参与式工作方法提高了扶贫的瞄准性,主要表现在找准贫困农户和满足贫困农户需求两个方面。参与式工作方法在扶贫开发中的运用赋予了贫困群众主体地位和决策权力,改变了外部人员决定项目的传统工作方法,使政府的扶贫资源得到了更加合理的分配,扶贫项目的设计和当地的实际情况更加吻合,贫困农户得到了真正的帮助并获益。

推动贫困群众全面参与,创新制度。参与式工作重视推动和鼓励贫困群体在项目实施过程中的全程参与,在整个项目活动中贫困群众成为社区发展的参与者、实施者、管理者和监督者,为社区发展制度、组织管理等方面的创新和改善,奠定了坚实的群众基础。昌宁县将参与式工作作为一项制度落实到实施扶贫项目的过程中,把权力赋予群众,通过群众全程参与,精心组织,筛选发展项目,制订扶贫计划,组织项目的具体实施,使贫困户从项目的选择到项目的监督、评价等各个方面进行全程化的参与,所实施的项目活动质量都比较好,效果十分明显。

4. 项目实施中遇到的问题及解决对策

遇到的问题:

(1)缺乏项目启动资金。

该项目按世界银行规定,采用回补报账制,立项时未能充分考虑贫困地区的资金困难,因而造成项目区各县项目启动缓慢和配套资金不足等问题。目前,该不利因素已得到世界银行的重视,在已实施的世界银行五期扶贫项目中,安排了项目启动资金。

(2)参与式扶贫的实施步骤和方法的完善问题。

参与式扶贫是一种烦琐艰巨的工作方法,具体的实施步骤和方法比较复杂,使得项目的运行成本加大、群众的参与水平降低。村民在参与项目的设计和执行方面,还需要进行很大改善。例如,项目怎样设计才能更加反映村民的意愿;项目实施过程中如何加强村庄的凝聚力,推动和鼓励村民进一步参与项目的实施和管理;如何简化和完善项目实施的步骤、方法和管理程序,是参与式方法在扶贫开发中要进一步解决的问题。

(3)美元汇率变化,工作人员变动,自然灾害频繁。

由于汇率变化、人民币升值、物价上涨等因素,造成中期调整后项目总投资额减少和部分项目规模缩小,对云南省项目目标的实现产生了极为不利的影响,并导致部分子项目的农户覆盖数小于原有的计划目标数。项目实施周期长,项目工作人员因职务升迁、工作内容调整等原因变动较大,这不仅加大了项目工作人员能力培训的工作量,且在一定程度上影响了项目实施的进度。云南项目区是自然灾害频发的地区,项目实施期间,受云南特大旱灾等灾害的影响,加大了项目的实施难度。

解决对策:

(1)各级政府的高度重视。

PRCDP 为跨区域多部门合作的综合性外资扶贫项目,各级政府和领导高度重视项目实施工作,共同研究和解决项目实施中遇到的问题,协调各业务部门之间的工作。立项时未能充分考虑贫困地区的资金困难已得到世界银行的重视,在已实施的世界银行五期扶贫项目中,安排了项目启动资金。

(2)完善参与式扶贫开发的运行机制,提高运行效率。

完善"参与式整村推进扶贫开发规划",根据各个村的实际情况,对每个参与主体的责任、权利和义务进行明确的界定;规范参与式扶贫方法和步骤,简化和规范参与式扶贫项目实施的各个环节;提高村民的参与度和民主管理程度,因地制宜、定准目标、选准经济增长点,确定好发展项目,本着群众自觉自愿的原则,选择群众有能力经营管理的项目,最好是市场相对稳定且近年来实施效益较好的项目,如烤烟、茶叶、甘蔗、核桃种植等产业,实事求是、因地制宜地分析当地的资源条件和市场需求,统一规划,根据各村的实际,确定实施有特色、有市场、有潜力的扶贫开发项目。

(3)健全项目管理体制。

在项目设计、评估、管理及项目实施的每一个环节,都得到世界银行、英国国际发展部官员和专家的全程指导,及时发现项目实施过程中出现的新情况和新问题,并提出解决方案和建议,推进了项目实施进度和提高了项目建设质量,解决了由于汇率变化、人民币升值、物价上涨等因素造成的中期调整后项目总投资额减少和部分项目规模缩小等问题。各级项目办制定和不断完善了项目管理制度,使项目得以有序、按计划顺利实施,避免了因为项目实施周期长、项目工作人员职务升迁、工作内容调整等原因造成的影响,保障了项目顺利完成。

(五)取得的成效

贫困农村社区发展项目,经过近十年的艰辛工作和不断摸索,取得了明显的工作成效,项目区贫困群体得到了实惠。

一是项目区滞后的基础设施得到有效改善,新建、改扩建的村卫生室缓解了项目区贫困群众就医难的问题,新建校舍、购置计算机教学设备、配置学生课桌椅等设施使项目区学校教学条件得到改善,适龄儿童入学问题得到改善。

二是先进的国际反贫困理念和经验得到推广运用。通过项目的实施,县、乡、村各级项目执行部门以社区为主导,关注弱势群体、关注少数民族、关注社会性别、全过程的参与式方法得到了应用,国际先进的社区发展项目管理模式得到了推广。

三是项目区群众的自我发展意识得到增强。通过参与式方法的运用和推广,更好地调动了项目区群众的主观能动性,广大贫困群众的知情权、参与权、决策权、享有权都得到了关注、重视和提高,极大地提高了广大贫困群众的自主管理、自我发展和自主创新能力。

四是巩固和提升了传统优势产业。通过扶持种植玉米、马铃薯、药材,改造低产茶园,扶持养猪、养牛,以及开展农村实用技能和技术培训,劳动者的素质和农产品的科技含量都不同程度地得到提高,增加了项目区群众的粮食产量和经济收入,切实解决了贫困社区群众的生计问题。

(六)可持续性及可靠性

1. 项目后续管理

各级政府和领导高度重视项目实施工作,项目投资和实施完成以后,严格加强对项目后续管理工作。为使项目建成后长期发挥效益,对已实施完成的各类项目经执行验收程序后,项目办和项目实施单位根据项目的不同特点和不同的受益主体,按项目资金投入的额度水平,形成的固定资产和其他资产形式分别交由县、乡镇和村委会及项目业主负责后续管理,按有关规定办理有效的交接手续,确定各项设施及设备的产权归属,明确规定项目的所有权和使用权单位及债务主体,使项目后续管理规范、有序运作,发挥项目效益的可持续性。

2. 农村工作方法的可持续性

PRCDP项目以参与式工作方法为农村工作方法,在项目实施整个过程中,积极倡导和促进贫困人群和弱势群体的参与性。保证了项目发展目标的实现,也为云南农村发展工作探索了以满足社区和农户发展需求,强调贫困农户全过程参与的农村综合扶贫模式,PRCDP项目所取得的初步成果,显示了参与式农村工作方法的示范作用。为此,参与式农村工作方法正在成为云南农村扶贫工作和提高扶贫效益的重要方法和有效途径。

3. 少数民族发展的可持续性

PRCDP项目强调少数民族平等受益和共同发展的重要性。在项目准备阶段就委托中山大学中国族群研究中心,为项目区(民族聚居地或多民族聚居地或非少数民族聚居地)分别制定了"少数民族发展计划"或"多民族发展规划"。按照少数民族优先发展和资金倾斜的原则,在项目规划时充分尊重少数民族的发展愿望。在项目实施中,优先安排少数民族村实施项目,在发放农户贷款时优先发放给少数民族,改善了少数民族生产、生活条件,使少数民族贫困农户收入较大幅度的增加,生活水平、教育、医疗卫生条件明显改善,儿童入学率大幅度提高,少数民族贫困发生率大幅度降低,贫困状况得到明显的缓解。不仅保证了项目目标的实现,也为云南少数民族的可持续发展起到了示范作用。

4. 妇女发展的可持续性

PRCDP项目强调弱势群体,特别是妇女的参与。在PRCDP项目中,项目工作人员的社会性别理念、敏感性以及社会性别主流化的意识逐步增强,并成为实现项目目标的保证和途径。项目实施期间,通过倾听妇女的声音、尊重和采纳妇女的意见,增强了妇女对项目的拥有感和责任感,提高了妇女参与社区事务的能力。她们通过参与项目不仅从项目中得到了实惠,增加收入,改善生活,提高了经济地位和家庭地位,同时更新了观念,提高了素质,冲破了封闭和愚昧的束缚,增加了参与各种社会活动的机会,逐渐成为贫困社区可持续发展的新兴力量。

(七)经验及教训

1. 项目瞄准了云南省偏远、边疆民族最贫困的地区,在全省73个贫困县和中国西部都具有鲜明的代表性。贯穿项目实施全过程的参与式工作方法的机制化和可持续化,为云南农村发展及扶贫工作探索积累了成功的经验,且在相关的工作中得到初步推广或借鉴,尤其是在农村信贷扶贫、易地扶贫、整村推进以及新农村建设、一事一议等相关项目中,项目参与式工作方法所取得的经验具有较强的示范性和参考价值。

2. 该项目是多部门合作、投资额度大的综合性扶贫项目,各级有关部门的相互理解、相互支持、通力协作和协调配合是项目顺利实施的重要条件。项目实施过程中,通过统一认识、统一思想和整合资源,以大扶贫的理念激发了社会各方面力量对反贫困事业的热情和大力支持,使项目按质、按量、按期顺利开展各分项目活动,保证了项目顺利实现项目目标。这是项目建设中较为成功的经验,也是其他项目可借鉴的经验或案例。

(案例研究提供者:云南省财政厅。本书作者根据中华人民共和国财政部《世行在华项目案例汇编》行业案例——城建和环境(2014-08-28)相关网页资料整理而成。)

## 二、《四川城市环境治理项目》案例分析

(一)项目基本概况

项目名称:四川城市环境治理项目(SUDP)

项目目标:消除土地开发、交通及环境的基础设施障碍,改善城市核心功能。

项目总投资:约25亿元人民币,其中世界银行贷款1.8亿美元。

实施日期:2007年10月~2012年12月

四川城市环境治理项目(SUDP)是世界银行在中国实施的首个土地开发和开发区发展项

目。项目通过强有力的项目管理团队、革新的战略和设计、科学全面的前期准备及项目评估、创新性的问题解决方案和有效的过程监测,以和谐、可持续方式来尝试解决中国最具压力和矛盾的发展问题。实现项目城市资源均衡和可持续的发展以及项目区域居民从"乡"到"城"的深度转型、努力减少贫困和不公,并有效改善了区域交通和生态环境。项目的规划、设计、创新方案和实施措施,对中国乃至全球的类似项目都有着较大的借鉴作用。本案例主要分析遂宁市和绵阳市两市的项目情况。

(二)发展挑战

1. 城市发展严重受限。由于基础设施建设资金不足,城市发展只能局限于现有城市中心区域,所形成的低效城市格局,使得环境恶化和人口密度超高,招商引资缺乏空间,城市规划无法实现,严重阻碍了城市的全方位发展。

2. 征拆受影响人面临生活不可持续的困境。补偿标准不公平,征地程序不透明,移民生活不可持续。失地农民的"市民化转型"远远滞后于土地性质的转变,土地征用成为社会不满的主要来源。

3. 城镇化面临社会风险挑战。区域经济发展缓慢滞后,居民收入低,缺乏可持续的就业技能和机会,所在区域的进一步城镇化面临更为复杂的社会矛盾和管理风险。

4. 土地开发受到严重限制。城区中心的土地开发扩展已接近极限,而与之相对的是外围地区农业土地的闲置,区域经济长期得不到发展。

(三)项目设计

1. 项目目标:基本目标为消除存在于二级城市的阻碍土地开发、交通及环境改善的基础设施"瓶颈"问题,从而改善城市核心功能。更高目标旨在促进地区平衡发展,以较少的资源创造出更多就业,减少贫困和不公。

2. 项目主要建设内容:绵阳和遂宁两市的开发区道路建设及配套,宜宾市的沿江道路建设,以及攀枝花市的市政道路建设和环境治理。

3. 项目机构:四川省城建环保项目办负责本项目的组织实施,监督管理和指导协调。地方城投公司及规划建设局作为项目业主负责具体实施。

4. 项目创新:项目在社会风险管理、征拆安置、土地开发、工程设计和管理等方面进行了创新的设计和尝试。(1)遂宁子项目,作为全国首位开展社会稳定风险评估和管理机制的地区;(2)创新设置和实施了更具综合性、更公平且可持续的移民安置框架;(3)建立土地开发监测机制和土地使用专账;(4)围绕产业和园区发展,进行道路设计;(5)创新项目风险管理和工程变更控制。

(四)项目交付

1. 团队搭建:经验丰富、具有创新和前瞻思维的项目团队

丰富的经验:省项目办拥有逾16年的世界银行项目管理经验,自1996年成立迄今,已负责组织实施了5个世界银行贷款项目,累计使用外资贷款约10亿美元。

创新和前瞻思维:在10余年的项目实践过程中,省项目办积极积累经验并总结反思,培养出了熟悉世界银行业务、了解国内需求且富有创新精神的专业团队。

有效的管理机制:形成了包括项目准备、项目评估、项目采购、项目实施、项目后评估等全面有效地管理机制和监测机制,以及一系列行之有效的项目管理办法、工作程序和管理制度。在省项目办强有力的领导下,各市项目办积极配合,通过机构能力建设,以及项目管理、工程监理单位和监测机构的协同合作,大大提升了各市项目办的项目管理能力。

**2. 项目规划**：具有前瞻性、反省力和统筹观的战略及理念

"以人为核心、以产业为支撑,以和谐发展为宗旨"的土地开发战略和以道路建设带动城市发展的建设理念。基于对我国城镇化过程中已出现困境的反思,在 2005~2006 年项目规划之初,通过专家研讨、借鉴国际经验、案例研究和实际需求分析等方式,确立上述规划原则,并以此指导整个项目的设计和实施。

"以人为核心":保障征拆受影响人的生产生活水平不降低,促进项目区居民就业和收入增长,协助农村人口实现收入来源、生活方式、福利待遇、社会文化等全方位的深度转型。"以产业为支撑":园区道路的布局和规模,均以推动产业发展为目的,将产业发展作为促进经济、就业、土地开发的引擎及项目成功的必要前提。"以和谐发展为宗旨":民生和环境让位于经济发展,是当时城镇化发展中的主要缺失和矛盾来源。项目从设计到实施秉承了移民、环境、经济和社会协同发展,真正使项目所在区域成为能就业、宜生活、功能完善、环境友好的新型城镇化区域。

**3. 前期准备**：针对项目特点,进行全面细致、重点突出的准备和评估

(1)全面细致的前期准备工作阶段:本项目进行了全面细致的可研设计、环评报告、移民安置报告、经济发展报告、财务能力报告等工作准备,确保了项目设计的可行性。

(2)对经济财务和土地开发状况进行重点分析预测:为保障项目能够成功完成土地开发,并对周边形成聚集效益和辐射能力,一方面通过对当地经济财务和土地开发前景的深入分析预测来确定园区基础设施的发展规划,另一方面通过进行产业发展和人口增长预测,避免由于片面追求城市规模扩大、空间扩张,而忽视产业发展、居民生活改善的空心城镇化。

(3)对社会矛盾和风险进行评估和管理。针对城乡接合部的矛盾和风险复杂性,全国首创在项目前期进行专门的社会稳定风险评估和管理。

**4. 管理机制**：高效的项目管理机制

本项目通过科学的项目分解、充分的准备及审核,避免项目实施延迟与贷款利用不足。前期:仔细地准备子项目进度表,按照市场化价格准备投资估算;对实施安排、采购进程和资金流都进行严格审核,从而将支付延迟的可能性降到最低。实施期:科学的项目分解,根据项目难易,分段分包,节约实施时间;科学严格的工程节点控制。

在合同管理中采用了以国际咨询公司为主并与国内监理公司相结合的项目管理和施工监理"一体化"模式。

**5. 解决问题**：创新型问题解决方案及举措

创新型问题解决方案及举措如表 13-1 所示。

表 13-1　　　　　　　　　　　创新型问题解决方案及举措

| 序号 | 问题 | 创新性解决方案 | 具体举措和实际效果 |
| --- | --- | --- | --- |
| 1 | 空心城镇化,土地开而不发 | 围绕产业和园区发展,进行道路设计 | (1)对园区及产业发展历程、现状和前景进行分析预测;<br>(2)在此基础上进行产业选择和道路设计。 |
| 2 | 征拆受影响人生活水平降低和不可持续 | 创新综合、更公平且可持续的移民安置框架 | (1)征地安置:通过对单一货币补偿方式的创新,实施综合、可持续的安置方案;具体包括终生领取征地生活费、社保安置、就业培训及推荐工作等。<br>(2)拆迁安置:通过设计小户型还房增加租房收入、拆迁户平均享有集体门面收入、允许拆迁户自建较高楼层增加租金收入等方式,既改善居住条件,又增加收入。 |

续表

| 序号 | 问题 | 创新性解决方案 | 具体举措和实际效果 |
|---|---|---|---|
| 3 | 城镇化面临的复杂社会矛盾和风险 | 全国首创,遂宁市开展社会稳定风险评估和管理机制 | (1)建立社会风险管理体系,落实具体的负责和实施部门;<br>(2)对区域的各方面矛盾及风险进行深入调查,逐一排查可能存在的社会风险;<br>(3)在此基础上,制定并实施应对措施,化解矛盾,排除风险。 |
| 4 | 土地开发效果的不确定性和土地收入使用的不透明 | 建立土地开发监测机制和土地使用专门账户 | (1)通过建立土地开发监测机构,以财务评估预测为基础,对土地开发实际效果进行监测;<br>(2)建立专用账户(每年审计),以保障土地收入专门用于公共目的,并提交了投资目录和考虑纳入公众利益的方案。 |
| 5 | 工程最优化管理和成本控制 | 项目风险管理和工程变更控制 | (1)通过优化设计,将高架桥建设变更为高填方道路建设,节约工程成本2 000万元,并至少增加100余亩的土地空间。<br>(2)通过优化项目管理机制,节约项目管理咨询成本。<br>(3)完全实现项目目标的前提下,平均节约24%工程建设费用。 |

6. 实施监测:全面有效的第三方监测机制

多途径、全方位的项目监测体系,涵盖项目管理、工程监理、环境外部监测、移民外部监测等。通过每周一次的各监测方会议,对各方面情况进行核对和监测,加强了各方的协同力度,并提升了监测效果的时效性和真实性,确保问题得到及时解决。

(五)取得成果

1. 项目基本目标的充分实现

(1)突破城市交通的基础设施瓶颈。道路的建成通车为项目所在城市的路网形成、交通改善和环境提升均起到积极的促进作用。

(2)拓展城市发展空间并推动了园区建设。突破原有带状开发的瓶颈,有效拓展了城市发展空间,各园区新增面积94%~264%。

(3)提升土地开发利用率及效益。通过项目的建设,消除土地开发障碍,使土地成为稳定的财税来源。三个园区的土地实际销售收入均超过财务预测20%~180%。

2. 项目更高目标的超预期实现

(1)产业园区发展迅速:通过本项目的建设,为绵阳经济开发区、科教创业园区和遂宁开发区电子园区,提供了综合的规划指导以及基础设施条件,带动各园区进入发展的快车道和良性循环。园区GDP、入驻企业数、吸引外资及财政收入均得到极大增长。

(2)促进人口转移和就业机会增加:绵阳市中心城区平均每年减少8万余人,经开区和科创园区平均每年分别增长约2万和3万人;遂宁城市中心人口每年约以1万的趋势减少,开发区每年以3万常住人口的速度递增。2012年,三个园区的就业人数为2006年的8~12倍。

(3)实现农户从"乡"到"城"的深度转型:①通过提供就业机会和培训,实现农民工在家乡就业,提高了收入水平。2012年,三个园区的城镇人口年均收入比2006年增长1~1.5倍,农村人口增长2~2.8倍。②真正实现生活方式和社区待遇的城镇化。园区的教育、医疗、公共服务机构从无到有,逐步得到完善,当地居民不用再为子女读书和就医而选择到老城区租房,在家便能享受到配套的社会服务。

3. 创新型成果

(1)社会稳定风险评估及管理机制的全国首创和推广。

遂宁以本项目为契机,全国首创开展社会稳定风险评估和管理,逐步建立了完善的风险评估制度,并形成了长效的运行机制。在社会稳定风险评估领域,成为全国第一个"吃螃蟹"的城市,其成功的实践经验,一直是全国其他城市的借鉴典范;为稳评工作在2012年上升为全国范围的评估和管理机制作出了开创性的贡献,推动了我国公共部门社会管理水平的提升。

(2)创新综合、更公平且可持续的移民安置框架,确保了征拆受影响人的生活水平得到持续性的改善。

项目通过对移民安置补偿方式的创新,使土地转化过程在经济上更合理、社会上更公平,确保了征拆受影响人的生活水平得到持续性的改善。

根据移民监测,目前征地拆迁受影响人年收入为2006年的2～5倍。在征地方面,满龄的被征地农户均领取到养老保险。在拆迁方面,通过允许拆迁居民统规自建高楼层房屋;拆迁户平均享有集体门面收入以及设计小户型还房增加租房收入,既改善了居住条件,又增加了租房收入。

(3)工程技术创新。

在工程实施过程中,由于复杂的工程地质,使得工程中采用了许多较高难度的施工处理技术,保证了山区城市道路的高质量修建。以攀枝花市为例,通过优化工程设计,节约了2 000万工程投资,并至少增加了100余亩的土地使用空间;通过采用LED太阳能节能照明技术,每年将节约38.1万度电量,节约23万元人民币电费。

(4)工程管理创新。

合同管理中采用了以国际咨询公司为主并与国内监理公司相结合的项目管理和施工监理"一体化"模式。四川省SUDP项目的工程总投资约2.5亿美元,项目管理和施工监理咨询服务合同约384万美元,仅占工程总投资的1.5%,不仅效果明显而且还较好地节约了项目管理费用。

4. 项目的相关性、时效性和效率表现优异

相关性:通过与项目目标以及受益对象的分析,项目相关性优异。

时效性:符合原定时间计划。

效率:在按时成功完成项目目标的前提下,平均节约24%工程建设费用。

(六)可持续性和可推广性

1. 整体效果的可持续性和可靠性:项目以产业园区发展为动力,统筹兼顾,推动区域设施现代化,使项目所在区域进入发展的良性循环,其发展、就业和土地开发效益均具有可持续性。通过多途径和终身制的安置方案,确保移民的生产生活改善具有可持续性。

2. 机构、人员、制度和财务的可持续性和可靠性:各子项目城市均配套完备的实施机构、健全的规章制度、合格的管理人员和充足的工作经费来满足项目持续运行的需要;通过财务可行性分析,项目有能力按时偿还贷款。

3. 项目具有较强的可推广性:

(1)项目的发展需求和问题具有普遍性。本项目所面对的发展需求和问题,是同类项目正在和即将面临的。

(2)对中级和初级发展水平的二级城市开发区具有借鉴意义。在项目开展之初,绵阳科创

园区处于中级发展水平,遂宁市经开区处于初级发展水平,现均发展成为国家级开发区,其发展路径对同类中、初级开发区发展有借鉴作用。

(3)特殊性。绵阳市作为四川省第二大经济城市,具有原始的发展优势,遂宁市具有较为便利的交通优势,同类项目需通过科学的发展战略、区域规划、产业优势、核心竞争力和经济财务分析,挖掘所在城市独特的经济发展潜力。

(七)经验和教训

经验:

(1)建立有经验和功能齐备的项目团队。保证世界银行项目管理机构的稳定性,以及组成人员具有相应的世界银行项目经验;对于零世界银行经验的地区,应在项目准备阶段组织到具有同类项目经验的地区学习调研,以便从具体实施和组织管理的角度获取直接经验。

(2)确立科学、人性和前瞻的战略规划和发展理念:在世界银行确认业主需求期间,业主应通过专家研讨、同类项目研究、实际需求分析等方式,确立"以人为核心、以产业为支撑,以和谐发展为宗旨"的土地开发战略和城镇化发展理念,并以此指导后续的设计和实施。

(3)创新性的问题解决方式:在现行政策、办法与实现目标有差距的情况下,通过充分调研、讨论和论证,拓展发展理念,创新解决方式。本项目在区域规划、移民安置、土地监测和社会管理领域均进行了突破当时惯例的创新。上述创新的实践,有效避免了当时普遍存在的城镇空心化、征拆受影响人生活无保障和社会矛盾突出的问题。

(4)全国首创社会稳定风险评估和管理机制。开发区项目往往处于城乡接合部,社会矛盾复杂,利益诉求多样,且易伴有历史遗留问题,故制定完善的移民安置框架,并进行社会风险稳定分析和管理是项目的重难点。

(5)创新可持续性、公开、透明的移民安置框架。突破当时单一的货币补偿方案,创新综合、更公平且可持续的移民安置框架。

(6)进行科学严格的经济财务分析和监测。开发区的建设具有城乡统筹、产业发展、土地效益、促进就业等诉求,因此需对财务收益率、经济收益率及土地效益进行严格分析。

(7)其他。世界银行所要求的全面细致规范的前期准备工作、独立第三方监测模式、国际国内竞争性招标模式、FIDIC条例工程管理模式、机构能力培训等要素,均对项目的成功做出了贡献。

需进一步提升之处:

(1)进一步落实土地收入的监测工作:由于土地收入属于政府财政预算外收入,使用透明度低,监测具有实际操作上的难度。在后续开发区项目的前期准备中,应就土地收入监测的细节予以落实,并签署专门的协议。

(2)对园区产业规划及实施提供进一步的审核和指导:当前,我国绝大部分产业园区的发展规划和落实均处于初级阶段,规划缺位、粗放式发展、随意性大等状况并存,在二、三线城市的园区发展中,此状况尤为突出。项目整体效果的实现与园区的规划和管理水平密不可分,因此,需强化对园区产业规划及实施的审核和指导。

(3)对土地开发和精细化管理提供指导:当前的土地开发和使用仍处于粗放式阶段,缺乏对集约化和利用效益的考量,整体存在土地开发强度低、建筑综合容积率低、每平方米投入产出比低的状况,因此,需对土地开发和精细化管理提供相应指导,提高土地使用效益。

(案例研究提供者:四川省财政厅、四川省住建厅、四川省城建环保项目办。本书作者根据中华人民共和国财政部《世行在华项目案例汇编》行业案例——城建和环境(2014-08-28)相关网页资料整理而成。)

## 思考题

1. 根据不同的分类标准,贷款可分哪几类?
2. 贷款项目有哪些特点?这些特点与项目管理的一般理论有什么关系?
3. 借贷双方项目管理工作各有哪几个主要阶段?双方的工作程序存在什么样的对应关系?
4. 国内贷款项目管理程序中各步骤的关键内容分别是什么?
5. 世界银行贷款项目管理程序中起关键作用的是哪几个步骤,为什么?
6. 我国贷款项目存在哪些问题?应如何改进贷款项目的管理工作?
7. 以特别提款权为计量单位的贷款项目要承担哪些风险?
8. 简述成立亚洲基础设施投资银行的意义,其贷款政策有何特点?

# 第十四章

# 工程建设项目管理

**本章要点**

本章简要介绍工程的定义、分类,工程建设项目的概念、特征及其建设程序。详细分析了工程建设项目管理的内容、流程、管理组织。比较系统地叙述我国工程建设项目管理体制的发展与现状。最后以二滩水电站建设项目为例,进行案例分析,让读者了解工程建设项目的管理要点。

## 第一节 工程建设项目概述

### 一、工程的定义

"工程"是科学的某种应用,通过这一应用,使自然界的物质和能源的特性能够通过各种结构、机器、产品、系统和过程,是以最短的时间和精而少的人力做出高效、可靠且对人类有用的东西。

随着人类文明的发展,人们可以建造出比单一产品更大、更复杂的产品,这些产品不再是结构或功能单一的东西,而是各种各样的所谓"人造系统"(比如建筑物、轮船、铁路工程、海上工程、飞机等),于是工程的概念就产生了,并且它逐渐发展为一门独立的学科和技艺。

在现代社会中,"工程"一词有狭义和广义之分。就狭义而言,工程定义为"以某组设想的目标为依据,应用有关的科学知识和技术手段,通过一群人的有组织活动将某个(或某些)现有实体(自然的或人造的)转化为具有预期使用价值的人造产品过程。"就广义而言,工程则定义为由一群人为达到某种目的,在一个较长时间周期内进行协作活动的过程。

显然,从工程的定义看,工程≠项目。

## 二、工程的分类

工程有多种分类方法,主要有以下内容:

1. 将自然科学的理论应用到具体工农业生产部门中形成的各学科的总称,如水利工程、化学工程、土木建筑工程、遗传工程、系统工程、生物工程、海洋工程、环境微生物工程等。

2. 需较多的人力、物力来进行较大而复杂的工作,要一个较长时间周期内来完成,如城市改建工程、京九铁路工程、菜篮子工程等。

一个全面的、大型的、复杂的包含各子工程的工程称为"系统工程"。以建设工程为例,就是一个典型的系统工程。可由一个或若干个单项工程组成;往下可层层分解为单位工程、分部工程、分项工程。图14—1为某学校建设工程分解示意图。

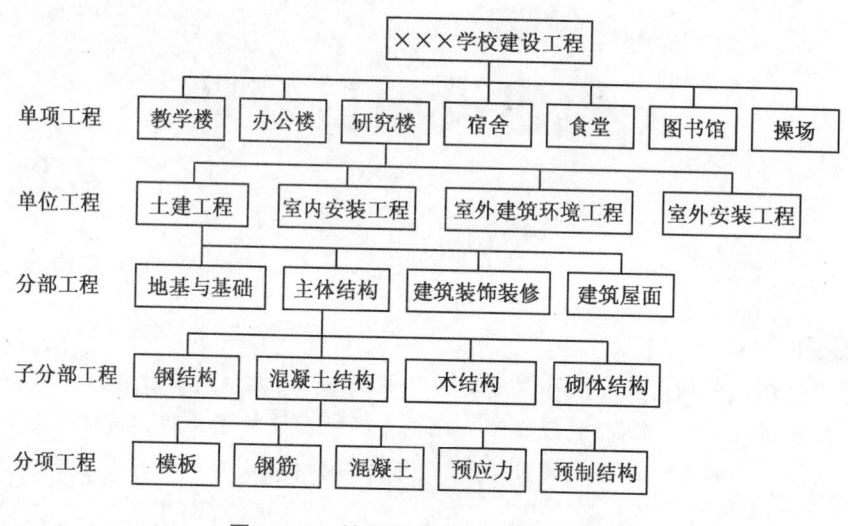

**图14—1 某学校建设工程分解示意图**

单项工程是指在一个建设工程中,具有独立的设计文件,建成后能够独立发挥生产能力或效益的工程。

单位工程是单项工程的组成部分,一般是指具有独立设计图纸和独立组织施工条件及单独作为计算成本对象,但建成后不能独立进行生产或发挥效益的工程。一个单项工程可以划分为建筑工程、安装工程、设备及工器具购置等单位工程。

一个单位工程只有在几个有机联系、互为配套的单位工程全部建成竣工后才能提供生产和使用。例如,民用建筑单位工程必须与室内外各单位工程构成一个单项工程,用户才能入住;车间厂房必须与工业设备安装单位工程以及室内外各单位工程全部配套完成,形成一个单项工程才能生产。

分部工程是按单位工程的部分划分的,有些分部工程还可以进一步分解成子分部工程。

分项工程是分部工程或子分部工程的组成部分,一般是按工种划分,也是形成建筑产品基本构件的施工过程。分项工程是建筑施工生产活动的基础,也是工程实物量计量的单位内容。

各行各业的工程分解不尽相同,都有其特色、特点或习惯。

根据建设部有关规定,将建设工程分为以下33类:

工业与民用建筑工程;冶金有色工程;化工石油工程;水利水电工程;航务工程;航道工程;

公路工程;铁路综合工程;铁路电务工程;火电工程;送变电工程;核工程;矿山建筑安装工程;市政建设工程;古建筑工程;海洋石油工程;设备安装工程;建材工业安装工程;邮电通信工程;建筑装饰工程;地基与基础工程;建筑防水工程;土石方工程;爆破工程;预应力专项工程;钢结构网架工程;广播电影电视设备工程;消防工程;隧道工程;机械工程;机械工业设备安装工程;电子工程;防腐保温工程。

### 三、项目的分类

每一个工程都有众多参与方共同完成。各个参与方都在做工程的某一方面工作,都在做项目。投资方做投资项目,建设方做建设项目,设计方做设计项目,施工方做施工项目,监理方做监理项目,咨询方做咨询项目,不同项目的主体是不同的。

通常俗称的业主方是投资方、建设方、开发商,运营使用方的统称。建设方可以自有资金进行建设,一般建设工程的资金需求量很大,建设方往往需要融资或筹资,这时就需要投资方介入;建设工程是建设方自用的,建设方又是运营使用方;建设方把建设工程用于销售,自己不用的,他就是开发商。

工程建设项目是一种投资行为与建设行为交织在一起的项目活动。这里投资与建设是紧密相连、相辅相成的。没有投资,就不可能建设;但没有建设,就不能实现投资的目的,不能产生一个供社会经济和人民生活需要的工程实体,如机场、高速公路、立交桥、水电站、商场、民用住宅、体育场馆、医院等。

（一）工程建设项目的分类

有关内容可参阅本书第一章。

（二）设计项目的分类

设计项目的分类是设计方根据各设计阶段和委托方的需求,各行业的具体情况和习惯及政府主管部门对建设工程的监督审查需要有所不同,一般有:

1. 规划设计/总体设计项目

国家的发展是由一个个区域发展组成的。一个区域里可以由许多项目群组成。对项目群或项目组合要有总体布局框架和总体发展思路(阶段),这就要由宏观规划设计来实现。对大型项目和特大型项目也要做规划设计,因为它们可以分解成许多子项目。每一个子项目里又有许多建筑单体,相互关系是什么,如何连通的,这就要由微观规划设计来完成。

规划设计是项目建议书阶段的任务。项目建议书是根据国民经济发展规划、区域综合规划、专业规划、市场条件,结合矿藏、水利等资源条件和现有生产力布局状况,按照国家产业政策和国家有关投资建设方针进行编制,主要论述建设的重要性和必要性、建设条件的可行性和获取效益的可能性。有些行业称该阶段为总体设计。

2. 方案设计/工艺设计项目

方案设计是设计方根据批准的项目建议书和建设方需求来做的,往往针对一个项目或一个建筑单体要做几个不同的方案。方案设计是可行性研究的落脚点。通过对各种可能的建设方案进行技术经济分析和比较,才能论证项目建设的必要性,才能对项目建成后的经济效益和社会效益进行科学的预测和评价。有些行业称该阶段为工艺设计。

方案设计文件包括:方案设计图纸、计算书和项目估算。

各种方案有其优缺点,集中各种方案的优点,形成一个较完善的方案称作方案优化。方案优化设计项目是方案设计项目的延伸。委托方往往请设计中标单位做方案优化设计或方案深化设计。

3. 初步设计/基础设计项目

初步设计是设计方根据批准的可行性研究报告和必要的设计基础资料,对工程建设项目进行通盘研究和总体安排,规定项目的各项基本技术参数,编制项目概算。各类建设项目的初步设计,其深度应能满足国家或行业的规定要求,能满足土地征用、设备订单、投资控制、施工图设计和生产准备等要求。有些行业称该阶段为基础设计。

初步设计文件包括:初步设计图纸、计算书和项目概算。

4. 扩大初步设计(简称扩初设计)/技术设计项目

理论上,经过批准的初步设计和概算,是编制施工图设计文件或技术设计文件,确定建设项目总投资,编制基本建设投资计划,签订工程总承包合同(单价合同,也称开口合同)和贷款合同,控制工程贷款,组织主要设备订货,进行施工前准备,推行经济责任制的依据。但实际上,许多建设工程技术很复杂,又具有特殊要求,初步设计很难做到预期的深度。扩初设计就应运而生。有些行业称该阶段为技术设计。

扩初设计/技术设计是为了进一步确定初步设计中所采用的工艺流程和建筑、结构上的主要技术问题,校正设备选择、建设规模及一些技术经济指标。扩初设计/技术设计应根据批准的初步设计文件来编制。其内容视工程的建设项目特点而定,深度应能满足确定设计方案中的重大技术问题以及有关科学试验和设备制造方面的要求。

在实际的建筑市场运行中,往往跳过初步设计,而直接作扩初设计/技术设计。

5. 施工图设计/详细设计项目

施工图设计是设计方根据批准的初步设计(或扩初设计)文件编制。施工图设计文件的内容包括:总平面图,建筑物、构筑物详图,公用设施详图,工艺流程、设备安装详图和计算书等。根据我国现行建筑市场惯例,施工图设计预算不包含在施工图设计文件里,建设方如需要可另行委托。但施工图设计预算是签订施工总承包合同(总价合同,也称闭口合同)的依据。经审定后的施工图设计文件是施工前期准备、组织施工和工程结算的依据。有些行业称该阶段为详细设计。

6. 深化设计项目

根据我国现行体制,施工承包单位拿到施工图以后必须要做深化设计才可施工。而在欧美一些国家,施工图设计是由施工承包单位做的,并达到深化设计深度,合二为一。

7. 设计咨询项目

设计院利用技术或经验优势,对委托方提供的其他单位完成的设计文件进行优化,提出合理化建议。委托方如采纳,并经原设计单位认可,仍由原设计单位出修改图。

(三)施工项目的分类

施工项目根据承包的范围、阶段、性质等不同,可以分为/延伸出很多种,举以下几类:

1. 施工总承包。
2. 施工分包。
3. 设计、采购、施工(Engineering-Procurement-Construction,简称 EPC)总承包,即工程总承包。可从初步设计直至试运行服务,对项目质量、安全、工期、造价全面负责,如毛坯房或精装修房。
4. 专项 EPC 总承包。这是从深化设计直至试运行服务,如幕墙 EPC 总承包;智能 EPC 总承包等。

5. 交钥匙总承包(Turn Key Method,简称 TKM)。这是 EPC 业务和责任的延伸。最终向建设方提供一个满足使用功能、具备使用条件的工程项目,如酒店式公寓房。

6. 设计—施工(Design-Build,简称 D+B)总承包,如百安居式装修。

7. 政府项目公私合作模式(Public-Private-Partnership,PPP 模式)。政府项目可以通过采购和招标,吸收民间资本,由民营单位生产,通过市场导向的资源配置。

8. 建设—运营—转让(BOT)模式或建设—转让(BT)模式。这是指带融资性质的建设施工承包项目,是 PPP 模式的特例。

### 四、工程建设项目的概念及特征

(一) 工程建设项目的概念

工程建设项目简称建设项目,主要是固定资产投资项目,它以形成固定资产为目的,主要由工程建筑、工器具购置、设备购置安装以及与此相联系的一系列工作构成,属于建设方项目。

(二) 工程建设项目的特征

工程建设项目一般有以下特征:

1. 目标的明确性

任何工程建设项目都具有明确的投资与建设目标,包括宏观目标和微观目标。政府有关部门主要审核项目的宏观经济效果、社会效果和环境效果。企业则更多审视项目的微观财务目标和与提高企业竞争力有关的非财务目标。

2. 目标的约束性

工程建设项目要受到以下多方面约束:

(1) 费用约束。工程建设项目正式启动后,要在审定的项目总投资下进行,费用开支一般不能突破投资。

(2) 工期约束。即工程建设项目要求在规定工期界限内完成。

(3) 质量约束。工程建设项目的最终成果,即工程实体要符合国家和用户的要求,要达到既定的质量标准,实现预期的功能、效用、技术水平和生产经营能力。

(4) 环境约束。包括自然环境和社会环境约束,例如,地铁建设项目要受城市地形、地质、城市楼房布局、城市地面交通状况以及水文、气象等众多环境因素的约束。

3. 工程建设项目是一次性项目

工程建设项目勘察设计完成后,要进行现场施工。除非发生意外事件,否则不会重新再重复勘察设计,或者改变地点进行重复施工。按照建设程序,设计和施工都是单一性的。项目一旦建成,再改变是不可能的。所以,工程建设项目越是前期工作,越是要做好。特别是项目决策工作,显得更为重要。

4. 工程建设项目一般投资大、建设期长、投资回收期长,工程实体自然寿命长

中国三峡工程建设项目总投资 2 500 亿元,建设期长达 17 年。三峡电站工程发电送电,将长久地贡献中国和造福于中国人民。当然 2 500 亿元的巨额投资,也需多年才能收回。其他在国内外有影响的工程建设项目,也都是这种情况,如北京奥运会工程项目、上海世博会工程项目、中国南水北调工程项目、新首钢建设项目、宝钢工程建设项目、北京和上海的新地铁工程建设项目等。

5. 投资的风险性

在工程项目的建设过程中,存在着各种不确定性因素,如使用需求的变化、地质条件的风

险、施工方法和技术的改变、建筑材料和价格的变化、代用品和替代品的出现、社会消费水平、习惯、结构的改变等，都可能造成工程实体的功能、效用、效率和效益不能预期发挥，造成投资存在很大风险。

## 第二节 工程建设项目的建设程序

工程建设项目的建设程序是指项目在建设过程中，所包含的各项工作必须遵循的先后顺序。建设项目的科学管理，首先体现在科学的程序上。建设程序是对基本建设工作的科学总结，是项目建设过程中所固有的客观规律的集中体现。所以必须要了解工程建设项目的建设程序，必须坚决按建设程序办。我国现行建设主要程序一般分为九个阶段（见图14-2）。程序中的每一个工作包都可以分解出第二层次的流程，从第二层次的工作包还可以分解出第三层次的流程，甚至于继续往下分解。层层分解，逐步细化，具有可操作性。

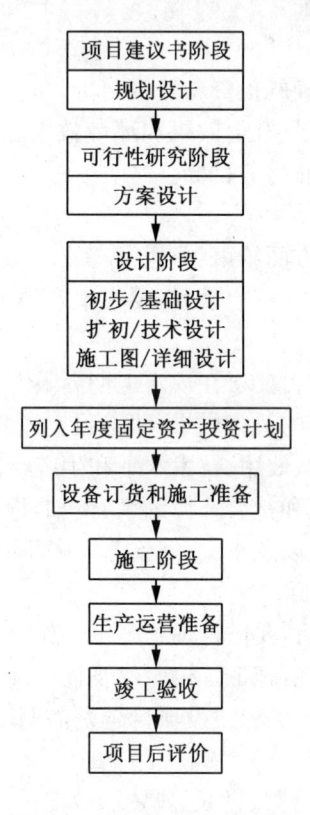

```
┌──────────────┐
│  项目建议书阶段  │
│   规划设计     │
└──────┬───────┘
       │
┌──────┴───────┐
│ 可行性研究阶段  │
│   方案设计     │
└──────┬───────┘
       │
┌──────┴───────┐
│   设计阶段     │
│ 初步/基础设计   │
│ 扩初/技术设计   │
│ 施工图/详细设计 │
└──────┬───────┘
       │
┌──────┴────────────┐
│ 列入年度固定资产投资计划 │
└──────┬────────────┘
       │
┌──────┴───────┐
│ 设备订货和施工准备 │
└──────┬───────┘
       │
┌──────┴───────┐
│   施工阶段     │
└──────┬───────┘
       │
┌──────┴───────┐
│  生产运营准备  │
└──────┬───────┘
       │
┌──────┴───────┐
│   竣工验收    │
└──────┬───────┘
       │
┌──────┴───────┐
│   项目后评价  │
└──────────────┘
```

图14-2 工程建设项目的建设程序

### 一、项目建议书阶段

项目建议书是拟建某一项目的建议文件，是投资决策前对拟建项目的轮廓设想和初步说明，是建设单位通过项目建议书的形式，向国家推荐项目，供国家决策部门选择项目，也是建设单位向有关部门报请立项的主要文件和依据。

项目建议书编制一般由政府或建设单位委托有相应资格的咨询公司、设计院承担，并按国家现行规定权限向主管部门申报审批：大中型及限额以上项目的项目建议书报省级发改委及行业归口主管部门初审，初审通过后报国家发改委审批。其中特大项目（总投资 4 亿元以上的交通能源项目，总投资 2 亿元以上的其他项目）由国家发改委审核后，报国务院审批。

## 二、可行性研究阶段

项目建议书被批准后，可组织开展可行性研究工作。可行性研究的内容可以根据不同行业的建设项目有不同的侧重点。详见本书第三章内容。

按照工程建设项目的规模大小、技术复杂程度及资源耗费多少的不同，可行性研究工作本身也要按机会研究到初步可行性研究，再到详细可行性研究的程序来工作。

可行性研究报告，应按国家现行规定的审批权限报批：大中型和限额以上项目的可行性研究报告，报国家发改委审批；总投资在 2 亿元以上的项目，经过国家发改委审查后报国务院审批；中央各部门所属小型和限额以下项目由各部门审批；地方投资 2 亿元以下项目，由地方发改委审批。

为使决策更加科学化、民主化，国家规定，在工程建设项目的可行性研究报告审批前，需经有资质的中介机构（工程咨询公司等）先行提出对项目的评估报告，作为国家有关部门进行决策的重要依据。

可行性研究报告经批准后，不得随意修改和变更。如果在建设规模、产品方案、主要协作关系等方面有变动，以及突破投资控制数额时，应经原批准机关复审同意。可行性研究报告批准后，应正式设立项目法人，并按项目法人责任制实行项目管理。经过批准的可行性研究报告，是项目最终决策立项的标志，也是进行初步设计的重要文件。

## 三、设计阶段

可行性研究报告批准后，工程建设项目进入设计阶段。我国大中型建设项目的设计阶段，一般是采用两阶段设计，即初步设计、施工图设计。重大项目和特殊项目，实行初步设计/基础设计、扩初设计/技术设计、施工图设计/详细设计三阶段设计。

初步设计的审批权限是：大型项目，由主管部委或省、自治区、直辖市发改委审查提出意见，报国家发改委审批。其中重大项目的初步设计，由国家发改委组织，聘请有关部门的工程技术和经济管理专家参加审查，报国务院审批；中小型项目，按隶属关系由主管部委或省、自治区、直辖市发改委自行审批，其中中型项目要报国家发改委备案。

扩初设计/技术设计文件应包括：(1)总布置图；(2)生产；(3)运输；(4)动力；(5)给水排水；(6)采暖通风；(7)人员及住宅；(8)房屋建筑物；(9)施工组织及相应的计算书和修正概算。扩初设计/技术设计文件由主管部门或地方有关部门审批。

施工图设计/详细设计是把初步设计（或扩初设计）中确定的设计原则和设计方案根据建筑安装工程或非标准设备制作的需要，进一步具体化、明确化，把工程和设备各构成部分的尺寸、布置和主要施工方法，以图样及文字的形式加以确定的设计文件。

施工图设计/详细设计文件由有资质的审图机构按现行国家法律、法规和强制性标准、强制性条文进行审查。

## 四、列入年度固定资产投资计划阶段

工程建设项目设计工作和概算完成并经审定后,就可据此编制年度投资计划。年度投资计划就是计划年度应完成的建设任务文件,即应完成的投资额及其构成;应建设的工程项目和进度要求;应交付使用的固定资产或实现的生产运营能力。

根据滚动式计划要求,对那些建设周期长、要跨越几个计划年度的项目,在初步设计审定后,应先根据审定的概算和总工期,编制项目总进度计划,安排各单项工程的建设进度,合理分配年度投资,然后编制年度投资计划,借以保证建设的节奏性和连续性,确保项目的按期竣工投产或交付使用。年度投资计划安排的建设内容,要和当年掌握的投资、设备等相适应,不得留有投资、设备的缺口。在工程项目安排上,对主体工程和配套工程项目,要同步建设,相互衔接。

按国家现行经济管理体制和政策规定,大中型工程建设项目申请列入国家年度固定资产投资计划,由国家发改委批准。小型项目则按隶属关系,在国家批准的投资总额内,由国务院各部门,各省、自治区、直辖市自行安排。企业用自筹资金建设的项目,也要在国家指导性计划范围内和国家确定的控制指标内安排。

## 五、设备订货和施工准备阶段

组织好设备订货和施工前的准备工作,是保证工程建设项目顺利实施的前提。在进行设备的订货和施工准备工作前,需审查是否满足以下条件:可行性研究报告和初步设计已经批准;项目法人已经设立;项目已列入国家或地方固定资产投资计划;筹资方案已经确定;有关土地使用权已经批准;已办理报建手续。

施工准备工作主要内容有:
(1)施工现场的征地、拆迁;
(2)编制具体的建设实施方案,制定年度工作计划;
(3)组织设备和物资采购等服务;
(4)组织建设监理和工程施工招标投标;
(5)完成施工用水、电、通信、路和场地平整等工程,建造临时设施;
(6)落实建筑材料、施工机械,组织进货;
(7)准备必要的施工图;
(8)申请贷款,签订贷款协议、合同等。

施工准备一般应按计划和设计约定的出图进度进行。努力做到计划、设计、施工三个环节相互衔接,力争投资、工程建设内容、施工图纸、设备、施工力量五个方面全面落实,保证计划的全面实施。

## 六、施工阶段

施工单位在施工准备就绪之后,按审批权限向主管部门提出工程开工申请报告,经批准后,方能正式开工。我国对大中型项目批准的可开工条件是:
(1)项目法人已经设立,项目组织机构已建立;
(2)初步设计和总概算已经批复,施工图设计文件已审查通过;
(3)建设项目已列入国家或地方建设投资年度计划,建设资金已落实,施工组织设计大纲

已经编制完成,并经监理审查通过;
　　(4)现场施工准备工作能确保工程开工需要;
　　(5)建设管理模式已经确定,投资主体与项目主体的管理关系已经理顺;
　　(6)项目建设所需主要设备和材料已经订货,并已备好连续三个月施工的需要。
　　施工单位在施工时,要严格按照设计图纸和国家颁布的施工验收规范进行,如需变更,应取得设计单位和监理单位的同意。

### 七、生产运营准备阶段

　　生产运营准备是项目投产前所要进行的一项重要工作,是建设阶段转入生产运营的必要条件。生产运营准备的主要内容有:
　　1. 生产运营组织准备
　　建立生产运营的管理机构及相应的管理制度,招收和培训必要的人员。生产运营人员要尽早介入工程的施工建设,参加设备的安装调试,熟悉情况,掌握好生产技术和工艺流程,为顺利衔接基本建设和生产运营阶段做好准备。
　　2. 生产运营技术准备
　　主要包括技术资料的汇总、运行技术方案的制定、岗位操作规程的制定和新技术准备。
　　3. 生产运营物资准备
　　主要是落实投产运营所需要的原材料、协作产品、燃料、水、电、气和工器具、备品备件和其他协作配合条件。
　　为使工程项目的建设和使用更为衔接,生产运营准备可与施工准备及工程施工同时进行。

### 八、竣工验收阶段

　　竣工验收是工程建设成果转入生产或使用的标志,是全面考核工程建设成果,检验设计和施工质量好坏的重要环节。竣工验收合格的项目即从建设阶段转入生产或使用阶段。竣工验收对促进工程建设项目及时投产,发挥投资效益,总结建设经验,都有重要作用。
　　整个国资建设项目的验收,分为初步验收和竣工验收两个阶段进行。规模较大、较复杂的建设项目,应建设方组织初验,然后进行全部建设项目的竣工验收。规模较小、较简单的项目,可以一次进行全部的竣工验收。
　　对于国资建设项目全部完成,各单项工程已全部验收完成且符合设计要求,并且具备项目竣工图表、工程结算、汇总技术资料以及工程总结等资料的,可由建设方向负责验收的单位提出验收申请报告。企业自筹资金项目由企业自行验收。
　　根据我国的验收规程,大中型项目,由各部门、各地区组织验收;特别重要的项目,由国务院批准组织国家验收委员会验收;小型项目,由主管单位组织验收。
　　工程建设项目竣工验收后,按建设银行《关于基本建设工程实现竣工结算的具体办法》进行竣工结算。承包单位应填制工程款结算账单,经建设单位审查签证后,通过开户银行办理结算。

### 九、项目后评价阶段

　　工程建设项目竣工验收后,进行生产运营阶段。一般经过1~2年正式生产运营,需对项目进行一次全面的评价,即项目后评价。

## 第三节　工程建设项目管理概述

### 一、工程建设项目管理的概念及内涵

工程建设项目管理是以工程项目为对象,在有限的资源约束下,为最优地实现工程项目目标,对工程项目从策划到竣工交付使用全过程实施管理的系统化过程。

工程建设项目管理的定义具有如下内涵:

1. 工程建设项目管理的对象是工程建设项目,即一系列任务。工程建设项目正是由一系列任务组成的整体系统,而不是这个整体的一个部分或几个部分。工程建设项目管理的目的是通过运用科学的项目管理方法体系,更好地完成这一系列任务。

2. 目标管理是工程建设项目管理的核心。工程项目管理的基本目标就是有效利用有限资源,在保质、按期、不突破预算费用情况下,建成工程项目,实现工程项目的预定功能和功效。因此,工程建设项目管理目标可概括为:质量、工期和费用三大目标,它们是实现项目功能和功效目标的基础和保证。

3. 系统管理理论是工程建设项目管理的指导。工程建设项目本身就是一系列单项目、分项目组成的系统,管理一个工程建设项目必须贯穿从决策立项至设计、施工、竣工、投产运营的全系统过程。

工程建设项目的过程涉及投资方、建设方、监理方、设计方、施工方、政府职能部门、材料设备供应商等众多主体的复杂关系及利益;管理一个工程建设项目,不仅涉及人、财、物的管理,还涉及采购、物流、设计、施工、试生产运营的管理。综上所述,必须且只有运用系统管理理论指导,才能真正管理好工程建设项目。

4. 工程建设项目管理由项目经理领导的团队进行管理。工程建设项目管理的职能与一般管理职能是一致的,即是对组织的资源进行计划、组织、指挥、协调、控制。资源是指工程建设项目所在的组织中可得的,并为工程建设项目所需要的那些资源,包括人员、资金、技术、设备、信息和时间资源。

(1)如果建设方项目管理能力较强,可搭建全套管理班子,由项目经理领导项目团队进行管理。

(2)如果建设方项目管理能力较弱,项目管理班子只有项目经理及少数几个管理人员,则需委托项目管理咨询机构来管理项目。服务方式一般有两种:

一种是项目管理服务(PM)。服务方不直接与总承包或勘察、设计、供货、施工等单位签合同,而是协助建设方与他们签合同,并授权监督合同的履行,对工程项目进行质量、安全、进度、费用、合同、信息等管理和控制。应承担相应的管理责任。

另一种是项目管理承包(PMC)。是由代建单位通过投标等方式,取得建设方在建设期间的各项活动的代理权。经过权力的合理分配,以代建单位的专业技术力量为主体,对代建项目进行全过程或某些阶段的管理,达到有效控制工程的规模、投资、成本及工期,避免项目建设中的浪费和疏漏的目的,并在建成后交付使用单位。要承担建设管理风险及经济和法律责任。

(3)对于特大型、复杂工程项目,建设方很难组织起一个既熟悉项目管理又精通专业技术或业务的管理班子。全部放手让项目管理机构去干也不妥。这就需要与项目管理机构合作,

优势互补,或称作强强联手,在项目组织的各职能部门,由双方人员组成混合管理团队。这时特别需要把工作责任界面划分清楚,把岗位职责明确。一般项目管理机构人员的职责是咨询和管理;而建设方人员的职责是决策和监控。

如历时 7 年的杭州黄龙宾馆在保持营业的情况下进行改扩建,就是一个混合团队管理的成功例子。不然任何人在那么一块有限空间里是无法把宾馆营业和工程建设协调好的。

上海世博会的建设方也是采用与项目管理机构组成混合管理团队,把政府管理职能与专业技术和项目管理集成在一起,历时 4 年多,交出了一份满意的答卷。

上海迪斯尼乐园的建设是美国的管理团队具有构思、创意和专利,加上在世界各地的同类建设经验的优势,与中国上海的建设方,加上项目管理机构的专业技术和项目管理资源的成功合作,将又是一个混合团队管理的典范。

**二、工程建设项目管理的内容**

从管理涉及的领域和工程项目特点看,工程建设项目管理主要有以下工作内容:

1. 工程项目组织管理及人力资源管理。由于工程项目建设的各个阶段在相关的层级、相关的部门之间存在大量的需要配合和协作或衔接、平衡的工作,需有效地进行组织协调和安排使用社会人力资源。具体包括项目组织的规划设计、组织结构模式及选择、项目管理班子和项目经理的选择等。

2. 工程项目范围管理。是指确保工程项目成功地完成规定的全部工作的界定。具体包括建设项目的批准、范围定义、范围规划、范围变更控制和范围确认等。

3. 工程项目进度管理。是指确保工程项目按期完成的一系列工作过程的日程活动安排。具体包括工程项目活动定义和顺序安排的方法、活动时间估计、进度计划的制定和优化、进度的监测分析与调整等。

4. 工程项目费用管理。是指为确保工程项目的总费用不超过批准的项目总投资限额而进行一系列工作的过程。具体包括项目费用构成、项目的确定、费用估算、费用计划编制、费用监测与控制等。

5. 工程项目质量管理。在工程项目建设的不同阶段,根据国际和国家有关质量标准和使用功能要求,对工程项目质量进行监督和检查。具体包括质量决策和计划、质量控制方法和质量管理体系构建及运转。

6. 工程项目信息管理。主要是指对有关项目建设的各类信息快速有效地收集、储存、加工处理、传递与使用等一系列工作。信息管理是工程项目管理的基础工作,是实现项目目标的保证。要做到信息的畅通无阻,要做到信息完整、及时、准确、有效。

7. 工程项目风险管理。是指通过采用科学的方法对工程项目建设过程存在的风险进行识别、分析、评估、应对和监控,选择最佳风险防范措施,以保证以较低的投入,最大限度地减少或避免风险损失。

8. 工程项目招投标与合同管理。主要指围绕项目所组织采购的咨询招投标(造价等)、勘察设计招投标、监理招投标、设备招投标、施工招投标以及相应的合同订立履行等工作。采购管理一定要采用公开、公平、公正、诚信和择优五项原则。

9. 工程项目环境保护管理。工程项目的实施过程和结果存在着对环境不利影响甚至损害环境,如垃圾、废气、废水、废渣、泥浆、噪声、辐射、振动、光污染等对空气、地表水域、地下水源、土壤、植被、植物等自然生态环境的破坏。管理的重点在于采取一切积极可行措施,减少或避免项目对生态环境造成的损害,切实保护并促进生态环境良性循环。

### 三、工程建设项目管理的流程

(一)按项目时间阶段来划分

1. 项目实施策划

在项目策划阶段要进行建设项目策划。建设项目策划分为"决策策划"和"实施策划"两类。决策策划解决的是"建什么"的问题,实施策划解决的是"怎么建"的问题。项目建议书和可行性研究属于决策策划;而实施策划的成果就是项目管理规划。流程如图14-3所示。

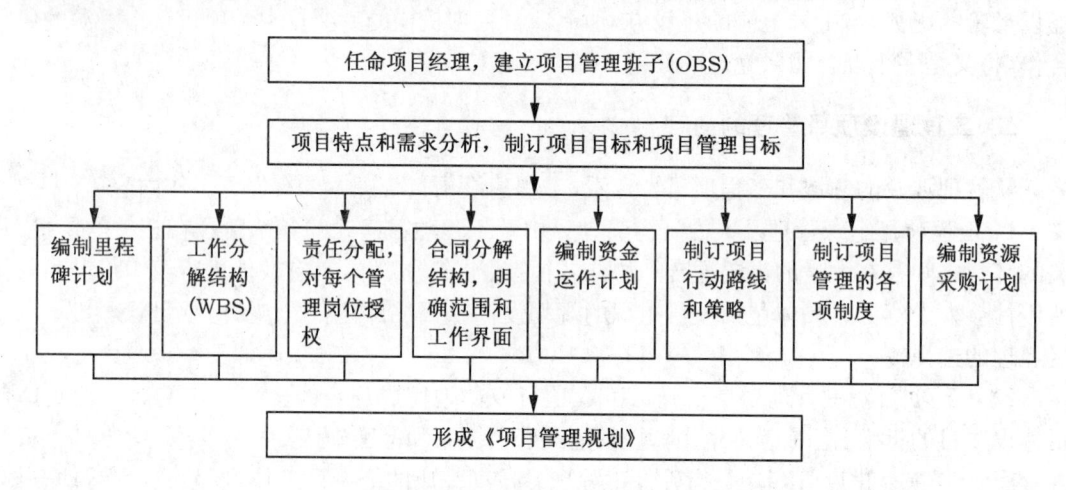

图14-3 项目管理规划编制流程

对策划再作分解,可以分为组织策划、管理策划、合同策划、经济策划、技术策划和风险分析等。其中:

(1)组织策划。项目组织策划的内容主要包括:确定项目工作分解结构及编码体系;建立组织结构、任务分工、管理职能分工;建立各项工作流程和建立各项管理工作制度。

(2)管理策划。针对项目特点和所处的软硬环境,对项目体和项目内部的管理方法和运作手段进行策划,制定客观可行的管理方法,包括沟通方法、授权机制、对利益相关方管理等。

(3)合同策划。根据合同性质分为工程承包合同、设备材料采购合同、服务采购合同等几类。策划内容包括招投标模式、合同承发包模式的框架策划(如总—分包模式、平行发包模式等)、合同发包标段的划分、总分包管理界面的制定、合同价格的计算方式等,使之成为指导合同管理的方针。

(4)经济策划。在项目策划阶段进行经济目标的分析和确定,并制定成本控制的原则,其关键是应与项目技术策划联系起来,在技术可行、保证功能与质量的前提下,优化经济目标并制定用款计划。

(5)技术策划。对项目的技术特点和难点进行识别、分析,寻找解决技术关键点的路径和社会资源,技术策划将对《设计任务书》的编制起指导作用。

(6)风险分析。对项目环境因素、组织和管理流程、项目范围说明及项目管理计划等进行分析,运用历史数据、专家判断、风险检查表等方法手段识别项目潜在风险,在定性和定量分析风险的基础上,对风险影响项目的危害作出评估,然后制定相应的风险管理计划,采取有效措施降低风险、控制风险或转移、回避风险。

## 2. 建设项目开工前管理

建设项目开工前受政府主管部门的管理,有许多手续要办理,有各种证照要办理,图14—4列出了管理流程和一些主要的申报手续。

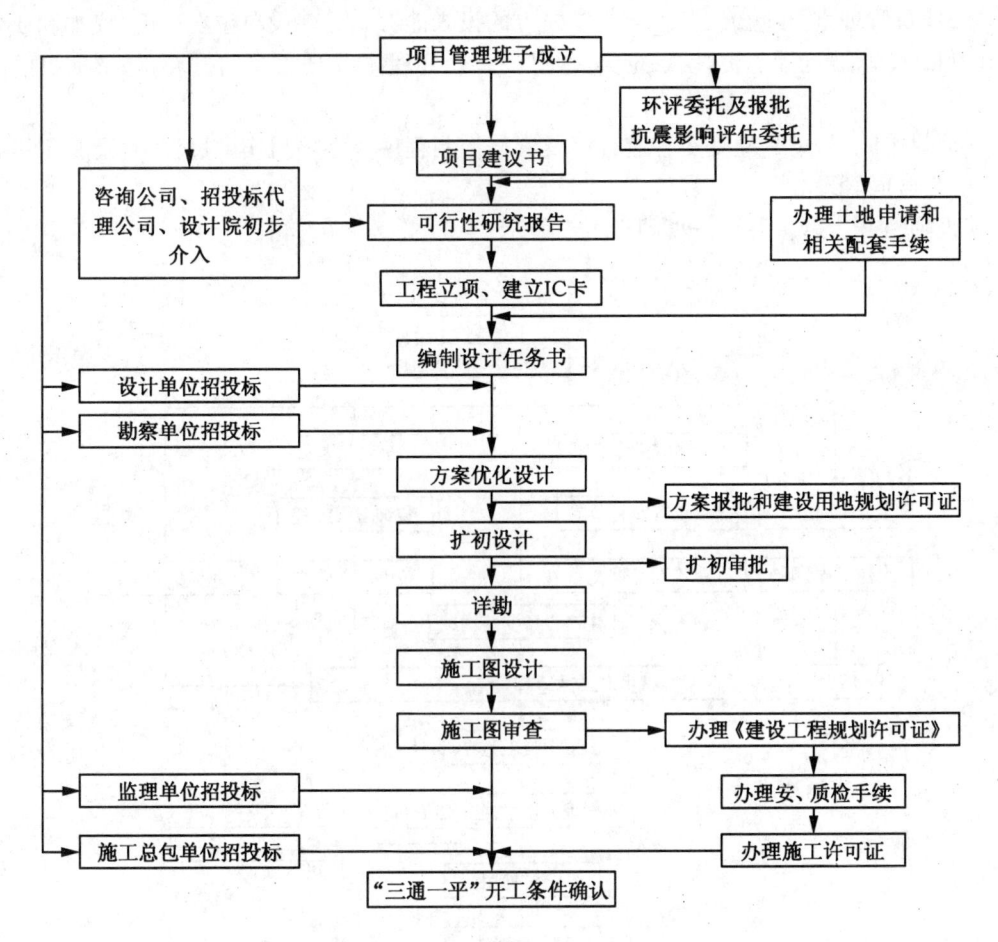

```
                    项目管理班子成立
                          │
                          ├──────→ 环评委托及报批
                          │         抗震影响评估委托
                          ↓
                      项目建议书
   咨询公司、招投标代        │
   理公司、设计院初步 ──→ 可行性研究报告 ──→ 办理土地申请和
        介入                │              相关配套手续
                          ↓
                    工程立项、建立IC卡
                          ↓
                    编制设计任务书
   设计单位招投标 ───→      │
   勘察单位招投标 ───→      ↓
                     方案优化设计 ──→ 方案报批和建设用地规划许可证
                          ↓
                       扩初设计 ──→ 扩初审批
                          ↓
                        详勘
                          ↓
                     施工图设计
                          ↓
                     施工图审查 ──→ 办理《建设工程规划许可证》
                          │              ↓
   监理单位招投标 ───→      │          办理安、质检手续
   施工总包单位招投标 ───→  │              ↓
                          │          办理施工许可证
                          ↓
                 "三通一平"开工条件确认
```

图14—4 建设项目开工前管理流程

(1)在建设项目开工前还有一系列专家论证会,如方案设计专家论证会、初步设计评审会或初步设计专家论证会、基坑围护设计专家论证会等。

(2)有一系列的征询意见和审核,如方案设计要征询卫生防疫、交通、绿化、消防、民防、规划等部门意见;扩初设计要经抗震办、消防、绿化、卫生防疫、交通、民防工程、人民防空、建委等的审核;施工图要经过审图机构、防雷设计、卫生防疫、交通、绿化等主管部门审查;装饰图纸送公安分局消防监督处审核。

(3)有一系列招投标,如设计招投标、勘察招投标、监理招投标、造价招投标、施工招投标、材料设备招投标、检测招投标、监测招投标等。

(4)有一系列配套报批手续要办理,如施工现场拆除、清障、移绿、路名门牌、开辟出入口、施工临时用水、排水、用电等"三通一平"配套手续。

在各种技术条件(工程地质和水文地质勘查报告、施工图纸等)、组织条件(施工单位、监理单位、招标代理单位、造价咨询单位等)、资金条件(施工合同签订后的首付款)、场地条件和配套手续条件准备完成后,该工程即具备了开工条件。

3. 建设项目开工后管理

项目进入正式施工阶段。主要任务是持续的根据项目实际情况,细化调整《项目管理规划》中相应的进度目标/计划、质量目标/计划、投资目标/计划等,并建立有效的监督和控制系统,确保项目管理方、承包方、监理方等参与方的投入能够满足建设单位在进度、成本和质量等方面的目标要求。逐级负责,层层把关,通过一系列管理体系 PDCA 的循环,保持项目的顺利运转。

在项目策划时,就建立变更控制程序及索赔控制程序。在项目实施过程中,及时积累有关资料,作为合同管理和竣工结算依据。

建设项目开工后主要工作见图 14-5 所示。

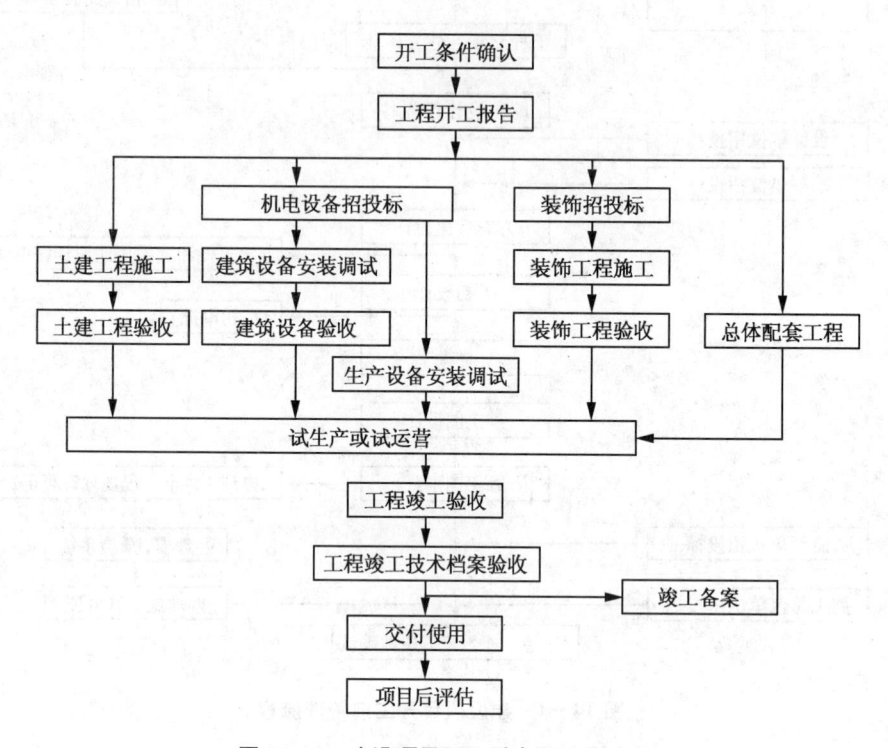

**图 14-5　建设项目开工后主要工作流程**

可进一步深入分解的工作流程有:(1)设备调试流程;(2)试生产或试运营流程;(3)竣工验收流程;(4)保修阶段工作流程;等等。

(二)按项目管理职能领域分解的流程

除了从项目时间阶段的维度来表述项目管理的工作流程,项目管理的工作流程还可以从职能领域来分析。有以下内容:

1. 设计质量管理流程。对设计质量管理流程再往下细分,可分解出方案设计质量管理流程、初步设计质量管理流程、施工图设计质量管理流程和专项深化设计质量管理流程等。

2. 工程变更管理流程。

3. 施工质量管理流程。对施工质量管理流程继续往下细分,可以分解出施工准备阶段质量管理流程、施工阶段质量管理流程等。

4. 安全管理流程。

5. 进度管理流程。对进度管理进一步细分,可以有设计阶段进度管理流程、招投标阶段进度管理流程、施工阶段进度管理流程等。

6. 费用管理流程。对费用管理往下细分,可以有决策阶段费用管理流程、设计阶段费用管理流程、招投标阶段费用管理流程、施工阶段费用管理流程、收尾阶段费用管理流程等。

7. 采购管理流程。

8. 文档管理流程。文档管理流程包括一般文档流转流程、收文流程、发文流程、设计文档流转流程、设计图纸管理流程、材料设备采购文档管理流程、合同文档管理流程、报批配套文档管理流程等。

9. 员工培训管理流程。

## 四、工程建设项目管理的组织

建设项目管理组织(简称项目部)适应工程建设项目时间跨度长的特点,在不同的阶段,配置不同岗位和数量的团队成员,充分体现柔性化的特点。

项目部内部一般是职能式组织结构形式。在项目前期决策阶段,项目经理带领前期经理、报批配套经理和文档信息管理工程师几人,组成小而精的管理团队开展工作。

到了项目立项以后,根据项目的进展和项目管理的深入,项目部陆续增加人员配置,充实到相应的岗位上,如:设计管理经理(简称设计经理)、造价管理经理(简称造价经理)、采购合同经理等。根据项目规模和工作量具体情况,必要时,采购合同经理岗位可由2人分担,即采购经理和合同经理;同样,项目经理之下可以设置项目副经理,或常务副经理,或项目经理助理。项目经理和项目副经理两人中有一人要主持项目协调管理工作。

项目管理没有唯一正确的模式,适合的就是正确的。

到了施工准备阶段,施工管理经理(简称施工经理)需要就位了。图14-6就是实施阶段的项目部组织结构形式。前期经理的任务基本结束,可以离开项目部。

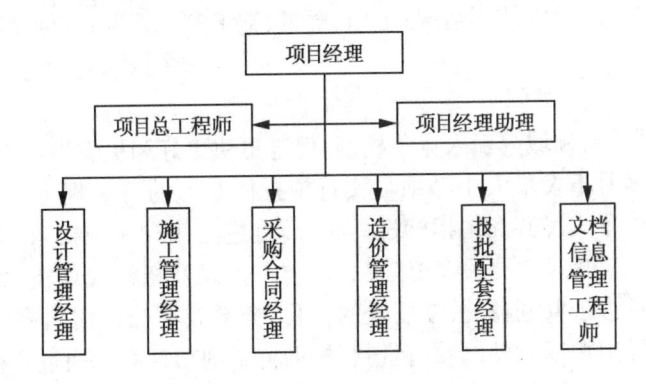

图14-6 典型的项目部组织结构

## 第四节　我国现行工程建设项目的管理体制[①]

我国改革开放以来,随着计划经济向市场经济的转轨,整个经济管理体制的改革从广度和深度两个方面在不断进行。最重要表现在现代企业制度的推行,投资体制的完善,融资渠道的扩大,一系列为企业服务的中介机构的兴起,各种风险约束制度的建立等。我国工程建设项目的管理体制正是在这种改革总体形势下逐步形成的,并吸收了经济体制改革的成果。我国现行工程建设项目管理体制由下列主要制度所构成。

### 一、项目法人责任制

我国 1996 年发布了《关于建设项目法人责任制的暂行规定》。这是为了建立投资约束机制,规范项目法人行为,明确其责、权、利,提高建设水平和投资效益,规定国有单位基本建设大中型项目在建设阶段必须组建项目法人。

项目法人制,也即法人投资责任制,是按照现代企业制度引申出的投资制度。其核心内容是体现"谁投资、谁负责、谁决策、谁承担风险、谁享有权利"的责权利相统一制度。法人投资责任制要求首先明确投资责任者,即项目法人,先有法人后进行项目建设,由法人对建设项目的论证、建设资金的筹措、生产经营、借款本息的偿还以及投资盈利负全部责任。

由原有企业负责建设的大中型建设项目,需设立子公司的,要重新设立项目法人;只设立分公司或分厂的,原企业法人即是项目法人。

按照项目法人制规定:凡应实行项目法人责任制而没有实行的工程建设项目,国家投资计划管理部门不准批准开工,也不予安排投资计划。

项目董事会对项目总经理进行考核;各投资方对董事会成员进行考核;国家有关部门对项目法人进行考核,并实行任职和离职的审计。国家主要考核的方面包括:项目在投资与建设中执法情况;计划执行情况;投资使用情况;工期、质量、施工安全情况;环保情况。

### 二、招标投标制

为了在工程建设项目领域内引入竞争机制,促进更快更好和更省地建设既定工程项目,原国家计委于 1997 年 8 月下发了大中型项目实行招投标制度的有关规定。1999 年,全国人民代表大会又通过了《中华人民共和国招标投标法》。上述法律和法规要求:大中型建设项目的勘察、设计、建筑安装、监理和主要设备、工程总承包单位以及招标代理机构,还有大型基础设施、公用事业等关系社会公共利益、公众安全的项目,全部或部分使用国有资金投资或者国家融资的项目;使用国际组织或者外国政府贷款、援助资金的项目必须通过招标投标确定。招标投标不受地区、部门、行业的限制,任何地区、部门和单位不得进行保护。招标投标的活动应遵循公平、公开、公正和诚实信用的原则。招标投标必须严格按照规定程序进行。

招标分为公开招标、邀请招标等形式。

建设工程招标的基本程序主要包括:落实招标条件、委托招标代理机构、编制招标文件、发布招标公告或投标邀请书、资格审查、开标、评标、中标和签订合同等。

---

[①] 高年级和研究生选用。

## 三、工程建设监理制

工程建设监理制就是工程监理单位受建设单位委托,根据法律法规、工程建设标准、勘察设计文件及合同,在施工阶段对建设工程质量、进度、造价进行控制,对合同、信息进行管理,对工程建设相关方的关系进行协调,并履行建设工程安全生产管理法定职责的服务活动。

按合同约定在勘察、设计、保修等阶段提供服务活动。

1989年7月28日,建设部颁发了《建设监理试行规定》,使建设监理制度在我国的推行有了法规依托。1990年9月,建设部发布了《关于加强建设监理培训工作的意见》。1992年6月,建设部发布了《监理工程师资格考试和注册试行办法》。建设部、原国家计委于1995年12月颁布了新的《工程建设监理规定》。这样,工程建设监理制作为我国工程建设项目的一种管理体制得到了真正确立和普遍推行。

1998年3月起施行的《中华人民共和国建筑法》第三条规定"国家推行建筑工程监理制度"。这是我国第一次以法律形式对工程监理做出规定。成为工程项目法定的5个(现为7个)参建主体单位之一。这样使我国在工程建设项目的管理体制上与国际工程建设领域的国际惯例开始接轨。

通过20多年的推广发展,监理范围不断扩大,基本涵盖了建设工程的各个领域。但现实情况下,我国工程建设监理单位目前主要在工程项目施工阶段监理,重点放在工程现场施工质量控制和安全管理上。

## 四、合同管理制

市场经济重交易行为,而进行交易的双方要遵守规则、程序、规范和规定。正是双方订立的合同明确了双方的权利、义务、责任以及各种规则、程序、规定,要促进交易实现、经济发展,必须重视合同。特别是工程建设项目,它的规模宏大,涉及的企业单位多,建设周期长,投资额巨大,决策、设计、施工、监理涉及的工作面广、工程复杂性高,特别是工程实体的质量一旦形成,如有重大缺陷,是不可修复的。这就注定了必须要用合同来约束双方的行为,用合同来促进责任和任务的完满实现,借此保证工程建设项目最终成果达到建设方和使用方的放心和满意。

我国从1991年起,建设部和国家工商总局相继联合颁发了《建设工程勘察合同示范文本》、《建设工程施工合同示范文本》、《工程建设监理合同示范文本》、《建筑装饰施工合同示范文本》,但现行的合同文本均为推荐使用文本。《中华人民共和国合同法》于1999年10月1日起施行,具有法律效力的合同管理制在工程建设项目中更加广泛、更加规范地推行。

改革开放以来,国际咨询工程师联合会(FIDIC)的菲迪克合同条件(FIDIC Contract Conditions)在我国建设工程领域不断推行使用。特别是中国建筑企业走出国门,在国际大舞台上显身手,更要在菲迪克合同条件的轨道上,按照国际惯例对施工合同进行管理。

## 五、勘察/设计/施工总承包负责制

《中华人民共和国建筑法》(以下简称《建筑法》)第24条规定:"提倡对建筑工程实行总承包,禁止将建筑工程肢解发包。建筑工程的发包单位可以将建筑工程的勘察、设计、施工、设备采购一并发包给一个工程总承包单位,也可以将建筑工程勘察、设计、施工、设备采购的一项或者多项发包给一个工程总承包单位;但是,不得将应当由一个承包单位完成的建筑工程肢解成若干部分发包给几个承包单位。"

就是说一个工程项目的勘察必须由一家勘察单位承接,一个工程项目的设计必须由一家设计单位承接,一个工程项目的施工必须由一家施工单位承接。也可以将一个工程项目的勘察、设计、施工、设备采购中的部分几项或全部由一家单位承接。承接单位就是总承包单位。

《建筑法》还规定:建筑工程总承包单位经建设单位认可,可以将承包工程中的部分工程分包给具有相应资质的分包单位。

建筑工程总承包单位按照总承包合同的约定对建设单位负责;分包单位按照分包合同的约定对总承包单位负责。总承包单位和分包单位就分包工程对建设单位承担连带责任。

大型复杂工程可以由两个以上的承包单位联合共同承包。共同承包的各方对承包合同的履行承担连带责任。

现行的建筑市场管理不允许任何一个建设工程项目没有勘察(总)承包单位,或者没有设计(总)承包单位,或者没有施工(总)承包单位。但勘察和设计可以按不同的阶段作为几个子项目操作。如:规划勘测阶段;初步勘察(简称初勘)阶段;详细勘察(简称详勘)阶段;规划设计阶段/总体设计阶段;方案设计阶段/工艺设计阶段;初步设计阶段/基础设计阶段;扩大初步设计(简称扩初设计)/技术设计阶段;施工图设计阶段/详细设计阶段等。

委托方可以分阶段发包给不同勘察设计单位承接,但合法不等于合理。

### 六、项目经理责任制

项目经理是企业法定代表人在项目上的代理人,以施工项目为例,项目经理对施工项目全过程的质量、安全、进度、成本和环境全面负责。

《建设工程质量管理条例》第 52 条规定:施工项目经理是建设项目施工质量的直接责任人,应当根据企业法定代表人的授权,对施工项目实施全过程管理。

推行项目经理责任制是为了满足客户的需求,实现项目的各项目标,使公司的资源得到充分合理的利用,在落实公司各项规章制度的轨道上,施工项目的质量和安全得到有效保障,进度、成本和环境得到合理控制。

为了更好地实现项目效益,施工项目以项目经理责任制为基础,公司进行全方位的支持和监督,以确保施工项目的顺利进行。公司与项目经理协定共同的目标,共创双赢。

从法律层面上讲,在建的施工项目无论是哪个项目经理负责施工管理,均由企业法定代表人承担责任。而项目经理承担直接的管理责任。

### 七、工程质量责任终身制

《建设工程质量管理条例》第 77 条规定:建设、勘察、设计、施工、工程监理单位的工作人员因调动工作、退休等原因离开该单位后,被发现在该单位工作期间违反国家有关建设工程质量管理规定,造成重大工程质量事故的,仍应当依法追究法律责任。

### 八、施工图审查制

《建设工程质量管理条例》第 11 条规定:建设单位应当将施工图设计文件报县级以上人民政府建设行政主管部门或者其他有关部门审查。施工图设计文件审查的具体办法,由国务院建设行政主管部门会同国务院其他有关部门制定。

施工图设计文件未经审查批准的,不得使用。

各地根据现实资源情况,采取不同的操作方式实施。资源比较多的地区按市场化模式或半市场化模式进行,如上海授权一批有资质的审图机构进行操作;其他地区也有集中式的,由政府主管部门依托专家库通过一个窗口操作。一般是属于专业技术资源比较有限的地区。

### 九、重大项目稽查特派员制

《建设工程质量管理条例》第45条规定:国务院发展计划部门按照国务院规定的职责,组织稽查特派员,对国家出资的重大建设项目实施监督检查。

### 十、工程质量监督管理制

《建设工程质量管理条例》第43条规定:国家实行建设工程质量监督管理制度。国务院建设行政主管部门对全国的建设工程质量实施统一监督管理。

县级以上地方人民政府建设行政主管部门对本行政区域内的建设工程质量实施监督管理。

### 十一、工程质量备案制

实行建设工程竣工验收备案管理制度后,政府对建设工程从微观监督转变为宏观监督,从阶段性监督到全过程监督,从直接监督变为间接监督,从而正确界定了政府对工程质量的监督管理责任。质量监督机构对工程质量承担监督工作质量责任。参建各方承担自己的质量责任。真正做到"谁建设谁负责,谁监督谁负责,谁设计谁负责,谁施工谁负责"。

政府授权的质量监督机构将工程质量监督的工作重点转移到监督工程参建各方的质量行为、工程结构安全、使用功能的重要部位、工程竣工验收等主要工作上。

质量监督机构变直接管理为重点监督,变具体指导为宏观把关。质量问题的出现,不应视作是质量监督人员的过错,而发现质量问题应是质量监督人员的工作职责和工作业绩。

质量监督机构的职能是检查并督促建设、勘察、设计、施工、监理、检测、审图七家主体单位承担他们各自的工程建设质量责任和义务。保障结构安全是质量监督职能最基本的要求,是对人民负责的底线。

### 十二、建设用地规划/建设工程规划/施工许可制

2015年4月24日生效的《中华人民共和国城乡规划法》(2015年修正)第37～39条规定,在城镇以划拨方式或出让方式获取国有土地使用权的建设项目需得到有关部门的批准、核准和备案后领取建设用地规划许可证。

《建设用地规划许可证》是经城市规划行政主管部门确认建设项目位置和范围符合城市规划的法定凭证,是建设单位用地的法律凭证。

《建设用地规划许可证》第40条规定,取得了建设用地规划许可证后,建筑物、构筑物、道路、管线和其他工程建设的各类(新建、改建、扩建、翻建)建设项目方可去申办建设工程规划许可证。

《建设工程规划许可证》是有关建设工程符合城市规划要求的法律凭证,是建设单位建设工程的法律凭证,是建设活动中接受监督检查时的法定依据。

住房城乡建设部发布的于2014年10月25日起施行的《建筑工程施工许可管理办法》规定施工许可证的申领依据、条件、程序、期限和管理要点。

### 十三、从业资格与资质制

职业资格包括从业资格和执业资格。

从业资格是政府规定技术人员从事某种专业技术性工作的学识、技术和能力的起点标准。它可通过学历认定或考试取得。

执业资格是政府对某些责任较大、社会通用性强、关系公共利益的专业技术工作实行的准入控制，是专业技术人员依法独立开业或独立从事某种专业技术工作学识、技术和能力的必备标准。它通过考试方法取得。考试由国家定期举行，实行全国统一大纲、统一命题、统一组织、统一时间。

从业资格证书（Vocational Certificate）由劳动部门发证，而执业资格证书（Professional Certificate）由人事部门发证，从业资格是国家推行就业准入制度的证书，所有行业都必须持证上岗，而执业资格是某些特殊行业从业的资质证明。

中共中央、国务院《关于进一步加强人才工作的决定》指出："专业技术人才的评价重在社会和业内认可。以打破专业技术职务终身制为重点，研究制定深化职称制度改革的指导意见。全面推行专业技术职业资格制度，加快执业资格制度建设。积极探索资格考试、考核和同行评议相结合的专业技术人才评价方法。发展和规范人才评价中介组织，在政府宏观指导下，开展以岗位要求为基础、社会化的专业技术人才评价工作。积极推进专业技术人才执业资格国际互认。"

### 十四、安全生产责任制

《中华人民共和国安全生产法》（以下简称《安全法》）对生产经营单位的安全生产保障、从业人员的安全生产权利义务、安全生产的监督管理、生产安全事故的应急救援与调查处理作出了详细规定。

安全生产工作应当以人为本，坚持安全发展，坚持安全第一、预防为主、综合治理的方针，强化和落实生产经营单位的主体责任，建立生产经营单位负责、职工参与、政府监管、行业自律和社会监督的机制。

生产经营单位必须遵守《安全法》和其他有关安全生产的法律、法规，加强安全生产管理，建立、健全安全生产责任制和安全生产规章制度，改善安全生产条件，推进安全生产标准化建设，提高安全生产水平，确保安全生产。

生产经营单位的从业人员有依法获得安全生产保障的权利，并应当依法履行安全生产方面的义务。

国家实行生产安全事故责任追究制度，依照《安全法》和有关法律、法规的规定，追究生产安全事故责任人员的法律责任。

### 十五、工程竣工验收制

《建筑法》规定，建筑工程竣工经验收合格后，方可交付使用；未经验收或者验收不合格的，不得交付使用。

《建设工程质量管理条例》规定，建设单位收到建设工程竣工报告后，应当组织设计、施工、工程监理等有关单位进行竣工验收。

根据《城乡规划法》、《消防法》等法律法规规定，建设工程竣工后须进行规划、公安消防、环保等验收。

《建设工程质量管理条例》规定，建设单位应当自建设工程竣工验收合格之日起15日内，将建设工程竣工验收报告和规划、公安消防、环保等部门出具的认可文件或者准许使用文件报建设行政主管部门或者其他有关部门备案。

### 十六、工程质量保修制

保修期限应当按照保证建筑物合理寿命内正常使用，维护使用者合法权益的原则确定。具体的保修范围和最低保修期限，按照国务院《建设工程质量管理条例》第40条规定执行。

保修范围：应包括地基基础工程、主体结构工程、屋面防水工程和其他土建工程，以及电气管线、上下水管线的安装工程、供热、供冷系统工程等项目。

最低保修期限：基础设施工程、房屋建筑的地基基础工程、主体结构工程为设计文件规定的该工程的合理使用年限；屋面防水工程、有防水要求的卫生间、房间和外墙面的防渗漏为5年；供热和供冷系统为2个采暖期和供冷期；电气管线、给排水管道、设备安装和装修工程为2年。

## 第五节　工程建设项目管理案例分析

### 一、二滩水电站建设项目概况

二滩水电站工程是我国20世纪建成的最大的水电站，它位于四川省西南部，是长江上游金沙江一条支流雅砻江上的一个梯级电站。二滩水电站工程共用世界银行贷款（包括由世界银行担保的联合融资）12亿美元，为世界银行有史以来最大的项目贷款。二滩水电站于1991年9月14日正式开工，1993年11月26日提前14天截流，1998年8月第一台机组发电，同年11月第二台机组发电，次年其余四台机组相继投产，比预定工期提前一年。电站于2000年全部竣工。工程质量优良，得到业内人士一致称赞。

二滩水电项目的业主是于20世纪80年代末组建的二滩水电开发公司，它是由原国家能源投资公司和四川省政府各出资50%组建的大型全民所有制企业，具有法人资格，负责该项目的融资、建设、经营和还贷。1995年2月，国家开发投资公司、四川省投资公司和四川省电力公司按照我国《公司法》和其他相关的法律法规，本着利益共享、风险共担的原则，正式签订了"合资建设二滩水电站协议书"，同意共同投资建设经营二滩水电站，将原二滩水电开发公司改组成为二滩水电开发有限责任公司。公司通过积极建立现代企业制度，全面落实项目法人责任制，大胆引进与国际接轨的现代化的项目建设管理制度，注重区域经济开发与发展的可持续性，为我国新时期大型工程建设项目的管理做出了有益的探索，也积累了许多宝贵的经验。

### 二、二滩水电站建设项目管理

#### （一）全面落实项目法人责任制

二滩水电项目在项目管理中实行了建设与经营为一体的项目法人责任制。承担项目的业主从一开始建设时就考虑了工程建设债务的还本付息和投资的盈利问题，承担投资风险，从而在宏观层次上建立起有效的国有资产投资责任约束机制，在微观层次上建立起自我发展、自我约束、讲求效益的企业运行机制。

1987年组建的二滩水电开发公司是二滩水电建设项目的业主,其任务是负责筹措国内外资金,利用国际招标的方式建设二滩水电站,严格控制工程的实际投资,并在电站建成投产后,负责电站的经营管理,以合理的价格向四川电网售电,以其收益负责偿还内、外资建设贷款的本息,并用以继续开发雅砻江流域及四川省境内的其他水力资源,实现资产的保值与增值目的。

在实际运行中,该公司在三个方面较好地完成了原定的任务:

(1)在复杂的国际环境和较为不利的宏观经济背景下成功地筹集了项目建设所需的巨额资金,保证项目建设的如期进行。

(2)强化工程建设的过程管理,严格控制工程的实际投资规模,最终整个工程的实际投资略少于工程概算,这在我国传统的计划体制下是很少见的。

(3)注重经营,做好周边地区的电力市场研究,及时做好还贷准备。

(二)全面运用国际公开招标模式

二滩水电工程宏大,技术先进,部分资金来自世界银行贷款,按世界银行规定要实行国际招标。二滩公司在科学合理地对工程进行分标的基础上进行了国际招标。二滩主体工程分两个标:一标主要承担大坝等地面工程;二标主要承担地下工程。最后,由两家意大利公司、两家法国公司和中国水电八局组成的中外联营体中了一标,其中水电八局占有15%的股份。由两家德国公司和葛洲坝工程局组成的中德联营体中了二标,葛洲坝工程局占有33%的股份。国外承包商中标后立即运来了价值3亿美元的施工机械,带来了中国工程局未曾见过的一些先进技术,施工现场布置紧凑合理,严格按合同进行了施工管理。

二滩永久机电设备国际招标共有十大项,包括6台水轮发电机组、计算机控制系统等,利用世界银行贷款约2.03亿美元。在6台水轮发电机组招标时,因为当时国内能制造的最大单机容量仅为32万千瓦,尚不具备制造55万千瓦机组的生产能力。为了保证机组质量,维护业主根本利益,又能通过二滩建设引进技术,促进国内民族机电工业的发展,二滩公司创造性地提出了"斜向切割"的采购构想,即将参与投标的资格定为40万千瓦水轮机或44万千伏发电机并有成功运行两年以上的经验,成功制造过30万千瓦机组的制造厂家可以参与分包。主承包商对6台机组质量负责,合同价中部分以人民币支付,并在招标文件中对6台机组主要部件的制造份额按"斜向切割"(即6台机组从第一台到第六台逐步增加国内制造份额)作了具体规定。通过激烈竞争,加拿大GE公司中标,中国东方电机厂和哈尔滨电机厂作为合作伙伴。

通过公平竞争,二滩水电站工程选择到了最优的承包商、供货商和制造商,为工程质量的保证、施工工期的控制、设备的供货及效率的保证奠定了基础。如水轮机组的招标,不仅为中国成功地引进了55万千瓦水轮发电机组的设计和生产技术,使我国水轮发电机组的生产水平由32万千瓦登上了55万千瓦的新台阶。二滩机电设备招标取得很大成功,世界银行评估招标价为1.89亿美元,中标的标价为1.41亿美元,节省了主机造价的25%。主机设备平均价格由5 727美元/千瓦降低为4 317美元/千瓦。通过外国承包商引进了世界上最先进的技术设备和先进的现场施工布置、管理方式,加快了工程建设进度,建设工期比设计工期提前了21个月。这可以为公司带来直接经济效益超过180亿元,其中,发电收入130亿元,少支付贷款利息52亿元。此外,可以提前向国家交税24亿元,为投资各方发放红利约4亿元,并带来了许多间接的社会经济效益,比如缓解四川省的电力紧张状况、加快建设资金的回收速度,等等。二滩机电招标"斜向切割"方法获四川省软科学二等奖,并为三峡电站机电招标提供了借鉴。

### （三）实行工程建设监理制度，建立工程进度、质量控制系统

工程建设监理制就是通过监理工程师来处理业主与承包商之间的合同事宜，工程师负责监理合同的执行情况和业主对承包商的支付，主要的任务是工程进度控制、资源控制、质量控制和现场施工的协调。二滩水电工程的监理工程师单位是二滩工程公司，它是一个独立机构，在工程监理过程中必须保持公正性，既不能偏向作为业主的二滩水电开发公司，又不能偏向承包商，这样才能对合同双方进行有效的监督，使矛盾及时得到解决。

工程进度控制系统。为保证工程按合同工期施工，二滩公司对影响工程进度的因素实行全方位的控制和管理，包括积极筹措资金，保证工程内资供应；与设计院签订供图协议，督促设计院按工程进度要求提供图纸；建立设备采购供货保证体系，并对所有二滩机电设备从订货、生产到安装全过程进行计算机跟踪管理；及时解决工程中遇到的问题和合同争议；等等。所有这些措施对工程按合同工期施工起了有力的保障作用。

工程质量控制系统。二滩的工程质量根据业主与工程师的协议，全权授予二滩工程公司负责。工程师对每一道工序进行认真检查，每一块大坝砼必须由工程师签字后才能浇筑，工程师每月对衡量器具进行检查，要求误差小于 0.4%，对批准使用的混凝土配方输入电脑和实际使用进行核对。工程师对质量一丝不苟，绝不给大坝留下一点隐患。1996 年 8 月发生水泥和粉煤灰混储，造成 4 000 多方混凝土不合格。承包商要求采取办法补救，工程师坚决下令全部挖除，并采取措施杜绝以后类似事故发生。二滩工程质量优良，合格率达 100%，大坝型体误差仅为 ±23 毫米，小于理论允许值 40 毫米，达到了国际先进水平。几年来，大坝安全监测系统实测数据表明：大坝坝体位移、渗漏各项指标均小于设计值。

二滩水电开发公司通过采取这些措施保证了工程的预定进度，确保了工程的施工质量，消除了项目建成投产后的运营隐患，从而为项目的生产经营效益提供了保障。

### （四）按照国际惯例，全面实行合同管理

在二滩工程的施工过程中，每一项任务都由合同规定了各参与人的权利和责任，业主、承包商以及工程师的关系完全由合同规定。二滩工程总共签订了大大小小合同 2 000 多份，整个项目成为一个庞大的合同体系，其中最重要的是工程的国际合同管理，施工管理都围绕着这个合同体系进行。

二滩项目中所有的合同都遵循国际通行的惯例，依照国际土木工程施工合同条款（即菲迪克条款）范本制定。根据合同的不同性质，业主将所有合同区分为三种类型，以不同的方式签订不同类型的合同。第一，对于标的金额巨大、与项目成败关系重大、涉及的产品或服务非标准化的合同，业主采用了国际公开招标的方式选择合同人。而且，在制作标书、评标和合同谈判过程中，聘请国内外专家为业主提供咨询。第二，对于标的金额一般、涉及的产品和服务有标准化规范的合同，业主采用了广泛询价、择优谈判的方式签订合同。第三，对于标的金额相对很小，但数量却非常庞大的合同，业主委托给第三方代理签订和监督执行。

为了使二滩工程合同得到有条不紊地执行，业主首次在国内引进了 DRB(Depute Review Board)机构，它是由三方组成的纠纷评审组。业主和承包商各提名 1 名成员，再由这两名成员提名第三个成员。DRB 的作用就是在上法院之前裁决纠纷，尽可能地避免向法院申诉，节省业主与承包商的时间和精力。二滩公司运用 DRB 这种方式成功地应付了承包商的几次索赔，为国内基建项目的合同管理提供了经验。DRB 机构实际上是对菲迪克条款的补充，世界银行近年已经提出把 DRB 纳入世界银行贷款导则的建议。

二滩公司通过全面实行合同管理，既有条不紊地安排了整个工程的施工建设过程，确保了

工程的施工质量，又有效地避免和解决了有关各方之间的纠纷，保证了二滩工程的如期完工和交付使用，带来了较好的经济效益。

### （五）加强项目风险管理

水电工程施工中面临诸多风险，包括自然的、社会的和人为的风险。根据国际惯例，二滩工程从编制招标文件开始就注重对工程风险的管理，在招标文件中，贯彻了业主承包商风险合理分摊的原则，并要求承包商进行工程保险，转移和分散可能遇到的风险。二滩是中国水电工程中第一个进行工程保险的项目，按合同规定土建Ⅰ标、Ⅱ标承包商分别以自身和与业主联合的名义对本标工程投保工程一切险和第三者责任险，保险范围包括合同内的永久工程、业主提供的永久设备，承包商进入现场的施工设备和设施、工地范围内第三者。承包商还为其雇员投保雇主责任险，员工在雇用期间，出现意外及工伤由保险公司补偿。至1998年年底保险公司共赔偿各承包商雇主责任事故1 089万元人民币。风险管理对工程顺利实施起了重要作用。

### （六）做好区域生态环境保护工作

大型工程项目建设往往涉及环境和生态问题，水电工程对大范围生态环境的改变更是影响巨大。过去进行工程建设偏重于工程自身的经济效益，而忽略了对生态环境的保护。在世界银行的帮助下，二滩公司把水电开发适应可持续发展作为公司理念的重要组成部分，使环境及生态保护和水电规划及建设同步进行。

为了同步做好二滩的环境保护工作，减少建设期和建成后对环境的负面影响，公司在二滩筹建期间就完成了局部气候、滑坡和泥石流、人群健康等十个专题的调查和评价。工程开工以后，二滩公司成立了二滩环境监测中心，专门负责环境监测和管理。并对施工期"三废"及噪声污染、施工区人群健康、水土流失防治等进行专题研究并采取了相应的措施。二滩还特别进行了库区生物多样性的调查和保护工作，这在我国水电工程建设中也是首次。二滩工程建设中对环保工作的重视，使电站建设对环境负面影响极大地减少，而二滩电站的建成在提供清洁能源，改善局部气候，支援长江中、下游防洪斗争，促进攀枝花国家森林公园的建设，开发攀西地区旅游资源，改善攀西地区生态环境等方面已经产生了的明显效果。

## 思 考 题

1. 简述项目与工程的关系和区别。
2. 工程建设项目的概念及特征是什么？
3. 工程建设项目的建设程序是什么？
4. 工程建设项目管理的概念和内涵是什么？
5. 工程建设项目管理包括哪些内容？
6. 工程建设项目管理的程序是什么？
7. 工程建设项目有哪些分类方式？
8. 我国现行工程建设项目的管理制度主要有哪几种？

# 第十五章

# 技术改造项目管理

**本章要点**

技术改造项目是企业走内涵式扩大再生产的一种有效组织形式。本章简要介绍了技术改造项目的类型和特点，阐述了技术改造项目的建设程序，详细分析了技术改造项目的经济评价和国民经济评价的原则、内容、方法、程序等，并运用案例说明了技术改造项目经济评价指标的实际应用。最后，通过一个成功的企业案例阐述了技术改造项目的全过程管理要点。

## 第一节 技术改造项目管理概述

### 一、技术改造的概念

技术改造是指用先进的技术去改造落后的技术，是提高技术水平和经济效益的投资与建设活动。技术改造是在原有企业的物质技术基础上所进行的以内涵扩大再生产为主要特征的投资与建设活动，其本质是用先进技术取代落后技术。要深入理解技术改造的概念，有必要弄清楚技术改造与工程建设和设备更新之间的关系。

技术改造与工程建设既相互联系，又相互区别。主要表现在以下方面：从活动的起点或立足点来看，技术改造主要是在充分利用现有企业的厂房设备等固定资产的条件，用先进的技术去改造已经陈旧的技术。这也会出现固定资产新增情况，例如购置、安装新的设备，采用新的工艺技术等。而工程建设则是从无到有地建设起新的整体性固定资产的活动。在实际工作中，一般将土建工作量所占比重的大小作为区分技术改造与工程建设的依据之一。从提高经济效益的途径上看，技术改造主要是通过新技术、新工艺、新设备、新材料来改善现有资产存量的状况，增加资产存量的效益，以达到提高经济效益的目的。而工程建设则主要通过新增固定资产,扩大生产能力,以获取新增经济效益。从投资和建设的特点和效果来看,由于技术改造是在现有规模上进行的,它投资少、建设期短、见效快;而工程建设投资多,建设周期长,见效慢,但它对企业长远经济发展、生产力合理布局、产业结构与产品结构优化具有决定性意义。

技术改造也涉及设备更新问题。设备更新有两种:一种是简单更新,即是用与原有设备完全相同的新设备去替换已经损耗了的旧设备,恢复与以前完全相同的使用价值与功效;另一种是技术更新,是指在原有设备基础上注入新技术,从而提高了原设备性能、功能、效用及价值;或者是指用更高技术含量的新设备去代替原有设备。技术改造涉及的设备更新主要是设备的技术更新,更多的是设备技术更新的前一种情况。

## 二、技术改造项目及内容

技术改造项目是指经过批准,具有独立设计文件(或项目建议书或可行性研究报告)的技术改造工程,或企业、事业单位及其主管部门制定的技术改造计划方案中能独立发挥效益的工程项目。

正常情况下,技术改造项目在对企业进行简单再生产的同时还要扩大再生产。这种扩大再生产,绝不是外延式的,不是搞新的工程建设项目;而是内涵式的,在现有基础上的扩建、改建和设备技术更新的项目。因此,企业技术改造项目与投资和建设联系起来说,实质是扩建、改建和设备技术更新项目。

具体技术改造项目的内容包括如下:

1. 设备的更新改造。这是技术改造的中心内容。设备的改造包括设备的局部技术更新和增加新的技术结构。设备局部的技术更新是指用先进技术改变现有设备的局部结构;增加新的技术结构是指在原有设备的基础上增加新的装置,如在机床上增加电子和数控装置。

2. 工艺改造。这是技术改造的重要内容。是指用新的科技成就对产品的加工过程、制造方法进行改进和革新。生产工艺的改造内容包括:改造现有落后工艺,缩短加工过程,减少加工工序,创造新的工艺方法等。

3. 产品的改造。它是技术改造的主要内容。是指企业改造老产品的性能,即淘汰技术老化、性能和款式落后的老产品,使产品不断升级换代。

4. 节约和综合利用原材料和能源。改变能源消耗结构,综合利用原材料。

5. 厂房建筑和公共设施的改造。包括加固、翻修厂房,拓宽道路,修建仓库等生产设施;改建医院、托儿所、学校、文娱场所等公共设施。

6. 劳动保护和生态环境的改造。这是指对劳动条件恶劣,危及职工安全,影响生态环境的设施进行改造。

## 三、技术改造项目的类型

1. 按规模划分有大、中、小型

大型技术改造项目一般只保留厂房和其他建筑物,设备基本上全部更换;小型技术改造项目一般只是改进一台或者一组设备;中型技术改造项目介于两者之间,一般只涉及部分生产环节的改造。

2. 按目的划分有三种类型:挖潜配套型、扩建型、更新型

挖潜配套型是原有企业部分生产环节上的生产能力有富裕,该企业生产的产品又符合社会需要,因而要通过改扩建与更新改造以充分利用该环节富裕生产能力,使配套的综合的生产

能力扩大。

扩建型是指企业没有富裕的生产能力,为了使本厂为社会所需的产品生产能力有所扩大而进行的改扩建项目。

更新型是指局部或全部更新原有企业的设备,在原地或在新的地点进行配置,采用新技术、新工艺、新设备。

3. 按效果划分有三种类型:扩大生产能力型、提高生产效率型和增加经济效益型

(1)扩大生产能力型,主要是强化、改善企业生产的薄弱环节,或充分发挥其富余环节,并通过技术改造项目使企业各生产环节平衡,从而使企业综合生产能力扩大,更好满足用户和社会需要。

(2)提高生产效率型,主要是采用技术更先进和更大型化的设备,以提高企业的生产效率和劳动生产率。

(3)增加经济效益型,主要是采用新的工艺流程,新的工艺方法,新的操作方法,改进产品结构与功能,增加产品品种,提高产品质量,降低消耗和成本,改善产品的生产环境和使用环境,增加直接和间接的经济效益。

### 四、技术改造项目的特点

技术改造是与基本建设相对应的概念。技术改造和基本建设都属于固定资产的再生产。基本建设属于固定资产的外延扩大再生产,而技术改造属于固定资产的内涵扩大再生产。技术改造项目与新建项目相比具有以下特点:

1. 技术改造的对象是现有企业,不是另铺新摊子。技术改造是在现有企业的基础上进行的,因此,技术改造与现有企业在设备、资金、人员、技术和管理等方面密切相关。新增投资、新增资产一般要与原有资产相结合而发挥作用,因此,企业的技术改造项目应该以增量带动存量,以较小的增量投入取得较大的新增效益。

2. 技术改造项目与现有企业又是相对独立的。除企业进行总体改造外,一般技术改造项目并不涉及整个企业,其目的主要是维持和发展内涵的扩大再生产,而不是外延的扩大再生产。技术改造项目通过全面提高劳动生产率,达到提高经济效益的目的。

3. 技术改造项目主要通过技术进步来提高现有企业的生产要素的质量,如提高产品质量、降低能耗、合理利用资源、提高技术装备水平、改善劳动条件或减轻劳动强度、提高综合利用水平等;同时也包括适当地增加生产要素的数量,如扩大生产场地、增加生产能力等。

4. 技术改造项目的资金来源主要是企业的补偿基金,如固定资产的折旧、未分配利润。还可以从银行取得技术贷款及企业以债券、股票等形式的筹资。

5. 技术改造是一个永无止境的动态发展过程,任何一个企业要想得到不断发展,必须随着技术的不断进步和竞争形势的变化,不断进行技术改造。技术改造不是通过一、两个项目就能完成的,而是一个适应情况变化的不断进行的过程。

6. 技术改造具有复杂性的特征。技术改造项目建设与现有企业的生产经营同步进行,因此,技术改造要妥善处理生产和改造的关系。同时,由于生产经营的状况还在不断发生变化,因此,项目的效益和费用的识别、计算比较复杂。

### 五、实施技术改造项目的意义

1. 通过实施技术改造项目,促进企业走内涵或扩大再生产之路

扩大再生产是促进人类社会不断向前发展的动力。扩大再生产又分为外延扩大再生产和内涵扩大再生产。所谓外延扩大再生产，是指依靠生产要素的数量（如建设新工厂、扩大生产场地、增加设备数量和劳动力数量等）来扩大再生产。内涵扩大再生产则是通过技术进步和提高生产要素的质量（如采用先进的技术设备、优化原材料、提高劳动者素质、采用先进的劳动组织形式和工艺方法等）来扩大再生产。外延扩大再生产通常是建设新项目，而内涵扩大再生产是对现有企业进行技术改造，技术改造是进行内涵扩大再生产的主要形式。目前，我国已经形成了比较完整的现代工业体系和国民经济体系，我国应该将投资重点放到以内涵扩大再生产为主的技术改造上来。

2. 通过实施技术改造项目，促使企业产业结构、产品结构调整和优化

通过技术改造不仅可以实现产业的扩大、品种的增加和消耗的降低，还可以调整长线产业，发展短线产业，合理调整产业结构。在技术改造中可以采取产品方向的补救性转换和发展性转换等方式来实现产业结构的调整。补救性转换是指放弃生产无发展前途的产品，利用原有的资产改产前景乐观的产品，来适应产业结构的要求；发展性转换是指随着技术的不断进步，产品的不断发展所引起的企业产品方向或产品结构的转换。通过技术改造可以适应产业结构演进的规律，促进产业结构的优化。

3. 通过实施技术改造项目，提高投资效益和经济效益

首先，我国已建立了规模庞大的固定资产，我国还会继续新建一些工程建设项目。但已建成的庞大的固定资产，绝不可能全部推倒重来。如何发挥和提高这些固定资产的经济效益，是摆在我们面前的重要问题。

其次，从我国现实来看，我国产业的资产存量的层次低和结构不合理是影响我国经济效益提高的一个重要原因。统计数据表明，我国企业设备达到和接近同期国际先进水平的只有15%，属于国内先进水平的约占25%，有近2/3的设备即使按国内标准衡量也属一般和落后水平。一些设备早已超过了技术寿命，甚至超过了经济寿命，仍在超期使用。国有企业拥有自动化、半自动化生产线的只占2.5%左右。数控机床、机器人、机械手等高技术设备所占比例很低，因此加快对现有资产存量的技术改造，改善资产存量结构，提高资产存量素质，以提高企业经济效益和整个社会经济效益，显得十分必要，而且紧迫。最后，通过实施技术改造项目，确能达到提高综合经济效益的目的。主要因为：

（1）通过技术改造项目能节约投资。技术改造能充分利用原有基础设施，包括厂房、公共设施，从而节约投资。据有关统计资料，与新建项目相比，利用技术改造来增加新的生产力要节省61%左右的投资。

（2）通过技术改造能节约时间。一般来说，技术改造工期短、见效快。与新建项目相比，企业技术改造建设工期较短，一般当年就能发挥效益。

（3）通过技术改造项目能提高综合经济效益。企业技术改造可以利用现有的管理条件和生产条件，利用现有企业的协作关系和市场渠道。通过采用新技术、新工艺、新设备、新方法，不仅能增加新品种，增加产量，而且能降低消耗和成本，提高质量，特别是有利于减少和避免环境污染，从而提高企业经济效益和社会经济效益。

### 六、企业实施技术改造项目应遵循的原则

1. 必须从企业实际情况出发，采用先进、适用、可行的技术。也就是既具有国际领先水平又适合本行业、本企业的具体情况，在生产中能最充分利用现有资源，充分发挥现有人、财、物

诸要素的作用，经过企业全体职工共同努力、确实可实现的技术，可变成现实生产力的技术。

2. 技术改造必须有计划、有重点、有步骤地进行。企业的技术改造工作关系到企业长远发展目标。因此，技术改造必须要有计划、有重点、有步骤，绝不能盲目进行，否则会给企业的正常生产造成混乱和损失。特别是采用新工艺、新设备的技术改造项目，都会涉及生产过程的局部，暂时性停顿、中断，影响现有生产能力发挥。考虑到技术改造项目也需一定量投资额，以及企业筹资的方式和渠道不同，应该有重点、有步骤地实施技术改造项目。

3. 企业实施技术改造项目，要处理好以下几种原则关系：一是技改与新建的关系，绝不能把批准的技改项目，在实施中逐步演变成新建项目，那就是犯方向性、原则性错误。二是生产和技改的关系，一定要坚持边生产、边进行技改，两手同时抓紧，绝不能放松一边而抓紧另一边。三是处理好企业眼前利益、短期利益和长远利益的关系，要充分认识到技术改造项目实施能给企业带来稳定的长远利益。

## 第二节 技术改造项目基本程序

我国现行的技术改造项目建设程序和基本建设程序，从总体上看大体相同。但两者在程序的具体内容上有所区别。技术改造项目的建设程序包括循序渐进的三个阶段(见图 15—1)。

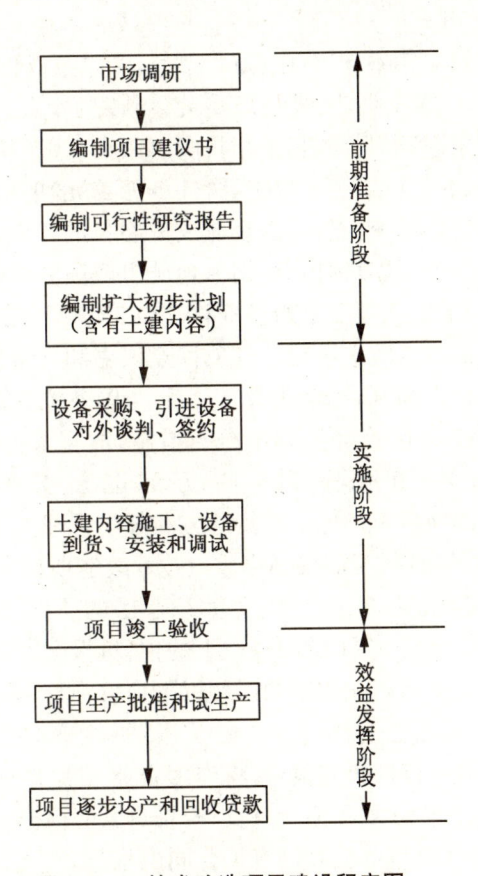

图 15—1 技术改造项目建设程序图

## 一、技术改造项目前期准备阶段

技术改造项目前期准备阶段包括以下内容。

1. 市场情况调研

市场调研是技术改造项目的前提,它运用科学的方法,有目的地、系统准确地收集、记录、整理和分析市场状况,研究市场的发展前景。市场调研的主要内容包括:分析消费者对现有产品的意见和态度;研究消费者对新产品的需求,分析市场容量,并预测市场的销售量;研究掌握竞争对手在产品需求和生产方面的动向,了解产品在国内外市场的竞争能力;分析项目的风险性,分析技术开发和新产品投放市场的有利时机。

2. 编制项目建议书

凡是进行技术改造项目,首先要根据行业技术改造规划,编制项目建议书,它是开展前期工作的依据。

3. 编制可行性研究报告

编制可行性研究报告要在科学的、充分的可行性研究的基础上进行。可行性研究报告的内容主要包括:项目由来和现有企业情况,投资的必要性和经济意义;需求预测和建设规模,国内生产能力调研和产品竞争能力估算;新增动力,原材料等供应可行性研究;选用的技术、工艺布局的合理性论证;与项目有关的职工培训;综合技术经济分析,资金来源和偿还贷款能力的分析;项目进度计划的安排。

技术改造项目按投资总额不同,分限额以上项目和限额以下项目,不同技术改造项目的内容和审批权限有所不同。1986 年,国家经济委员会颁发了《关于技术改造和技术引进项目管理程序的若干规定》,规定限额以上项目是指投资总额在 3 000 万元以上(含 3 000 万元)的技术改造项目,或外汇总额在 500 万美元以上(含 500 万美元)的引进技术改造项目。其项目建议书、设计任务书(或可行性研究报告),由企业或其委托的咨询、科研、设计单位负责编制,按企业隶属关系,送经省、自治区、直辖市、计划单列城市或国务院主管部门审查同意后,报国家计委、国家经委审批。限额以下项目是指投资总额在 3 000 万元以下的技术改造项目,或外汇总额在 500 万美元以下的技术改造项目。其项目建议书和可行性研究报告,由企业或其委托的咨询、科研、设计单位负责编制,按企业隶属关系,由国务院主管部门或省、自治区、直辖市和计划单列城市审批。1993 年国家经贸委出台新措施,放宽审批政策,提高技改投资限额,轻纺、机电项目的限额从 3 000 万元提高到 6 000 万元,能源、交通、原材料限额从 5 000 万元提高到 1 亿元。限额以下的项目审批也下放到地方和部门管理。

1999 年国家经贸委颁布《关于加快国家重点技术改造项目审批工作的通知》,进一步简化审批程序,规定固定资产投资在 2 亿元以上(含 2 亿元)的项目,由国家发改委审核后上报国务院审批;固定资产投资在 2 亿元以下的限额以上的项目,报国家发改委审批;限额以下的项目,报各省经委审批。凡符合国家产业政策的限额以下项目,属自筹及银行贷款解决资金,落实各项建设条件的项目,实行备案登记制。

经过主管部门批准的可行性研究报告,将作为企业开展下一步技术改造工作的依据。即作为:列入年度技术改造投资计划和银行审查、安排贷款的根据;可提供给项目设计单位、施工单位、提供设备单位作为与项目单位签订有关合同的根据;有引进技术和设备内容的项目,外贸公司才能对外签署有法律约束力的合同文件;项目建成后竣工验收条件。

有的技术改造项目,由于投资额不大,各方面情况比较明朗,编制项目建议书阶段和编制可行性研究报告阶段可以合并成一个阶段。

4. 初步设计和施工图设计

初步设计是以批准的可行性研究报告作为依据编制的,是技术改造项目组织施工和效益考核的主要依据。其主要内容包括:技术改造的理由和目标;产品纲领和多项技术经济指标;技术改造的主要内容;原材料、燃料、动力的增加量及外部协作条件;公用工程和辅助配套设施的补充;"三废"治理及综合利用;工程实施进度;企业技术改造后的经济效益分析;需要说明的其他问题;附图;概算;根据批准的初步设计进行施工图设计。

## 二、技术改造项目投资阶段

技术改造项目的投资阶段也称为项目实施阶段。其主要任务包括土建和设备两个方面。

土建方面主要是会审施工图,编制施工预算,进行技术交底,安排施工组织与施工力量,配备工装设备,编制施工作业进度计划和绘制网络图,安排临时设施,进行"三通一平"(路通、电通、水通、平整场地),编制建筑材料计划,安排构件加工,进行科学施工与管理,土建单项竣工验收和总体验收。

设备方面主要又分为设备制造与安装两项内容。设备制造可以根据本企业机械加工能力,安排本企业制造,委托外单位加工或订货,设备安装除安装设备外,还包括工艺管线的安装和动力、照明、给排水、通风、空调等方面的安装。设备安装后要进行调试和单机试车、联合试车,以及空运转。

项目实施阶段是技术改造全过程的关键一环。为了保证技术改造项目的工程内容、质量、总投资和工期,必须按照批准的初步设计和施工图的要求进行施工。如果需要变更工程内容,比如,要变更产品方案、投资、设计、规模、技术经济指标等,必须报请原审批单位核准,并正式行文后方可变更。

为了加强技术改造项目的实施管理,必须建立技术改造项目的招投标制度,建设单位必须对施工部门进行工程招标,包括单项工程招标、全套工程招标等方式对技术改造项目实行"五定三保",即定投资、定工期、定材料、定质量、定效益,保按时投产、保工程质量、保经济效益。

在项目的设备安装、调试的同时,应该同步进行设备验收的准备工作,如设备的档案资料、操作和维修管理办法等。

项目竣工验收是项目投资期中的又一重要阶段,是全面考核技术改造成果、检验设计和施工质量的重要环节。国家规定,凡列入技术改造计划的大中小型项目,按批准的设计文件内容建完或基本建完,生产性工程能按生产纲领生产合格产品,生产辅助设施、生活福利设施能适应投产初期需要,非工业建设项目能满足使用要求的,都应按照规定的程序进行竣工验收。

项目竣工后,应该按照可行性研究报告、初步设计所规定的内容和要求,编制项目的检查和验收文件,企业主管部门按照检查验收文件进行验收,编制竣工验收报告。技术改造项目通过竣工验收,则项目投资期可以告一段落。

## 三、项目效益发挥阶段

项目竣工验收后,项目就进入效益发挥期。这一时期大体分为项目试生产阶段和项目逐步投产达产阶段。试生产阶段视项目投资大小和技术难易程度不同,一般为半年到一年。投产达产一般为三年左右,也可能要四五年。

试生产阶段,要注意做好以下工作:保证设备的正常运转;培训工程技术人员和技术工人,建立培训合格上岗制度；建立符合新的生产工艺要求的质量管理体系；建立产品的营销、售后服务体系；提前安排好项目投产达产需要的生产技术准备工作。

投产达产阶段主要考虑以下几项工作：制定分年度投产达产计划；制定原材料、零部件的国产化计划，进一步降低生产成本；根据投产达产计划，在综合平衡企业经济效益的基础上制定逐年还贷计划。与此同时，研究和制定完成上述计划的措施、办法。在此期间，企业还要按照可行性研究提出的内容进行回顾对照，认真做好项目后评估工作，既为企业自身积累经验，也为宏观决策提供典型材料，并使今后的技术改造工作做得更好。

项目后评估工作主要应分析：(1)在整个项目建设时期，在技术、财务及管理等方面存在的问题，采取的措施及其措施的效果；(2)项目的市场需求预测与投产达产实际效益的差异，产生差异的原因，改进措施；(3)项目投资是否超支，产生的原因，节省投资的办法；(4)为获得更大效益，本项目还应该采取的进一步措施，项目还贷情况等。

## 第三节 技术改造项目经济评价

### 一、技术改造项目经济评价的特点

技术改造项目具有一般投资项目的共同特征，因此，一般投资项目的评估原则和基本方法也适用于技术改造项目，但由于技术改造项目是在现有企业的基础上进行的，这就涉及对原有固定资产的生产能力的利用及其估价，以及技术改造所引起的停产损失等问题。由于技术改造投资是追加的，与原有资产具有关联性，所以，在具体评估方法上又有其特殊性。

技术改造项目经济评估的特点有：

1. 项目目标的多样性导致评价方法的差异性

由于技术改造项目的目标具有多样性，有时目标单一，有时可能将几个目标组合起来以达到某种综合效益，项目评估应能反映技术改造项目的特定目标及收益。技术改造的目标不同，其效益可能表现在增加产量、扩大品种、提高质量、降低能耗、合理利用资源、提高技术装备水平、改善劳动条件或减轻劳动强度、保护环境和综合利用等其中的一个方面或几个方面。

2. 项目投资和费用估算的特殊性

技术改造项目要充分利用原有生产设备和公用基础设施及交通运输条件，再新增或改造少量设备与工程设施，因此，计算技术改造项目的投资额时，应该包括新增投资和原有固定资产的净值。对原有固定资产的估价应按重估价值或尚可卖得的市场价值计算，如账面价值基本符合情况也可采用。技术改造项目的经济评价应能反映出新建企业所没有的特殊费用。如因技术改造所引起的停产或减产损失，与技术改造有关的营业外损益等。

3. 项目财务评价和经济评价的复杂性

由于技术改造项目与现有企业在设备、资产、人员、经营成本、财务效益等方面密切相关，从而使技术改造项目财务效益的分析和评价工作更加复杂。技术改造项目评估原则上应采用"有无对比法"，即采用有项目和无项目的对比方法。一般需要设置三套评估基础数据，即有项目、无项目和两者之差的增量数据，计算两类经济效益评价指标，分别反映整个项目的总量效益及有项目和无项目的增量效益。

由于技术改造项目是在企业原有资产的基础之上进行的，一般来说，其净收益或净现金流量不易从企业总净收益或总净现金流量中分离出来,只能分别计算进行技术改造项目与没有进行技术改造项目的企业净收益或净现金流量,然后加以比较,得出增量净现金流量,据此来计算有关指标,进行技术改造项目的经济评价。这里必须弄清楚以下两点:

(1)技术改造项目的增量净收益,是有技术改造项目与无技术改造项目时的净收益之差值。

(2)由于无技术改造项目时,企业的净收益可能逐年发生递增或递减变化,因此,有技术改造项目的增量净收益可能出现以下三种情况:

①企业无技术改造项目,但市场有需要和企业有潜力,通过挖潜增产和节约,改善经营管理,企业的净收益逐年增长;有技术改造项目,可使企业净收益得到更大的增长。这时,技术改造后的增量净收益为两者之差值,如图15-2(a)所示。

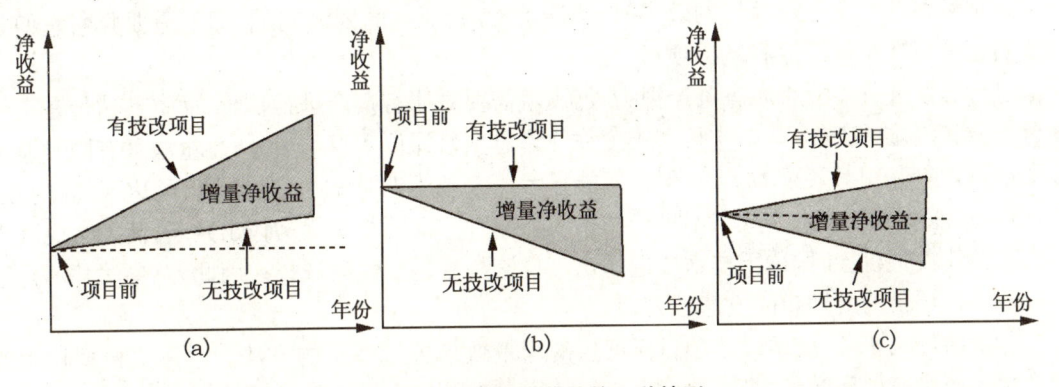

图 15-2 增量净收益的三种情形

②如果没有技术改造项目,由于设备老化,物耗增加,产品质量下降,销售收入减少,企业净收益将逐年下降;有技术改造项目后,产品质量提高,产品销售收入不再减少,物耗减少,使得成本也不再增加,从而能维持原来的净收益水平。这样,避免净收益下降部分,就是技术改造项目所增加的净收益,如图15-2(b)所示。

③如果没有技术改造项目时,企业净收益将逐年下降;如果有技术改造项目后,不仅避免了净收益下降,还可以比改造前增加,这时,增量净收益是下降部分与增加部分之和,如图15-2(c)所示。

## 二、技术改造项目经济评价的原则

1. 技术改造项目要符合国家的产业政策和有关行业的技术改造政策和技术装备政策;要符合地区总体发展规划和调整产业结构、产品结构的规划;要符合以内涵扩大再生产为主的要求。

2. 技术改造项目的经济评价应遵守费用与效益计算口径对应一致的原则。应把费用与效益的定量计算作为对技术改造项目经济评价的关键因素和核心内容。项目的计算应能确切地反映技术改造项目的特点和特殊费用。

3. 技术改造项目的经济评价一般以增量效益评价为主,并据此作为判断项目取舍的主要决策依据。只有当现有企业面临亏损或企业的净收益逐年下降的情况下,才需要同时作增量效果和总量效果评价。

4. 技术改造项目的经济评价原则上应采用"有无对比法"。有无对比法是国际上普遍采用的比较理想的对技术改造项目进行盈利能力分析的一种方法。

5. 对技术改造项目的经济评价,应对不同形式的效益进行综合评价,力求客观、全面和科学地评价该技术改造项目。

6. 为了提高技术改造项目经济评价的可靠性和客观性,需要进行不确定性分析,如盈亏平衡分析、敏感性分析等以增加决策的科学性,减少投资的风险。

### 三、技术改造项目经济评价方法

#### (一)总量法与增量法

所谓总量法,是从总量上衡量不进行技术改造和进行技术改造两种方案的效果,这有关决策的两个方案是互斥的。为此,我们可以首先计算这两个互斥方案的绝对效果,然后进行比较。分别考察这两个互斥项目的效果时,不涉及费用、效益的划分问题,即不需要判断它们是属于新建项目还是属于原有基础项目。

进行总量评价需要将原有资产视为投资,就需要对原有资产进行估价,而资产估价是一件十分复杂和困难的工作,其工作量和难度往往超过项目评价本身。另外,总量法虽有同时显示方案绝对效果和相对效果的优点,但是不能显示用于技术改造的"这笔投资"可达到的收益水平,因而只能对进行技术改造与不进行技术改造两种方案的相对优劣作出判断,而无法说明当存在有其他投资机会时,进行技术改造的这笔投资是否是最优的选择。因此,总量法并不是技术改造项目评价的最理想的方法。

所谓增量法,是对技术改造项目所产生的增量效果进行评价的方法。增量法根据技术改造产生的增量费用和增量收益,计算出它们的增量现金流量,然后根据增量现金流量进行增量效果指标计算,为是否进行技术改造作出决策。在增量法中,计算增量费用和增量收益相对简单一些,但是,增量法所体现的仅仅是相对效果,它不能体现绝对效果。增量效益是技术改造项目所增加的投资的效益,它并不反映企业原有资产的利用是否合理。

技术改造投资的一个重要目标是利用投入的增量带动原有资产存量的效率,则仅对技术改造进行增量效益的评价是不够的。如一个增量效益不错的技术改造项目,也可能由于原有资产的利用效率低下,抵消了增量效益,致使企业总量效益不佳。在这种情况下,仅根据增量效益来作出投资决策是不正确的,因此对技术改造项目,原则上有必要进行总量效益的评价。同样地,如只考虑企业的总量效益,而不考虑企业的增量效益,也不能保证项目决策的正确性,如一个技术改造项目的总量效益虽然好,但增量效益不好,说明技术改造项目的资源利用效率低下,没有起到增量带动存量的作用。这时,仅依据总量效益对项目作决策是不正确的。技术改造项目的总量效益和增量效益的关系,可由下式表达:

$$GNB = NB_0 + \Delta NB$$

式中:$GNB$ 为技术改造企业的总量效益;$NB_0$ 为企业不进行技术改造部分的效益;$\Delta NB$ 为企业技术改造的增量效益。

从上式中不难看出,如果企业改造后的总量效益好(如净现值为 200 万元),但增量效益不好(如净现值为 -70 万元),则企业不进行技术改造的经济效益必然大于改造后的总量效益(净现值为 270 万元,即 $NB_0 = GNB - \Delta NB = 200 - (-70) = 270$ 万元)。这说明技术改造的投资效益低下,不仅没有提高企业经济效益,反而损害了它的经济利益,所以,只进行总量效益评价是不能保证投资决策的正确性的。如果增量效益好(如净现值为 250 万元),总量效益不好(如净现值为 -150 万元),则企业应进行技术改造,因为企业效益不好(净现值为 -400 万元,即 $NB_0=GNB-\Delta NB=-150-250=-400$ 万元),这表明,技术改造对提高企业的经济效益还是起了作用,只是尚未提高到应有的水平(如总量效益净现值大于零)。这时企业实际面临关停并转的决策问题。根据以上分析,为了简化计算并保证投资决策的正确性,在满足以下条件之一的情况下,可以只进行增量分析,不必进行总量效益评价。

(1)如果企业不论是否进行技术改造,都不存在关停并转的可能性。

(2)如果企业不进行技术改造也能保证其经济效益收入现值大于零。

增量法的程序是:首先计算技术改造项目产生的增量现金流量,然后根据增量现金流量进行增量效果指标的计算,最后根据计算结果作出决策判断。

(二)增量现金流量的计算

增量现金流量的计算应采用有无对比法。有无对比法是对项目进行技术改造(有项目)和不进行技术改造(无项目)这两种方案在未来同一时间点(按项目寿命期或计算期)的费用和效益的现金流量进行预测和分析,将它们的差额作为增量费用和增量效益进行比较,以衡量项目技术改造的必要性及其在经济上的合理性。运用有无对比方法,应分别对有、无项目未来的现金流量进行预测,而不能假设无项目时的现金流量保持目前水平不变。

运用有无对比法进行增量计算时,可采用以下两种方法之一:

一是先计算技术改造后(有项目)以及不进行技术改造(无项目)两种情况下的效益和费用,然后通过这两套数据的差额(即增量数据,包括增量效益和增量费用),计算增量指标。需要注意的是,与现状相比,"无项目"情况下的效益和费用在计算期内可能增加,可能减少,也可能保持不变。必须预测这些趋势,以避免人为地低估或夸大项目的效果。另外,"有项目"和"无项目"两种情况下的效益和费用的计算范围、计算期应保持一致,具有可比性。为使计算期保持一致,应以"有项目"的计算期为基准,对"无项目"的计算期进行调整。

二是有些技术改造项目,如新增建生产线,新增一种或数种产品,其效益和费用能与原有企业分开计算的,可视同新增建生产线,新增一种或数种产品,其效益和费用能与原有企业分开计算的,可视同新建项目,直接采用增量效益和增量费用,计算增量指标。

1. 增量部分销售收入的计算

技术改造和改造投资项目的增量部分销售收入,可能来自扩大生产规模,增加产销量;也可能来自改善产品质量,提高产品售价;或改变产品结构,增加价格较高产品的产销量;更多的情况是几种因素综合在一起。这就给增量部分销售收入的计算增加了困难。一般情况下,增量部分销售收入有如下两种计算方法:

(1)增量部分销售收入与企业原有销售收入分开计算。如扩建独立车间、增加与老产品无关的新产品时,其增量部分销售收入就是技术改造投资项目新增的销售收入。

(2)增量部分销售收入与企业原有销售收入难以分开计算的,可分别计算有项目与无项目时的总销售收入,其增量部分销售收入为两者之差。例如,改变产品结构、增加新产品、淘汰某些老产品的改建改造投资项目,其增量部分销售收入,就可按新产品结构的总销售收入与老产品结构的总销售收入之差计算。又如,不增加产量只提高产品质量的技术改造投资项目,其增量部分销售收入,可按产品随质量提高实行优质优价而增加后的销售收入,即产品售价提高后的销售收入与售价提高前的销售收入之差来计算。

2. 增量部分投资支出的计算

在计算技术改造和改造投资项目增量部分投资支出时,既要考虑新增的固定资产投资支出,又要考虑新增的无形资产、流动资产和其他一次性投资支出。

新增固定资产投资支出,可按有项目与无项目的固定资产总投资之差计算,也可直接计算新增加的投资。在直接计算新增加的投资支出时,应扣除因改建、改造而拆除旧设备、旧厂房所得的变价净收入。

当技术改造投资项目用一次支付方式取得土地使用权和专利权、非专利技术时,应将它作为无形资产投资支出计入项目总投资支出。当项目增加固定资产投资时,一般也要相应地增加流动资产投资。特别在采用新工艺、新设备等技术改造方案时,都要增加一定数量的工具夹具。而工具夹具往往不够固定资产标准列入低值易耗品作为流动资产列入流动资产投资支出。在计算技术改造方案投资支出时,如果忽略了这部分投资的需要,就会人为地缩小了实际需要的投资支出。

在计算增量部分投资支出时还应包括与实现技术改造和改造有关的一次性支出,如生产技术准备费、科学研究费等。又如,实现某项新技术时,必须提高现有工人的技术水平,则为培训职工而发生的生产职工培训费,也应列入该项目的投资支出中。另外,因改建、改造所造成的停产损失,也应计算在投资支出之内。这些投资支出和停产损失,应作为递延资产,在投产后摊入产品成本。

3. 增量部分经营成本的计算

技术改造投资项目增量部分经营成本的计算,也与销售收入计算一样,凡对新增产品经营成本能与企业原有经营成本分开的,可单独计算增量部分经营成本。凡对增量部分产品经营成本难以与企业原有产品经营成本分开的,可分别计算有项目与无项目时的总经营成本,其增量部分经营成本为两者之差。这样,可避免重复计算或漏算。

在财务评价中,评价技术改造项目全部投资效益时,净现金流量计算公式为:

$$NCF = SR_n - I_n - C_n - ST_n - ET_n + SV_n + W_n$$

式中:$NCF$ 为净现金流量;$SR_n$ 为新增销售收入;$I_n$ 为全部新增投资;$C_n$ 为新增经营成本;$ST_n$ 为新增销售税金;$ET_n$ 为新增能源税;$SV_n$ 为项目寿命期末新增回收固定资金余值;$W_n$ 为项目寿命期末新增回收流动资金。

如果是利用国外贷款投资的技术改造项目,评价其国内投资的盈利效益时,其净现金流量为:

$$NCF = SR_n - D_{in} - C_n - ST_n - ET_n - PED_{pi} + SV_n + W_n$$

式中:$D_{in}$ 为新增国内投资额;$PED_{pi}$ 为偿还新增国外贷款的本金利息。

在国民经济评价中,评价项目全部投资国民经济效益时,净现金流量计算公式为:

$$NCF = SR_n - I_n - C_n + EE_n - EC_n + SV_n + W_n$$

式中:$EE_n$ 为项目新增外部效益;$EC_n$ 为项目新增外部费用。

如果是利用国外贷款投资的技术改造项目,评价国内投资的国民经济效益时,其净现金流量为:

$$NCF = SR_n - D_{in} - C_n - PED_{pi} + EE_n - EC_n + SV_n + W_n$$

(三)评分法

评分法是按规定的标准对选定的项目分别优劣计分并加总,根据总分多少,对项目进行评价的方法。这种方法对那些指标很难或不能用数量或货币额来反映,以及即使能够反映、但不便综合的情况比较适合。评分法是一种直观判断评价法,评价人员的专门知识和经验对评价的结果有很大影响,因而采用这种方法的关键是选择好合适的评价人员。

评分法的一般程序为:(1)选定评价项目。(2)对每个评价项目制定出评价该项目的各个指标,以及各指标评分等级和每个等级的评分标准。(3)评价人员根据自己的经验判断,按标准评分。(4)将各个评价项目的评价结果进行整理,求出该项目的总分值,然后对各项目的总分值进行比较并作出评价。实践中,求总分值的方法有以下三种:

1. 加法评分法。这种方法是把评价项目的各个指标所得分数值用加法累计,计算项目的总分,根据总分的多少确定优劣。其计算公式为:

$$F\sum = \sum_{p=1}^{p} F_p \text{ 或 } F = \frac{1}{p} \cdot \sum_{p=1}^{1} F_p$$

其中:$F\sum$ 为项目各项指标评分总和;$F$ 为各项指标总平均分数;$F_p$ 为每项指标所得的分数;$P$ 为被评价的指标数目。

2. 连乘评分法。这种方法采用把评价各指标所得的分数连乘求得总分。它可使各项目的总分差距拉大,较容易区分项目的优劣。由于互相连乘乘积太大,可进行开方,开方的次数就是被评价的指标数目,开方后所得分数值即每个技术方案的各项指标所得平均分数值,各项指标总分最多的项目为最优项目。其计算公式为:

$$F = \sqrt[p]{X_1 F_1 \cdot X_2 F_2 \cdots X_p F_p}$$

其中:$F$ 为项目指标平均总分;$F_p$ 为每项指标的分数;$X_p$ 为每项指标根据重要程度所确定的重要系数。

3. 加乘评分法。加乘评分法是用以上两种方法计算出来的平均分相加求得总分,以这个总分的多少来评定项目的好坏。

这种加乘混合法既可以对各个标准的不同重要程度进行计算评价,又可对各标准之间的评分差距大小进行计算评价。因此,无论对于什么情况都适用,尤其对得分差距和重要程度差异都很大的情况最为适用。其计算公式为:

$$F(加乘) = F(加) + F(乘)$$

其中:$F(加)$ 为用加法计算求得的项目各项指标的总分数;$F(乘)$ 为用乘法计算求得的项目各项指标的总分数。

## 四、技术改造项目经济评价的程序与评估指标

(一)技术改造项目财务评价的程序

1. 分析企业进行技术改造的必要性,明确技术改造项目的目标。
2. 确定技术改造项目和企业的关系,即是整体改造还是局部改扩建,以界定项目效益和费用的范围。
3. 制定技术改造项目的方案,包括产品方案、工程方案、实施方案。
4. 通过企业近三年的损益表、资产负债表和财务状况变动表分析企业财务状况和经营状况。
5. 制定项目资金筹措方案。
6. 预测企业不进行技术改造(即无项目)的效益和费用。
7. 预测企业进行技术改造(即有项目)的效益和费用,包括项目范围(或企业范围)内的总投资、成本及费用、销售(营业)收入等,编制各种基础数据辅助报表和过渡性辅助报表。
8. 编制损益表,计算项目的增量投资利润率和增量投资利税率等指标,进行静态盈利能力分析。
9. 编制现金流量表,计算增量投资财务净现值和增量投资内部收益率等指标,进行动态

盈利能力分析。

10. 编制资金来源与运用表和资产负债表,计算资产负债率、流动比率、速动比率等财务指标,进行清偿能力分析。

11. 进行不确定性分析和风险分析。

(二)技术改造项目财务评估的主要指标

1. 静态指标

$$新增投资收益率 = \frac{年净收益增量}{投资增量}$$

这里的年净收益增量是指技术改造后的某一正常生产年份的净收益与改造前年净收益对比的增量。

$$新增投资回收期 = \frac{投资增量}{年净收益增量}$$

2. 动态指标

(1)净现值(NPV)

$$NPV = \sum_{t=1}^{n} \frac{(CI_t - CO_t)}{(1+i)^t}$$

式中:$n$ 为项目寿命期;$CI_t$ 为年份 $t$ 年的新增现金流入量;$CO_t$ 为年份 $t$ 年的新增现金流出量;$i$ 为折现率。

(2)净现值率(NPVR)

$$NPVR = \frac{NPV}{新增投资额现值}$$

(3)内部收益率(IRR)

项目的内部收益率(IRR)是在整个经济寿命期内,项目逐年现金流入的现值和现金流出的现值相等时的折现率:

$$NPV = \sum_{t=1}^{n} \frac{(CI_t - CO_t)}{(1+i)^t} = 0$$

式中各字母的含义同前。

对 IRR 的计算,一般可采取试差法进行:

$$IRR = i_1 + \frac{NPV_1(i_2 - i_1)}{NPV_1 + |NPV_2|}$$

式中:$i_1$ 为当净现值为接近于零的正值时的折现率;$i_2$ 为当净现值为接近于零的负值时的折现率;$NPV_1$ 为采用低折现率 $i_1$ 时净现值接近零的正值;$NPV_2$ 为采用高折现率 $i_2$ 时净现值接近零的负数。

应注意 $i_1$ 与 $i_2$ 之差值不应超过 1%~2%,最大不超过 5%,否则折现率与净现值(NPV)之间不成线性关系。

**五、技术改造项目的国民经济评价的内容和程序**

项目的国民经济评价是从整个国民经济和全社会角度,来考察项目建成后需要国家付出多大代价及对国家经济能作出多大贡献,从而判断项目的经济合理性。项目的国民经济评价中费用与效益的内容和范围与财务评价时有所不同,因此,需要剔除无物质消耗的费用和无物质产出的效益。在对项目的国民经济评价中的价格也要根据机会成本和供求关系确定的影子价格,而不能采用市场价格。在评价中的主要参数也不能用官方汇率和规定的基准收益率,而要用其影子价格和社会折现率。因此,项目的国民经济评价的内容范围广,计算也比较复杂,其主要的程序是费用分析、效益分析、费用与效益比较分析。

1. 费用分析

进行费用分析一般有以下几个步骤:

(1)确定费用的各个要素,如原材料、设备能源、劳动力、土地等,避免因疏漏部分成本造成投资决策的失误。

(2)计算增量费用,运用"有无对比法",将有项目时的费用与无项目时的费用进行对比,计算两者之间的差额,这个差额就是增量费用。

(3)调整费用构成,对第一步所计算的费用要素进行如下调整:对利息、税收、折旧等不涉及社会资源实际消耗的部分,其转移支付部分要加以扣除,而对财务分析上未考虑的财政补贴要列入费用部分。因为税款、利息从财务角度分析是实际发生的,但从社会角度看,只是资金所有权转移,并不引起国民经济的资源消耗。反之,补贴从宏观角度来讲,是实实在在发生的支付,应计入费用。

(4)用影子价格调整市场价格。一般来说,项目投入品的影子价格是它的机会成本,项目产出品的影子价格,就是用户的支付意愿。对项目进行国民经济评价的着眼点是国民经济,因而确定影子价格的过程就是对国民经济在生产、交换、分配和消费过程中的全部环节及其相互制约、依赖关系的全面考察过程。加上国家资源可用量,政策变动及社会经济变化等不确定因素的影响,要精确确定影子价格是不可能的。根据简便实用的原则,国民经济评价中的影子价格一般要把资源分为外贸货物、非外贸货物、生产要素三大类,分别采取一定的换算方法将市场价格转化为影子价格。在分析时还要对使用的官方汇率调整为影子汇率。所谓影子汇率,实际是外汇的机会成本,是项目投入产出所减少或增加的外汇收入给国民经济带来的损失或收益。影子汇率有影子汇率法、转换系数法两种计算方法,但实际使用时,有国家统一规定、适时公布的参数。

通过以上的分析与调整,将财务成本转化为经济成本,就可以进行下一步工作。

2. 效益分析

项目社会效益分析的方法和步骤与社会费用分析相同,其内容如下。

(1)确认所有效益。项目社会效益是指由于项目的实施而对整个社会所做的贡献。它包括项目执行部门直接受益的内部效果和非项目执行部门受益的外部效果,如销售收入、供应能力扩大、质量改善而促使工业生产部门产值、利润、国民收入的增加,或者技术改造后而提高了受益地区的环境,增加了就业人数等。

(2)计算项目的增量效益。

(3)剔除非经济效益。将不能对国民经济作出新贡献的转移效益加以扣除,如利息收入、税收收入,以及由于取代其他项目而增加的收益。

(4)利用校正系数,对财务收益进行调整,转化为国民经济效益,以使其与经济费用有可比性。

3. 费用与效益比较分析

在对项目的财务成本和收益进行调整转化为经济费用与效益后,可以对项目进行国民经济评价。主要有如下指标:

(1)投资增量效益的经济净现值($ENPV$)

$$ENPV = \sum_{t=1}^{n} \frac{(\Delta B_s - \Delta I + B_p - \Delta C + \Delta B_c + \Delta B_E - \Delta C_E)_t}{(1+i_s)^t}$$

式中：$\Delta B_s$ 为技改企业 $t$ 年的销售收入增量；$\Delta I$ 为技改企业 $t$ 年的新增投资；$B_p$ 为企业 $t$ 年向社会出售或转让部分原有资产的经济价值；$\Delta C$ 为经营成本增量；$\Delta B_c$ 为寿命周期余值回收增量；$\Delta B_E$ 为外部收益增量；$\Delta C_E$ 为外部费用增量；$i_s$ 为社会折现率；$n$ 为寿命年限。

(2)经济内部收益率(EIRR)

$$EIRR = \sum_{t=1}^{n} \frac{(\Delta B_s - \Delta I + B_p - \Delta C + \Delta B_L + \Delta B_E - \Delta C_E)_t}{(1+EIRR)^t} = 0$$

如用插入法计算，则：

$$EIRR = EIRR_1 + \frac{ENPV_1(EIRR_2 - EIRR_1)}{ENPV_1 + ENPV_2}$$

(3)投资增量净收益率(EIR)

$$EIR = \frac{\Delta AHB}{\Delta I} \times 100\%$$

式中：$\Delta AHB$ 为技术改造项目达产年份所增加的年净收益 $= \Delta B_s + \Delta B_E - \Delta C - \Delta C_E$；$\Delta I$ 为技术改造项目的增量投资。

(4)经济换汇成本(EFC)

$$EFC = \frac{\sum_{t=1}^{n} DR_t (1+i_s)^{-t}}{\sum_{t=1}^{n} (FI - FO)_t (1+i_s)^{-t}}$$

式中：$DR_t$ 为项目第 $t$ 年为出口产品或替代进口所投入的国内资源；$FI$ 为外汇流入增量；$FO$ 为外汇流出增量。

本节主要介绍技术改造项目的财务评价和国民经济评价的一些方法和程序。项目的取舍主要是以这两种评价的结果为依据，但有时也要考虑技术及其他社会效益。因此，一个技术改造项目除了进行经济评价之外，往往还应对其他非经济目标的有形或无形效果进行计算或说明，包括：(1)对改善产业结构、产品结构、工业布局的影响；(2)对改善技术水平及其技术扩散和示范效果；(3)对环境保护和生态平衡的影响；(4)对劳动就业的影响；(5)对提高国民文化教育水平的影响；等等。

### 六、技术改造项目的经济评价案例分析

(一)概述

某钢铁厂第×炼钢分厂原来用模铸方法生产普碳镇静钢锭，供轧钢分厂轧制钢材。这个炼钢分厂年生产钢水 36.8 万吨，铸成钢锭 35 万吨。为提高全厂盈利水平，拟进行技术改造，采用连铸生产连铸钢坯，改造后钢水产量仍保持 36.8 万吨，制成连铸钢坯 35 万吨。由于综合金属收益率提高，全厂每年最终产品钢坯可多产 2 万吨，同时还可以降低钢材生产的单位能耗和生产成本，增加全厂盈利。

(二)基本数据

1. 技改前后炼钢分厂和全厂最终产品比较(见表 15—1)。

表 15—1　　　　　　　　　　最终产品比较表　　　　　　　　　　单位：万吨

| 项　目 | 模铸方案 | 连铸方案 | 项　目 | 模铸方案 | 连铸方案 |
|---|---|---|---|---|---|
| 分厂中间产品 | 钢锭 35 | 连铸坯 35 | 一次轧成商品材 | 9.84 | 9.84 |
| 全厂最终产品 | 30.01 | 32.15 | 一次轧成线材 | — | 3.76 |
| 其中一次轧成中型材 | 8.17 | 10.31 | 二次轧成线材 | 12 | 8.24 |

2. 投资估计为 1 202 万元，全部由工厂自筹，分四年投资。第一年为 300 万元，第二年为 400 万元，第三年为 100 万元，第四年为 402 万元。如经过价格核算后，其国民经济评价中的投资额为 1 419 万元，第一年为 404 万元，第二年为 461 万元，第三年为 105 万元，第四年为 449 万元。

3. 项目建设进度为投资期四年，每年投资额如上述，投资期第三年达产 30%，第四年达产 50%，生产期第一年达产 80%，第二年开始全部达产。

4. 成本、盈利及税金比较。

(1) 财务分析比较表（正常年份）（见表 15—2）。

表 15—2　　　　　　　　　　财务分析比较表

| 方案 | 产品 | 生产量（万吨） | 单位（元/吨） | 单位成本（元/吨） | 年销售（万元） | 年成本（万元） | 年盈利（万元） | 年销售税金（万元） | 年利润+折旧余额（万元） |
|---|---|---|---|---|---|---|---|---|---|
| 模铸方案 | 一次轧成中型材 | 8.17 | 449 | 331 | 3 665 | 2 704 | 961 | 513 | 448 |
|  | 一次轧成商品材 | 9.84 | 422 | 315 | 4 157 | 3 100 | 1 057 | 582 | 475 |
|  | 一次轧成线材 | — | — | — | — | — | — | — | — |
|  | 二次轧成线材 | 12 | 603 | 358 | 7 230 | 4 296 | 2 934 | 1 012 | 1 922 |
|  | 合　计 | 30.01 | — | — | 15 052 | 10 100 | 4 952 | 2 107 | 2 845 |
| 连铸方案 | 一次轧成中型材 | 10.31 | 449 | 316 | 4 628 | 3 258 | 1 370 | 648 | 722 |
|  | 一次轧成商品材 | 9.84 | 422 | 303 | 4 157 | 2 982 | 1 175 | 582 | 593 |
|  | 一次轧成线材 | 3.76 | 603 | 321 | 2 266 | 1 206 | 1 160 | 317 | 743 |
|  | 二次轧成线材 | 8.24 | 603 | 346 | 4 964 | 2 852 | 2 112 | 695 | 1 417 |
|  | 合　计 | 32.15 | — | — | 16 015 | 10 298 | 5 717 | 2 242 | 3 475 |
|  | 增　量 | 2.14 | — | — | 963 | 198 | 765 | 135 | 630 |

(2) 国民经济评价比较表（正常年份，按影子价格调整后）（见表 15—3）。

表15-3　　　　　　　　　　　国民经济评价比较表

| 方案 | 产品 | 生产量（万吨） | 单位（元/吨） | 单位经营成本（元/吨） | 年销售额（万元） | 年经营成本（万元） | 年盈利额（万元） |
|---|---|---|---|---|---|---|---|
| 模铸方案 | 一次轧成中型材 | 8.17 | 800 | 571 | 6 536 | 4 665 | 1 871 |
| | 一次轧成商品材 | 9.84 | 700 | 534 | 6 888 | 5 255 | 1 633 |
| | 一次轧成线材 | — | — | — | — | — | — |
| | 二次轧成线材 | 12 | 900 | 613 | 10 800 | 7 356 | 3 444 |
| | 合计 | 30.01 | — | — | 24 224 | 17 276 | 6 948 |
| 连铸方案 | 一次轧成中型材 | 10.31 | 800 | 531 | 8 248 | 5 475 | 2 773 |
| | 一次轧成商品材 | 9.84 | 700 | 501 | 6 888 | 4 930 | 1 958 |
| | 一次轧成线材 | 3.76 | 900 | 524 | 3 384 | 1 970 | 1 414 |
| | 二次轧成线材 | 8.24 | 900 | 569 | 7 416 | 4 689 | 2 727 |
| | 合计 | 32.15 | — | — | 25 936 | 17 064 | 8 872 |
| | 增量 | 2.14 | — | — | 1 712 | −212 | 1 924 |

（三）案例分析

通过对基础数据的估算，可以计算出新增投资的现金流量表，并进行分析。

1. 财务评价现金流量表（见表15-4）

表15-4　　　　　　　　　　　财务评价现金流量表　　　　　　　　　　　单位：万元

| 序号 | 项目 | 合计 | 1 | 2 | 3 | 4 | 5 | 6 | … | 21 | 22 | 23 | 24 |
|---|---|---|---|---|---|---|---|---|---|---|---|---|---|
| 一 | 生产负荷(%) | — | — | — | 30 | 50 | 80 | 100 | | 100 | 100 | 50 | 50 |
| 二 | 新增现金流入 | 18 996 | — | — | 289 | 482 | 770 | 963 | | 963 | 1 023 | 482 | 542 |
| 1 | 新增销售收入 | 18 876 | — | — | 289 | 482 | 770 | 963 | | 963 | 963 | 482 | 482 |
| 2 | 新增固定资产回收 | 120 | — | — | — | — | — | — | | — | 60 | — | — |
| 3 | 新增流动资金回收 | — | — | — | — | — | — | — | | — | — | — | — |
| 三 | 新增现金流出 | 7 728 | 300 | 400 | 200 | 569 | 266 | 333 | | 333 | 333 | 166 | 166 |
| 1 | 技改投资 | 1 202 | 300 | 400 | 100 | 402 | — | — | | — | — | — | — |
| 2 | 新增流动资金 | | | | | | | | | | | | |
| 3 | 新增经营成本 | 3 880 | — | — | 59 | 99 | 158 | 198 | | 198 | 198 | 99 | 99 |
| 4 | 新增销售税金 | 2 646 | — | — | 41 | 68 | 108 | 135 | | 135 | 135 | 67 | 61 |
| 四 | 新增净现金流 | 11 268 | −300 | −400 | 89 | −87 | 504 | 630 | | 630 | 690 | 316 | 376 |
| 五 | 累计新增净现金流 | 11 268 | −300 | −700 | −611 | −698 | −194 | 436 | | 9 886 | 10 576 | 10 892 | 11 268 |
| 六 | 净现金流现值($i=10\%$) | 2 936 | −272.7 | −330.4 | 66.8 | −59.4 | 312.5 | 355.2 | | 85.1 | 84.8 | 35.4 | 38.3 |
| 七 | 内部收益率(%) | 38.9 | — | — | — | — | — | — | | — | — | — | — |

财务评价指标计算结果如下：

静态指标：

投资回收期 $= 5 + \dfrac{|-194|}{|-194|+436} = 5.3$（年）

投资收益率 $= \dfrac{630}{1\,202} \times 100\% = 52.4\%$

动态指标：

差额内部收益率 $= 38.9\%$

净现值（$i = 10\%$）$= 2\,936$（万元）

2. 国民经济评价现金流量表（见表15－5）

表15－5　　　　　　　　　国民经济评价现金流量表　　　　　　　　　单位：万元

| 序号 | 项目 | 合计 | 年度 1 | 2 | 3 | 4 | 5 | 6 | … | 21 | 22 | 23 | 24 |
|---|---|---|---|---|---|---|---|---|---|---|---|---|---|
| 一 | 生产负荷(%) |  | 0 | 0 | 30 | 50 | 80 | 100 |  | 100 | 100 | 100 | 100 |
| 二 | 新增现金收入 | 33 676 | — | — | 514 | 856 | 1 370 | 1 712 |  | 1 712 | 1 772 | 856 | 916 |
| 1 | 新增销售收入 | 33 556 | — | — | 514 | 856 | 1 370 | 1 712 |  | 1 712 | 1 712 | 856 | 856 |
| 2 | 新增固定资产回收 | 120 | — | — | — | — | — | — |  | 60 | — | 60 | — |
| 三 | 新增现金流出 | 2 737 | 404 | 461 | 41 | 343 | −170 | −212 |  | −212 | −212 | −106 | −106 |
| 1 | 技改投资 | 1 419 | 404 | 461 | 105 | 449 | — | — |  | — | — | — | — |
| 2 | 新增经营成本 | −4 156 | — | — | −64 | −106 | −170 | −212 |  | −212 | −212 | −106 | −106 |
| 四 | 新增净现金流 | 36 413 | −404 | −461 | 473 | 513 | 1 540 | 1 924 |  | 1 924 | 1 984 | 962 | 1 022 |
| 五 | 累计新增净现金流 | 36 413 | −404 | −865 | −392 | 121 | 1 661 | 3 585 |  | 32 445 | 34 429 | 35 391 | 36 413 |
| 六 | 净现金流量现值（$i = 10\%$） | 10 706 | −367 | −381 | 355 | 350 | 955 | 1 085 |  | 260 | 244 | 108 | 103 |
| 七 | 经济内部收益率(%) | 76.5 | — | — | — | — | — | — |  | — | — | — | — |

国民经济评价指标计算结果如下：

经济内部收益率 $= 76.5\%$

经济净现值（$i = 10\%$）$= 10\,706$（万元）

3. 综合评价

本项目通过技术改造，可以增加产量，提高综合金属收益率，同时降低产品的能耗和成本，经财务评价和国民经济评价，能取得较好的社会及财务效益，故该技术改造项目可行。

## 第四节　技术改造项目案例分析

**一、安庆石化技术改造工程项目背景**

中国石化股份公司安庆分公司从1987年起先后投产建成了三套延迟焦化装置，焦化装置是安庆石化的主要创效装置之一，负担着全厂所有污油及绝大部分渣油的加工处理，总设计渣油加工处理能力为120万吨/年。本技术改造项目是焦化装置建成以来单次投资最大的技改项目,总投资近2 000万元,项目范围包括Ⅱ套加热炉的整体报废更新;优化延迟焦化装置换热流程,提高低温热的利用率,增设四台换热器,七台换热流程改造;延迟焦化装置(含吸收稳定系统)及相应公用工程部分的改造,更换空气冷却器两台,更换管线1 740米;Ⅱ套馏槽口整体重建;配套仪表电气设备78台(套)。项目周期为一年(其中现场施工5个月),计划到2005年12月投入使用。

## 二、建立矩阵式组织结构,实行项目经理负责制

安庆石化经过30多年的改扩建,已经形成了一套相对固定的技改项目管理组织结构形式,一般是采用职能式的组织结构形式。从焦化装置技改项目实施的过程和结果看,项目进度的拖延和大面积的质量问题的出现都与这种组织结构的缺陷有很大的关系。为了克服上述弊端,本技改项目采用矩阵制组织结构形式,实行项目经理负责制(图15－3)。

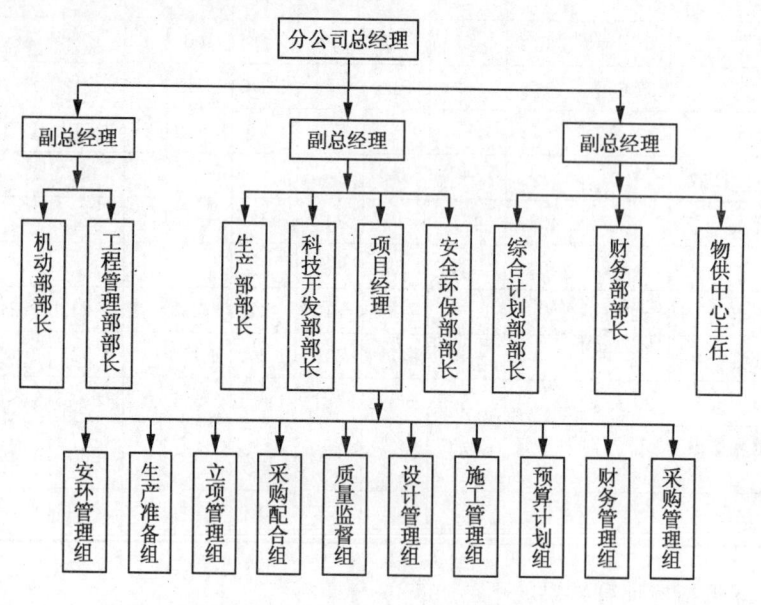

图15－3 技改项目矩阵制组织结构图

1. 实行项目经理负责制,能够有效利用企业内外资源,充分发挥项目团队的整体力量和项目成员的积极性、主动性和创造性,加强沟通协作,减少内部摩擦,便于项目活动的顺利实施。

2. 本技改项目涉及部门多,安全风险大,质量要求高,技改项目的反复论证、审查、审核和施工过程的管理都需要耗费职能管理部门大量的时间和精力。实行项目经理负责制,能够使得职能部门的工作更有序,在一定程度上可以减轻职能部门的负担,因此,这种组织结构形式更能得到职能部门的理解和支持。

3. 实行项目经理负责制,要以责、权、利相结合为原则,以契约的形式委托项目经理管理项目活动,从而使得项目经理和项目成员能够全过程全方位参与项目管理,充分发挥主观能动性,保证技改项目成果实施。

4. 实行项目经理负责制,可以使项目经理在技改项目中得到锻炼,从而为公司培养一批既懂专业技术,又懂管理的人才,使公司内部有充分的人才保障。

### 三、规范技改项目管理流程，明确各部门责任

安庆石化分公司 30 多年的发展是通过不断的技术改造和改扩建实现的，经过多年技改项目的实践与摸索，特别是在明确了项目经理负责制和矩阵式组织再造后，各专业管理部门进行了重组，使技改项目的专业管理职能得到了进一步加强，各职能部门和项目组成员的职责更加清晰明了，技改项目管理也更加规范。图 15—4 为技改项目管理流程图。

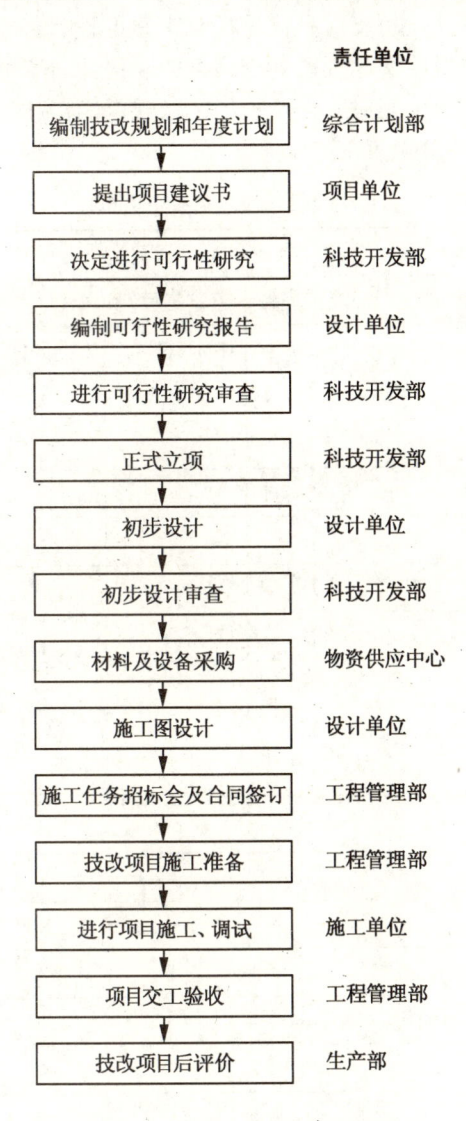

| 流程 | 责任单位 |
| --- | --- |
| 编制技改规划和年度计划 | 综合计划部 |
| 提出项目建议书 | 项目单位 |
| 决定进行可行性研究 | 科技开发部 |
| 编制可行性研究报告 | 设计单位 |
| 进行可行性研究审查 | 科技开发部 |
| 正式立项 | 科技开发部 |
| 初步设计 | 设计单位 |
| 初步设计审查 | 科技开发部 |
| 材料及设备采购 | 物资供应中心 |
| 施工图设计 | 设计单位 |
| 施工任务招标会及合同签订 | 工程管理部 |
| 技改项目施工准备 | 工程管理部 |
| 进行项目施工、调试 | 施工单位 |
| 项目交工验收 | 工程管理部 |
| 技改项目后评价 | 生产部 |

**图 15—4　技改项目管理流程图**

### 四、严格按照成本费用管理程序实施项目的成本费用管理

安庆石化分公司技术改造项目有一套较为规范的成本费用管理程序，有关管理部门按照程序在职责范围内进行技改项目的投资成本和费用管理。由于技改项目具有多次性、分阶段计价的特点，可分为投资决策阶段、工程实施阶段、投用及考核阶段，安庆石化对每个阶段都规

定有职能部门归口管理。成本费用管理也分别按三个阶段进行,参与项目的各个部门和单位严格按照成本费用管理程序,实施项目的成本费用管理。

1. 投资决策阶段的投资估算

技改项目规模的大小和技术水平的高低,直接关系到技改项目的投资费用,是影响技改项目总投资的决定性因素。因此技改项目的决策阶段是项目成本控制的决定性阶段,做好这个阶段的投资决策,意义重大。

在本项目的可行性研究阶段,安庆石化委托有丰富的设计经验的安庆实华工程公司进行详细的可行性研究,根据项目的实际规模列出详细的工程计划清单,参照石化行业同列装置的建设标准,结合中国石化股份公司对工程造价的定额规定,对照国内外劳务、设备材料行情,确定投资估算。本项目投资估算见表15—6。

表15—6　　　　　　　　　　　焦化装置技改项目投资估算表

| 序号 | 项目名称 | 估算价值(万元) | | | | | |
|---|---|---|---|---|---|---|---|
| | | 设备购置费 | 安装工程费 | 建筑工程费 | 其他费用 | 合计 | 占投资(%) |
| | 建设投资 | 470 | 1 007 | 16 | 466 | 1 959 | 100.00 |
| (一) | 固定资产 | 470 | 1 007 | 16 | | 1 493 | 76.21 |
| 1 | 构筑物 | | | 16 | | 16 | 0.82 |
| 2 | 静置设备 | 200 | 23 | | | 223 | 11.38 |
| 3 | 机械设备 | 35 | 5 | | | 40 | 2.04 |
| 4 | 加热炉 | 83 | 691 | | | 774 | 39.51 |
| 5 | 工艺管道 | | 224 | | | 224 | 11.43 |
| 6 | 电气 | 59 | 41 | | | 100 | 5.10 |
| 7 | 自控仪表 | 93 | 23 | | | 116 | 5.92 |
| (二) | 无形资产 | | | | 367 | 367 | 18.73 |
| 1 | 设计费 | | | | 196 | 196 | 10.01 |
| 2 | 可研编制费 | | | | 19 | 19 | 0.87 |
| 3 | 非标设计费 | | | | 132 | 132 | 6.74 |
| 4 | 工艺包 | | | | 20 | 20 | 1.02 |
| (三) | 递延资产 | | | | 42 | 42 | 2.14 |
| 1 | 建设管理费 | | | | 42 | 42 | 2.14 |
| (四) | 预备费 | | | | 57 | 57 | 2.91 |
| 1 | 不可预见费 | | | | 57 | 57 | 2.91 |

2. 工程实施阶段的施工费用控制

项目实施阶段的工作量大,涉及单位多,而且涉及许多不确定因素,变更较多,是项目成本形成和费用控制最复杂的阶段。实施阶段的每一项项目活动,凡涉及费用的,要求归口管理职能部门先进行详细的调查研究,重点是调查资源施工单位和网络供应商的资信情况、市场行情、性价比等,防止这些单位可能存在的垄断行为发生,然后提出申请,列出详细的费用估算,经综合计划部审查、工程管理部审批后,才能用于项目列支,原则上不能超过该项目活动的成本预算计划。对于超过50万元的申请,还须经项目负责人、分公司副经理审批后方可列入该部门的项目活动费用。

施工费用占本项目的51%以上,做好施工费用的管理,意义重大,对于因合同变更、设计变更或进度、质量等引起的成本费用变化,安庆石化要求相关单位或部门填报详细的变更单,列出详细的变更理由、内容、成本费用变化情况,由工程管理部重新组织审查、审核、审批,重新列入预算计划,并做适当预算调整。同时,工程管理部要求项目组会同项目有关协作单位,进行现场签证确认,作为施工结算依据,严格的招投标和现场确认制度是本项目成本费用得以控制的重要因素之一。施工费用的控制流程见图15—5。

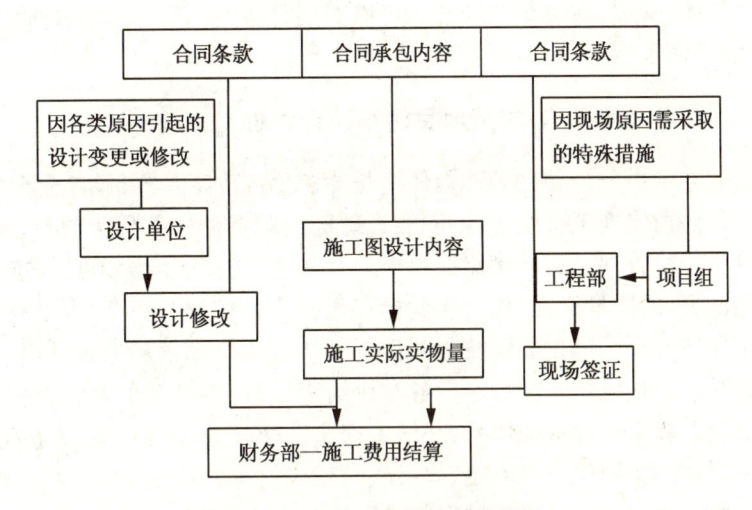

图15—5 施工费用控制流程图

### 3. 投用及考核阶段的费用审计

本项目的竣工验收阶段的成本费用控制主要是由工程管理部组织综合计划部、工程预决算审核中心、审计部、财务部对项目实施内容进行检查审计。主要检查核实项目计划范围内的各项活动完工情况、质量如何、质量及合同索赔情况、项目活动是否经过审批等,进行项目转资和竣工财务决算,并对竣工财务决算进行审计,确保项目投资落到实处,财务账目明晰清楚,对于吸收稳定系统施工出现大面积质量问题,扣除了施工单位吸收稳定系统施工工程款187万元,并扣除质量保证金22万元,虽然于事无补,但毕竟挽回了部分损失。

**五、落实进度计划,做好项目进度管理**

安庆石化作为一个连续性生产企业,上下游装置间物料联系非常紧密,保持着动态平衡状态,环环相扣。为避免打乱全厂的生产计划,还是在焦化装置技改项目的前期准备工作中,各职能管理部门就达成共识,将技改项目的投产时间定在全厂的年度大检修结束后,同其他装置同步开工生产。这种采用倒排工期的办法安排项目进度实施计划,从最大程度上避免了全厂的生产波动,是一种符合企业实际的可行方法。

在项目可行性研究时,就对项目的一些重要节点,如可行性研究报告评估、初步设计、初步设计审查、设备订货、施工图设计、现场预制和施工、项目投产等做了初步安排。当可行性研究报告获得中国石化总部批复后,项目组正式成立,项目活动也进入正式实施阶段,项目负责人、分公司副总经理随即组织综合计划部、科技开发部、工程管理部、机动部、生产部、物资供应中心、设计单位等对项目活动做进一步的研究、评估和分解，按照项目活动工序上的衔接关系，根据项目总体目标和质量标准，在项目成本预算范围内，拟定出初步的项目进度计划。

考虑到加热炉炉管是从国外进口，耗时较长，项目组安排设计部门优先设计，待审查批复后，立即委托中国石化物资装备部招标采购。随着设计审查结束，施工单位、监理单位陆续参与到项目活动中，项目进度计划又做了进一步修改和细化。各部门在各自的职责范围内编制出详细的项目进度计划，如物资供应中心编制《采购工作计划》、施工单位编制《施工进度计划》、生产部编制《联运试车计划》等，然后，工程管理部根据各部门的进度计划，统筹兼顾，综合考虑，制定出《焦化装置技术改造实施进度计划》，作为项目进度控制和纠正偏差的依据，并编制项目进度的甘特图。项目相关单位和部门可以对照甘特图，适时调整本单位的项目活动，合理安排工期，优化资源配置。

### 六、建立项目质量管理机构，规范项目的招投标管理

安庆分公司成立了由分公司副经理担任组长的焦化技改工程项目组，全面介入工程管理。委托安徽万纬工程公司实施工程监理，各职能管理部门和炼油二部作为项目质量保证组成员单位参与到项目质量检查、验收，质量保证组根据有关技术规范、质量标准、安庆石化内部技术标准，制定出技改项目的质量标准，作为质量检查和验收的依据。另外，石油化工工程质量监督总站安庆石化分站公布了焦化装置技改项目工程质量监督大纲和监督计划，明确质量监督"停检点"和监督要求。焦化技改项目实行各专业组责任制，各参建的设计、施工、简历等单位按安庆石化要求建立健全质量保证体系，并纳入安庆石化技改项目质量管理体系，从组织、制度上使工程质量管理落实到位。

本技改项目的生命周期全过程质量管理采用了PDCA循环法，在焦化技改项目的质量保证体系和质量保证大纲中，都要求严格按照PDCA循环法，对项目质量实施管理。

焦化装置技改项目的施工承包商和设备物资供应商都是通过招投标的方式确定。招标前对各投标单位的信誉、资质、履约能力、从业经历、队伍建设、售后服务等方面都做了详细的资格审查，坚持比质比价，各投标单位大多是安庆石化工程建设资源单位或定点网络供应商，重质量、守信用，安庆石化通过合同与中标单位严格约定了质量保证金，这在一定程度上有利于保证工程施工和设备物资的质量。另外，安庆石化通过合同要求中标单位建立质量保证体系，并纳入技改项目质量保证体系，这样进一步提高了中标单位的质量意识，规范其质量管理活动，从而对项目的质量管理起到事前控制的作用，为项目的质量管理打下良好的基础。

### 七、实行全员、全过程管理，坚持动态调整

安庆石化焦化装置技改项目实行全员、全过程管理，抓好项目管理中的预测、计划、审查、审核、审批、审计、验收、分析等环节，尤其在施工单位和物资采购的选择方式上，采用严格的招投标制度和质量保证金制度，相关职能部门全程参与并监督，严格执行规章制度，这既节约了项目投资，又在一定程度上保证了项目的质量和进度。焦化装置技改项目投资规模大，涉及部门多，责权明晰的程序化管理控制制度，不仅使项目活动相对简单、有章可循，而且让项目管理人员有更多的时间和精力处理项目实施过程中的一些不确定因素和问题。

本技改项目坚持动态管理，适时调整项目计划和采取纠偏措施，在兼顾项目投资效益的前提下，综合考虑项目质量、进度、安全等方面的因素，努力降低项目成本，确保实现项目投资目

标。本项目在实施过程中,分公司综合计划部每周组织召开一次成本分析例会,综合考虑成本控制、进度控制和质量控制等项目各方面的关系,一旦发现有必要进行预算调整,则由综合计划部联合工程管理部、机动部、物资供应中心、设计、监理、施工单位等共同讨论,经过详细分析,提出具体调整计划,经分公司工程预决算审核中心审核,报分公司副总经理批准后实施。

(资料来源:陈杏一:《项目管理在安庆石化技术改造工程中的应用研究》,合肥工业大学硕士学位论文。)

## 思 考 题

1. 技术改造项目有何特点?它与基本建设项目有何区别?
2. 技术改造项目应遵循怎样的程序?
3. 如何进行技术改造项目财务评价?
4. 如何进行技术改造项目的国民经济评价?
5. 技术改造项目的内容包括哪些?
6. 技术改造项目有何重要意义?
7. 实施技术改造项目应遵循哪些原则?
8. 用"有无法"对技术改造项目增量净收益评价时,有哪三种情况?
9. 技术改造项目经济评价时,有哪些具体指标?如何计算?

# 第十六章

# 会展项目管理

**本章要点**

本章简要叙述会展经济的内涵、意义,会展项目的概念、分类和特征。详细介绍会展项目的管理程序和方法,运用现代项目管理的观点、理论和方法,从会展项目论证与评估、会展项目计划与控制、会展项目现场管理和会展项目总结与后评价四个方面探讨了会展项目的全过程管理。以第五届中国北京国际科技产业博览会项目为案例,揭示会展项目对国家和地区带来的巨大经济和社会效应,分析会展项目成功的关键要素和管理重点。

## 第一节 会展项目综述

### 一、会展经济及其意义

(一)会展经济的内涵

在日趋加强的经济全球化背景下,世界各国或各地区在多方位和多层次上的交往日益频繁。会展活动作为一个促进经济交流、贸易往来的重要手段和交流平台,日益受到世界各国的广泛重视。会展活动被人们赞誉为"城市的面包"和"触摸世界的窗口",又被誉为城市经济发展的"助推器"或反映国民经济状况的"晴雨表",它不仅可以节约交易成本,直接带来巨大的经济效益,而且能够增强商贸和文化交流,推进基础设施建设等。随着市场经济的高度发展、信息技术的日新月异,会展经济正逐渐成为世界许多国家经济发展的新增长点。

会展经济是指通过举办各种形式的会议和产品展览或展销,直接或间接带来经济和社会效益的一种经济现象和行为,又称"会展产业"或"会展业"。它是以会展活动为依托,通过举办不同层次、不同规模和种类的产品展示、展销及召开相应会议等,汇集商流、人流、物流、资金流、信息流,推动商贸旅游的发展,并拉动其他相关产业发展的一种经济形态。一方面,它直接带动一个城市或区域经济的发展,取得直接的经济效益;另一方面,它促进了科技、文化和环境等的发展,带来了显著的社会效益。

(二)会展经济的意义

1. 会展经济是一国经济发展的新增长点

会展经济是一种全新的经济形态,是在会展业的支撑下通过举办各种多样形式的会议和展览、展示,从而带来直接的经济效益和社会效益的一种经济现象和经济行为。它是第三产业发展到一定阶段的产物,是人类物质文化交流的重要形式,是继旅游、房地产之后崛起的又一个"无烟产业"、"朝阳产业"。越来越多的人将会展经济的发展作为评价一个国家、地区或城市经济发展,特别是第三产业发展的重要标志。在当代会展经济的背景下,会展业的发展更是促进经济可持续发展的强力的有效手段,其竞争力已成为一个国家、地区、城市的核心竞争力。在国家"十一五"规划中,会展业发展被首次提及。据统计,全国范围内有30多个城市在"十一五"规划中将会展业作为城市的支柱产业进行扶持。并且在之后的许多政策中,国家都对会展业的发展做出重点强调。像北京、上海、广州等地纷纷展开了激烈的会展业的竞争。特别是2011年4月商务部对内部负责会展的部门进行整合,将过去分别由外贸司和商业改革司主管的会展职能交由服务贸易和商贸服务业司,并于当年11月出台了《"十二五"期间促进会展业发展的指导意见》,对全国会展业的发展和规范管理有重要的指导意义。

当今,会展经济或会展业已经成为一国经济发展的新增长点。自1851年第一个世界博览会——万国博览会在英国伦敦成功举办以来,会展业得到了迅速发展,并成为一个新兴的产业被世界各国所重视。据世界权威性的国际会展组织——国际大会和会议协会(ICCA)的统计,全世界每年举行的参加国在4个以上,与会外宾人数在50人以上的各国国际会议已达40万次以上,美国1年举办200多个商业展会,带来的经济效益超过38亿美元;巴黎车展每年给巴黎带来的直接收入和间接收入达到300多亿法郎。目前,全球每年承办的大中型会展4 000多个,实现产值逾2 800亿美元。相比较下,中国会展业发展的历史十分短暂。如果从1910年在南京举办的南洋劝业会这个近代史上中国第一次全国规模的博览会算起,也不到百年的历史。真正意义上的会展业应该是起步于新中国成立以后的20世纪50年代,发展于改革开放以后的80年代。20世纪50年代起步的中国会展业主要表现在三个方面:一是建设成果成就的展览展示,主要是为宣传服务;二是组织中国企业和中国产品走出国门,参加国际展览会、博览会;三是创办并组织了"广交会",这是中国真正意义上的国际商品交易会。改革开放以后,1978年在北京成功举办了"十二国农业机械展览会",揭开了中国展览业起步的"单国展览时期"向蓬勃发展的"国际展览时期"过渡的盖头。特别是从20世纪90年代开始至今,是中国会展业蓬勃兴旺发展的最好时期,不但在亚洲地区呈现迅猛上升的态势,而且逐步引导并渐生出"西展东进",国际性展览向中国、向东方转移、集聚的态势。根据ICCA2012年5月公布的2011年接待国际会议国家显示,中国大陆位居全球第8位,亚太地区第1位,会议总量为302个,延续排名在世界前十强。随着我国国力的日益强大,"中国会展业"逐步走出国门,走向世界,到境外去办展成为很多城市、行业协会和企业提升国际形象、扩大国际影响、提高国际参与度的重要途径,从而为招商引资、跨国合作、促进地区、行业和企业的发展提供了重要的手段(见表16—1)。

表 16—1　　　　　　　　　　2013～2014 年境外办展总体情况

|  | 2013 年 | 2014 年 |
|---|---|---|
| 办展单位数量（个） | 30 | 36 |
| 办展数量（场） | 68 | 84 |
| 办展面积（万平方米） | 14.8 | 26.8 |

资料来源：中国会展经济研究会，《2014 年度中国展览数据统计报告》。

2. 会展经济具有较高的回报率和较强的产业带动作用

会展经济具有成本低、收益高的特点，据业内人士估计，会展经济的平均利润率在 25% 左右。会展经济涉及商贸、交通、旅游、运输、广告、装饰、海关以及餐饮、通信和住宿等诸多部门，形成一个消费价值链，这不仅可以培育新兴产业群，而且可以直接或间接带动一系列相关产业的发展。业内人士经常用"1∶9"来形象地比喻会展经济巨大的产业带动作用，即如果会展收益比例为"1"的话，则它将带动其他产业的利润总和应该为"9"，这个数字是对慕尼黑会展业的形象描述，最先是由精明的德国人统计出来的。而如今，这一比喻得到了更多数据的支持。德国 2000 年展览业从业人员约 10 万人，展览会销售收入为 45 亿马克，拉动参展商和贸易观众直接消费 170 亿马克，创造社会综合价值 410 亿马克，为社会创造了 23 万个就业机会，经济带动比例为 1∶9∶1。据美国展览研究中心（CEIR）统计，2000 年美国举办了 13 000 个展览会，直接收入约 120 亿美元，与展览会相关的社会综合消费约 1 250 亿美元，展览会的经济带动比例为 1∶10。2009 年上海会展业直接收入为 116 亿元，对经济增长的平均拉动系数为 1∶9.2，拉动相关行业收入约 1 000 亿元。上海市会展行业协会于 2011 年根据以往 5 年的历史数据，利用回归预测方法完成了《浦东新区会展产业未来 5～10 年发展趋势预测》的研究课题，预计浦东新区会展业将在 2012 年达到国际水平，2015 年有望达到 1∶9.3。从全国情况看，从 2011～2013 年短短两年间，尽管中国的展会场次只增长了 14.9%，但是，带来的直接产值和拉动效应却增长了近 26%（见表 16—2），显示出良好的回报率和产业拉动作用。

表 16—2　　　　　　　　　　2011～2013 年中国会展业统计数据

| 年份＼项目 | 展览（场） | 展览面积（万平方米） | 50 人以上专业会议（万场） | 拉动社会就业岗位（万人） | 会展业直接产值（亿元） | 拉动效应（亿元） |
|---|---|---|---|---|---|---|
| 2011 | 6 830 | 8 120 | 64.2 | 1 980 | 3 016 | 27 000 |
| 2012 | 7 189 | 8 990 | 72.6 | 2 125 | 3 500 | 31 500 |
| 2013 | 7 851 | 10 344 | 76.5 | 1 960 | 3 796 | 34 000 |

资料来源：张晓明，徐丽莎：《会展产业生态化的内涵和发展趋势解析》，《管理现代化》2015 年第 2 期。

## 二、会展项目的概念和主要参与者

### （一）会展项目的概念

世界上最早的会展活动起源于 12～13 世纪的欧洲，在当时法国的东北部有一个著名的国际贸易集市即所谓的香槟集市，它是由依附于法兰西国王的香槟伯爵建立的，是一个跨国界的集市贸易中心。香槟集市的形成和发展应该说是早期会展活动的雏形。随着会展业的发展，对会展的研究也逐渐增多，关于会展的定义也有不同界定，常见的有：

1. 会展是会议、展览等集体性活动的简称,是指在一定地域空间由很多人集聚在一起形成的定期或不定期的、制度或非制度的集体性和平活动。它包括各种类型的会议、展览(包括交易会、博览会等)、体育赛事或节庆等活动。

2. 会展即会议和展览的简称,它是指人们进行信息交流、洽谈商务合作和开展市场营销的一种活动形式。

3. 会展是以城市会议和展览设施为依托,以城市文化和产业结构、消费结构为条件,通过专业化运作主体、市场化运作方式和专业化运作手段,以展览和会议为载体,能够为社会和运作主体带来经济、社会效益的经济经营活动。经济理论研究的会议和展览通常是带有专业化经营性质和能够为社会和经营主体带来经济效益的经济行为和经营活动。在功能上,会展是人们进行信息发布、洽谈商业合作和进行市场营销的场所,因此会展发挥着一种桥梁和媒介作用。

4. 会展是以会议、展览为主的一系列大型活动的总称,认为会展也就是通过举办会议、展览、博览会、交易会、体育运动会和节庆而形成的一系列活动的总称。

5. 会展就是通常所说的会议、促进、集会和展览,即 MICE(Meetings/Incentives/Conventions/Exhibitions)。

关于会展的定义还有许多表述,出于不同的目的和角度,对会展活动的界定也有所差异。对会展活动概念的理解虽不尽相同,但有诸多共性。本书认为,会展活动主要包括三个部分:会议、展览和其他特殊活动。而且,会展活动具有一般项目的共同特征:会展活动具有一次性,每一个具体的会展活动都只有一个起点、一个终点,在整个会展活动过程中,没有完全相同的两项任务;每一次会展活动都有明确的目标,包括成果性目标和约束性目标;会展活动的成果具有独特性,以区别于其他会展活动;每一个会展活动作为一个整体,是组织者管理的对象,并和其所处环境之间存在相互制约关系。因此,会展活动天然具有项目的特征,适合以项目管理的方式进行管理。进而,本书将会展项目定义为:在特定环境内以会展活动作为管理对象,按预定时间、限定预算和预期成果完成的一次性任务。

(二)会展项目的主要参与者

会展项目的完成需要有诸多参与者,其中主要的参与者包括会展经理、参展商、场地经理和员工、会议旅游机构工作人员、总服务承包商和观众等。他们各有所长,彼此之间有着直接或间接的相互依赖关系。会展项目的圆满成功与他们各司其职和团队式的展开工作是密不可分的。

1. 会展经理

会展经理可以说是会展项目的首脑人物,他们必须具有超强的创造力,负责策划整个会展、与其他参与者很好地沟通并领导其他参与者共同完成会展项目的管理工作。

2. 参展商

参展商可以是个人、公司或团体,他们负责在会展活动过程中设立和装饰活动展位;向观众展示或销售他们的概念、产品和/或服务;与其他参与者进行协商,必要时签订合同等。可以说,参展商及其在会展中的活动或职责是会展项目的核心组成部分。

3. 场地经理和员工

场地是指会展项目活动展开的具体场所。场地经理和员工为在该场地进行的各会展活动做服务工作。他们负责理解其他参与者的需求和顾虑,增加其他参与者的收益,增强其负责场地的吸引力并不断创造新业务。

#### 4. 会议旅游机构工作人员

会议旅游机构工作人员一般是指会展项目所在地的酒店、服务机构或周围景点的代理。他们负责为参展商和其他参与者提供服务和帮助。包括帮助预订房间、提供就餐和娱乐建议，增强参与者愉快的旅行体验等，使参与者各方都感到满意。

#### 5. 总服务承包商

总服务承包商负责提供必要的设备和服务，以保证会展项目顺利运行。他们协助场地经理和工作人员装饰会展场地，帮助参展商设计、安装展位，并负责在会展项目结束后拆除展位，也负责会展活动过程中的灯光、音响、舞台和清洁服务等具体工作。

#### 6. 观众

观众应该是会展项目活动的主要服务对象，即"消费者"，可以是单个的个人或团体，也可以是企业等。他们是来收集信息的，是来预订或直接购买商品和服务的人。

### 三、会展项目的分类

通常按照项目活动的主要内容可将会展项目划分为：会议型项目、展览型项目和特殊活动项目。

#### （一）会议型项目

##### 1. 按会议举办主体划分

按照会议举办方的不同，可以将会议分为公司集体会议、协会团体会议和其他组织会议。

（1）公司集体会议：是指本行业同类型、与行业相关公司或本公司集体内部等组织在一起，围绕管理、协调或技术等所举办的会议。主要有：股东会议、管理者会议、代理商会议、销售会议、推销商会议、技术会议等。

（2）协会团体会议：协会或团体组织是遍布全国乃至世界大小会议的组织者，出于制定统一的规则、信息交流或共同的兴趣、爱好和友谊而举办的定期或不定期的会议。筹备者有商业协会、专业学术协会、社交团体、地区性组织、全国性协会甚至是国际性协会等。

（3）其他组织会议：除了上述两种会议外，还有一些非营利机构、政府机关、工会、宗教组织和慈善组织，举行定期或不定期的会展活动。

##### 2. 按会议的内容划分

按照会议的内容划分主要是根据会议展开的主题来定，包括展销会议、商务会议、培训会议、政治会议、专业学术会议和文化交流会议等。

（1）展销会议：主要是由参加商品展销、交易和展览的各类与会者召开的会议。同时还常常有招待会、报告会和签字仪式等活动进行。

（2）商务会议：主要是指公司和企业因商务谈判、业务接洽和管理工作等需要而举办的商务会议。

（3）培训会议：主要是为某类专业人员进行业务培训、技能训练或新理念、新知识的灌输等，以讲座、讨论和展示等形式举办的会议。

（4）政治会议：主要是指国际政治组织、国家和地方政府或区域组织为某一政治议题所召开的定期或不定期的各种会议。

（5）专业学术会议：主要是指由某一领域具有一定专业技术的专家、学者或技术人员参加的会议，包括学术报告会、专题研讨会、专家评审会等。

（6）文化交流会议：以考察、文化交流学习为目的的，由各种民间或政府组织组成的跨区域性的文化学习交流活动。

3. 按会议组织形式划分

按照会议是否定期召开,可将会议分为定期召开的,如年会、代表会议和论坛等;不定期召开的,如专题学术讨论会、讨论会和座谈等。

(1)年会:主要是为了使与会者达成共识并形成决策,由公司、协会、社团、党政政治团体等所举办的资讯及政策研讨会议。年会议题主要涉及经济、政治、科研和学术等领域。定期召开,常见周期为一年一次。

(2)代表会议:主要是指在某些具体领域,派正式代表参加的定期会议。参与者均为该领域成员或相关协作团体,围绕某一特定主题来进行讨论。会议定期召开,通常全国性的代表会议为每年一次,而国际性或世界性的代表会议为多年一次,举办频率通常是事先确定好的。

(3)论坛:主要是指对共同有兴趣的某一或某些主题,定期举办的公开讨论的会议,通常为每年召开一次。

(4)专题学术讨论会:通常是指某一领域,就某一特定主题请专家发表观点,共同就某些问题进行讨论并提出对策建议的不定期会议。

(5)讨论会:主要是指为了交流知识、技能以及对问题的看法等,由几个人进行密集讨论的集会。

(6)座谈:通常是指由一个主持人和一群座谈成员组成的,针对某一论题提出观点再进行研讨的小型会议。

(二)展览型项目

展览型项目是指为了某种目的,围绕一定主题,在适当场所,采用恰当的方法将事物充分展示出来,以进行宣传、交流、教育和贸易等活动,起到传递信息、指导消费、沟通产销等多方面的作用。按照不同的标准可将展览型项目划分为以下几种类型:

1. 按照展览的内容划分

按照展览内容的多寡,可将展览项目划分为综合展(博览会)和专业展。综合展或称博览会展览的内容广泛,涉及天文地理、花草虫鱼、人文法律、贸易制造等诸多方面。2010年在我国上海举行的世界博览会就属于这一类。专业展是指仅涉及某一领域和相近领域的专业性展出,具有较强的专业特色,专业展可以是以贸易为目的,也可以出于其他目的而进行专业展出。包括:石化行业展、建材行业展、房产行业展、轻工行业展、纺织行业展及服务、医疗、能源环保、体育等各个行业展。

2. 按照展览的规模划分

按照展览项目的规模大小,可将展览项目划分为单个公司独家展、地方展、区域展、国家展、多国展和国际展。

3. 按照展览的地域不同划分

按照展出者或参展方所代表的区域不同,可将展览项目划分为国内展、国际展和出国展。

4. 按照展览举行的时间划分

按照展览举行时间是否固定,可将展览项目划分为定期展和不定期展。定期展一般有固定的举办周期,多年一次、两年一次、一年一次、一年两次不等。不定期展则没有固定周期,是根据实际情况应时而生的特定展览。

5. 按照展览是否以营利为目的划分

按照展览是否以营利为目的,可将展览项目划分为营利性展览和非营利性展览。营利性展览主要是以商业贸易为目的的展览;非营利性展览主要是以教育、兴趣和爱好为目的,以提高参观者的文化涵养和艺术修养。

（三）特殊活动项目

特殊活动项目是指那些精心策划的一次性庆典、仪式、演讲或表演,特殊活动项目的举行传达着特定的社会、文化含意,以达到公司或社会团体的特定目的。按照Getz(1997)的定义,特殊活动是在赞助人或组织人的正常计划或活动以外的一种一次性或经常发生的活动;对客户来说,特殊活动是在正常的选择范围以外,或日常经历以外的一个娱乐、社会或文化体验的机会。前者是基于组织人视角,后者是基于客户视角。由于特殊活动项目本身所特有的独特性,所以很难找到某些标准对其进行区分。最常用的一个标准是规模,一些学者将特殊活动分为特大活动(Mega-event)、特点活动(Hallmark Event)、重要活动(Major Event);还有一些学者将特殊活动划分为国际性大型活动、地区性大型活动和地方性节庆活动。

## 四、会展项目的特征

会展项目是以各种会展活动为管理对象的新型项目形式,除具有传统项目所共有特征外,还具有明显区别于传统项目的独有特征。

（一）项目的可交付成果非实体化

会展项目属于第三产业,更确切地说属于服务行业,要求会展从业人员围绕人来开展工作,可交付成果在于会展办展期间,是否给相关服务对象提供了完善的服务,且其后续影响是否可以最终实现各利益相关者的满意。相反,传统项目则注重以一个合格的实体事物作为最终可交付成果交付给客户。

（二）项目的关联性强

会展业是一个产业关联度极强的行业,实施一个会展项目往往会涉及旅游、通信、交通、住宿、餐饮、商贸、物流、广告、装饰、印刷等相关行业,需要诸多行业和部门的密切配合。而且,随着会展经济的持续发展,将对会议、展览的场馆和设备的需求增加,从而加大对基础设施和其他设备的直接投入,进而带动第一、二产业的发展。根据业内人士估计,会展项目的带动系数大约为1:9。所以相对于相关行业会展业具有极强的产业带动效应,这无论从范围还是强度上,都有别于传统单一行业影响的项目。

（三）项目的客户广泛

会展项目的服务对象是以参会者、参展商、专业观众等为主的客户群,其构思和启动要以充分了解客户的需求和市场动向为基础。此外,会展项目由其内涵和活动形式决定了会展项目的各组成部分——展览、博览会、奖励旅游、会议和活动——往往你中有我,我中有你,这样一方面吸引大量的参展商(参会者)参展(会),丰富会展内容,另一方面也增强对观众的吸引力,扩大观众观展(参会)的规模,从而形成广泛的客户群体。这与传统只为特定客户服务的项目有很大区别。

（四）项目的高效益性

会展业是一个高收入、高盈利的行业,其利润率在20%～25%或更高。会展项目的高效益性特点不仅表现在其对经济的贡献上,更重要的是会展项目在直接创造经济效益的同时,还将带来巨大的社会效益和环境效益,比如带动社会相关行业的发展、城市环境的优化等。此外,会展项目的高效益性还具有一定的滞后性,一般会展项目的效益和影响需要在其结束后的一段时间才能逐渐体现出来,具有长期性,与传统项目成果的立竿见影不太一样。同时,项目的关联性还决定了项目收益由多方获得,具有综合性的特点,与传统项目相比具有很强的溢出效应。

（五）项目的高风险性

由于会展项目涉及面比较广,而且在时间上有严格的限制,因此任何相关因素,如天气、交通、重要出场人物等诸多不可控因素的影响都会给会展项目带来很大的风险。此外,整个会展筹备期间,还有许多不可控因素,如总服务承包商或分包商违约,导致展览运输、展台搭建等工作无法顺利进行,而且在会展举办过程中发生火灾也会对会展产生巨大影响。与传统项目相比,不可控因素的增多为会展项目带来了很高的风险。

## 第二节　会展项目的管理程序和方法

### 一、会展项目管理的概念和任务

会展项目天然具有一般项目的特征,会展项目管理是现代项目管理的观念、理论和方法在会展领域中的具体应用。所以会展项目管理的概念可定义为:会展项目管理者根据会展项目运营客观规律的要求,在有限的资源条件下,以会展项目为对象,运用现代项目管理的观点、理论和方法,对会展项目涉及的全部工作进行管理。包括对会展项目决策、启动到实施全过程进行高效率的计划、组织、指挥、协调、控制和总结评价,以实现会展项目管理的目标,并使利益相关者满意。

会展项目管理同样包括现代项目管理所包含的五个要素,包括会展项目管理的主体、客体、目的、相应的职能和管理所遵循的客观规律。当然,不同会展项目所必须共同完成的包括会展项目团队组建、成本控制、进度控制、质量控制、风险控制、合同管理以及沟通管理等多项基本任务的具体操作上会有所不同。前六项的具体内容在前面章节均有详论,不再赘述。这里主要对会展项目的沟通管理作一下简要论述。

作为现代项目管理知识体系九大知识领域之一的沟通管理,是近年来才兴起的,但却是相当重要。对于会展项目来说,由于其本身就包含大量的信息,可称之为信息的峰会,所以对于办展方、参展方、观众及所有其他的利益相关者来说就显得尤为重要。借鉴《项目管理知识体系指南》上的说法,项目的沟通管理包括保证及时与恰当地生成、搜集、传播、存储、检索和最终处置项目信息所需的过程。它在人员与信息之间提供取得成功所必需的关键联系,其构成要素包括沟通规划、信息发布、绩效报告和利益相关者管理四个部分。关于沟通管理四要素的具体内容及其管理流程,如图16-1所示。

沟通规划的过程是确定利益相关者的信息与沟通需求,包括谁需要何种信息,何时需要以及如何向他们传递等。根据参与方的不同,信息需要的内容以及信息传递的方式会大不相同。所以,辨别参与各方的信息需求,确定信息传递的方式,把握恰当的传播手段,是项目成败的重要因素。对于会展项目来说,有与行业领导和重要人物的沟通,与同行业竞争者之间的沟通,与观众的沟通等,这些都需要根据不同的需要,制定不同的沟通规划。

信息发布是指把所需要的信息及时提供给项目利益相关者,包括沟通管理计划的实施和对预料之外的信息要求作出及时回应。这对沟通的技能和信息处理的系统都有一定的要求,并要求相关人员做好及时总结和更新。

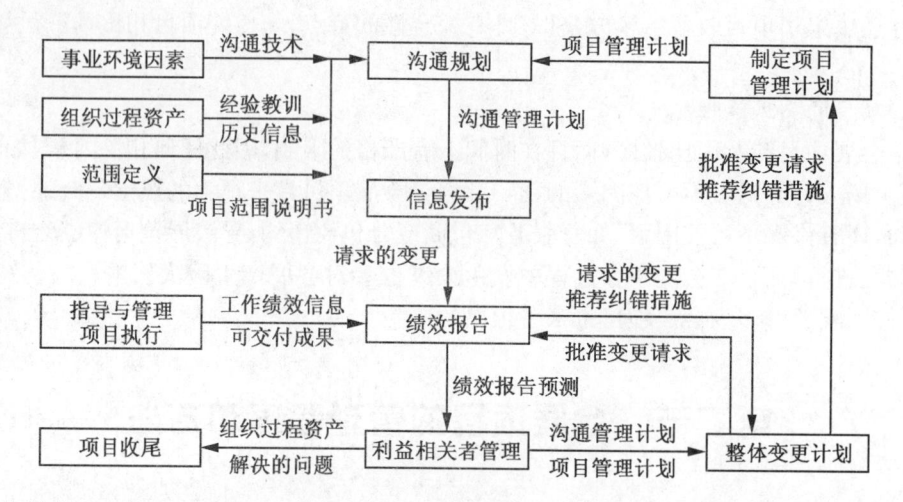

```
事业环境因素 ──沟通技术──→ 沟通规划 ←──项目管理计划── 制定项目
组织过程资产 ──经验教训                                    管理计划
              历史信息──→        ↓沟通管理计划              ↑
范围定义 ──项目范围说明书──→ 信息发布              批准变更请求
                                                推荐纠错措施
                            请求的变更
                                        请求的变更
指导与管理 ──工作绩效信息──→ 绩效报告 ←──推荐纠错措施──
项目执行    可交付成果              ←──批准变更请求──
                                ↓绩效报告预测
项目收尾 ←──组织过程资产── 利益相关者管理 ──沟通管理计划──→ 整体变更计划
          解决的问题                      项目管理计划
```

资料来源：(美)项目管理协会著，卢有杰、王勇译：《项目管理知识体系指南》(第3版)，电子工业出版社2006年版。

图 16-1  项目沟通管理流程图

绩效报告包括搜集所有基准数据，并向利益相关者提供绩效信息。这包括项目范围、进度计划、质量以及为实现项目目标而投入的资源使用情况和发生的费用等信息，还有的要求加入风险和采购信息等。绩效包括可以采用一般的综合报告和特殊的专题报告两种形式。

利益相关者管理是指对沟通各方进行管理，以满足利益各相关方的需要，并与各方一起解决面临的问题，共同办好项目。对各利益相关方进行积极地沟通管理，可以确保项目按照预期计划运行，而不至因缺乏沟通导致未能及时解决利益各方出现的问题，使预期项目产生太大偏差。同时及时的沟通管理还可以提高各方的协同作用，使各利益相关方满意。

**二、会展项目的管理程序**

根据现代项目管理的观点、理论和方法，可将会展项目管理分为会展项目论证与评估、会展项目计划与控制、会展项目现场管理和会展项目总结与后评价四大部分。

(一)会展项目论证与评估

在项目管理中，项目的论证与评估处于项目管理的第一阶段即概念阶段，"先论证，后决策"是现代项目管理的基本原则。项目论证，又称可行性研究，是项目成功实施的前提。一个会展项目的出现，需要进行详细的调研和论证，无论是从国民经济的运行态势到会展项目涉及行业的发展状况，还是从国际市场动向到采购商、购买者的市场需求趋势和支配力，或是从参展商的目标到组织机构的执行力等，都要进行周密的论证。例如上海申办世界博览会，要考虑是否有足够的场地可供各国参展商展览，是否具有在一段相对较长的时间内为各国参展商提供住宿、餐饮、交通运输和通信等各项服务，此外还要从经济、社会效益上确定其是否切实可行。

1. 会展项目论证与评估的步骤

(1)开始阶段。主要是明确问题，包括确定会展项目论证的范围，会展主办方的目标，包括成果性目标和约束性目标。

(2)调查研究阶段。主要调查研究宏观环境，包括经济环境、政治安全环境、人文环境、技术环境、自然环境、社会各界对该会展主题的关注程度;中观环境,包括市场发展情况、竞争状况等市场环境、经济发展水平和产业体系;微观环境,包括基础设施和社会服务体系、会展场地的规模和服务水平、项目管理团队、财务约束和以往举办同类会展的情况。

(3)优选阶段。将会展项目的各个方面设计成可供选择的方案,然后对方案进行优选,通过较多有代表性的设计组合确定出少数可供选择的方案,然后再进行详细论证,辅以非计量因素的判断,最终协商确定会展项目的最好形式。

(4)选择最优方案后作进一步全面而详细的论证。明确会展项目的具体范围,估算投资费用、经营成本和收益,并作出项目的经济分析和评价。经济和财务分析必须说明项目在资金上可以筹措到,经济上可以接受。同时运用敏感性分析来论证成本、质量或进度等不确定因素变化时,项目的经济效果可能会产生的影响,以实施有效的风险监控。

(5)编制可行性研究报告和环境影响报告。可行性研究报告的结构和内容常常有特殊的要求,如各种国际贷款机构的规定、国家关于工业项目、新技术产品开发项目、技术引进和设备进口项目等的规定。这些规定和要求所涉及的步骤,在项目的编制和实施中有助于委托单位的决策。国际上一致公认会展项目立项的权威机构是"国际博览会联盟"(UFI)。UFI有一整套成熟的会展立项评估体系,对会展项目的参展商、观众、其他参与者、规模等进行严格评估,达到标准后,准予立项,有效控制了会展项目的质量。所以,会展项目可行性研究报告应在参考其标准的基础上,根据自身特点来进行编写。

(6)编制资金筹措计划。项目的资金筹措在比较方案时已作过详细的考察,但随着具体实施情况和条件等的变化,资金使用情况也会发生变化,这都可以根据可行性研究的财务分析作出相应的调整。最后,要有一个明确的结论以供决策者作出最终判断。

2. 会展项目的市场调研

会展项目的市场调研是会展项目可行性研究的基础工作,主要包括宏观环境、中观环境和微观环境的调研,这些工作的好坏将直接影响到会展项目可行性研究的质量。会展项目的可行性研究正是基于大量翔实的市场调研数据,经过实地调查、技术分析、方案比较和选择等环节,最终形成可行性研究报告。

(1)宏观环境调研。会展业是一个极其敏感的产业,对其所运行的环境有特定的要求,例如要求政治局势要相对稳定,经济快速发展,国内外贸易发达,交通、通信、场地等配套设施齐全,服务业比较发达等。会展项目宏观环境调研的主要因素有经济环境、政治安全环境、人文环境、技术环境、自然环境、社会各界对该会展主题的关注程度,即所谓的PEST分析,也有的增加了自然和资源,后称为PESTER分析。

(2)中观环境调研。中观环境调研主要收集参展市场和观展市场的信息,如过去和未来与会者或参展者的人口统计特征,具有参展需求的产品类型、吸引力及市场需求规模,某类产品的参展需求规模,以本地区为核心的客源市场容量,周边地区同类项目的举办情况,本地区举办该主题会展项目的资源优势以及其他一些关键因素,这些是制定会展项目目标的关键。

(3)微观环境调研。微观环境调研包括会展项目所在地的基础设施和社会服务体系,会展场地的规模和服务水平。会展场地是参展商展览产品的舞台,参展商所需要的各种服务,如展位的设计和搭建、保安和清洁等都需要会展场地负责提供。因此,在会展项目前期的可行性研究中一定要考虑会展场地的规模和服务水平。另外,项目管理团队、财务约束和以往举办同类会展的情况也是影响会展项目成败的因素。

3. 会展项目的可行性研究

(1)特定项目机会研究。特定项目机会研究是在一般机会研究已经确定了项目的发展方向和领域后,作出的进一步调查研究,经方案筛选,将项目发展方向或投资领域转变为概念化的项目提案或项目建议书。特定项目机会研究的方法主要采用要素分层法。会展项目涉及许多要素,同时受到内部因素和外部因素的影响,要素分层法就是将这些杂乱无章的影响因素按照项目机会、项目问题、项目承办者的优势和劣势进行分层;通过要素分层分析,并采取主观评分的方法判断机会与问题、优势与劣势各自的强弱,从而作出判断。它是一种定性(要素分层)与定量(要素评分)相结合的方法,要求在占有充分信息的情况下,将影响项目发展的有利因素和不利因素作出直观展示,清晰易懂,便于操作。如表16-3所示。

表16-3　　　　　　　　　　　　　　分层矩阵

|  | 项目机会 | 得分 | 项目问题 | 得分 |
|---|---|---|---|---|
| 外部 | 1.<br>2.<br>3.<br>…… |  | 1.<br>2.<br>3.<br>…… |  |
|  | 优势 |  | 劣势 |  |
| 内部 | 1.<br>2.<br>3.<br>…… |  | 1.<br>2.<br>3.<br>…… |  |
| 得分<br>(合计) |  |  |  |  |

(2)详细可行性研究。会展项目详细可行性研究贯彻客观性、公正性和科学性的原则,运用经济评价法、市场预测法、投资估算法和增量净效益法等,严格按如图16-2的程序进行操作。

(3)详细可行性研究报告。会展项目可行性研究报告应根据会展项目的规模和性质而定,有繁有简。通常,会展项目可行性研究报告的目录格式应包括:①总论,主要包括会展项目主题的主要理念、思想和简要的背景资料;②会展项目目标及范围;③会展市场调研,主要包括会展项目的宏观、中观和微观环境分析;④会展项目可利用资源分析,包括会展场地、工作人员等;⑤会展策划;⑥会展项目执行的时间安排;⑦经济和财务评估;⑧结论和建议等。当然,不同的会展项目还可根据自身的特点来加以补充和修改。

(4)会展项目的立项和审批。大型会展项目通过项目论证后,一般都需要申报到有关部门进行核准后才能启动,但各类会展项目的类型和特点不同,其审批的具体规定也不尽相同。长期以来,我国会展业管理体制一直沿用计划经济体制下的多部门审批制。这种多头管理、多重审批的体制在一定程度上制约了我国会展经济发展。近年来,随着市场经济体制的完善和会展业的不断发展,审批制越来越不能适应会展业发展的需要,我国政府也顺应会展经济发展的需要,颁布了一系列通知、办法和规定,改革了原有的审批制,但这些改革并没有完全动摇我国会展业的审批管理体制。例如,2002年11月,国务院取消了关于"全国性非涉外经济贸易展览会"的审批制,改为登记制,即国内展的审批制已经取消,但在国内举办国际展仍然需要得到多家审批。当然,随着我国会展经济的逐步发展,会展管理体制必将由审批制向登记制或备案制过渡,这不是以个人主观意志为转移的,是市场竞争和市场发展的必然结果。

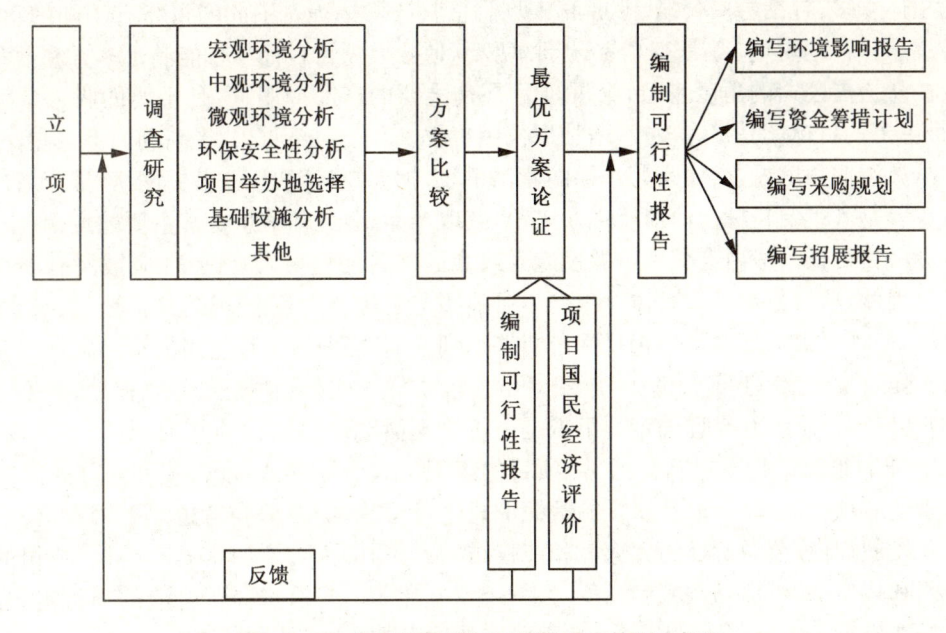

图 16-2　会展项目详细可行性研究的程序框架

然而,考虑到我国目前的情况,由于我国的行业法规还不完善,市场功能和市场机制仍不规范,审批制在我国仍然具有存在的基础,审批制的彻底废除还要一段时间,所以会展项目举办者应充分认识到我国的具体情况,积极配合相关部门充分做好会展项目的立项和审批工作。

(二)会展项目计划与控制

会展项目的计划与控制属于会展项目的规划阶段,规划阶段作为项目实施的前期准备工作阶段,对项目的实施进行了全面、系统地描述和安排。项目的背景、目标及范围是项目实施的依据,工作分解及时间估计为项目计划提供了基础。良好的进度安排、资源计划、费用估计和质量计划是项目实施按计划执行的保证。

作为一个会展项目,小到一个小型会议和展览,大到世界性博览会和大型活动如奥运会,所涉及的人力、物力和财力是不同的,而且会展项目需要考虑的细节问题众多,这就更需要在会展活动举办之前制定详细的计划,以指导项目团队的工作,保证会展项目顺利完成。此外,在会展项目策划和实际活动期间,会发生很多意外或突发性事件,会展项目计划会最大限度地减少不确定性,并通过事先对风险性事件进行预测,制定出预防性措施。

1. 会展项目启动

会展项目启动是从实施现代项目管理的角度来谈会展项目的背景与启动、目标确定、组织和经理确定、范围定义与规划、工作分解、责任分配矩阵和管理规划等,从而为会展项目管理做好前期准备工作。

(1)会展项目背景与启动。会展项目是在一定的项目背景下进行的,直接或间接地受到其所处背景的影响。作为会展项目管理者应清楚理解项目构思,项目发起人的情况,项目以及市场状况和支持该项目的经济政策和其他相关政策。会展项目选定之后,还要有一个发起过程,才能使项目开展起来。会展项目启动就是项目管理班子在会展开始阶段的具体工作,包括项目规划、实施和控制等过程。

(2)确定会展项目目标。明确会展项目目标是制定会展项目计划的第一步。会展项目所涉及的主体众多，包括会展公司、参展商、观众、总服务机构等。不同的主体有不同的目标，在制定会展项目计划时，应考虑多方参与者的需要，使会展项目目标尽量能满足多方利益相关者的需要。从会展公司的角度来看，会展项目是其主要的产品或服务，是主要的收入来源。因此，其最主要的目标就是扩大规模，增加展位销售收入和公司总收入，提高利润率，提升公司形象等。从参展商角度看，会展是其主要的营销手段，扩大知名度、建立营销网络、推广新产品和签订订单等是其主要目标。而对于观众来说，获取产品、服务和信息是其主要的意图。

会展项目目标一般由会展项目的发起人或会展项目的提议人来确定，应被所有项目成员所了解。因此，项目目标必须具体、明确，尽可能用定量化的语言来描述，保证项目目标容易沟通和理解，使项目组成员确信项目目标是能够达到的，并能使每个项目组成员结合项目目标确定个人工作目标，把责任落实到人，实行自我管理，这样才能起到很好的激励作用。

(3)会展项目组织和经理确定。组织是一切管理活动取得成功的基础，费用、质量和进度均要在合理的组织结构下进行。通常，项目的组织形式有职能式、项目式和矩阵式等多种形式。对于会展项目而言，采取什么样的组织形式进行管理，需要综合考虑以下因素：公司的业务特点和发展规模；公司所处的大环境和产权结构；公司的人力资源素质和结构；公司的长远发展规划和战略部署；市场环境和竞争对手；企业文化等。只有选择了合适的项目组织形式，才能更好地进行工作分配、团队合作，从而更有效地完成会展项目的目标。

例如对于大型会展项目而言，通常均会采用项目式的组织结构形式（见图16-3），这是由会展所牵涉的诸多因素和需要处理的问题过多的特点所决定的。在这种情况下，每个会展项目组织都有完成项目任务所必需的资源，每个会展项目实施组织有明确的项目经理对上直接接受企业主管或大项目经理的领导，对下负责本项目资源的运用以完成项目任务。

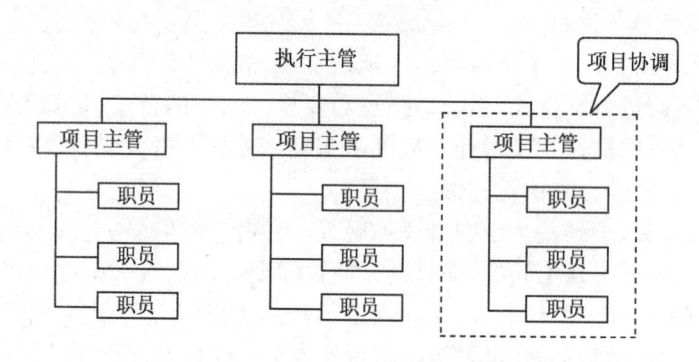

图16-3 项目式组织结构示意图

会展项目经理的确定，要求项目经理具备相应的素质和能力才能圆满完成项目任务。会展项目经理是会展项目最直接的领导者，他的工作能力和专业素养直接决定了会展项目的成败，因此，在选择和确定会展项目经理时，必须有明确的职能要素指标。具体如下：

第一，策划能力。对会展的立项、主题、招商、招展和预算等方案能进行独立的策划，能够整合现有的资源和信息，制定并选择合理、有效的策划方案。

第二，专业知识与技能。会展业具有知识密集性特点，必须对会展业有着深入的了解，能够全面掌握会展专业知识。

第三，创新思维。以新颖独创的方法解决问题的思维过程，通过创新能突破常规思维的界限，以超常规甚至反常规的方法、视角去思考问题，提出与众不同的解决方案。

第四，对政策、法律的把握。会展行业的发展离不开社会这个大环境，会展行业发展趋势与政府政策、法律法规有着紧密的联系，必须具备对国家与当地政府的各种政策的把握能力。

第五，战略决策。具备宏观的思维，长远的眼光，通过分析目的，详细的事前规划，并进行长期全方位的思考来制定战略决策。

第六，沟通协调能力。根据不同干系人的特点，清晰地、简明地交换信息和观念，并能倾听和接受其他人的意见；与人融洽相处，在人际交往中随和大度，既能坚持立场，又能有效化解冲突。

第七，团队领导。期望承担团队领导的角色，表现出领导他人的愿望。为团队提供必要信息，提高团队工作效率，保护和支持团队，从而建立威信。

第八，风险管理。有完整的规划技巧以应对会展中出现的各种情况，提前思考以应对危机、规避会展项目操作中的风险。

第九，分析式与概念式思考。具备问题分析的能力从而提出解决方案，对成功案件能够准确理解并进行评估。

第十，培育他人。提供适当的需求分析、辅导和其他支持，帮助团队成员学习与进步的能力。

第十一，应变能力。会展项目充满了不确定性，随时都有可能发生各类意外事件，这就需会展项目经理具有良好的应变能力。

第十二，自我控制。由于会展的高风险特点，会展项目经理面临巨大的压力和挑战，这就需要会展项目经理能够有效地控制自己的情绪，冷静应对各种不测因素，在各种突发事件中能够作出理性的判断和决策。

会展项目团队是为适应会展项目的有效实施而建立的团队。会展项目团队有一大特点：其成员多数是临时借调，来自不同的职能部门或组织机构。随着会展项目的进展，项目团队成员的工作内容和职务常有变动，甚至人数也会有不小的变化；团队成员往往要接受项目经理和原组织机构负责人的双重领导。因此，会展项目团队建设对保证项目成功有重要的意义。

会展业是一个综合性强、专业性高的产业，一次会展的成功举办涉及很多行业部门，依赖于专业化的服务。需要很多专业人员对会展的筹办、招展、布展、出展和撤展的各个环节进行管理和组织，需要通盘考虑会展的时间、参展的人员、展台的空间和展品的物流等方面。其中还会涉及很多其他提供配套服务的部门，这就要求会展项目团队成员中既要有本行业的专业人才，又要有其他行业的专业人才，还要有对各个方面都有一定了解的通才，形成一个优势互补的会展项目团队，从而提升会展业的整体服务水平。

(4) 会展项目范围。项目范围是指为了成功达到项目的目标，规定必须要完成的工作。会展项目的最终成果是会议、大型活动或者展览会的成功举办。会展项目范围的界定通常不如工程项目那样清晰，甚至比工程项目更复杂更困难，而现有的会展管理理论已经难以界定一个会展项目究竟需要进行哪些工作。因此，如何准确地界定和有效地管理会展项目的范围是会展项目管理者们遇到的最大困难。

一般来说，会展项目的范围主要包括如下内容：参会者或参展者的确定，即确定参会人员或参展商的类型、层次和数量等；观展人员的确定，即确定观展人员的类别、购买能力、决策能力和数量等；制定合适的营销推广策略，通过一定营销方式的组合，增强会议或展览的吸引力，确保会展组织者的收入来源；确定会展服务的范围，与会展服务的总承包商或分承包商签订合同，为参会者、参展者、观众和其他参与者提供各种必要的服务，如展台搭建、展品运输、清洁、餐饮、保险等各项服务；会展现场的管理工作，在会展现场协调参展商、观众和服务商之间的关系，确保会展顺利进行;会展评估工作,在会展活动结束之后要对会展环境、工作和效果进行评估。

(5)会展项目结构分析。会展项目结构分析是会展项目管理的基础工作,其使用的工具是工作分解结构 WBS 原理,它可以将项目划分为可管理的项目单元,以便对这些项目单元的费用、进度和其他方面进行管理。例如,对于一个展览活动,可将其基本工作分为前期准备工作、具体实施工作、现场管理工作和会展评估工作。而会展前期准备工作是决定会展项目成功的关键,而且大部分工作也集中在这一阶段,所以对展前准备工作进一步划分有,确定项目目标、制定营销方案、实施营销计划、确定服务承包商和租用会展场地等。而制定营销方案又可分为准备宣传材料、确定营销对象、选择营销方式、确定营销组合、执行营销计划等工作。对于每一项工作必须能详细到可以对该项工作进行成本估算、安排进度、分配负责人员的程度。

### 2. 会展项目进度管理

在市场经济的条件下,时间就是金钱,效率就是生命。对于会展项目而言,由于会展的周期一般比较短,举办时间都有严格的规定,且具有不可更改性,因此在其各种条件限制中,时间通常是最强的限制条件,时间维度上的任何缺陷都必须靠牺牲成本,甚至是质量来弥补。因此,进度计划是会展项目计划工作的首要内容。进度计划是表达项目中各项工作、工序的开展顺序、开始和完成时间以及相互衔接关系的计划。会展项目管理过程中尤其在前期准备中有大量细致的工作,而且许多工作相互交叉,必须对每项工作开始的时间、需要的时间和完成的时间做出详细的规定。通过进度计划的编制,使会展项目实施形成一个有机整体。

会展项目进度计划编制的首要工作就是将项目活动进行分解,确定各工作的具体内容和先后顺序。然后,要对每项工作持续的时间做出估计,这是会展项目计划中非常重要的基础工作,关系到整个会展项目完成的时间。会展活动的历史信息对于项目工作时间的确定具有很大的参考价值。以往同类型成功举办的会展项目在工作时间上的安排是比较合理的,可以借鉴。工作持续时间估算的常用方法有定量计算法、专家判断法和类比估计法。但经验对会展项目管理非常重要,通常对于会展项目工作时间的估算都是由会展项目负责人或具有丰富会展组织经验的人员来完成的。项目管理人员在确定了每项工作的内容和先后顺序后,再结合完成每项工作所需要的时间,就可以制定出具体的进度计划。常用的进度计划的编制方法有甘特图和里程碑计划,项目管理人员可以根据实际情况选择具体方法编制。

计划和控制是一个问题的两个方面,由于会展项目有严格的时间限制的特点,因此对会展项目的进度加以控制尤为必要。会展项目进度控制是指在项目进行过程中,必须不断监控项目的进程以确保每项工作都能按进度计划进行,同时必须不断掌握计划的实施状况,并将实际情况和计划进行对比分析,必要时采取有效的对策,使项目按预定的进度目标进行,避免工期的拖延。因此,会展项目管理者应该安排专人监督项目的进度完成工作,对于发生的问题及时做出调整和应对。根据会展项目的实际进展情况,不断地进行进度计划的更新。

### 3. 会展项目费用管理

会展项目的费用管理主要是在批准的预算条件下,确保项目按期保质完成,其主要内容包括项目资源计划、项目费用估计、项目费用安排和项目费用控制。会展项目运行过程中需要大量的前期垫付资金,会展项目的收入和支出不能同步,需要会展项目管理者或主办方有较强的资金实力和经济实力。能否保证充足的资金流是决定会展项目管理成败的关键因素,因此对会展项目的费用估计就成为项目管理中的重中之重。

会展项目费用估计的主要内容包括会展项目规模预测及固定成本和可变成本的预测。会展项目的规模预测主要是对参会人数、参展商数量以及展览面积所做的预测。会展项目规模预测是收入和成本估计的基础。规模的预测需要分析历史资料、市场行情、安全环境等资料综合确定。固定成本是指那些不随参展商和观众人数的变化而变化的成本,如项目小组成员的工资、保险费、电话费等。可变成本则是指那些随会展活动参加人数的增加而增加的成本,如视听设备租赁费和劳务费、注册工本费、活动节目单设计、印刷费以及其他需要最终确定数量和价格的项目累计费用。

由于会展项目最终交付的是会展服务,而不是实物产品,所以在会展项目中,现金的流转不仅仅表现为现金和非现金资产之间的转换,更多的是反映资金的耗费,如用现金支付人工成本、租用会展场地、支付营销开支等。这些资金被耗费了,而不是投资形成非现金资产。但这些被耗费的资金要成为制定会展价格的基础,并通过会展产品的出售而得到价值补偿。费用安排是会展项目控制的重要依据。计划一经确定,就进入了实施阶段,管理工作的重心转入控制,即设法使会展项目按照计划进行。费用预算是控制经济活动的依据和衡量其合理性的标准,当会展项目的实际收支情况与财务预算有了较大的差异时,要查明原因并采取措施。

控制过程包括会展项目实际状态的计量、实际状态和标准的比较、两者差异的确定和分析,以及采取措施调整会展项目的运行状态。费用控制就是要保证各项工作在它们各自的预算范围内进行。由于参展商通常在会展举办前几天才支付参展费用,也有很多参会者通常是在现场注册的时候缴纳会务费,这种经营特点决定了会展项目在持续期间会有大量的应收账款。另外,会展项目通过签订合同的方式把会展服务承包出去,通常也是在签订合同时缴纳的小部分定金,而在会展服务提供之前或之后支付剩余款项,在会展项目持续期间这些款项则属于应付账款。应收账款和应付账款是影响会展项目现金流动的两个非常重要的因素,为了保证现金的正向流动,会展项目应该采用各种方式和手段加快应收账款的回收,并尽量推迟应付账款的支付。此外,能否有效实现成本控制,也是会展项目能否最终获利的决定性因素。因此,会展项目费用管理的目标就是通过对现金流转的管理和对成本的控制,使会展项目实现利润最大化。

4. 会展项目质量管理

会展项目作为一种新型的项目形式,具有服务目标性、项目关联性、客户广泛性及效益综合性等项目特色。会展项目质量的核心价值理念主要由内在质量、规模质量、收益质量、结果质量及潜在质量五大部分构成。规模质量与收益质量是会展项目质量评价体系的外显外素,是宏观可见的,直接反映在会展项目的规模与收益大小上;结果质量与潜在质量属于会展项目质量评价的内敛要素,其评价是间接的,主要反映在会展项目实施后的效果与潜在作用上;内在质量是会展项目质量评价的基础要素,也是核心要素,它决定着一个会展项目的定位,也是外显要素和内敛要素的决定因素

会展项目的质量管理是一个系统工程,在会展项目质量管理中,需要运用全面质量管理的思想,将内在质量、规模质量、收益质量、结果质量及潜在质量等看成一个有机整体进行综合、全方位的质量管理,以实现会展项目的综合目标。

(1)提升内在质量,培植会展项目品牌。会展项目内在质量涵盖项目开展的一系列硬件与软件,是项目的基本属性,也体现了其基础功能,要提升会展项目质量须从内在质量着手,培植一系列有影响力的项目品牌。须从观念上制定品牌战略,对自身进行市场定位,从场馆设计、主题立项、展会的规划、展览的组织与管理等具体方面来实施会展项目的品牌化发展。

(2)增强效益质量,打造雄厚经济平台。会展项目效益质量的增强,能够为其长远发展奠定雄厚的经济基础,塑造良好的经济环境。增强效益质量也需从硬件与软件两方面着手:一方

面加大项目投入,更新会展的硬件设备;另一方面积极引进国际性的会展组织与专业人才,以实现会展项目的国际化与专业化。同时,采用多元化的项目运作模式,拓宽投融资渠道,提高投资效益。

(3)注重结果质量,强化干系人的忠诚度。好的项目结果质量表示具有好的展览效果,因此须加强结果质量的提升。首先,通过提炼会展项目产品价值,发掘创造并充分利用品牌营销、推广的机会,扩大项目品牌的知名度。其次,通过提升服务价值来提升品牌的忠诚度。良好的服务带来忠诚的干系人。最后,通过增值价值为干系人带来更多的愉悦感、信赖感、可靠感和安全感,以增强品牌效度。

(4)找准规模质量,优化项目整体质量。控制好会展项目规模有利于实现项目质量最优化。首先要全方位展开营销,以项目综合质量最高化为目标,对展览面积、观众数量、周围环境等进行有效预计,控制好会展规模,确保会展项目取得预期的效果。此外,利用资本运营,对会展项目进行整合,通过对会展材料、设备设施、会展场地等的综合利用和科学管理,扩大项目的规模优势,提升其整体市场价值。

5. 会展项目风险管理

会展项目风险管理,是会展项目管理者通过早期识别不确定性,制定策略,主动消除或减弱风险发生的可能性,加强管理风险的能力,从而提高会展项目实现目标的可能性的各项管理活动。

(1)会展项目风险的主要来源。会展项目的风险来自于项目的不确定性,一般情况下,会展项目发生变化主要受到以下因素的影响:

第一,会展项目的生命周期。会展项目的生命周期越长,项目的变化就越多,特别是项目的范围就越容易发生变化。

第二,会展项目的组织。会展项目的组织越科学、越合理,则越能有效控制项目的变化。反之,缺乏强有力的组织保障的项目则越容易发生变化。人员的流动、协调的难度、管理的随机性等都会使项目容易产生较大的变化。

第三,项目经理的素质。高素质的项目经理善于在复杂多变的项目环境中应付自如,正确决策,从而使会展项目的变化不会对项目目标造成影响。反之,则往往难以控制。

第四,参展商及其他利益相关者的要求。会展项目的变化更多的是来源于项目参展商及其他利益相关者的要求。随着会展项目的进展,项目参展商及其他利益相关者越来越清楚地认识到一些在项目初期未能认识到的问题,因此会不断提出更改的要求。

第五,外部因素。引起会展项目变化的因素不仅来源于项目自身,更多的则是来源于项目的外部环境。例如,国家政策、法律法规、恶劣天气、瘟疫、战争、市场价格波动、利率和汇率的变化、项目所在地的自然条件、人文环境,以及有关方面的干预等因素都会使会展项目发生变化。

当然,除了上述因素外,还有其他因素,例如,项目计划出现错误、项目中原定的某项活动不能实现、项目的设计不合理等。对于可预见的项目变化,可以采取预防措施,大量收集资料,尽早作出预测,尽管不能避免其发生,但是可以采取有效的预防措施,以最大限度地减少其对会展项目的影响。

(2)会展项目风险的应对策略。由于项目资源的有限性,风险应对策略主要是针对风险分析中的关键风险,进行积极、主动地管理,而不是直接对付风险事件。

第一,避免风险。避免风险事件的发生,主要是通过严密的现场监控和及时的疏通、疏导等来避免风险事件。例如,对会展场馆进行监控,以防意外发生;及时处理垃圾与进行场馆消毒,保证现场卫生健康安全;预测自然灾害和人为破坏,做好应对方案;监视和控制人流,及时引导和疏散;监督临时展台搭建,防止坍塌事故等。

第二,自担风险。有些风险必须由会展项目团队自己承担,但是,会展项目团队要想方设法减小风险产生的后果,从而达到减少损失的目的。比如,针对可能发生的安全风险,会展项目团队应该安排好安全管理工作,预防各种可能的安全问题;对相关人员进行安全教育和培训;加强治安,监控偷盗和抢劫事件;检查并保证消防系统的正常运作,监控现场,防止火灾;进行安全检查;保养和维护会展设备;防止信息管理风险;进行证件检查;加强对嘉宾的安全保护等。

第三,接受风险。接受风险就是对风险不采取任何防范措施,只是在发生后才采取必要的处置手段,这种应对策略主要适用于对会展项目影响比较小的风险事件。

第四,共担风险。通过与能够承受会展项目风险或者有经验管理风险的组织合作,来降低风险发生的可能性。例如在会展项目管理中,由几个投资者通过合同约定来共同组织一个会展项目。

第五,转移风险。由于会展项目涉及的干系人众多,有很多风险无相关关系人承担,对这些风险发生造成的损失,可通过保险来分担风险,例如通过保险公司分担群众可能遭受伤害的风险。

(三)会展项目现场管理

会展现场管理工作是会展项目管理中的重要环节,它是一个会展是否成功的直观体现。组展商所做的各项前期准备工作都要通过现场管理的形式表现出来,组展商的现场管理工作是会展成功的重要保证,这是会展项目区别于其他项目的最显著特征。即使会展前期准备工作做得非常充分,但如果没有一个好的现场管理,会展也不可能办得成功。对于组展商来说,其最终目的是在为参展商提供良好的服务的同时使自己的利润最大化,而要为参展商提供良好服务就要处处为参展商着想,了解他们的需要,比如为参展商提供合适的展位,举行盛大的开幕式扩大展会的影响,选择合适的承包商为参展商提供各种运输、装卸、设计、施工、餐饮等服务,为参展商提供必要的设备、良好的环境,对突发事件的及时处理等。而作为参展商,则是尽最大努力在展览现场进行推介、宣传,从而能够与更多的客户建立业务联系,进行贸易洽谈,实现会展的最终目的。

1. 会展项目现场服务

会展现场工作是办展机构对会展进行组织管理的集中体现,是办展机构与参展商和观众等有关方面最直接的面对面的交流。它所包含的事务很多,需要多方面的协调配合,会展现场工作某一方面的疏忽都可能对会展造成严重的影响,因此会展现场服务管理工作非常重要。

开幕式是会展项目的重要仪式,举办开幕式的主要目的是制造气氛,扩大影响,提高会展的知名度。开幕式一般邀请一些具有强大影响力和宣传价值的人物,如政府要员、工商名流、新闻人士、外交使节、公司老板,甚至是文体界名人等。会议注册是会议现场的首要工作,会员注册是参会人员感受会议气氛的第一个环节,也是组办者工作效果的重要体现。负责注册工作的人员应该是经过培训并熟悉注册工作的,应该具有一定的交际能力,对于国际性的会议,注册人员还应该能够熟练使用英语。因此,能否提供完善的服务对会展项目成功举办有着直接或间接的影响。

对参展商而言,其现场管理的主要目的就是通过展台工作人员的接待、宣传、产品介绍以及贸易洽谈等工作，与客户签订合同。展台工作人员是参展商形象的直接体现，他们不仅要在数量上满足会展的需要，更要在质量上符合会展工作的要求。他们所提供的服务同样会对组展商及会展项目品牌有很大的影响。

2. 会展项目现场设备

会展项目需要使用大量的设备，设备的正常运行是成功举办会展的关键，所以做好设备的现场管理成为组会者和组展者的重要工作。会展中最常使用的设备大体上有：放映设备，如幻灯机、实物投影仪、银幕、计算机等附属设备；音响设备，如麦克风、录音设备；特殊视听系统，如多媒体设备、同声传译设备等。加强会展设备管理，有利于提高会展项目的档次，同时也有利于降低会展项目的经营成本。

在会展项目活动期间一定要有专门负责设备的技术人员在场，以防设备临时出现故障时能够及时维修。而对于大型设备或不易移动的设备一旦出现故障，则不容易马上解决，因此，一定要注意在会议之前对设备进行检查。

此外，会展在举办过程中随时都可能遇到一些突发事件，如紧急伤病、设备故障、火灾以及盗窃事件的发生，应时刻保持危机意识，建立危机应对机制。应对机制包括制定紧急情况应急预案，成立专门的危机管理机构，建立危机信息处理系统等。

（四）会展项目总结与后评价

会展项目活动结束后，并不等于会展项目管理活动的结束，项目管理者或其他人员还要对会展项目作出总结和后评价。

1. 会展项目总结

会展项目总结是指通过对工作资料的统计整理，对已做工作的评估，经验总结或失败原因分析等，形成总结报告，以期为将来工作提供数据、资料、经验和建议。简单来说，会展项目总结包括两个方面的内容：一方面是对客观数据、资料的总结；另一方面是对主观经验、教训的总结，为以后会展项目管理工作提供参考和借鉴。

2. 会展项目后评价

会展项目后评价虽说在会展项目结束之后，但它的重要性丝毫不亚于会展的前期准备工作和会展现场管理。会展项目评估工作以及收集信息和资料的工作都是一个成功会展的重要组成部分，许多会展之所以发展缺乏后劲，与会展的组织者和参展商不重视会展后续工作有直接的关系。因此，无论对于组展商还是参展商都应该非常重视会展后评价工作，及时收集参展商和观众对会展的评价，并将其与会展期间新建立的客户关系及时输入数据库，以便为将来会展提供信息。

基于现代项目后评价理论，会展项目后评价应包括会展项目效益后评价和会展项目管理后评价两个方面。会展项目效益后评价包括会展项目实际取得的直接或间接的经济、社会效益等。如会展项目期间的贸易成交额、门票收入、广告收入、餐饮旅游收入，以及取得的社会影响和示范效应等。会展项目管理后评价是以项目效益后评价为基础，结合其他相关资料对项目整个生命周期中各阶段管理工作进行评价。其目的是通过对会展项目各阶段管理工作的实际情况进行分析研究，形成会展项目管理情况的总体概念。通过分析、比较和评价，了解目前会展项目管理的水平。通过吸取经验教训，以保证更好地完成以后的会展项目管理工作，促使项目预期目标更好地完成。

会展项目后评价是会展项目管理中的一个重要环节。通过评估，可以判断出会展项目的效益如何，存在哪些问题，如何加以改进，或者决定该会展项目及类似项目是否有必要继续，这无论是对会展项目的主办者和承办者,还是对参展商及其他利益相关者,都有着重要的意义。同时,会展项目后评价还应根据相关的会展调研来深刻分析、评价当前的会展市场环境和走向,为今后会展项目的市场开发、运营管理提出宝贵建议。

## 第三节 第五届中国北京国际科技产业博览会项目案例分析

### 一、第五届科博会的名称由来和基本情况

中国北京国际科技产业博览会(简称"科博会")是经国务院批准,中华人民共和国科学技术部、商务部、教育部、信息产业部、中国贸促会、国家知识产权局和北京市政府共同主办,北京市贸促会承办,每年5月定期在北京举办的国家级高新技术产业国际交流与合作的盛会,是北京市每年举办的最为重要的品牌会展活动之一。

科博会(原称"北京高新技术产业国际周",简称"国际周")始创于1998年,由国家科技部和北京市政府联合主办,北京市贸促会承办。1999年更名为"中国北京高新技术产业国际周",主办单位增加到三家,2001年又更名为"中国北京高新技术产业国际周暨中国北京国际科技产业博览会",主办单位增加到五家,2002年该活动(第五届)的名称改为"中国北京国际科技产业博览会(中国北京高新技术产业国际周)",主办单位增加到七家,由国家科技部、外经贸部、教育部、信息产业部、中国贸促会、国家知识产权局、北京市人民政府七个单位共同举办,成为具有广泛影响的国际盛会。

第五届科博会于2002年5月23日～28日在北京举行,此次科博会是中国加入世贸组织后的第一个大型国际科技经贸活动,也是北京"申奥"成功后举办的第一次大型国际科技博览会。来自联合国、欧盟等国际组织和68个国家和地区的72个外国政府、工商企业界代表团五千余名境外来宾参加了科博会活动,国内35个省、自治区、直辖市和计划单列市派出近万人的政府和经贸代表团参会。展会期间,2 545家中外企业、单位参展,比上届增加近20%,接待观众50万人次。第五届科博会签约项目总计397个,总成交金额73.5亿美元,其中投资类项目337个。项目总金额71.2亿美元,占总成交金额的96.9%;投资类项目中,高科技项目44.1亿美元,占62%;北京项目133个,总金额57亿美元,占成交总金额的77.5%;各省市项目264个,总金额16.5亿美元,占总成交额的22.5%。第五届科博会以"世贸、奥运、创新、发展"为主题,在适当控制规模的前提下,相比以往各届主题更为突出,国际参与更加广泛,汇聚商机更多,促进高新技术商品化、产业化、国际化更加务实。此次紧紧围绕"世贸"、"奥运"带来的机遇和挑战,集中展示了国际、国内高新技术成果和新的商业合作机会,汇聚了新时期具有前瞻性、导向性的新思想、新观念,在推动技术创新和科技成果向现实生产力转化、用高新技术改造传统产业等方面都有重大突破,大力促进了我国经济的发展和与世界经济的融合。

### 二、第五届科博会的特点

(一)"WTO"出现频率最高,"奥运"成为关注热点

本届科博会以加入世贸组织后的市场运作为重点,推出了一系列活动,以各级政府机构和工商企业为不同对象,邀请国家有关领导、政府官员、经济理论学家等国内外高层人士从宏观经济发展战略和加入世贸组织后中国的产业和地区发展政策等不同视角进行多领域、多层次

研讨,并邀请国际政要介绍各自国家加入世贸组织前后经济发展中的成功经验,以供借鉴和参与。以"科技奥运"、"绿色奥运"为视点,本届科博会在北京市计委等有关部门组织参与下,首次推出规模较大的"奥运会及相关建设项目推介洽谈"活动,向国内外推介一批"奥运"建设项目计划;另外,"国际环保大会"将围绕利用高新技术治理环境污染、城市废气、污水处理、保持生态平衡等问题开展一系列研讨和宣传活动,为"绿色奥运"提供理念和技术支持;"世界体育论坛"以体育科技与体育经济为主题,探讨了高科技与体育运动的融合及奥运对经济社会发展的促进作用,并邀请了国内外专家和权威人士为办好2008年奥运会出谋划策。

(二)重视知识产权保护

本届科博会突出了对知识产权的保护,为高新技术的发展营造了法律环境。中国加入世贸组织后,知识产权的认定和保护已成为高新技术产业发展过程中更加突出的要素。为此,在国家知识产权局和国际知识产权组织的主办和支持下,第二届"世界发明大会"在科博会期间同时召开,来自联合国有关机构、世界知识产权组织和各国知识产权机构的高层官员、专家、学者以及企业家、发明家将共同商讨新经济、高科技环境下知识产权保护的新问题和对策;同时,往届"国际周(科博会)"中的"知识产权保护论坛"和"案例开庭审理"由于国家知识产权局的参与,在权威性和全国性参与上有新的提高。

(三)为中小企业服务成为科博会的主旋律之一

本届科博会突出对自主知识产权项目的支持推广,为中小企业和个人科技成果向现实生产力转化提供多层链接平台。"中国自有产权发明成果展"首次在本届科博会亮相,国家知识产权局组织全国的专利技术与产品展示并现场洽谈合作事宜。上届"国际周"引起较大反响的"个人发明成果展"扩展为"个人及中小企业创新科技展",展览面积比上届扩大一倍以上,展会期间在现场搭建科技成果转化服务平台,为参展的中小企业和个人提供一条龙服务,展览结束后为参展项目举办投融资洽谈活动。

(四)高新技术展示向服务业延伸

本届高新技术的展示交流从工业向现代服务业扩展。适应加入世贸组织后现代服务业发展高新技术的要求,本届科博会首次举办"中国国际金融商品展览会"、"现代国际传媒高新技术成果展览会"以及"北京王府井国际著名商业街研讨会"等活动,其中"金融展"集中展示了中外银行、证券公司、保险公司、财务公司的金融商品,推介国际金融机构的经营理念、经营方式和业务特点;"传媒展"在展示国内外现代传媒高新技术成果的同时,开展国际传媒产业投资合作洽谈活动。

(五)现代农业成为重点领域

现代农业成为本届科博会展示又一重点领域。"现代农业科技与产品展览会"分为农业龙头企业和上市公司展区、农业高新技术企业和外国企业参展区、北京市现代农业展区、绿色食品生产企业和茶果类生产企业展区。"中国农业产业化及乡镇企业高新技术项目洽谈会"是本届"科博会"中涉及农业和乡镇企业的唯一专题会议,农业产业化的发展趋势、成果展示及乡镇企业高新技术项目合作成为这次洽谈会的主题。

### 三、第五届科博会项目管理分析

历时六天的第五届科博会具有广泛的国际影响,受到了国内外社会各界的热切关注和积极参与。不仅有2 545家国内外参展商,还有来自联合国、欧盟等众多国际组织和68个国家和地区的72个外国政府代表团、5 000多名境外工商企业界来宾参加了"科博会"的各项活动,其中国际组织有20多个,世界500强企业的首脑40多位,外国城市市长和政府部门负责人20多人,世界著名科学家和学者,包括诺贝尔奖获得者在内的百余人。国内35个省、市、自治区、直辖市派出近万人的政府和经贸代表团参加了"科博会"组织的各项活动内容。科博会的举办为北京乃至中国带来了巨大的经济和社会效益。下面对科博会项目管理的特点作简单介绍。

(一)创意新颖,定位准确,切中时代脉搏

科博会之所以越办越火,影响越来越大,首要原因是凸显了北京的科研优势,顺应了国家经济发展方向,具有很大的发展潜力。

过去北京举办的展览会多以生产资料为主,这与当时的时代背景有关。随着经济的发展和市场体制改革,北京相继出现了一些成功的消费品展览会,如房产和消费电子展会等。科博会的选题就是在这样的情况下产生的,它适应了北京的科研优势,顺应了未来经济发展的方向。北京最大特点在于知识密集,具有科技、智力、人才资源优势,北京的科研力量很强,各学科研究成果很多,这是全国其他地区无法比拟的。但是,在我国,科技成果与生产力的严重脱节是一个有待解决的急迫问题,同时也是国家领导、有关主管部门和科学家、发明家、企业共同关心的问题。此外,北京的水资源、土地资源和环境保护要求,决定了北京不适宜发展重工业,北京发展大规模工业受到多重因素的制约。根据北京的特殊情况,科博会以北京科研实力为基点,以科技成果转化为现实生产力为特色的创意,符合了时代要求及国家经济发展的大方向,适应了现实的客观条件,有助于形成新的经济增长点。科博会旨在促进高新技术商品化、产业化、国际化,符合首都经济发展的方向,可以使北京的优势得以充分发挥,进而带动全国经济的发展,该创意很快得到北京市政府和中央相关部委的全力支持。

科博会以促进科技成果商品化、产业化和国际化为宗旨,以服务全国为目标,显示了其立足北京、面向世界、服务全国的准确定位。科博会请来全国乃至全世界的商家,汇聚世界范围的商业合作机会,在推动全国高新技术产业发展的同时,使北京的市场更具活力。而且,科博会在内容上定位贴切,所有活动紧紧围绕促进科技成果商品化、产业化和国际化展开。承认知识成果也是商品,搭建多层次、多形式的舞台进行高新技术成果交易;促进国内的科技成果走出去,将国外的成果请进来,在国内形成产业等,都显示了科博会准确的定位。

另外,科博会围绕科技创新、"世贸"、"奥运"等热点,在活动设置和内容安排上凸显时代特色。

(二)指导思想正确

科博会从策划之初,即在指导思想上将其定位为国家级的国际科技经贸交流活动。运作中主要体现在:在组织机构上,逐步强化国家级活动的规格,首届"国际周(科博会)"由国家科技部和北京市政府主办,组织了全国53个开发区代表团参加;随着"国际周(科博会)"规模的扩大和活动档次的提高,国家级活动特征更加明显,至第四届"国际周(科博会)",主办单位增加到科技部、外经贸部、教育部、信息产业部、中国贸促会5个国家级部门,形成了国家科技、外经贸、教育、信息产业等政府主管部门和北京市政府共同搭台的国家级活动组织框架;在参会范围上,提出了面向全国、面向世界的招商招展方针,加强了对国外政府和工商企业界代表团的邀请和对世界知名跨国企业的招商力度,请市领导带团分赴全国重点城市宣传推介"国际周(科博会)",并为各省市地方项目的对外招商提供种种便利和优惠条件;在创建特色上,区别于常规的专业展和单纯的会议,将"国际周(科博会)"确定为以高新技术为主题的综合性国际交流活动,首次在一个核心主题下,以同一时间、同一地点、多种形式相结合而展开综合经贸活动。这一做法打破了传统的单一会展形式,开创了集展览、论坛、经贸洽谈会、大型专题经贸活动为一体的新型会展模式,不仅使人耳目一新,也使这个大型经贸活动舞台的外延以无极限的势态扩展,从而获得了出乎预料的成功。

(三)科博会的组织管理

科博会的成功举办,得到了中国政府诸多部门的大力支持和协助。北京搭台,全国唱戏,每年5月举办的科博会不仅成为北京市政府的一项首要工作,而且也是政府各部门,各省、市、自治区的重要工作之一。科博会的组织机构中,不仅有政府机构、工商企业、行业协会,也有许多境外组织和机构参与策划和组织,这些组织和机构在科博会的组织过程中给予了很大的帮助和支持,为不断创新而出谋划策。科博会的主办单位,大部分为与科技经贸有关的部委和相关机构,并且主办单位不仅仅只局限于一般主办单位对活动所起的指导作用,而是积极主动地参加到科博会的具体组织当中来。

1. 统一策划,分工实施

尽管科博会主办单位和协办单位很多——有中央单位和北京市的各委办局,但承办单位则始终由北京市贸促会担任。科博会组委会成立了展览组、论坛组、项目组、宣传组等若干个专项领导小组,日常办事机构即组委会办公室常设在北京市贸促会。由贸促会统一策划科博会的展览、论坛、洽谈会和大型活动整体方案,统一安排活动的时间、场地等,并负责各个项目之间、各个合作单位之间的协调,这样就保证了整体活动的一致性和组委会对各个项目的领导,使科博会近百个活动项目虽有交叉,但不致发生重大冲突。

2. 政府支持与市场运作相结合

首先,紧紧依靠政府支持,提高会展权威性。作为国家级活动,科博会首先取得了国家政府的全力支持,从第一届筹备开始,"国际周(科博会)"即报国务院批准后实施,至第三届时,国务院批准"国际周(科博会)"作为定期的活动,每年5月在北京举办,从而确立了科博会在我国高科技领域的权威地位。

组委会的政府支持力度也很强,主席由当时的北京市市长刘淇和科技部部长徐冠华担任,其他参与主办的每个中央部委一位副部长和北京市的四位副市长担任副主席,由张茅副市长担任组委会秘书长。事实证明,在会展业并未完全市场化的现状下,借助政府力量运作大规模会展活动,能增强会展的权威性、号召性。同时,"国际周(科博会)"作为国际会展活动,从创办伊始即确定了政府支持与市场运作相结合的原则,并逐步加大市场运作成分,如"国际周(科博会)"展览会的组织运作、大部分活动的招商及广告赞助等,力求按照国际惯例,实行商业化运作,以使"国际周(科博会)"在市场经济条件下保持日益强盛的生命力。

3. 借用社会力量,实行开放式运作

任何大型国际盛会的成功举办,离不开社会各界的广泛参与。作为承办单位——北京市贸促会只有90多人,运作科博会活动这样庞大的系统工程,无论人力,还是权威性都是不够的。为此,科博会采取了开放式、社会化运作方式,广泛吸纳国际组织、中央部委、海内外科技贸易机构以及各类社会中介组织承担有关活动,形成了组委会办公室负责整体策划、宏观管理重大活动安排,对协办单位实施监督,协办单位负责具体承办和落实具体活动的格局。至第四届"国际周(科博会)",协作机构近百家,其中相当部分是每届或多次承担"国际周(科博会)"活动任务而形成的长期固定的合作伙伴。正是由于有效地集纳了社会各方面的精英优势,使科博会不再是北京市政府一家的事情而是关系到各个行业、各个层面甚至是国家整体经济链条中的重要环节,显示出市场化运作大型活动的模式;也正是参与活动主体的多样性,决定了活动内容的丰富性、广泛性。科博会的组织机构中还包括一些境外机构,这些境外机构和组织对科博会的参与和帮助,促使了"科博会"国际化程度不断地加大,办会的水平不断地提高。科博会得到了国内外及社会各界的广泛关注和积极参与。由于是凝聚在一个主题之中,其方方面面的热点问题得到淋漓尽致的展现和广泛深入的探讨,使科博会活动既有点上的深刻独到新颖,又有大面积、大范围铺设开来的气势。从这个角度讲,科博会能够引起科博会内相关行业方方面面的强烈关注就不足为奇了。

4. 采用现代化科技运作手段

作为以高科技为主题的活动,科博会在组织筹备中尽可能采用现代化高科技手段,如网上招商与推介,将科博会各项现实活动在网上进行虚拟,进行网上招商、网上宣传、网上展览、网上洽谈、网上信息服务和售票服务;设立科博会专用网站,把各项活动的筹备情况等编辑上网,并随时更新;与主办单位、合作单位的网站以及政府项目数据库相连接,丰富了网上内容和科博会项目库;从 2000 年开始,开通"客户咨询服务中心",依托呼叫中心平台,应用自动应答系统,简化了大量繁杂的问询工作;聘请专业统计、调查公司,广泛开展市场调查、研究和分析。

本届科博会采用现代项目管理的方式运作,通过高新技术展览会、高层论坛、经贸项目洽谈、专项国际交流和网上活动五大载体,集中展示了国际、国内高新技术成果,跟踪世界前沿高科技发展现状,广泛开拓对外经济贸易合作,推动了中国科技成果向生产转化,用高新科学技术改造传统企业,促进高新技术商品化、产业化、国际化,实现了中国高新技术企业与国内外同行的相互交流和促进,有力地促进了中国高科技水平的迅速提高和发展。科博会的举办,为中国与世界各国在科技、资金、人才、信息等方面进行国际交流与合作提供了一个十分重要的机会。科博会所取得的各项成果,对北京乃至中国的经济建设、科技发展、政治文化进步都起着巨大的促进作用,为北京成为国际大都市产生了长期而深远的影响。

(本案例根据新华网等相关网站资料整理而成。)

## 思考题

1. 简述会展经济的意义。
2. 会展项目的主要参与者有哪些?
3. 根据不同的分类标准,会展项目可分为哪几类?
4. 简述会展项目的主要特征,并将其与一般项目特征作比较。
5. 会展项目沟通管理的四要素是什么?
6. 简述会展项目论证与评估的步骤。
7. 会展项目的启动需要做好哪些准备工作?
8. 会展项目现场管理需要注意哪些问题?
9. 简述会展项目总结与后评价的主要内容。
10. 请根据所学内容做一个会展策划方案。

## 附录  货币时间价值系数表

表1  复利终值系数表

| n \ r | 1% | 3% | 4% | 5% | 6% | 8% |
|---|---|---|---|---|---|---|
| 1 | 1.010 0 | 1.030 0 | 1.040 0 | 1.050 0 | 1.060 0 | 1.080 0 |
| 2 | 1.020 1 | 1.060 9 | 1.081 6 | 1.102 5 | 1.123 6 | 1.166 4 |
| 3 | 1.030 3 | 1.092 7 | 1.124 9 | 1.157 6 | 1.191 0 | 1.259 7 |
| 4 | 1.040 6 | 1.125 5 | 1.169 9 | 1.215 5 | 1.262 5 | 1.360 5 |
| 5 | 1.051 0 | 1.159 3 | 1.216 7 | 1.276 3 | 1.388 2 | 1.469 3 |
| 6 | 1.061 5 | 1.194 1 | 1.265 3 | 1.340 1 | 1.418 5 | 1.586 9 |
| 7 | 1.072 1 | 1.229 9 | 1.315 9 | 1.407 1 | 1.503 6 | 1.713 8 |
| 8 | 1.082 9 | 1.266 8 | 1.368 6 | 1.477 5 | 1.593 8 | 1.850 9 |
| 9 | 1.093 7 | 1.304 8 | 1.423 3 | 1.551 3 | 1.689 5 | 1.999 0 |
| 10 | 1.104 6 | 1.343 9 | 1.480 2 | 1.628 9 | 1.790 8 | 2.158 9 |
| 11 | 1.115 7 | 1.384 2 | 1.539 5 | 1.710 3 | 1.898 3 | 2.331 6 |
| 12 | 1.126 8 | 1.425 8 | 1.601 0 | 1.795 9 | 2.012 2 | 2.518 2 |
| 13 | 1.138 1 | 1.468 5 | 1.665 1 | 1.885 6 | 2.132 9 | 2.719 6 |
| 14 | 1.149 5 | 1.512 6 | 1.731 7 | 1.979 9 | 2.260 9 | 2.937 2 |
| 15 | 1.161 0 | 1.558 0 | 1.800 9 | 2.078 9 | 2.396 6 | 3.172 2 |
| 16 | 1.172 6 | 1.604 7 | 1.873 0 | 2.182 9 | 2.540 4 | 3.425 9 |
| 17 | 1.184 3 | 1.652 8 | 1.947 9 | 2.292 0 | 2.692 8 | 3.700 0 |
| 18 | 1.196 1 | 1.702 4 | 2.025 8 | 2.406 6 | 2.854 3 | 3.996 0 |
| 19 | 1.208 1 | 1.753 5 | 2.106 8 | 2.527 0 | 3.025 6 | 4.315 7 |
| 20 | 1.220 2 | 1.806 1 | 2.191 1 | 2.653 3 | 3.207 1 | 4.661 0 |
| 21 | 1.232 4 | 1.860 3 | 2.278 8 | 2.786 0 | 3.399 6 | 5.033 8 |
| 22 | 1.244 7 | 1.916 1 | 2.369 9 | 2.925 3 | 3.603 5 | 5.436 5 |
| 23 | 1.257 2 | 1.973 6 | 2.464 7 | 3.071 5 | 3.819 7 | 5.871 5 |
| 24 | 1.269 7 | 2.032 8 | 2.563 3 | 3.225 1 | 4.048 9 | 6.341 2 |
| 25 | 1.282 4 | 2.093 8 | 2.665 8 | 3.386 4 | 4.291 9 | 6.848 5 |
| 26 | 1.295 3 | 2.156 6 | 2.772 5 | 3.555 7 | 4.549 4 | 7.396 4 |
| 27 | 1.308 2 | 2.221 3 | 2.883 4 | 3.733 5 | 4.822 3 | 7.988 1 |
| 28 | 1.321 3 | 2.287 9 | 2.998 7 | 3.920 1 | 5.111 7 | 8.627 1 |
| 29 | 1.334 5 | 2.356 6 | 3.118 7 | 4.116 1 | 5.418 4 | 9.317 3 |
| 30 | 1.347 8 | 2.427 3 | 3.243 4 | 4.321 9 | 5.743 5 | 10.062 7 |

$F_{ps}(r,n)$

| 10% | 12% | 15% | 20% | 25% | 30% | $r$ / $n$ |
|---|---|---|---|---|---|---|
| 1.100 0 | 1.120 0 | 1.150 0 | 1.200 0 | 1.250 0 | 1.300 0 | 1 |
| 1.210 0 | 1.254 4 | 1.322 5 | 1.440 0 | 1.562 5 | 1.690 0 | 2 |
| 1.331 0 | 1.404 9 | 1.520 9 | 1.728 0 | 1.953 1 | 2.197 0 | 3 |
| 1.464 1 | 1.573 5 | 1.749 0 | 2.073 6 | 2.441 4 | 2.856 1 | 4 |
| 1.610 5 | 1.762 3 | 2.011 4 | 2.488 3 | 3.051 8 | 3.712 9 | 5 |
| 1.771 6 | 1.973 8 | 2.313 1 | 2.986 0 | 3.814 7 | 4.826 8 | 6 |
| 1.948 7 | 2.210 7 | 2.660 0 | 3.583 2 | 4.768 4 | 6.274 9 | 7 |
| 2.143 6 | 2.476 0 | 3.059 0 | 4.299 8 | 5.960 5 | 8.157 3 | 8 |
| 2.357 9 | 2.773 1 | 3.517 9 | 5.159 8 | 7.450 6 | 10.604 5 | 9 |
| 2.593 7 | 3.105 8 | 4.045 6 | 6.191 7 | 9.313 2 | 13.785 8 | 10 |
| 2.853 1 | 3.478 5 | 4.652 4 | 7.430 1 | 11.641 5 | 17.921 6 | 11 |
| 3.138 4 | 3.896 0 | 5.350 3 | 8.916 1 | 14.551 9 | 23.298 1 | 12 |
| 3.452 3 | 4.363 5 | 6.152 8 | 10.699 3 | 18.189 9 | 30.287 5 | 13 |
| 3.797 5 | 4.887 1 | 7.075 7 | 12.839 2 | 22.737 4 | 39.373 8 | 14 |
| 4.177 2 | 5.473 6 | 8.137 1 | 15.407 0 | 28.421 7 | 51.185 9 | 15 |
| 4.595 0 | 6.130 4 | 9.357 6 | 18.488 4 | 35.527 1 | 66.541 7 | 16 |
| 5.054 5 | 6.866 0 | 10.761 3 | 22.186 1 | 44.408 9 | 86.504 2 | 17 |
| 5.559 9 | 7.690 0 | 12.375 5 | 26.623 3 | 55.511 2 | 112.455 4 | 18 |
| 6.115 9 | 8.612 8 | 14.231 8 | 31.948 0 | 69.388 9 | 146.192 0 | 19 |
| 6.727 5 | 9.646 3 | 16.366 5 | 38.337 6 | 86.736 2 | 190.049 6 | 20 |
| 7.400 2 | 10.803 8 | 18.821 5 | 46.005 1 | 108.420 2 | 247.064 5 | 21 |
| 8.140 3 | 12.100 3 | 21.644 7 | 55.206 1 | 135.525 3 | 321.183 9 | 22 |
| 8.954 3 | 13.552 3 | 24.891 5 | 66.247 4 | 169.406 6 | 417.539 1 | 23 |
| 9.849 7 | 15.178 6 | 28.625 2 | 79.496 8 | 211.758 2 | 542.800 8 | 24 |
| 10.834 7 | 17.000 1 | 32.919 0 | 95.396 2 | 264.697 8 | 705.641 0 | 25 |
| 11.918 2 | 19.040 1 | 37.856 8 | 114.475 5 | 330.872 2 | 917.333 3 | 26 |
| 13.110 0 | 21.324 9 | 43.535 3 | 137.370 6 | 413.590 3 | 1 192.533 3 | 27 |
| 14.421 0 | 23.883 9 | 50.065 6 | 164.844 7 | 516.987 9 | 1 550.293 3 | 28 |
| 15.863 1 | 26.749 9 | 57.575 5 | 197.813 6 | 646.234 9 | 2 015.381 3 | 29 |
| 17.449 4 | 29.959 9 | 66.211 8 | 237.376 3 | 807.793 6 | 2 619.995 6 | 30 |

表2　　　　　　　　　　　　　　　　复利现值系数表

| n \ r | 1% | 3% | 4% | 5% | 6% | 8% |
|---|---|---|---|---|---|---|
| 1 | 0.990 1 | 0.970 9 | 0.961 5 | 0.952 4 | 0.943 4 | 0.925 9 |
| 2 | 0.980 3 | 0.942 6 | 0.924 6 | 0.907 0 | 0.899 0 | 0.857 3 |
| 3 | 0.970 6 | 0.915 1 | 0.889 0 | 0.863 8 | 0.839 6 | 0.793 8 |
| 4 | 0.961 0 | 0.888 5 | 0.854 8 | 0.822 7 | 0.792 1 | 0.735 0 |
| 5 | 0.951 5 | 0.862 6 | 0.821 9 | 0.783 5 | 0.747 3 | 0.680 6 |
| 6 | 0.942 0 | 0.837 5 | 0.790 3 | 0.746 2 | 0.705 0 | 0.630 2 |
| 7 | 0.932 7 | 0.813 1 | 0.759 9 | 0.710 7 | 0.665 1 | 0.583 5 |
| 8 | 0.923 5 | 0.789 4 | 0.730 7 | 0.676 8 | 0.627 4 | 0.540 3 |
| 9 | 0.914 3 | 0.766 4 | 0.702 6 | 0.644 6 | 0.591 9 | 0.500 2 |
| 10 | 0.905 3 | 0.744 1 | 0.675 6 | 0.613 9 | 0.558 4 | 0.463 2 |
| 11 | 0.896 3 | 0.722 4 | 0.649 6 | 0.584 7 | 0.526 8 | 0.428 9 |
| 12 | 0.887 4 | 0.701 4 | 0.624 6 | 0.556 8 | 0.497 0 | 0.397 1 |
| 13 | 0.878 7 | 0.681 0 | 0.600 6 | 0.530 3 | 0.468 8 | 0.367 7 |
| 14 | 0.870 0 | 0.661 1 | 0.577 5 | 0.505 1 | 0.442 3 | 0.340 5 |
| 15 | 0.861 3 | 0.641 9 | 0.555 3 | 0.481 0 | 0.417 3 | 0.315 2 |
| 16 | 0.852 8 | 0.923 2 | 0.533 9 | 0.458 1 | 0.393 6 | 0.291 9 |
| 17 | 0.844 4 | 0.605 0 | 0.513 4 | 0.436 3 | 0.371 4 | 0.270 3 |
| 18 | 0.836 0 | 0.587 4 | 0.493 6 | 0.415 5 | 0.350 3 | 0.250 2 |
| 19 | 0.827 7 | 0.570 3 | 0.474 6 | 0.395 7 | 0.330 5 | 0.231 7 |
| 20 | 0.819 5 | 0.553 7 | 0.456 4 | 0.376 9 | 0.311 8 | 0.214 5 |
| 21 | 0.811 4 | 0.537 5 | 0.438 8 | 0.358 9 | 0.294 2 | 0.198 7 |
| 22 | 0.803 4 | 0.521 9 | 0.422 0 | 0.341 8 | 0.277 5 | 0.183 9 |
| 23 | 0.795 4 | 0.506 7 | 0.405 7 | 0.325 6 | 0.261 8 | 0.170 3 |
| 24 | 0.787 6 | 0.491 9 | 0.390 1 | 0.310 1 | 0.247 0 | 0.157 7 |
| 25 | 0.779 8 | 0.477 6 | 0.375 1 | 0.295 3 | 0.233 0 | 0.146 0 |
| 26 | 0.772 0 | 0.463 7 | 0.360 7 | 0.281 2 | 0.219 8 | 0.135 2 |
| 27 | 0.764 4 | 0.450 2 | 0.346 8 | 0.267 8 | 0.207 4 | 0.125 2 |
| 28 | 0.756 8 | 0.437 1 | 0.333 5 | 0.255 1 | 0.195 6 | 0.115 9 |
| 29 | 0.749 3 | 0.424 3 | 0.320 7 | 0.242 9 | 0.184 6 | 0.107 3 |
| 30 | 0.711 9 | 0.412 0 | 0.308 3 | 0.231 4 | 0.174 1 | 0.099 4 |

$F_{sp}(r,n)$

| 10% | 12% | 15% | 20% | 25% | 30% | r / n |
|---|---|---|---|---|---|---|
| 0.909 1 | 0.892 9 | 0.869 6 | 0.833 3 | 0.800 0 | 0.769 2 | 1 |
| 0.826 4 | 0.797 2 | 0.756 1 | 0.694 4 | 0.640 0 | 0.591 7 | 2 |
| 0.751 3 | 0.711 8 | 0.657 5 | 0.578 7 | 0.512 0 | 0.455 2 | 3 |
| 0.683 0 | 0.635 5 | 0.571 8 | 0.482 3 | 0.409 6 | 0.350 1 | 4 |
| 0.620 9 | 0.567 4 | 0.497 2 | 0.401 9 | 0.327 7 | 0.269 3 | 5 |
| 0.564 5 | 0.506 6 | 0.432 3 | 0.334 9 | 0.262 1 | 0.207 2 | 6 |
| 0.513 2 | 0.452 3 | 0.375 9 | 0.279 1 | 0.209 7 | 0.159 4 | 7 |
| 0.466 5 | 0.403 9 | 0.326 9 | 0.232 6 | 0.167 8 | 0.122 6 | 8 |
| 0.424 1 | 0.360 6 | 0.284 3 | 0.193 8 | 0.134 2 | 0.094 3 | 9 |
| 0.385 5 | 0.322 0 | 0.247 2 | 0.161 5 | 0.107 4 | 0.072 5 | 10 |
| 0.350 5 | 0.287 5 | 0.214 9 | 0.134 6 | 0.085 9 | 0.055 8 | 11 |
| 0.318 6 | 0.256 7 | 0.186 9 | 0.112 2 | 0.068 7 | 0.042 9 | 12 |
| 0.289 7 | 0.229 2 | 0.162 5 | 0.093 5 | 0.055 0 | 0.033 0 | 13 |
| 0.263 3 | 0.204 6 | 0.141 3 | 0.077 9 | 0.044 0 | 0.025 4 | 14 |
| 0.239 4 | 0.182 7 | 0.122 9 | 0.064 9 | 0.035 2 | 0.019 5 | 15 |
| 0.217 6 | 0.163 1 | 0.106 9 | 0.054 1 | 0.028 1 | 0.015 0 | 16 |
| 0.197 8 | 0.145 6 | 0.092 9 | 0.045 1 | 0.022 5 | 0.011 6 | 17 |
| 0.179 9 | 0.130 0 | 0.080 8 | 0.037 6 | 0.018 0 | 0.008 9 | 18 |
| 0.163 5 | 0.116 1 | 0.070 3 | 0.131 3 | 0.014 4 | 0.006 8 | 19 |
| 0.148 6 | 0.103 7 | 0.061 1 | 0.026 1 | 0.011 5 | 0.005 3 | 20 |
| 0.135 1 | 0.092 6 | 0.053 1 | 0.021 7 | 0.009 2 | 0.004 0 | 21 |
| 0.122 8 | 0.082 6 | 0.046 2 | 0.018 1 | 0.007 4 | 0.003 1 | 22 |
| 0.111 7 | 0.073 8 | 0.040 2 | 0.015 1 | 0.005 9 | 0.002 4 | 23 |
| 0.101 5 | 0.065 9 | 0.034 9 | 0.012 6 | 0.004 7 | 0.001 8 | 24 |
| 0.092 3 | 0.058 8 | 0.030 4 | 0.010 5 | 0.003 8 | 0.001 4 | 25 |
| 0.083 9 | 0.052 5 | 0.026 4 | 0.008 7 | 0.003 0 | 0.001 1 | 26 |
| 0.076 3 | 0.048 9 | 0.023 0 | 0.007 3 | 0.002 4 | 0.000 8 | 27 |
| 0.069 3 | 0.041 9 | 0.020 0 | 0.006 1 | 0.001 9 | 0.000 6 | 28 |
| 0.063 0 | 0.037 4 | 0.017 4 | 0.005 1 | 0.001 5 | 0.000 5 | 29 |
| 0.057 3 | 0.033 4 | 0.015 1 | 0.004 2 | 0.001 2 | 0.000 4 | 30 |

表3　　　　　　　　　　　　　　　普通年金终值系数表

| n \ r | 1% | 3% | 4% | 5% | 6% | 8% |
|---|---|---|---|---|---|---|
| 1 | 1.000 0 | 1.000 0 | 1.000 0 | 1.000 0 | 1.000 0 | 1.000 0 |
| 2 | 2.010 0 | 2.030 0 | 2.040 0 | 2.050 0 | 2.060 0 | 2.080 0 |
| 3 | 3.030 1 | 3.090 9 | 3.121 6 | 3.152 5 | 3.183 6 | 3.246 4 |
| 4 | 4.060 4 | 4.183 6 | 4.246 5 | 4.310 1 | 4.374 6 | 4.506 1 |
| 5 | 5.101 0 | 5.309 1 | 5.416 3 | 5.525 6 | 5.637 1 | 5.866 6 |
| 6 | 6.152 0 | 6.468 4 | 6.633 0 | 6.801 9 | 6.975 3 | 7.335 9 |
| 7 | 7.213 5 | 7.662 5 | 7.898 3 | 8.142 0 | 8.393 8 | 8.922 8 |
| 8 | 8.285 7 | 8.892 3 | 9.214 2 | 9.549 1 | 9.897 5 | 10.636 6 |
| 9 | 9.368 5 | 10.159 1 | 10.582 8 | 11.026 6 | 11.491 3 | 12.487 6 |
| 10 | 10.462 2 | 11.463 9 | 12.006 1 | 12.577 9 | 13.180 8 | 14.486 6 |
| 11 | 11.566 8 | 12.807 8 | 13.486 4 | 14.206 8 | 14.971 6 | 16.645 5 |
| 12 | 12.682 5 | 14.192 0 | 15.025 8 | 15.917 1 | 16.869 9 | 18.977 1 |
| 13 | 13.809 3 | 15.617 8 | 16.626 8 | 17.713 0 | 18.882 1 | 21.495 3 |
| 14 | 14.947 4 | 17.086 3 | 18.291 9 | 19.598 6 | 21.015 1 | 24.214 9 |
| 15 | 16.096 9 | 18.598 9 | 20.023 6 | 21.578 6 | 23.276 0 | 27.152 1 |
| 16 | 17.257 9 | 20.156 9 | 21.824 5 | 23.657 5 | 25.672 5 | 30.324 3 |
| 17 | 18.430 4 | 21.761 6 | 23.697 5 | 25.840 4 | 28.212 9 | 33.750 2 |
| 18 | 19.614 7 | 23.414 4 | 25.645 4 | 28.132 4 | 30.905 7 | 37.450 2 |
| 19 | 20.810 9 | 25.116 9 | 27.671 2 | 30.539 0 | 33.760 0 | 41.446 3 |
| 20 | 22.019 0 | 26.870 4 | 29.778 1 | 33.066 0 | 36.785 6 | 45.762 0 |
| 21 | 23.239 2 | 28.676 5 | 31.969 2 | 35.719 3 | 39.992 7 | 50.422 9 |
| 22 | 24.471 6 | 30.536 8 | 34.248 0 | 38.505 2 | 43.392 3 | 55.456 8 |
| 23 | 25.716 3 | 32.452 9 | 36.617 9 | 41.430 5 | 46.995 6 | 60.893 3 |
| 24 | 26.973 5 | 34.426 5 | 39.082 6 | 44.502 0 | 50.815 6 | 66.764 8 |
| 25 | 28.243 2 | 36.459 3 | 41.645 9 | 47.727 1 | 54.864 5 | 73.105 9 |
| 26 | 29.525 6 | 38.553 0 | 44.311 7 | 51.113 5 | 59.156 4 | 79.954 4 |
| 27 | 30.820 9 | 40.709 6 | 47.084 2 | 54.669 1 | 63.705 8 | 87.350 8 |
| 28 | 32.129 1 | 42.930 9 | 49.967 6 | 58.402 6 | 68.528 1 | 95.338 8 |
| 29 | 33.450 4 | 45.218 9 | 52.966 3 | 62.322 7 | 73.639 8 | 103.965 9 |
| 30 | 34.784 9 | 47.575 4 | 56.084 9 | 66.438 8 | 79.058 2 | 113.283 2 |

$F_{RA}(r,n)$

| 10% | 12% | 15% | 20% | 25% | 30% | r / n |
|---|---|---|---|---|---|---|
| 1.000 0 | 1.000 0 | 1.000 0 | 1.000 0 | 1.000 0 | 1.000 0 | 1 |
| 2.100 0 | 2.120 0 | 2.150 0 | 2.200 0 | 2.250 0 | 2.300 0 | 2 |
| 3.310 0 | 3.374 4 | 3.472 5 | 3.640 0 | 3.812 5 | 3.990 0 | 3 |
| 4.641 0 | 4.779 3 | 4.993 4 | 5.368 0 | 5.765 6 | 6.187 0 | 4 |
| 6.105 1 | 6.352 8 | 6.742 4 | 7.441 6 | 8.207 0 | 9.043 1 | 5 |
| 7.715 6 | 8.115 2 | 8.753 7 | 9.929 9 | 11.258 8 | 12.756 0 | 6 |
| 9.487 2 | 10.089 0 | 11.066 8 | 12.915 9 | 15.073 5 | 17.582 8 | 7 |
| 11.435 9 | 12.299 7 | 13.726 8 | 16.499 1 | 19.841 9 | 23.857 7 | 8 |
| 13.579 5 | 14.775 7 | 16.785 8 | 20.798 9 | 25.802 3 | 32.015 0 | 9 |
| 15.937 4 | 17.548 7 | 20.303 7 | 25.958 7 | 33.252 9 | 42.619 5 | 10 |
| 18.531 2 | 20.654 6 | 24.349 3 | 32.150 4 | 42.566 1 | 56.405 3 | 11 |
| 21.384 3 | 24.133 1 | 29.001 7 | 39.580 5 | 54.207 7 | 74.327 0 | 12 |
| 24.522 7 | 28.029 1 | 34.351 9 | 48.496 6 | 68.759 6 | 97.625 0 | 13 |
| 27.975 0 | 32.392 6 | 40.504 7 | 59.195 9 | 86.949 5 | 127.912 5 | 14 |
| 31.772 5 | 37.279 7 | 47.580 4 | 72.035 1 | 109.686 8 | 167.286 3 | 15 |
| 35.949 7 | 42.753 3 | 55.717 5 | 87.442 1 | 138.108 5 | 218.472 2 | 16 |
| 40.544 7 | 48.883 7 | 65.075 1 | 105.930 6 | 173.635 7 | 285.013 9 | 17 |
| 45.599 2 | 55.749 7 | 75.836 4 | 128.116 7 | 218.044 6 | 317.518 0 | 18 |
| 51.159 1 | 63.439 7 | 88.211 8 | 154.740 0 | 273.555 8 | 483.973 4 | 19 |
| 57.275 0 | 72.052 4 | 102.443 6 | 186.688 0 | 342.944 7 | 630.165 5 | 20 |
| 64.002 5 | 81.698 7 | 118.810 1 | 225.025 6 | 429.680 9 | 820.215 1 | 21 |
| 71.402 7 | 92.502 6 | 137.631 6 | 271.030 7 | 538.101 1 | 1 067.279 | 22 |
| 79.543 0 | 104.602 9 | 159.276 4 | 326.236 9 | 673.626 4 | 1 388.463 | 23 |
| 88.497 3 | 118.155 2 | 184.167 8 | 392.484 2 | 843.032 9 | 1 086.002 | 24 |
| 98.347 1 | 133.333 9 | 212.793 0 | 471.981 1 | 1 054.791 | 2 348.803 | 25 |
| 109.181 8 | 150.333 9 | 245.712 0 | 567.377 3 | 1 319.489 | 3 054.444 | 26 |
| 121.099 9 | 169.374 0 | 283.568 8 | 681.852 8 | 1 650.361 | 3 971.778 | 27 |
| 134.209 9 | 190.698 9 | 327.104 1 | 819.223 3 | 2 063.952 | 5 164.311 | 28 |
| 148.630 9 | 214.582 8 | 377.169 7 | 984.068 0 | 2 580.939 | 6 714.604 | 29 |
| 164.494 0 | 214.332 7 | 434.745 1 | 1181.88 2 | 3 227.174 | 8 729.986 | 30 |

**表 4**  普通年金现值系数表

| n \ r | 1% | 3% | 4% | 5% | 6% | 8% |
|---|---|---|---|---|---|---|
| 1 | 0.990 1 | 0.970 9 | 0.961 5 | 0.952 4 | 0.943 4 | 0.925 9 |
| 2 | 1.970 4 | 1.913 5 | 1.886 1 | 1.859 4 | 1.833 4 | 1.783 3 |
| 3 | 2.941 0 | 2.828 6 | 2.775 1 | 2.723 2 | 2.673 0 | 2.577 1 |
| 4 | 3.902 0 | 3.717 1 | 3.629 9 | 3.546 0 | 3.465 1 | 3.312 1 |
| 5 | 4.853 4 | 4.579 7 | 4.451 8 | 4.329 5 | 4.212 4 | 3.992 7 |
| 6 | 5.795 5 | 5.417 2 | 5.242 1 | 5.075 7 | 4.917 3 | 4.622 9 |
| 7 | 6.728 2 | 6.230 2 | 6.002 1 | 5.786 4 | 5.582 4 | 5.206 4 |
| 8 | 7.651 7 | 7.019 7 | 6.732 7 | 6.463 2 | 6.209 8 | 5.746 6 |
| 9 | 8.566 0 | 7.786 1 | 7.435 3 | 7.107 8 | 6.801 7 | 6.246 9 |
| 10 | 9.471 3 | 8.530 2 | 8.110 9 | 7.721 7 | 7.360 1 | 6.710 1 |
| 11 | 10.367 6 | 9.252 6 | 8.760 5 | 8.306 4 | 7.886 9 | 7.139 0 |
| 12 | 11.255 1 | 9.954 0 | 9.385 1 | 8.863 3 | 8.383 8 | 7.536 1 |
| 13 | 12.133 7 | 10.635 0 | 9.985 6 | 9.393 6 | 8.852 7 | 7.903 8 |
| 14 | 13.003 7 | 11.296 1 | 10.563 1 | 9.898 6 | 9.295 0 | 8.244 2 |
| 15 | 13.865 1 | 11.937 9 | 11.118 4 | 10.379 7 | 9.712 2 | 8.559 5 |
| 16 | 14.717 9 | 12.561 1 | 11.652 3 | 10.837 8 | 10.105 9 | 8.851 4 |
| 17 | 15.562 3 | 13.166 1 | 12.165 7 | 11.274 1 | 10.477 3 | 9.121 6 |
| 18 | 16.398 3 | 13.753 5 | 12.659 3 | 11.689 6 | 10.827 6 | 9.371 9 |
| 19 | 17.226 0 | 14.323 8 | 13.133 9 | 12.085 3 | 11.158 1 | 9.603 6 |
| 20 | 18.045 6 | 14.877 5 | 13.590 3 | 12.462 2 | 11.469 9 | 9.818 1 |
| 21 | 18.857 0 | 15.415 0 | 14.029 2 | 12.821 2 | 11.764 1 | 10.016 8 |
| 22 | 19.660 4 | 15.936 9 | 14.451 1 | 13.163 0 | 12.041 6 | 10.200 7 |
| 23 | 20.455 8 | 16.443 6 | 14.856 8 | 13.488 6 | 12.303 4 | 10.371 1 |
| 24 | 21.243 4 | 16.935 5 | 15.247 0 | 13.798 6 | 12.550 4 | 10.528 8 |
| 25 | 22.023 2 | 17.413 1 | 15.982 8 | 14.093 9 | 12.783 4 | 10.674 8 |
| 26 | 22.795 2 | 17.876 8 | 15.622 1 | 14.375 2 | 13.003 2 | 10.810 0 |
| 27 | 23.559 6 | 18.327 0 | 16.329 6 | 14.643 0 | 13.210 5 | 10.935 2 |
| 28 | 24.316 4 | 18.764 1 | 16.663 1 | 14.898 1 | 13.406 2 | 11.051 1 |
| 29 | 25.065 8 | 19.188 5 | 16.983 7 | 15.141 1 | 13.590 7 | 11.158 4 |
| 30 | 25.807 7 | 19.600 4 | 17.292 0 | 15.372 5 | 13.764 8 | 12.257 8 |

$F_{RP}(r,n)$

| 10% | 12% | 15% | 20% | 25% | 30% | r \ n |
|---|---|---|---|---|---|---|
| 0.909 1 | 0.892 9 | 0.869 6 | 0.833 3 | 0.800 0 | 0.769 2 | 1 |
| 1.735 5 | 1.690 1 | 1.625 7 | 1.527 8 | 1.440 0 | 1.360 9 | 2 |
| 2.486 9 | 2.401 8 | 2.283 2 | 2.165 0 | 1.095 2 | 1.816 1 | 3 |
| 3.169 9 | 3.037 3 | 2.855 0 | 2.588 7 | 2.361 6 | 2.166 2 | 4 |
| 3.790 8 | 3.604 8 | 3.352 2 | 2.990 6 | 2.689 3 | 2.435 6 | 5 |
| 4.355 3 | 4.111 4 | 3.784 5 | 3.325 5 | 2.951 4 | 2.642 7 | 6 |
| 4.868 4 | 4.563 8 | 4.160 4 | 3.604 6 | 3.161 1 | 2.802 1 | 7 |
| 5.334 9 | 4.967 6 | 4.487 3 | 3.837 2 | 3.328 9 | 2.924 7 | 8 |
| 5.759 0 | 5.328 2 | 4.771 6 | 4.031 0 | 3.463 1 | 3.019 0 | 9 |
| 6.144 6 | 5.650 2 | 5.018 8 | 4.192 5 | 3.570 5 | 3.091 5 | 10 |
| 6.495 1 | 5.937 7 | 5.233 7 | 4.327 1 | 3.656 4 | 3.147 3 | 11 |
| 6.813 7 | 6.194 4 | 5.420 6 | 4.439 2 | 3.725 1 | 3.190 3 | 12 |
| 7.103 4 | 6.423 5 | 5.583 1 | 4.532 7 | 3.780 1 | 3.223 3 | 13 |
| 7.366 7 | 6.628 2 | 5.724 5 | 4.610 6 | 3.824 1 | 3.248 7 | 14 |
| 7.606 1 | 6.810 9 | 5.847 4 | 4.675 5 | 3.859 3 | 3.268 2 | 15 |
| 7.823 7 | 6.974 0 | 5.954 2 | 4.729 6 | 3.887 4 | 3.283 2 | 16 |
| 8.021 6 | 7.119 6 | 6.047 2 | 4.774 6 | 3.909 9 | 3.294 8 | 17 |
| 8.201 4 | 7.249 7 | 6.128 0 | 4.812 2 | 3.927 9 | 3.303 7 | 18 |
| 8.364 9 | 7.365 8 | 6.198 2 | 4.843 5 | 3.942 4 | 3.310 5 | 19 |
| 8.513 6 | 7.469 4 | 6.259 3 | 4.869 6 | 3.953 9 | 3.315 8 | 20 |
| 8.648 7 | 7.562 0 | 6.312 5 | 4.891 3 | 3.963 1 | 3.319 8 | 21 |
| 8.771 5 | 7.644 6 | 6.358 7 | 4.909 4 | 3.970 5 | 3.323 0 | 22 |
| 8.883 2 | 7.718 4 | 6.398 8 | 4.924 5 | 3.976 4 | 3.325 4 | 23 |
| 8.984 7 | 7.784 3 | 6.133 8 | 4.937 1 | 3.981 1 | 3.327 2 | 24 |
| 9.077 0 | 7.843 1 | 6.464 1 | 4.947 6 | 3.984 9 | 3.328 6 | 25 |
| 9.160 9 | 7.895 7 | 6.490 6 | 4.956 3 | 3.987 9 | 3.329 7 | 26 |
| 9.237 2 | 7.942 6 | 6.513 5 | 4.963 6 | 3.990 3 | 3.330 5 | 27 |
| 9.306 6 | 7.984 4 | 6.533 5 | 4.969 7 | 3.992 3 | 3.331 2 | 28 |
| 9.369 6 | 8.021 8 | 0.550 9 | 4.974 7 | 3.993 8 | 3.331 7 | 29 |
| 9.426 9 | 8.055 2 | 6.566 0 | 4.978 9 | 3.995 0 | 3.332 1 | 30 |

表 5　　　　　　　　　　　　　投资回收年金系数表

| n \ r | 1% | 3% | 4% | 5% | 6% | 8% |
|---|---|---|---|---|---|---|
| 1 | 1.010 0 | 1.030 0 | 1.040 0 | 1.050 0 | 1.060 0 | 1.080 0 |
| 2 | 0.507 5 | 0.522 6 | 0.530 2 | 0.537 8 | 0.545 4 | 0.560 8 |
| 3 | 0.340 0 | 0.353 5 | 0.360 3 | 0.367 2 | 0.374 1 | 0.388 0 |
| 4 | 0.256 3 | 0.269 0 | 0.275 5 | 0.282 0 | 0.288 6 | 0.301 9 |
| 5 | 0.206 0 | 0.218 4 | 0.224 6 | 0.231 0 | 0.237 4 | 0.250 5 |
| 6 | 0.172 5 | 0.184 6 | 0.190 8 | 0.197 0 | 0.203 1 | 0.216 3 |
| 7 | 0.148 6 | 0.160 5 | 0.166 6 | 0.172 8 | 0.179 1 | 0.192 1 |
| 8 | 0.130 7 | 0.142 5 | 0.148 5 | 0.154 7 | 0.161 0 | 0.174 0 |
| 9 | 0.116 7 | 0.128 4 | 0.134 5 | 0.140 7 | 0.147 0 | 0.160 1 |
| 10 | 0.105 6 | 0.117 2 | 0.123 3 | 0.129 5 | 0.135 9 | 0.149 0 |
| 11 | 0.096 5 | 0.108 1 | 0.114 1 | 0.120 4 | 0.126 8 | 0.140 1 |
| 12 | 0.088 8 | 0.100 5 | 0.106 6 | 0.112 8 | 0.119 3 | 0.132 7 |
| 13 | 0.082 4 | 0.094 0 | 0.100 1 | 0.106 5 | 0.113 0 | 0.126 5 |
| 14 | 0.076 9 | 0.088 5 | 0.094 7 | 0.101 0 | 0.107 6 | 0.121 3 |
| 15 | 0.072 1 | 0.083 8 | 0.089 9 | 0.096 3 | 0.103 0 | 0.116 8 |
| 16 | 0.067 9 | 0.079 6 | 0.085 8 | 0.092 3 | 0.099 0 | 0.113 0 |
| 17 | 0.064 3 | 0.076 0 | 0.082 2 | 0.088 7 | 0.095 4 | 0.109 6 |
| 18 | 0.061 0 | 0.072 7 | 0.079 0 | 0.085 5 | 0.092 4 | 0.106 7 |
| 19 | 0.058 1 | 0.069 8 | 0.076 1 | 0.082 7 | 0.089 6 | 0.104 1 |
| 20 | 0.055 4 | 0.067 2 | 0.073 6 | 0.080 2 | 0.087 2 | 0.101 9 |
| 21 | 0.053 0 | 0.064 9 | 0.071 3 | 0.078 0 | 0.085 0 | 0.099 8 |
| 22 | 0.050 9 | 0.062 7 | 0.069 2 | 0.076 0 | 0.083 0 | 0.098 0 |
| 23 | 0.048 9 | 0.060 8 | 0.067 3 | 0.074 1 | 0.081 3 | 0.096 4 |
| 24 | 0.047 1 | 0.059 0 | 0.065 6 | 0.072 5 | 0.079 7 | 0.095 0 |
| 25 | 0.045 4 | 0.057 4 | 0.064 0 | 0.071 0 | 0.078 2 | 0.093 7 |
| 26 | 0.043 9 | 0.055 9 | 0.062 6 | 0.069 6 | 0.076 9 | 0.092 5 |
| 27 | 0.042 4 | 0.054 6 | 0.061 2 | 0.068 3 | 0.075 7 | 0.091 4 |
| 28 | 0.041 1 | 0.053 3 | 0.060 0 | 0.067 1 | 0.074 6 | 0.090 5 |
| 29 | 0.039 9 | 0.052 1 | 0.058 9 | 0.066 0 | 0.073 6 | 0.089 6 |
| 30 | 0.038 7 | 0.051 0 | 0.057 8 | 0.065 1 | 0.072 6 | 0.088 8 |

$F_{PR}(r,n)$

| 10% | 12% | 15% | 20% | 25% | 30% | r / n |
|---|---|---|---|---|---|---|
| 1.100 0 | 1.120 0 | 1.150 0 | 1.200 0 | 1.250 0 | 1.300 0 | 1 |
| 0.576 2 | 0.591 7 | 0.615 1 | 0.654 5 | 0.694 4 | 0.734 8 | 2 |
| 0.402 1 | 0.416 3 | 0.438 0 | 0.474 7 | 0.512 3 | 0.550 6 | 3 |
| 0.315 5 | 0.329 2 | 0.350 3 | 0.386 3 | 0.423 4 | 0.461 6 | 4 |
| 0.263 8 | 0.277 4 | 0.298 3 | 0.334 4 | 0.371 8 | 0.410 6 | 5 |
| 0.229 6 | 0.243 2 | 0.264 2 | 0.330 7 | 0.338 8 | 0.378 4 | 6 |
| 0.205 4 | 0.219 1 | 0.240 4 | 0.277 4 | 0.316 3 | 0.356 9 | 7 |
| 0.187 4 | 0.2013 | 0.222 9 | 0.260 6 | 0.300 4 | 0.341 9 | 8 |
| 0.173 6 | 0.187 7 | 0.209 6 | 0.248 1 | 0.288 8 | 0.331 2 | 9 |
| 0.162 7 | 0.177 0 | 0.199 3 | 0.238 5 | 0.280 1 | 0.323 5 | 10 |
| 0.154 0 | 0.168 4 | 0.191 1 | 0.231 1 | 0.273 5 | 0.317 7 | 11 |
| 0.146 8 | 0.161 4 | 0.184 5 | 0.225 3 | 0.268 4 | 0.313 5 | 12 |
| 0.140 8 | 0.155 7 | 0.179 1 | 0.220 6 | 0.264 5 | 0.310 2 | 13 |
| 0.135 7 | 0.150 9 | 0.174 7 | 0.216 9 | 0.261 5 | 0.307 8 | 14 |
| 0.131 5 | 0.146 8 | 0.171 0 | 0.213 9 | 0.259 1 | 0.306 0 | 15 |
| 0.127 8 | 0.143 4 | 0.167 9 | 0.211 4 | 0.257 2 | 0.304 6 | 16 |
| 0.124 7 | 0.140 5 | 0.165 4 | 0.209 4 | 0.255 8 | 0.303 5 | 17 |
| 0.121 9 | 0.137 9 | 0.163 2 | 0.207 8 | 0.254 6 | 0.302 7 | 18 |
| 0.119 5 | 0.135 8 | 0.161 3 | 0.206 5 | 0.253 7 | 0.302 1 | 19 |
| 0.117 5 | 0.133 9 | 0.159 8 | 0.205 4 | 0.252 9 | 0.301 6 | 20 |
| 0.115 6 | 0.132 2 | 0.158 4 | 0.204 4 | 0.252 3 | 0.301 2 | 21 |
| 0.114 0 | 0.130 8 | 0.157 3 | 0.203 7 | 0.251 9 | 0.300 9 | 22 |
| 0.112 6 | 0.129 6 | 0.156 3 | 0.203 1 | 0.251 5 | 0.300 7 | 23 |
| 0.111 3 | 0.128 5 | 0.155 4 | 0.202 5 | 0.251 2 | 0.300 6 | 24 |
| 0.110 2 | 0.127 5 | 0.154 7 | 0.202 1 | 0.250 9 | 0.300 4 | 25 |
| 0.109 2 | 0.126 7 | 0.154 1 | 0.201 8 | 0.250 8 | 0.300 3 | 26 |
| 0.108 3 | 0.125 9 | 0.153 5 | 0.201 5 | 0.250 6 | 0.300 3 | 27 |
| 0.107 5 | 0.125 2 | 0.153 1 | 0.201 2 | 0.250 5 | 0.300 2 | 28 |
| 0.106 7 | 0.124 7 | 0.152 7 | 0.201 0 | 0.250 4 | 0.300 1 | 29 |
| 0.1061 | 0.124 1 | 0.152 3 | 0.200 8 | 0.250 3 | 0.300 1 | 30 |

表 6　　　　　　　　　　　　　　　　　资金存储系数表

| n \ r | 1% | 3% | 4% | 5% | 6% | 8% |
|---|---|---|---|---|---|---|
| 1 | 1.000 0 | 1.000 0 | 1.000 0 | 1.000 0 | 1.000 0 | 0.100 0 |
| 2 | 0.497 5 | 0.492 6 | 0.490 2 | 0.487 8 | 0.485 4 | 0.480 8 |
| 3 | 0.330 0 | 0.323 5 | 0.320 3 | 0.317 2 | 0.314 1 | 0.308 0 |
| 4 | 0.246 3 | 0.239 0 | 0.235 5 | 0.232 0 | 0.228 6 | 0.221 9 |
| 5 | 0.196 0 | 0.188 4 | 0.184 6 | 0.181 0 | 0.177 4 | 0.170 5 |
| 6 | 0.162 5 | 0.154 6 | 0.150 8 | 0.147 0 | 0.143 4 | 0.136 3 |
| 7 | 0.138 6 | 0.130 5 | 0.126 6 | 0.122 8 | 0.119 1 | 0.112 1 |
| 8 | 0.120 7 | 0.112 5 | 0.108 5 | 0.104 7 | 0.101 0 | 0.094 0 |
| 9 | 0.106 7 | 0.098 4 | 0.094 5 | 0.090 7 | 0.087 0 | 0.080 1 |
| 10 | 0.095 6 | 0.087 2 | 0.083 3 | 0.079 5 | 0.075 9 | 0.069 0 |
| 11 | 0.086 5 | 0.078 1 | 0.074 1 | 0.070 4 | 0.066 8 | 0.060 1 |
| 12 | 0.078 8 | 0.070 5 | 0.066 6 | 0.062 8 | 0.059 3 | 0.052 7 |
| 13 | 0.072 4 | 0.064 0 | 0.060 1 | 0.056 5 | 0.053 0 | 0.046 5 |
| 14 | 0.066 9 | 0.058 5 | 0.054 7 | 0.051 0 | 0.047 6 | 0.041 3 |
| 15 | 0.062 1 | 0.053 8 | 0.049 9 | 0.046 3 | 0.043 0 | 0.036 8 |
| 16 | 0.057 9 | 0.049 6 | 0.045 8 | 0.042 3 | 0.039 0 | 0.033 0 |
| 17 | 0.054 3 | 0.046 0 | 0.042 2 | 0.038 7 | 0.035 4 | 0.029 6 |
| 18 | 0.051 0 | 0.042 7 | 0.039 0 | 0.035 5 | 0.032 4 | 0.026 7 |
| 19 | 0.048 1 | 0.039 8 | 0.036 1 | 0.032 7 | 0.029 6 | 0.024 1 |
| 20 | 0.045 4 | 0.037 2 | 0.033 6 | 0.030 2 | 0.027 2 | 0.021 9 |
| 21 | 0.043 0 | 0.034 9 | 0.031 3 | 0.028 0 | 0.025 0 | 0.019 8 |
| 22 | 0.040 9 | 0.032 7 | 0.029 2 | 0.026 0 | 0.023 0 | 0.018 0 |
| 23 | 0.038 9 | 0.030 8 | 0.027 3 | 0.024 1 | 0.021 3 | 0.016 4 |
| 24 | 0.037 1 | 0.029 0 | 0.025 6 | 0.022 5 | 0.019 7 | 0.015 0 |
| 25 | 0.035 4 | 0.027 4 | 0.024 0 | 0.021 0 | 0.018 2 | 0.013 7 |
| 26 | 0.033 9 | 0.025 9 | 0.022 6 | 0.019 6 | 0.016 9 | 0.012 5 |
| 27 | 0.032 4 | 0.024 6 | 0.021 2 | 0.018 3 | 0.015 7 | 0.011 4 |
| 28 | 0.031 1 | 0.023 3 | 0.020 0 | 0.017 1 | 0.014 6 | 0.010 5 |
| 29 | 0.029 9 | 0.022 1 | 0.018 9 | 0.016 0 | 0.013 6 | 0.009 6 |
| 30 | 0.028 7 | 0.021 0 | 0.017 8 | 0.015 1 | 0.012 6 | 0.008 8 |

$F_{AR}(r,n)$

| 10% | 12% | 15% | 20% | 25% | 30% | r \ n |
|---|---|---|---|---|---|---|
| 1.000 0 | 1.000 0 | 1.000 0 | 1.000 0 | 1.000 0 | 1.000 0 | 1 |
| 0.476 2 | 0.471 7 | 0.465 1 | 0.454 5 | 0.444 4 | 0.434 8 | 2 |
| 0.302 1 | 0.296 3 | 0.288 0 | 0.274 7 | 0.262 3 | 0.250 6 | 3 |
| 0.215 5 | 0.209 2 | 0.200 3 | 0.186 3 | 0.173 4 | 0.161 6 | 4 |
| 0.163 8 | 0.157 4 | 0.148 3 | 0.134 4 | 0.121 8 | 0.110 6 | 5 |
| 0.129 6 | 0.123 2 | 0.114 2 | 0.100 7 | 0.088 8 | 0.078 4 | 6 |
| 0.105 4 | 0.099 1 | 0.090 4 | 0.077 4 | 0.066 3 | 0.056 9 | 7 |
| 0.087 4 | 0.081 3 | 0.072 9 | 0.060 6 | 0.050 4 | 0.041 9 | 8 |
| 0.073 6 | 0.067 7 | 0.059 6 | 0.048 1 | 0.038 8 | 0.031 2 | 9 |
| 0.062 7 | 0.057 0 | 0.049 3 | 0.038 5 | 0.030 1 | 0.023 5 | 10 |
| 0.054 0 | 0.048 4 | 0.041 1 | 0.031 1 | 0.023 5 | 0.017 7 | 11 |
| 0.046 8 | 0.041 4 | 0.034 5 | 0.025 3 | 0.018 4 | 0.013 5 | 12 |
| 0.040 8 | 0.035 7 | 0.029 1 | 0.020 6 | 0.014 5 | 0.010 2 | 13 |
| 0.035 7 | 0.030 9 | 0.024 7 | 0.016 9 | 0.011 5 | 0.007 8 | 14 |
| 0.031 5 | 0.026 8 | 0.021 0 | 0.013 9 | 0.009 1 | 0.006 0 | 15 |
| 0.027 8 | 0.023 4 | 0.017 9 | 0.011 4 | 0.007 2 | 0.004 6 | 16 |
| 0.024 7 | 0.020 5 | 0.015 4 | 0.009 4 | 0.005 8 | 0.003 5 | 17 |
| 0.021 9 | 0.017 9 | 0.013 2 | 0.007 8 | 0.004 6 | 0.002 7 | 18 |
| 0.019 5 | 0.015 8 | 0.011 3 | 0.006 5 | 0.003 7 | 0.002 1 | 19 |
| 0.017 5 | 0.013 9 | 0.009 8 | 0.005 4 | 0.002 9 | 0.001 6 | 20 |
| 0.015 6 | 0.012 2 | 0.008 4 | 0.004 4 | 0.002 3 | 0.001 2 | 21 |
| 0.014 0 | 0.010 8 | 0.007 3 | 0.003 7 | 0.001 9 | 0.000 9 | 22 |
| 0.012 6 | 0.009 6 | 0.006 3 | 0.003 1 | 0.001 5 | 0.000 7 | 23 |
| 0.011 3 | 0.008 5 | 0.005 4 | 0.002 5 | 0.001 2 | 0.000 6 | 24 |
| 0.010 2 | 0.007 5 | 0.004 7 | 0.002 1 | 0.000 9 | 0.000 4 | 25 |
| 0.009 2 | 0.006 7 | 0.004 1 | 0.001 8 | 0.000 8 | 0.000 3 | 26 |
| 0.008 3 | 0.005 9 | 0.003 5 | 0.001 5 | 0.000 6 | 0.000 3 | 27 |
| 0.007 5 | 0.005 2 | 0.003 1 | 0.001 2 | 0.000 5 | 0.000 2 | 28 |
| 0.006 7 | 0.004 7 | 0.002 7 | 0.001 0 | 0.000 4 | 0.000 1 | 29 |
| 0.006 1 | 0.004 1 | 0.002 3 | 0.000 8 | 0.000 3 | 0.000 1 | 30 |

# 参考文献

1. 《土木工程施工合同条例(国际通用)FIDIC》(第4版),1987年版。
2. 《中国企业管理百科全书》(增补卷),企业管理出版社1990年版。
3. 联合国工发组织 W. Behrens P. M. Hawranek 著:《工业可行性研究编制手册》,建设部标准定额研究所编译,化工出版社1992年版。
4. 周惠珍选编:《建设项目可行性研究与项目评估文献》,中国科学技术出版社1992年版。
5. 编写组:《建设项目经济评价方法与参数》(第二版),中国计划出版社1993年版。
6. 陈光健主编:《中国建设项目管理实施大全》,经济科学出版社1993年版。
7. 世界银行:《采购指南》,清华大学出版社1997年版。
8. 张极井著:《项目融资》,中信出版社1997年版。
9. 张公绪主编:《新编质量管理学》,高等教育出版社1998年版。
10. (美)杰克·吉多等著,张金成等译:《成功的项目管理》,机械工业出版社1999年版。
11. 马秀岩、卢洪升主编:《项目融资》,东北财经大学出版社2002年版。
12. 张公绪、孙静主编:《质量工程师手册》,企业管理出版社2003年版。
13. 刘大可、王起静著:《会展活动概论》,清华大学出版社2004年版。
14. 刘荔娟主编:《现代采购管理》,上海财经大学出版社2005年版。
15. 中国项目管理研究委员会:《中国项目管理知识体系与国际项目管理专业资质认证标准》,机械工业出版社2001年版、2006年版。
16. 曹汉平、王强、贾素玲编著:《信息系统开发与IT项目管理》,清华大学出版社2006年版。
17. 赖一飞、夏滨、张清编:《工程项目管理学》,武汉大学出版社2006年版。
18. 蔺石柱、闫文周主编:《工程项目管理》,机械工业出版社2006年版。
19. 贾墨月主编:《国际融投资实用教程》,中国金融出版社2009年版。
20. 段世霞主编:《项目投资与融资》,郑州大学出版社2009年版。
21. 丁荣贵著:《项目思维与管理关键》(第2版),中国电力出版社2013年版。
22. 马旭晨主编:《项目管理哲学》,经济日报出版社2014年版。
23. 白思俊主编:《项目管理概论》,中国电力出版社2014年版。
24. 国际项目管理协会著:《个人项目管理能力基准——项目管理、项目集群管理和项目组合管理(第四版)》,中国优先法统筹法与经济数学研究会项目管理研究委员会译,中国电力出版社2019年版。